# Entscheidungen in Kirchensachen

seit 1946

Begründet von

Prof. Dr. Dr. Carl Joseph Hering †   Dr. Hubert Lentz

Herausgegeben von

Prof. Dr. Manfred Baldus
Vorsitzender Richter
am Landgericht Köln a. D.

Prof. Dr. Stefan Muckel
Universitätsprofessor
an der Universität zu Köln

in Verbindung mit dem

Institut für Kirchenrecht
und rheinische Kirchenrechtsgeschichte
der Universität zu Köln

De Gruyter Recht · Berlin

Entscheidungen in Kirchensachen

seit 1946

39. Band
1. 1.–31. 12. 2001

De Gruyter Recht · Berlin

Zitierweise
Für die Zitierung dieser Sammlung wird die Abkürzung KirchE empfohlen,
z. B. KirchE 1,70 (= Band 1 Seite 70).

ISBN-13: 978-3-89949-295-8
ISBN-10: 3-89949-295-1

©

Copyright 2005 by De Gruyter Rechtswissenschaften Verlags-GmbH, D-10785 Berlin.

Dieses Werk einschließlich aller seiner Teile ist urheberrechtlich geschützt. Jede Verwertung außerhalb der engen Grenzen des Urheberrechtsgesetzes ist ohne Zustimmung des Verlages unzulässig und strafbar. Das gilt insbesondere für Vervielfältigungen, Übersetzungen, Mikroverfilmungen und die Einspeicherung und Verarbeitung in elektronischen Systemen.
Printed in Germany.
Druck und buchbinderische Verarbeitung: Hubert & Co., Göttingen
Einbandgestaltung: Christopher Schneider, Berlin

Vorwort und Benutzungshinweise

Die Sammlung „Entscheidungen in Kirchensachen seit 1946" (KirchE) veröffentlicht Judikatur zum Verhältnis von Kirche und Staat und zu weiteren Problemkreisen, die durch die Relevanz religiöser Belange gekennzeichnet sind. Angesichts dieses breiten Themenkatalogs, der alle Zweige der Rechtsprechung berührt, kann eine Vollständigkeit nur angestrebt werden, wenn man eine gewisse zeitliche Distanz in Kauf nimmt. Den Zugang zu sämtlichen bisher in der Sammlung veröffentlichten Leitsätzen nebst KirchE-Fundstellen sowie zu Gerichtsentscheidungen aus einem Zeitraum, den die Sammlung noch nicht erreicht hat, ermöglicht die Datenbank http://www.staatskirchenrecht.de. Über die den Bänden 1-25 erschienene Judikatur informiert zusätzlich ein im Jahr 1993 erschienener Registerband.

In Fußnote 1 finden sich neben Quellenangaben auch Hinweise auf den Fortgang des Verfahrens (Rechtsmittel, Rechtskraft). Etwaige weitere Entscheidungen aus dem Rechtsmittelzug werden, soweit sie wesentliche Ausführungen zu religionsrechtlichen Fragen etc. enthalten, in späteren Bänden von KirchE abgedruckt.

Die Herausgeber halten es für angebracht, evtl. auch solche Entscheidungen aufzunehmen, die im weiteren Verlauf des Verfahrens keinen Bestand hatten; anderenfalls würde erfahrungsgemäß wertvolles religionsrechtliches Material für eine Auswertung in Wissenschaft und Praxis verloren gehen. Entscheidungen zum Asylrecht und Sonn- und Feiertagsrecht werden in der Sammlung nur berücksichtigt, soweit ein Bezug zum deutschen Staatskirchenrecht ersichtlich ist.

Soweit die als amtlich gekennzeichneten Leitsätze der Gerichte verwendet wurden, ist dies vermerkt. Im Übrigen wurden die Leitsätze möglichst auf den religionsrechtlich relevanten Inhalt der Entscheidung beschränkt. Dasselbe gilt für die von den Herausgebern gefasste Sachverhaltsschilderung, für die Prozessgeschichte und die Entscheidungsgründe. Der z.T. unterschiedliche Zitier- und Abkürzungsmodus ist nur angeglichen, wo Verwechslungen in Betracht kommen. Das Abkürzungsverzeichnis wurde im Wesentlichen auf Publikationsorgane und Zeitschriften beschränkt. Zur Auflösung von weiteren juristischen Abkürzungen wird auf Kirchner / Butz, Abkürzungsverzeichnis der Rechtssprache, 5. Aufl., Berlin 2003, verwiesen. Soweit in den Urteilen etc. auf andere Entscheidungen, die auch in KirchE abgedruckt sind, Bezug genommen wird, ist die Fundstelle durch einen Quellenzusatz beim ersten Zitat nachgewiesen.

Bis zum Jg. 38 (2000) wurden nur Entscheidungen deutscher staatlicher Gerichte in die Sammlung aufgenommen. Die wachsende Bedeutung religionsrechtlich relevanter Fragen in der Rechtsprechung des Europäischen Gerichtshofs für Menschenrechte (EGMR) und des Europäischen Gerichtshofs (EuGH) gibt den Herausgebern Anlass, nunmehr auch deren Judikatur zu berücksichtigen. Dabei werden vornehmlich solche Entscheidungen ausgewählt, die aus Verfahren in Deutschland hervorgegangen oder sonst von grundsätzlicher Bedeutung sind. Die Veröffentlichung erfolgt in einer Amtssprache, die der Gerichtshof für die amtliche Ausgabe der jeweiligen Entscheidung verwendet hat. Ebenso bleibt die von der deutschen Praxis abweichende Form der Entscheidungen und der Abkürzungen gewahrt. Die Herausgeber sind bestrebt, die in der Zeit von 1980 bis 2001 ergangenen Entscheidungen des EGMR und EuGH in einem Sonderband zu dokumentieren.

Zugänge zur Judikatur kirchlicher Gerichte, die in dieser Sammlung schon aus Raumgründen nicht berücksichtigt werden kann, eröffnen die Rechtsprechungsbeilage zum Amtsblatt der EKD (jeweils Beilage zu Heft 4 eines Jahrganges) und die kirchenrechtlichen Fachzeitschriften, insbesondere das „Archiv für katholisches Kirchenrecht", „Kirche und Recht" und die „Zeitschrift für evangelisches Kirchenrecht"; in Letzterer bietet Markus Kapischke (Jg. 46 [2001], S. 63-85) einen Fundstellennachweis der Rechtsprechung der evangelischen Kirchengerichte in den Jahren 1991-2000. Die Spruchpraxis arbeitsrechtlicher Schiedsstellen im Bereich der Katholischen Kirche ist u.a. aus der Zeitschrift „Die Mitarbeitervertretung" ersichtlich.

Seit seiner Gründung (1963) erscheint das Werk in Zusammenarbeit mit dem Institut für Kirchenrecht und rheinische Kirchenrechtsgeschichte der Universität zu Köln und wird dort auch redaktionell betreut. Unter denen, die die Arbeiten am vorliegenden Band der Entscheidungssammlung durch ihre Mitwirkung gefördert haben, seien namentlich genannt Dipl.-Bibliothekar Christian Meyer und stud. iur. Kerstin Halverscheid, Daniela Schubert, Kerstin Sieberns, Ben Parakenings und Thorsten Zimmermann. Frau Petra Schäfter (Berlin) sei für die druckfertige Erstellung des Manuskripts gedankt.

Den Benutzern der Sammlung, Herrn Prof. Dr. Hermann Weber (Bad Vilbel), den Gerichten und kirchlichen Stellen, insbesondere dem Kirchenamt der EKD in Hannover und dem Institut für Staatskirchenrecht der Diözesen Deutschlands in Bonn, schulden die Herausgeber herzlichen Dank für Hinweise und die Zusendung bisher unveröffentlichter Entscheidungen; sie werden diese Mithilfe auch weiterhin zu schätzen wissen.

Köln, im Sommer 2005   *Stefan Muckel*   *Manfred Baldus*

Inhaltsverzeichnis

Nr.		Seite
1	Verlängerung der Abschiebungshaft gegen einen Ausländer im sog. Kirchenasyl. BayObLG, Beschluss vom 8.1.2001 (3Z BR 358/00)	1
2	Keine Vorlagepflicht für Kirchensteuerbeschluss. BVerwG, Beschluss vom 11.1.2001 (11 B 64/00)	2
3	Unerlaubte Rechtsberatung. OLG München, Urteil vom 25.1.2001 (6 U 4759/00)	5
4	Kirchensteuer auf Abfindungszahlung nach Kirchenaustritt. FG München, Urteil vom 26.1.2001 (13 K 2292/00)	11
5	Lehrerin an einer katholischen Schule, Loyalitätsobliegenheiten. BVerfG, Beschluss vom 31.1.2001 (1 BvR 619/92)	13
6	Kündigung während des Laufs der Frist nach § 31 Abs. 2 MAVO. LAG Köln, Urteil vom 2.2.2001 (11 Sa 1292/00)	16
7	Inanspruchnahme einer sog. Altfallregelung nach Aufenthalt im Kirchenasyl. VG des Saarlandes, Beschluss vom 5.2.2001 (6 F 86/00)	18
8	Unterlassungsanspruch eines kath. Bistums. LG Berlin, Urteil vom 8.2.2001 (27 O 7/01)	21
9	Rechtsweg in kirchendienstl. Statussachen. VGH Baden-Württemberg, Beschluss vom 12.2.2001 (4 S 1448/00)	24
10	Abkopplung des kirchl. Besoldungsrechts vom öffentl. Dienst des Landes. VG Göttingen, Urteil vom 13.2.2001 (3 A 3138/99)	30
11	Geschlechtsspezifische Stellenausschreibung durch kath. Frauenverband. ArbG München, Urteil vom 14.2.2001 (38 Ca 8663/00)	35
12	Kopftuchverbot für Grundschullehrerin. EGMR, Nichtzulassungsbeschluss vom 15.2.2001 (Appl.No. 42393/98 [Dhalab./. Schweiz])	38
13	Mündliche Kirchenaustrittserklärung in der DDR. VG Magdeburg, Gerichtsbescheid vom 20.2.2001 (A 6 K 559/99)	53
14	Kündigung eines Kirchenmusikers durch ev. Kirchengemeinde. BAG, Urteil vom 21.2.2001 (2 AZR 579/99)	55
15	Loyalitätspflicht einer Kindergärtnerin im kirchl. Dienst. BAG, Urteil vom 21.2.2001 (2 AZR 139/00)	63

16	Verletzung staatl. Schutzpflichten aus Art. 4 Abs. 1 u. 2 GG ggü. Religionsgemeinschaft. BVerfG, Beschluss vom 26.3.2001 (2 BvR 943/99)	79
17	Nachrichtendienstliche Beobachtung von Scientology. VG des Saarlandes, Urteil vom 29.3.2001 (6 K 149/00)	82
18	Religiöse Kriterien bei Sorgerechtsregelung nach Trennung der Eltern. OLG Nürnberg, Beschluss vom 30.3.2001 (7 UF 2844/00)	108
19	Gebührenermäßigung für mit der kath. Kirche verbundenen Orden. OLG Hamm, Beschluss vom 10.4.2001 (15 W 416/99)	113
20	Subventionsleistung für kirchl. Träger und Haushaltsvorbehalt. VGH Baden-Württemberg, Urteil vom 10.4.2001 (1 S 245/00)	116
21	Aufnahme eines Behinderten in eine diakonische Einrichtung der Behindertenhilfe, Umfang des Wunschrechts. VG Halle (Saale), Urteil vom 26.4.2001 (4 A 270/99)	125
22	Anerkennung der Zeugen Jehovas als Körperschaft des öffentl. Rechts, Aufklärungsbedarf. BVerwG, Urteil vom 17.5.2001 (7 C 1/01)	130
23	Pfarrpfründestiftung, Nachweis der gesetzlichen Vertretung. BayObLG, Beschluss vom 22.5.2001 (2Z BR 49/01)	137
24	Testamentsauslegung. BayObLG, Beschluss vom 23.5.2001 (1 Z BR 10/01)	141
25	Gebührenfreiheit für kirchliche Stiftung. VGH Baden-Württemberg, Urteil vom 23.5.2001 (3 S 815/00)	146
26	Hinweis in der Lohnsteuerkarte auf Nichtzugehörigkeit zu einer steuererhebenden Religionsgemeinschaft. BVerfG, Beschluss vom 25.5.2001 (1 BvR 2253/00)	157
27	Versetzung eines ev. Pfarrers in den Ruhestand, Rechtsweg. OVG Rheinland-Pfalz, Urteil vom 1.6.2001 (2 A 12125/00)	159
28	Rechtsberatung durch freie Wohlfahrtsverbände. LG Stuttgart Urteil vom 21.6.2001 (5 KfH O 21/01)	169
29	Kündigung einer muslimischen Verkäuferin wegen Tragens eines Kopftuches. LAG Frankfurt a.M., Urteil vom 21.6.2001 (3 Sa 1448/ 00)	174
30	Fortdauer der Exemtion gemäß § 118 Abs. 2 BetrVG nach Ausgliederung einer karitativen Einrichtung. LAG Hamm, Beschluss vom 22.6.2001 (10 TaBV 96/00)	182
31	Kopftuchverbot für muslimische Lehrerin im öffentl. Schuldienst. VGH Baden-Württemberg, Urteil vom 26.6.2001 (4 S 1439/00)	192

32	Genehmigung für Anlage einer Kapelle u. eines Friedhofs. EGMR, Entscheidung vom 10.7.2001 (Appl.No. 41754/98 [Johannische Kirche u.a. ./. Deutschland])	212
33	Klagebefugnis eines Vereins bei Einreiseverweigerung für sein ausländisches geistliches Oberhaupt. BVerwG, Urteil vom 10.7.2001 (1 C 35/00)	217
34	Geltungsbereich des staatlichen kollektiven Arbeitsrechts. ArbG Mönchengladbach, Beschluss vom 12.7.2001 (4 BV 34/01)	223
35	Abgrenzung von Tatsachenbehauptung und zulässiger Meinungsäußerung bei behaupteter „Zusammenarbeit" des Logistikkonzerns „UPS" mit der „Scientology Sekte". KG Berlin, Urteil vom 17.7.2001 (14 U 60/01)	231
36	Kirchgeld in Ev.-luth. Landeskirche Braunschweig. VG Braunschweig, Urteil vom 17.7.2001 (6 A 40/01)	240
37	Rechtsweg für Abwehransprüche gegen die Äußerungen eines kirchl. Sektenbeauftragten. BGH, Beschluss vom 24.7.2001 (VI ZB 12/00)	245
38	Subsidiarität staatlichen Rechtsschutzes im kirchl. Amtsrecht. OVG Nordrhein-Westfalen, Beschluss vom 25.7.2001 (5 A 1516/00)	250
39	Geltungsbereich des kirchlichen Arbeitsrechts. BAG, Urteil vom 26.7.2001 (6 AZR 138/00)	252
40	Insolvenzunfähigkeit von Kirchen. AG Potsdam, Beschluss vom 1.8.2001 (35 IN 538/01)	260
41	Betreuerbestellung für eine Bluttransfusion ablehnende Angehörige der Glaubensgemeinschaft der Zeugen Jehovas. BVerfG, Nichtannahmebeschluss vom 2.8.2001 (1 BvR 618/93)	261
42	Kirchensteuerfestsetzung bei Zuzug aus dem Ausland. OVG Rheinland-Pfalz, Urteil vom 8.8.2001 (6 A 10237/01)	265
43	Kritik an Presseartikel über innerkirchliche Streitigkeit. LG Darmstadt, Urteil vom 14.8.2001 (13 O 324/99)	269
44	Bauvorbescheid zur Errichtung einer Moschee. VG Frankfurt a.M., Urteil vom 27.8.2001 (3 E 815/01[2])	272
45	Zur Förderung einer Weltanschauungsgemeinschaft aus Haushaltsmitteln. OVG Berlin, Urteil vom 11.9.2001 (8 B 3.00)	286
46	Zusatzversorgung nach Ausscheiden aus kirchl. Zusatzversorgungssystem. BAG, Urteil vom 18.9.2001 (AZR 689/00)	294

47	Private Arbeitsvermittlung durch ein Mitglied von Scientology. LSG Rheinland-Pfalz, Urteil vom 20.9.2001 (L 1 AL 49/01)	299
48	Kirchenbeitrag als steuerliche Sonderausgabe. BFH, Urteil vom 10.10.2001 (XI R 52/00)	308
49	Krankenversicherungsbeitrag auf Zusatzrente der Caritas-Schwesternschaft. BSG, Urteil vom 11.10.2001 (B 12 KR 4/00 R)	312
50	Geltungsbereich des BetrVG, kath. Wohnungsbau- und Siedlungsgesellschaft. LAG Berlin, Urteil vom 12.10.2001 (TaBV 1359/01)	319
51	Außerordentliche Änderungskündigung gegenüber einem Arbeitnehmer einer diakonischen Einrichtung. BAG, Urteil vom 25.10.2001 (2 AZR 216/00)	323
52	Islamischer Religionsunterricht in Berlin. VG Berlin, Urteil vom 25.10.2001 (27 A 254/01)	328
53	Strafbarkeit eines kath. Pfarrers wegen der Gewährung von sog. Kirchenasyl. LG Osnabrück, Urteil vom 2.11.2001 (7 Ns 131/01)	336
54	Kirchenaustritt in der ehem. DDR. VG Berlin, Urteil vom 2.11.2001 (VG 10 A 377.00)	343
55	Islamischer Religionsunterricht in Nordrhein-Westfalen. VG Düsseldorf, Urteil vom 2.11.2001 (1 K 10519/98)	345
56	Anpassung der Kirchensteuerfestsetzung bei Änderung des zugrunde liegenden Einkommensteuerbescheids. VG Darmstadt, Beschluss vom 5.11.2001 (4 G 783/01)	368
57	Absenkung der Vergütung auf der Grundlage der AVR. BAG, Urteil vom 15.11.2001 (6 AZR 88/01)	374
58	Aufwendungen einer Religionslehrerin für eine Israelreise als Werbungskosten. FG Münster, Urteil vom 15.11.2001 (14 K 1492/01 E)	382
59	Ersatzweise Anwendung deutschen Ehescheidungsrechts aufgrund ordre public. OLG Zweibrücken, Urteil vom 16.11.2001 (2 UF 80/00)	384
60	Anerkennung eines Vereins als jüdische Kultusgemeinde / Körperschaft des öffentl. Rechts. VG Halle (Saale), Urteil vom 22.11.2001 (3 A 1794/97)	390
61	Geschäftsmäßige Vertretung von Hilfesuchenden durch kirchl. Einrichtung. OVG Nordrhein-Westfalen, Beschluss vom 29.11.2001 (12 A 100/99)	401

62 Entbindung einer Gemeindereferentin vom Amt einer ehrenamtlichen Verwaltungsrichterin. OVG Nordrhein-Westfalen, Beschluss vom 6.12.2001 (16 F 56/01) 405

63 Kostenerstattungsanspruch eines Mitglieds der Mitarbeitervertretung. LAG Rheinland-Pfalz, Urteil vom 6.12.2001 (4 Sa 1070/01) 408

64 Gemeinnützigkeitsschädliche Verwendung von Mitteln für den wirtschaftlichen Geschäftsbetrieb eines Freizeitheims. FG Münster, Urteil vom 10.12.2001 (9 K 2537/98 K) 412

65 Vergleichsvorschlag zur Beilegung der Verfassungsstreitverfahren um die Stellung des Religionsunterrichts und die Einführung des Schulfachs LER in Brandenburg. BVerfG, Beschluss vom 11.12.2001 (1 BvF 1/96, 1 BvR 1697/96, 1 BvR 1718/96, 1 BvR 1783/96, 1 BvR 1412/97) 417

66 Innerbehördliche Organisationsmaßnahme, Rechtsschutz. VG Hamburg, Urteil vom 12.12.2001 (7 VG 4025/2000) 420

67 Staatl. Anerkennung einer Religionsgemeinschft. EGMR, Urteil vom 13.12.2001 (Appl.No. 45701/99 [Metropolitan Church of Bessarabia ./. Moldavia]) 427

68 Nachrichtendienstliche Beobachtung von Scientology durch Vertrauensleute. VG Berlin, Urteil vom 13.12.2001 (27 A 260/98) 451

69 Festsetzung / Erhebung der Kircheneinkommensteuer in Bayern. FG München, Gerichtsbescheid vom 14.12.2001 (13 K 2420/01) 465

70 Änderung einer fehlerhaften Anrechnung von Kirchenlohnsteuer. FG München, Urteil vom 17.12.2001 (13 K 1533/01) 466

71 Nachträgliche Einführung einer Friedhofsunterhaltungsgebühr. BVerwG, Beschluss vom 18.12.2001 (9 BN 5/01) 469

72 Herausnahme eines leitenden Mitarbeiters aus dem Geltungsbereich der MAVO. LAG Niedersachsen, Urteil vom 18.12.2001 (12 Sa 694/01) ... 472

73 Wandkreuz in Volksschulen u. Religionsfreiheit des Lehrers. BayVGH, Urteil vom 21.12.2001 (3 B 98.563) 476

Abkürzungsverzeichnis

ABl.	Amtsblatt
ABlEG	Amtsblatt der Europäischen Gemeinschaften
ABlEvLK.	Amtsblatt evangelische Landeskirche
AfkKR	Archiv für katholisches Kirchenrecht
AfP	Archiv für Presserecht
AG	Amtsgericht
AiB	Arbeitsrecht im Betrieb
AK-GG	Kommentar zum Grundgesetz für die Bundesrepublik Deutschland (Reihe Alternativkommentare)
AkKR	Archiv für katholisches Kirchenrecht
AllMBl.	Allgemeines Ministerialblatt der Bayerischen Staatsregierung
AöR	Archiv des öffentlichen Rechts
AP	Arbeitsrechtliche Praxis
ArbG	Arbeitsgericht
AR-Blattei	Arbeitsrecht-Blattei
ArbN	Arbeitnehmer
ArbRGeg	Das Arbeitsrecht der Gegenwart
ArbuR, AuR	Arbeit und Recht
ARST	Arbeitsrecht in Stichworten
ArztR	Arztrecht
AS	Amtliche Sammlung
AS RP-SL	Amtliche Sammlung der Oberverwaltungsgerichte Rheinland-Pfalz und Saarland
AuA	Arbeit und Arbeitsrecht
AuAS	Ausländer- und asylrechtlicher Rechtsprechungsdienst
AuR, ArbuR	Arbeit und Recht
BAG	Bundesarbeitsgericht
BAGE	Entscheidungen des Bundesarbeitsgerichts
BauR	Baurecht
BayGVBl.	Bayerisches Gesetz- und Verordnungsblatt
BayObLG	Bayerisches Oberstes Landesgericht
BayObLGR	Report BayObLG. Schnelldienst zur gesamten Zivilrechtsprechung des Bayerischen Obersten Landesgerichts
BayObLGSt	Entscheidungen des Bayerischen Obersten Landesgerichts in Strafsachen
BayObLGZ	Entscheidungen des Bayerischen Obersten Landesgerichts in Zivilsachen
BayVBl.	Bayerische Verwaltungsblätter
BayVerfGH	Bayerischer Verfassungsgerichtshof
BayVerfGHE, BayVGHE	Sammlung von Entscheidungen des Bayerischen Verwaltungsgerichtshofs mit Entscheidungen des Bayerischen Verfassungsgerichtshofs
BB	Der Betriebs-Berater
BFH	Bundesfinanzhof

BFH/NV	Sammlung amtlich nicht veröffentlichter Entscheidungen des Bundesfinanzhofs
BFHE	Sammlung der Entscheidungen des Bundesfinanzhofs
BGBl.	Bundesgesetzblatt
BGH	Bundesgerichtshof
BGHR	BGH-Rechtsprechung
BGHSt.	Entscheidungen des Bundesgerichtshofs in Strafsachen
BGHZ	Entscheidungen des Bundesgerichtshofs in Zivilsachen
BK-GG	Bonner Kommentar zum Grundgesetz
BPatGE	Entscheidungen des Bundespatentgerichts
Breith.	Sammlung von Entscheidungen aus dem Sozialrecht
BRS	Baurechtssammlung
BS	Bereinigte Sammlung
BSG	Bundessozialgericht
BSGE	Entscheidungen des Bundessozialgerichts
BStBl.	Bundessteuerblatt
BT-Drs.	Bundestagsdrucksache
BTPrax	Betreuungsrechtliche Praxis
Buchholz	Sammel- und Nachschlagewerk der Rechtsprechung des Bundesverwaltungsgerichts
BuW	Betrieb und Wirtschaft
BVerfG	Bundesverfassungsgericht
BVerfGE	Entscheidungen des Bundesverfassungsgerichts
BVerwG	Bundesverwaltungsgericht
BVerwGE	Entscheidungen des Bundesverwaltungsgerichts
BWGZ	Die Gemeinde. Zeitschrift für Städte und Gemeinden, für Stadträte, Gemeinderäte und Ortschaftsräte; Organ des Gemeindetages Baden-Württemberg
BWVP(r)	Baden-Württembergische Verwaltungspraxis
CIC	Codex Juris Canonici
CR	Computer und Recht
DB	Der Betrieb
DBK	Deutsche Bischofskonferenz
DBlR	Dienstblatt der Bundesanstalt für Arbeit Rechtsprechung
DEK	Deutsche Evangelische Kirche
DLR	Deutsche Lebensmittel-Rundschau
DNotI-Report	Informationsdienst des Deutschen Notarinstituts
DNotZ	Deutsche Notar-Zeitschrift
DÖD	Der öffentliche Dienst
DÖV	Die öffentliche Verwaltung
DR	Deutsches Recht (Wochenausgabe, vereinigt mit der Juristischen Wochenschrift)
DRiZ	Deutsche Richterzeitung
DRsp	Die Deutsche Rechtsprechung. Datenbank
DStR	Deutsches Steuerrecht

DStRE	Deutsches Steuerrecht-Entscheidungsdienst
DStZ	Deutsche Steuer-Zeitung
Dt. Lebensmittel-Rdsch.	Deutsche Lebensmittel-Rundschau
DtZ	Deutsch-deutsche Rechts-Zeitschrift
DVBl.	Deutsches Verwaltungsblatt
DVP	Deutsche Verwaltungspraxis
DZWIR	Zeitschrift für Wirtschafts- und Insolvenzrecht
EBE	Eildienst: Bundesgerichtliche Entscheidungen
ECHR	European Court of Human Rights. Reports of judgments and decisions
EFG	Entscheidungen der Finanzgerichte
EkA	Entscheidungssammlung zum kirchlichen Arbeitsrecht
EKD	Evangelische Kirche in Deutschland
EStB	Der Ertragsteuerberater
ESVGH	Entscheidungssammlung des Hessischen Verwaltungsgerichtshofs und des Verwaltungsgerichtshofes Baden-Württemberg
EuGHE	Gerichtshof der Europäischen Gemeinschaften. Sammlung der Entscheidungen
EuGRZ	Europäische Grundrechte-Zeitschrift
EuZW	Europäische Zeitschrift für Wirtschaftsrecht
EvSt, EvStL	Evangelisches Staatslexikon
EzA	Entscheidungssammlung zum Arbeitsrecht
EzAR	Entscheidungssammlung zum Ausländer- und Asylrecht
EzA-SD	Entscheidungssammlung zum Arbeitsrecht. Schnelldienst
EzBAT	Entscheidungssammlung zum Bundesangestellten-Tarif und den ergänzenden Tarifverträgen
EzB-VjA	Entscheidungssammlung zum Berufsbildungsrecht (Verjüngungsausgabe)
EzFamR	Entscheidungssammlung zum Familienrecht
FA	Fachanwalt Arbeitsrecht
FamRB	Familien-Rechts-Berater
FamRZ	Zeitschrift für das gesamte Familienrecht
FEVS	Fürsorgerechtliche Entscheidungen der Verwaltungs- und Sozialgerichte
FG	Finanzgericht
FGPrax	Praxis der Freiwilligen Gerichtsbarkeit
FR	Finanzrundschau
FuR	Familie und Recht
G+G	Grundstücksmarkt und Grundstückswert
GA	Goltdammer's Archiv für Strafrecht
GABl	Gemeinsames Amtsblatt der Ministerien für Bildung und Kultur und für Wissenschaft und Weiterbildung

GABl.NW	Gemeinsames Amtsblatt des Kultusministeriums und des Ministeriums für Wissenschaft und Forschung des Landes Nordrhein-Westfalen
GBl	Gesetzblatt der Freien Hansestadt Bremen
GBl.DDR	Gesetzblatt der Deutschen Demokratischen Republik
GewArch	Gewerbearchiv
GKÖD	Gesamtkommentar Öffentliches Dienstrecht
Grundeigentum	Das Grundeigentum
GRUR	Gewerblicher Rechtsschutz und Urheberrecht
GRUR-RR	Gewerblicher Rechtsschutz und Urheberrecht - Rechtsprechungsreport
GS	Gesetzessammlung
GStB	Gestaltende Steuerberatung
GV.NW	Gesetz- und Vorordnungsblatt für das Land Nordrhein-Westfalen
GVBl., GVOBl.	Gesetz- und Verordnungsblatt
GVG	Gerichtsverfassungsgesetz
HdbBayStKirchR	Voll, Otto: Handbuch des Bayerischen Staatskirchenrechts. München 1985
HdbKathKR	Handbuch des katholischen Kirchenrechts. Hrsg. von Joseph Listl, Hubert Müller, Heribert Schmitz. Regensburg 1983
HdbStKirchR	Handbuch des Staatskirchenrechts der Bundesrepublik Deutschland. Hrsg. von Joseph Listl und Dietrich Pirson. 2. Aufl. Bd. 1 u. 2. Berlin 1994-1995
HdbVerfR	Handbuch des Verfassungsrechts der Bundesrepublik Deutschland. Hrsg. von Ernst Benda, Werner Maihofer, Hans-Jochen Vogel. 2. Aufl. Berlin 1994
HdbWissR	Handbuch des Wissenschaftsrechts. Hrsg. von Christian Flämig. 2. Aufl. Bd. 1 u. 2. Berlin 1996
Hess.VGH	Hessischer Verwaltungsgerichtshof
HFR	Höchstrichterliche Finanzrechtsprechung
HK	Handelskammer
HRG	Hochschulrahmengesetz
HUDOC	Human Rights Documentation. Database of the case-law of the European Convention on Human Rights
HVBG INFO	Hauptverband der gewerblichen Berufsgenossenschaften (Hrsg.), Aktueller Informationsdienst für die berufsgenossenschaftliche Sachbearbeitung
IBR	Immobilien- und Baurecht
InfAuslR	Informationsbrief Ausländerrecht
Info BRS	Informationsdienst öffentliche Baurechtssammlung
IÖD	Informationsdienst Öffentliches Dienstrecht
IPrax	Praxis des Internationalen Privat- und Verfahrensrechts

Abkürzungsverzeichnis XVII

IPRspr	Die deutsche Rechtsprechung auf dem Gebiete des Internationalen Privatrechts
iStR	Internationales Steuerrecht
JA	Juristische Arbeitsblätter
JAmt	Das Jugendamt
JMBl.	Justizministerialblatt
JöR	Jahrbuch des öffentlichen Rechts der Gegenwart
JR	Juristische Rundschau
JuS	Juristische Schulung
JW	Juristische Wochenschrift
JZ	Juristenzeitung
KABl.	Kirchliches Amtsblatt
KAnz.	Kirchlicher Anzeiger
KFR	Kommentierte Finanzrechtsprechung
KG	Kammergericht
KH	Das Krankenhaus
Kind-Prax	Kindschaftsrechtliche Praxis
KirchE	Entscheidungen in Kirchensachen seit 1946
KMBl.	Amtsblatt des Bayerischen Staatsministeriums für Unterricht und Kultus
KMK-HSchR	Informationen zum Hochschulrecht. Veröffentlichungen der Kultusministerkonferenz
KR	Kommentar zum gesamten Kündigungsrecht
Kriminalistik	Kriminalistik. Zeitschrift für die gesamte kriminalistische Wissenschft und Praxis
KStZ	Kommunale Steuerzeitschrift
KuR	Kirche und Recht
LAG	Landesarbeitsgericht
LAGE	Entscheidungen der Landesarbeitsgerichte
LG	Landgericht
LK	Leipziger Kommentar zum Strafgesetzbuch
LKV	Landes- und Kommunalverwaltung
LM	Nachschlagewerk des Bundesgerichtshofs. Hrsg. v. Lindenmaier, Möhring
LRE	Sammlung lebensmittelrechtlicher Entscheidungen
LS	Leitsatz
LSA-GVBl.	Land Sachsen Anhalt, Gesetz- und Verordnungsblatt
LSG	Landessozialgericht
LT-Drs.	Landtagsdrucksache
LThK	Lexikon für Theologie und Kirche
MBl.	Ministerialblatt
MDR	Monatsschrift für Deutsches Recht

MedR	Medizinrecht
MeldeG	Meldegesetz
Mitt NWStGB	Mitteilungen des Städte- und Gemeindebundes Nordrhein-Westfalen
MittBayNot	Mitteilungen des Bayerischen Notarvereins
MittRhNotK	Mitteilungen. Rheinische Notarkammer
MMR	MultiMedia und Recht
MünchKomm., MK	Münchener Kommentar zum BGB
n.v.	nicht veröffentlicht
Nds.GVBl.	Gesetz- und Verordnungsblatt für Niedersachsen
Nds.MBl.	Niedersächsisches Ministerialblatt
Nds.Rpfl.	Niedersächsische Rechtspflege
NdsVBl	Niedersächsiches Verwaltungsblatt
NDV-RD	Rechtsprechungsdienst des Deutschen Vereins für Öffentliche und private Vorsorge
NJ	Neue Justiz
NJW	Neue Juristische Wochenschrift
NJW-CoR	Computerreport der Neuen Juristischen Wochenschrift
NJWE-FER	Neue Juristische Wochenschrift - Entscheidungsdienst Familien- und Erbrecht
NJW-RR	Neue Juristische Wochenschrift - Rechtsprechungsreport
NordÖR	Zeitschrift für öffentliches Recht in Norddeutschland
NStE	Neue Entscheidungssammlung für Strafrecht
NStZ	Neue Zeitschrift für Strafrecht
NStZ-RR	Neue Zeitschrift für Strafrecht-Rechtsprechungsreport
NuR	Natur und Recht
NVwZ	Neue Zeitschrift für Verwaltungsrecht
NVwZ-RR	Neue Zeitschrift für Verwaltungsrecht-Rechtsprechungsreport
NWVBl.	Nordrhein-Westfälische Verwaltungsblätter
NZA	Neue Zeitschrift für Arbeitsrecht
NZA-RR	NZA-Rechtsprechungsreport Arbeitsrecht
NZI	Neue Zeitschrift für das Rechts der Insolvenz und Sanierung
NZM	Neue Zeitschrift für Miet- und Wohnungsrecht
NZS	Neue Zeitschrift für Sozialrecht
ÖAKR	Österreichisches Archiv für Kirchenrecht
öarr	Österreichisches Archiv für Recht und Religion
ÖJZ	Österreichische Juristen-Zeitung
OLG	Oberlandesgericht
OLGR	(mit Ortszusatz) OLG-Report: Zivilrechtsprechung der Oberlandesgerichte
OLGSt	Entscheidungen der Oberlandesgerichte in Straf-, Ordnungswidrigkeiten- und Ehrengerichtssachen
OVG	Oberverwaltungsgericht

OVGE	Entscheidungen der Oberverwaltungsgerichte für das Land Nordrhein-Westfalen in Münster und für das Land Niedersachsen in Lüneburg
OVGE Bln	Entscheidungen des Oberverwaltungsgerichts Berlin
PersR	Der Personalrat
PersV	Die Personalvertretung
PflegeR	Zeitschrift für Rechtsfragen in der ambulanten und stationären Pflege
PflR	PflegeRecht
RABl.	Reichsarbeitsblatt
RdA	Recht der Arbeit
RdJB	Recht der Jugend und des Bildungswesens
RdL	Recht der Landwirtschaft
RdLH	Rechtsdienst der Lebenshilfe
RDV	Recht der Datenverarbeitung
RegBl	Regierungsblatt
RG	Reichsgericht
RGBl.	Reichsgesetzblatt
RGRK	Reichsgerichtsrätekommentar
RGZ	Entscheidungen des Reichsgerichts in Zivilsachen
RiA	Das Recht im Amt
RNotZ	Rheinische Notar - Zeitschrift
RPfleger	Der Deutsche Rechtspfleger
RsDE	Beiträge zum Recht der sozialen Dienste und Einrichtungen
RuP	Recht und Psychiatrie
RzK	Rechtsprechung zum Kündigungsrecht
SächsGBl	Sächsisches Gesetzblatt
SächsVBl	Sächsische Verwaltungsblätter
SAE	Sammlung arbeitsrechtlicher Entscheidungen
SAR	Sozialhilfe- und Asylbewerberleistungsrecht
SchlHA	Schleswig-Holsteinische Anzeigen
Schütz BeamtR	Schütz Beamtenrecht des Bundes und der Länder
SGb	Die Sozialgerichtsbarkeit
SozR	Sozialrecht. Rechtsprechung und Schrifttum
SozSich	Soziale Sicherheit
StAnz.	Staatsanzeiger
StAZ	Zeitschrift für Standesamtswesen
StE	Steuer-Eildienst
StenBer	Stenographischer Bericht
StGHG	Entscheidungen des Staatsgerichtshofs
StR	Staat und Recht
StraFo	Strafverteidiger Forum
StraßenR	Straßenrecht

StRK	Steuerrechtsprechung in Karteiform. Höchstrichterliche Entscheidungen in Steuersachen
StuB	Steuern und Bilanzen
StV	Strafverteidiger
StW	Steuer-Warte
Theol.Rdsch	Theologische Rundschau
ThürVBl	Thüringer Verwaltungsblätter
USK	Urteilssammlung für die gesetzliche Krankenversicherung
VA	Verwaltungsrecht für die Anwaltspraxis
VBlBW	Verwaltungsblätter für Baden-Württemberg
VerfGH	Verfassungsgerichtshof
VerGHE	Entscheidungen des Verfassungsgerichtshofs
VersR	Versicherungsrecht
VerwArch	Verwaltungsarchiv
VG	Verwaltungsgericht
VGH	Verwaltungsgerichtshof
VGH BW	Verwaltungsgerichtshof Baden - Würtemberg
VGHE	Entscheidungen des Verwaltungsgerichtshofs
VIZ	Zeitschrift für Vermögens- und Investitionsrecht
VOBl.	Verordnungsblatt
VR	Verwaltungsrundschau
VSSR	Vierteljahresschrift für Sozialrecht
VVDStRL	Veröffentlichungen der Vereinigung der Deutschen Staatsrechtslehrer
VwRR BY	Verwaltungsrechtsreport Bayern
WissR	Wissenschaftsverwaltung, Wissenschaftsförderung
wistra	Zeitschrift für Wirtschafts- und Steuerstrafrecht (bis 1996 Zeitschrift für Wirtschaft, Steuer, Strafrecht)
WiVerw	Wirtschaft und Verwaltung
WM	Wertpapiermitteilungen
WPg	Die Wirtschaftsprüfung
WRP	Wettbewerb in Recht und Praxis
WuM	Wohnungswirtschaft und Mietrecht
WzS	Wege zur Sozialversicherung
ZAP (EN)	Zeitschrift für die Anwaltspraxis
ZAR	Zeitschrift für Ausländerrecht und Ausländerpolitik
ZBR	Zeitschrift für Beamtenrecht
ZBVR	Zeitschrift für Betriebsverfassungsrecht
ZERB	Zeitschrift für die Steuer- und Erbrechtspraxis

Abkürzungsverzeichnis XXI

ZEV	Zeitschrift für Erbrecht und Vermögensnachfolge
ZevKR	Zeitschrift für evangelisches Kirchenrecht
ZFE	Zeitschrift für Familien- und Erbrecht
ZfIR	Zeitschrift für Immobilienrecht
ZfJ	Zentralblatt für Jugendrecht
ZfPR	Zeitschrift für Personalvertretungsrecht
ZfSch	Zeitschrift für Schadensrecht
ZfSH/SGB	Zeitschrift für Sozialhilfe (ab 1983,2:) und Sozialgesetzbuch (1.1962 ff.)
ZInsO	Zeitschrift für das gesamte Insolvenzrecht
ZIP	Zeitschrift für Wirtschaftsrecht
ZKF	Zeitschrift für Kommunalfinanzen
ZLR	Zeitschrift für das gesamte Lebensmittelrecht (auch: Zeitschrift für Luftrecht)
ZMR	Zeitschrift für Miet- und Raumrecht
ZMV	Die Mitarbeitervertretung
ZNotP	Zeitschrift für die Notarpraxis
ZOV	Zeitschrift für offene Vermögensfragen
ZTR	Zeitschrift für Tarifrecht
ZUM	Zeitschrift für Urheber- und Medienrecht
ZUM-RD	Zeitschrift für Urheber- und Medienrecht - Rechtsprechungsdienst

1

Steht fest, dass einem Beschluss, durch den Abschiebungshaft angeordnet oder verlängert wird, keine praktische Bedeutung zukommt, weil die Ausländerbehörde den Beschluss gegen den wieder in das sog. offene Kirchenasyl zurückgekehrten Ausländer nicht vollziehen würde, dann entbehrt der sofortigen weiteren Beschwerde der Ausländerbehörde gegen die vom Landgericht beschlossene Aufhebung der Anordnung bzw. Verlängerung von Abschiebungshaft das Rechtsschutzbedürfnis.

§§ 27 FGG, 57 AuslG
BayObLG, Beschluss vom 8. Januar 2001 - 3Z BR 358/00[1] -

Mit Beschluss vom 25.9.2000 verlängerte das Amtsgericht mit sofortiger Wirksamkeit die gegen den Betroffenen, einen türkischen Staatsangehörigen kurdischer Volkszugehörigkeit, zur Sicherung seiner Abschiebung seit 26.6.2000 vollzogene Abschiebungshaft bis längstens 26.12.2000.

Auf die sofortige Beschwerde des Betroffenen hat das Landgericht die Haftverlängerung mit Beschluss vom 2.11.2000 aufgehoben und den Haftverlängerungsantrag der Ausländerbehörde abgelehnt. Ein Haftgrund liege nicht vor. Der Betroffene habe sich zwar zusammen mit seiner Ehefrau und den sechs Kindern am 26.9.1995 in das sog. Kirchenasyl begeben. Die Ausländerbehörde habe von seinem Aufenthalt aber stets Kenntnis gehabt. Ein begründeter Verdacht, dass der Betroffene sich der Abschiebung entziehen wolle, lasse sich aus dessen Verhalten nicht ableiten, da die Ausländerbehörde nicht gehindert sei, ungeachtet des sog. Kirchenasyls auf den Betroffenen Zugriff zu nehmen.

Gegen die Entscheidung des Landgerichts wendet sich die Ausländerbehörde mit der sofortigen weiteren Beschwerde und führt im Wesentlichen aus, Sinn und Zweck der Flucht in das sog. Kirchenasyl sei die Vereitelung der Abschiebung.

Der Senat verwirft das Rechtsmittel.

Aus den Gründen:

Das Rechtsmittel der Ausländerbehörde ist zu verwerfen, da ihm schon bei seiner Einlegung das erforderliche Rechtsschutzbedürfnis fehlte.

---

[1] BayVBl 2001, 758; InfAuslR 2002, 308; ZAP EN-Nr 309/2001 (LS).

1. Die Zulässigkeit der weiteren Beschwerde setzt auch voraus, dass für die rechtliche Überprüfung der Entscheidung des Landgerichts ein Rechtsschutzbedürfnis besteht (vgl. BayObLG FamRZ 1990, 551; Keidel/Kahl, FGG 14. Aufl., § 19 Rn 81). Es fehlt unter anderem dann, wenn der Aufhebung der Entscheidung des Landgerichts keine praktische Bedeutung zukommt (vgl. Keidel/Kahl, § 19 Rn 111).

Dies ist hier der Fall. Die Ausländerbehörde verfolgte mit ihrem Rechtsmittel das Ziel der Wiederherstellung des amtsgerichtlichen Haftverlängerungsbeschlusses vom 25.9.2000. Diesem hätte zwar bis 26.12.2000 als Grundlage für den weiteren Vollzug von Abschiebungshaft Bedeutung zukommen können. Der Senat ist jedoch davon überzeugt, dass die Ausländerbehörde von dem Beschluss bis zu dem genannten Zeitpunkt keinen Gebrauch gemacht hätte. So hat die Ausländerbehörde zur Begründung ihres Rechtsmittels vorgetragen, die Flucht ins „Kirchenasyl" sei deshalb ein geeignetes Mittel, der Abschiebung zu entgehen, weil die Betroffenen wüssten, dass die Verwaltungs- und Polizeibehörden im Regelfall mit Rücksicht auf religiöse Empfindungen und gesellschaftliche Anschauungen bei der rechtlich an sich möglichen Anwendung unmittelbaren Zwangs innerhalb des Kirchenbereichs Zurückhaltung übten. Dementsprechend hatte die Ausländerbehörde auch den Betroffenen während seines jahrelangen Aufenthalts im „Kirchenasyl" unbehelligt gelassen. Zu seiner Festnahme am 25.6.2000 war es nur deshalb gekommen, weil er bei einem Spaziergang offenbar den Klosterbereich verlassen hatte. Eine Änderung der bisherigen allgemeinen Praxis der Ausländerbehörden war bis zum 26.12.2000 ebenso wenig zu erwarten wie ein davon abweichender Zugriff auf den nach seiner durch das Landgericht verfügten Entlassung aus der Abschiebungshaft wieder ins „Kirchenasyl" zurückgekehrten Betroffenen. Dies entnimmt der Senat unter anderem dem Umstand, dass die Ausländerbehörde auf eine entsprechende Anfrage des Senatsvorsitzenden nicht geantwortet hat. Die Möglichkeit, den Betroffenen bis zum 26.12.2000 nochmals außerhalb des Klosterbereichs anzutreffen, ließ sich von vornherein ausschließen.

Wegen des fehlenden Rechtsschutzbedürfnisses der sofortigen weiteren Beschwerde ist kein Raum für eine Überprüfung der Würdigung des Landgerichts, dass ein Ausländer, der sich in das sog. offene Kirchenasyl begibt, damit nicht ohne weiteres den Haftgrund des § 57 Abs. 2 Satz 1 Nr. 5 AuslG verwirkliche.

2

Das staatliche Verwaltungsgericht unterliegt bei Prüfung der Verfassungskonformität eines als Kirchengesetz bezeichneten Kirchensteuerbeschlusses nicht der Vorlagepflicht gemäß Art. 100 Abs. 1 GG.

§ 132 Abs. 2 VwGO
BVerwG, Beschluss vom 11. Januar 2001 - 11 B 64/00[1] -

Die Klägerin gehört der Nordelbischen Ev.-Luth. Kirche (NEK) an und wendet sich gegen ihre Veranlagung zur Kirchensteuer für 1994, soweit diese auf der Grundlage eines höheren Bemessungssatzes (9 vH der Einkommensteuer) erfolgt als es für Kirchenangehörige im Gebiet der Freien und Hansestadt Hamburg (8 vH) der Fall ist. Die NEK wurde 1977 aus den bis dahin selbstständigen Landeskirchen Schleswig-Holstein, Eutin, Lübeck, der Ev.-Luth. Kirche im Hamburgischen Staate sowie dem Kirchenkreis Harburg (aus der Landeskirche Hannover) gegründet.

Die Klage gegen die Kirchensteuerveranlagung, soweit ihr ein höherer Hebesatz als in Hamburg zugrunde liegt, hat das Verwaltungsgericht u.a. mit der Begründung abgewiesen, vor dem Hintergrund der Entstehungsgeschichte der NEK sei eine Beibehaltung der unterschiedlichen Hebesätze in Hamburg und Schleswig-Holstein sachlich gerechtfertigt gewesen. Es sei auch zu berücksichtigen, dass die Änderung der Hebesätze ein höchst komplexer Vorgang sei; dies gelte insbesondere für den erforderlichen Konsens mit der kath. Kirche bezüglich der Höhe der Hebesätze. Zudem bestünden angesichts des unterschiedlich hohen Kirchensteueraufkommens in Hamburg und Schleswig-Holstein die Gründe für unterschiedlich hohe Hebesätze fort.

Die zugelassene Berufung der Klägerin hatte Erfolg (OVG Schleswig-Holstein, Urteil vom 21.6.2000 - 2 L 11/99 - KirchE 38, 314) und führte zur Abänderung der angefochtenen Bescheide im Umfang des Klagebegehrens.

Die Nichtzulassungsbeschwerde des Beklagten und der Beigeladenen (NEK) wurde zurückgewiesen.

Aus den Gründen:

Die auf sämtliche Zulassungsgründe des § 132 Abs. 2 VwGO gestützte Beschwerde hat keinen Erfolg. Das Beschwerdevorbringen rechtfertigt die Zulassung der Revision nicht.
1. Entgegen der Auffassung der Klägerin ist die Beschwerde zulässig. (*wird ausgeführt*)
2. Die Rechtssache hat entgegen der Auffassung der Beschwerde keine grundsätzliche Bedeutung im Sinne des § 132 Abs. 2 Nr. 1 VwGO. Die Beschwerde bezeichnet als grundsätzlich bedeutsam die Rechtsfragen, ob

---

[1] NordÖR 2001, 105; DÖV 2001, 473; Buchholz 401.70; NVwZ 2001, 926; StRK KiSt R. 56; DVBl. 2001, 938 (LS). Die Verfassungsbeschwerde u.a. der NEK wurde nicht zur Entscheidung angenommen; BVerfG, Beschluss vom 19.8.2002 - 2 BvR 443/01 - NVwZ 2002, 1496.

Art. 100 Abs. 1 GG Kirchengesetze erfasse und ob es gegen Art. 3 Abs. 1 GG verstoße, wenn eine korporierte Religionsgesellschaft, deren räumlicher Wirkungsbereich zwei Bundesländer umfasse, Kirchensteuern nach unterschiedlichen Steuersätzen in Abhängigkeit davon erhebe, ob der Steuerpflichtige seinen Wohnsitz in dem einen oder in dem anderen Bundesland habe. Damit wird an den Umstand angeknüpft, dass im Bereich der NEK auf der Grundlage des Kirchengesetzes über Art und Höhe der Kirchensteuern (Kirchensteuerbeschluss) in der Fassung der Bekanntmachung vom 30.11.1996 (GVBl. S. 257) Kirchensteuern nach unterschiedlichen Steuersätzen (8 vH der Einkommen-(Lohn-)Steuer in Hamburg und 9 vH in Schleswig-Holstein) erhoben werden. Zur Klärung der Frage, ob Art. 100 Abs. 1 GG auch Kirchengesetze erfasst, bedarf es jedoch nicht der Durchführung eines Revisionsverfahrens. Die Frage ist vielmehr auf der Grundlage der Rechtsprechung des Bundesverfassungsgerichts eindeutig zu verneinen. Hält ein Gericht ein Gesetz, auf dessen Gültigkeit es bei der Entscheidung ankommt, für verfassungswidrig, so hat es nach Art. 100 Abs. 1 Satz 1 GG das Verfahren auszusetzen und, wenn es sich um die Verletzung des Grundgesetzes handelt, die Entscheidung des Bundesverfassungsgerichts einzuholen. Dies gilt indes nur für förmliche, von einem Bundes- oder Landesparlament erlassene nachkonstitutionelle Gesetze. Das folgt aus dem verfassungspolitischen Sinn der Bestimmung: Sie soll die Autorität des konstitutionellen Gesetzgebers wahren und verhüten, dass sich die Gerichte über den Willen der im Grundgesetz und in den Landesverfassungen konstituierten gesetzgebenden Gewalt hinwegsetzen, indem sie deren Gesetzen die Anerkennung versagen (vgl. insbesondere BVerfGE 3, 225 [230/231]; 10, 124 [127]; 97, 117 [122]). Erfasst die Vorlagepflicht nach Art. 100 Abs. 1 GG somit nur förmliche Bundes- oder Landesgesetze, so scheidet die Anwendung dieser Bestimmung auf Kirchensteuerbeschlüsse der Beigeladenen von vornherein aus, selbst wenn diese als „formelle Kirchengesetze" bezeichnet werden.

Soweit die Beschwerde darüber hinaus die Frage aufwirft, ob es mit Art. 3 Abs. 1 GG vereinbar sei, wenn eine korporierte Religionsgesellschaft in ihrem zwei Bundesländer umfassenden räumlichen Wirkungsbereich mit unterschiedlichen Steuersätzen arbeite, würde sich dieses Problem in der von der Beschwerde formulierten allgemeinen Form in einem Revisionsverfahren nicht stellen. Maßgeblich zur Beurteilung des hier in Rede stehenden Prinzips der Steuergerechtigkeit für Fallkonstellationen der vorliegenden Art ist nämlich vor allem auch die Bedeutung und Tragweite von Art. 111 der Verfassung der Beigeladenen. Diese Vorschrift bestimmt, dass ein einheitlicher Steuersatz für den Bereich der Beigeladenen festgesetzt werden soll. Bereits das angefochtene Urteil geht davon aus, dass der Beigeladenen danach ein Anpassungszeitraum zur Angleichung der Steuersätze zur Verfügung gestanden habe, der vorliegend allerdings überschritten worden sei. Folglich wäre auch in einem Revisionsverfahren nicht die aufgeworfene abstrakte Rechtsfrage zu be-

antworten, ob Art. 3 Abs. 1 GG die Festsetzung verschiedener Steuersätze für unterschiedliche räumliche Bereiche einer Landeskirche zulässt.
3. Auch nach § 132 Abs. 2 Nr. 2 VwGO kann die Revision nicht zugelassen werden. Die Beschwerde macht in diesem Zusammenhang eine Abweichung des angefochtenen Urteils von dem Beschluss des Bundesverwaltungsgerichts vom 2.8.1960 - 7 B 54.60 - (Buchholz 310 § 132 VwGO Nr. 2, KirchE 26, 359) geltend. Sie zitiert dann als Rechtssatz, von dem abgewichen worden sein soll, die Aussage, die für das Gebiet des Landes Schleswig-Holstein geltenden Vorschriften der Nordelbischen Evangelisch-Lutherischen Kirche über das Kirchgeld in glaubensverschiedener Ehe verletzten nicht deshalb den Gleichheitssatz, weil sie wegen Fehlens kinderbedingter Abzugsbeträge nicht mit dem Recht übereinstimmten, das für das Gebiet der Stadt Hamburg gelte. Dieser Rechtssatz stammt aus dem von der Beschwerde an anderer Stelle zitierten Urteil des Bundesverwaltungsgerichts vom 11.11.1988 - 8 C 10.87 - (Buchholz 401.70 Kirchensteuer Nr. 23), sodass der Senat zugunsten der Klägerin davon ausgeht, dass die Abweichung der angefochtenen Entscheidung von diesem Urteil gerügt werden soll. Bereits aus dem Vorstehenden ergibt sich allerdings auch, dass eine Divergenz im Sinne des § 132 Abs. 2 Satz 2 VwGO nicht vorliegt. Eine die Revision eröffnende Abweichung wäre nämlich nur dann zu verzeichnen, wenn das Oberverwaltungsgericht mit einem seine Entscheidung tragenden Rechtssatz *in Anwendung derselben Rechtsvorschrift* einem in der Rechtsprechung des Bundesverwaltungsgerichts aufgestellten abstrakten Rechtssatz widersprochen hätte (BVerwG, Beschluss vom 26.6.1995 - 8 B 44.95 - [Buchholz 310 § 132 Abs. 2 Ziff. 2 VwGO Nr. 2]). Dies ist hier nicht der Fall; denn das Oberverwaltungsgericht hatte über die Kirchensteuererhebung nach einem Vomhundertsatz und nicht über das Kirchgeld in glaubensverschiedenen Ehen zu befinden.
4. Schließlich kann die Revision auch nicht zugelassen werden, weil im Sinne des § 132 Abs. 2 Nr. 3 VwGO ein Verfahrensmangel geltend gemacht wird und vorliegt, auf dem die Entscheidung beruhen kann. Wie sich aus den obigen Ausführungen zur Grundsatzrüge ergibt, hat das Oberverwaltungsgericht zu Recht von einer Vorlage der Sache an das Bundesverfassungsgericht nach Art. 100 Abs. 1 GG abgesehen.

3

Der von einem Caritasverband eingerichtete Soziale Fachdienst für ausländische Flüchtlinge verstößt mit seiner Beratungstätigkeit nicht gegen das Rechtsberatungsgesetz, solange er sich im Verkehr mit Behörden auf den Ausgleich sprachlicher und kultureller Defizite ohne rechtliche Argumentationshilfe beschränkt.

Art. 1 § 1 RBerG
OLG München, Urteil vom 25. Januar 2001 - 6 U 4759/00[1] -

Der Beklagte ist angestellter Mitarbeiter des Caritasverbandes für die Stadt und den Landkreis A., Sozialer Fachdienst für ausländische Flüchtlinge. Der Kläger, ein eingetragener Verein, erstrebt im vorliegenden Verfahren, dem Beklagten zu verbieten, im eigenen Namen oder im Namen des Caritasverbandes für die Stadt und den Landkreis A., Sozialer Fachdienst für ausländische Flüchtlinge, dadurch Rechtsangelegenheiten zu besorgen, dass Anträge nach dem Ausländergesetz oder dem Asylverfahrensgesetz einschließlich der damit im Zusammenhang stehenden Ordnungswidrigkeitsverfahren vorformuliert und bei der Ausländerbehörde oder bei einer Polizeidienststelle eingereicht werden.

Hierzu macht der Kläger im Wesentlichen Folgendes geltend:
a) Der Beklagte habe am 28.10.1999 namens eines Ausländers folgenden Antrag an die Asylstelle formuliert: „Hiermit stelle ich einen Antrag auf Duldung. Eine Abschiebung in den Irak ist faktisch nicht möglich." Er habe sich den Antrag vom Ausländer unterschreiben lassen und mit Begleitschreiben auf Briefbogen des Caritasverbandes für die Stadt und den Landkreis A. am 16.11.1999 beim Landratsamt eingereicht.

b) Im Februar 2000 habe die Polizeiinspektion A. gegen drei Asylbewerber wegen Verstößen gegen das AsylVfG ermittelt und schließlich Anzeigen wegen jeweiliger Ordnungswidrigkeit (Verstöße gegen die räumliche Beschränkung der Aufenthaltsgestattung) beim Landratsamt erstattet. Ungeachtet der vorangehenden Abmahnung wegen des unter a) geschilderten Vorgehens habe der Beklagte die von den jeweiligen Betroffenen unterzeichneten Anhörungsbogen übersandt mit der Faxkopfleiste des Caritasverbandes, nachdem er mit jeweils etwas unterschiedlichem Wortlaut niedergeschrieben habe, dass den Beschuldigten nicht bekannt gewesen sei, dass sie sich im Stadtgebiet unberechtigt aufgehalten hätten. Dies stelle jeweils eine unerlaubte Rechtsberatung dar, ein Ausnahmetatbestand des § 3 RBerG liege nicht vor.

Der Beklagte gibt zu den oben genannten Vorfällen im Wesentlichen folgende Darstellung:
a) Am 28.10.1999 habe während seiner Betreuungsstunden in der Asylbewerberunterkunft B. (in der Nähe von A.) ein irakischer Staatsangehöriger, dessen Asylantrag negativ rechtskräftig abgelehnt worden war, vorgesprochen und nachgefragt, ob die ihm vom Landratsamt - Ausländerbehörde - ausgestellte „Grenzübertrittsbescheinigung" das für ihn richtige Aufenthaltspapier darstelle. Er, der Beklagte, habe darauf, wie in ähnlichen Fällen vor und nach dem 28.10.1999, Rechtsanwalt R. der mit dem Caritasverband einen Beratervertrag hinsichtlich der Erstbera-

---

[1] NDV-RD 2001, 47; OLGR München 2001, 253; MDR 2001, 643 (LS). Das Urteil ist rechtskräftig.

tung von Flüchtlingen und der rechtlichen Hilfestellung für Flüchtlingsberatungsstellen im Bereich der Diözese A. abgeschlossen hat, die wesentlichen Punkte des Falles mitgeteilt. Rechtsanwalt R. habe daraufhin empfohlen, dass der Ausländer schriftlich bei der Ausländerbehörde einen Duldungsantrag stellen solle, und habe einen entsprechenden, knappen Duldungsantrag telefonisch formuliert, den er, der Beklagte, niedergeschrieben und mit dem Ausländer besprochen habe. Der Ausländer habe sich daraufhin entschlossen, einen Duldungsantrag mit dem vorgeschlagenen Wortlaut zu stellen und habe den von ihm, dem Beklagten, auf einem Zettel handschriftlich niedergeschriebenen Duldungsantrag unterschrieben. Dieses handschriftliche Schreiben sei dann durch ihn, den Beklagten, per Telefax dem Landratsamt zugeleitet worden.

b) In seiner Sprechstunde habe sich eine Gruppe von Flüchtlingen mit einem polizeilichen Anhörungsschreiben eingefunden, die diese Schreiben, da in deutscher Sprache abgefasst, nicht verstehen konnte. Er, der Beklagte habe ihnen zunächst mit Hilfe eines einigermaßen deutsch beherrschenden Landsmanns den ihnen gegenüber erhobenen Vorwurf erklärt und dann die von den Flüchtlingen vorgebrachte Rechtfertigung, die wiederum von dem Dolmetscher, soweit dies möglich war, übersetzt wurde, handschriftlich zusammengefasst und in deutscher Sprache auf dem Anhörungsbogen niedergeschrieben, da die Flüchtlinge selbst nicht deutsch zu schreiben vermochten. Nach Rückübersetzung durch den Dolmetscher hätten die einzelnen Flüchtlinge dann selbst unterschrieben. Die drei Formulare seien dann von ihm, dem Beklagten über den Telefaxanschluss des Caritasverbandes an die Polizeibehörde übermittelt worden.

Der Beklagte sieht darin keine Verstöße gegen das Rechtsberatungsgesetz.

Er beruft sich im Übrigen auf § 3 Nr. 1 RBerG und verweist auf Art. 140 GG iVm Art. 137 Abs. 5 WRV. Er nehme als Beschäftigter des Caritasverbandes grundsätzlich auch mit seiner Arbeit im Bereich der Flüchtlingsberatung an der Privilegierung des Ausnahmetatbestandes des Art. 1 § 3 Nr. 1 RBerG teil. Selbst wenn er, was aber nicht zutreffe, selbst den Rat gegeben hätte, einen Duldungsantrag zu stellen, und wenn die Übermittlung des Duldungsantrags sowie der polizeilichen Anhörungsprotokolle als Rechtsbetreuung verstanden werden sollte, wäre damit seine Tätigkeit durch die genannte Ausnahmeregelung gedeckt, wobei unter Betreuung auch das Tätigwerden für den Betreuten nach außen verstanden werde. Es sei ferner zu berücksichtigen, dass die im Guthof G. untergebrachten Flüchtlinge sich in einer schwierigen Lage befänden, da die Unterkunft isoliert und relativ weit von den Behörden und Gerichten entfernt liege, hinzu komme, dass sie nur geringes Taschengeld zur Verfügung hätten und gerade als Neuankömmlinge regelmäßig ohne deutsche Sprachkenntnisse seien.

Der Kläger hält dem entgegen, Art. 137 Abs. 3 der Weimarer Verfassung iVm Art. 140 GG beziehe sich auf den innerkirchlichen Bereich, nicht jedoch auf die Gestaltung der Rechtssphäre mit Außenstehenden, wozu auch die Rechtsbesorgung gehöre. Bezüglich des unter b) geschilderten Falles unterstellt der Kläger, dass keine Rechtsberatung stattgefunden habe; das unter a) geschilderte Verhalten sei aber als Verstoß gegen das RBerG zu werten und reiche für die Begründetheit der Klage aus. Auf Art. 1 § 3 Nr. 1 RBerG könne sich der Beklagte nicht stützen, auch wenn der Caritasverband eine Einrichtung der röm.-kath. Kirche sei, denn die Rechtsbetreuung sei nur „im Rahmen ihrer Zuständigkeit" erlaubnisfrei.

Mit dem angefochtenen Urteil hat das Landgericht dem Beklagten untersagt, im eigenen Namen oder im Namen des Caritasverbandes für die Stadt und den Landkreis A., Sozialer Fachdienst für ausländische Flüchtlinge dadurch Rechtsangelegenheiten zu besorgen, dass Anträge nach dem Ausländergesetz oder dem Asylverfahrensgesetz einschließlich der damit im Zusammenhang stehenden Ordnungswidrigkeitsverfahren vorformuliert und bei der Ausländerbehörde oder bei einer Polizeidienststelle eingereicht werden.

Die Berufung des Beklagten hatte Erfolg und führte zur Abweisung der Klage.

Aus den Gründen:

Die zulässige Berufung ist erfolgreich, da keine Besorgung fremder Rechtsangelegenheiten im Sinne von Art. 1 § 1 RBerG durch den Beklagten vorgenommen worden ist.

Zu der Frage, inwieweit von der Caritasverband als eingetragenem Verein, der damit keinesfalls unmittelbar unter Art. 1 § 3 Ziff. 1 RBerG fällt, die Besorgung fremder Rechtsangelegenheiten durchgeführt werden darf, ist nicht Stellung zu nehmen.

1. Das Ersturteil leidet an erheblichen Mängeln, jedoch sieht der Senat von einer Aufhebung und Zurückverweisung gemäß § 539 ZPO ab. Es ist ferner kein Handeln im eigenen Namen oder ein Antrag nach dem Ausländergesetz erkennbar, sodass der Tenor insoweit ebenfalls zu weit gefasst ist. Hierauf kommt es jedoch nicht an.

2. Zu dem Ereignis gemäß Abschnitt a) im Tatbestand, das der Kläger in den Vordergrund stellt, ohne Fall b) fallen zu lassen, ist Folgendes auszuführen:

a) Es ist zutreffend, dass gemäß BGH NJW 1987, 3003, 3004 (und weiterer Rechtsprechung) unzulässige Rechtsberatung vorliegt, wenn der Rechtsanwalt als Erfüllungsgehilfe eines Dritten auftritt. Das ist vorliegend jedoch nicht der Fall.

b) Auch nach der ausführlicheren Darstellung des Beklagten im Schriftsatz vom 29.11.2000 Seite 2 (...) hörte er sich den Iraker an, der ihm den Sachstand seines Verfahrens vortrug (aa), rief Rechtsanwalt R. an und teilte diesem mit, was ihm der Iraker erklärt hatte (bb). Abgesehen von vorliegend nicht relevanten Ausführungen zur Rechtslage, empfahl Rechtsanwalt R. einen schriftlichen Antrag auf Duldung, dessen Text er gegenüber dem Beklagten formulierte und weiter erklärte, unter welchen Umständen sich der Iraker an einen Anwalt wenden sollte (cc). Der Beklagte gab diese Auskunft an den Iraker weiter (dd). Da dieser äußerte, er wolle einen schriftlichen Antrag stellen (ee), schrieb der Beklagte den von Rechtsanwalt R. vorformulierten Text nieder und ließ den Iraker unterschreiben und zwar am 28.10.1999 (ff). Weil er dem Flüchtling Kosten für Briefmarke, Umschlag usw. ersparen wollte, in der Gemeinschaftsunterkunft G. hierüber jedoch nicht verfügte, nahm er den Papierbogen in sein Büro in A. mit, wo er den Vorgang zunächst vergaß (gg). Mit einem Begleitschreiben (mit dem Stempel des Caritasverbandes und seinem Namen) faxte er am 16.11. den Antrag an das Landratsamt (hh). Dieses wandte sich umgehend mit Schreiben vom 22.11. an den Klägervertreter mit der Bitte mitzuteilen, ob die Tätigkeit des Beklagten mit den Vorschriften des Rechtsberatungsgesetzes konform gehe (...). Über den Zeitpunkt einer Entscheidung des Landratsamt über den Duldungsantrags des Irakers ist nichts bekannt.

c) Es ist nicht ersichtlich, dass Rechtsanwalt R. hier als Erfüllungsgehilfe für den Beklagten oder für dessen Arbeitgeber tätig geworden ist. Der Senat geht dabei davon aus, dass der Iraker während des Telefonats anwesend war und wahrgenommen hat, dass der Beklagte nicht selber die Auskünfte erteilte, sondern eingeholte Auskünfte weitergab. Anderes ist vom Kläger nicht behauptet.

d) Für den Begriff der „Rechtsbesorgung" wird zwar eine weite Definition dahingehend verwendet, dass darunter „jede Tätigkeit falle, die auf unmittelbare Förderung konkreter fremder Rechtsangelegenheiten gerichtet ist" (Rennen/Calibe 2. Aufl. 1992, § 1 Rn 24), doch werden dann das Fertigen von Entwürfen oder das Formulieren von Anträgen als Beispiele gewählt, während das Beschaffen von Gesetzestexten und ähnliches keine Rechtsbesorgung ist (aaO, Rn 26). Der Senat hält die Beispiele für zutreffend, die Definition jedoch für zu weitgehend, denn dann würden auch die Deutsche Post AG oder die Deutsche Telekom AG rechtsbesorgend bei der Übermittlung von Anträgen tätig, die sonst gar nicht oder verfristet an Landratsämter oder Gerichte gelangten. Das ist sicher nicht Sinn des Gesetzes.

Man kann das Gesetz kritisieren und geißeln wie z.B. Rasehorn in der Deutschen Richterzeitung 2000, S. 442 f., aber auch sinnvoll dahin auslegen, dass nur eine gestaltende Beratungs- und Besorgungstätigkeit hier angesprochen ist und nicht mehr oder weniger reine Hilfsdienste. Dabei ist, wie zum Fall b) noch dargelegt werden wird, keine zu engherzige Auslegung angezeigt, soweit namlich andernfalls unverzichtbare Tätigkeiten unmöglich gemacht würden.

Die „Arbeitsanweisung (Leitlinien) zur Rechtsberatung von Asylsuchenden" von 1997, die der Beklagte heranzieht und die mit dem Bayerischen Innen- und Justizministerium abgestimmt worden sind, belegen die Meinung des Senats: Es dürfen sprachliche und kulturelle Bildungsdefizite ausgeglichen werden, eine juristische Bewertung darf dagegen nicht erfolgen. Die Worte des Antragstellers sind ohne rechtliche Argumentationshilfe unter Ausgleich sprachlicher und kultureller Defizite niederzuschreiben. Ein Rechtsanwalt darf aber befragt werden, soweit ersichtlich ist, dass der Hilfeleistende, also der Beklagte oder wer auch immer, nur dessen Ratschläge und Formulierungen verwendet.

Diese Grundsätze sind bei Vorfall gemäß a) gewahrt, denn entsprechend vorstehend Abschnitt b) handelt es sich bei aa) um eine Darstellung des Irakers, die der Beklagte lediglich unter Ausgleich des sprachlichen Defizits an den Rechtsanwalt weitergab (bb). cc) ist die zulässige Tätigkeit von Rechtsanwalt R. die dieser über den Beklagten als Boten dem Iraker übermittelte (dd). Der Iraker entschied sich selbst (ee) und der Beklagte wurde als Schreibkraft tätig für Rechtsanwalt R. (ff). In letzterer Tätigkeit liegt sicherlich keine Rechtsbesorgung im Sinne des Rechtsberatungsgesetzes, auch wenn der Kläger nicht expressis verbis, aber de facto ausführen lässt, gemäß Art. 1 § 6 Abs. 1 Ziff. 2 RBerG würden Schreibkräfte in Anwaltskanzleien beim Schreiben des Diktats bzw. dem Verbringen der Kanzleipost zum Briefkasten „Rechtsangelegenheiten erledigen". Vorgang gg) ist eine etwas missglückte karitative Hilfeleistung, Vorgang hh) ist wiederum sicherlich kein Verstoß gegen das Rechtsberatungsgesetz.

3. Das Ereignis gemäß Abschnitt b) im Tatbestand, auf das der Kläger nicht eindeutig verzichten wollte und das auch für den Klageantrag, der nicht geändert wurde, wesentlich ist, ist ebenfalls kein Verstoß gegen das Rechtsberatungsgesetz:

Wenn der Kläger hier beanstandet, angesichts der Tätigkeit eines ausländischen Sprachhelfers sei die Einschaltung des Beklagten zum Übersetzen und Abfassen von Schreiben völlig überflüssig gewesen und könne nur zum Zweck der Rechtsberatung erfolgt sein, so berücksichtigt er nicht, dass der ausländische Sprachhelfer offenbar noch nicht ausreichend deutsch konnte und noch nicht in der Lage war, für Polizeibehörden ausreichend verständliche Erklärungen der Betroffenen abzufassen oder diesen zu übersetzen, was „Par. 86 AsylVfG" bedeutet und was hier als Ordnungswidrigkeit gewertet wird.

Die Flüchtlinge konnten ferner unbestritten nicht deutsch schreiben.

Der Beklagte war hier nach dem unstreitigen Sachverhalt nicht rechtsberatend tätig, sondern glich lediglich wiederum nur das sprachliche und kulturelle Defizit aus. Der Kläger macht sich nicht einmal die Mühe vorzutragen, woher die drei Ausländer stammten und dass sie die hier übliche Schrift wenigstens lesen konnten. Der Beklagte muss sich im Gegenteil noch rügen lassen, dass er das sprachliche Bildungsdefizit nicht perfekt ausgeglichen hat, sondern bei dem Text für einen der Asylsuchenden angefangen hat mit den Worten „Herr ... hat besucht" und dann in der „Ich-Form" fortgefahren ist. Der Senat ist der Ansicht, es liege wiederum lediglich nur eine zulässige Hilfstätigkeit, keine Rechtsbesorgung vor.

Dabei ist allerdings noch ein Problem zu erörtern, das allgemein beim Übersetzen auftritt: Ein Dolmetscher oder Übersetzer verändern mehr oder weniger zwangsweise den Text, wobei es zusätzlich auf die jeweilige Fremdsprache und die Fähigkeiten des Übersetzenden ankommt. Da schon die Umformulierung eines laienhaft vorgebrachten Begehrens unter Art. 1 § 1 RBerG fällt, könnte beim Übersetzer bei zu enger Auslegung stets eine Rechtsbesorgung vorliegen. Das entspricht aber nicht dem Sinn des Rechtsberatungsgesetzes. Der Senat ist daher der Ansicht, dass erst eine zusätzliche rechtliche Argumentationshilfe in solchen Fällen in den Bereich der unzulässigen Rechtsbesorgung führt. Wenn der Beklagte also das Deutsch eines radebrechenden Sprachhelfers in vernünftige Sätze umformuliert und niederschreibt, begeht er keine unzulässige Rechtsberatung oder -besorgung nach Art. 1 § 1 RBerG. Das gilt auch, wenn er den Asylbewerbern über den Sprachhelfer den Inhalt der Vorwürfe usw. darzustellen versucht: dies bewegt sich nur im Rahmen einer zulässigen Übersetzertätigkeit.

4

Eine während des Steuererhebungszeitraums geleistete Abfindungszahlung ist in die Bemessungsgrundlage für die Festsetzung der Kirchensteuer auch dann einzubeziehen, wenn sie dem Steuerpflichtigen nach seinem Kirchenaustritt zugeflossen ist.

Art. 6 Abs. 3 BayKiStG
FG München, Urteil vom 26. Januar 2001 - 13 K 2292/00[1] -

Die Kläger sind Eheleute, die bis zu ihrem Kirchenaustritt am 31.8.1998 der röm.-kath. Kirche angehörten. In Unkenntnis des Austritts setzte der Beklagte (kath. Kirchensteueramt) die verbleibende röm.-kath. Kirchensteuer auf 4.200,80 DM fest. Aufgrund des Einspruchs der Kläger wurde die verbleibende Kirchensteuer anteilig nach der sog. Zwölftelungsmethode gem. Art. 6 Abs. 3 BayKiStG iVm § 5 der Verordnung zur Ausführung des BayKiStG (AVKiStG) auf 1.685,80 DM festgesetzt (= 8/12).

---

[1] Das Urteil ist rechtskräftig.

Aufgrund eines Teilerlasses iHv 25 vH (= 385 DM) ermäßigte das Kirchensteueramt die verbleibende Kirchensteuer auf 1.300,80 DM.

Die Kläger wenden gegen die Zwölftelungsmethode ein, dass ihnen eine einmalige Abfindungszahlung im Zusammenhang mit dem Verlust des Arbeitsplatzes erst zu Ende des Jahres 1998, also nach ihrem Austritt, zugeflossen sei, und daher nicht in die Bemessungsgrundlage für die Festsetzung der Kirchensteuer 1998 einbezogen werden dürfe. Bei zutreffender Ermittlung betrage die verbleibende Kirchensteuer 148,73 DM. Der Einspruch blieb erfolglos.

Mit ihrer Klage erstreben die Kläger eine ihre ihrer Rechtsauffassung entsprechende weitere Herabsetzung der Kirchensteuer.

Die Klage blieb erfolglos.

Aus den Gründen:

Die Klage ist unbegründet.

Zu Recht hat das Kirchensteueramt die Zwölftelungsregelung angewandt, die auf gesetzlicher Grundlage beruht (§ 5 AVKiStG).

Diese Methode, für deren Einführung zulässige Gesichtspunkte der Rechtsvereinfachung und Verwaltungsökonomie maßgebend sind, steht lt. Urteil des Bundesfinanzhofs vom 15.10.1997 I R 33/97 (BFHE 184, 167, BStBl. II 1998, 126, KirchE 35, 409) mit dem Grundgesetz in Einklang. Der Einzelrichter verweist zur Vermeidung von Wiederholungen auf dieses Urteil.

Die hiergegen von den Klägern vorgebrachten Einwendungen sind unzutreffend: Zum einen ist (mittelbare) Bemessungsgrundlage für die Kirchensteuer nicht irgendein fiktives Regeleinkommen, sondern das gesamte im Streitjahr zugeflossene, der Einkommensteuer unterliegende Einkommen (also alle ordentlichen und außerordentlichen Einkünfte wie z.B. Abfindungen).

Der Tatsache, dass eine Abfindung nur einer eingeschränkten Besteuerung unterliegen sollte, ist bereits dadurch Rechnung getragen, dass auf sie ein begünstigter Steuersatz (§ 34 EStG) angewandt wird; die dadurch ermäßigte Einkommensteuer wirkt sich unmittelbar auf die Kirchensteuer aus. Etwaigen darüber hinausgehenden Härten und Unzuträglichkeiten hat das Kirchensteueramt durch einen großzügigen Teilerlass von 25 vH Rechnung getragen.

Es ist auch nicht so, dass eine Abfindung nur zukunftsbezogen ist. Vielmehr basiert diese auf dem bisherigen Arbeitsverhältnis, dessen Einkünfte fast ausschließlich in der Zeit der Kirchenzugehörigkeit erwirtschaftet wurden.

5

Der Träger einer kath. Ordensschule handelt verfassungskonform, wenn er das Arbeitsverhältnis einer Lehrerin wegen Verletzung von Loyalitätsobliegenheiten kündigt, weil diese im Rahmen einer von ihr anberaumten Pressekonferenz ihre intimen Beziehungen zu einem an derselben Schule tätigen Priestermönch offen gelegt hat.

Art. 5 Abs. 1, 140 GG, 137 Abs. 3 WRV
BVerfG, Beschluss vom 31. Januar 2001 - 1 BvR 619/92[1] -

Die Beschwerdeführerin war für die Beklagte des Ausgangsverfahrens, eine Benediktinerabtei, an deren Gymnasium als Lehrkraft für die Fächer Kunsterziehung und Kunstgeschichte tätig. Sie unterhielt seit Jahren ein nichteheliches Verhältnis zu F., einem Priestermönch der Abtei, der zugleich das Gymnasium leitete. Aus der Beziehung sind zwei in den Jahren 1977 und 1980 geborene Kinder hervorgegangen. Am 12.5.1989 unterrichtete F. den Abt der Beklagten über seine Beziehung zu der Beschwerdeführerin, erklärte seinen Weggang aus dem Kloster und zog in die Wohnung der Beschwerdeführerin. Am 13.5.1989 beriefen F. und die Beschwerdeführerin eine Pressekonferenz ein und unterrichteten die Pressevertreter über die Entwicklung des Verhältnisses und die Gründe für dessen Offenbarung. Am 29.6.1989 heirateten die Beschwerdeführerin und F. Bereits am 23.5.1989 hatte die Beklagte das Arbeitsverhältnis der Beschwerdeführerin wegen der Beziehung zu F. und wegen der Pressekonferenz vom 13.5.1989 zunächst fristlos und dann durch weiteres Schreiben vom 2.6.1989 auch ordentlich zum 31.12.1989 gekündigt. Das LAG (KirchE 29, 85) sah die ordentliche Kündigung als wirksam an.

Die Verfassungsbeschwerde wurde nicht zur Entscheidung angenommen.

Aus den Gründen:

II. Die Voraussetzungen für eine Annahme der Verfassungsbeschwerde gemäß § 93a Abs. 2 BVerfGG liegen nicht vor. Ihr kommt keine grundsätzliche verfassungsrechtliche Bedeutung zu (§ 93a Abs. 2 Buchstabe a BVerfGG), da die von ihr aufgeworfenen Fragen durch das Bundesverfassungsgericht bereits geklärt sind (vgl. BVerfGE 70, 138, KirchE 23, 105). Die Annahme ist auch nicht zur Durchsetzung der als verletzt gerügten

---

[1] DVBl. 2001, 723; EzA § 611 BGB Kirchliche Arbeitnehmer Nr 46; EzA-SD 2001, Nr 7, 5 (LS); FA 2001, 318 (LS); MDR 2001, 635; NZA 2001, 717; RzK I 8g Nr 27; ZMV 2001, 204.

Grundrechte angezeigt (§ 93a Abs. 2 Buchstabe b BVerfGG). Die Verfassungsbeschwerde hat keine hinreichende Aussicht auf Erfolg.
1. Soweit die Beschwerdeführerin die Verletzung ihrer Grundrechte aus Art. 1, Art. 2, Art. 3 Abs. 1, Art. 4, Art. 6 Abs. 1 sowie Art. 12 Abs. 1 GG rügt, ist die Verfassungsbeschwerde unzulässig. Der Verstoß gegen das Willkürverbot ist erst nach Ablauf der Beschwerdefrist gemäß § 93 Abs. 1 BVerfGG geltend gemacht worden. Hinsichtlich der übrigen genannten Grundrechtsverletzungen genügt die Verfassungsbeschwerde nicht den Begründungsanforderungen gemäß den §§ 23 Abs. 1 Satz 2, 92 BVerfGG. Dies gilt auch für die behauptete Verletzung des Grundrechts der Beschwerdeführerin aus Art. 6 Abs. 1 GG. Diese Grundrechtsbestimmung käme vorliegend neben Art. 5 Abs. 1 GG nur insoweit als eigenständiger Prüfungsmaßstab in Betracht, als das Landesarbeitsgericht die Wirksamkeit der Kündigung auch auf die Begründung einer Lebensgemeinschaft zwischen Herrn F., der Beschwerdeführerin und ihren gemeinsamen Kindern gestützt hat. Unter diesem Gesichtspunkt hat die Beschwerdeführerin jedoch innerhalb der Frist des § 93 Abs. 1 BVerfGG einen Verstoß gegen Art. 6 Abs. 1 GG nicht gerügt.
2. Soweit die Beschwerdeführerin sich darüber hinaus auf ihr Grundrecht auf freie Meinungsäußerung gemäß Art. 5 Abs. 1 Satz 1 GG beruft, kann eine Verletzung dieses Grundrechts durch die allein angegriffene Entscheidung des Landesarbeitsgerichts nicht festgestellt werden.

Nach den tatsächlichen Feststellungen des Landesarbeitsgerichts wollte die Beschwerdeführerin mit der Veröffentlichung Druck auf die Beklagte ausüben. Wäre dies der ausschließliche Zweck ihrer Pressekonferenz gewesen, würden ihre Äußerungen bereits aus dem Schutzbereich des Art. 5 Abs. 1 Satz 1 GG fallen. Ob ihr Verhalten so zu bewerten war, kann jedoch dahinstehen. Eine Verletzung der Meinungsfreiheit der Beschwerdeführerin scheidet nämlich auch dann aus, wenn - entsprechend ihrem Vortrag - die Offenlegung und Verteidigung ihres nichtehelichen Verhältnisses ihre Familie vor einer verzerrenden Berichterstattung durch die Presse bewahren sollte.

Zwar wäre in diesem Fall der Schutzbereich des Art. 5 Abs. 1 Satz 1 GG eröffnet. Es läge auch ein Eingriff in den Schutzbereich vor, weil das Landesarbeitsgericht die Wirksamkeit der Kündigung auch auf die Äußerungen in der Pressekonferenz gestützt und insoweit eine (arbeits-) rechtliche Sanktion an diese Äußerungen geknüpft hat. Dieser Eingriff wäre jedoch gemäß Art. 5 Abs. 2 GG durch § 1 Kündigungsschutzgesetz als allgemeines Gesetz gerechtfertigt. Insoweit kollidiert die Meinungsfreiheit der Beschwerdeführerin mit dem ebenfalls Verfassungsrang genießenden Recht der Kirchen, in den Schranken der für alle geltenden Gesetze den kirchlichen Dienst nach ihrem Selbstverständnis zu regeln und die spezifischen Obliegenheiten kirchlicher Arbeitnehmer verbindlich zu machen (vgl. BVerfGE 70, 138 [165 ff.], KirchE 23, 105 unter Bezugnahme auf Art. 140 GG iVm Art. 137 Abs. 3 WRV). Dass das Landesarbeitsgericht bei der hiernach gebotenen Güterabwägung der Meinungsfreiheit der Beschwerdeführerin nicht den Vorrang eingeräumt hat, ist verfassungsrechtlich nicht zu beanstanden.

a) Bei der Klärung, welches Gewicht den widerstreitenden Verfassungspositionen zukommt, ist zunächst zu berücksichtigen, dass das Landesarbeitsgericht die Kündigung nicht ausschließlich wegen der von der Beschwerdeführerin zusammen mit ihrem Lebensgefährten durchgeführten Pressekonferenz als sozial gerechtfertigt angesehen hat. Es hat vielmehr auf die Gründe der Entscheidung des Arbeitsgerichts Bezug genommen, soweit es um die rechtliche Bewertung der langjährigen geschlechtlichen Beziehung der Beschwerdeführerin zu Herrn F. geht. Das Landesarbeitsgericht knüpft im Anschluss an das Arbeitsgericht an ein „Dauerverhalten" der Beschwerdeführerin an, das durch das bewusste Offenlegen des außerehelichen Verhältnisses, das Begründen einer Wohngemeinschaft und durch die Pressekonferenz eine neue Dimension erhalten habe. Im vorliegenden Fall kann nicht überprüft werden, ob die gerichtliche Einordnung dieses Verhaltens als qualifizierten Verstoß gegen die arbeitsvertraglichen Nebenpflichten der Beschwerdeführerin als solche verfassungsrechtlich tragfähig ist. Die Beschwerdeführerin hat es nämlich versäumt, das Urteil des Arbeitsgerichts, auf das sich das Landesarbeitsgericht bezogen hat, anzugreifen oder auch nur vorzulegen. Das Bundesverfassungsgericht hat deshalb von einem qualifizierten Verstoß gegen arbeitsvertragliche Nebenpflichten auszugehen. Unerheblich sind insoweit auch die nach Fristablauf von der Beschwerdeführerin unter dem Gesichtspunkt des Willkürverbots erhobenen Einwendungen, dass durch ihre Beziehung zu Herrn F. keine fundamentalen Grundsätze der kirchlichen Lehre in Frage gestellt würden.

b) Auf Grund dieser als schwer wiegend bewerteten Obliegenheitsverletzung konnte das Landesarbeitsgericht auch verfassungsrechtlich tragfähig von der Wirksamkeit der Kündigung ausgehen. Die Weiterbeschäftigung einer Lehrerin, die jahrelang in einer heimlichen Beziehung zu einem Mönch als dem Leiter der Schule der Benediktiner Abtei stand, hätte für die Beklagte einen gravierenden Glaubwürdigkeitsverlust zur Folge haben können. Der Widerspruch zwischen dem kirchlichen Auftrag der Schule und dem Handeln einzelner Personen trat, wie auch die Medienreaktion zeigte, spektakulär in Erscheinung. Der Vorgang konnte den Eindruck vermitteln, hier biete sich eine „Innenansicht" der Kirche, die ein Auseinanderklaffen von Anspruch und Wirklichkeit belege. Das machte eine deutliche Reaktion der Beklagten jedenfalls verständlich, zumal die Beschwerdeführerin im Zusammenhang mit der Unterrichtung der Öffentlichkeit nicht in einer die Interessen ihres Arbeitgebers so weit wie möglich schonenden Weise verfahren ist. Manche in den Berichten wiedergegebene Einzelheiten waren nicht erforderlich, um das Verhalten der Beschwerdeführerin zu erklären, andererseits geeignet, ein Aufsehen zu erregen, das dem Interesse der Beklagten offensichtlich widersprach. Schließlich beruhte die besondere Konfliktsituation, in der sich die Beschwerdeführerin befand, gerade auf ihrem eigenen vorangegangenen, im Verhältnis zur Beklagten obliegenheitswidrigen Verhalten (vgl. zu diesem Abwägungsgesichtspunkt auch BAG NZA 1985, S. 215 [217], KirchE 22, 209).

6

Die Kündigung während des Laufs der Frist nach § 31 Abs. 2 MAVO ist unwirksam, falls die Mitarbeitervertretung nicht bereits ihre abschließende Stellungnahme abgegeben hat. Dies ist mit der Erklärung „Die Mitarbeitervertretung nimmt die Maßnahme zur Kenntnis" grundsätzlich nicht der Fall.

Eine das zulässige Maß überschreitende Abkürzung der Stellungnahmefrist macht bereits die Einleitung des Anhörungsverfahrens rechtsfehlerhaft.

LAG Köln, Urteil vom 2. Februar 2001 - 11 Sa 1292/00[1] -

Die Parteien streiten um die Wirksamkeit einer fristlosen Kündigung. Der beklagte katholische Orden ist Träger des F.-Hospitals in K., das dem Geltungsbereich der MAVO unterfällt und eine Mitarbeitervertretung gebildet hat Der Kläger ist seit ab April 1984 am Krankenhaus als Anästhesist und Assistenzarzt beschäftigt. Der Beklagte hat am 21.10.1999 die fristlose Kündigung ausgesprochen, weil er dem Kläger, der am 22.2.1999 schon einmal wegen eines Behandlungsfehlers abgemahnt worden war, vorwirft, am 14.10.1999 anlässlich einer Operation einen Narkosefehler begangen zu haben:

Das Arbeitsgericht hat der Kündigungsschutzklage - unter Zurückweisung des Antrags auf Weiterbeschäftigung - stattgegeben.

Mit seiner Berufung verfolgt der Beklagte seinen Klageabweisungsantrag weiter. Er meint, es sei nicht nachvollziehbar, warum die vorgetragenen Kündigungsgründe nur für eine ordentliche Kündigung ausreichend sein sollten; zumindest hätte das Arbeitsgericht eine Umdeutung in eine ordentliche oder eine außerordentliche Kündigung mit sozialer Auslauffrist vornehmen müssen. Die Mitarbeitervertretung sei ordnungsgemäß beteiligt worden - nämlich durch die der Mitarbeitervertretung noch am selben Tage zugegangene „Kündigungsinformation" vom 20.10.1999, die von der Mitarbeitervertretung mit dem Vermerk „Die Mitarbeitervertretung nimmt die Maßnahme zur Kenntnis" zurückgereicht worden sei.

---

[1] ArbuR 2001, 279 (LS); RzK III 3 Nr 15 (LS); ZTR 2001, 375 (LS). Das Urteil ist rechtskräftig.

Kündigung während des Laufs der Frist nach § 31 Abs. 2 MAVO

Bei Ausspruch der Kündigung, bei der der Vorsitzende und stellv. Vorsitzende der Mitarbeitervertretung zugegen gewesen seien, sei die Meinungsbildung der Mitarbeitervertretung bereits abgeschlossen gewesen. Der Kläger bestreitet erneut in erster Linie eine ordnungsgemäße Beteiligung der Mitarbeitervertretung.
Das Rechtsmittel blieb ohne Erfolg.

Aus den Gründen:

Die Berufung ist nicht begründet. Das Arbeitsgericht hat der Feststellungsklage zu Recht stattgegeben. Die streitige Kündigung beendet das Arbeitsverhältnis der Parteien weder fristlos noch in anderer Form: Die Kündigung ist schon gem. § 31 Abs. 3 MAVO unwirksam: Der Beklagte hat das Verfahren nach § 31 Abs. 2 u. 3 MAVO nicht eingehalten. Der Arbeitgeber (Dienstgeber) kann die Kündigung nämlich erst nach Ablauf der in § 31 Abs. 2 MAVO vorgesehenen Frist aussprechen. Spricht er die Kündigung während des Laufs der Frist aus, ist sie unwirksam (Bleistein/Thiel, Kommentar zur MAVO, 3. Aufl., § 31 Rn 18). Der Beklagte hat die Kündigung während des Laufs der Frist ausgesprochen. Sie beträgt nämlich drei Arbeitstage und kann auf 48 Stunden verkürzt werden. Die „Kündigungsinformation" ist der Mitarbeitervertretung am 20.10.1999 um 15.00 Uhr zugegangen. Die Kündigung ist dem Kläger unstreitig am 21.10.1999 schon um 13.00 Uhr übergeben worden. Zu diesem Zeitpunkt war weder die normale Frist von drei Arbeitstagen noch die verkürzt Frist von 48 Stunden abgelaufen. Zwar kann die Mitarbeitervertretung ihre abschließende Stellungnahme bereits früher abgeben mit der Folge, dass der Arbeitgeber die Kündigung bereits früher aussprechen kann. Diese Möglichkeit hilft hier dem Beklagten jedoch aus verschiedenen Gründen nicht weiter:
Zum einen liegt keine abschließende Stellungnahme der Mitarbeitervertretung im Sinne der Ausnahmeregelung vor. Diese ist nämlich nur gegeben, wenn aus ihr erkennbar wird, dass die Mitarbeitervertretung eine weitere Erörterung des Falles nicht wünscht und keine weiteren Erklärungen mehr abzugeben beabsichtigt (Bleistein/Thiel aaO, § 31 Rn 19). Einen derartigen Erklärungswert hat der Vermerk „Die Mitarbeitervertretung nimmt die Maßnahme zur Kenntnis" nicht. Zum anderen lag dieser Vermerk dem Beklagten bei Übergabe der Kündigung noch gar nicht vor, weil er ihn laut urkundlichem Vermerk (...) am 20.10.1999 erst um 15.00 Uhr erhalten hat. Die Anwesenheit des Vorsitzenden und stellv. Vorsitzenden bei Übergabe der Kündigung kann über diesen Mangel nicht hinweghelfen, weil nicht vorgetragen ist, sie hätten mündlich die Erklärung abgegeben, die Mitarbeitervertretung wünsche keine weitere Erörterung des Falles und beabsichtige keine weiteren

Erklärungen mehr abzugeben - hier einmal offen gelassen, ob eine solche mündliche Erklärung Rechtswirkungen entfalten könnte.

Und schließlich scheitert hier die Möglichkeit einer Kündigung vor Ablauf der in § 31 Abs. 2 MAVO vorgesehenen Fristen bereits daran, dass der Beklagte die Frist zur Stellungnahme für die Mitarbeitervertretung in der „Kündigungsinformation" vorschriftswidrig nicht auf 48 Stunden, sondern auf 24 Stunden abgekürzt hat - einmal abgesehen davon, dass er hierfür keinerlei Begründung angegeben hat. Damit war bereits die Einleitung des Beteiligungsverfahrens, für die der Arbeitgeber die alleinige Verantwortung trägt, fehlerhaft. Denn ein Recht des Beklagten, im vorliegenden Fall die Frist noch über den von § 31 Abs. 2 MAVO vorgesehenen Rahmen hinaus zu verkürzen, kann nicht festgestellt werden: Abgesehen von der Frage, ob eine solche Verkürzung in besonderen Fällen überhaupt zulässig ist, setzt sie eine Begründung voraus. Diese wurde vom Beklagten weder in der „Kündigungsinformation" gegenüber der Mitarbeitervertretung abgegeben noch im Rechtsstreit gegenüber dem Gericht. Ist die Verkürzung aber unzulässig, kann auch die Mitarbeitervertretung sie nicht dadurch heilen, dass sie sich dem vorgegebenen Zwange beugt: Ebenso wie der Betriebsrat kann auch die Mitarbeitervertretung nicht zu Lasten der Arbeitnehmer auf die ihr gesetzlich übertragenen Mitwirkungsrechte verzichten, und zwar auch nicht teilweise (KR-Etzel, 5. Aufl., § 102 BetrVG Rn 89).

Nach Vorstehendem kommt es nicht mehr darauf an, dass das Gericht auch materiell keinen Kündigungsgrund in ausreichender Substantiierung vorgetragen erkennen kann. *(wird ausgeführt)*

7

Der Umstand, dass ein rechtskräftig abgelehnter und vollziehbar ausreisepflichtiger Asylbewerber sich nach einem gescheiterten Abschiebungsversuch längere Zeit im Kirchenasyl aufgehalten hat, spricht eindeutig für ein vorsätzliches Hinauszögern der Aufenthaltsbeendigung und kann einem Bleiberecht aufgrund der sog. Altfallregelung entgegenstehen.

§ 32 AuslG 1990
VG des Saarlandes, Beschluss vom 5. Februar 2001 - 6 F 86/00[1] -

Die Antragsteller, die nach unanfechtbarem Abschluss ihres Asylverfahrens vollziehbar ausreisepflichtig sind, hatten sich, nachdem sie im Juli 1998 von einem erfolglosen Abschiebeversuch erfahren hatten, ins

---

[1] Das Urteil ist rechtskräftig.

sog. Kirchenasyl in die ev. Versöhnungskirchengemeinde V. begeben. Sie nehmen nun die Bleiberegelung für Asylbewerber und abgelehnte Vertriebenenbewerber mit langjährigem Aufenthalt vom 18./19.11.1999 (sog. Altfallregelung) in Anspruch und begehren im vorliegenden Verfahren Rechtsschutz gegen ihre Abschiebung bis zur rechtskräftigen Entscheidung über ihr Bleibebegehren.
Der Antrag blieb ohne Erfolg.

Aus den Gründen:

Der Antrag auf Anordnung der aufschiebenden Wirkung des Widerspruchs der Antragsteller gegen den Bescheid des Antragsgegners vom 7.7.2000, hilfsweise auf Erlass einer einstweiligen Anordnung im Sinne von § 123 Abs. 1 VwGO mit dem Ziel, dem Antragsgegner zu untersagen, die Antragsteller bis zu einer bestandskräftigen Entscheidung über ihre Anträge auf Erteilung einer Aufenthaltsbefugnis abzuschieben, ist zulässig, hat aber in der Sache keinen Erfolg.

Die Antragsteller sind nach unanfechtbarem Abschluss ihrer Asylverfahren vollziehbar ausreisepflichtig.

Einen Anspruch auf vorläufigen weiteren Verbleib in der Bundesrepublik Deutschland haben sie nicht glaubhaft machen können.

Die Antragsteller können sich nicht mit Erfolg auf einen im Wege einer einstweiligen Anordnung sicherbaren Anspruch auf Erteilung einer Aufenthaltsbefugnis gemäß der Bleiberegelung für Asylbewerber und abgelehnte Vertriebenenbewerber mit langjährigem Aufenthalt vom 18./19.11.1999 (sog. Altfallregelung) berufen. Der Antragsgegner geht im Ergebnis zu Recht davon aus, dass im Falle der Antragsteller die Voraussetzungen für die Erteilung einer Aufenthaltsbefugnis gemäß der oben genannten Bleiberegelung nicht vorliegen. Ein Anspruch auf Erteilung einer Aufenthaltsbefugnis nach der Altfallregelung besteht deshalb nicht, weil die Antragsteller trotz der Ablehnung ihrer Asylanträge aus von ihnen zu vertretenden Gründen Deutschland nicht verlassen haben. Gemäß Ziff. II 3.1 Satz 5 des Beschlusses der Ständigen Konferenz der Innenminister und -senatoren der Länder scheidet ein Verbleib nach der Altfallregelung aus, wenn die Aufenthaltsbeendigung von dem Ausländer vorsätzlich hinausgezögert wurde. Diese Regelung findet sich auch unter Ziffer 3. der in Umsetzung des Beschlusses ergangenen Anordnung des Ministeriums für Inneres und Sport des Saarlandes. Danach gilt die Altfallregelung nicht für diejenigen Ausländer, die trotz der Ablehnung des Asylantrages aus von ihnen zu vertretenden Gründen Deutschland nicht verlassen haben, weshalb ein Verbleib ausscheidet, wenn die Aufenthaltsbeendigung von dem Ausländer vorsätzlich hinausgezögert wurde, was beispielsweise dann der Fall ist, wenn der Ausländer durch

Unterstützergruppen mit dem Ziel, ihn der Abschiebung zu entziehen, aufgenommen wurde bzw. er zu diesem Zweck auch nur kurzfristig untergetaucht ist.

Vorliegend waren bei einem Versuch, die Familie der Antragsteller am 22.7.1998 abzuschieben, lediglich die beiden minderjährigen Antragsteller zu 4) und 5) in der gemeinsamen Wohnung anwesend, sodass dieser Abschiebungsversuch scheiterte. Dahinstehen kann, ob die übrigen Familienmitglieder sich nur zufällig nicht in ihrer Wohnung aufhielten oder ob sie sich durch ihre Abwesenheit gezielt der Abschiebung entziehen wollten. Der Ausschlussgrund wurde jedenfalls dadurch erfüllt, dass sich die Antragsteller, nachdem sie von dem Abschiebeversuch erfahren hatten, nicht etwa wieder in ihre Wohnung begeben haben, sondern sich ins so genannte Kirchenasyl in die Evangelische Versöhnungskirchengemeinde Völklingen begeben haben. Der Umstand, dass die Antragsteller sich nach dem gescheiterten Abschiebungsversuch längere Zeit im Kirchenasyl aufhielten, spricht eindeutig für ein vorsätzliches Hinauszögern der Aufenthaltsbeendigung. Sowohl der Vortrag der Antragsteller als auch die Formulierung der Bescheinigung des Pfarrers der Versöhnungskirchengemeinde vom 17.8.2000 (Zuflucht) machen deutlich, dass der Aufenthalt in der Kirche gewählt wurde, um einer Abschiebung zu entgehen. Damit ist jedenfalls die erste Alternative des letzten Regelbeispiels des Ausschlusstatbestandes erfüllt, ohne dass die Frage, ob hierin ein Untertauchen zu sehen ist, überhaupt entschieden werden müsste.

Anhaltspunkte dafür, dass der genannte Ausschlussgrund in der „Bleiberegelung für Asylbewerber und abgelehnte Vertriebenenbewerber mit langjährigem Aufenthalt" nicht auf dem Boden des Beschlusses der Innenministerkonferenz stünde und nicht mehr von der rechtlich zwingend notwendigen Erteilung des Einvernehmens des Bundesministeriums des Innern nach § 32 AuslG gedeckt sei, bestehen nicht. Der Beschluss der Innenministerkonferenz sieht ausdrücklich vor, dass die Regelung nur Personen betreffen soll, die aus von ihnen nicht zu vertretenen Gründen Deutschland nicht verlassen haben. Weiterhin wird auf die vorsätzliche Hinauszögerung der Aufenthaltsbeendigung abgestellt. Darüber hinaus sind lediglich beispielhaft Konstellationen angeführt, bei deren Vorliegen aus diesem Grund eine Inanspruchnahme der Bleiberegelung ausscheidet. Der Umstand, dass der Erlassgeber vorliegend auch die Aufnahme durch Unterstützergruppen mit dem Ziel, den Ausländer der Abschiebung zu entziehen, als Regelbeispiel aufgenommen hat, begegnet keinen rechtlichen Bedenken. In dem Regelbeispiel ist ausdrücklich die Motivation für die Aufnahme angeführt, die eine Subsumtion unter den sowohl in dem Beschluss der Innenministerkonferenz als auch in dem Erlass des Ministeriums für Inneres und Sport aufgeführten Ausschlussgrund der vorsätzlichen Hinauszögerung der Aufenthaltsbeendigung ermöglicht. Daneben muss gesehen werden, dass dem Erlassgeber ein weites, vom Gericht nur eingeschränkt überprüfbares Ermessen eingeräumt ist, unter welchen materiellrechtlichen Voraussetzungen er vollziehbar ausreisepflichtigen Ausländern ein Bleiberecht einräumt. Anhaltspunkte, dass sich der Erlassgeber bei der Ausgestaltung der Bleiberechtsregelung von willkürlichen Erwägungen hat leiten lassen, sind nicht ersichtlich. Eine Berufung auf die o.g. Altfallregelung scheidet demnach hier aus.

Der Auffassung, dass sich die Familie der Antragsteller im Kirchenasyl befand, um ihrer Abschiebung zu entgehen, steht auch nicht die Tatsache entgegen, dass die schulpflichtigen Kinder der Familie während ihres Aufenthaltes im Kirchenasyl die Schule besucht haben, da seitens des Antragsgegners eine Abschiebung der Kinder ohne Erziehungsberechtigte nicht in Betracht gezogen wurde.

Soweit die Antragsteller der Auffassung sind, von einer Vereitelung der Abschiebung könne deshalb keine Rede sein, weil aufgrund einer Erkrankung des Antragstellers zu 2) von einer mangelnden Reisefähigkeit ausgegangen worden sei, lässt sich derartiges den Verwaltungsunterlagen des Antragsgegners nicht entnehmen. Hiernach ergaben sich vielmehr zum Zeitpunkt der geplanten Abschiebung keinerlei Hinweise auf eine Reiseunfähigkeit des Antragstellers zu 2). Erstmals am 4.11.1998, also unmittelbar vor Verlassen des Kirchenasyls, wurde dem Antragsteller zu 2) von einem Arzt bescheinigt, dass eine Abschiebung für ihn eine erhebliche gesundheitliche Gefährdung bedeute. Hieraus ergibt sich jedoch nicht, dass die in dem Attest geschilderten Erkrankungen des Antragstellers zu 2) der im Juli 1998 ins Auge gefassten Abschiebung entgegenstanden. Da die Erkrankung gegenüber dem Antragsgegner zum damaligen Zeitpunkt nicht geltend gemacht wurde, konnte dieser hierzu auch keine Untersuchungen veranlassen. Ebenso wenig lässt sich der ärztlichen Bescheinigung entnehmen, ob die attestierte Krankheit zum derzeitigen Zeitpunkt überhaupt noch vorliegt und gegebenenfalls eine Abschiebung zumindest des Antragstellers zu 2) hindert.

8

Ein katholisches Bistum genießt als Körperschaft des öffentlichen Rechts Grundrechtsschutz nach Art. 19 Abs. 3 GG und kann gemäß §§ 823 Abs. 1, analog 1004 Abs. 1 Satz 2 BGB iVm Art. 2 Abs. 1 GG das Recht für sich in Anspruch nehmen, sich gegen eine auf das Bistum bezogene unzutreffende Berichterstattung zu wehren, wenn diese Darstellung seinen selbst definierten sozialen Geltungsanspruch beeinträchtigt.

LG Berlin, Urteil vom 8. Februar 2001 - 27 O 7/01[1] -

---

[1] In der Berufungsinstanz haben die Parteien eine übereinstimmende Erledigungserklärung abgegeben.

Die Antragsgegnerin zu 1) verlegt die Zeitung „NN". In deren Ausgabe vom 10.12.2000 erschien ein Artikel mit der Überschrift „Finanztricks mit bischöflichem Segen. Weil der X'er Bischof dem Finanzjongleur A. vertraute, steht das katholische Bistum vor dem Ruin". Der Antragsteller (Bistum X.) wehrt sich im einstweiligen Verfügungsverfahren mit Unterlassungsansprüchen gegen einzelne Äußerungen in diesem Artikel. Er macht im Wesentlichen geltend:

a) Die in der Unterzeile der Überschrift zu lesende Behauptung, das Bistum stehe vor dem Ruin, sei falsch. Tatsächlich habe das Bistum keine Zahlungsschwierigkeiten.

b) Unzutreffend sei auch die Unterstellung, die Diözese habe ein Bulletin herausgegeben, in dem davon die Rede gewesen sei, dass die in dem Artikel angesprochene Affäre den Bischof „ganz krank" gemacht habe. Eine Presseerklärung dieses Inhalts habe es nicht gegeben. Ebenso falsch sei der abschließende Hinweis in dem Artikel darauf, dass der Bischof jetzt also krank sei. Zum Zeitpunkt der Berichterstattung habe sich der Bischof von einem Schwächeanfall im September schon monatelang erholt gehabt und sei seinen Amtsgeschäften wieder in vollem Umfang nachgegangen.

c) Entgegen der Darstellung der Antragsgegnerin handele es sich bei dem zitierten Herrn Y. auch nicht um den Buchhalter des Bistums.

Mit dem angefochtenen Beschluss hat die Kammer der Antragsgegnerin und dem Autor des Artikels antragsgemäß verurteilt, bestimmte Behauptungen, die sich aus der vorgenannten Sachverhaltsschilderung ergeben, aufzustellen und zu verbreiten.

Die Antragsgegnerin zu 1) hat hiergegen Widerspruch eingelegt und beantragt, die einstweilige Verfügung aufzuheben und den Antrag auf ihren Erlass zurückzuweisen.

Sie wendet unter anderem Folgendes ein:

a) Der Hinweis auf den bevorstehenden Ruin des Bistums sei nichts weiter als eine wertende Umschreibung der desaströsen Folgen zum Inhalt habe, mit denen sich das Bistum durch den drohenden Konkurs der von ihm gegründeten B-Gesellschaft konfrontiert gesehen habe. Aus den Aktivitäten des vormaligen geschäftsführenden Vorstands dieser Gesellschaft rührten immerhin Verbindlichkeiten des Bistums in der Größenordnung von 70-80 Mio. DM her.

b) Durch die auf den Bischof bezogenen Äußerungen könne das Bistum selbst gar nicht in eigenen Rechten verletzt sein, zumal Bischof C. auf seine Bitte hin zwischenzeitlich aus Altersgründen vom Papst von seinem Amt entbunden worden sei und damit das Bistum nicht mehr repräsentiere. Die auf den Bischof bezogenen Äußerungen seien aber auch inhaltlich nicht angreifbar. So habe sie mit der Formulierung, die B-Affäre habe den Bischof krank gemacht, nicht etwa fälschlich den Eindruck erweckt, dass der Bischof nicht mehr gesund sei, sondern bild-

lich ausgedrückt, dass er ob des Skandals amtsmüde geworden sei und sich seiner Aufgabe nicht länger gewachsen fühle.
Der Widerspruch der Antragsgegnerin zu 1) hatte teilweise Erfolg.

Aus den Gründen:

Die einstweilige Verfügung ist gemäß §§ 936, 925 ZPO in dem aus dem Tenor ersichtlichen Umfang zu bestätigen und im Übrigen aufzuheben, weil dem Antragsteller nur insoweit gemäß §§ 823 Abs. 1, analog 1004 Abs. 1 Satz 2 BGB iVm Art. 2 Abs. 1 GG ein Anspruch darauf zusteht, die angegriffenen Äußerungen nicht zu wiederholen.

1. Die Aussage, das Bistum X. stehe vor dem Ruin, kann entgegen dem Dafürhalten des Antragstellers nicht dahin verstanden werden, dass das Bistum von der Zahlungsunfähigkeit bedroht sei. Für sich genommen lässt die Überschrift nämlich auch das Verständnis zu; das Ansehen des Bistums sei ruiniert, ihm werde kein Vertrauen mehr entgegen gebracht. Ihren konkreten Sinn erfährt die Aussage erst durch den nachfolgenden Text. Darin ist an keiner Stelle davon die Rede, dass das Bistum selbst vor dem Konkurs stehe. Vielmehr wird als Grund für den finanziellen Aderlass, dem das Bistum gegenwärtig ausgesetzt sei, der Versuch genannt, den drohenden Konkurs der B-Gesellschaft abzuwenden. Der Ruin, vor dem das Bistum steht, ist also dem drohenden Konkurs der B-Gesellschaft gleichzusetzen, mit dem es sich konfrontiert sieht. So verstanden hat die Überschrift die tatsächliche Situation des Antragstellers unstreitig zutreffend charakterisiert.

2. Soweit die Antragsgegnerin ein Bulletin des Antragstellers mit dem Inhalt zitiert, die Affäre habe den Bischoff „ganz krank" gemacht und darauf am Ende des Artikels mit den Worten „jetzt ist der Bischof also krank" noch einmal Bezug nimmt, ist dem Verbotsantrag zu entsprechen, weil es eine entsprechende Verlautbarung des Antragstellers nicht gegeben hat.

Unabhängig davon, ob die Affäre den Bischof resignieren ließ oder nicht, braucht es der Antragsteller jedenfalls nicht hinzunehmen, dass ihm eine öffentliche Erklärung in den Mund gelegt wird, die gar nicht von ihm stammt. Da es erklärtermaßen dem Selbstverständnis des Bistums widerspricht, sich in der von der Antragsgegnerin formulierten Art und Weise über seinen Bischof zu äußern, verletzt eine entsprechende Unterstellung das durch Art. 2 Abs. 1 GG geschützte Recht des Antragstellers am eigenen Wort.

Gemäß Art. 19 Abs. 3 GG gelten die Grundrechte auch zugunsten juristischer Personen, vorausgesetzt, dass das jeweils in Betracht kommende Grundrecht seinem Wesen nach überhaupt auf die in Rede stehende juristische Person anwendbar ist. Das bedeutet, dass das in Betracht zu ziehende Grundrecht nicht an natürliche Qualitäten des Menschen anknüpfen darf, die einer juristischen Person notwendig fehlen. Eine juristische Person kann sich deshalb nicht auf eine Verletzung der Menschenwürde im Sinne des Art. 1 Abs. 1 GG berufen.

Hingegen kommen ihr der Schutz der allgemeinen Handlungsfreiheit durch Art.2 Abs. 1 GG und damit auch die daraus von der Rechtsprechung abgeleiteten Konkretisierungen zugute, wie das Recht am eigenen Wort, das davor bewahrt, dass jemandem Äußerungen in den Mund gelegt werden, die er nicht getan hat und die seinen von ihm selbst definierten sozialen Geltungsanspruch beeinträchtigen (BVerfGE 54, 148 [155]).

Dem Antragsteller bleibt dieser Grundrechtsschutz auch nicht deshalb versagt, weil es sich bei der Kirche um eine Körperschaft des öffentlichen Rechts handelt. Die Kirchen sind nicht Organe der Staatsgewalt, die nicht vor sich selbst zu schützen ist, sondern können, sofern sie nicht staatliche Aufgaben übernehmen, eigene Rechte gegenüber dem Staat geltend machen.

3. Auch die fälschliche Bezeichnung des Zeugen Y. als Buchhalter des Bistums beeinträchtigt den Antragsteller in eigenen Rechten.

Aus den vorgenannten Gründen kann der Antragsteller gemäß § 823 Abs. 1, analog 1004 Abs. 1 Satz 2 BGB iVm Artikel 2 Abs. 1 GG das Recht für sich in Anspruch nehmen, sich gegen eine auf das Bistum bezogene unzutreffende Berichterstattung zu wehren, wenn diese Darstellung seinen selbst definierten sozialen Geltungsanspruch beeinträchtigt. Die Tatsache, dass die Antragsgegnerin den zitierten Zeugen als Buchhalter des Antragstellers bezeichnet hat anstatt zutreffend darauf hinzuweisen, dass es sich bei ihm um einen ranghohen Vertreter der vom Antragsteller gegründeten B-Gesellschaft handele, ist für den Antragsteller deshalb von Nachteil, weil die Antragsgegnerin den Zeugen, der ihrer Darstellung zu Folge über die Hintergründe des Geschehens informiert war und vor Gericht Auskunft über die finanziellen Transaktionen A's geben konnte, so in ein Näheverhältnis zum Antragsteller rückt, das den Eindruck vermittelt, der Antragsteller selbst sei wohl informiert gewesen, er sei nicht etwa getäuscht worden und habe gleichwohl nichts unternommen, um dem kriminellen Spiel ein Ende zu setzen.

9

An der Rechtsprechung zur Reichweite des allgemeinen Justizgewährungsanspruchs bei der Überprüfung von dienstrechtlichen Maßnahmen im kirchlichen Bereich (u.a. VGH Baden-Württemberg, Urteil vom 8.6.1993 - 4 S 2776/92 - KirchE 31, 199) wird festgehalten.

Art. 2 Abs. 1, 19 Abs. 4, 92, 140 GG, 137 Abs. 3 WRV
VGH Baden-Württemberg, Beschluss vom 12. Februar 2001
- 4 S 1448/00[1] -

Der Kläger wurde nach bestandener zweiter ev.-theol. Dienstprüfung zunächst in den unständigen Dienst im Pfarramt der beklagten Landeskirche übernommen und im Jahre 1982 auf eine Pfarrstelle in der Kirchengemeinde A. unter Berufung in den ständigen Pfarrdienst ernannt. Mehrfache Unstimmigkeiten zwischen dem Kläger und dem Kirchengemeinderat führten im Jahre 1994 zu feststellenden Beschlüssen des Kirchengemeinderats und des kirchengemeindlichen Besetzungsgremiums, demzufolge eine „Vertrauensbasis zwischen dem Kirchengemeinderat und (dem Kläger) nicht mehr gegeben und eine weitere Zusammenarbeit mit ihm nicht mehr möglich ist." Das Besetzungsgremium beantragte zugleich, den Kläger in den Wartestand zu versetzen. Mit Bescheid des Ev. Oberkirchenrats Stuttgart vom 1.6.1994 wurde der Kläger gem. § 57 Abs. 2 Ziff. 2 des Pfarrergesetzes der Beklagten mit sofortiger Wirkung in den Wartestand versetzt. Eine hiergegen gerichtete Beschwerde wies der Landeskirchenausschuss der Beklagten als unbegründet zurück. Eine vom Kläger erhobene Verfassungsbeschwerde mit dem Ziel, den zuvor genannten Bescheid des Ev. Oberkirchenrats Stuttgart und den Beschluss des Landeskirchenausschusses der Ev. Landeskirche in Württemberg wegen Verletzung der Grundrechte des Klägers, insbesondere aus Art. 2 Abs. 1 iVm Art. 1 Abs. 1 sowie mit Art. 20 Abs. 3, ferner aus Art. 19 Abs. 4 und Art. 33 Abs. 5 GG aufzuheben, wurde vom Bundesverfassungsgericht nicht zur Entscheidung angenommen (BVerfG, Kammerbeschluss v. 15.3.1999 - 2 BvR 2307/94 - KirchE 37, 59). Zur Begründung wurde ausgeführt: Die Verfassungsbeschwerde sei gemäß § 90 Abs. 2 BVerfGG unzulässig. Der Beschwerdeführer habe den Rechtsweg zu den staatlichen Fachgerichten nicht erschöpft. Zwar sei es zweifelhaft, ob der Beschwerdeführer angesichts der Rechtsprechung der staatlichen Fachgerichte, die sogenannte Statusklagen grundsätzlich als unzulässig ansähen, eine von dieser Rechtsprechung abweichende Entscheidung hätte erwarten können. Dennoch sei die Erschöpfung des Rechtsweges geboten und zumutbar gewesen.

Im vorliegenden Verfahren begehrt der Kläger festzustellen, dass der vorgenannte Bescheid Ev. Oberkirchenrats der Beklagten in der Gestalt des Beschlusses des Landeskirchenausschusses rechtswidrig ist. Er meint, dem Beschluss des Bundesverfassungsgerichts entnehmen zu können, dass dieses aufgrund des inzwischen auch auf diesem Rechtsgebiet eingetretenen Paradigmenwechsels die Zulässigkeit des Verwaltungsrechtswegs nicht mehr ausschließen wolle. Nach überwiegender Rechtspre-

---

[1] Die Verfassunsbeschwerde wurde nicht zur Entscheidung angenommen; BVerfG, Beschluss vom 27.1.2004 - 2 BvR 496/01 - BVerfGE 111, 1.

chung sei der Verwaltungsrechtsweg aber jedenfalls dann eröffnet, wenn vermögensrechtliche Ansprüche betroffen seien und kein Rechtsweg zu einem vollwertigen kirchlichen Gericht gegeben sei. Im vorliegenden Fall genüge das innerkirchliche Rechtsverfahren nicht den Mindestanforderungen des Justizgewährleistungsanspruches, weil es bei der Württembergischen Landeskirche an einer hinreichenden institutionellen und personellen Trennung zwischen Landeskirchenausschuss und kirchlicher Exekutive fehle. - Die Beklagte hält den Rechtsweg zu den staatlichen Gerichten für nicht eröffnet.

Mit dem angefochtenen Urteil hat das Verwaltungsgericht die Klage abgewiesen und zur Begründung im Wesentlichen ausgeführt::

Die Klage ist nicht zulässig. Hinsichtlich des im Termin zur mündlichen Verhandlung gestellten Klageantrags ist die staatliche Gerichtsbarkeit und damit insbesondere der Rechtsweg zu den staatlichen Verwaltungsgerichten nicht gegeben. Nach ständiger Rechtsprechung des Bundesverwaltungsgerichts (Urteile vom 25.11.1982, NJW 1983, 2580, 2582, KirchE 20, 208, zuletzt vom 28.4.1994, NJW 1994, 3367, KirchE 32, 148) ist bei Streitigkeiten in innerkirchlichen Angelegenheiten, zu denen das kirchliche Amtsrecht einschließlich des Dienstrechts der Geistlichen rechnet, infolge des den Kirchen verfassungskräftig gewährleisteten Selbstbestimmungsrechts (Art. 140 GG iVm Art. 137 Abs. 3 WRV) der Rechtsweg zu den staatlichen Gerichten nicht gegeben. Nach der Rechtsprechung des Bundesverwaltungsgerichts (aaO) beinhalten die Grundsätze des Selbstbestimmungsrechts und der Ämterautonomie, die in Art. 140 GG iVm Art. 137 Abs. 3 WRV ausdrücklich anerkannt werden, nicht nur, dass die kirchlichen Ämter ohne staatliche Mitwirkung verliehen und entzogen werden dürfen, sondern auch, dass die Kirchen und Religionsgemeinschaften frei bestimmen dürfen, welche Anforderungen an die Amtsinhaber zu stellen sind und welche Rechte und Pflichten diese im Einzelnen haben. Das kirchliche Selbstbestimmungsrecht enthält danach im Bereich des kirchlichen Dienstrechts sowohl eine allgemeine Regelungskompetenz als auch die Freiheit zu Organisationsakt und zur Personalentscheidung im Einzelfall (vgl. BVerwG, Urteil v. 25.11.1982 - 2 C 21/78 - NJW 1983, 2580, KirchE 20, 217). Das Bundesverfassungsgericht (Vorprüfungsausschuss) hat in seinem Beschluss vom 1.6.1983 (NJW 1983, 2569) die Rechtsauffassung des Bundesverwaltungsgerichts unter verfassungsgerichtlichen Gesichtspunkten nicht beanstandet und insbesondere ausgeführt, in den Bereich der eigenen Angelegenheiten der Kirchen fielen jedenfalls nicht nur das kirchliche Amtsrecht einschließlich der Ämterhoheit, sondern auch das mit dem Amtsrecht untrennbar verbundene Dienstrecht der Geistlichen. Denn diese dienstrechtlichen Regelungen, die als rechtliche Grundlage und rechtliche Umgebung die äußeren Voraussetzungen für die ungestörte Ausübung des geistlichen Amtes schafften, seien nach Auffassung der Kirchen jeweils vom geistlichen Amt her „gefordert". An dieser Auffassung, dass der Bereich der eigenen Angelegenheiten der Kirchen bzw. der Bereich der innerkirchlichen Angelegenheiten der Überprüfung durch staatliche Gerichte entzogen sei, hat das Bundesverfassungsgericht bis in die jüngste Zeit festgehalten (vgl. BVerfG, 1. Kammer des Zweiten Senats, Beschluss v. 18.9.1998 - 2 BvR 69/93 - NJW 1999, 350, KirchE 36, 406). In seinem Beschluss vom 18.9.1998 (1. Kammer des Zweiten Senats - 2 BvR 1476/94 - NJW 1999, 349, KirchE 36, 409) hat das

Bundesverfassungsgericht wiederholt, dass zu den Angelegenheiten der Religionsgemeinschaften "insbesondere" das Recht gehöre, Amt und Status ihrer Geistlichen abschließend festzulegen. Die erkennende Kammer schließt sich der ständigen Rechtsprechung des Bundesverwaltungsgerichts zur Zulässigkeit staatlichen Gerichtsschutzes in innerkirchlichen Angelegenheiten, insbesondere in Statussachen, an. Angesichts der "gefestigten Rechtsprechung der Fachgerichte" (so BVerfG, Beschluss der 2. Kammer des Zweiten Senats - 2 BvR 2307/94 - NVwZ 1999, 758, KirchE 37, 59), die Gegenstand der verfassungsgerichtlichen Überprüfung war und hierbei nicht beanstandet wurde, sieht die erkennende Kammer sich auch durch das zu dieser Problematik vorliegende Schrifttum (vgl. insoweit zusammenfassend: v. Campenhausen in: v. Mangoldt/Klein/v. Campenhausen, Das Bonner Grundgesetz, Bd. 14, 3. Aufl. 1991, Art. 140, Rn 225 ff. mwN) nicht veranlasst, einen abweichenden Standpunkt einzunehmen. Dies insbesondere auch deshalb, weil die einschlägigen Stellungnahmen des Schrifttums bisher weder in der Rechtsprechung der Fachgerichte, insbesondere des Bundesverwaltungsgerichts, noch in der Rechtsprechung des Bundesverfassungsgerichts zu einem Abrücken von der bisherigen Rechtsprechung in Statussachen von Geistlichen und Kirchenbeamten geführt haben (vgl. etwa BVerwG, Urteil v. 28.4.1994, NJW 1994, 3367, KirchE 32, 148; VGH Baden-Württemberg, Beschluss v. 15.11.1990, VBlBW 1991, 214, KirchE 28, 311). Auch die aus jüngster Zeit, insbesondere auch im Falle des Klägers, vorliegenden Kammerbeschlüsse des Bundesverfassungsgerichts, ergangen jeweils in Verfahren über Verfassungsbeschwerden, (vgl. etwa Beschluss. der 2. Kammer des Zweiten Senats vom 15.3.1999 - 2 BvR 2307/94 - NVwZ 1999, 758, KirchE 37, 59; 1. Kammer des Zweiten Senats Beschluss v. 18.9.1998 - 2 BvR 69/93 - NJW 1999, 350, KirchE 36, 406 sowie 1. Kammer des Zweiten Senats, Beschluss v. 18.9.1998 - 2 BvR 1476/94 - NJW 1999, 349, KirchE 36, 409) lassen eine Abkehr von der bisherigen Rechtsprechung nicht hinreichend erkennen, wenn auch dem Beschluss der 1. Kammer des Zweiten Senats vom 18.9.1998 - 2 BvR 1476/94 - KirchE 36, 409 entnommen werden könnte, dass in dienstrechtlichen Angelegenheiten - nach Erschöpfung des insoweit gegebenen kirchlichen Rechtsweges - die Anrufung staatlicher Gerichte nicht mehr ausgeschlossen wird (vgl. hierzu Kirchberg, NVWZ 1999, 734). Der Kläger wendet sich gegen seine Versetzung in den Wartestand gemäß § 57 Abs. 2 Ziffer 2 des Pfarrergesetzes der Beklagten durch Bescheid des Oberkirchenrats der Beklagten vom 1.6.1994. Die Versetzung in den Wartestand gemäß § 57 des Pfarrergesetzes der Beklagten gehört eindeutig zum Bereich des kirchlichen Amtsrechts bzw. des Dienstrechts der Geistlichen der Beklagten und fällt damit in den Bereich der innerkirchlichen Angelegenheiten. Eine Überprüfung durch die staatliche Gerichtsbarkeit scheidet somit von vornherein aus. Daran ändert es auch nichts, dass der Kläger neben der Behauptung, die Voraussetzungen des § 57 des Württembergischen Pfarrergesetzes hätten in seinem Falle nicht vorgelegen, seine Klage auch darauf stützt, er sei durch die angefochtenen Entscheidungen in seinen Grundrechten gemäß Art. 19 Abs. 4, Art. 2 Abs. 1, Art. 1 Abs. 2 sowie Art. 33 Abs. 5 GG verletzt. Es kann in diesem Zusammenhang dahingestellt bleiben, ob die Grundrechtsnormen, auf die der Kläger sich beruft, in seinem Falle einschlägig sind und ob und in welchem Umfange eine Grundrechtsbindung der Kirchen besteht (vgl. zur Grundrechtsbindung: v. Campenhausen, aaO, Rn 134 ff.). Die Zulässigkeit des Rechtsschutzes durch staatliche Gerichte lässt sich hier auch nicht aus der dem Staat obliegenden Justizgewährungspflicht (Art. 2 Abs. 1 GG iVm dem Rechtsstaats-

prinzip, Art. 92 GG) ableiten. Aus der Justizgewährungspflicht folgt, dass die staatlichen Gerichte grundsätzlich zur Entscheidung aller Rechtsfragen berufen sind, deren Beurteilung sich nach staatlichem Recht richtet (vgl. BVerfG NJW 1999, 349, KirchE 36, 409; vgl. auch BGH, Urteil v. 11.2.2000 - V ZR 271/99 - zur Geltendmachung eines Unterlassungsanspruchs gemäß §§ 862, 1004 BGB, KirchE 38, 60). Aus diesem Grundsatz kann die Zulässigkeit des Rechtsschutzes durch die staatlichen Gerichte nicht gefolgert werden, denn die Beurteilung des vorliegenden Rechtsstreites richtet sich nicht nach staatlichem Recht, sondern ausschließlich nach kirchlichem Dienstrecht. Soweit bei der Anwendung des kirchlichen Dienstrechts grundlegende, rechtsstaatlich gebotene Verfahrensgarantien (z.B. der Anspruch auf rechtliches Gehör), Grundprinzipien der Rechtsordnung (Willkürverbot, Begriff der guten Sitten sowie Grundsatz des ordre public) oder aber Grundrechtsbindungen (wie die vom Kläger geltend gemachten) zu beachten wären, würde es sich hier um Vorfragen bei der Anwendung und Auslegung innerkirchlichen Dienstrechts handeln. Der (mögliche) Einfluss staatlichen (Verfassungs-)Rechts bei der Anwendung innerkirchlichen Dienstrechts bedeutet jedoch nicht, dass sich die Beurteilung des Rechtsstreits nach staatlichem Recht richtet und daher die Justizgewährungspflicht eingreifen müsste. Erforderlich wäre vielmehr, dass für die Entscheidung des Rechtsstreites unmittelbar Normen des staatlichen Rechts maßgebend sind. So verhält es sich - anders als bei dem angeführten Urteil des Bundesgerichtshofs vom 11.2.2000 - im vorliegenden Fall gerade nicht. Der Rechtsweg zu den staatlichen Gerichten ist auch nicht durch § 135 Satz 2 BRRG eröffnet. Nach dieser Vorschrift ist es den öffentlich-rechtlichen Religionsgemeinschaften überlassen, nicht nur die Rechtsverhältnisse ihrer Beamten und Seelsorger dem Beamtenrecht entsprechend zu regeln, sondern auch die Vorschriften dieses Gesetzes über den Verwaltungsrechtsweg für Klagen aus dem Beamtenverhältnis (§§ 126, 127 BRRG) für anwendbar zu erklären (vgl. BVerwG, Urteil v. 28.4.1994, aaO). Unbestritten ist der Rechtsweg zu den staatlichen Verwaltungsgerichten durch die Beklagte in dienstrechtlichen Angelegenheiten nicht gemäß § 135 Satz 2 BRRG ausdrücklich oder stillschweigend eröffnet worden (zu den Anforderungen insoweit vgl. Ehlers, in: Schoch/Schmidt-Aßmann/Pietzner, VwGO, § 40 Rn 89).

Der Antrag des Klägers auf Zulassung der Berufung wurde ebenfalls zurückgewiesen.

Aus den Gründen:

Der zulässige Antrag des Klägers auf Zulassung der Berufung hat keinen Erfolg.

Die von ihm genannten Zulassungsgründe der ernstlichen Zweifel an der Richtigkeit des Urteils (§ 124 Abs. 2 Nr. 1 VwGO) und der grundsätzlichen Bedeutung der Rechtssache (§ 124 Abs. 2 Nr. 3 VwGO) rechtfertigen aus den mit dem Antrag angeführten Gründen die Zulassung der Berufung nicht. Ernstliche Zweifel an der Richtigkeit der verwaltungsgerichtlichen Entscheidung sind nach der Rechtsprechung des Senats dann gegeben, wenn neben den für die Richtigkeit der verwaltungsgerichtlichen Entscheidung sprechenden Umständen gewichtige, dagegen sprechende Gründe zutage treten, die Unentschiedenheit oder Unsicherheit in der Beurteilung der Rechtsfragen oder Unklarheit in der Beurteilung der Tatsachenfragen bewirken, bzw. wenn der Erfolg des Rechtsmittels, dessen Eröffnung angestrebt wird, mindestens ebenso wahrscheinlich ist wie der Misserfolg (vgl. Beschluss des Senats vom 25.2.1997, VBlBW. 1997, 263). Dies ist bereits dann ausreichend im Sinne des § 124a Abs. 1 Satz 4 VwGO dargelegt, wenn ein einzelner tragender Rechtssatz oder eine erhebliche Tatsachenfeststellung mit schlüssigen Gegenargumenten in Frage gestellt werden (vgl. BVerfG, Beschluss vom 23.6.2000, VBlBW. 2000, 392).

Ausgehend hiervon werden ernstliche Zweifel an der Richtigkeit der verwaltungsgerichtlichen Entscheidung mit dem Antragsvorbringen nicht hervorgerufen. Entgegen der Ansicht des Klägers dürfte das Verwaltungsgericht zu Recht die Klage als unzulässig abgewiesen haben, weil der Rechtsweg zu den staatlichen Verwaltungsgerichten im Sinne des § 40 Abs. 1 VwGO nicht gegeben ist. Denn das Klagebegehren betrifft eine Streitigkeit auf dem Gebiet des öffentlich-rechtlichen kirchlichen Dienstrechtes (sog. Statusklage), die nach ständiger, durch das Bundesverfassungsgericht bestätigter Rechtsprechung der Verwaltungsgerichte wegen der durch Art. 140 GG iVm Art. 137 WRV anerkannten Eigenständigkeit (Autonomie) der Kirche der staatlichen Rechtsprechungsgewalt entzogen ist (vgl. etwa BVerwG, Urteil vom 25.11.1982, BVerwGE 66, 241, NJW 1983, 2580, KirchE 20, 208; Urteil vom 28.4.1994, BVerwGE 95, 379, NJW 1994, 3367, KirchE 32, 148; Urteil des Senats vom 8.6.1993 - 4 S 2776/92 - ESVGH 43, 280, NVwZ-RR 1994, 422, KirchE 31, 199). Dies hat das Verwaltungsgericht im Einzelnen wohl zutreffend ausgeführt. Das dagegen gerichtete Antragsvorbringen, das Verwaltungsgericht habe sich nicht mit der „notwendigen Abwägungsfrage beschäftigt, ob inhaltlich und vom Verfahren her die Schranken des für alle geltenden Gesetzes überschritten seien", begründet keine ernstlichen Zweifel an der Richtigkeit der verwaltungsgerichtlichen Entscheidung. Denn die vorn Kläger vermisste Auseinandersetzung mit der Frage, ob hier „ein rechtsstaatliches Verfahren gewährleistet sei", ist nach ständiger Rechtsprechung schon deshalb entbehrlich, weil die vorliegende statusrechtliche Streitigkeit nicht der staatlichen Gerichtsbarkeit unterliegen dürfte und deshalb Art. 19 Abs. 4 GG als Prüfungsmaßstab wohl von vornherein ausscheidet. Grundsätzliche Bedeutung im Sinne von § 124 Abs. 2 Nr. 3 VwGO kommt einer Rechtssache zu, wenn das erstrebte weitere Gerichtsverfahren zur Beantwortung von entscheidungserheblichen konkreten Rechtsfragen oder im Bereich der Tatsachenfragen nicht geklärten Fragen mit über den Einzelfall hinausgehender Tragweite beitragen könnte, die im Interesse der Einheitlichkeit der Rechtsprechung oder der Weiterentwicklung des Rechts höhergerichtlicher Klärung bedürfen. Die Darlegung dieser Voraussetzungen verlangt vom

Antragsteller, dass er unter Durchdringung des Streitstoffes eine konkrete Rechts- oder Tatsachenfrage aufwirft, die für die Entscheidung im Berufungsverfahren erheblich sein wird, und einen Hinweis auf den Grund gibt, der ihre Anerkennung als grundsätzlich bedeutsam rechtfertigen soll (vgl. Senatsbeschluss vom 5.6.1997, VBlBW. 1997, 420, mwN). Diesen Anforderungen entspricht der Antrag nicht. (*wird ausgeführt*)

10

Die durch Art. 140 GG, Art. 137 Abs. 3 WRV gewährleisteten Grundsätze des Selbstbestimmungsrechts und der Ämterautonomie der Religionsgesellschaften enthält auch die Regelungskompetenz zur Festlegung der Besoldung abweichend von staatlichen Beamtenbesoldungs- und -versorgungsregelungen. Eine im Vergleich zur Erhöhung der staatlichen Versorgungsbezüge um einen Prozentpunkt geringer ausgefallene Erhöhung der kirchenbeamtenrechtlichen Versorgungsbezüge und die damit verbundene erstmalige „Abkopplung" vom Besoldungs- und Versorgungsrecht des Landes Niedersachsen gibt keinen Anlass zur Bestimmung der Grenze kirchlicher Ämterautonomie im Besoldungsrecht, denn sie ist weder willkürlich noch unverhältnismäßig und genügt den Mindestanforderungen sozialer Sicherung, wie sie im staatlichen Bereich gelten.

VG Göttingen, Urteil vom 13. Februar 2001 - 3 A 3138/99[1] -

Der Kläger ist Beamter auf Lebenszeit und wendet sich gegen eine im Jahr 1998 erfolgte Anhebung seiner Versorgungsbezüge um 0,5 vH anstelle der durch Gesetz über die Anpassung von Dienst- und Versorgungsbezügen in Bund und Ländern 1998 festgelegten 1,5 vH. Er unterrichte an der P.-G.-Schule in D.; seine Ernennung zum Oberstudienrat erfolgte im Juni 1971. Während der Zeit einer Beurlaubung schloss er mit der damaligen Trägerin der P.-G.-Schule, der Ev.-luth. Kirchengemeinde in D., am 2.7.1971 einen Dienstvertrag, dessen § 8 lautete:

§ 8. Soweit Vereinbarungen zur Gewährung eines Anspruchs auf lebenslängliche Versorgung und Hinterbliebenenversorgung in entsprechender Anwendung der für niedersächsische Landesbeamte geltenden Bestimmungen getroffen werden, gelten diese nur für die Dauer des bestehenden Anstellungsverhältnisses.

---

[1] NVwZ 2001, 953; ZevKR 47 (2002), 600. Das Urteil ist rechtskräftig.

In einer am 29.7.1971 vom Landeskirchenamt genehmigten Zusatzvereinbarung vom 3.7.1971 wurde als neue Fassung des § 5 des Dienstvertrages festgelegt:

§ 5. Die ev.-luth. Kirchengemeinde sichert Herrn X. einen Anspruch auf lebenslängliche Versorgung und auf Hinterbliebenenversorgung in entsprechender Anwendung der für niedersächsische Landesbeamte jeweils geltenden beamtenrechtlichen Vorschriften zu. Der Anspruch erlischt, wenn bei Eintritt des Versorgungsfalles eine Versorgung oder eine Abfindung oder Hinterbliebenenversorgung auf Grund eines Beamtenverhältnisses im öffentlichen Dienst gewährt wird oder das Beamtenverhältnis durch Entlassung, Verlust der Beamtenrechte oder Entfernung aus dem Dienst endet (§ 35 NdsBG). Eine etwaige Sozialversicherung und ggf. die Nachversicherung in der Rentenversicherung der Angestellten richtet sich nach den gesetzlichen Bestimmungen.

Auf seinen Antrag hin wurde der Kläger mit Ablauf des Monats Juli 1973 aus dem Schuldienst des Landes Niedersachsen entlassen und mit Wirkung vom 1.8.1973 unter Berufung in das Kirchenbeamtenverhältnis auf Lebenszeit zum Oberstudienrat i.k. ernannt; er blieb weiterhin als Lehrkraft an der P.-G.-Schule in D. eingesetzt. Aus dem bekleideten Amt eines Oberstudienrates i.k. wurde der Kläger wegen Dienstunfähigkeit mit Ablauf des 31.1.1994 in den Ruhestand versetzt. Nachdem die Niedersächsische Versorgungskasse dem Kläger im September 1998 mitgeteilt hatte, dass seine Versorgungsbezüge im Vergleich zur staatlichen Versorgungsregelung in geringerem Maße angehoben worden seien, erhob der Kläger gegenüber dem Landeskirchenamt „Einspruch" und führte zur Begründung an, bei seinem Übertritt vom Staatsdienst in den Kirchendienst sei ihm vertraglich eine Besoldung und Versorgung nach dem niedersächsischen Besoldungsgesetz zugesichert worden. Diesen Vertrag könne die Beklagte nicht einseitig aufheben.
Die nach erfolglosem Vorverfahren erhobene Klage blieb ohne Erfolg.

Aus den Gründen:

Der Kläger hat keinen Anspruch gegen die Beklagte auf eine Versorgung ab dem 1.1.1998 unter Anwendung der für die niedersächsischen Landesbeamten geltenden Besoldungssätze, weshalb der Bescheid vom 8.12.1998 und der Widerspruchsbescheid vom 19.3.1999 rechtmäßig sind und den Kläger nicht in seinen Rechten verletzen (§ 113 Abs. 1 Satz 1 u. Abs. 4 VwGO).
Die Klage ist zulässig; für sie ist der Verwaltungsrechtsweg eröffnet. Nach der Rechtsprechung des BVerwG und des BVerfG ist der Rechtsweg zu den staatlichen Gerichten dann gegeben, wenn für Maßnahmen und Regelungen der Kirche entweder eine ausdrückliche oder zumindest

eine stillschweigende Zuweisung an die staatlichen Gerichte erfolgt ist (vgl. BVerwG NJW 1983, 2582, KirchE 20, 217; BVerwGE 66, 241 [247, 249f.], NJW 1983, 2580, KirchE 20, 208; BVerfG NJW 1983, 2569 und NJW 1983, 2570, KirchE 18, 390; zustimmend OVG Lüneburg, Urteil v. 11.4.2000 - 5 L 4691/99; Listl, DÖV 1989, 409 [419]). Nach § 135 Satz 2 BRRG bleibt es den öffentlich-rechtlichen Religionsgemeinschaften überlassen, für die Rechtsverhältnisse ihrer Beamten und Seelsorger die Vorschriften über den Verwaltungsrechtsweg für anwendbar zu erklären. Eine solche Rechtswegzuweisung ist mit § 79 Abs. 1 des Kirchengesetzes zur Regelung des Dienstes der Pfarrer und Pfarrerinnen in der Vereinigten Ev.-Luth. Kirche Deutschlands (PfarrerG) vom 17.10.1995 (ABl. VELKD Bd. VI, 274) für die Klärung vermögensrechtlicher Ansprüche aus dem Dienstverhältnis gegeben. Die Beteiligen streiten um die Rechtmäßigkeit der 1998 erfolgten Anhebung der Versorgungsbezüge und die daraus resultierenden besoldungsrechtlichen Folgen. Diese Streitigkeit im Rahmen des Dienstverhältnisses ist rein vermögensrechtlicher Natur. Es handelt sich insbesondere nicht um eine „verkappte Statusklage" (vgl. BVerwGE 95, 379, NJW 1994, 3367, NVwZ 1995, 164 L, KirchE 32, 148; OVG Münster DÖV 1998, 393, KirchE 35, 388), weil hier nicht über die Veränderung oder Beendigung eines kirchlichen Amts- oder Dienstverhältnisses - wofür allein die Kirchengerichte zuständig wären - als Vorfrage einer versorgungsrechtlichen Streitigkeit zu entscheiden ist. Für die vorliegende Klage ist deshalb der Verwaltungsrechtsweg gegeben (im Ergebnis ebenso v. Mangoldt/Klein/v. Campenhausen, Das Bonner GG XIV, 3. Aufl. [1991], Art. 140 GG, Art. 137 WRV Rn 263; v. Campenhausen, AöR 112 [1987], 623 [649]; v. Campenhausen, Staatskirchenrecht, 3. Aufl. [1996], S. 379f.; OVG Lüneburg, Urteil v. 11.12.1990 - 5 A 245/87 - und v. 11.4.2000 - 5 L 4691/99 -).

Die Klage ist jedoch nicht begründet, weil der Kläger keinen Anspruch auf die Zahlung höherer als der in Art. 2 des Kirchengesetzes über die Anpassung von Bezügen aus öffentlich-rechtlichen Dienstverhältnissen in der Landeskirche 1998 (v. 5.7.1998, KABl. Hannover 1998, 93) festgelegten Versorgungsbezüge hat. Nach dieser Vorschrift wurden die Versorgungsbezüge mit Wirkung vom 1.1.1998 um 0,5 vH erhöht, während zeitgleich die Versorgungsbezüge der niedersächsischen Landesbeamten durch Art. 1 des Gesetzes über die Anpassung von Dienst- und Versorgungsbezügen in Bund und Ländern 1998 (vom 6.8.1998, BGBl. 1998, 2026 - BBVAnpG 98) um 1,5 vH angehoben wurden. Die dem Kläger rückwirkend zum 1.1.1998 gewährten Versorgungsbezüge entsprechen den kirchenrechtlichen Vorschriften. Der Kläger selbst stellt dies nicht in Frage. Entgegen seiner Auffassung sind die zu Grunde liegenden kirchenrechtlichen Regelungen bindend und verstoßen nicht gegen höherrangiges staatliches Recht.

Ein Verstoß gegen Art. 33 Abs. 5 GG scheidet von vornherein aus, weil diese Vorschrift nach ständiger Rechtsprechung des BVerfG (vgl. BVerfG

NJW 1980, 1041, KirchE 17, 209; NJW 1983, 2569 [2570]) sowie der Verwaltungsgerichte (vgl. BVerwGE 28, 345 [351], NJW 1968, 1345, KirchE 9, 306; BVerwGE 30, 326 [332], KirchE 10, 194; BVerwGE 66, 241 [250], NJW 1983, 2580, KirchE 20, 208; BVerwG NJW 1983, 2582 [2583], KirchE 20, 217; OVG Münster DÖV 1998, 393, KirchE 35, 388) auf die öffentlich-rechtlichen Dienstverhältnisse der Kirchen weder unmittelbar noch entsprechend anzuwenden ist. Art. 33 Abs. 5 GG enthält inhaltliche Vorgaben lediglich für die Regelung des „öffentlichen Dienstes" als Bestandteil der Staatsverwaltung, nicht jedoch für kirchenrechtliche Dienstverhältnisse. Die Rechtsgültigkeit der angegriffenen kirchenbesoldungsrechtlichen Regelung hängt auch nicht von der Übereinstimmung der kirchenrechtlichen Bestimmungen mit entsprechenden Normen des staatlichen Beamtenrechts ab. Die staatlichen beamtenrechtlichen Regelungen und Grundsätze geben keinen Maßstab dafür ab, weil sie nicht höherrangig sind und nicht zu den für alle geltenden Gesetzen iSd Art. 140 GG, Art. 137 Abs. 3 Satz 1 WRV gehören (vgl. BVerwGE 28, 345 [349], NJW 1968, 1345, KirchE 9, 306; OVG Münster DÖV 1998, 393, KirchE 35, 388). Ob sonstige staatliche Rechtssätze als für alle geltende Gesetze - deren Befolgung die staatlichen Gerichte zu prüfen haben - kirchliche öffentlich-rechtliche Dienstverhältnisse ebenfalls betreffen, kann offen bleiben (vgl. BVerwGE 66, 241 [249f.], NJW 1983, 2580, KirchE 20, 208), denn jedenfalls ist keine Verletzung derartiger staatlicher Rechtssätze erkennbar.

Die vermögensrechtlichen Auswirkungen der im Vergleich zu niedersächsischen Landesbeamten um einen Prozentpunkt geringeren Versorgungserhöhung für Kirchenbeamte verletzen auch nicht das Willkürverbot des Art. 3 GG. Die durch Art. 140 GG, Art. 137 Abs. 3 WRV gewährleisteten Grundsätze des Selbstbestimmungsrechts und der Ämterautonomie der Religionsgesellschaften beinhalten nicht nur, dass die kirchlichen Ämter ohne staatliche Mitwirkung verliehen und entzogen werden dürfen, sondern auch, dass die Kirchen- und Religionsgemeinschaften frei bestimmen dürfen, welche Anforderungen an die Amtsinhaber zu stellen sind sowie welche Rechte und Ansprüche diese im Einzelnen gegen den Dienstherrn haben (vgl. BVerwGE 66, 241 [243], NJW 1983, 2580, KirchE 20, 208; OVG Münster NJW 1968, 1345, KirchE 9, 306). Das Selbstbestimmungsrecht enthält auch die Regelungskompetenz zur Festlegung der Besoldung, weil sie der finanziellen Sicherstellung des Wirkens im Sinne kirchlichen Selbstverständnisses dient, damit auf einem sachlichen Grund beruht und jedenfalls nicht willkürlich ist. Die im Vergleich zur Erhöhung der staatlichen Versorgungsbezüge um einen Prozentpunkt geringer ausgefallene Erhöhung der kirchenbeamtenrechtlichen Versorgungsbezüge im Zuständigkeitsbereich der Beklagte und die damit verbundene erstmalige „Abkopplung" vom Besoldungs- und Versorgungsrecht des Landes Niedersachsen verstößt ferner nicht unter Sozialstaats-, Fürsorge- oder Verhältnismäßigkeitsgesichtspunkten gegen staatliche Rechtssätze. Denn die Versorgungsbezüge des Klägers genügen den Mindestanforderungen sozialer Sicherung, wie sie im staatlichen Bereich gelten (vgl. zum Ruhegehalt OVG Münster, Urteil v. 14.11.1986 - 5 A 860/86 -). Der Kläger kann sich schließlich auch nicht mit Erfolg darauf berufen, ihm sei anlässlich seines Übertritts in den Kirchenbeamtendienst - durch den am 3.7.1971 vereinbarten Zusatz zum Dienstvertrag vom Vortag sowie durch die Erklärung des Landeskirchenamtes vom 16.7.1973 - rechtlich verbindlich zugesagt worden, dass er zeit Lebens finanziell nicht schlechter als ein vergleichbarer niedersächsischer Landesbeamter gestellt werde. Abgesehen davon, dass - wie die Beklagte rechtlich zutreffend ausführt - eine solche Zusage wegen §§ 2, 3 des Kirchenbeamtenbesoldungs- und -versorgungsgesetzes in der jeweils geltenden Fassung (vgl. zuletzt Kirchengesetz vom 9.1.1998, KABl. Hannover 1998, 26) iVm § 3 Abs. 2 BeamtVG unwirksam wäre, weil die Höhe der dem Kläger gesetzlich zustehenden Versorgung allein durch die Kirchenversorgungsgesetze festgelegt wird, liegt bereits deshalb keine für die Höhe der Versorgungsbezüge des Kläger verbindliche Zusage vor, weil die Zusatzvereinbarung vom 3.7.1971 gem. § 8 des Dienstvertrages vom 2.7.1971 auf die Dauer des bestehenden Anstellungsverhältnisses befristet war und daher mit der Übernahme des Kläger in das Kirchenbeamtenverhältnis erlosch. Selbst wenn dem Schreiben des Landeskirchenamtes vom 16.7.1973 ein Zusicherungsgehalt entnommen werden kann, wird eindeutig zum Ausdruck gebracht, dass sich die dienstrechtliche Stellung des Kläger ausschließlich nach dem geltenden Kirchenbeamtenrecht richten werde; dieses sei im Wesentlichen dem niedersächsischen Beamtenrecht angeglichen, woraus keinesfalls die Zusicherung entnommen werden könnte, dass Kirchen- und Landesbeamtenrecht in vollem Umfang identisch sein und dauerhaft bleiben müssen. Die Aussage, für die Dauer des Kirchenbeamtenverhältnisses würde sich keine Schlechterstellung gegenüber dem jetzigen Status des Klägers ergeben, steht dem nicht entgegen. Denn der beamtenrechtliche Status des Klägers als Oberstudienrat im Ruhestand (vgl. zum Begriff des Amtes im statusrechtlichen Sinne Schnellenbach, BeamtenR in der Praxis, 4. Aufl. [1998] Rn 48f.; Battis, BBG, 2. Aufl. [1997], § 6 Rn 9; GKÖD-Summer, BeamtenR des Bundes und der Länder, Stand: Juni 2000, § 6 BBG Rn 24) wird durch eine geringfügig höhere oder geringere Anhebung der Versorgungsbezüge im Vergleich zu denjenigen von Beamten eines anderen bzw. früheren Dienstherrn überhaupt nicht berührt.

11

Ein kath. Frauenverband ist berechtigt, eine Geschäftsführerstelle in der weiblichen Form auszuschreiben und bei der Bewerbung ausschließlich Frauen zu berücksichtigen.

§ 611a BGB
ArbG München, Urteil vom 14. Februar 2001 - 38 Ca 8663/00[1] -

Im Mai 2000 schrieb der Beklagte die Stelle einer Geschäftsführerin mit den Aufgaben: Leitung der Geschäftsstelle und Mitarbeiterführung, Personalwesen, Finanz- und Zuschusswesen, Immobilienverwaltung und Mitgestaltung von Projekten aus. Der Beklagte ist mit 180.000 Mitgliedern einer der großen Frauenverbände. Mitglied können nur katholische Frauen werden. Er beschäftigt in der Geschäftsstelle ausschließlich weibliche Beschäftigte. Nach § 14 der Satzung des Beklagten ist für die Geschäftsführerin eine Frau vorgesehen, die gleichzeitig Mitglied des Vereinsvorstands ist.

Der Kläger hat im Mai .2000 die juristische Ausbildung mit dem zweiten Staatsexamen abgeschlossen und bewarb sich unter anderem unter Vorlage einer vollständigen Bewerbungsmappe beim Beklagten auf die Geschäftsführungsposition. Mit Schreiben vom 23.6.2000 teilte der Beklagte dem Kläger mit, dass er sich für eine andere Bewerberin entschieden habe.

Der Kläger verlangt mit seiner Klage von dem Beklagten Auskunft und Entschädigung gem. § 611a BGB. Er macht geltend, er sei wegen seines Geschlechts benachteiligt worden. Die Aufgaben der Geschäftsführung, so wie sie sich aus der Stellenausschreibung und der Satzung ergäben, könnten genauso gut von einem Mann erfüllt werden. Für seine Benachteiligung aufgrund des Geschlechts spreche bereits die in der Stellenausschreibung von dem Beklagten gewählte weibliche Form. Als Entschädigung für die Diskriminierung sei ein Betrag in der dreifachen Höhe der für die Stelle vorgesehenen Vergütung angemessen.

Der Beklagte macht geltend, er sei befugt, die Stelle der Geschäftsführerin ausschließlich mit einer Frau zu besetzen. Dies folge aus dem Ziel und Leitbild des Verbandes, der in der Frauenbewegung wurzelt. Dementsprechend schreibe die Satzung dem Vorstand vor, eine Frau einzustellen. Die geschlechtsspezifische Ausschreibung sei daher gerechtfertigt. Darüber hinaus bestehe auch deswegen kein Anspruch für den Kläger, weil die Bewerbung weder ernsthaft gewesen sei, noch der Kläger sich für die Stelle geeignet habe. Der Kläger habe noch nicht einmal seine

---

[1] NZA-RR 2001, 365. Das Urteil ist rechtskräftig.

Zugehörigkeit zur katholischen Kirche in der Bewerbung genannt und habe schon deshalb von vornherein keine Chance gehabt. Das Arbeitsgericht weist die Klage ab.

Aus den Gründen:

Die Klage ist zulässig, aber nicht begründet. Der Beklagte war berechtigt, die Stelle der Geschäftsführerin in der weiblichen Form auszuschreiben und bei der Bewerbung ausschließlich Frauen zu berücksichtigen, weil für ihn die Anknüpfung an das Geschlecht unverzichtbar ist und gem. § 611a Abs. 1 Satz 2 BGB die unterschiedliche Behandlung der Geschlechter rechtfertigt. Ein Anspruch auf Entschädigung gem. § 611a Abs. 2 oder 3 BGB scheidet damit aus.

Nach § 611a Abs. 1 Satz 1 BGB darf der Arbeitgeber einen Arbeitnehmer bei der Einstellung nicht wegen seines Geschlechts benachteiligen. Diese Norm konkretisiert die gem. Art. 3 GG im Wege der Drittwirkung bestehende Verpflichtung des Arbeitgebers zur Gleichbehandlung und setzt Europarecht in innerdeutsches Recht um.

Aufgrund des Vortrags der Parteien steht fest, dass der Beklagte bei der Besetzung der Stelle der Geschäftsführerin entsprechend seiner Satzung ausschließlich eine Frau einstellen wollte und dementsprechend Frauen und Männer nicht gleichbehandelt hat. Zulässig ist eine Differenzierung zwischen Männern und Frauen, wenn dies aus funktionellen oder biologischen Gründen notwendig ist. § 611a Abs. 1 Satz 2 BGB erlaubt eine geschlechtsbezogene Unterscheidung nur dann, wenn die Differenzierung sich an der auszuübenden Tätigkeit orientiert und ein bestimmtes Geschlecht unverzichtbare Voraussetzung für diese Tätigkeit ist. Eine unverzichtbare Voraussetzung in diesem Sinne stellt höhere Anforderungen an das Gewicht des die Ungleichbehandlung rechtfertigenden Umstandes als ein sachlicher Grund, denn das Geschlecht ist nur dann unverzichtbar, wenn ein Angehöriger des jeweils anderen Geschlechts die vertragsgemäße Leistung nicht erbringen könnte und dieses Unvermögen auf Gründen beruht, die ihrerseits der gesetzlichen Wertentscheidung der Gleichberechtigung beider Geschlechter genügen (BAG, Urteil v. 12.11.1998, NZA 1999, 371) Die Unverzichtbarkeit der Anknüpfung an das Geschlecht aus funktionellen Gründen ist dann anzunehmen, wenn ein bestimmtes Unternehmensinteresse das Gleichbehandlungsinteresse der Arbeitnehmer überwiegt (Annuß, Grundfragen der Entschädigung bei unzulässiger Geschlechtsdiskriminierung, NZA 99, 738 [739], Müller-Glöge, MünchKomm, 3. Aufl., § 611a BGB, Rn 28). Dem Gesetz ist jedoch zu entnehmen, dass nur „bestandswichtige" Gründe ausreichend stark sein können, um das in Fällen der unmittelbaren Anknüpfung an das Geschlecht besonders hoch zu bewertende Gleichbehandlungsinteresse

der Arbeitnehmer zurückzudrängen (Annuß, aaO, NZA 1999, 738 [739]).
So hat seinerzeit die Bundesregierung der Europäischen Gemeinschaft einen Ausnahmekatalog vorgelegt, in dem als Ausnahme berufliche Tätigkeiten genannt werden, bei denen die automatische Erfüllung einer Rolle oder einer Aufgabe von einem bestimmten Geschlecht abhängt (Schaub, Arbeitsrechts-Handbuch, § 165, I 3. b; RdA 1988, 36).

Für den Beklagten als Frauenverband ist das weibliche Geschlecht im genannten Sinne unverzichtbare Voraussetzung für die Tätigkeit seiner Geschäftsführerin. Ziel und Aufgabe des Verbandes bestehen gem. § 1 der Satzung darin, die Frau zur Entfaltung ihrer Persönlichkeit und zu ständiger Weiterbildung anzuregen und sie dadurch bereit zu machen und zu befähigen für eine eigenverantwortliche und zeitgemäße Mitgestaltung in allen Bereichen der Gesellschaft, in Kirche und Staat, in Familie und Beruf. Hinzukommen mildtätige Zwecke.

Der Beklagte hat durch den Wortlaut seiner Satzung festgelegt, dass die Geschäftsführerin weiblichen Geschlechts sein muss. Außerdem gehört die Geschäftsführerin satzungsgemäß dem Vorstand des Frauenverbandes an und nimmt dementsprechend eine leitende Stellung für den Verband wahr. Der gesamte Vorstand des Beklagten ist bei einer ausschließlich weiblichen Mitgliedschaft ebenfalls weiblich. In der Praxis beschäftigt der Verband ausschließlich weibliche Mitarbeiterinnen, denen gegenüber die Geschäftsführerin eine Vorgesetztenstellung einnimmt. Die vertragsgemäß vom Beklagten geforderte Leistung ist in diesem Fall die Vertretung des Frauenverbandes in allen Belangen nach außen und innen durch eine Frau.

Hierdurch hat der Beklagte geschlechtsspezifische Voraussetzungen für die Tätigkeit der Geschäftsführerin aufgestellt und ihr damit eine Rolle zugewiesen, für deren automatische Erfüllung das weibliche Geschlecht Voraussetzung ist. In der Stellenausschreibung selbst wird diese Entscheidung des Beklagten durch die eindeutig weibliche Form widergespiegelt.

Die von dem Beklagten definierte, geschlechtsspezifische Voraussetzung für die Tätigkeit hält den vom BAG (NZA 1999, 371) aufgestellten Kriterien für eine Rechtfertigung der Ungleichbehandlung im Rahmen einer Interessenabwägung stand. Der Beklagte versteht sich als Teil der internationalen Frauenbewegung. Dies schließt nach seinem Selbstverständnis die Mitwirkung und Mitgestaltung von Männern zur Erreichung der Verbandsziele aus. Die weibliche Besetzung der herausgehobenen Position der Geschäftsführerin ist folglich für den Beklagten ein „bestandswichtiger" Grund. Die Tätigkeit von Interessenverbänden ist von großer Wichtigkeit für das gesellschaftliche Gefüge in einer Demokratie und aus diesem Grund ist ihre Selbstbestimmung ebenso schützenswert. Art. 9 Abs. 1 GG sichert deshalb den Vereinen ein substantielles Maß an Organisations- und Satzungsautonomie (BVerfGE 50, 290 [357 ff]).

Entgegen der Auffassung des Klägers greift die Frage, ob auch ein Mann die Aufgaben der Geschäftsführung im engeren Sinne, wie Personalwesen und Immobilienverwaltung entsprechend der Stellenausschreibung oder den in der Satzung genannten Aufgaben ausfüllen kann, zu kurz. Wesentlich ist, ob auch das andere Geschlecht, in diesem Fall ein Mann, für den Arbeitgeber in sinnvoller und zumutbarer Weise tätig werden könnte. Dies ist bei der Tätigkeit der Geschäftsführerin eines Frauenverbandes nicht der Fall. Für den Beklagten steht und fällt die Glaubwürdigkeit seinen 180.000 weiblichen Mitgliedern gegenüber mit der Frage, ob an leitender Stelle ebenfalls eine Frau steht. Auch für die von der Geschäftsführung wahrzunehmende Darstellung und Repräsentation des Frauenverbandes nach außen hin liegt es in der Natur der Sache, dass an dieser Stelle allgemein eine Frau erwartet wird.

Aus diesem Gründen überwiegt das Interesse des Beklagten auch das entsprechend dem Gesetz besonders hoch zu bewertende Gleichbehandlungsinteresse des Klägers. Unabhängig von der Frage der Ernsthaftigkeit der Bewerbung des Klägers und seiner Geeignetheit für die vom Beklagten ausgeschriebene Stelle ist daher kein Raum für einen Entschädigungsanspruch gem. § 611 Abs. 2 oder 3 BGB.

12

Die Schulbehörde des Kantons Genf hat ihren Beurteilungsspielraum nicht überschritten, als sie unter Abwägung der Religionsfreiheit der Lehrkräfte gegenüber dem Schutz des religiösen Friedens einer Lehrerin muslimischen Glaubens insbesondere wegen des Alters der Kinder untersagte, ährend des Unterrichts an einer öffentlichen Grundschule ein Kopftuch zu tragen.

Art. 9, 14, 35 EMRK
EGMR, Nichtzulassungsbeschlus (decision) vom 15. Februar 2001 -
Appl.No. 42393/98 (Dahlab ./. Schweiz)[1] -

Aus dem Sachverhalt und den Entscheidungsgründen:

The facts
The applicant [Lucia Dahlab], a Swiss national born in 1965, is a primary-school teacher and lives in Geneva (Switzerland).

---

[1] ECHR 2001-V; dt. Übersetzungen: NJW 2001, 2871; NVwZ 2001, 1389; KuR 2001, 189; Schweizerisches Jahrbuch für Kirchenrecht 2001, 111.

A. The circumstances of the case

The applicant was appointed as a primary-school teacher by the Geneva cantonal government (Conseil d'Etat) on 1 September 1990, having taught at Châtelaine Primary School in the Canton of Geneva since the 1989-90 school year.

After a period of spiritual soul-searching, the applicant abandoned the Catholic faith and converted to Islam in March 1991. On 19 October 1991 she married an Algerian national, Mr A. Dahlab. The marriage has produced three children, born in 1992, 1994 and 1998.

The applicant began wearing an Islamic headscarf in class towards the end of the 1990-91 school year, her intention being to observe a precept laid down in the Koran whereby women were enjoined to draw their veils over themselves in the presence of men and male adolescents.

The applicant went on maternity leave from 21 August 1992 to 7 January 1993 and from 12 January 1994 to 1 June 1994.

In May 1995 the schools inspector for the Vernier district informed the Canton of Geneva Directorate General for Primary Education that the applicant regularly wore an Islamic headscarf at school; the inspector added that she had never had any comments from parents on the subject.

On 27 June 1996 a meeting was held between the applicant, the Director General of Primary Education („the Director General") and the head of the teaching-personnel department concerning the fact that the applicant wore a headscarf. In a letter of 11 July 1996 the Director General confirmed the position she had adopted at the meeting, requesting the applicant to stop wearing the headscarf while carrying out her professional duties, as such conduct was incompatible with section 6 of the Public Education Act.

In a letter of 21 August 1996 the applicant requested the Director General to issue a formal ruling on the matter.

On 23 August 1996 the Directorate General for Primary Education confirmed its previous decision. It prohibited the applicant from wearing a headscarf in the performance of her professional duties on the grounds that such a practice contravened section 6 of the Public Education Act and constituted „an obvious means of identification imposed by a teacher on her pupils, especially in a public, secular education system".

On 26 August 1996 the applicant appealed against that decision to the Geneva cantonal government.

The cantonal government dismissed the appeal in an order of 16 October 1996, on the following grounds:

> „Teachers must ... endorse both the objectives of the State school system and the obligations incumbent on the education authorities, including the strict obligation of denominational neutrality ...
> The clothing in issue ... represents ..., regardless even of the appellant's intention, a means of conveying a religious message in a manner which in her case is

sufficiently strong ... to extend beyond her purely personal sphere and to have repercussions for the institution she represents, namely the State school system."

On a public-law appeal lodged by the applicant on 25 November 1996, in which she had alleged a violation of Article 9 of the Convention and submitted that the prohibition on wearing a headscarf interfered with the „inviolable core of her freedom of religion", the Federal Court upheld the Geneva cantonal government's decision in a judgment of 12 November 1997, which was served on 18 November 1997.

It held, in particular:

"Firstly, it should be observed that the appellant's main argument is that her clothing, consisting of items that may be purchased at the hypermarket, should be treated not as a religious symbol but in the same way as any other perfectly inoffensive garments that a teacher may decide to wear for his or her own reasons, notably for aesthetic reasons or in order to emphasise or conceal part of his or her anatomy (a scarf around the neck, a cardigan, a hat, etc.). She accordingly submits that the impugned decision is tantamount to prohibiting teachers, without sufficient justification, from dressing as they please.

However, there is no doubt that the appellant wears the headscarf and loose-fitting clothes not for aesthetic reasons but in order to obey a religious precept which she derives from the following passages of the Koran:

...
The wearing of a headscarf and loose-fitting clothes consequently indicates allegiance to a particular faith and a desire to behave in accordance with the precepts laid down by that faith. Such garments may even be said to constitute a 'powerful' religious symbol - that is to say, a sign that is immediately visible to others and provides a clear indication that the person concerned belongs to a particular religion.

What is in issue, therefore, is the wearing of a powerful religious symbol by a teacher at a State school in the performance of her professional duties. No restrictions have been imposed on the appellant as regards her clothing when she is not teaching. Nor does the case concern the wearing of a religious attribute by a pupil or the wearing of outlandish or unusual clothing with no religious connotations by a teacher at school.

...
Similarly, by Article 9 § 2 of the European Convention on Human Rights, freedom to manifest one's religion or beliefs may be subject to restrictions (see the European Court of Human Rights' judgment of 25 May 1993 in the case of Kokkinakis v. Greece, Series A no. 260-A, § 33, and Frowein and Peukert, Europäische Menschenrechtskonvention, 2nd ed., 1996, note 1 on Article 9, p. 368). Conversely, freedom of thought is absolute; since it cannot by nature give rise to any interference with public order, it is not subject to any restrictions (see Velu and Ergec, La Convention européenne des droits de l'homme, Brussels, 1990, note 714, p. 584).

In the instant case, even if it is particularly important to the appellant and does not merely represent an expression of a particular religious belief but complies with an imperative requirement of that belief, the wearing of a headscarf and loose-fitting clothes remains an outward manifestation which, as such, is not part of the inviolable core of freedom of religion.

...

3. The appellant maintains that the impugned order does not have a sufficient basis in law.

...

Serious interferences with constitutional freedoms must be clearly and unequivocally provided for, as to their substance, by a law in the strict sense (ATF [Arrêts du Tribunal fédéral suisse], vol. 122 I, p. 360, ground 5(b)(bb), at p. 363, and vol. 118 Ia, p. 305, ground 2(a), at pp. 309-10). However, where interference with freedom of conscience and belief results from a rule of conduct that is very specific or would be regarded by the average citizen as being of minor importance (in this case, prohibiting a teacher from wearing a headscarf at school), the requisite basis in law cannot be too precise. In such circumstances it is sufficient for the rule of conduct to derive from a more general obligation laid down by the law in the strict sense.

Furthermore, the decision appealed against concerns the appellant in her capacity as a civil servant of the Canton of Geneva. Civil servants are bound by a special relationship of subordination to the public authorities, a relationship which they have freely accepted and from which they benefit; it is therefore justifiable that they should enjoy public freedoms to a limited extent only. In particular, the legal basis for restrictions on such freedoms does not have to be especially precise. The manifold, varying nature of daily relations between a civil servant and the authority to which he or she is answerable means that it is impossible to lay down an exhaustive list of types of conduct to be restricted or prohibited. It is therefore sufficient for the law to give a general indication, by means of indeterminate legal concepts, of the values which must be adhered to and which may subsequently be made explicit in an order or in an individual decision. However, as to their substance, any restrictions on public freedoms must be justified by the aim pursued and by the proper functioning of the institution. Lastly, observance of the principles of public interest and proportionality is to be monitored all the more rigorously where the interference with the civil servant's interests is serious and the basis in law imprecise (ATF, vol. 120 Ia, p. 203, ground 3(a), at p. 205; vol. 119 Ia, p. 178, ground 6(b), at p. 188; vol. 101 I a, p. 172, ground 6, at p. 181; SJ [La Semaine Judiciaire], 1995, p. 681, ground 3; ZBl [Schweizerisches Zentralblatt für Staats- und Verwaltungsrecht] 85/1984, p. 308, ground 2(b); Pierre Moor, Droit administratif, Berne, vol. III, 1992, note 5.1.2.3., pp. 213-14, and note 5.3.1.2., pp. 223-24; vol. I, 1994, note 4.2.4.5., pp. 362 et seq.; Thomas Wyss, Die dienstrechtliche Stellung des Volksschullehrers im Kanton Zürich, thesis, Zürich, 1986, pp. 224 et seq.; Paul Richli, ‚Grundrechtliche Aspekte der Tätigkeit von Lehrkräften', in PJA [Pratique juridique actuelle] 6/93, pp. 673 et seq., in particular p. 677).

In Geneva, section 6 of the cantonal Public Education Act of 6 November 1940 provides: ‚The public education system shall ensure that the political and religious beliefs of pupils and parents are respected'. It also follows from Articles 164 et seq. of the cantonal Constitution that there is a clear separation between Church and State in the canton, the State being secular (Ueli Friederich, Kirchen und Glaubensgemeinschaften im pluralistischen Staat, thesis, Berne, 1993, p. 239, and Häfelin, op. cit. [Commentaire de la Constitution fédérale], notes 26-27 on Article 49). In the education system, this separation is given practical effect

by section 120(2) of the Public Education Act, which provides: ‚Civil servants must be lay persons; derogations from this provision shall be permitted only in respect of university teaching staff'.
In the instant case the measure prohibiting the appellant from wearing a headscarf that clearly identified her as a member of a particular faith reflects an increasing desire on the part of the Geneva legislature, as expressed in the provisions cited above, to ensure that the education system observes the principles of denominational neutrality (cf. Article 27 § 3 of the Constitution) and of separation between Church and State. Accordingly, even if the impugned order entailed serious interference with the appellant's freedom of religion, it had a sufficient basis in law.
...
4. (a) The appellant further submits that there were no public-interest grounds for the impugned decision.
In displaying a powerful religious attribute on the school premises - indeed, in the classroom - the appellant may have interfered with the religious beliefs of her pupils, other pupils at the school and the pupils' parents. Admittedly, there have been no complaints from parents or pupils to date. But that does not mean that none of them has been affected. Some may well have decided not to take any direct action so as not to aggravate the situation, in the hope that the education authorities will react of their own motion. Moreover, the matter has caused a stir among the public, the appellant has given numerous interviews and the Grand Council [cantonal parliament] has passed a resolution along the same lines as the decision taken by the cantonal government. In addition, while it is true that the education authorities did not intervene by taking a decision immediately after the inspector had informed them of the appellant's clothing, that attitude should not be construed as implicit approval. It is understandable that the authorities should first have attempted to settle the matter without resorting to confrontation.
The impugned decision is fully in accordance with the principle of denominational neutrality in schools, a principle that seeks both to protect the religious beliefs of pupils and parents and to ensure religious harmony, which in some respects is still fragile. In this connection, it should be noted that schools would be in danger of becoming places of religious conflict if teachers were allowed to manifest their religious beliefs through their conduct and, in particular, their clothing.
There are therefore significant public-interest grounds for prohibiting the appellant from wearing an Islamic headscarf.
(b) It remains to be determined whether the impugned order observes the principle of proportionality; the interests at stake must be weighed up with the utmost care (Häfelin, op. cit., note 139 on Article 49).
Here, the appellant's freedom of conscience and belief should be weighed against the public interest in ensuring the denominational neutrality of the school system; in other words, the appellant's interest in obeying a precept laid down by her faith should be set against the interest of pupils and their parents in not being influenced or offended in their own beliefs, and the concern to maintain religious harmony in schools. Lastly, regard must also be had to the need for tolerance - a further element of the principle of denominational neutrality - between members of different religious faiths...

Kopftuch 43

It should, however, be emphasised at the outset that religious freedom cannot automatically absolve a person of his or her civic duties - or, as in this case, of the duties attaching to his or her post (ATF, vol. 119 Ia, p. 178, ground 7(a), at p. 190). Teachers must tolerate proportionate restrictions on their freedom of religion (Hafner, La liberta religiosa chiede la tolleranza per i simboli religiosi, J+P Text 2/95, note III/D4, p. 9; Thomas Wyss, op. cit., p. 232).

(aa) Before the points in issue are examined in greater detail, it may be helpful to consider the solutions adopted by other countries in identical cases or by the Federal Court in similar cases.

...

Freedom of conscience and belief requires the State to observe denominational and religious neutrality; citizens may assert individual rights in this domain (ATF, vol. 118 Ia, p. 46, ground 3(b) at p. 53, and ground 4(e)(aa) at p. 58; vol. 113 Ia, p. 304, ground 4c at p. 307). There may be an infringement of freedom of religion where the State unlawfully takes sides in religious or metaphysical disputes, in particular by offering financial support to one of the protagonists (ATF, vol. 118 Ia, p. 46, ground 4(e)(aa) at p. 58). However, the neutrality requirement is not absolute, as is illustrated by the fact that national churches recognised by public law are allowed to exist (ATF, vol. 118 Ia, p. 46, ground 4(e)(aa) at p. 58; vol. 116 Ia, p. 252, ground 5(d) at pp. 258-59). Neutrality does not mean that all religious or metaphysical aspects are to be excluded from the State's activities; however, an attitude that is anti-religious, such as militant secularism, or irreligious does not qualify as neutral. The principle of neutrality seeks to ensure that consideration is given, without any bias, to all conceptions existing in a pluralistic society. The principle that the State may not discriminate in favour of or against anybody on religious grounds is general in scope and results directly from Articles 49 and 50 of the Constitution (ATF, vol. 118 Ia, p. 46, ground 4(e)(aa) at p. 58; Karlen, 'Umstrittene Religionsfreiheit', op. cit. [in Revue du droit suisse ('RDS') 1997 I, p. 193] at pp. 199-200; idem, Das Grundrecht [der Religionsfreiheit in der Schweiz], op. cit. [Zürich, 1988], p. 188). Lastly, the secular nature of the State entails an obligation to remain neutral, which means that in all official dealings it must refrain from any denominational or religious considerations that might jeopardise the freedom of citizens in a pluralistic society (ATF, vol. 116 Ia, p. 252, ground 5(e) at p. 260, and the references cited). In that respect, the principle of secularism seeks both to preserve individual freedom of religion and to maintain religious harmony in a spirit of tolerance (see Gut, op. cit. ['Kreuz und Kruzifix in öffentlichen Räumen im säkularen Staat', in RDS 1997 I, p. 63], note 11 at p. 76; and Martin Philipp Wyss, op. cit. ['Glaubens- und Religionsfreiheit zwischen Integration und Isolation', in ZBl 95/1994, p. 385], at pp. 400-01).

This neutrality assumes particular importance in State schools, because education is compulsory for all, without any distinction being made between different faiths. In this respect, Article 27 § 3 of the Federal Constitution, according to which 'it shall be possible for members of all faiths to attend State schools without being affected in any way in their freedom of conscience or belief', is the corollary of freedom of conscience and belief.

...

Accordingly, the attitude of teachers plays an important role. Their mere conduct may have a considerable influence on their pupils; they set an example to which pupils are particularly receptive on account of their tender age, their daily con-

tact with them - which, in principle, is inescapable - and the hierarchical nature of this relationship. Teachers are both participants in the exercise of educational authority and representatives of the State, which assumes responsibility for their conduct. It is therefore especially important that they should discharge their duties - that is to say, imparting knowledge and developing skills - while remaining denominationally neutral."

After a lengthy discussion of the scope of the neutrality requirement, the Federal Court concluded as follows:

„*(cc) In the instant case, on the one hand, as was outlined above, prohibiting the appellant from wearing a headscarf forces her to make a difficult choice between disregarding what she considers to be an important precept laid down by her religion and running the risk of no longer being able to teach in State schools.*
On the other hand, however, the headscarf is a manifest religious attribute in this case. Furthermore, the appellant teaches in a primary school; her pupils are therefore young children who are particularly impressionable. Admittedly, she is not accused of proselytising or even of talking to her pupils about her beliefs. However, the appellant can scarcely avoid the questions which her pupils have not missed the opportunity to ask. It would seem somewhat awkward for her to reply by citing aesthetic considerations or sensitivity to the cold - the approach she claims to have adopted to date, according to the file - because the children will realise that she is evading the issue. It is therefore difficult for her to reply without stating her beliefs. However, the appellant participates in the exercise of educational authority and personifies school in the eyes of her pupils; as a result, even if other teachers from the same school display different religious views, the manifestation of such an image of oneself appears hard to reconcile with the principle of non-identification with a particular faith in so far as her status as a civil servant means that the State must assume responsibility for her conduct.
Lastly, it should be emphasised that the Canton of Geneva has opted for a clear separation between Church and State, reflected in particular by the distinctly secular nature of the State education system.
It must also be acknowledged that it is difficult to reconcile the wearing of a headscarf with the principle of gender equality (see Sami Aldeeb, 'Musulmans en terre européenne', in PJA 1/96, pp. 42 et seq., in particular section (d) at p. 49), which is a fundamental value of our society enshrined in a specific provision of the Federal Constitution (Article 4 § 2) and must be taken into account by schools.
Furthermore, religious harmony ultimately remains fragile in spite of everything, and the appellant's attitude is likely to provoke reactions, or even conflict, which are to be avoided. When the various interests at stake are weighed up, regard must also be had to the fact that allowing headscarves to be worn would result in the acceptance of garments that are powerful symbols of other faiths, such as soutanes or kippas (in this connection, the principle of proportionality has led the cantonal government to allow teachers to wear discreet religious symbols at school, such as small pieces of jewellery - an issue that does not require further discussion here). Such a consequence might undermine the principle of denominational neutrality in schools. Lastly, it may be observed that it is scarcely conceivable to prohibit crucifixes from being displayed in State schools

and yet to allow the teachers themselves to wear powerful religious symbols of whatever denomination."

B. Relevant domestic law
Section 6 of the Canton of Geneva Public Education Act of 6 November 1940 provides:

„*The public education system shall ensure that the political and religious beliefs of pupils and parents are respected.*"

Section 120(2) of the Public Education Act provides:

„*Civil servants must be lay persons; derogations from this provision shall be permitted only in respect of university teaching staff.*"

Article 27 § 3 of the Federal Constitution of 29 May 1874 reads:

„*It shall be possible for members of all faiths to attend State schools without being affected in any way in their freedom of conscience or belief.*"

Complaint
1. The applicant submitted that the measure prohibiting her from wearing a headscarf in the performance of her teaching duties infringed her freedom to manifest her religion, as guaranteed by Article 9 of the Convention. She further complained that the Swiss courts had erred in accepting that the measure had a sufficient basis in law and in considering that there was a threat to public safety and to the protection of public order. She observed that the fact that she wore an Islamic headscarf had gone unnoticed for four years and did not appear to have caused any obvious disturbance within the school.
2. In conjunction with Article 9, the applicant submitted that the prohibition imposed by the Swiss authorities amounted to discrimination on the ground of sex within the meaning of Article 14 of the Convention, in that a man belonging to the Muslim faith could teach at a State school without being subject to any form of prohibition.

The law
1. The applicant submitted that the measure prohibiting her from wearing a headscarf in the performance of her teaching duties infringed her freedom to manifest her religion, as guaranteed by Article 9 of the Convention, the relevant parts of which provide:

„*1. Everyone has the right to freedom of ... religion; this right includes ... freedom, either alone or in community with others and in public or private, to manifest his religion ... in worship, teaching, practice and observance.*

2. Freedom to manifest one's religion ... shall be subject only to such limitations as are prescribed by law and are necessary in a democratic society in the interests of public safety, for the protection of public order, health or morals, or for the protection of the rights and freedoms of others."

The Government made the preliminary observation that, in the opinion of the applicant herself, the Islamic headscarf was a powerful religious symbol and was directly recognisable by others. They further noted that the scope of the present case was delimited by the Federal Court's judgment of 12 November 1997, which drew a fundamental distinction between the wearing of a religious attribute by a teacher and similar conduct on the part of a pupil. The Federal Court had held that the prohibition on wearing an Islamic headscarf applied solely to the applicant in her capacity as a teacher at a State school and could not extend to the alleged effects on the freedom of conscience and religion of pupils who wore veils.

In their analysis, the Government stated that the measure prohibiting the applicant from wearing a headscarf in her capacity as a teacher at a State school did not amount to interference with her right to freedom of religion. In that connection, they drew attention to the principle that State schools were non-denominational, as laid down in Article 27 § 3 of the Federal Constitution, a principle that applied in every State school in Switzerland. In the Canton of Geneva, that constitutional guarantee was given effect by sections 6 and 120(2) of the Public Education Act. In the instant case the applicant had chosen to pursue her profession as a teacher at a State school, an institution that was required to observe the principle of secularism in accordance with the provisions cited above. She had satisfied that requirement when she had been appointed on a permanent basis in December 1990. At that time she had been a member of the Catholic faith and had not manifested her religious beliefs by wearing any conspicuous religious symbols. It was after her appointment that she had decided, on 23 March 1991, to convert to Islam and to go to school wearing a headscarf.

The Government submitted that the applicant was qualified to teach children aged between four and eight and that she accordingly had the option of teaching infant classes at private schools; such classes, of which there were many in the Canton of Geneva, were not bound by the requirement of secularism.

In the eventuality of the Court's holding that the measure in issue amounted to interference with the applicant's right to freedom of religion, the Government submitted, in the alternative, that the interference was justified under paragraph 2 of Article 9 of the Convention.

The interference, they maintained, had a basis in law. Article 27 § 3 of the Federal Constitution made it compulsory to observe the principle of denominational neutrality in schools. Section 6 of the Public Education

Act established the principle that the State education system had to respect the religious beliefs of pupils and parents, and section 120(2) of the Act laid down the rule that civil servants had to be lay persons. Furthermore, even before the applicant had decided to convert to Islam in March 1991, the Federal Court had ruled on the scope of the secularism requirement in Article 27 § 3 of the Constitution. In particular, in a published judgment of 26 September 1990 it had held that the presence of a crucifix in State primary-school classrooms fell foul of the requirement of denominational neutrality (ATF, vol. 116 Ia, p. 252).

The Government argued that the aims pursued in the instant case were undeniably legitimate and were among those listed in the second paragraph of Article 9 of the Convention. In their submission, the measure prohibiting the applicant from wearing an Islamic headscarf was based on the principle of denominational neutrality in schools and, more broadly, on that of religious harmony.

Lastly, the prohibition was necessary in a democratic society. In the Government's view, where an applicant was bound to the State by a special status, the national authorities enjoyed a wider margin of appreciation in restricting the exercise of a freedom. As a teacher at a State school, the applicant had freely accepted the requirements deriving from the principle of denominational neutrality in schools. As a civil servant, she represented the State; on that account, her conduct should not suggest that the State identified itself with one religion rather than another. That was especially valid where allegiance to a particular religion was manifested by a powerful religious symbol, such as the wearing of an Islamic headscarf.

The Government pointed out that the State's neutrality as regards religious beliefs was all the more valuable as it made it possible to preserve individual freedom of conscience in a pluralistic democratic society. The need to preserve such pluralism was even more pressing where the pupils came from different cultural backgrounds. In the applicant's case, her class comprised pupils of a wide range of nationalities. Lastly, it should not be forgotten that teachers were important role models for their pupils, especially when, as in the applicant's case, the pupils were very young children attending compulsory primary school. Experience showed that such children tended to identify with their teacher, particularly on account of their daily contact and the hierarchical nature of their relationship.

In the light of those considerations, the Government were satisfied that the Swiss authorities had not exceeded the margin of appreciation which they enjoyed in the light of the Court's case-law.

In the applicant's submission, the secular nature of State schools meant that teaching should be independent of all religious faiths, but did not prevent teachers from holding beliefs or from wearing any religious symbols whatever. She argued that the measure prohibiting her from wearing a headscarf amounted to manifest interference with her right to freedom of conscience and religion.

The applicant pointed out that, after her appointment as a civil servant in the public education service, she had converted to Islam in March 1991 following a period of spiritual soul-searching. Since that time, she had worn a headscarf in class, a fact that had not bothered the school's head teacher, his immediate superior or the district inspector whom she had met regularly. Furthermore, her teaching, which was secular in nature, had never given rise to the slightest problem or to any complaints from pupils or their parents. The Geneva authorities had consequently been in full knowledge of the facts in endorsing, until June 1996, the applicant's right to wear a headscarf. Only then, without stating any reasons, had the authorities required her to stop wearing the headscarf.

The applicant further maintained that, contrary to the Government's submissions, she had no choice but to teach within the State school system. In practice, State schools had a virtual monopoly on infant classes. Private schools, of which there were not many in the Canton of Geneva, were not non-denominational and were governed by religious authorities other than those of the applicant; accordingly, they were not accessible to her. Lastly, the applicant contended that it had never been established that her clothing had had any impact on pupils. The mere fact of wearing a headscarf was not likely to influence the children's beliefs. Indeed, some of the children or their parents wore similar garments, both at home and at school.

Under the second paragraph of Article 9 of the Convention, the applicant submitted that the interference in question infringed her freedom of religion because it had no basis in law and was not justified. She pointed out that section 6 of the Public Education Act referred expressly to the education system alone and not to teachers themselves, and that section 120(2) of the Act did not clarify the situation.

Furthermore, the fact that no complaints had been made by pupils or parents during a period of more than five years constituted sufficient proof that the religious beliefs of others had been respected. Lastly, religious harmony had never been disturbed within the school, because the applicant had always shown tolerance towards her pupils, all the more so as they encompassed a wide range of nationalities and were therefore particularly accustomed to diversity and tolerance.

The Court refers, in the first place, to its case-law to the effect that freedom of thought, conscience and religion, as enshrined by Article 9 of the Convention, represents one of the foundations of a „democratic society" within the meaning of the Convention. In its religious dimension, it is one of the most vital elements that go to make up the identity of believers and their conception of life, but it is also a precious asset for atheists, agnostics, sceptics and the unconcerned. The pluralism indissociable from a democratic society, which has been dearly won over the centuries, depends on it. While religious freedom is primarily a matter of individual conscience, it also implies freedom to manifest one's religion. Bearing witness in words and deeds is bound up with the existence of religious convictions (see Kokkinakis v. Greece, 25 May 1993, Series A no. 260-A, p. 17, § 31, and Otto-Preminger-Institut v. Austria, 20 September 1994, Series A no. 295-A, p. 17, § 47).

The Court further observes that in democratic societies, in which several religions coexist within one and the same population, it may be necessary to place restrictions on this freedom in order to reconcile the interests of the various groups and ensure that everyone's beliefs are respected (see Kokkinakis, cited above, p. 18, § 33).

The applicant argued, firstly, that the impugned measure did not have a sufficient basis in law. In The Sunday Times v. the United Kingdom (no. 1) (26 April 1979, Series A no. 30, p. 31, § 49) the Court made the following observations about the expression „prescribed by law" in paragraph 2 of Article 9:

„In the Court's opinion, the following are two of the requirements that flow from the expression 'prescribed by law'. Firstly, the law must be adequately accessible: the citizen must be able to have an indication that is adequate in the circumstances of the legal rules applicable to a given case. Secondly, a norm cannot be regarded as a ‚law' unless it is formulated with sufficient precision to enable the citizen to regulate his conduct: he must be able - if need be with appropriate advice - to foresee, to a degree that is reasonable in the circumstances, the consequences which a given action may entail."

The wording of many statutes is not absolutely precise. The need to avoid excessive rigidity and to keep pace with changing circumstances means that many laws are inevitably couched in terms which, to a greater or lesser extent, are vague. The interpretation and application of such enactments depend on practice (see Kokkinakis, cited above, p. 19, § 40). Having examined the Federal Court's reasoning on this point, the Court observes that sections 6 and 120(2) of the cantonal Act of 6 November 1940 were sufficiently precise to enable those concerned to regulate their conduct. The measure in issue was therefore prescribed by law within the meaning of Article 9 § 2 of the Convention.

The applicant further argued that the measure did not pursue a legitimate aim. Having regard to the circumstances of the case and to the actual terms of the decisions of the three relevant authorities, the Court considers that the measure pursued aims that were legitimate for the purposes of Article 9 § 2, namely the protection of the rights and freedoms of others, public safety and public order.

Lastly, as to whether the measure was „necessary in a democratic society," the Court reiterates that, according to its settled case-law, the Contracting States have a certain margin of appreciation in assessing the existence and extent of the need for interference, but this margin is subject to European supervision, embracing both the law and the decisions applying it, even those given by independent courts. The Court's task is to determine whether the measures taken at national level were justified in principle - that is, whether the reasons adduced to justify them appear „relevant and sufficient" and are proportionate to the legitimate aim pursued (see The Sunday Times v. the United Kingdom (no. 2), 26 November 1991, Series A no. 217, pp. 28-29, § 50). In order to rule on this latter point, the Court must weigh the requirements of the protection of the rights and liberties of others against the conduct of which the applicant stood accused. In exercising its supervisory jurisdiction, the Court must look at the impugned judicial decisions against the background of the case as a whole (see Kokkinakis v. Greece, cited above, p. 21, § 47).

Applying these principles in the instant case, the Court notes that the Federal Court held that the measure by which the applicant was prohibited, purely in the context of her activities as a teacher, from wearing a headscarf was justified by the potential interference with the religious beliefs of her pupils, other pupils at the school and the pupils' parents, and by the breach of the principle of denominational neutrality in schools. In that connection, the Federal Court took into account the very nature of the profession of State school teachers, who were both participants in the exercise of educational authority and representatives of the State, and in doing so weighed the protection of the legitimate aim of ensuring the neutrality of the State education system against the freedom to manifest one's religion. It further noted that the impugned measure had left the applicant with a difficult choice, but considered that State school teachers had to tolerate proportionate restrictions on their freedom of religion. In the Federal Court's view, the interference with the applicant's freedom to manifest her religion was justified by the need, in a democratic society, to protect the right of State school pupils to be taught in a context of denominational neutrality. It follows that religious beliefs were fully taken into account in relation to the requirements of protecting the rights and freedoms of others and preserving public order and safety. It is also clear that the decision in issue was based on those requirements and not on any objections to the applicant's religious beliefs.

The Court notes that the applicant, who abandoned the Catholic faith and converted to Islam in 1991, by which time she had already been teaching at the same primary school for more than a year, wore an Islamic headscarf for approximately three years, apparently without any action being taken by the head teacher or the district schools inspector or any comments being made by parents. That implies that during the period in question there were no objections to the content or quality of the teaching provided by the applicant, who does not appear to have sought to gain any kind of advantage from the outward manifestation of her religious beliefs.

The Court accepts that it is very difficult to assess the impact that a powerful external symbol such as the wearing of a headscarf may have on the freedom of conscience and religion of very young children. The applicant's pupils were aged between four and eight, an age at which children wonder about many things and are also more easily influenced than older pupils. In those circumstances, it cannot be denied outright that the wearing of a headscarf might have some kind of proselytising effect, seeing that it appears to be imposed on women by a precept which is laid down in the Koran and which, as the Federal Court noted, is hard to square with the principle of gender equality. It therefore appears difficult to reconcile the wearing of an Islamic headscarf with the message of tolerance, respect for others and, above all, equality and non-discrimination that all teachers in a democratic society must convey to their pupils.

Accordingly, weighing the right of a teacher to manifest her religion against the need to protect pupils by preserving religious harmony, the Court considers that, in the circumstances of the case and having regard, above all, to the tender age of the children for whom the applicant was responsible as a representative of the State, the Geneva authorities did not exceed their margin of appreciation and that the measure they took was therefore not unreasonable.

In the light of the above considerations and those set out by the Federal Court in its judgment of 12 November 1997, the Court is of the opinion that the impugned measure may be considered justified in principle and proportionate to the stated aim of protecting the rights and freedoms of others, public order and public safety. The Court accordingly considers that the measure prohibiting the applicant from wearing a headscarf while teaching was „necessary in a democratic society."

It follows that this part of the application is manifestly ill-founded within the meaning of Article 35 § 3 of the Convention and must be rejected in accordance with Article 35 § 4.

2. In conjunction with the alleged violation of Article 9 of the Convention, the applicant submitted that the prohibition amounted to discrimination on the ground of sex within the meaning of Article 14 of the Convention, in that a man belonging to the Muslim faith could teach at a State school without being subject to any form of prohibition, whereas a woman holding similar beliefs had to refrain from practising her religion in order to be able to teach.

Article 14 of the Convention provides:

„The enjoyment of the rights and freedoms set forth in [the] Convention shall be secured without discrimination on any ground such as sex, race, colour, language, religion, political or other opinion, national or social origin, association with a national minority, property, birth or other status."

The Court reiterates that the Convention institutions have consistently held that Article 14 affords protection against different treatment, without an objective and reasonable justification, of persons in similar situations (see Observer and Guardian v. the United Kingdom, 26 November 1991, Series A no. 216, p. 35, § 73, and The Sunday Times v. the United Kingdom (no. 1), cited above, p. 43, § 70). For the purposes of Article 14 a difference in treatment is discriminatory if it does not pursue a legitimate aim or if there is not a relationship of proportionality between the means employed and the aim sought to be realised. Moreover, the Contracting States enjoy a margin of appreciation in assessing whether and to what extent differences in otherwise similar situations justify a different treatment (see Van Raalte v. the Netherlands, 21 February 1997, Reports of Judgments and Decisions 1997-I, p. 186, § 39).

The Court also reiterates that the advancement of the equality of the sexes is today a major goal in the member States of the Council of Europe. This means that very weighty reasons would have to be advanced before a difference in treatment on the ground of sex could be regarded as compatible with the Convention (see Abdulaziz, Cabales and Balkandali v. the United Kingdom, 28 May 1985, Series A no. 94, p. 38, § 78, and Schuler-Zgraggen v. Switzerland, 24 June 1993, Series A no. 263, pp. 21-22, § 67).

The Court notes in the instant case that the measure by which the applicant was prohibited, purely in the context of her professional duties, from wearing an Islamic headscarf was not directed at her as a member of the female sex but pursued the legitimate aim of ensuring the neutrality of the State primary-education system. Such a measure could also be applied to a man who, in similar circumstances, wore clothing that clearly identified him as a member of a different faith.

The Court accordingly concludes that there was no discrimination on the ground of sex in the instant case.

It follows that this part of the application is manifestly ill-founded within the meaning of Article 35 § 3 of the Convention and must be rejected in accordance with Article 35 § 4.

For these reasons, the Court, by a majority, declares the application inadmissible.

13

Ein in der DDR gegenüber einer kirchlichen Stelle mündlich erklärter Kirchenaustritt ist rechtsunwirksam.

§§ 5 Abs. 2 Satz 3 SnAnh.KiStG, 1 Abs. 1 DDR.KiAustrV

VG Magdeburg, Gerichtsbescheid vom 20. Februar 2001
- A 6 K 559/99[1] -

Der Kläger wendet sich gegen die Veranlagung zur Kirchensteuer für das Jahr 1997. 1999 gab der Kläger gemeinsam mit seiner Ehefrau für das Jahr 1997 seine Einkommenssteuererklärung ab. In Zeile 4 des Formularantrags war für den Kläger unter der Rubrik Religion „ev.-luth." eingetragen. Die Einkommenssteuererklärung war vom Kläger und seiner Ehefrau eigenhändig unterzeichnet. Der Beklagte setzte daraufhin für den Kläger iHv 480,00 DM fest. Den gegen die Kirchensteuerfestsetzung gerichteten Widerspruch wies die Oberfinanzdirektion als unbegründet zurück. Hiergegen hat der Kläger Klage erhoben, zu deren Begründung er ausführt, er sei kein Mitglied der Institution „Kirche". Seinen Austritt aus der Institution Kirche habe er nach erfolgtem Umzug nach M. einem Kirchenvertreter im Jahre 1982 mündlich erklärt. Dies sei praktiziertes DDR-Recht gewesen; Kirchensteuerforderungen seien seit dem auch nicht erhoben worden. Seit seinem Kirchenaustritt gebe es keine Kontakte mehr zwischen ihm, dem Kläger, und der Kirche. Im Jahre 1983 habe ihn die Kirche von der Zahlung von Kirchensteuern entbunden, die mit einer formell ruhenden Mitgliedschaft einhergegangen sei. Im Jahre 1987 habe ihm die Kirche überdies seine kirchlichen Rechte entzogen.
Die Klage hatte keinen Erfolg.

Aus den Gründen:

Das Gericht entscheidet im vorliegend ohne mündliche Verhandlung durch Gerichtsbescheid, weil die Sache keine besonderen Schwierigkeiten tatsächlicher oder rechtlicher Art aufweist und der Sachverhalt geklärt ist. ... Die zulässige Klage ist unbegründet. Der Bescheid des Beklagten sowie der Widerspruchsbescheid der Oberfinanzdirektion sind rechtmäßig und verletzen den Kläger mithin nicht in seinen Rechten (§ 113 Abs. 1 Satz 1 VwGO).
Der Kläger war für den Veranlagungszeitraum 1997 kirchensteuerpflichtig. Gemäß § 1 KiStG sind Religionsgesellschaften, welche Körper-

---

[1] ZevKR 46 (2001), 465. Der Gerichtsbescheid ist rechtskräftig.

schaften des öffentlichen Rechts sind, berechtigt, aufgrund der bürgerlichen Steuerlisten Steuern zu erheben. ... Gemäß § 4 Gesetz zur Regelung des Kirchensteuerwesens sind die Angehörigen der in § 2 Nr. des Gesetzes genannten Kirche verpflichtet, öffentlich-rechtliche Abgaben (Kirchensteuern) nach Maßgabe der von den Kirchen erlassenen eigenen Steuerordnungen zu entrichten.

Die Voraussetzungen der sachlichen und persönlichen Kirchensteuerpflicht liegen bei dem Kläger für das Jahr 1997 vor. Nach § 5 Abs. 1 KiStG sind alle Angehörigen der ev. Kirche, die ihren Wohnsitz oder gewöhnlichen Aufenthalt im Sinne der Abgabenordnung im Beitrittsgebiet haben, kirchensteuerpflichtig. So liegt der Fall hier.

Der Kläger ist nach eigenem Vortrag Mitglied der ev. Kirche geworden. Diese Mitgliedschaft hat er auch für den Veranlagungszeitraum 1997 nicht verloren. Dem steht bereits seine Angabe in der Einkommenssteuererklärung (...) entgegen. Er hat eigenhändig durch Unterschrift darin erklärt, Mitglied der ev. Kirche zu sein, denn die Angaben „ev.-luth" unter der Rubrik Religion ist bei verständiger Würdigung allein dahin zu verstehen, Mitglied der entsprechenden (öffentlich-rechtlichen) Körperschaft Kirche zu sein. An dieser Erklärung muss sich der Kläger für den Veranlagungszeitraum 1997 festhalten lassen, zumal keine - greifbaren - Anhaltspunkte dafür vorliegen, dass der Kläger bereits zur Zeit der damaligen DDR oder nach dem Beitritt am 3.10.1990 aus der ev. Kirche ausgetreten ist. Die Kirchensteuerpflicht des Klägers ist nach den hier zu würdigen Umständen nicht erloschen. Die Kirchensteuerpflicht endet gemäß § 5 Abs. 2 Satz 2 Gesetz zur Regelung des Kirchensteuerwesens bei Tod mit Ablauf des Sterbemonats (Nr. 1), bei Wegzug mit Ablauf des Kalendermonats, in dem der Wohnsitz aufgegeben worden ist (Nr. 2) oder bei Kirchenaustritt mit dem Ablauf des Kalendermonats, der auf den Monat folgt, in dem die Erklärung wirksam geworden ist (Nr. 3).

Die Voraussetzungen der vorbezeichneten Nummern 1 u. 2 liegen bei dem seit dem Jahre 1982 in M. lebenden Kläger ersichtlich nicht vor. Der Kläger ist jedoch auch nicht wirksam im Sinne von § 5 Abs. 2 Satz 2 Nr. 3 KiStG aus der ev. Kirche ausgetreten.

Kirchenaustrittserklärungen waren bis zum Beitritt der ehemaligen DDR zur Bundesrepublik Deutschland am 3.10.1990 gemäß § 1 Abs. 1 Austritts-VO bei dem für den Wohnsitz des Klägers zuständigen Gericht zu erklären. Eine solche Kirchenaustrittserklärung hat der Kläger - auch nach eigenem Vortrag - nicht gegenüber dem ihm zuständigen Gericht abgegeben. Auch nach dem 3.10.1990 ist ein Kirchenaustritt durch den Kläger weder behauptet, noch dargelegt worden.

Nach § 5 Abs. 2 Satz 3 KiStG ist der Kirchenaustritt durch eine Bescheinigung der für die Entgegennahme der Kirchenaustrittserklärung gesetzlich zuständigen Stelle nachzuweisen. Einen solchen Nachweis konnte der Kläger in Ermangelung einer entsprechenden Austrittserklärung nach dem 3.10.1990 naturgemäß nicht vorlegen.

Seine von ihm behauptete mündliche Austrittserklärung gegenüber der Kirche genügt den vorbezeichneten Anforderungen nicht, denn bei einer erst einmal begründeten Kirchenmitgliedschaft knüpft § 5 KiStG den Nachweis des Kirchenaustritts ausdrücklich an eine Bescheinigung der für die Entgegennahme der Kirchenaustrittserklärung gesetzlich zuständigen Stelle, um die für die Erhebung der Kirchensteuer maßgeblichen Umstände mit der notwendigen Rechtssicherheit nachweisen zu können.

Selbst wenn entgegen der vorbezeichneten gesetzlichen Regelung allein das Kirchenrecht zum Maßstab genommen würde, läge im gegebenen Fall keine Beendigung der Mitgliedschaft in der ev. Kirche vor, auf die sich der Kläger berufen könnte. Die Mitgliedschaft des Klägers in der ev. Kirche ist nicht erloschen, da die Beigeladene den Kläger nicht aus seiner Mitgliedschaft entlassen hat. Entgegen der Auffassung des Klägers haben lediglich seine kirchlichen Rechte geruht, nicht jedoch die Mitgliedschaft selbst. Aus der mangelnden Beitreibung der Kirchensteuern kann der Kläger nichts Gegenteiliges herleiten, da es den Kirchen bis zum 3.10.1990 in der DDR zum einen nicht möglich war, etwaige Abgaben beizutreiben oder beitreiben zu lassen; zum anderen war die Erhebung daran gescheitert, dass der Kläger bis zum Veranlagungszeitraum 1997 keine entsprechende Angabe über seine Kirchenmitgliedschaft gemacht hat.

Schließlich ist auch sachlich gegen die Erhebung der Kirchensteuer rechtlich nichts zu erinnern (*wird ausgeführt*).

14

1. Die Wirksamkeit einer Kündigung (hier: eines Kirchenmusikers durch ev. Kirchengemeinde) aus Gründen in dem Verhalten des Arbeitnehmers setzt außerhalb des Anwendungsbereichs des Kündigungsschutzgesetzes in der Regel nicht voraus, dass dem Arbeitnehmer zuvor eine vergebliche Abmahnung erteilt wurde.
2. Zur Frage des arbeitgeberübergreifenden Kündigungsschutzes im kirchlichen Dienst.

§§ 23 Abs. 1 KSchG, 242 BGB
BAG, Urteil vom 21. Februar 2001 - 2 AZR 579/99[1] -

---

[1] Amtl. Leitsatz Satz 1 (ergänzt durch Klammerzusatz) BAGE 97, 141; AP Nr 26 zu § 611 BGB Abmahnung; AR-Blattei ES 960 Nr 65; ArbuR 2001, 316 (LS); ARST 2001, 254; AuA 2001, 525 (LS); BB 2001, 1902; DB 2001, 1997; EzA § 242 BGB Kündigung Nr 2; EzBAT § 53 BAT Verhaltensbedingte Kündigung Nr 56; FA

Die Parteien streiten um die Wirksamkeit einer ordentlichen Arbeitgeberkündigung und die Verpflichtung der Arbeitgeberin zur Weiterbeschäftigung des Klägers.

Der Kläger ist auf der Grundlage eines Dienstvertrages für nebenberufliche Kirchenmusiker seit 1980 bei der ev.-luth. A-Gemeinde in H. als Organist und Chorleiter tätig, zuletzt mit einer wöchentlichen Arbeitszeit von 16,76 Stunden Die A-Gemeinde beschäftigte neben dem Kläger einen Küster mit 10,35 Stunden wöchentlich, eine Pfarramtsekretärin mit 13 Stunden wöchentlich und eine Raum- und Gartenpflegerin mit 7,36 Stunden wöchentlich.

Ende 1996 kam es im Zusammenhang mit wirtschaftlichen Schwierigkeiten der A-Gemeinde zu Überlegungen über die künftige Nutzung des der Gemeinde gehörenden Geländes mit der Kirche und dem Gemeindehaus, wobei auch die Möglichkeiten von Verkauf und Vermietung einbezogen wurden. Mit Schreiben vom 8.1.1997, das er auch dem Stadtsuperintendenten und dem Superintendenten zur Kenntnis gab, äußerte der Kläger seine Sorge um den Bestand der von ihm geleiteten Chöre und seines Arbeitsplatzes, wobei er die Überlegungen über eine künftige Nutzung des Geländes als Angriff auf die Grundlage der Chorgruppen sowie als Vorbereitung zur Streichung seines Arbeitsplatzes bezeichnete und eine Information der Öffentlichkeit ankündigte.

In einem Schreiben des Superintendenten vom 18.2.1997 und auf einer Sitzung des Kirchenvorstandes am 10.4.1997 wurde der Kläger aufgefordert, sich an den internen Bemühungen um Lösungen zu beteiligen und von öffentlichen Maßnahmen abzusehen.

Am 28.4.1997 unterzeichnete der Kläger eine weitere Stellungnahme von Mitgliedern der Chöre gegenüber dem Kirchenvorstand mit einem Verteiler an den Stadtsuperintendenten, den Superintendenten, den Landessuperintendenten und den Landesbischof.

Am 4.9.1997 erschien in der Stadtteilausgabe Nord der H. Allgemeinen Zeitung ein redaktioneller Artikel über die Situation der A-Gemeinde. Dazu sandte der Kläger der Zeitung einen Leserbrief vom 11.9.1997, der allerdings nicht veröffentlicht wurde und von dessen Inhalt die A-Gemeinde zunächst keine Kenntnis erhielt. Am 16.10.1997 erschien in derselben Zeitung ein weiterer redaktioneller Artikel, der als Bericht über eine Kritik des Klägers am Verhalten der Pastoren und des Kirchenvorstands abgefasst war und den Schluss auf ein entsprechendes Interview mit dem Kläger nahelegte.

Daraufhin kündigte die A-Gemeinde das Arbeitsverhältnis am 29.10.1997 fristlos und am 22.12.1997 vorsorglich fristgemäß. Mit Wirkung zum 1.1.1999 wurden die A-Gemeinde und die ev.-luth. S-Gemeinde in H. zur jetzigen Beklagten vereinigt.

2001, 309 (LS); FA 2001, 316 (LS); NZA 2001, 951; RzK I 81 Nr 36 (LS); SAE 2001, 334 (LS); ZevKR 47 (2002), 604 (LS); ZMV 2002, 89; ZTR 2001, 429.

Der Kläger greift die Kündigungen mit der vorliegenden Klage an. Er begehrt Feststellung der Unwirksamkeit der Kündigung und Weiterbeschäftigung zu den bisherigen Arbeitsbedingungen. Im wesentlichen macht er geltend, er habe der Zeitung kein Interview gegeben. Auf seinen Leserbrief hin habe ihn ein Redakteur angerufen und ihm mitgeteilt, sein Brief werde nicht veröffentlicht, da er zu milde abgefasst sei; das Ansinnen, um daraus eine „Story" machen zu können, solle er den Rücktritt der Pastorin und des Kirchenvorstands fordern, habe er abgelehnt. Weder gebe sein Verhalten der Beklagten einen wichtigen Grund zur fristlosen Kündigung noch sei die ordentliche Kündigung sozial gerechtfertigt. Für die Anwendbarkeit des Kündigungsschutzgesetzes sei nicht auf den Bereich der A-Gemeinde, sondern auf den Kirchenkreis H. als Verwaltung iSv § 23 Abs. 1 Satz 1 KSchG abzustellen. Dies rechtfertige sich aus der wirtschaftlichen Abhängigkeit der A-Gemeinde, der Maßgeblichkeit des vorgegebenen Stellenplans, der Genehmigungsbedürftigkeit von Einstellungen und Entlassungen sowie aus der Bildung der Mitarbeitervertretung nur auf der Ebene des Kirchenkreises. Aber auch im Falle einer Unanwendbarkeit des Kündigungsschutzgesetzes ergebe sich die Unwirksamkeit der Kündigung aus dem Gesichtspunkt des Fehlens einer Abmahnung.

Die Beklagte und ihre Rechtsvorgängerin halten die Klage für abweisungsreif. Sie sind der Auffassung, schon die fristlose Kündigung sei berechtigt gewesen, da wegen der vom Kläger gegenüber dem Kirchenvorstand und der Pastorin sowie insbesondere in der Öffentlichkeit erhobenen unberechtigten Vorwürfe eine Fortsetzung des Arbeitsverhältnisses auch nur bis zum Ablauf der Kündigungsfrist nicht zumutbar gewesen sei. Was die Anwendbarkeit des Kündigungsschutzgesetzes angehe, komme es allein auf die Beschäftigten der A-Gemeinde an; im Übrigen sei die Kündigung vom 22.12.1997 auch sozial gerechtfertigt.

Das Arbeitsgericht hat die Klage hinsichtlich dieser ordentlichen Kündigung und des Weiterbeschäftigungsantrags abgewiesen. Die Berufung des Klägers blieb erfolglos. Mit seiner vom Landesarbeitsgericht zugelassenen Revision verfolgt der Kläger die genannten Anträge weiter, hat hiermit jedoch keinen Erfolg.

Aus den Gründen:

Die Revision des Klägers ist unbegründet.
I. Das Landesarbeitsgericht hat angenommen, das Kündigungsschutzgesetz sei nicht anwendbar, weil auf die Anzahl der Beschäftigten der A-Gemeinde abzustellen sei. Das Fehlen einer Abmahnung könne die Unwirksamkeit der ordentlichen Kündigung auch über § 242 BGB nicht begründen. Für den Anwendungsbereich dieser Vorschrift verblieben im

Wesentlichen nur Sachverhalte einer willkürlichen, widersprüchlichen oder auf sachfremden Motiven beruhenden Kündigung. Dem sei der Gesichtspunkt einer fehlenden Abmahnung nicht zuzuordnen. Da hier die Kündigung mit erheblichen Pflichtverletzungen des Klägers begründet worden sei, sei ein Verstoß gegen § 242 BGB nicht ersichtlich.

II. Dem folgt der Senat im Ergebnis und weitgehend auch in der Begründung.

1. Bei der Prüfung, ob auf die streitige Kündigung der erste Abschnitt des Kündigungsschutzgesetzes anzuwenden ist, ist das Landesarbeitsgericht zutreffend von § 23 Abs. 1 KSchG ausgegangen. Bedienen sich nämlich die Kirchen wie jedermann der Privatautonomie zur Begründung von Arbeitsverhältnissen, so findet auf diese das staatliche Arbeitsrecht mit seinen kündigungsschutzrechtlichen Vorschriften Anwendung (ständige Rechtsprechung, vgl. BAG, 12.11.1998 - 2 AZR 459/97 - AP KSchG 1969 § 23 Nr. 20, EzA KSchG § 23 Nr. 20 mwN). Wie die Revision nicht mehr in Zweifel zieht, erfüllte die A-Gemeinde für sich genommen nicht die Voraussetzungen des § 23 Abs. 1 Satz 2 KSchG.

2. Maßgeblich ist insoweit der Begriff der Verwaltung (vgl. BAG, aaO). Dies ändert freilich nichts daran, dass der Kündigungsschutz nach dem Kündigungsschutzgesetz grundsätzlich nicht unternehmens-, d.h. arbeitgeberübergreifend ausgestaltet ist (vgl. schon § 1 Abs. 1 KSchG). Arbeitgeber des Klägers war im Kündigungszeitpunkt, wie das Landesarbeitsgericht zutreffend ausgeführt hat und auch die Revision nicht in Zweifel zieht, die A-Gemeinde und nicht etwa der Kirchenkreis H., der Stadtkirchenverband H. oder gar die Landeskirche H. Die A-Gemeinde war als Gebietskörperschaft öffentlichen Rechts eine eigenständige juristische Person; als solche hat sie den Vertrag mit dem Kläger abgeschlossen (Art. 2, 16 Kirchenverfassung; §§ 4, 23 Kirchengemeindeordnung). Der A-Gemeinde oblag es gem. § 24 Kirchengemeindeordnung, im Rahmen der im Kirchenkreis bestehenden Planung die für die Gemeinde erforderlichen Stellen zu errichten und zu besetzen. Der Senat hat auch für den Bereich des öffentlichen Dienstes darauf abgestellt, ob einer Einheit eine selbständige Rechtspersönlichkeit mit der Folge zukommt, dass sie eine eigene Verwaltung iSv § 23 Abs. 1 Satz 2 KSchG bildet (BAG, 23.4.1998 - 2 AZR 489/97 - BAGE 88, 287 [293]).

3. Für den Bereich der Privatwirtschaft hat der Senat die Annahme eines ausnahmsweise arbeitgeberübergreifenden Kündigungsschutzes stets davon abhängig gemacht, dass sich zwei oder mehrere Unternehmen zur gemeinsamen Führung eines Betriebes - zumindest konkludent - rechtlich verbunden haben, so dass der Kern der Arbeitgeberfunktionen im sozialen und personellen Bereich von derselben institutionellen Leitung ausgeübt wird. Das trifft nicht schon dann zu, wenn die Unternehmen z.B. auf der Grundlage von Organ- oder Beherrschungsverträgen lediglich unternehmerisch zusammenarbeiten. Vielmehr muss die Vereinbarung auf eine einheitliche Leitung für die Aufgaben gerichtet sein,

die vollzogen werden müssen, um die in der organisatorischen Einheit zu verfolgenden arbeitstechnischen Zwecke erfüllen zu können (vgl. BAG, 18.1.1990 - 2 AZR 355/89 - AP KSchG 1969 § 23 Nr. 9, EzA KSchG § 23 Nr. 9; vgl. ferner § 322 Abs. 2 UmwG).
Es kann auch im vorliegenden Fall dahinstehen, ob sich diese Überlegungen auf den öffentlichen Dienst bzw. hier eine Kirche dergestalt übertragen lassen, dass sich mehrere rechtlich selbständige Verwaltungsträger zur Bildung einer einheitlichen Verwaltung rechtlich verbinden können. Auch wenn man eine gemeinsame Verwaltung mehrerer Verwaltungsträger analog dem gemeinsamen Betrieb mehrerer Unternehmen für möglich hält, würde dies speziell für § 23 Abs. 1 KSchG jedenfalls voraussetzen, dass der Kern der Arbeitgeberfunktionen, insbesondere das arbeitgeberseitige Weisungsrecht hinsichtlich der konkret zu leistenden Arbeiten der abhängigen Arbeitnehmer, bei derselben institutionellen Verwaltungsleitung läge. Dies hat der insoweit grundsätzlich darlegungs- und letztlich beweispflichtige Kläger (BAG 12.11.1998 - 2 AZR 459/97 - aaO, mwN) weder in den Tatsacheninstanzen schlüssig vorgetragen noch lässt es sich - ungeachtet § 561 ZPO - seinem Vorbringen in der Revisionsinstanz entnehmen. Er hat nicht behauptet, die Weisungen zur Durchführung seiner kirchenmusikalischen Aufgaben bei der A-Gemeinde habe er im Wesentlichen nicht von dieser, sondern vom Kirchenkreis, vom Kreiskantor oder von der Stadtkirchenkanzlei erhalten. Der Kreiskantor hat sich zwar dafür einzusetzen, dass der Kirchenmusik die angemessene Pflege zuteil wird, und bei Mängeln hat er sich um Abhilfe zu bemühen (§ 8 Ordnung Fachaufsicht Kirchenmusiker). Damit wird jedoch das Direktionsrecht der Beklagten bzw. ihrer Rechtsvorgängerin nicht verlagert. Gemäß § 2 Ordnung Fachaufsicht Kirchenmusiker erstreckt sich nämlich die der Kirchengemeinde zustehende Dienstaufsicht auch auf die Beachtung der in der Gemeinde für die Ausübung des Kirchenmusikerdienstes geltenden gottesdienstlichen Ordnungen und besonderen Bestimmungen. Der Kläger hat auch nicht behauptet, dass die Art und Weise seiner Arbeitsleistung wesentlich durch Weisungen des Kreiskantors beeinflusst worden sei oder gegen den Willen der Rechtsvorgängerin der Beklagten, deren Kirchenvorstand gemäß § 3 Abs. 3 Ordnung Fachaufsicht Kirchenmusiker auch an Fachaufsichtsangelegenheiten zu beteiligen war, wesentlich hätte beeinflusst werden können. Es war die A-Gemeinde als Rechtsvorgängerin der Beklagten, die die wesentlichen oder jedenfalls so wesentliche Arbeitgeberfunktionen selbst ausübte, dass die Annahme einer gemeinsamen Verwaltung analog einem gemeinsamen Betrieb mehrerer Unternehmen ausscheidet. Die Stadtkirchenkanzlei hatte, wie letztlich auch die Revision einräumt, bloß die Funktion eines „Serviceunternehmens" (vgl. dazu BAG, 18.1.2001 - 2 AZR 668/00 - n.v., zu 2a der Gründe).
Dass die Kündigung der kirchenaufsichtlichen Genehmigung bedurfte (§ 3 Rechtsverordnung zur Ausführung des Gemeinsamen Mitarbeiterge-

setzes), ändert daran nichts. Der Entschluss zur Kündigung ging von der Rechtsvorgängerin der Beklagten aus; bei ihr erfolgte die Willensbildung; sie vollzog damit nicht bloß den Willen einer übergeordneten Instanz. Bei der aufsichtlichen Genehmigung geht es dementsprechend um die Genehmigung einer fremden Willenserklärung, die aufsichtliche Mitwirkung macht die Willenserklärung nicht zu einer solchen der aufsichtsführenden Körperschaft. Auch im Bereich öffentlich-rechtlichen Handelns durch Verwaltungsakt wird im Übrigen ungeachtet einer aufsichtlichen Beteiligung darauf abgestellt, welchem Rechtsträger die den Verwaltungsakt erlassende Behörde angehört (vgl. Kopp/Schenke, VwGO, 11. Aufl., § 78 Rn 7 f.). Ein sog. „Berechnungsdurchgriff" auf übergeordnete Verwaltungen ist weder geboten noch statthaft (BAG 12.11.1998 - 2 AZR 459/97 - aaO). Dies gilt um so mehr, als der Gesetzgeber auch bei der „Sicherung der Arbeitnehmerrechte" durch das Gesetz vom 19.12.1998 (BGBl. I S. 3843) § 23 Abs. 1 KSchG insoweit unverändert gelassen hat.

Zwar ist der Revision zuzugeben, dass gewöhnlich die maßgebliche institutionelle Leitung im sozialen und personellen Bereich mit dem Zuständigkeitsbereich der Mitarbeitervertretung korrespondiert. Dies ist jedoch nicht zwingend. Wird - wie hier - im Interesse der Mitarbeiter, die wegen der geringen Mitarbeiterzahl bei ihrem Arbeitgeber keine kollektivrechtliche Vertretung hätten, unter Einbeziehung der übergeordneten Verwaltung eine gemeinsame Mitarbeitervertretung gebildet (§ 3 Abs. 5 MVG), lässt dies nicht den Schluss zu, auch individualrechtliche Arbeitnehmerschutzbestimmungen müssten entsprechend der Beschäftigtenzahl angewandt werden, für die die Mitarbeitervertretung zuständig ist.

4. Entgegen der Ansicht der Revision folgt die Unwirksamkeit der streitigen Kündigung auch nicht aus § 242 BGB.

a) Der durch Generalklauseln vermittelte Schutz darf nicht dazu führen, dass dem Kleinunternehmer praktisch die im Kündigungsschutzgesetz vorgegebenen Maßstäbe der Sozialwidrigkeit auferlegt werden (BVerfG, 27.1.1998 - 1 BvL 15/87 - BVerfGE 97, 169 [178 f.]; BAG, 12.11.1998 - 2 AZR 459/97 - aaO, mwN). Über § 242 BGB darf nicht geprüft werden, ob die hier von der Beklagten angeführten verhaltensbedingten Gründe die streitige Kündigung gem. § 1 Abs. 2 Satz 1 KSchG sozial rechtfertigen. Eben dies verbietet der Respekt vor der gesetzgeberischen Eingrenzung des Kündigungsschutzes durch § 23 Abs. 1 KSchG (BVerfG, aaO, 178 und BAG 12.11.1998 - 2 AZR 459/97 - aaO).

b) Soweit sich die Revision darauf beruft, dem Kläger sei vor Ausspruch der Kündigung keine Gelegenheit gegeben worden, zu dem Vorwurf, er habe ein Interview mit einem bestimmten Inhalt gegeben, Stellung zu nehmen, begründet dies keine Treuwidrigkeit der streitigen Kündigung. Auch im Anwendungsbereich des Kündigungsschutzgesetzes hängt die Unwirksamkeit einer personen- oder verhaltensbedingten Kündigung, von der hier nicht relevanten Ausnahme einer Verdachtskündigung abgesehen, nicht von einer vorherigen Anhörung des Arbeitnehmers ab. Nicht einmal vor einer außerordentlichen Kündigung gem. § 626 BGB bedarf es einer solchen Anhörung, sondern es kommt allein darauf an, ob dem Arbeitgeber objektiv die Fortsetzung des Arbeitsverhältnisses bis zum Fristablauf unzumutbar ist; an dem objektiven Tatbestand des wichtigen Grundes vermag die Anhörung nichts zu ändern (vgl. KR-Fischermeier, 5. Aufl., § 626 BGB Rn 32 mwN). Die Rechtsvorgängerin der Beklagten hat vorliegend die Kündigung nicht etwa auf einen völlig haltlosen Vorwurf gestützt, den der Kläger bei seiner vorherigen Anhörung ohne weiteres hätte widerlegen können. Ausschlaggebend war, dass der Kläger massive unsachliche und auch nach seinem eigenen Vortrag so nicht berechtigte Angriffe gegen die Kirchengemeinde und die dort tätige Pastorin außerhalb der Gemeinde und gegenüber der Öffentlichkeit vortrug. Ob der Berichterstattung in der Tagespresse ein Interview des Klägers oder sein Leserbrief zugrunde lag, war für die Rechtsvorgängerin der Beklagten ersichtlich nicht entscheidend.

Auch § 9 Gemeinsames Mitarbeitergesetz ändert daran nichts. Die Vorschrift sieht nicht etwa die Unwirksamkeit einer Kündigung vor, die der Arbeitgeber ohne Anhörung des Mitarbeiters ausgesprochen hat, sondern begründet lediglich einen Anspruch des mit dem Vorwurf einer Dienstpflichtverletzung konfrontierten Mitarbeiters auf eine Klärung des dem Vorwurf zugrunde liegenden Sachverhalts; im Fall des Verlangens einer solchen Klärung durch den Mitarbeiter und Untätigkeit des Arbeitgebers binnen angemessener Frist kann der Mitarbeiter ferner eine Nachprüfung durch die Schiedsstelle beantragen. Vorliegend hat der Kläger, obwohl er schon im Oktober mit dem Vorwurf einer Dienstpflichtverletzung konfrontiert wurde, bis zum Zugang der streitigen Kündigung vom 22.12.1997 weder eine Klärung des Sachverhalts verlangt noch eine Nachprüfung durch die Schiedsstelle beantragt. Selbst wenn er dies jedoch getan hätte und die Rechtsvorgängerin der Beklagten sowie die Schiedsstelle untätig geblieben wären, würde dies die beantragte Feststellung nicht rechtfertigen, weil § 9 Gemeinsames Mitarbeitergesetz die Durchführung des „Klärungsverfahrens" nicht zur Wirksamkeitsvoraussetzung einer Kündigung erhoben hat.

c) Ebenso wenig lässt sich ein Verstoß gegen Treu und Glauben (§ 242 BGB) daraus ableiten, dass der streitigen Kündigung keine vergebliche Abmahnung mit dem Hinweis vorausging, der Kläger gefährde mit seinem Verhalten den Bestand des Arbeitsverhältnisses. Das Erfordernis einer vergeblichen Abmahnung ist im Anwendungsbereich des Kündigungsschutzgesetzes Ausfluss des Grundsatzes der Verhältnismäßigkeit (vgl. BAG, 10.11.1988 - 2 AZR 215/88 - AP KSchG 1969 § 1 Abmahnung Nr. 3, EzA BGB § 611 Abmahnung Nr. 18) und Bestandteil des Kündigungsgrundes (vgl. BAG, 18.12.1980 - 2 AZR 1006/78 - BAGE 34, 309 [322]; KR-Fischermeier, aaO, Rn 284 mwN). Zutreffend hat das Landesarbeitsgericht erkannt, dass dem Grundsatz der Verhältnismäßigkeit insoweit nur im Rahmen des normierten Kündigungsschutzes Bedeutung zukommt (vgl. Beckerle, Die Abmahnung, Rn 178 ff.; KR-Fischermeier, aaO, Rn 276; Schaub NZA 1997, 1186; Stahlhacke/Preis/Vossen, Kündigung und Kündigungsschutz im Arbeitsverhältnis, 7. Aufl., Rn 195). Zwar könnte nach Treu und Glauben (§ 242 BGB) eine vorherige vergebliche Abmahnung auch dann geboten sein, wenn sich der Arbeitgeber andernfalls mit der Kündigung in Widerspruch zu seinem bisherigen Verhalten setzen würde (vgl. BAG, 29.7.1976 - 3 AZR 50/75 - AP KSchG § 1 Verhaltensbedingte Kündigung Nr. 9, EzA KSchG § 1 Nr. 34; Beckerle, aaO, Rn 9 f.). Davon kann jedoch vorliegend keine Rede sein. Das Landesarbeitsgericht ist vielmehr bei der Würdigung des Verhaltens des Klägers unter dem Gesichtspunkt eines wichtigen Grundes im Sinne von § 626 Abs. 1 BGB zu dem Ergebnis gelangt, es habe sich um eine erhebliche Pflichtwidrigkeit gehandelt, die ihm insbesondere nach dem Schreiben des Superintendenten vom 18.2.1997 auch als solche erkennbar sein musste. Revisionsrechtlich ist dies nicht zu beanstanden (vgl. zu dem nur eingeschränkten Prüfungsmaßstab die ständige Rechtsprechung z.B. BAG, 13.4.2000 - 2 AZR 259/99 - BAGE 94, 228). Nachdem die Rechtsvorgängerin der Beklagten gegenüber dem Kläger darauf gedrungen hatte, die aufgetretenen Differenzen nicht nach außen zu tragen, sondern konstruktiv intern zu erörtern, konnte er nicht davon ausgehen, die Kirchengemeinde werde seinen Leserbrief hinnehmen; vielmehr setzte er mit diesem bewusst seinen Arbeitsplatz aufs Spiel.

d) Daraus folgt zugleich, dass sich der Kläger hier trotz der 17jährigen Dauer seines Arbeitsverhältnisses nicht auf einen besonderen Vertrauensschutz berufen kann. Zutreffend weist die Revision darauf hin, dass nach der Rechtsprechung des Bundesverfassungsgerichts der durch die Generalklauseln vermittelte Grundrechtsschutz um so schwächer wirkt, je stärker die mit der Kleinbetriebsklausel geschützten Grundrechtspositionen des Arbeitgebers im Einzelfall betroffen sind (BVerfG, aaO, 179). Bei der Leitung der A-Gemeinde und den Beschäftigten handelte es sich um ein kleines Team. Bei einem solchen geht auch das Bundesverfassungsgericht davon aus, dass es für Missstimmungen und Querelen besonders anfällig ist. Wenn sich hier der Kläger den geäußerten Bitten, den entstandenen Konflikt nicht nach außen zu tragen, sondern zu einer konstruktiven internen Mitarbeit zurückzukehren, verschloss und statt dessen in einem Leserbrief an die Tagespresse Pfarramt und Kirchenvorstand unsachlich und massiv angriff, so handelte es sich dabei um eine nachhaltige Störung des Betriebsklimas und des Vertrauensverhältnisses, die in solch kleinen Verwaltungseinheiten einen besonderen Stellenwert haben (vgl. BVerfG, aaO, 177 f.). Ein weiteres gedeihliches Zusammenwirken von Kirchenvorstand, Pfarrerin und dem Kläger im Dienste der Verkündigung des Glaubens stand unter diesen Umständen nicht mehr zu erwarten. Es ist verständlich, wenn sich die Rechtsvorgängerin der Beklagten aus diesem durch den Kläger provozierten Dilemma im Wege der Kündigung des Arbeitsverhältnisses befreien wollte. Bei dem

Schutz durch Generalklauseln geht es vor allem darum, Arbeitnehmer vor willkürlichen oder auf sachfremden Motiven beruhenden Kündigungen zu schützen (BVerfG, aaO, 179). Damit hat die streitige Kündigung nicht das Geringste zu tun, sie war weder sitten- noch treuwidrig (§§ 138, 242 BGB). Auch die Berücksichtigung des vom Kläger ursprünglich durch seine langjährige Mitarbeit erdienten Vertrauens in den Fortbestand seines Arbeitsverhältnisses führt in diesem Fall zu keinem anderen Ergebnis.

15

Eine Arbeitnehmerin in einem evangelischen Kindergarten, die in der Öffentlichkeit werbend für eine andere Glaubensgemeinschaft auftritt und deren von den Glaubenssätzen der evangelischen Kirche erheblich abweichende Lehre verbreitet, bietet regelmäßig keine hinreichende Gewähr mehr dafür, dass sie der arbeitsvertraglich übernommenen Verpflichtung zur Loyalität gegenüber der Evangelischen Kirche nachkommt. Ein solches Verhalten kann eine außerordentliche Kündigung rechtfertigen.

§§ 626 BGB, 54 BAT
BAG, Urteil vom 21. Februar 2001 - 2 AZR 139/00[1] -

Die Parteien streiten über die Wirksamkeit einer außerordentlichen Kündigung. Die 1964 geborene Klägerin (verheiratet, ein Kind) ist Mitglied der römisch- katholischen Kirche. Seit Mai 1997 war sie als Erzieherin/Gruppenleiterin in einer Kindertagesstätte der Beklagten, der Evangelischen Kirchengemeinde P., tätig und gehört auch der bei der Beklagten gebildeten Mitarbeitervertretung an.

Gemäß § 2b des Arbeitsvertrages der Parteien finden auf das Arbeitsverhältnis die Arbeitsrechtsregelungen über die Grundlage der Dienstverhältnisse der kirchlichen Mitarbeiterinnen und Mitarbeiter im Bereich der Evangelischen Landeskirche und des Diakonischen Werkes der Evangelische Landeskirche in Baden (AR-Grundlagen-DV) vom 9.4.1984 in der jeweils geltenden Fassung Anwendung. Aus § 6 Abs. 3 dieser Arbeitsrechtsregulung ergibt sich für die Klägerin folgende Verpflichtung:

---

[1] Amtl. Leitsatz. AP Nr 29 zu § 611 BGB Kirchendienst; AR-Blattei ES 960 Nr 66; ArbuR 2001, 356 (LS); ARST 2001, 259 (LS); BB 2001, 1854 (LS); DB 2001, 2254 (LS); DRsp VI(610) 277a; EBE/BAG Beilage 2001, Ls 174/01 (LS); EzA § 611 BGB Kirchliche Arbeitnehmer Nr 47; JR 2002, 132 (LS); JR 2002, 44 (LS); NVwZ 2001, 1453 (LS); NZA 2001, 1136; PersR 2001, 353 (LS); RzK I 8g Nr 26; SAE 2001, 335 (LS); ZIP 2001, 1825; ZMV 2001, 249; ZTR 2001, 526 (LS). Die Verfassungsbeschwerde der Klägerin wurde nicht zu Entscheidung angenommen; BVerfG, Beschluss vom 7.3.2002 - 1 BvR 1962/01 - NJW 2002, 2771.

„Der Mitarbeiter ist zur Loyalität der Evangelischen Landeskirche gegenüber verpflichtet. Dies schließt die Mitgliedschaft und Mitarbeit in Organisationen aus, deren Grundauffassung, Zielsetzung oder praktische Tätigkeit in Widerspruch zu dem Auftrag der Kirche stehen".

§ 9 der AR-Grundlagen-DV lautet:

„Der Anstellungsträger kann das Dienstverhältnis durch Kündigung aus wichtigem Grund beenden, wenn der Mitarbeiter in grober und die Glaubwürdigkeit des kirchlichen Dienstes erheblich beeinträchtigender Weise gegen l. e Pflichten eines kirchlichen Mitarbeiters im Dienst oder in der Lebensführung verstößt oder aus der Evangelischen Kirche austritt."

Eine entsprechende Regelung enthält § 9 des Arbeitsvertrages. Mit Wirkung vom 26.10.1998 wurde die Klägerin zur Wahrnehmung der Leitungsfunktion im Kindergarten der T-Gemeinde in P. bis einschließlich 31.3.1999 abgeordnet. Dienstvorgesetzter war in dieser Zeit der Gemeindepfarrer D. der T-Gemeinde.

Am 3.12.1998 erfuhr die Beklagte durch einen anonymen Hinweis, dass die Klägerin Mitglied der „Universalen Kirche/Bruderschaft der Menschheit" ist. Sie hatte für diese sog. Primary-Lessons durchgeführt. Auf einem Anmeldungsschreiben für diese „Grundkurse für höheres geistiges Lernen" am 27.2.1998 in K. war die Klägerin als Ansprechpartnerin benannt worden.

Auf ihrer Internet-Homepage präsentiert sich die Universale Kirche unter anderem wie folgt:

„Wer sind wir?
Wenn wir die großen Religionen in ihrem Ursprung miteinander vergleichen, stellen wir fest, dass sie in den wesentlichen Punkten, das heißt in dem, was sie dem Menschen als Wahrheit vermitteln wollen, übereinstimmen. Es gibt einen gemeinsamen Nenner, eine Urwahrheit, universelle Gesetze, nach denen alles Leben auf diesem Planeten Erde funktioniert. Die großen Lehrer der Menschheit wie Krishna, Gautama Buddha, Jesus Christus, Franz von Assisi, Lao Tse, Mohammed, Zarathustra usw. haben stets versucht, ihrem Volk diese Wahrheit in der Sprache, die für das jeweilige Volk verständlich war, zu übermitteln.
Die Universale Kirche anerkennt, respektiert und lehrt diese universellen Gesetze, welche die Grundlage aller Religionen bilden. Ihre Mitglieder bemühen sich, in Übereinstimmung mit diesen göttlichen Gesetzen, die unveränderlich, immer und überall gültig sind, zu leben. Der wissenschaftliche Zweig der Universalen Kirche, das Weltfundament für Natur-Wissenschaft dient dem Schutz und dem Wohlergehen allen Lebens auf der Erde.
Die Universale Kirche, deren Mitglieder als solche die „Bruderschaft der Menschheit" bilden, hat sich zum Ziel gesetzt, diese Wahrheiten und ihre Anwendung im täglichen Leben allen Menschen ohne Ausnahme, egal welcher Rasse, Hautfarbe oder Religion, zugänglich zu machen.
Was lehren wir?
Die zentrale Lehre der Universalen Kirche beinhaltet den Glauben an einen allmächtigen Gott. Gott durchdringt alles und ist überall enthalten. Die Existenz

Gottes wird durch die Worte ICH BIN ausgedrückt, die schon in der Bibel im Alten Testament (z.B. 2 Mos 3, 14) als Synonym für Gott stehen. Gott ist sowohl männlich als auch weiblich. Eigenschaften und Aspekte Gottes sind u.a. Frieden, Freude, Harmonie, Freundschaft, Gnade, Mitgefühl, Verständnis, Freiheit, Reinheit. Der Mensch ist Teil von Gott und hat durch den freien Willen, der ihm im Gegensatz zu den Tieren und Pflanzen gegeben ist, Verantwortung für die gesamte Schöpfung. Diese umfasst neben dem Reich der Menschen die Reiche der Engel, Tiere und Elementarwesen.

Das Christusbewusstsein jedes Menschen stellt die Verbindung zu Gott her; deshalb ist jede Religion, die diese Verbindung sucht, als christlich anzusehen. Indem der Mensch sich getrennt von Gott sieht und seinen menschlichen Willen durchsetzt, schafft er die unübersehbaren weltweiten Probleme. Denn „getrennt" von Gott verkennt der Mensch, dass auch sein Leben unabänderlichen, kosmischen Gesetzen unterworfen ist (auch bekannt als Naturgesetze; ein Beispiel ist das Gesetz von Ursache und Wirkung). Aus den Gesetzen leitet sich auch die unumstößliche Tatsache der Reinkarnation ab. Raum und Zeit existieren nur in der menschlichen Vorstellung und sind letztendlich Illusion. Alles ist Eins.

Was wollen wir?

Die Zielsetzung der Universalen Kirche ist die Verankerung der Kirche des Universums auf Erden.

Darunter verstehen wir eine Kirche, die auf den Grundgesetzen des Universums basiert, vor allem auf der Liebe, und stark ist durch die Menschen, die ihre Verantwortung gegenüber allem Leben wahrnehmen. Auf dieser Basis der Liebe kann kein Vorurteil, keine Intoleranz oder Diskriminierung bestehen. Diese Gesetze sind der Ausdruck der Gegenwart Gottes in Seiner Schöpfung. Sie verlangen, dass jedem Lebewesen als göttlichem Geschöpf begegnet wird und ein tiefer Respekt gegenüber allem Leben herrscht. Wird dies im täglichen Umgang bewusst als ein integrierender Bestandteil jeder Handlung anerkannt, können wir die Erde und ihre Bewohner durch unser Tun wieder heilen.

Woher kommen wir?

Eine universale Kirche, die also alles umfasst, wurde bereits vor etwa 2000 Jahren von Jesus Christus und später von anderen vorhergesehen. Leider konnte sie bis heute nicht verwirklicht werden. Die Universale Kirche arbeitet daran, dieses Ziel für die ganze Menschheit zu erreichen.

Die jüngere Geschichte der Universalen Kirche knüpft an das Werk der 1831 geborenen Helena Petrovna Blavatsky an. Schon die von ihr gegründete Theosophische Gesellschaft hatte unter anderem das Ziel, den Kern einer universellen Bruderschaft der Menschen ohne Unterschied von Rasse, Religion, Geschlecht, Kaste und Farbe zu bilden. Frau Blavatsky wurde von östlichen Meistern ausgebildet und durch göttlichen Kontakt von der geistigen Welt begleitet.

Nachfolger der Theosophischen Gesellschaft mit unmittelbarem Kontakt zu den Aufgestiegenen Meistern waren die ICH BIN-Bewegung, die Brücke zur Freiheit und die Neuzeitkirche des Christus.

1981 gründete The Most Rev. Peter W. Leach-Lewis, SF, DCh auf dieser Grundlage die ‚Bruderschaft der Menschheit', die nun das Fundament für eine wirklich UNIVERSALE Kirche baut.

Welchen Weg gehen wir?

Die Universale Kirche hat sich verpflichtet, eine Brücke in die geistige Welt zu bauen, über die alle Menschen auf der Erde in die Einheit mit ihrer eigenen Göttlichkeit gelangen können. Um diese Brücke in die geistige Welt benützen zu

können, braucht es die Bereitschaft zu lernen und die bewusste Anstrengung, das Gelernte im täglichen Leben umzusetzen.
Wir wenden uns an jene Menschen, die offen sind für höheres geistiges Wissen.
Was wir von unseren Lehrern erhalten geben wir weiter
an Nichtmitglieder durch Seminare, Kurse und Vorträge mit dem Angebot, ein Mitglied der Universalen Kirche zu werden;
an Mitglieder in Form von Gottesdiensten, Aus- und Weiterbildung sowie durch private Meisterlehren.
Im Laufe dieser Lern- und Lehrprozesse üben wir im Einklang mit dem Göttlichen zu denken, zu fühlen, zu reden, zu handeln und somit in göttlicher Fülle und Schönheit zu leben.
Wer kann Mitglied werden?
Ein Mitglied der BRUDERSCHAFT DER MENSCHEN zu sein, bedeutet, Zugang zu den höchsten Lehren zu erhalten, die derzeit der Menschheit zur Verfügung stehen. ...
Der Zutritt zur Universalen Kirche steht jedem Menschen ab dem 14. Lebensjahr frei. Es ist nicht erforderlich, dass ein Mitglied aus seiner Glaubensgemeinschaft austritt.
Übrigens: Die finanzielle Verpflichtung beschränkt sich auf den symbolischen Betrag von $ 12.-/Jahr. Alle Aktivitäten der Universalen Kirche werden ausschließlich durch freiwillige Gaben finanziert."

Die Mitglieder der Universalen Kirche - so auch die Klägerin - bestätigen ihre Mitgliedschaft durch eine für jedes Jahr neu zu unterschreibende Verpflichtungserklärung. Diese wurde durch die Klägerin unstreitig auch für die Jahre 1998 und 1999 unterschrieben.

Am 14.12.1998 fand eine Anhörung der Klägerin statt, an welcher u.a. die Vorsitzende der Mitarbeitervertretung teilnahm. Dabei wurde die Klägerin über ihre Zugehörigkeit zur Universalen Kirche und daraus resultierende Loyalitätskonflikte zu ihrem Arbeitgeber befragt. Eine einvernehmliche Auflösung des Dienstverhältnisses lehnte sie ab.

Am 15.12.1998 erfolgte eine Erörterung im Sinne des § 45 Abs. 1 Mitarbeitervertretungsgesetz (MVG), an welcher neben den Vertretern der Mitarbeitervertretung und der Dienststellenleitung auch die Klägerin teilnahm. Zu Beginn der Erörterung wurde der Klägerin ein Schreiben vom 15.12.1998 ausgehändigt, in welchem ihre Abordnung an den Kindergarten der T-Gemeinde mit sofortiger Wirkung aufgehoben und sie wieder auf die Stelle einer Springerin beim Diakonischen Werk P. eingesetzt wurde. Im Anschluss daran wurde die Klägerin erneut über ihre Mitgliedschaft in der Universalen Kirche befragt und deren Vereinbarkeit mit ihren arbeitsvertraglichen Verpflichtungen erörtert. Außerdem kam die Abhaltung von Lehrveranstaltungen für die Universale Kirche durch die Klägerin zur Sprache. Die Frage nach einer Lösung von der Universalen Kirche hielt die Klägerin für nicht relevant.

Die Mitarbeitervertretung stimmte noch am 15.12.1998 der von der Beklagten beabsichtigten außerordentlichen Kündigung des Arbeitsverhältnisses einstimmig zu.

Mit Schreiben vom 16.12.1998 sprach die Beklagte die außerordentliche Kündigung des Arbeitsverhältnisses unter Einhaltung einer sozialen Auslauffrist zum 31.12.1998 aus. Hiergegen richtet sich die vorliegende Kündigungsfeststellungsklage.

Die Klägerin hält die Kündigung für unwirksam und macht geltend, sie habe nicht in grober und die Glaubwürdigkeit des kirchlichen Dienstes erheblich beeinträchtigender Weise gegen die Pflichten einer kirchlichen Mitarbeiterin verstoßen. Sie bekenne sich als Mitglied der kath. Kirche gegenüber der Evangelischen Landeskirche als loyale und engagierte Christin. Ihre Mitgliedschaft in der Universalen Kirche habe sie bislang unter Berufung auf ihre Religions- und Glaubensfreiheit ohne Widerspruch vor allem außerhalb ihrer Tätigkeit bei der Beklagten wahrgenommen und diese nicht mit den ihr obliegenden erzieherischen Pflichten verknüpft. Keinesfalls habe sie Lehren, Ansichten und Unterweisungsmethoden der Universalen Kirche in den Kindergarten getragen. Die von der Beklagten insoweit geschilderten Vorfälle seien falsch dargestellt. Es habe keine 15-minütige Augenfixierung gegeben. Der Vortrag der Beklagten zur Lehre und den Aktivitäten der Universalen Kirche sei tendenziös. Bei der Mitgliedschaft in der Universalen Kirche handele es sich um eine freiwillige Mitgliedschaft, der Austritt sei jederzeit durch schriftliche Erklärung möglich. Die Universale Kirche sei keine Sekte, sondern eine unter dem Schutz des Grundgesetzes stehende, als gemeinnütziger, allgemeiner Verein organisierte religiöse Glaubensgemeinschaft, die satzungsgemäß durch Abhalten von Gottesdiensten, Bibellesungen und Informationsdiensten die Religion fördere. Schließlich rügt die Klägerin Mängel in der Beteiligung der Mitarbeitervertretung; die angeblich von ihr in der praktischen Arbeit im Kindergarten angewandten Lehren und Ansichten der Universalen Kirche seien der Mitarbeitervertretung gegenüber nicht erwähnt worden.

Die Beklagte hat zur Begründung ihres Klageabweisungsantrages vorgetragen, die Klägerin habe aufgrund ihrer aktiven Mitgliedschaft in der Universalen Kirche/Bruderschaft der Menschheit gegen die ihr der Evangelische Kirche gegenüber obliegende Loyalitätsverpflichtung verstoßen. Der Gründer der Universalen Kirche werde in einer Einladung zu einem Seminar als göttlicher Repräsentant und Weltbotschafter für die Große Weiße Bruderschaft angekündigt. Er selbst meine unter sinniger Aufnahme seines Vornamens und mit sehr freier Interpretation von Matthäus 6, 18: „Ich bin Peter, mein Bekenntnis ist Eckstein für den christlichen Glauben; ein Fels der Stärke ...". Zwischen den Lehren der Universalen Kirche und der Evangelische Kirche bestünden zahlreiche Widersprüche. So vertrete die Universale Kirche den Grundsatz der Reinkarnation, der der Einmaligkeit und Würde des Menschen als Geschöpf Gottes widerspreche. Wer die Verpflichtungserklärung unterzeichne, zeige damit, dass er die Universale Kirche in ihrem Missionsstreben fördern und insoweit auch über andere Kirchen stellen wolle, zumal die

Universale Kirche den Anspruch erhebe, die alleinige, das ganze Universum erfassende Kirche zu sein.

Die Klägerin sei nicht nur passives Mitglied der Universalen Kirche, sondern unterrichte und verbreite deren Lehre bei potenziellen Mitgliedern. Auch in ihrer täglichen Berufsausübung gegenüber den Kindern des Kindergartens B'straße in P. habe die Klägerin konkret Lehren und Ansichten sowie Unterweisungsmethoden der Universalen Kirche angewandt. Wenn sich ein Kind nicht nach den Regeln verhalten habe, habe es die Klägerin - ohne dass das Kind habe ausweichen dürfen - mit den Augen fixiert. Die Erzieherin K habe sich einmal bei einer Augenfixierung durch die Klägerin von einer Dauer von 15 Minuten eingeschaltet, wobei diese erwidert habe, sie sei durch einen „inneren Raum" mit dem Kind verbunden. Die Klägerin habe sich zu dem angesprochenen „inneren Raum" dahingehend geäußert, dass sie den Kindergarten in einen Meereskindergarten verwandeln wolle. Sie habe verschiedentlich darauf hingewiesen, dass jeder Mensch ein Licht in sich trage, das 90 Grad heiß sei, und die Kinder sich vor dem Licht im anderen verneigten. Bei einer Dienstbesprechung am 23.11.1998 im Kindergarten B'straße, bei welcher es um den Aufbau eines Adventsweges gegangen sei, der am Ende der Adventszeit zur heiligen Familie mit Josef und Maria habe hinführen sollen, habe sie die biblische Geschichte nicht vermitteln wollen. Ihrer Ansicht nach brauche das Geschehen vor 2000 Jahren nicht zu interessieren, da es nur auf die heutige Familie, in der jedes Kind lebe, ankomme. Jede Familie sei heilig. Man solle die Weihnachtszeit vielmehr unter das Thema stellen „Ein Kind verneige sich vor dem Licht des anderen". Die Klägerin habe überdies die Kündigung der Erzieherin K., der ihre Verhaltensweise missfallen habe, betrieben.

Die Mitarbeitervertretung sei ordnungsgemäß vor Kündigungsausspruch beteiligt worden, wobei klar gewesen sei, dass die außerordentliche Kündigung der Zustimmung der Mitarbeitervertretung bedurft habe. Sämtliche Unterlagen seien der Mitarbeitervertretung vorgelegt worden, insbesondere die Unterlagen der Evangelische Akademie Baden über die Universale Kirche und die Einladung der Universalen Kirche zu den „Primary-Lessons" mit der Klägerin in K. Über die konkreten Verhaltensweisen der Klägerin im Kindergarten habe die Mitarbeitervertretung nicht informiert werden können, da diese ihr, der Beklagten, bei Kündigungsausspruch noch nicht bekannt gewesen seien. Eine nachträgliche Information der Mitarbeitervertretung habe sie insoweit nicht für erforderlich gehalten, da dadurch das Abstimmungsverhalten der Mitarbeitervertretung nicht beeinflusst worden wäre.

Das Arbeitsgericht hat die Klage abgewiesen. Das Landesarbeitsgericht hat ihr stattgegeben. Mit der vom Landesarbeitsgericht zugelassenen Revision verfolgt die Beklagte ihren Klageabweisungsantrag weiter.

Das Rechtsmittel führte zur Wiederherstellung des Urteils erster Instanz.

Aus den Gründen:

Die Revision ist begründet. Die Kündigung der Beklagten hat das Arbeitsverhältnis der Parteien aufgelöst.

I. Das Landesarbeitsgericht hat - kurz zusammengefasst - angenommen, die Klägerin habe aufgrund ihrer Mitgliedschaft bei der Universalen Kirche/Bruderschaft der Menschheit gegen die ihr aus dem Arbeitsvertrag mit der Beklagten erwachsenden Loyalitätspflichten verstoßen und dieser Verstoß dauere noch an. Die Lehren und die Zielsetzung der Universalen Kirche ließen sich nicht mit den wesentlichen Glaubenssätzen und dem Selbstverständnis der Evangelischen Kirche vereinbaren. Mit ihrer Mitgliedschaft in der Universalen Kirche, ihrem offenen Bekenntnis zu dieser und ihren Erklärungen im Rahmen der Gespräche vom 14. und 15.12.1998 biete die Klägerin keine Gewähr mehr dafür, dass sie sowohl in ihrer privaten als auch in ihrer dienstlichen Lebensführung unbedingt die Ideale der Evangelischen Kirche wahren werde. Trotzdem sei es der Beklagten im Kündigungszeitpunkt noch zuzumuten gewesen, das Arbeitsverhältnis mit der Klägerin bis zum Ablauf der sonst einschlägigen ordentlichen Kündigungsfrist weiter fortzusetzen. Nach dem eigenen Selbstverständnis der Beklagten habe die Klägerin nur eine einfache Pflichtverletzung begangen. Für eine außerordentliche Kündigung wäre aber eine grobe Loyalitätspflichtverletzung erforderlich gewesen, durch die die Glaubwürdigkeit des kirchlichen Dienstes in grober und erheblicher Weise beeinträchtigt werde. Eine solche stelle die Mitgliedschaft in der Universalen Kirche nicht dar. Soweit die Beklagte geltend mache, die Klägerin habe auch in ihrer täglichen Berufsausübung den Kindern des Kindergartens gegenüber konkret Lehren und Ansichten sowie Unterweisungsmethoden der Universalen Kirche angewendet, sei dieses Vorbringen mangels Anhörung der Mitarbeitervertretung hierzu als Kündigungsgrund nicht verwertbar. Auch eine Umdeutung der Kündigung in eine ordentliche Kündigung bzw. eine außerordentliche Kündigung mit sozialer Auslauffrist zum 31.1.1999 scheide aus.

II. Dem folgt der Senat nicht. Die Revision rügt zu Recht eine Verletzung von § 626 BGB, § 54 Abs. 1 BAT.

1. Das Landesarbeitsgericht ist zunächst zutreffend davon ausgegangen, dass der Klägerin wegen ihrer Mitgliedschaft in der bei der Beklagten gebildeten Mitarbeitervertretung nur außerordentlich gekündigt werden konnte. Nach dem auf das Arbeitsverhältnis der Parteien anwendbaren Kirchengesetz über Mitarbeitervertretungen in der Evangelische Kirche in Deutschland (Mitarbeitervertretungsgesetz - MVG) vom 6.11.1992 idF vom 6.11.1996, in der Evangelischen Kirche in Baden in Kraft aufgrund des Kirchlichen Gesetzes über die Anwendung des Kirchengesetzes über Mitarbeitervertretungen in der Evangelische Kirche in Deutschland (MVG-AnwG vom 26.4.1994 idF vom 17.4.1997), darf einem Mitglied der

Mitarbeitervertretung nur gekündigt werden, wenn Tatsachen vorliegen, die den Dienstgeber zur außerordentlichen Kündigung berechtigen; die außerordentliche Kündigung bedarf dabei der Zustimmung der Mitarbeitervertretung (§ 21 Abs. 2 Satz 1 u. 2 MVG).

2. Da § 21 Abs. 2 MVG über die Voraussetzungen einer außerordentlichen Kündigung keine Regelung trifft, ist das Landesarbeitsgericht ebenfalls zutreffend davon ausgegangen, dass die allgemeinen arbeitsrechtlichen Regeln über die Zulässigkeit außerordentlicher Kündigungen Anwendung finden. Nach § 626 Abs. 1 BGB und § 54 Abs. 1 BAT, auf den in § 9 des Arbeitsvertrages der Parteien verwiesen wird, kann das Arbeitsverhältnis aus wichtigem Grund fristlos gekündigt werden, wenn Tatsachen vorliegen, aufgrund derer dem Kündigenden unter Berücksichtigung aller Umstände des Einzelfalls und unter Abwägung der Interessen beider Vertragsteile die Fortsetzung des Arbeitsverhältnisses bis zum Ablauf der Kündigungsfrist nicht zugemutet werden kann.

Die Anwendung des § 626 Abs. 1 BGB bzw. des inhaltsgleichen § 54 Abs. 1 BAT durch das Landesarbeitsgericht kann vom Revisionsgericht nur darauf überprüft werden, ob das angefochtene Urteil den Rechtsbegriff des wichtigen Grundes verkannt hat, ob es bei der Unterordnung des Sachverhalts unter die Rechtsnorm des § 626 BGB Denkgesetze oder allgemeine Erfahrungssätze verletzt hat und ob es alle vernünftigerweise in Betracht kommenden Umstände, die für oder gegen eine außerordentliche Kündigung sprechen, beachtet hat (ständige Senatsrechtsprechung vgl. u.a. 4.6.1997 - 2 AZR 526/96 - BAGE 86, 95 und 11.3.1999 - 2 AZR 507/98 - AP BGB § 626 Nr. 149, EzA BGB § 626 nF Nr. 176). Auch diesem eingeschränkten Prüfungsmaßstab hält das Urteil des Landesarbeitsgerichts nicht in allen Punkten stand.

3. Zu Recht ist das Landesarbeitsgericht davon ausgegangen, dass die Klägerin schon durch ihre Mitgliedschaft bei der Universalen Kirche/Bruderschaft der Menschheit in erheblichem Maße gegen die ihr aus dem Arbeitsvertrag mit der Beklagten erwachsenden Loyalitätspflichten verstoßen hat und noch verstößt.

a) Nach dem Beschluss des Bundesverfassungsgerichts vom 4.6.1985 (- 2 BvR 1718/83 u.a. - BVerfGE 70, 138, KirchE 23, 105), dem das Bundesarbeitsgericht in ständiger Rechtsprechung gefolgt ist (vgl. u.a. BAG 18.11.1986 - 7 AZR 274/85 - AP GG Art. 140 Nr. 35, EzA BGB § 611 Kirchliche Arbeitnehmer Nr. 26; 24.4.1997 - 2 AZR 268/96 - AP BGB § 611 Kirchendienst Nr. 27, EzA BGB § 611 Kirchliche Arbeitnehmer Nr. 43, KirchE 35, 142), gewährleistet die Verfassungsgarantie des kirchlichen Selbstbestimmungsrechts den Kirchen, darüber zu befinden, welche Dienste es in ihren Einrichtungen geben soll und in welchen Rechtsformen sie wahrzunehmen sind. Die Kirchen können sich dabei auch der Privatautonomie bedienen, um ein Arbeitsverhältnis zu begründen und zu regeln. Auf dieses findet das staatliche Arbeitsrecht Anwendung; hierbei bleibt das kirchliche Selbstbestimmungsrecht wesentlich. Das ermöglicht es den Kirchen, in den Schranken des für alle geltenden Gesetzes den kirchlichen Dienst nach ihrem Selbstverständnis zu regeln und die spezifischen Obliegenheiten kirchlicher Arbeitnehmer verbindlich zu machen. Welche kirchlichen Grundverpflichtungen als Gegenstand des Arbeitsverhältnisses bedeutsam sein können, richtet sich nach den von der verfassten Kirche anerkannten Maßstäben. Dagegen kommt es weder auf die Auffassung der einzelnen betroffenen kirchlichen Einrichtungen, bei denen die Meinungsbildung von verschiedenen Motiven beeinflusst sein kann, noch auf diejenige breiter Kreise unter Kirchenmitgliedern oder etwa gar einzelner bestimmten Tendenzen verbundener Mitarbeiter an. Im Streitfall haben die Arbeitsgerichte die vorgegebenen kirchlichen Maßstäbe für die Bewertung vertraglicher Loyalitätspflichten zugrunde zu legen, soweit die Verfassung das Recht der Kirchen anerkennt, hierüber selbst zu befinden. Es bleibt danach grundsätzlich den verfassten Kirchen überlassen, verbindlich zu bestimmen, was die Glaubwürdigkeit der Kirche und ihrer Verkündigung erfordert, was spezifisch kirchliche Aufgaben sind, was Nähe zu ihnen bedeutet, welches die wesentlichen Grundsätze der Glaubenslehre und Sittenlehre sind und was als - gegebenenfalls schwerer - Verstoß gegen diese anzusehen ist. Auch die Entscheidung darüber, ob und wie innerhalb der im kirchlichen Dienst tätigen Mitarbeiter eine Abstufung der Loyalitätspflichten eingreifen soll, ist grundsätzlich eine dem kirchlichen Selbstbestimmungsrecht unterliegende Angelegenheit. Liegt eine Verletzung von Loyalitätspflichten vor, so ist die weitere Frage, ob sie eine Kündigung des kirchlichen Arbeitsverhältnisses sachlich rechtfertigt, nach den kündigungsschutzrechtlichen Vorschriften der §§ 1 KSchG, 626 BGB zu beantworten. Diese unterliegen als für alle geltendes Gesetz im Sinne des Art. 137 Abs. 3 Satz 1 WRV umfassender arbeitsgerichtlicher Anwendungskompetenz.

b) Das Landesarbeitsgericht hat festgestellt, dass sich die Lehren und die Zielsetzung der Universalen Kirche nicht mit den wesentlichen Glaubenssätzen und dem Selbstverständnis der Evangelischen bzw. der Römisch-Katholischen Kirche vereinbaren lassen. An die tatsächlichen Feststellungen, auf denen diese Wertung beruht, ist der Senat mangels durchgreifender Gegenrügen der Klägerin nach § 561 Abs. 2 ZPO gebunden. Es lässt auch keinen Rechtsfehler erkennen, wenn das Landesarbeitsgericht etwa anhand der unterschiedlichen Einstellung zur Reinkarnation, zu den großen Lehrern der Menschheit und zu Missionsbestrebungen zu dem Ergebnis gelangt ist, zwischen den traditionellen Glaubenssätzen der Evangelische Kirche einerseits und der Universalen Kirche andererseits lägen jedenfalls für erstere unüberbrückbare Abgründe.

Zu Unrecht macht die Klägerin in diesem Zusammenhang geltend, die Gemeinsamkeiten zwischen der Universalen Kirche und den traditionellen christlichen Glaubenslehren seien so groß, dass von einem Widerspruch nicht mehr gesprochen werden könne. Abgesehen davon, dass es in diesem Punkt entscheidend auf das Selbstverständnis der Evangelischen Kirche ankommt, erhebt die Klägerin insoweit keine Gegenrügen gegen die tatsächlichen Feststellungen des Landesarbeitsgerichts. So wird etwa von ihr ausdrücklich eingeräumt, dass sich das Weltbild der Universalen Kirche in den vom Landesarbeitsgericht für wesentlich gehaltenen Punkten (Möglichkeit einer Reinkarnation und die Anerkennung von „Meistern anderer Religionen") von dem Weltbild der Evangelischen Kirche unterscheidet. Sie versucht nur mit wenig überzeugenden Argumenten ihre eigene Bewertung dieser Tatsachen an die Stelle der Bewertung durch das Landesarbeitsgericht zu setzen. Nach den vom Landesarbeitsgericht herangezogenen eigenen Verlautbarungen der Universalen Kirche wird von dieser beispielsweise Jesus Christus nur neben vielen anderen „Großen Lehrern der Menschheit" genannt und es wird ausgeführt, eine universale Kirche, wie sie von Jesus Christus „vorgesehen" worden sei, habe leider „bis heute nicht verwirklicht werden" können. Dieses und die anderen von den Vorinstanzen herangezogenen Zitate belegen eindeutig, ohne dass insoweit die Einholung eines Sachverständigengutachtens erforderlich gewesen wäre, dass die Grundauffassung und die Zielsetzung der Universalen Kirche mit der herkömmlichen Lehre der Evangelischen Kirche nicht zu vereinbaren sind.

c) Dem Landesarbeitsgericht ist auch darin zu folgen, dass die Klägerin allein aufgrund ihrer Mitgliedschaft in der Universalen Kirche, zu der sie sich durch die Verpflichtungserklärungen und ihre Erklärungen in den Gesprächen vom 14. und 15.12. offen bekannt hat, keine Gewähr mehr dafür bietet, dass sie sowohl in ihrer privaten als auch in ihrer dienstlichen Lebensführung unbedingt die Ideale der Evangelischen Kirche wahren wird. Das Berufungsgericht hat ausgeführt, mit den Verpflichtungserklärungen habe die Klägerin vorbehaltlos die Lehren der Universalen Kirche anerkannt; sie habe ihr grenzenloses Vertrauen zu den Meistern der Weisheit und deren Lehren und ihren unerschütterlichen Gehorsam gegenüber deren Wünschen in allen Angelegenheiten bekundet, die mit ihrer fortschreitenden geistigen Entwicklung verbunden seien; zugleich habe sie eindeutig erklärt, dass sie nach besten Kräften ihren Anteil leisten werde, um das Fundament zu errichten, auf dem sich die Universale Kirche erheben solle; durch das Gelöbnis, sich als gehorsame Schülerin von den Meistern der Großen Weißen Bruderschaft „das Fleisch gewordene Wort einträufeln" zu lassen, habe sie zugleich ihre Loyalitätsbereitschaft, die Glaubens- und Lehrsätze der Evangelische Kirche uneingeschränkt zu vertreten, in Frage gestellt; in Glaubens- und Gewissensfragen könne man nicht zwei Herren reinen Herzens dienen. Das Landesarbeitsgericht geht dabei von den Loyalitätspflichten der Klägerin aus § 6 Abs. 3 und § 9 der AR-Grundlagen-DV und aus dem Arbeitsvertrag der Parteien aus; seine Ausführungen hierzu lassen keinen Rechtsfehler erkennen.

Wenn die Klägerin demgegenüber insbesondere aus dem nach ihrer Behauptung störungsfrei abgelaufenen Arbeitsverhältnis herleiten möchte, sie biete im privaten und im dienstlichen Bereich ihrer Lebensführung hinreichende Gewähr für die Einhaltung der Ideale der Evangelischen Kirche, so greift dies zu kurz. Das Landesarbeitsgericht hat aus den eigenen Verlautbarungen der Universalen Kirche das Gegenteil überzeugend hergeleitet. Soweit die Klägerin demgegenüber den Inhalt der „Verpflichtungserklärung" auf den Leitgedanken eines Glaubens an einen Gott, an Jesus Christus und den heiligen Franz von Assisi „verkürzen" möchte, wird dies dem wesentlich umfassenderen Inhalt dieser Erklärung, den das Landesarbeitsgericht seiner Entscheidung zugrunde gelegt hat, nicht gerecht.

4. Die Revision rügt aber zu Recht, dass das Landesarbeitsgericht bei der Prüfung der Frage, ob die Klägerin gegen ihre der Beklagten gegenüber obliegenden Loyalitätspflichten verstoßen hat und dies nach §§ 626 Abs. 1 BGB, 54 Abs. 1 BAT als wichtiger Grund zur außerordentlichen Kündigung an sich geeignet ist, den Kündigungssachverhalt nicht vollständig bewertet hat, indem es entscheidend nur auf die Mitgliedschaft der Klägerin in der Universalen Kirche und ihr offenes Bekenntnis zu dieser Mitgliedschaft abgestellt hat.

a) Das Landesarbeitsgericht hat festgestellt, dass die Klägerin nicht lediglich Mitglied der Universalen Kirche war, sondern für diese so genannte „Primary-Lessons" durchgeführt hat und in einem Anmeldungsschreiben für diese „Grundkurse für höheres geistiges Lernen" am 27.2.1998 in K als Ansprechpartnerin benannt worden ist; diese der Mitarbeitervertretung mitgeteilte Lehrtätigkeit der Klägerin für die Universale Kirche hat das Landesarbeitsgericht, wie die Revision zutreffend rügt, bei der Bewertung des Kündigungssachverhalts zu Unrecht nicht berücksichtigt. Die Klägerin war zur Loyalität der Evangelischen Kirche gegenüber verpflichtet. § 6 Abs. 3 AR-Grundlagen-DV weist ausdrücklich darauf hin, dies schließe die Mitgliedschaft und Mitarbeit in Organisationen aus, deren Grundauffassung, Zielsetzung oder praktische Tätigkeit in Widerspruch zu dem Auftrag der Kirche stünden. Die aktive Mitarbeit in einer solchen Organisation, insbesondere die Verbreitung der Lehren dieser Organisation in der Öffentlichkeit, stellt einen erheblich gravierenderen Loyalitätsverstoß dar als die bloße, nach außen nicht in Erscheinung tretende Mitgliedschaft des Betreffenden in einer derartigen Organisation. Ziel der Universalen Kirche ist es, ihre Lehren, die zu den traditionellen Glaubenssätzen der Evangelischen Kirche nach deren Selbstverständnis in unüberbrückbarem Gegensatz stehen, zu verbreiten. Wer der Evangelischen Kirche zur Loyalität verpflichtet ist, verstößt in ganz erheblichem Maße gegen seine arbeitsrechtlichen Pflichten, wenn er, zudem verhältnismäßig ortsnah zu seiner Beschäftigungsstelle, öffentlich für Lehrveranstaltungen dieser anderen Kirche wirbt und solche Veranstaltungen auch durchführt. Erschwerend kommt hinzu, dass nach dem Inhalt des Protokolls über die Anhörung vom 14.12.1998, dem die Klägerin nicht widersprochen hat (§ 138 Abs. 3 ZPO), die Klägerin sich auf entsprechende Vorhaltungen der Beklagten nicht etwa verpflichtet hat, die Abhaltung derartiger Lehrveranstaltungen in Zukunft zu unterlassen, sondern nur erklärt hat, „derzeit" halte sie keine „Primary-Lessons" ab. Gegenüber der bloßen Mitgliedschaft in der Universalen Kirche, für die sich die Klägerin auf ihre Gewissensfreiheit beruft, stellt ihre Lehrtätigkeit für diese Organisation ein tendenzschädliches Verhalten dar, bei dem im Kündigungszeitpunkt auch von der Gefahr ausgegangen werden musste, dass in Zukunft weitere derartige Verhaltensverstöße vorkommen würden.

Zu Unrecht versucht die Klägerin, die Bedeutung der von ihr durchgeführten „Primary-Lessons" herunterzuspielen. Soweit sie in der Revisionsinstanz vortragen lässt, diese Veranstaltungen hätten wegen ihrer geringen Teilnehmerzahl keine Außenwirkung gehabt, handelt es sich um nach § 561 Abs. 1 Satz 1 ZPO unbeachtliches neues Vorbringen in der Revisionsinstanz. Die Außenwirkung wird im Übrigen schon dadurch belegt, dass für diese Veranstaltungen in der Öffentlichkeit geworben worden ist. Es trifft auch nicht zu, wie die Klägerin jetzt behauptet, dass die Beklagte bei ihrem Kündigungsentschluss auf die Durchführung der „Primary-Lessons" durch die Klägerin keinen gesteigerten Wert gelegt hat. Dem steht schon der vom Landesarbeitsgericht festgestellte Inhalt der beiden Anhörungsgespräche entgegen: Nach den schriftlichen Protokollen sind in beiden Gesprächen die „Primary-Lessons" ausdrücklich erörtert worden. Im ersten Gespräch hat die Klägerin erklärt, derzeit halte sie keine „Primary-Lessons" ab. Im zweiten Gespräch wurde der Klägerin durch die Beklagte ausdrücklich vorgehalten, mit der Veranstaltung der „Primary-Lessons" übernehme sie selbst für die Universale Kirche Funktionen. Wenn die Klägerin auf die Vorhaltungen der Beklagten lediglich erklärt hat, „derzeit" halte sie keine „Primary-Lessons" ab und die Frage einer Lösung von der Universalen Kirche sei für sie „nicht relevant", so musste die Art und Weise, wie die Klägerin trotz der Kündigungsandrohung auf ihrem Standpunkt beharrte, andere Möglichkeiten, den Konflikt ohne Kündigung (etwa durch eine Vereinbarung, keine „Primary-Lessons" mehr durchzuführen) zu lösen, von vornherein aussichtslos erscheinen lassen.

b) Auch die Dauer der Bindung der Klägerin an die Universale Kirche ist in dem angefochtenen Urteil unberücksichtigt geblieben. Mit zunehmender Dauer und Integration der Klägerin in die Organisation der Universalen Kirche musste sich der Konflikt zwischen den der Klägerin gegenüber der Evangelischen Kirche und den ihr gegenüber der Universalen Kirche auferlegten Loyalitätspflichten nach der Lebenserfahrung verstärken. Die Befürchtung der Beklagten, niemand könne in Gewissensdingen längere Zeit zwei Herren dienen und eine Auswirkung der Mitgliedschaft der Klägerin in der Universalen Kirche auf die konkrete

Kindergartenarbeit sei zumindest bei zunehmender Dauer dieser Mitgliedschaft zu befürchten, leuchtet ein. Immerhin wirbt die Universale Kirche für ein am Ort des Kindergartens in P abzuhaltendes Seminar für „höheres geistiges Lernen" u.a. mit dem Hinweis, es werde Zeit, dass die grundlegenden Gesetze und Weisheiten des Lebens wieder in Kindergärten, Schulen und an Universitäten bekannt gemacht würden. Es überzeugt nicht, wenn die Klägerin die Befürchtungen der Beklagten in diese Richtung allein mit dem Hinweis abtun möchte, Kindergartenkinder könnten religiöse Fragen nicht verstehen.

c) Indem das Landesarbeitsgericht allein auf die Mitgliedschaft der Klägerin in der Universalen Kirche abgestellt hat, hat es auch unberücksichtigt gelassen, dass die Klägerin ihre damals schon bestehende Mitgliedschaft in dieser Organisation bei der Einstellung der Beklagten (offenbar bewusst) verschwiegen hat. Angesichts der für die Klägerin offensichtlichen Tendenz des Evangelischen Kindergartens, in dem sie eine Anstellung suchte, und der von ihr durch den Arbeitsvertrag zu übernehmenden weit reichenden Loyalitätspflichten der Beklagten gegenüber hätte es nahe gelegen, dass die Klägerin bei der Einstellung ihre Mitgliedschaft in der Universalen Kirche ehrlicherweise angesprochen hätte, um zusammen mit der Beklagten eine Lösung für mögliche Loyalitätskonflikte zu finden. Die Beklagte wertet es mit einer gewissen Berechtigung als einen Vertrauensbruch der Klägerin, dass diese ihre langjährige Mitgliedschaft bei der Universalen Kirche, wenn sie sie schon bei der Einstellung verschwiegen hat, auch während der ganzen Dauer des Arbeitsverhältnisses geheim gehalten hat, obwohl sie später für die Universale Kirche sogar mit Lehrveranstaltungen an die Öffentlichkeit getreten ist.

d) Das Verhalten der Klägerin bei den Anhörungsgesprächen vor Ausspruch der Kündigung hat das Landesarbeitsgericht zwar berücksichtigt, aber zu gering bewertet. Wenn die Klägerin, wie sie geltend macht, bis zu den Anhörungsgesprächen davon ausging, es bestehe kein nennenswerter Loyalitätskonflikt, so hätten sie jedenfalls die Vorhaltungen der Beklagten zu einem kooperativen Verhalten bewegen müssen, das die Basis für eine mögliche weitere Zusammenarbeit ohne größere Loyalitätskonflikte geschaffen hätte. Die starre Haltung der Klägerin und ihr Beharren auf ihrer einmal eingenommenen Position schlossen solche Möglichkeiten von vornherein aus und rechtfertigten die Prognose, bei einer Fortdauer des Arbeitsverhältnisses werde es zwangsläufig zu weiteren Loyalitätskonflikten kommen.

5. Die vom Landesarbeitsgericht allenfalls ansatzweise vorgenommene Interessenabwägung mit dem Ergebnis, es sei der Beklagten im Kündigungszeitpunkt noch zumutbar gewesen, das Arbeitsverhältnis mit der Klägerin bis zum Ablauf einer ordentlichen Kündigungsfrist weiter fortzusetzen, beruht danach schon auf dem Rechtsfehler, dass entscheidende Teile des Kündigungssachverhalts nicht berücksichtigt worden sind.

a) Es kann dahinstehen, ob das Landesarbeitsgericht - was fraglich erscheint - rechtlich zutreffend aus § 9 des Arbeitsvertrages der Parteien in Verbindung mit der AR-Grundlagen-DV herleitet, nur qualifizierte Loyalitätspflichtverletzungen könnten eine außerordentliche Kündigung rechtfertigen und die jahrelange, im Kündigungszeitpunkt fortgesetzte Mitgliedschaft einer kirchlichen Arbeitnehmerin in einer Organisation, zwischen deren Lehre und den traditionellen Glaubenssätzen der Evangelischen Kirche „unüberbrückbare Abgründe" liegen, stelle nach dem Selbstverständnis der Evangelischen Kirche lediglich eine einfache Loyalitätspflichtverletzung dar. Ausgehend von dem Selbstverständnis der Evangelischen Kirche, wie es in der AR-Grundlagen-DV und der dort in Bezug genommenen Grundordnung zum Ausdruck kommt, stellt es keine einfache Pflichtverletzung mehr dar, wenn eine kirchliche Arbeitnehmerin, die im kirchlichen Dienst verpflichtet ist, das Evangelium in Wort und Tat zu bezeugen, gleichzeitig eine Lehre öffentlich vertritt, die zu der Lehre der Evangelischen Kirche in unüberbrückbarem Widerspruch steht.

b) Jedenfalls hat das Landesarbeitsgericht, wie die Revision zutreffend rügt, nicht alle für die Interessenabwägung maßgeblichen Umstände berücksichtigt. Entscheidend zu Lasten der Klägerin fällt ins Gewicht, dass die Beklagte sich in der Öffentlichkeit, vor allem gegenüber den Eltern der Kindergartenkinder, die ihre Kinder regelmäßig bewusst in einen kirchlichen Kindergarten schicken, glaubwürdig verhalten muss. Deshalb ist schon die abstrakte Gefahr, dass die Kinder von einer Erzieherin im Sinne einer Lehre beeinflusst werden, die mit den Glaubenssätzen der Evangelischen Kirche nicht übereinstimmt, bei der Prüfung der Frage zu berücksichtigen, ob eine sofortige Beendigung des Arbeitsverhältnisses erforderlich ist. Dies gilt unabhängig davon, ob die Beklagte der Klägerin schon konkrete Vorkommnisse aus der Kindergartenarbeit zur Last legen kann. Auch die verhältnismäßig kurze Dauer des Arbeitsverhältnisses und das jugendliche Alter der Klägerin mit entsprechend guten Chancen auf dem Arbeitsmarkt sind in der Interessenabwägung nicht erkennbar berücksichtigt worden.

6. Die aufgezeigten Rechtsfehler führen zu einer Aufhebung des Urteils des Landesarbeitsgerichts. Der Senat konnte die Sache abschließend entscheiden (§ 565 Abs. 3 Nr. 1 ZPO) und sich dabei die zu Lasten der Klägerin ausgefallene Interessenabwägung des Arbeitsgerichts zu Eigen machen. Der Sachverhalt ist hinreichend aufgeklärt, durchgreifende Gegenrügen der Klägerin gegen die Tatsachenfeststellungen des Landesarbeitsgerichts liegen nicht vor und entscheidungserheblicher neuer Tatsachenvortrag nach einer Zurückverweisung ist nicht zu erwarten.

a) Das Arbeitsgericht hat zu Lasten der Klägerin berücksichtigt, dass diese nicht nur passives Mitglied der Universalen Kirche ist, sondern überdies auch nach außen werbend für diese auftritt und selbst grundsätzlich sog. „Primary-Lessons" durchführt. Den Auftritt der Klägerin in

Werbung für andere Religionsgemeinschaft im kirchl. Dienst 77

der Öffentlichkeit hat es insbesondere deshalb als gravierenden Pflichtverstoß angesehen, weil die Klägerin mit ihrer Unterschrift unter die Verpflichtungserklärung eindeutig erklärt hat, sie wolle nach besten Kräften ihren Anteil leisten, um das Fundament zu errichten, auf welchem sich die Universale Kirche erheben solle, „siegreich, und dazu bestimmt, den höchsten Rang für ein dauerhaftes neues Zeitalter einzunehmen". Die Klägerin zeige damit, dass sie gewillt sei, die Universale Kirche in ihrem Missionsstreben zu fördern und über „andere" Kirchen zu stellen. Gegenüber dem daraus resultierenden Interesse der Beklagten an einer außerordentlichen Beendigung des Arbeitsverhältnisses sei zwar zugunsten der Klägerin zu berücksichtigen, dass sie ihrem Ehemann und einem Kind zum Unterhalt verpflichtet sei; andererseits bestehe das Arbeitsverhältnis zwischen den Parteien jedoch erst eine relativ kurze Zeit. Insgesamt überwiege das Interesse der Beklagten an einer außerordentlichen Beendigung das Fortbestandsinteresse der Klägerin. Dabei könne dahinstehen, ob die Klägerin auch in ihrem dienstlichen Verhalten konkrete Lehren der Universalen Kirche benutzt habe.

b) Dem folgt der Senat. Betreibt eine Evangelische Kirchengemeinde einen kirchlich ausgerichteten Kindergarten, so muss sie nach ihrem Selbstverständnis gegenüber der Öffentlichkeit und insbesondere gegenüber den Eltern der Kinder gewährleisten, dass die Erziehung in diesem Kindergarten nur durch Personen erfolgt, deren Loyalität gegenüber den Lehren der Evangelischen Kirche gewährleistet ist. Wer in einem solchen kirchlichen Kindergarten ein Arbeitsverhältnis beginnt und bei Abschluss des Arbeitsvertrages ausdrücklich auf die Loyalität gegenüber der Evangelischen Landeskirche verpflichtet wird, dem muss klar sein, dass er seinen Arbeitsplatz aufs Spiel setzt, wenn er werbend für eine Organisation tätig wird, deren Lehre von den Lehren der Evangelischen Lehre in zahlreichen Punkten entscheidend abweicht und die ihrerseits erklärtermaßen beabsichtigt, sich „siegreich" zu erheben und „den höchsten Rang für ein dauerhaftes neues Goldenes Zeitalter einzunehmen". Dies gilt zumindest dann, wenn die betreffende Kirchengemeinde die Arbeitnehmerin in mehreren Gesprächen auf den bestehenden Loyalitätskonflikt hingewiesen hat, ohne dass die Arbeitnehmerin auch nur verbindlich erklärt hätte, in Zukunft wenigstens von einem Auftreten in der Öffentlichkeit zugunsten der anderen Organisation Abstand zu nehmen. Unter diesen Umständen war auch eine Abmahnung als gegenüber der Kündigung milderes Mittel zur Lösung des aufgetretenen Konflikts ersichtlich ungeeignet. Soweit sich die Klägerin ihrerseits auf ihre Glaubens-, Gewissens- und Bekenntnisfreiheit nach Art. 4 Abs. 1 GG beruft, hat sie nicht das Recht, diese im Gegensatz zu ihren nach dem Arbeitsvertrag übernommenen Verpflichtungen in der von ihr praktizierten Art und Weise innerhalb eines Arbeitsverhältnisses mit einer anderen Religionsgemeinschaft zu verwirklichen. Auch die bloße Entbindung der Klägerin von der Kindergartenleitung war als milderes Mittel gegenüber einer Kündigung ersichtlich ungeeignet. Aus der Sicht der Beklagten und der Eltern der Kindergartenkinder konnte eine weitere Tätigkeit der Klägerin als - unbeaufsichtigte - Gruppenleiterin im Kindergarten nicht als geeignet angesehen werden, die absehbar auftretenden Probleme zu verringern. Eine Weiterbeschäftigung der Klägerin auch nur für die Dauer einer ordentlichen Kündigungsfrist war der Beklagten nach alledem, wie das Arbeitsgericht zutreffend angenommen hat, unzumutbar.

7. Ob in den Fällen, in denen eine fristlose (oder mit einer gegenüber der ordentlichen Kündigungsfrist abgekürzten sozialen Auslauffrist ausgesprochene) Kündigung gegenüber einem Mitglied der Mitarbeitervertretung unwirksam ist, mit Rücksicht auf die lange Bindungsdauer - etwa in Anlehnung an die Senatsrechtsprechung zu tariflich unkündbaren Arbeitnehmern - eine außerordentliche Kündigung unter Gewährung einer der ordentlichen Kündigungsfrist entsprechenden Auslauffrist in Betracht zu ziehen ist (vgl. dazu KR-Etzel, 5. Aufl., § 15 KSchG Rn 22; BAG, 10.2.1999 - 2 ABR 31/98 - BAGE 91, 30), um das Mitglied der Mitarbeitervertretung gegenüber einem vergleichbaren, tariflich unkündbaren Arbeitnehmer auch nicht zu bevorzugen (vgl. § 78 Satz 2 BetrVG), braucht der Senat nicht zu entscheiden. Nach der zutreffenden Interessenabwägung des Arbeitsgerichts, die sich der Senat zu Eigen macht, war das Fehlverhalten der Klägerin so gravierend, dass der Beklagten ihre Weiterbeschäftigung auch nur bis zum Ablauf einer „fiktiven" ordentlichen Kündigungsfrist unzumutbar war.

8. Die Kündigung ist auch nicht wegen Verstoßes gegen § 21 Abs. 1, § 46 MVG unwirksam. Die Ausführungen des Landesarbeitsgerichts hierzu lassen keinen Rechtsfehler erkennen. Rügen werden von der Revision insoweit nicht erhoben. Insbesondere ist die Mitarbeitervertretung über die beabsichtigte Maßnahme unter Vorlage entsprechender Schriftstücke (Unterlagen der Evangelischen Akademie Baden, Unterlagen über „Primary-Lessons") ausreichend informiert worden, es hat am 15.12.1998 eine Erörterung im Sinne des § 45 Abs. 1 MVG stattgefunden und die Mitarbeitervertretung hat unter dem 15.12.1998 gem. § 21 Abs. 2 MVG ihre Zustimmung zur Kündigung der Klägerin erteilt.

9. Auf die von der Beklagten nachgeschobenen Behauptungen über angebliche Aktivitäten der Klägerin für die Universale Kirche im Kindergarten und die sich daran anschließende Frage, ob hierzu die Mitarbeitervertretung nachträglich hätte angehört werden müssen, kommt es damit nicht mehr an.

16

Es ist nicht erkennbar, dass der Gesetzgeber seine grundrechtlichen Schutzpflichten gegenüber der Religionsgemeinschaft „Universelles Leben" aus Art. 4 Abs. 1 u. 2 GG dadurch verletzt haben könnte, dass er es unterlassen hat, Regelungen zur Einschränkung oder Aberkennung der Rechte einer Körperschaft des öffentlichen Rechts iSv Art. 140 GG iVm Art. 137 Abs. 5 WRV zu schaffen.

BVerfG, Beschluss vom 26. März 2001 - 2 BvR 943/99[1] -

Der Beschwerdeführer ist ein eingetragener Verein, der als Trägerverein der Glaubensgemeinschaft „Universelles Leben" (U.) fungiert. Er wendet sich dagegen, dass es der Gesetzgeber unterlassen habe, eine Regelung zu schaffen, nach der die Körperschaftsrechte der in Art. 140 GG iVm Art. 137 Abs. 5 Satz 1 WRV angesprochenen, sog. altkorporierten Religionsgemeinschaften eingeschränkt oder aberkannt werden können, wenn nicht mehr gewährleistet ist, dass diese sich rechts- und verfassungstreu sowie gemeinwohldienlich verhalten.

Der Beschwerdeführer sieht in diesem Unterlassen unter anderem die Verletzung einer dem Gesetzgeber obliegenden Schutzpflicht aus Art. 4 Abs. 1 u. 2 GG. Diese Schutzpflicht betraue den Staat auch mit dem Erhalt der faktischen Funktionsfähigkeit der Religionsfreiheit. Das gelte insbesondere in Fällen krassen Ungleichgewichts. Die Kirchen benützten ihre Meinungsführerschaft dazu, religiöse Minderheiten mundtot zu machen. Die Religionsgemeinschaft U. und der Beschwerdeführer hätten durch die kritischen Stellungnahmen der Kirchen und ihrer Sektenbeauftragten konkrete Beeinträchtigungen der Religionsausübung, der Berufsfreiheit und anderer Grundrechte zu erleiden. Diese Beeinträchtigungen gingen über bloße Rufschädigungen hinaus, gegen die die Bestimmungen des Zivil- und Strafrechts Schutz bieten könnten. Durch die Schärfe und Häufigkeit kirchlicher Warnungen vor gefährlichen Sekten würden die neuen Religionsgemeinschaften zu Feinden der Gesellschaft stigmatisiert, fänden für religiöse Veranstaltungen keine Räumlichkeiten mehr, verlören bei ihrer Berufsausübung auf kirchlichen Wink Kunden und Berufsausübungsmöglichkeiten und würden auch im privaten Bereich ausgegrenzt. Durch eine Summe jeweils zulässiger Meinungsäußerungen gegen so genannte Sekten fänden gesellschaftliche Ausgrenzung, wirtschaftliche Benachteiligung und religiöse Unterdrückung statt, die einer Volksverhetzung gleichkämen. Sie stellte die beruflichen, gesellschaftlichen und religiösen Existenzmöglichkeiten der betrof-

---

[1] DVBl 2001, 984; BayVBl 2001, 495; NJW 2002, 53 (LS); NVwZ 2001, 908; ZevKR 46 (2001), 341.

fenen Gemeinschaften fundamental in Frage. Folge sei die systematische Aushöhlung der Grundrechte religiöser Minderheiten. Solange der Gesetzgeber keine Vorkehrungen dagegen treffe, dass die Kirchen ihre öffentlich-rechtliche Stellung in dieser Weise missbrauchten, verletze er seine grundrechtlichen Schutzpflichten.
Die Verfassungsbeschwerde wurde nicht zur Entscheidung angenommen.

Aus den Gründen:

Die Verfassungsbeschwerde ist nach § 93a Abs. 2 BVerfGG nicht zur Entscheidung anzunehmen. Sie hat weder grundsätzliche Bedeutung noch ist ihre Annahme zur Durchsetzung der Religionsfreiheit des Beschwerdeführers angezeigt. Die maßgeblichen verfassungsrechtlichen Fragen hat das Bundesverfassungsgericht bereits entschieden (vgl. BVerfGE 56, 54 [81]; 79, 174 [202]; 93, 1 [16], KirchE 33, 191; 96, 56 [64]; Urteil des Zweiten Senats des BVerfG vom 19.12.2000 - 2 BvR 1500/97 - NJW 2001, 429, KirchE 38, 502). Auf der Grundlage dieser Rechtsprechung ist die Verfassungsbeschwerde unbegründet.

1. a) Art. 4 Abs. 1 u. 2 GG beschränkt sich nicht auf die klassische Funktion eines Abwehrrechts. Er legt dem Staat auch die Pflicht auf, den Einzelnen und religiöse Gemeinschaften vor Angriffen oder Behinderungen von Anhängern anderer Glaubensrichtungen oder konkurrierender Religionsgruppen zu schützen (BVerfGE 93, 1 [16]; BVerfG NJW 2001, 429, LS 1 b] und 432). Diese Schutzpflicht trifft den Staat gerade auch im Hinblick auf das Verhalten der als Körperschaften des öffentlichen Rechts verfassten Religionsgemeinschaften, weil diese Religionsgemeinschaften mit bestimmten hoheitlichen Befugnissen ausgestattet sind und aufgrund ihres Status über einen erhöhten Einfluss in Staat und Gesellschaft verfügen (BVerfG NJW 2001, 429 [432]).

Allerdings bleiben das Wirken und der Status der korporierten Religionsgemeinschaften von der grundrechtlichen Freiheit des Art. 4 Abs. 1 u. 2 GG geprägt. Soweit diese sich in dem ihnen durch die Gesetze und die Verfassung gezogenen Rahmen halten, können sie ihr Verhältnis zu anderen Religionen und Religionsgemeinschaften nach ihrem eigenen religiösen Selbstverständnis frei gestalten (BVerfG, aaO). Dabei dürfen sie sich auch in der Öffentlichkeit kritisch mit anderen Religionsgemeinschaften auseinander setzen, ohne dass es hierfür einer gesetzlichen Ermächtigungsgrundlage bedürfte (vgl. Beschluss der 1. Kammer des Ersten Senats des BVerfG vom 13.7.1993 - 1 BvR 960/93 - NVwZ 1994, 159, KirchE 31, 275). Weitere und über die geforderte Rechtstreue hinausgehende Pflichten der Rücksicht gegenüber anderen Religionsgemeinschaften erwachsen ihnen aus ihrem öffentlich-rechtlichen Status nicht. Insbesondere müssen auch die korporierten Religionsgemeinschaften ihre Haltung gegenüber anderen Religionsgemeinschaften nicht nach den staatskirchenrechtlichen Grundsätzen von Neutralität und Parität gestalten, die nur Strukturvorgaben staatlicher Ordnung sind (BVerfG NJW 2001, 429 [432]).

b) Aus grundrechtlichen Schutzpflichten folgen in der Regel keine bestimmten Handlungsvorgaben. Die zuständigen staatlichen Organe haben zunächst in eigener Verantwortung zu entscheiden, wie sie ihre Schutzpflichten erfüllen. Es ist grundsätzlich Sache des Gesetzgebers, ein Schutzkonzept aufzustellen und normativ umzusetzen. Dabei kommt ihm ein weiter Einschätzungs-, Wertungs- und Gestaltungsspielraum zu. Einen solchen Spielraum können auch die Gerichte in Anspruch nehmen, wenn sie die Schutzpflicht im Wege der Rechtsfortbildung oder der Auslegung unbestimmter Rechtsbegriffe wahrnehmen.

Gestaltungsspielräume eröffnen sich insbesondere dann, wenn widerstreitende Grundrechte zu berücksichtigen sind und der Schutz einer grundrechtlichen Position zwangsläufig die Beeinträchtigung des Grundrechts eines anderen Grundrechtsträgers zur Folge hat. Die dann gebotene Abwägung kommt in erster Linie den zuständigen staatlichen Organen zu und kann durch das Bundesverfassungsgericht nur begrenzt nachgeprüft werden. Das Bundesverfassungsgericht kann eine Verletzung der Schutzpflicht nur feststellen, wenn die öffentliche Gewalt Schutzvorkehrungen entweder überhaupt nicht getroffen hat oder die getroffenen Regelungen und Maßnahmen offensichtlich gänzlich ungeeignet oder völlig unzulänglich sind (BVerfGE 56, 54 [80 f.]; 79, 174 [202]; 96, 56 [64]).

2. Nach diesem Maßstab ist nicht erkennbar, dass der Gesetzgeber seine grundrechtlichen Schutzpflichten gegenüber dem Beschwerdeführer aus Art. 4 Abs. 1 u. 2 GG dadurch verletzt haben könnte, dass er es unterlassen hat, Regelungen zur Einschränkung oder Aberkennung der Rechte einer Körperschaft des öffentlichen Rechts iSv Art. 140 GG iVm Art. 137 Abs. 5 WRV zu schaffen.

Gegenüber etwaigen rechtswidrigen Äußerungen korporierter Religionsgemeinschaften bieten die bestehenden Regelungen eine ausreichende Grundlage, um den grundrechtlich gebotenen Schutz zu gewährleisten. Denn soweit - was hier nicht zu beurteilen ist - sich konkurrierende Religionsgemeinschaften tatsächlich in einer Weise über den Beschwerdeführer äußern sollten, die den Staat nach gehöriger Abwägung der betroffenen Grundrechte zu Maßnahmen zum Schutz des Beschwerdeführers verpflichten würde, hat der Beschwerdeführer die Möglichkeit, die betreffende Religionsgemeinschaft vor den Gerichten auf Unterlassung, gegebenenfalls auch auf Widerruf der seine Rechte verletzenden Äußerungen in Anspruch zu nehmen.

Gegenüber Äußerungen von Religionsgemeinschaften, die als Körperschaften des öffentlichen Rechts verfasst sind und öffentlich-rechtlich handeln, ist nach der fachgerichtlichen Rechtsprechung der Rechtsweg zu den Verwaltungsgerichten eröffnet, wobei ein Anspruch auf Unterlassung angenommen wird, wenn die fraglichen Äußerungen ohne Rechtfertigung in das Grundrecht der Religionsfreiheit eingreifen (vgl. VGH München NVwZ 1994, 787 [789], KirchE 32, 107). Soweit die Äußerungen nicht nach öffentlichem Recht zu beurteilen sind, kann der Beschwerdeführer Ansprüche aus § 1004 BGB vor den ordentlichen Gerichten geltend machen (vgl. OLG Saarbrücken NJW-RR 1998, 1479 f., KirchE 36, 113). Dass diese Rechtsschutzmöglichkeiten zum Schutz der Religionsfreiheit des Beschwerdeführers vor rechtswidrigen Äußerungen gänzlich ungeeignet oder völlig unzulänglich seien, wird vom Beschwerdeführer nicht dargelegt und ist auch nicht ersichtlich.

Dabei bedarf im Rahmen dieser nur gegen das gesetzgeberische Unterlassen gerichteten Verfassungsbeschwerde keiner Entscheidung, wo im Einzelnen bei der Auslegung und Anwendung der bestehenden Rechtsgrundlagen die Grenzen zulässiger Äußerungen zu ziehen sind (vgl. dazu Beschluss der 1. Kammer des Ersten Senats des BVerfG vom 13.7.1993 - 1 BvR 960/93 - NVwZ 1994, 159, KirchE 31, 275). Offen bleiben kann insbesondere, ob bei der gebotenen Abwägung - wie vom Beschwerdeführer gefordert - auch die kumulative Wirkung zu berücksichtigen ist, die eine beanstandete Äußerung im Zusammenwirken mit anderen Äußerungen haben mag. Auch kann hier dahinstehen, ob bei der Bestimmung der Grenzen zulässiger Äußerungen in Rechnung zu stellen ist, dass den korporierten Religionsgemeinschaften die Pflichten des Grundgesetzes zum Schutz der Rechte Dritter näher liegen als anderen Religionsgemeinschaften, weil sie über besondere Machtmittel und einen erhöhten Einfluss in Staat und Gesellschaft verfügen (vgl. BVerfG NJW 2001, 429 [432]). Hier ist ausreichend, dass die bestehenden Rechtsgrundlagen schon deswegen nicht völlig unzureichend sind, weil eine Berücksichtigung dieser Umstände bei der Abwägung im Rahmen der bestehenden Regelungen nicht ausgeschlossen ist.

17

Zur Frage der Voraussetzungen für die Beobachtung eines Scientology-Vereins mit nachrichtendienstlichen Mitteln.

Art. 4 GG; §§ 3 Abs. 1 Nr. 1, 8 Abs. 2 Nr. 1 Saar.VerfSchutzG
VG des Saarlandes, Urteil vom 29. März 2001 - 6 K 149/00[1] -

---

[1] Das Urteil ist rechtskräftig.

Die Klägerin ist unter dem Namen Scientology-Kirche N., Mission der Scientology-Kirche e.V. in das Vereinsregister eingetragen.
Der Vereinszweck ist in § 2 der Satzung der Klägerin wie folgt beschrieben

„*1. Der Verein ist eine Religionsgemeinschaft (Kirche).*
Der Zweck der Kirche ist die Pflege und Verbreitung der Scientology-Religion und ihrer Lehre. Die Scientology-Kirche sieht es als ihre Mission und Aufgabe an, den Menschen Befreiung und Erlösung im geistig-seelischen Sinn zu vermitteln, wodurch sie eine Verbesserung möglichst vieler und zahlreicher Mitglieder in sittlicher, ethischer und spiritueller Hinsicht bewirken will, sodass wieder gegenseitiges Verstehen und Vertrauen unter den Menschen herrscht und eine Gesellschaft ohne Krieg, ohne Wahnsinn und ohne Kriminalität geschaffen wird; eine Gesellschaft, in der sich der Mensch gemäß seinen Fähigkeiten und seiner Rechtschaffenheit entwickeln kann; eine Gesellschaft, in der der Mensch die Möglichkeit hat, sich zu höheren Ebenen des Seins zu entwickeln.
3. Die Scientology-Kirche soll die Scientology-Religion vorstellen, bekannt machen, verbreiten, ausüben sowie ihre Reinheit und Unversehrtheit erhalten und bewahren, mit dem Ziel, dass jede Person, die die Mitgliedschaft oder Teilnahme in ihr wünscht, den von L. Ron Hubbard aufgezeigten Weg der Erlösung gehen kann, so wie er es in seinen Schriften und anderen aufgezeichneten Werken bezüglich der Scientology-Religion oder Scientology-Organisation - allgemein als ‚die Schriften' bezeichnet - beschrieben hat. Die Grundgedanken dieser Schriften werden in den folgenden §§ zusammengefasst ..."

Im Saarland unterhält die Klägerin keine organisatorischen Einrichtungen.
In ihrer Sitzung am 6.6.1997 stellte die Ständige Konferenz der Innenminister und -senatoren der Länder (IMK) mit Beschluss fest, dass bei der Scientology-Organisation (SO) tatsächliche Anhaltspunkte für Bestrebungen gegen die freiheitlich demokratische Grundordnung vorliegen und damit die gesetzlichen Voraussetzungen für die Beobachtung dieser Organisation durch die Verfassungsschutzbehörden gegeben sind. In Umsetzung dieses Beschlusses legte der Beklagte (Landesamt für Verfassungsschutz) mit ministerieller Zustimmung die Scientology-Organisation als Beobachtungsobjekt fest.
Die Klägerin begehrt Rechtsschutz gegen die nachrichtendienstliche Beobachtung durch den Beklagten. Sie beantragt dem Beklagten zu untersagen, sie mit nachrichtendienstlichen Mitteln zu beobachten.
Sie vertritt die Auffassung, sie sei sowohl nach eigenem Selbstverständnis als auch nach objektivem Erscheinungsbild eine Religionsgemeinschaft. Ihren Mitgliedern gehe es nicht darum, Anteile an einem Wirtschaftsunternehmen oder sonstige finanzielle oder politische Vorteile zu erwerben. Seit mehreren Jahren sei sie Zielscheibe einer Diskriminierungskampagne, deren Strategie darauf ausgerichtet sei, ihre Existenz und die ihrer Mitglieder zu zerstören. Die in Deutschland gegen

neue religiöse Gruppierungen durchgeführten Maßnahmen seien nicht mit rechtsstaatlichen Grundsätzen zu vereinbaren. Der Staat und die Amtskirchen nutzten ihre Machtstellung aus, um eigene Interessen durchzusetzen. Die Klägerin verweist diesbezüglich auf die von ihr zu den Akten gereichten Anlagen, die Presseerklärungen, Redemanuskripte, Zeitungsartikel, gerichtliche Entscheidungen etc. enthalten. Aus objektiver Sicht bestünden weder gegen sie noch gegen ihre Mitglieder begründete Verdachtsmomente, dass diese die geltende Rechtsordnung nicht respektieren oder gar bekämpfen wollten. Selbst wenn strafrechtliche Ermittlungsverfahren gegen Mitglieder der Klägerin durchgeführt würden, könnten damit weder dieser noch deren Mitgliedern verfassungsfeindliche Bestrebungen angelastet werden. Strafbares Verhalten könne nicht mit verfassungsfeindlichem Verhalten gleichgesetzt werden. Die Tätigkeit der einzelnen Landesämter für Verfassungsschutz sei darauf ausgerichtet, Mitglieder und Mitarbeiter von ihrer jeweiligen Scientology-Kirche oder -Mission abzuwerben. Die veröffentlichten Aufklärungsmaterialien böten dem Leser in der Regel nicht mehr als eine Wiederholung der in Gegnerkreisen allgemein verbreiteten Vorurteile. Der Innenminister von Schleswig-Holstein habe die Auffassung vertreten, dass schon die im Rahmen der Beobachtung gefundenen Erkenntnisse mehr als deutlich machten, dass der Verfassungsschutz nicht das richtige Mittel gegen die Sekte sei. Der Bericht der Bund-Länder-Arbeitsgruppe Scientology der Ständigen Konferenz der Innenminister und -senatoren der Länder über die Ergebnisse der Überwachungstätigkeit enthalte keine schlüssigen Erkenntnisse über verfassungsfeindliche Bestrebungen. Dieser Bericht enthalte zahlreiche haltlose Vermutungen insbesondere im Hinblick auf die ihr unterstellten Zielsetzungen einer politischen Unterwanderung und der Anstrebung der Weltherrschaft. Das Landessozialgericht Rheinland-Pfalz habe in seinem Urteil vom 28.1.1999 (KirchE 37, 8) unter anderem festgestellt, dass es keine gesicherten Erkenntnisse darüber und erst recht keinen allgemeinen Erfahrungssatz dahingehend gebe, dass jedes Scientology-Kirche-Mitglied sich bedingungslos und geradezu selbstverständlich den Methoden, Aufgaben und Zielen der Scientology-Kirche unterwirft und in allen Lebensbereichen sein Handeln daran ausrichtet. Die Beobachtung der Klägerin verletze ihr Grundrecht auf kollektive Religionsfreiheit (Art. 4 Abs. 2 GG), jedenfalls aber das Grundrecht auf Vereinigungsfreiheit (Art. 9 GG), da mit der in Rede stehenden Maßnahme eine großflächig angelegte, systematische und unlautere Mitgliederabwerbung durchgeführt werde. Insoweit stehe ihr auch der Schutz der Art. 11 Abs. 1 u. 9 der Europäischen Menschenrechtskonvention zu. Die Rechtswidrigkeit des Verhaltens des Beklagten ergebe sich auch aus nationaler und internationaler Rechtsprechung, insbesondere aus der sog. Tabakentscheidung des Bundesverfassungsgerichts (BVerfGE 12, S. 1, KirchE 5, 256) sowie den Entscheidungen des Europäischen Gerichtshofs für Menschenrechte vom 24.2.1998 vom 18.2.1999 und vom 21.1.1999. Außerdem verstoße die nachrichtendienstliche Beobachtung gegen das Recht auf informationelle Selbstbestimmung (Art. 2 Abs. 1 GG) und das Grundrecht auf freie Meinungsäußerung (Art. 5 Abs. 1 GG). Darüber hinaus seien die Voraussetzungen der §§ 8 Abs. 2 Nr. 1, 3 Abs. 1 Nr. 1 VerfSchG nicht erfüllt. Es lägen keine Anhaltspunkte dafür vor, dass sie, die Klägerin, in irgendeiner Weise politisch tätig werde. Glaubensgemeinschaften sei durch Art. 4 GG sowie durch Art. 140 GG iVm Art. 137 Abs. 3 WRV ein weitreichender Freiraum garantiert. Es sei ein methodischer Fehler, aufgrund der angeblich totalitären Organisation der Klägerin Rückschlüsse auf verfassungsfeindliche Bestrebungen zu ziehen. Bereits das Wesen einer religiösen Überzeugung stehe einer demokratischen Organisation der entsprechenden Gemeinschaft in gewisser Hinsicht entgegen. Keine Glaubensgemeinschaft stelle ihre Glaubenssätze im Wege eines demokratischen Willlensbildungsprozesses zur Disposition. Diese würden entweder durch eine Gottheit oder deren Mittelspersonen vorgegeben. Darüber hinaus könne nicht jegliche Einwirkung auf gesellschaftliche Vorgaben eine politische Bestrebung iSd § 5 Abs. 1 Nr. 3 VerfSchG darstellen. In der einschlägigen Kommentarliteratur werde insoweit anerkannt, dass die Tätigkeit der Verfassungsschutzbehörden nicht dazu missbraucht werden dürfe, den bestehenden gesellschaftlichen Status quo zu zementieren. Unabhängig von der Einstufung der Klägerin als Religions- oder Glaubensgemeinschaft hätten die Verfassungsschutzbehörden zudem auch keine Hinweise auf eine Unterwanderung von politischen Parteien oder der Regierung feststellen können. Auch seien keine Anhaltspunkte für die Etablierung einer scientologischen Gesellschaft oder eines scientologischen Rechtssystems auffindbar. Im Übrigen gebe es auch bei den etablierten Religionsgemeinschaften eine eigene Kirchengerichtsbarkeit. Außerdem gebe es keine konkreten Anhaltspunkte, aus denen hervorgehe, dass die Klägerin ziel- und zweckgerichtet gegen Grundsätze der freiheitlich demokratischen Grundordnung vorgehe. Der Bericht der Bund-Länder-Arbeitsgruppe Scientology vom 12.10.1998 weise gravierende Defizite auf und beinhalte lediglich Vermutungen. Oberste Maxime von Scientology sei, die Gesetze eines jeden Landes einzuhalten. Außerdem stelle es ein ungeschriebenes negatives Tatbestandsmerkmal der verfassungsfeindlichen Bestrebung iSd § 5 Abs. 1 Nr. 3 VerfSchG dar, dass eine solche nicht lediglich in der Ausübung der ebenfalls grundrechtlich garantierten Meinungsäußerungsfreiheit gemäß Art. 5 Abs. 1 GG gesehen werden kann. Die kritische Auseinandersetzung stelle ein wesentliches Merkmal für die freiheitliche Demokratie dar. Die Beobachtung der Klägerin verstoße schließlich gegen das in § 6 Abs. 2 VerfSchG normierte Prinzip der Verhältnismäßigkeit. Die Maßnahme sei weder geeignet noch erforderlich oder verhältnismäßig im engeren Sinne. Der vorgelegte Bericht der Arbeitsgruppe enthalte keinerlei neue Erkenntnisse, die in überzeugten Scientology-Gegner-Kreisen noch nicht bekannt gewesen wären. Im Übrigen seien die Informationen auch auf andere, die Klägerin weniger belastende Weise, zu erhalten. Da im Gebietsbereich des Beklagten keine organisatorischen Einrichtungen der Klägerin unterhalten werden, stehe der Einsatz nachrichtendienstlicher Mittel außer Verhältnis zu den erwarteten Ergebnissen. Selbst bei unterstelltem Vorliegen der Eingriffsvoraussetzungen des Saarländischen Verfassungsschutzgesetzes könnten die einschlägigen Vorschriften keinen Eingriff in die subjektiven Rechtspositionen der Klägerin rechtfertigen. Dies ergebe sich aus der einschlägigen Rechtsprechung des Europäischen Gerichtshofes für Menschenrechte zur Frage der geheimdienstlichen oder generell geheimen Beobachtung von Einzelpersonen (Entscheidungen vom 6.9.1978 und vom 2.8.1984). Ferner legt die Klägerin dar, dass weder eine politische Zielrichtung ihres Handelns noch Verstöße gegen die deutsche Verfassung vorlägen. Die von dem Beklagten angeführten Zitate aus Materialien der Scientology seien falsch interpretiert und aus dem Zusammenhang gerissen worden. Die Differenzierung zwischen „Clears" bzw. „Freien" und unehrlichen Menschen beziehe sich ausschließlich auf den geistigen Zustand des Menschen und die dadurch erfolgende Selbstbegrenzung des Menschen. Keinesfalls sei damit eine Begrenzung der jedem Menschen zustehenden Menschenrechte impliziert. Soweit die Kontrolle des Einzelnen innerhalb Scientology als totalitäre Organisationsform interpretiert werde, falle dies in den internen Bereich des kirchlichen Selbstverwaltungsrechts, in das sich der Beklagte nicht einzumischen habe. Auch die Ethik-Kodizes seien Kircheninterna.

Ihrer Ansicht nach hat der Beklagte keine Anhaltspunkte dafür geliefert, die Klägerin verschleiere ihre Ziele. Erkenntnisse, die durch den Einsatz der nachrichtendienstlichen Mittel gewonnen worden seien, habe der Beklagte ebenfalls nicht vorlegen können. Eine weitere Beobachtung ist daher ihrer Ansicht nach unverhältnismäßig. Soweit ihr vom Beklagten vorgeworfen worden sei, selbst nachrichtendienstliche Mittel einzusetzen, führt die Klägerin aus, soweit eine „operative Maßnahme" gegen die Leiterin der Hamburger „Arbeitsgruppe Scientology", Ursula C., angesprochen worden sei, sei aufgrund der (im Einzelnen dargelegten) konkreten Umständen für die Klägerin eine Notwehrsituation entstanden, da sie von der Innenbehörde Hamburg keine sachgerechten Ermittlungen erwarten könne. Weder sie selbst noch die Scientology-Kirche Hamburg habe veranlasst, dass diese Aktion durchgeführt werde. Die Klägerin verweist im weiteren auf zusätzliche Stellungnahmen von Vertretern der Verfassungsschutzbehörden in Nordrhein-Westfalen und Thüringen, die sich ihrer Ansicht nach kritisch mit der Zulässigkeit der Beobachtung auseinander setzen. Zusätzlich führt sie an, im Zwischenbericht 2000 des Landesamtes für Verfassungsschutz Nordrhein-Westfalens sei die Scientology-Kirche nicht mehr erwähnt. Zudem führt sie Äußerungen an, die die ihrer Ansicht nach gegebene Zweckrichtung der angeordneten Beobachtung belegen sollen. Sie äußert außerdem die Auffassung, hinter der Befassung des Beklagten mit ihr könnten in Zeiten von Haushaltskürzungen auch Gründe der Bestandssicherung stehen. Die Klägerin führt unter Hinweis auf konkrete Fälle schließlich an, dass interne Daten über sie und andere Scientology-Kirchen nicht geheim gehalten worden seien, wenn ihre Veröffentlichung geeignet gewesen sei, eine neue Kontroverse über sie in der Öffentlichkeit zu entfachen.

Der Beklagte begehrt Klageabweisung und vertritt die Auffassung, die politische Zielrichtung der Klägerin ergebe sich aus dem Bekenntnis aller Scientologen zu den programmatischen Äußerungen ihres Gründers Ron Hubbard, welcher in seinen Schriften die politische Zielsetzung der von ihm aufgestellten Lehre der Dianetik deutlich mache. Die von der Klägerin veröffentlichten Texte enthielten zudem tatsächliche Anhaltspunkte für das Ziel, Prinzipien der freiheitlich demokratischen Grundordnung, wie die im Grundgesetz konkretisierten Menschenrechte, die Gesetzmäßigkeit der Verwaltung und die Unabhängigkeit der Gerichte zu beseitigen oder zu beeinträchtigen. So sei die Klägerin der Auffassung, dass Rechte nur eingeschränkt zu gelten haben. Träger von Rechten sei nicht jeder Mensch, wie es das Grundgesetz in den Art. 1 u. 3 garantiere, vielmehr solle der Kreis der Rechtsträger auf die „Ehrlichen" beschränkt werden; nur ihnen solle überhaupt ein Lebensrecht zustehen. Die nur eingeschränkte Geltung aller Rechte und damit wegen der von der Klägerin formulierten Ausschließlichkeit auch der Grund- bzw. Menschenrechte gehöre zu den von Hubbard aufgestellten programmatischen Standardforderungen für die von ihm und der Scientology angestrebten „Zivilisation". Sie finde sich in einer Reihe der von der Organisation auch heute noch veröffentlichten Büchern wieder, so in den Standardwerken „Scientology - Die Grundlagen des Denkens" oder „Dianetik - Das Handbuch der Dianetik-Verfahren". Die bereits 1959 erschienene Schrift „Handbuch des Rechts" in der sich L. R. Hubbard zur Funktion des scientologischen Rechts und des scientologischen Rechtssystems äußere, enthalte verschiedene Passagen mit tatsächlichen Anhaltspunkten für das Ziel der Klägerin, eine Gewalt- und Willkürherrschaft zu errichten. Darüber hinaus verunglimpfe, beschimpfe und verleumde die Klägerin seit mehreren Jahren Repräsentanten der Bundesrepublik Deutschland. Diese Verunglimpfungen richteten sich auch gegen die Verfassungsordnung in Deutschland selbst. Der Gesamtstil dieser Propaganda deute darauf hin, dass die Klägerin ihre Ziele sogar kämpferisch-aggressiv verwirklichen wolle. Deutschland werde als Polizeistaat beschrieben, der systematisch die Religionsausübung unterdrücke. Die Klägerin sei Teil einer weltweit einheitlich nach den Richtlinien Hubbards geführten, streng hierarchisch aufgebauten Organisation. Einfachen Mitgliedern blieben die Strukturen und die tatsächlichen Ziele der Klägerin verborgen. Gegenüber der Öffentlichkeit trete sie nur mit der Fassade einer religiösen Gemeinschaft auf. Insgesamt könne eine Erhebung von Informationen über die Klägerin aus offen zugänglichen Quellen kaum zu einer realistischen Einschätzung der von ihr ausgehenden Gefahr führen. Die Berichterstattung über die Klägerin in den Medien sei sehr oft von der Sensationslust der Reporter beeinflusst. Soweit sie in eigener Sache Informationen veröffentliche oder an Medien übermittle, wichen die Angaben der Klägerin teilweise erheblich von bisher gewonnenen Erkenntnissen über Zielsetzung, Mitgliederzahl oder wirtschaftlicher Betätigung ab. Die Beobachtung mit nachrichtendienstlichen Mitteln sei auch nicht unter Berücksichtigung der Grundrechte unverhältnismäßig. Insbesondere liege darin keine Missachtung der in Art. 4 GG verbürgten Religionsfreiheit. Die Klägerin sei keine Religions- oder Weltanschauungsgemeinschaft. Dies habe das Bundesarbeitsgericht in seinem Beschluss vom 22.3.1995 (KirchE 33, 92) bereits festgestellt. Darüber hinaus griffen Einwände der Klägerin gegen die Verbandskompetenz des Beklagten nicht durch. Weder die Verfassungsschutzbehörde eines anderen Bundeslandes noch das Bundesamt für Verfassungsschutz sei ausschließlich dafür zuständig, die Klägerin zu beobachten. An der Verbandskompetenz fehle es auch nicht deshalb, weil die Klägerin ihren Sitz in einem anderen Bundesland habe und im Saarland keine Einrichtungen unterhalte. Entscheidend sei die ziel- und zweckgerichtete Verhaltensweise der Klägerin, die sich nicht auf die Bundesländer, in denen sie ihren Sitz hatte oder Einrichtungen unterhalte, beschränke. Vielmehr werbe sie bundesweit Mitglieder und richte sich dementsprechend auch an Personen im Saarland.

Die von der Klägerin angeführten kritischen Stimmen zur Rechtmäßigkeit des Einsatzes u.a. des Beklagten seien darauf zurückzuführen, dass der Verfassungsschutz der unbedingt erforderlichen Kontrolle auch der Politik und der Medien unterliege. Vor dem Hintergrund des föderalen Aufbaus des Verfassungsschutzes sei es auch nicht neu, dass einzelne seiner Maßnahmen aus verschiedenen Gründen nicht die ungeteilte Meinung aller seiner Mitglieder fänden. Die Klägerin habe den ihrerseits betriebenen Einsatz nachrichtendienstlicher Mittel gegenüber Frau Ca. eingeräumt und gerechtfertigt. Der Hinweis, dass die von den Landesämtern für Verfassungsschutz gesammelten personenbezogenen Daten in diskriminierender Weise missbraucht worden seien, gehe fehl. Das klägerische Begehren richte sich gegen das Landesamt für Verfassungsschutz im Saarland, wo das von der Klägerin für Bayern beschriebene Mitteilungsverfahren nicht praktiziert werde. Zum anderen sei darauf aufmerksam zu machen, dass sich der bayerische Landesbeauftragte für den Datenschutz bereits mit der Frage, ob personenbezogene Daten im Zusammenhang mit der Mitgliedschaft bei Scientology vom Landesamt für Verfassungsschutz an öffentliche Arbeitgeber übermittelt werden dürften, beschäftigt und diese Übermittlung für zulässig erachtet habe. Neuerdings bekannt gewordene Äußerungen von Scientology-Führungspersonen und neuere Ausgaben von Schriften L. Ron Hubbards bestätigen seiner Ansicht nach die aufgezeigten Anhaltspunkte für verfassungsfeindliche Bestrebungen. Die Kammer weist die Klägerin mit der Klage ab.

Aus den Gründen:

In der Sache hat die Klage keinen Erfolg.

Eine Beobachtung mit nachrichtendienstlichen Mitteln bedarf wegen des mit ihr verbundenen Grundrechtseingriffs der gesetzlichen Grundlage. Dem korrespondiert ein Unterlassungsanspruch des Betroffenen, der dem bürgerrechtlichen Abwehranspruch nach dem Rechtsgedanken aus § 1004 BGB nachgebildet ist, vgl. OVG Hamburg, Beschluss vom 24.8.1994 - Bs III 326/93 - NVwZ 1995, 498, KirchE 32, 307, wenn die gesetzlichen Voraussetzungen für ein nachrichtendienstliches Einschreiten nicht erfüllt sind. Ein derartiger Unterlassungsanspruch der Klägerin ist vorliegend zu verneinen.

Rechtsgrundlage für das Tätigwerden des Beklagten gegenüber der Klägerin ist § 3 Abs. 1 Nr. 1 iVm § 8 Abs. 2 Nr. 1 Saarländisches Verfassungsschutzgesetz - VerfSchG - vom 24.3.1993 (ABl. S. 296).

Danach beobachtet der Beklagte u.a. Bestrebungen, die gegen die freiheitlich demokratische Grundordnung gerichtet sind. Bestrebungen in diesem Sinne sind nach § 5 Abs. 1 Nr. 3 VerfSchG politisch bestimmte, ziel- und zweckgerichtete Verhaltensweisen in einem oder für einen Personenzusammenschluss, der darauf gerichtet ist, einen der in Abs. 2 der Vorschrift genannten Verfassungsgrundsätze zu beseitigen oder außer Geltung zu setzen. Der Einsatz nachrichtendienstlicher Mittel ist nur zulässig, wenn tatsächliche Anhaltspunkte für den Verdacht der Bestrebungen oder Tätigkeiten nach § 3 Abs. 1 Satz 1 bestehen (§ 8 Abs. 2 Nr. 1 VerfSchG).

§ 6 Abs. 2 VerfSchG schränkt die Befugnisse des Beklagten dadurch ein, dass er bestimmt, dass eine Maßnahme unzulässig ist, wenn ihr Ziel auf eine andere, den Betroffenen weniger beeinträchtigende Weise erreicht werden kann. Die Maßnahme darf darüber hinaus auch nicht erkennbar außer Verhältnis zur Bedeutung des aufzuklärenden Sachverhaltes stehen. Hinsichtlich der zeitlichen Komponente der Zulässigkeit einer Maßnahme nach dem VerfSchG ist geregelt, dass eine Maßnahme unverzüglich zu beenden ist, wenn ihr Zweck erreicht ist oder sich Anhaltspunkte dafür ergeben, dass er nicht oder nicht auf diese Weise erreicht werden kann.

Die genannten Bestimmungen sind mit höherrangigem Recht vereinbar. Sie stehen insbesondere mit dem verfassungsrechtlichen Rechtsstaatsgebot (Art. 20 Abs. 3 GG) in Einklang. Die Normierung der Voraussetzungen, der Art und Weise und der Grenzen der Beobachtung - auch derjenigen mit nachrichtendienstlichen Mitteln- genügt dem Gebot der Normenklarheit (vgl. BVerwG, Urteil vom 20.2.1990 - 1 C 42.83 - NJW 1990, 2761 mwN) und den Anforderungen des Gesetzesvorbehalts (vgl. BVerfG, Urteil vom 15.12.1983 - 1 BvR 209 u.a./83 - BVerfGE 65, 1, 44). Die Voraussetzungen für die Beobachtung der Klägerin mit nachrichtendienstlichen Mitteln sind gegeben.

Die Eingriffsvoraussetzung des Vorliegens tatsächlicher Anhaltspunkte für den Verdacht der Bestrebungen oder Tätigkeiten nach § 3 Abs. 1 Nr. 1 (§ 8 Abs. 2 Nr. 1 VerfSchG) stellt einen unbestimmten Rechtsbegriff dar, der für einen Beurteilungsspielraum der anordnenden Behörde keinen Raum lässt, sondern in vollem Umfang verwaltungsgerichtlicher Nachprüfung unterliegt (vgl. BVerwG, Urteil vom 17.10.1990 - 1 C 12/88 - NJW 1991, 581 [582], DVBl. 1991, 169 [170 f.] zum sog. G 10; OVG Lüneburg, Beschluss vom 21.9.1993 - 13 M 978/93 - NJW 1994, 746 [747]).

Um die Beobachtung mit nachrichtendienstlichen Mitteln zu rechtfertigen, genügt nicht die bloße Annahme, dass Bestrebungen der genannten Art vorliegen könnten. Andererseits bedarf es nicht bereits der Gewissheit, dass die freiheitlich demokratische Grundordnung bekämpft und abgeschafft werden soll. Vielmehr müssen tatsächliche Anhaltspunkte dafür gegeben sein, also Umstände, die bei vernünftiger Betrachtung auf solche Bestrebungen hindeuten und die deshalb eine weitere Klärung erforderlich erscheinen lassen. Es reicht dabei aus, dass die Gesamtschau aller vorhandenen tatsächlichen Anhaltspunkte auf entsprechende Bestrebungen deutet, auch wenn jeder für sich genommen nicht genügt. Bei der Gesamtschau können nachrichtendienstliche und kriminalistische Erfahrungen Berücksichtigung finden (vgl. BVerwG, Urteil vom 17.10.1990 - 1 C 12/88 -, aaO; OVG.NW, Beschluss vom 13.1.1994 - 5 B 1236/93 - NVwZ 1994, 588 [589]).

Als Quellen für solche tatsächlichen Anhaltspunkte für den Verdacht kommen neben dem „offiziellen" Programm und/oder der Satzung einer Gruppierung auch die Äußerungen und Handlungen ihrer Führer, Funktionäre und Anhänger sowie ggf. das Schulungs- und Propagandamaterial der Organisation in Betracht (vgl. BVerfG, Urteil vom 23.10.1952 - 1 BvB 1/51 - BVerfGE 2, 1; OVG.NW aaO, mwN).

Nach der zitierten Entscheidung des Bundesverfassungsgerichts lässt sich die freiheitlich demokratische Grundordnung als eine Ordnung bestimmen, die unter Ausschluss jeglicher Gewalt- und Willkürherrschaft eine rechtsstaatliche Herrschaftsordnung auf der Grundlage der Selbstbestimmung des Volkes nach dem Willen der jeweiligen Mehrheit und der Freiheit und Gleichheit darstellt. Zu den grundlegenden Prinzipien dieser Ordnung sind mindestens zu rechnen: die Achtung vor den im Grundgesetz konkretisierten Menschenrechten, vor allem vor dem Recht der Persönlichkeit auf Leben und freie Entfaltung, die Volkssouveränität, die Gewaltenteilung, die Verantwortlichkeit der Regierung, die

Gesetzmäßigkeit der Verwaltung, die Unabhängigkeit der Gerichte, das Mehrparteienprinzip und die Chancengleichheit für alle politischen Parteien mit dem Recht auf verfassungsmäßige Bildung und Ausübung einer Opposition. Dementsprechend zählen nach § 5 Abs. 2 Nr. 1-7 VerfSchG zur freiheitlich demokratischen Grundordnung:

1. das Recht des Volkes, die Staatsgewalt in Wahlen und Abstimmungen und durch besondere Organe der Gesetzgebung, der vollziehenden Gewalt und der Rechtsprechung auszuüben und die Volksvertretung in allgemeiner, unmittelbarer, freier, gleicher und geheimer Wahl zu wählen,
2. die Bindung der Gesetzgebung an die verfassungsmäßige Ordnung und die Bindung der vollziehenden Gewalt und der Rechtsprechung an Gesetz und Recht,
3. das Recht auf Bildung und Ausübung einer parlamentarischen Opposition,
4. die Ablösbarkeit der Regierung und ihrer Verantwortlichkeit gegenüber der Volksvertretung,
5. die Unabhängigkeit der Gerichte,
6. der Ausschluss jeder Gewalt- und Willkürherrschaft und
7. die im Grundgesetz konkretisierten Menschenrechte.

Ausgehend von diesen Erwägungen sind tatsächliche Anhaltspunkte für den Verdacht verfassungsfeindlicher Bestrebungen der Klägerin vom Beklagten zu Recht angenommen worden. Die Auswertung der vorliegenden Materialien ergibt, dass die Klägerin teilweise Ziele vertritt, die gegen die freiheitlich demokratische Grundordnung gerichtet sind.

So finden sich im Rahmen des Schrifttums der Klägerin Quellen, die tatsächliche Anhaltspunkte für den Verdacht von Bestrebungen der Klägerin zur Abschaffung bzw. Einschränkung der im Grundgesetz konkretisierten Menschenrechte und weiterer der freiheitlich demokratischen Grundordnung zuzurechnender Verfassungsprinzipien enthalten.

Konkret ergeben sich u.a. folgende Anhaltspunkte:

Die Auswertung der vorliegenden Materialien ergibt Anhaltspunkte dafür, dass in einer scientologischen Gesellschaft Rechte, insbesondere Menschenrechte aber auch Bürgerrechte, nicht allen Mitgliedern der Gesellschaft (gleichermaßen) zustehen. In einer ganzen Reihe von Werken und Äußerungen finden sich Aussagen dazu, dass Rechte allgemein, Bürgerrechte und sogar das Recht zu Heiraten und „Kinder in die Welt zu setzen" nicht jedem zustehen (sollen). Diese Rechte sollen nur „Nichtaberrierte" oder „Ehrliche" haben. Der Betonung eines Anspruchs für eine mit bestimmten Begriffen, die von der Klägerin auch selbst definiert werden (vgl. auch Anl. B 17 und B 2), charakterisierten Gruppe von Personen, wohnt zwangsläufig aber inne, dass den Personen, die nicht zu der charakterisierten Gruppe gehören, die entsprechenden Rechte nicht oder nicht in demselben Maße zustehen wie den Mitgliedern der Gruppe. Ein weiteres Beispiel für die Charakterisierung von Personengruppen mittels eines selbst definierten Begriffs stellt der Begriff „Clear" dar.

Konkrete Anhaltspunkte für die dargestellte Bewertung finden sich etwa in dem in der Zeitschrift „Freiheit" aus dem Jahr 1997 abgedruckten Auszug aus dem Werk, „Eine neue Sicht des Lebens" (S. 56 f.) mit der Überschrift „Ehrliche Menschen haben auch Rechte", dem Kapitel „Die Ziele der Scientology", S. 153 des Werkes „Scientology - Die Grundlagen des Denkens", sowie in dem Werk „Dianetik - Das Handbuch der Dianetik-Verfahren", S. 378 und S. 487. Ein weiterer Hinweis findet sich in der Publikation „Impact" Ausgabe 75/1997, in der als Ziel der „International Association of Scientologists" (IAS) für das Jahr 1998 aufgeführt ist, „Eine Zivilisation ohne Geisteskrankheit, ohne Verbrecher und ohne Krieg, in der die Fähigen erfolgreich sein und ehrliche Wesen Rechte haben können, ..." Diese Formulierung findet sich so bzw. in abgewandelter Form auch in weiteren Veröffentlichungen der Klägerin (...).

Darüber hinaus beinhalten die Materialien auch Anhaltspunkte für den Verdacht von Bestrebungen, die die Abschaffung bzw. Einschränkung sonstiger wesentlicher Verfassungsprinzipien impliziert, die zur freiheitlich demokratischen Grundordnung gehören.

So gibt es Anhaltspunkte, dass in einer scientologischen Gesellschaftsordnung das Recht auf Bildung und Ausübung einer parlamentarischen Opposition nicht existiert. Die Klägerin erhebt einen Absolutheitsanspruch. Dieser kommt in Versuchen zum Ausdruck, gegenläufige oder andersartige Auffassungen zu eliminieren und totale Disziplin zu fordern, besonders aber im rücksichtslosen Umgang mit Kritikern. In einer scientologischen Gesellschaft bleibt daher kein Raum für Opposition, schon gar nicht für eine parlamentarische. Ein dominierendes Prinzip der Ideologie der Klägerin ist die Ausübung einer alles umfassenden Kontrolle um „Fehlverhalten" und „unethisches Verhalten" zu verhindern. Als Materialien, die diese Bewertung rechtfertigen, können angeführt werden der „HCO-Policybrief" vom 22.7.1982 (...) und auch der „HCOPolicy Letter" vom 13.2.1965, korrigiert und neu herausgegeben am 7.10.1985, (...) (unabhängig davon, ob man die Übersetzung des Beklagten [...] oder diejenige der Klägerin [...] zugrunde legt). Mit der Bewerbung um Mitgliedschaft in der IAS, einer Organisation die erklärtermaßen dem Zweck dient, „die Scientology-Religion und Scientologen in allen Teilen der Welt zu vereinigen, zu fördern, zu unterstützen und zu schützen, damit die Ziele der Scientology, wie L. Ron Hubbard sie aufgestellt hat, erreicht werden" (vgl. das Formular „Bewerbung um Mitgliedschaft"...), erklärt der Antragsteller die Zerschlagung aller Gruppen usw. zu unterstützen, die den Zweck verfolgen, die Anwendung der Scientology-Technologie und Freiheit für die Menschheit zu verhindern (...). Zwar trägt die Klägerin hinsichtlich dieser Textpassage vor, es handele sich hierbei um eine Fehlübersetzung aus dem englisch verfassten Originalformular. Angesichts des Umstandes, dass die vom Beklagten vorgelegte Fassung eine von der IAS benutzte Version ist, kann dieses Dokument aber ohne Einschränkung herangezogen werden.

Die dargestellten Anhaltspunkte und Bewertungen werden durch die im Abschlussbericht der Arbeitsgruppe Scientology der Verfassungsschutzbehörden 1998 aufgeführten Aussteigerberichte und nicht zuletzt durch die Äußerungen der Klägerin etwa hinsichtlich der ihrer Ansicht nach gerechtfertigten Methoden zum Vorgehen - etwa gegen die Leiterin der „Arbeitsgruppe Scientology" bei der Innenbehörde der Freien und Hansestadt Hamburg, Frau U. C. - nachhaltig gestützt.

Darüber hinaus liegen tatsächliche Anhaltspunkte für das Ziel vor, die Bindung der Gesetzgebung an die verfassungsmäßige Ordnung und der vollziehenden Gewalt sowie der Rechtsprechung an Gesetz und Recht abzuschaffen.

Die Formulierungen etwa im HCO-Führungsbrief vom 18.3.1965 (...), im Handbuch des Rechts (...) stellen Anhaltspunkte für den Verdacht dar, dass die Scientology-Organisation ein eigenes, für alle Menschen verbindliches Rechtssystem mit organisationseigenen Normen etablieren will, das keine Rechtsweggarantie und keine Gewährleistung des rechtlichen Gehörs kennt sowie ohne eine gesetzmäßige Verwaltung funktioniert. Die Gerichte sollen nicht unabhängig sein, sondern haben die von der Führung der Organisation detailgenau vorgegebenen, standardisierten „Scientology-Technologien" umzusetzen (...). Der HCO-Führungsbrief vom 18.3.1965 (...) enthält sogar die ausdrückliche Formulierung, die sog. Ethik-Kodizes seien Teil des „Expansionsprogrammes". Anhaltspunkte, dass die Ethik-Kodizes noch einen Bezug zur allgemeinen verfassungsmäßigen Rechtsordnung haben, enthält dieses Dokument nicht. Im „Handbuch des Rechts" (...) sind überdies die Methoden der Rechtsfindung dargestellt. Es beinhaltet im Einzelnen Ausführungen zur nachrichtendienstlichen Tätigkeit, Beweisuntersuchung, Urteil oder Strafe und Rehabilitation. Stichwortartig ist Folgendes hervorzuheben: Keine Anhaltspunkte für unabhängige Gerichte; ein nicht an Recht und Gesetz gebundener Nachrichtendienst erforscht Sachverhalte und ergreift präventive Maßnahmen; Schuld eines Verdächtigen wird durch Anwendung eines dem Lügendetektor ähnlichen „E-Meter" festgestellt; Aufruf zur Selbstjustiz.

Die genannten Aussagen bzw. Forderungen beinhalten nicht nur Anhaltspunkte für den Verdacht, dass die Abschaffung oder zumindest verfassungswidrige Einschränkung des Rechtsstaatsprinzips angestrebt wird, sondern auch für den Verdacht entsprechender Einschränkungen von Grundrechten wie z.B. des Rechts auf freie Entfaltung der Persönlichkeit, Art. 2 Abs. 1 GG. Weitere Hinweise, die die dargestellte Bewertung tragen, finden sich in der vom Beklagten als „Sicherheitsbroschüre" bezeichneten Sammlung von Veröffentlichungen (...). Sie begründen den Verdacht, dass nicht durch Recht und Gesetz begrenzte Kontrolle des Einzelnen durch die Klägerin die Garantien des Grundgesetzes ersetzen soll.

Bei den aufgrund dieser Darstellung, die nicht einmal alle vom Beklagten angeführten, seiner Ansicht nach bestehenden Anhaltspunkte umfasst, festzustellenden tatsächlichen Anhaltspunkten für den Verdacht verfassungsfeindlicher Bestrebungen, handelt es sich auch um „politisch bestimmte, ziel- und zweckgerichtete Verhaltensweisen" (§ 5 Abs. 1 Nr. 3 VerfSchG) der Klägerin.

Das Vorliegen des Tatbestandsmerkmales politisch ist nicht bereits deshalb zu verneinen, weil die Klägerin keine politische Organisation (wie zum Beispiel eine Partei) und auch keine Gruppierung ist, die in sonstiger Weise am politischen Geschehen (z.B. durch aktive Beteiligung an Wahlen oder Veranstaltung von öffentlichen Kundgebungen, Veröffentlichung dezidiert politischer Positionen in Zeitschriften oder Flugblättern oder sonst an allgemeinen politischen Auseinandersetzungen des öffentlichen Lebens) teilnimmt. Aus dem Regelungszusammenhang des Saarländischen Verfassungsschutzgesetzes - insbesondere mit Blick auf § 1, wonach der Verfassungsschutz dem Schutz der freiheitlich demokratischen Grundordnung dient - ergibt sich, dass im Sinne des Gesetzes mit politisch solche Phänomene gekennzeichnet werden sollen, die den staatlichen Bereich, insbesondere die Verfassung und innere Verwaltung eines Staates sowie dessen Beziehungen zu anderen Staaten betreffen. In diesem Sinne ist jedenfalls das Bemühen, bestimmte Grundwerte und Grundregeln innerhalb eines Staates oder einer Gesellschaft als verbindlichen Standard zu etablieren, als politisch iSd § 5 Abs. 1 Nr. 3 VerfSchG anzusehen. Der Feststellung einer ausschließlich politischen Ausrichtung der Ziele und Bestrebungen bedarf es dagegen nicht.

Bezogen auf die Klägerin ist festzustellen, dass es entsprechend den vorstehenden Ausführungen zu ihren programmatischen Äußerungen und Aktivitäten genügend tatsächliche Anhaltspunkte gibt, die die Annahme stützen, dass sie konkret nach politischer Macht und Einflussnahme strebt.

Dies folgt einerseits aus dem Absolutheitsanspruch der Scientology-Ideologie, der sich nicht nur darauf bezieht, im Besitz der einzigen Wahrheit zu sein, sondern den Menschen in all seinen persönlichen (geistigen, emotionalen und spirituellen) sowie zwischenmenschlichen und gesellschaftlich-politischen Lebensbereichen erfasst. Bereits vom Grundgedanken von „Dianetik und Scientology" sollen politische Dimensionen, Abläufe und Gegebenheiten nicht nur in die theoretische Betrachtung und Analyse einbezogen werden, sondern darüber hinaus auch Gegenstand der Anwendung scientologischer Techniken sein, die im Sinne einer Therapie die gesellschaftlichen Verhältnisse verändern sollen. In dem „Handbuch der Dianetik-Verfahren" (...) heißt es, dass die Dianetik u.a. den Bereich der Politik bereichert. Außerdem ist in der Hubbard-Anweisung vom 13.3.1961 - Department für Behördenangelegenheiten - (...) beschrieben, wie ständiger Druck auf Regierungen ausgeübt werden und eine Kooperation mit Gesellschaften mit ähnlichen Zielen erfolgen soll.

Auf das Fehlen einer politischen Bestimmtheit des Handelns der Klägerin kann auch nicht deshalb geschlossen werden, weil sie sich als Religionsgemeinschaft begreift.

Ob es sich bei der Klägerin um eine solche handelt, ist in der Rechtsprechung umstritten.

Das Bundesarbeitsgericht (Beschluss vom 22.3.1995 - 5 AZB 21/94 - NJW 1996, 143, KirchE 33, 92) hat festgestellt, dass es sich bei der Hamburger Scientology-Organisation nicht um eine Kirche handele. Dies ergebe sich insbesondere aus dem Umstand, dass es das erklärte Ziel sei, das Vermögen der Organisation mit allen Mitteln zu mehren. Religion und Weltanschauung seien lediglich vorgeschoben; ein tatsächlicher Bezug zu den zum Verkauf angebotenen Waren und Dienstleistungen sei nicht feststellbar. Das Bundesverwaltungsgericht (Urteil vom 14.11.1980 - 8 C 12/79 - BVerwGE 61, 152 [162 f.], KirchE 18, 311) kommt zwar zu dem Ergebnis, dass es bei Scientology religiöse Bezüge gibt, lässt die abschließende Beurteilung der Frage jedoch offen. In einer neueren Entscheidung, die Scientology betraf (Urteil vom 6.11.1997 - 1 C 18/95 - BVerwGE 105, 313, KirchE 35, 439) und in der es um den Entzug der Rechtsfähigkeit des Vereines ging, hat das Bundesverwaltungsgericht die Frage, ob Scientology eine Religionsgesellschaft ist, ebenfalls offen gelassen. Den Ausführungen des Hamburgischen OVG zufolge (Beschluss vom 24.8.1994 - BS III 326/93 -, aaO, KirchE 32, 307) genießt die Scientology-Kirche als Weltanschauungsgemeinschaft den Schutz des Art. 4 GG mit Bezug auf ihre Lehre; im dortigen Verfahren des einstweiligen Rechtsschutzes sei nicht anzuerkennen, dass die Lehre nur den Vorwand für wirtschaftliche Betätigung bilde.

Die Klärung der umstrittenen Frage, ob es sich bei der Klägerin um eine Religionsgemeinschaft handelt, kann auch hier offen bleiben. Selbst wenn man dies zugunsten der Klägerin unterstellen würde, steht die in Art. 4 GG verbürgte Glaubens- und Gewissensfreiheit (vgl. zu Umfang und Inhalt dieses Grundrechts: BVerfG, Beschluss vom 8.11.1960 - 1 BvR 59/56 - BVerfGE 12, 1 [3 f.]) einer Beobachtung durch den Beklagten ebenso wenig entgegen wie Art. 140 GG iVm Art. 136 ff. WRV.

Die entsprechenden Grundrechte und Gewährleistungen finden, soweit sie der Klägerin mit Blick auf Art. 19 Abs. 3 GG überhaupt zustehen können, dort ihre Grenze, wo die Grundrechte anderer oder die freiheitlich demokratischen Grundordnung betroffen sind. Von daher stünde die Annahme, dass die Klägerin auch religiöse bzw. weltanschauliche Ziele verfolgt, der politischen Bestimmtheit ihres Handelns im Übrigen nicht entgegen.

Auch das in § 5 Abs. 1 Nr. 3 VerfSchG erforderliche Merkmal der ziel- und zweckgerichteten Verhaltensweisen ist erfüllt, denn der Klägerin kommt es zumindest auch darauf an, politische Außenwirkung zu erzielen. Bereits in seinem grundlegenden Buch „Dianetik" hat der Gründer der Scientology-Organisation, L. Ron Hubbard, auf die politische Zielsetzung seiner Lehre hingewiesen (Anl. B 1, S. 195). Danach soll die von ihm aufgestellte Lehre der Dianetik „verschiedene Bereiche der Soziologie, Politik, des Militärwesens bereichern". Die programmatischen Äußerungen Hubbards sind für Scientologen, die Scientology-Organisation und insbesondere auch für ihre Teilorganisationen wie einzelne „Kirchen" in Deutschland (vgl. Mustersatzung der Klägerin §§ 5 Nr. 3 u. 8 Nr. 1 a) und somit auch für die Klägerin unabänderlich und dauerhaft gültig. Nach der „Hubbard-Anweisung vom 13.3.1961" (...) soll ein Department für Behördenangelegenheiten unter anderem „ständigen Druck auf Regierungen ausüben, um Gesetzgebung Pro-Scientology zu schaffen und um Anti-Scientology-Gesetzgebung von Gruppen zu verhindern, die Scientology entgegenstehen". Diese Schrift enthält zusätzlich eine Beschreibung wie dieses Ziel durchgesetzt werden kann.

Darüber hinaus bestehen Anhaltspunkte dafür, dass es Ziel der Klägerin ist, in sog. „Clear-Kampagnen", systematisch in gesellschaftliche Schlüsselpositionen (in Justiz, Verwaltung, Politik, Wirtschaft etc.) eines Landes einzudringen. Pläne der Klägerin in der Vergangenheit in Deutschland derartige Kampagnen durchzuführen, sind im „Abschlussbericht der Arbeitsgemeinschaft Scientology der Verfassungsschutzbehörden zur Frage der Beobachtung der Scientology-Organisation durch die Verfassungsschutzbehörden" (...) an die Ständige Konferenz der Innenminister und -senatoren der Länder (IMK) vom 6.5.1997 dargestellt. Die politische Zielgerichtetheit der Bestrebungen der Klägerin wird auch im bereits oben zitierten HCO-Führungsbrief vom 18.3.1965 deutlich, in dem von einem Hineinexpandieren in die Gesellschaft, davon, dass sich die Gesellschaft „unter uns bewegen wird" sowie gar davon die Rede ist, dass durch Expansion die Obergewalt (bzw. nach der anderslautenden Übersetzung der Klägerin [...], die Autorität, Machtbefugnis oder Souveränität) in der Gesellschaft erreicht werden kann.

Die dargestellten Ziele der Klägerin, die Anhaltspunkte für den Verdacht verfassungsfeindlicher Bestrebungen darstellen, werden auch von allen für die Organisation Tätigen getragen und sind damit der Klägerin zurechenbar. Aus § 8 der Mustersatzung der Klägerin (...), die das Verhältnis zu anderen scientologischen Gemeinschaften betrifft, lässt sich entnehmen, dass die Scientology-Organisation hierarchisch und zentralistisch aufgebaut ist (vgl. insbesondere § 8 Abs. 1a-c und Abs. 2a-c der Satzung aaO). Dass sich die Mitglieder der Klägerin mit den Zielen von Scientology identifizieren, ergibt sich aus § 10 der Satzung betreffend „Mitgliedschaft" (...). Danach kann jede unbescholtene Person Mitglied der Kirche werden. Grundvoraussetzung für die Annahme ist die selbstbestimmte Übereinstimmung mit den Zielen und Glaubensinhalten der Scientology-Religion und die Bereitschaft, diese im Rahmen der kirchlichen Richtlinien zu fördern. Voraussetzung jeder Mitgliedschaft ist, dass die Person in gutem Ansehen bei der Scientology-Kirche steht, das heißt, dass der Bewerber weder die Ziele, die tatsächliche Ausübung der Scientology-Religion noch kirchliche Institutionen der Scientology-Religion aktiv angreift, derartige Angriffe unterstützt oder gutheißt. Hierüber hat sich das Mitglied bei der Beitrittserklärung entsprechend zu erklären. Nach erfolgter Aufnahme wird vom Mitglied erwartet, dass es aus seiner jeweiligen Position als Mitglied zu den kirchlichen Zielen und Aufgaben positiv beiträgt, um weiterhin in gutem Ansehen zu stehen. Hieraus ergibt sich, dass den Anhängern und Mitgliedern der Klägerin die Aktivitäten und Ziele der Organisation zuzurechnen sind, da sie sich an der Programmatik der Klägerin orientieren und sich dieser unterwerfen.

Die erhobenen Einwendungen der Klägerin gegen diese Bewertungen rechtfertigen keine andere Beurteilung. Sie sind nicht geeignet, den begründeten Verdacht von gegen die freiheitliche-demokratische Grundordnung gerichteten Bestrebungen auszuräumen.

Es bestehen keine Bedenken gegen die Heranziehung der o.g. Quellen. Wie bereits oben ausgeführt, kommen als Quellen, aus denen sich tatsächliche Anhaltspunkte für verfassungsfeindliche Bestrebungen ergeben können, neben dem „offiziellen" Programm und/oder der Satzung einer Gruppierung auch die Äußerungen und Handlungen ihrer Führer, Funktionäre und Anhänger sowie ggf. das Schulungs- und Propagandamaterial der Organisation in Betracht. Von daher erscheint es nahe liegend, als Ausgangspunkt für die Überprüfung zunächst das allgemein zugängliche (schriftlich niedergelegte) Quellenmaterial heranzuziehen. Enthält dieses - wie hier - bereits tatsächliche Anhaltspunkte, sind die Voraussetzungen für die Anordnung der Beobachtung bereits erfüllt. Dass sich darüber hinaus auch aus den sonstigen genannten Quellen tatsächliche Anhaltspunkte ergeben müssen, ist nicht ersichtlich. Es sei, ohne dass es für die Entscheidung darauf ankommt, auch darauf verwiesen, dass der Beklagte neben den genannten Quellen auch auf andere Umstände wie etwa Äußerungen und das Verhalten einzelner Teilorganisationen der Klägerin verwiesen hat, die die gefundenen tatsächlichen Anhaltspunkte für den Verdacht nach seiner Ansicht nachdrücklich erhärten.

Die o.g. Quellen sind auch zunächst einmal uneingeschränkt heranzuziehen, denn die Klägerin hat sich inhaltlich von diesen Quellen nicht distanziert. Soweit sie im Übrigen in wenigen Fällen die Falschübersetzung einzelner Wörter oder Passagen rügt, wurde - soweit die Quellen zur Darstellung der tatsächlichen Anhaltspunkte herangezogen wurden- bereits oben ausgeführt, weshalb dies der Heranziehung der Quelle oder deren Bewertung nicht entgegensteht. Soweit die Klägerin sich von einigen wenigen Quellen distanziert (vgl. Anl. B 18; Bl. 303 f. d. Gerichtsakte), können diese außer Betracht bleiben, ohne dass das Ergebnis der Bewertung davon beeinflusst wird.

Der Vortrag der Klägerin gibt auch keinen Anlass, die vom Beklagten getroffene Bewertung der Verbindlichkeit und Aktualität sowie die Authentizität der Quellen in Frage zu stellen. Die vom Beklagten angeführten Belege (vgl. die Zitate aus: Hubbard, Einführung in die Ethik der Scientology, Kopenhagen 1989, S. 303; der Mustersatzung der Scientology-Organisation für Kirchen und Missionen in Deutschland, §§ 5 Nr. 3 u. 8 Nr. 1 lit. a sowie der Broschüre der IAS [...] S. 6 und S. 8) stützen diese Bewertung ebenso wie die weiteren vom Beklagten angeführten Aspekte und Belege (...).

Die Klägerin kann die oben getroffene Bewertung der Quellen nicht grundsätzlich in Frage stellen. Sie bietet der Sache nach vielmehr in erster Linie eigene, der Bewertung des Beklagten und des Gerichts entgegenstehende Interpretationen der oben genannten Textstellen an. Diese sind jedoch bereits aus grundsätzlichen Erwägungen nicht geeignet, die Bewertung in Frage zu stellen.

Entscheidende Bedeutung kommt auch in diesem Zusammenhang dem Umstand zu, dass Maßstab bei der Bewertung von Quellen nicht etwa die Frage nach der endgültigen Feststellbarkeit der Verfassungswidrigkeit der Klägerin ist; vielmehr knüpft die Zulässigkeit der Beobachtung durch den Beklagten auch mit nachrichtendienstlichen Mitteln allein an den begründeten Verdacht entsprechender Bestrebungen an. Ein solcher kann auch schon dann gegeben sein, wenn aussagekräftiges Material lediglich einen Teilbereich der Aktivitäten und Zielsetzungen des Beobachtungsobjekts widerspiegelt. Hinzu kommt, dass die Frage, welches Gewicht den Verdachtsmomenten zukommen muss, im Verhältnis zur Gefahr für hochwertige Rechtsgüter im Falle der Verwirklichung der Bestrebungen gesehen werden muss. Hierbei ist durch die Konzeption des Verfassungsschutzes als Ausprägung der Grundentscheidung des Grundgesetzes für eine wehrhafte Demokratie die Schwelle für die Zulässigkeit einer Beobachtung durch den Verfassungsschutz einerseits, was die tatsächlichen Voraussetzungen angeht, relativ niedrig. Eventuellen Unzuträglichkeiten, die durch diese relativ niedrige Zulässigkeitsschwelle in diesen Aspekten des Tatbestandes eintreten, kann aber sowohl durch den zu beachtenden Verhältnismäßigkeitsgrundsatz, andererseits aber auch auf der Rechtsfolgenseite hinreichend Rechnung getragen werden. Die von der Klägerin angebotenen eigenen Interpretationen stellen von daher zwar Argumente dar, mit denen sich der Beklagte bei der Beantwortung der Frage nach einem weiteren Anlass für eine Beobachtung jetzt und in der Zukunft auseinander setzen muss, die jedoch den Anknüpfungspunkt für die Beobachtung nicht beseitigen können. Der Gesamteindruck, der durch die Vielzahl der unterschiedlichen Materialien, die größtenteils nach wie vor uneingeschränkt von der Klägerin verwendet werden, ebenso geprägt wird wie durch die Anhaltspunkte für den Verdacht verfassungsfeindlicher Bestrebungen hinsichtlich verschiedener Grundsätze der freiheitlich demokratischen

Grundordnung, vermag derzeit allein durch die von der Klägerin angeführten Interpretationen nicht nachhaltig beeinflusst zu werden.

So kann die Klägerin die aufgezeigten Anhaltspunkte für den Verdacht von Bestrebungen zur Abschaffung oder Einschränkung von Grundrechten nicht etwa allein mit dem Hinweis auf ihrer Ansicht nach der Interpretation des Beklagten und des Gerichts entgegenstehende Passagen etwa ihres Glaubensbekenntnisses entkräften. Das formale Bekenntnis der Klägerin, oberste Maxime eines Scientologen sei es, die Gesetze eines jeden Landes einzuhalten, ist allein ohne Beweiswert für die Beurteilung der Frage, ob tatsächliche Anhaltspunkte für den Verdacht verfassungsfeindlicher Bestrebungen bestehen, da es auf die Gesamtschau der programmatischen Verlautbarungen und Aktivitäten der Klägerin ankommt. Diese führt aber, auch wenn man die Auslegung der Klägerin berücksichtigt, allenfalls zu dem Ergebnis, dass die Programmatik sich widersprechende Aussagen enthält. Eine Entkräftung der tatsächlichen Anhaltspunkte für den Verdacht verfassungsfeindlicher Bestrebungen bedeutet dies jedoch nicht. Hinzu kommt, dass - wie der Beklagte zutreffend ausgeführt hat- auch die Frage, ob die in diesen Glaubenssätzen verwendeten Begriffe (etwa die Definition der Menschenrechte) im Sinne des Rechtsverständnisses des Grundgesetzes zu verstehen sind, offen bleibt.

Soweit die Klägerin anführt, einzelne der angeführten Textstellen seien aus dem zeitlichen Kontext gerissen und nur unter Berücksichtigung der konkreten Umstände, unter denen sie entstanden sind, richtig zu interpretieren, muss sie sich entgegenhalten lassen, dass diese Texte auch aktuell ohne entsprechende Einschränkung von ihr verwendet werden.

Bezeichnend in diesem Zusammenhang erscheint auch, dass die Klägerin selbst einräumen muss, dass zuweilen eine derbe Ausdrucksweise verwandt wird (...). Zwar bemüht sich die Klägerin auch in diesem Zusammenhang darzustellen, was der Sache nach gemeint sei. Gerade dieses Bedürfnis zeigt jedoch augenfällig, dass den herangezogenen Textquellen ein Risikopotenzial innewohnt, das geeignet ist, sie zumindest als tatsächliche Anhaltspunkte für den Verdacht verfassungsfeindlicher Bestrebungen zu qualifizieren.

Schließlich vermag auch der Vortrag, die Ausführungen zum Rechtssystem beträfen lediglich das innerkirchliche Rechtssystem, das im Übrigen - wie näher darzulegen versucht wird (...) - den staatlichen Mindestgarantien entspreche, die Bewertung der oben genannten Textstellen als tatsächliche Anhaltspunkte für den Verdacht verfassungsfeindlicher Bestrebungen nicht in Frage zu stellen. Zum einen handelt es sich auch insoweit um eine Interpretation der Klägerin, deren Richtigkeit sich erweisen muss. Zum anderen bestehen - wie oben dargelegt - Anhaltspunkte, die gerade auch insofern auf die Expansionsbestrebungen der Klägerin hinweisen.

Auch wenn man unterstellt, die Klägerin könne sich auf den Schutz aus Art. 4 GG berufen, gebietet dies keine andere Bewertung.

Zwar ist es dem Staat mit Blick auf den Grundsatz der religiös-weltanschaulichen Neutralität verwehrt, Glaube und Lehre einer Religionsgemeinschaft als solche zu bewerten (vgl. BVerfG, Urteil vom 19.12.2000 - 2 BvR 1500/97 - NJW 2001, 429, KirchE 38, 502). Das hindert ihn aber nicht daran, das tatsächliche Verhalten einer Religionsgemeinschaft oder ihrer Mitglieder nach weltlichen Kriterien zu beurteilen, auch wenn dieses Verhalten letztlich religiös motiviert ist. Ob dabei Glaube und Lehre der Gemeinschaft, soweit sie sich nach außen manifestieren, Rückschlüsse auf ihr zu erwartendes Verhalten zulassen, ist eine Frage des Einzelfalls.

Anhaltspunkte, dass im Falle einer Religionsgemeinschaft ein anderer als der oben aufgezeigte Maßstab für die Erheblichkeit der Verdachtsmomente gilt, bestehen nicht. Das Bundesverfassungsgericht hat ausgeführt, zwar widerspräche es der Religionsfreiheit und dem in Art. 140 GG iVm Art. 137 Abs. 3 WRV gewährleisteten Selbstbestimmungsrecht der Religionsgemeinschaften, von einer korporierten Religionsgemeinschaft etwa eine demokratische Binnenstruktur zu verlangen oder ihre Äußerungen über andere Religionen und Religionsgemeinschaften dem Gebot der Neutralität zu unterstellen. Die Grenze bildet jedoch auch für Religionsgemeinschaften der verfassungsrechtliche Ordnungsrahmen, der auch die Grundlage ihrer eigenen religiösen Freiheit darstellt und den sie nicht verlassen dürfen. Gerade hierfür finden sich bei der Klägerin jedoch Anhaltspunkte.

Dabei kann sich die Klägerin auch weder mit Erfolg darauf berufen, etwaige Unterwanderungen von Parteien, der Verwaltung oder der Justiz seien nicht festgestellt worden noch hätten sich die behaupteten verfassungsfeindlichen Bestrebungen bislang in entsprechenden Verurteilungen oder strafrechtlichen Verfolgungen einzelner Mitglieder widergespiegelt, was für die ihre Auffassung spreche, dass es solche Bestrebungen nicht gebe. Auch insofern sei noch einmal darauf verwiesen, dass nicht die Feststellung der Verfassungsfeindlichkeit der Klägerin überprüft wird, sondern lediglich die Frage des Vorliegens tatsächlicher Anhaltspunkte für den Verdacht verfassungsfeindlicher Bestrebungen beantwortet werden muss. Es steht außer Frage, dass entsprechende Feststellungen nicht nur erhebliche tatsächliche Anhaltspunkte für einen solchen Verdacht darstellten, sondern diesen möglicherweise gar in eindrucksvoller Weise erhärten würden. Dass solche Feststellungen aber zwingend erforderlich sind, um überhaupt tatsächliche Anhaltspunkte für den Verdacht verfassungsfeindlicher Bestrebungen zu begründen, ist nicht ersichtlich.

Unter Berücksichtigung der Programmatik und der Aktivitäten der Klägerin lässt sich daher die Feststellung treffen, dass zentrale Elemente des Rechtsstaates von ihr in Frage gestellt bzw. außer Kraft gesetzt werden sollen.

Die von der Klägerin behaupteten Grundrechtseingriffe (nach Art. 19 Abs. 3 GG sind die Grundrechte auf die Klägerin als inländische juristische Person anwendbar) in Art. 1 Abs. 1 iVm Art. 2 Abs. 1 (vgl. § 8 Abs. 1 Satz 1 VerfSchG), Art. 3, Art. 4 Abs. 1 u. 2, Art. 5 Abs. 1 Satz 1, Art. 9 Abs. 1 GG sind jedenfalls nicht per se rechtswidrig, da Beschränkungen der Grundrechte zugunsten kollidierender Güter mit eigenem konkreten Verfassungsrang im Rahmen der Verhältnismäßigkeit gerechtfertigt sind. Im Ergebnis dasselbe gilt auch, soweit sich die Klägerin auf Art. 9 (Gedanken-, Gewissens- und Religionsfreiheit) und Art. 11 (Versammlungs- und Vereinigungsfreiheit) EMRK berufen hat. Die genannten Grundfreiheiten finden ihre Schranken in den Gesetzen und in den Rechten Dritter.

Die Eingriffe durch den Beklagten halten sich innerhalb dieser Schranken, denn die Beobachtung durch den Beklagten verstößt auch nicht gegen den Grundsatz der Verhältnismäßigkeit, der in den Vorschriften des § 6 Abs. 2 und § 8 Abs. 2 VerfSchG seine landesgesetzliche Ausprägung gefunden hat. Der Verhältnismäßigkeitsgrundsatz fordert im allgemeinen, dass der staatliche Eingriff in ein Recht des Einzelnen zur Erreichung des verfolgten Zwecks geeignet und erforderlich sein muss sowie nach Maßgabe einer Abwägung zwischen den öffentlichen Belangen und denen des Betroffenen für diesen nicht unzumutbar sein darf. Im vorliegenden Zusammenhang ist für die Anwendung des Verhältnismäßigkeitsgrundsatzes von Bedeutung, dass die Beobachtung durch den Beklagten mit nachrichtendienstlichen Mitteln nur bei tatsächlichen Anhaltspunkten für den Verdacht verfassungsfeindlicher Bestrebungen zulässig ist (§ 8 Abs. 2 Nr. 1 VerfSchG). Das Bundesverwaltungsgericht (Urteil vom 7.12.1999 - 1 C 30/97 - NJW 2000, 824 [827]) hat in diesem Zusammenhang ausgeführt, ein solcher Verdacht wiege schwer, besage er doch, dass die konkret begründete Besorgnis einer Gefahr für die freiheitlich demokratische Grundordnung vorliege. Mit der Aufklärung dieses Verdachts verbundene Nachteile habe der Betroffene grundsätzlich hinzunehmen. Zum anderen seien die Eigenarten der Ermittlung mit nachrichtendienstlichen Mitteln zu berücksichtigen. Die Ämter für Verfassungsschutz könnten ihre Aufgabe nicht wirkungsvoll wahrnehmen, wenn ihr Vorgehen offen zu legen wäre. Die verwaltungsgerichtliche Überprüfung hat dem sowohl bei der Tatsachenermittlung als auch beim Nachvollzug der behördlichen Abwägungen Rechnung zu tragen. Konkret bedeutet dies, dass davon ausgegangen werden kann, dass der Grundsatz der Verhältnismäßigkeit gewahrt ist, wenn von Seiten des Beklagten dargelegt worden ist, inwiefern eine weitere Beobachtung mit nachrichtendienstlichen Mitteln unter Einbeziehung nachrichtendienstlicher Erfahrungen geboten ist, und die Erörterung mit der Klägerin keine vernünftigen Zweifel an der Plausibilität dieses Vorbringens erbracht hat. Dies bedeutet jedoch nicht, dass die gerichtliche Überprüfung auf eine Willkürprüfung reduziert ist (vgl. BVerwG aaO, S. 828).

Das Vorgehen des Beklagten wird den dargestellten Vorgaben gerecht. Es bestehen entgegen der Auffassung der Klägerin keine Bedenken gegen die Geeignetheit der Maßnahmen. Eine Maßnahme ist dann geeignet, wenn sie zur Förderung des Zwecks objektiv tauglich ist. Dies ist dann der Fall, wenn mit ihrer Hilfe der gewünschte Erfolg näher rückt. Ungeeignet ist sie dagegen nur, wenn sie hinsichtlich des behördlichen Ziels keine Wirkung entfaltet. Die Maßnahmen des Beklagten sind geeignet, den mit ihr verfolgten Zweck zu fördern. Der Zweck der Beobachtung ergibt sich aus der Aufgabenstellung des Beklagten. § 1 des VerfSchG beschreibt den Zweck des Verfassungsschutzes dahingehend, dass dieser dem Schutz der freiheitlichen demokratischen Grundordnung, des Bestandes und der Sicherheit des Bundes und der Länder dient. Er stellt sich damit als ein Element einer „wehrhaften Demokratie" dar, die als Ausfluss der Erfahrungen aus der Weimarer Demokratie im Grundgesetz etwa in den Art. 79 Abs. 1 u. 3, 19 Abs. 2, 9 Abs. 2, 21 Abs. 2 u. 18 GG ihren Niederschlag gefunden hat. Das Grundgesetz sieht in Art. 73 Nr. 10b und in Art. 87 Abs. 1 die Möglichkeit der Einrichtung eines föderal organisierten nachrichtendienstlichen Verfassungsschutzes vor. Gemäß dieser im Grundgesetz und in den weitgehend übereinstimmenden Verfassungsschutzgesetzen von Bund und Ländern enthaltenen Aufgabenzuweisung sammeln die Verfassungsschutzbehörden Informationen über verfassungsfeindliche Bestrebungen, sicherheitsgefährdende Bestrebungen von Ausländern und geheimdienstliche Aktivitäten fremder Staaten. Die mitunter auch mit verdeckten Mitteln erhobenen Informationen werden mit den von anderen Nachrichtendiensten oder Behörden erlangten sowie öffentlich zugänglichen Informationen zusammengeführt. Die Ergebnisse dieser Auswertungsarbeit werden von den Verfassungsschutzbehörden in Lagebildern der politischen Führung und in Tätigkeitsberichten auch der Öffentlichkeit dargestellt. Erkenntnisse werden außerdem der Polizei zum Zwecke der Gefahrenabwehr oder den Strafverfolgungsbehörden zur Aufklärung von Straftaten zur Verfügung gestellt (vgl. Dr. Helmut Albert, Beobachtung der Scientology-Organisation durch die Verfassungsschutzbehörden, DÖV, 1997, 810 [811])

Den so umschriebenen Zweck der Tätigkeit des Beklagten im konkreten Fall zu fördern, ist die Beobachtung auch mit nachrichtendienstlichen Mitteln geeignet. Die Beobachtung mit „offenen" Mitteln beschränkt sich im Wesentlichen auf die Sammlung und Auswertung des Schrifttums einer Organisation sowie deren Verlautbarungen. Das schriftliche Material betreffend die Klägerin ist dem Beklagten und den sonstigen Verfassungsschutzbehörden aus den bereits vor dem Beschluss der Innenministerkonferenz vom 6.6.1997 betriebenen Prüfverfahren hinreichend bekannt (vgl. DÖV 1997, 810 [815]).

Der Einsatz nachrichtendienstlicher Mittel erscheint vorliegend etwa geeignet zu klären, inwieweit die oben angeführten tatsächlichen Anhaltspunkte für den Verdacht verfassungsfeindlicher Bestrebungen sich durch konkrete Handlungen zu einem Verdacht oder gar der positiven Feststellung einer verfassungsfeindlichen Ausrichtung der Organisation verdichten. Das Ergebnis dieses Beobachtungsprozesses kann mit Blick auf die verhältnismäßig niedrige Schwelle ihrer tatsächlichen Zulässigkeit aber ebenso die Erkenntnis sein, dass sich trotz tatsächlicher Anhaltspunkte für den Verdacht dieser letztendlich nicht hat erhärten lassen und die oben dargestellte Diskrepanz zwischen dem Verdachtspotenzial der angeführten Quellen und der Auslegung dieser Quellen durch die Klägerin und/oder den von ihr zum Beleg ihrer Auslegung angeführten Materialien im Sinne der Klägerin aufgelöst wird.

Angesichts der bei einer - hier einmal nur unterstellten - verfassungsfeindlichen Ausrichtung einer Organisation anzunehmenden Bemühungen der Organisation, ihre tatsächlichen Ziele verborgen zu halten, erscheint die Informationsbeschaffung über eine solche potenziell verfassungsfeindliche Organisation zur Aufklärung dieser Verdachtsmomente allein aus allgemein zugänglichen, „offenen" Quellen auch angesichts der von solchen Organisationen ausgehenden Gefährdung nicht ausreichend. Ebenso wenig sind die Erklärungen des Beobachtungsobjekts selbst wegen dieser Problematik geeignete Erkenntnisquellen zur weiteren Aufklärung im Sinne des Auftrages des Verfassungsschutzgesetzes.

Die Beobachtung mit nachrichtendienstlichen Mitteln erscheint im konkreten Fall auch mit Blick darauf geeignet, dass hierdurch die Möglichkeit besteht, Belege dafür zu finden, ob die Klägerin entgegen der Beteuerung ihrer Funktionäre und ihrem Vortrag im Rahmen dieses Verfahrens an der Beseitigung der demokratischen Verfassungsordnung der Bundesrepublik Deutschland arbeitet, etwa indem man Aufschluss darüber erhält, ob und inwieweit Aktivitäten zur Unterwanderung von Behörden und Verfassungsorganen festzustellen sind.

Die Tatsache, dass die bisherigen Beobachtungen, entsprechende Befürchtungen hinsichtlich der Aktivitäten der Klägerin in dieser Richtung nicht bestätigt haben, steht dem nicht entgegen. Dr. Albert, der Vertreter des Beklagten, hat in seinem oben zitierten Aufsatz von 1997 und der Beklagte nicht zuletzt im Schriftsatz vom 16.11.2000 überzeugend dargelegt, weshalb nicht kurzfristig mit Ergebnissen gerechnet werden kann. Angesichts der weiteren Voraussetzungen des konkreten Einsatzes nachrichtendienstlicher Mittel und der dabei zu beachtenden Sorgfaltspflicht im Interesse des Ermittlungszwecks und des eingesetzten Personals steht ein Zeitraum von drei Jahren ohne konkrete durch entsprechende Ermittlungsmaßnahmen gewonnene Erkenntnisse in dieser bestimmten Richtung der Annahme nicht entgegen, dass durch den Einsatz nachrichtendienstlicher Methoden nach wie vor der gewünschte Erfolg der Beobachtung näher rückt.

In diesem Zusammenhang muss zudem berücksichtigt werden, dass die Tatsache der Beobachtung bekannt ist. Es liegt auf der Hand, dass sich das Beobachtungsobjekt, will es sich weitergehenden Maßnahmen entziehen, eine gewisse Zurückhaltung auferlegt, um weniger Angriffspunkte zu bieten. Von daher vermag allein der Umstand, dass bestimmte Zielsetzungen noch nicht realisiert worden sind und auch in einem gewissen Zeitraum nach Beginn der Beobachtung mit nachrichtendienstlichen Mitteln keine entsprechenden Aktivitäten feststellbar sind, jedenfalls die prinzipielle Geeignetheit der Maßnahmen nicht in Frage zu stellen. So hat denn auch das Bundesverwaltungsgericht ausgeführt, es wäre mit dem bundesrechtlichen Prinzip der streitbaren Demokratie nicht vereinbar und liefe der den Ämtern für Verfassungsschutz übertragenen Aufgabe zuwider, über eine allgemeine kurz bemessene etwa zweijährige Verwertungsfrist Anhaltspunkte für den Verdacht verfassungsfeindlicher Bestrebungen ohne konkrete Hinweise darauf auszuklammern, dass sie durch Entwicklungen im Beobachtungsobjekt oder aus sonstigen Gründen obsolet sind (vgl. BVerwG, Urteil vom 7.12.1999, aaO, S. 827).

Aufgrund der aufgezeigten Aspekte bestehen zum maßgeblichen Zeitpunkt der letzten mündlichen Verhandlung keine Anhaltspunkte dafür, dass nachrichtendienstliche Mittel vorliegend eingesetzt würden, um Erkenntnisse in Details zu perfektionieren, obwohl dies für die zweckgerechte Information der Regierung und der Öffentlichkeit nicht erforderlich ist (vgl. BVerwG, Urteil vom 7.12.1999, aaO, S. 828).

Soweit in der mündlichen Verhandlung vom Beklagten selbst darauf hingewiesen wurde, dass im konkreten Fall aufgrund der spezialgesetzlichen Vorgaben (G 10-Gesetz) selbst der Einsatz nachrichtendienstlicher Mittel nur in beschränktem Umfang zulässig ist und soweit der Einsatz von V-Personen im konkreten Fall für problematisch gehalten wird, vgl. Dr. Albert, DÖV, 1997, 815, stehen diese Bedenken der Annahme der Geeignetheit im vorliegenden Fall nicht entgegen. Sowohl die Frage, ob die Eingriffsvoraussetzungen nach dem G-10 Gesetz vorliegen, als auch die Frage, ob und unter welchen Voraussetzungen V-Leute eingesetzt werden können, ist eine Frage des konkreten Einzelfalls, die entsprechend den gesetzlichen Vorgaben des G-10 Gesetzes bzw. des VerfSchG iVm der entsprechenden Dienstvorschrift (§ 8 Abs. 1 Satz 3 VerfSchG) beantwortet werden muss.

Die Beobachtung mit nachrichtendienstlichen Mitteln ist auch erforderlich. Das Merkmal der Erforderlichkeit ist in § 6 Abs. 2 Satz 1 VerfSchG konkretisiert. Nach dieser Regelung ist eine Maßnahme unzulässig, wenn ihr Ziel auf eine andere, den Betroffenen weniger beeinträchtigende Weise erreicht werden kann. Von mehreren möglichen und geeigneten Maßnahmen hat die Behörde diejenige zu treffen, die den Betroffenen und die Allgemeinheit am wenigsten beeinträchtigt. Allein die Tatsache, dass eine Maßnahme mit erheblichen Eingriffen etwa in Grundrechte verbunden ist, steht der Annahme der Erforderlichkeit dann nicht entgegen, wenn keine Handlungsalternativen bestehen. So liegt der Fall hier. Auf die Ausführungen im Rahmen der Prüfung der Geeignetheit kann verwiesen werden.

Schließlich ist die Beobachtung mit nachrichtendienstlichen Mitteln zum maßgeblichen Zeitpunkt der letzten mündlichen Verhandlung auch verhältnismäßig im engeren Sinne, denn sie führt nicht zu einem Nachteil, der zu dem erstrebten Erfolg außer Verhältnis steht. § 6 Abs. 2 VerfSchG hat diese Zweck-Mittel Relation für die vorliegende Fallkonstellation dahingehend konkretisiert, dass die Maßnahme nicht erkennbar außer Verhältnis zur Bedeutung des aufzuklärenden Sachverhaltes stehen darf.

Hinsichtlich des Zwecks der Beobachtung kann auf die obigen Ausführungen verwiesen werden. Im vorliegenden Zusammenhang muss weiter berücksichtigt werden, dass die konkret begründete Besorgnis einer Gefahr für die freiheitlich demokratische Grundordnung schwer wiegt. Mit der Aufklärung dieses Verdachts verbundene Nachteile hat der Betroffene grundsätzlich hinzunehmen (vgl. BVerwG, Urteil vom 7.12.1999, aaO, S. 827).

Auf der Seite der Klägerin ist zu berücksichtigen, dass die Beobachtung mit nachrichtendienstlichen Mitteln etwa unter Inanspruchnahme von Vertrauensleuten, sonstigen geheimen Informanten und Gewährspersonen sowie mittels verdeckter Ermittlungen und Befragungen einen schwerwiegenden Eingriff darstellt. Auch wenn man hier einmal unterstellt, die Klägerin könne sich auf den Schutz des Art. 4 Abs. 2 GG bzw. der Art. 140 iVm 136 ff. WRV berufen, stehen die mit diesem Eingriff verbundenen Nachteile angesichts des von der Klägerin ausgehenden Gefährdungspotenzials und mit Blick auf die konkreten Umstände des vorliegenden Falles nicht erkennbar außer Verhältnis zu dem erstrebten Erfolg.

Entgegen der Auffassung der Klägerin und auch unter Berücksichtigung der umfangreichen Darlegungen zu dieser Rechtsauffassung stellen sich die von der Klägerin beklagten, ihr durch die Beobachtung angeblich bereits widerfahrenen Nachteile allenfalls als faktische Auswirkung der Beobachtung dar und nicht als zielgerichtete Beeinträchtigung. Insbesondere sind die von ihr angeführten Äußerungen einer Reihe von zumeist- Politikern dem Bereich der ohne Zweifel auch stattfindenden politischen Auseinandersetzung mit der Klägerin zuzurechnen und von daher im vorliegenden Zusammenhang nicht geeignet, eine von sachfremden Erwägungen getragene Motivation der Verfassungsschutzbehörden allgemein und speziell des Beklagten anzunehmen. Anhaltspunkte dafür, dass gerade der Beklagte aufgrund von sachfremden Erwägungen die Beobachtung begonnen hat und fortsetzt, bestehen ebenfalls nicht. Die Klägerin kann sich insofern auch nicht mit Erfolg darauf berufen, im Saarland allenfalls eine relativ geringe Zahl von Mitgliedern zu haben, nicht aber organisatorische Einrichtungen wie lokale Kirchen, Missionen oder Celebrity Center. Diese Umstände schließen schon wegen der föderalen Struktur des Verfassungsschutzes und wegen der überregionalen Ausrichtung der Klägerin weder das Erfordernis der Beobachtung durch den Beklagten aus noch wird die Beobachtung (auch mit nachrichtendienstlichen Mitteln) durch den Beklagten hierdurch unverhältnismäßig. Vielmehr muss im konkreten Fall berücksichtigt werden, dass die Intensität der hier zu beurteilenden Beobachtung durch den Beklagten bezogen auf seinen Zuständigkeitsbereich zwangsläufig durch diese Umstände beeinflusst wird und auf Seiten der Klägerin die Nachteile zwangsläufig deutlich weniger erheblich sind. Dass die Mitgliederzahl im Saarland überhaupt und wenn ja in nennenswertem Umfang seit Beginn der Beobachtung zurückgegangen sei, ist nicht vorgetragen. Gleiches gilt für die von der Klägerin bezogen auf die Bundesrepublik behauptete Abschreckung von potenziellen neuen Mitgliedern. Zwar sollen an dieser Stelle solche Auswirkungen der Beobachtung nicht geleugnet werden. Die Auswirkungen entsprechender Phänomene in (Bundes-)Ländern mit einem höheren Mitgliederbestand und Bestand an organisatorischen Einrichtungen sind jedoch für die Frage, ob die Beobachtung durch den Beklagten in seinem Zuständigkeitsbereich unverhältnismäßig ist, unerheblich.

Die Beobachtung als solche, selbst wenn sie mit nachrichtendienstlichen Mitteln geschieht, ist auch dann, wenn es sich bei Klägerin um eine Religions- oder Glaubensgemeinschaft handeln würde, nicht allein deshalb unverhältnismäßig. Wie bereits oben ausgeführt, sind Eingriffe in die in Art. 4 GG gewährleistete freie Religionsausübung zulässig, wenn sie zum Schutz kollidierender Grundrechte Dritter oder zum Schutz anderer Rechtsgüter mit Verfassungsrang mit Rücksicht auf die Einheit der Verfassung und die von ihr geschützte gesamte Wertordnung notwendig sind v.gl. etwa auch OVG Hamburg, Beschluss vom 24.8.1994 - Bs III 326/93 -, aaO, mwN).

Gerade dem Schutz der genannten Rechtsgüter dient aber die Beobachtung durch den Beklagten. Der Beklagte hat nicht zuletzt in der mündlichen Verhandlung überzeugend dargelegt, dass ein System abgestufter Instrumentarien existiert, die geeignet sind sicherzustellen, dass eine einmal begonnene Beobachtung durch die Verfassungsschutzbehörden nicht zu einer Dauerbeobachtung wird und dass nachrichtendienstliche Mittel nur dann zum Einsatz kommen, wenn im Einzelfall die Verhältnismäßigkeitsanforderungen zuvor noch einmal überprüft worden sind. Hinsichtlich der von der Klägerin angesprochenen Gefahr der Dauerbeobachtung wurde dargelegt, dass die Frage der Fortführung der Beobachtung turnusmäßig im Rahmen der Amtsleiterkonferenzen erörtert wird und eine entsprechende Empfehlung an die Innenministerkonferenz weitergegeben wird, wenn eine neue Entscheidung über die Frage der Beobachtung getroffen werden muss oder eine entsprechende Aufforderung von der Innenministerkonferenz ergangen ist. Mit Blick auf die rechtlichen Voraussetzungen für die Beobachtungen einerseits und die in die Entscheidungsfindung einfließenden nachrichtendienstlichen Erfahrungen andererseits erscheint diese Verfahrensweise geeignet, eine (hinsichtlich des zeitlichen Rahmens) übermäßige Beobachtung zu verhindern. Eine abstrakte Begrenzung der zulässigen Dauer einer Beobachtung wäre mit dem Prinzip der streitbaren Demokratie nicht zu vereinbaren und liefe dem Sinn und Zweck der Verfassungsschutzgesetze zuwider. Von daher wird durch die hier dargelegte turnusmäßige Überprüfung der Voraussetzungen für eine weitere Beobachtung sowohl dem öffentlichen Interesse am Schutz der freiheitlich demokratischen Grundordnung Genüge getan, als auch den Interessen des Beobachtungsobjekts an schnellstmöglicher Beendigung der Beobachtung Rechnung getragen. Berücksichtigt man auch in diesem Zusammenhang die bereits oben dargestellte besondere Situation, dass die Tatsache der Beobachtung öffentlich bekannt gegeben wird und damit auch dem Beobachtungsobjekt zur Kenntnis gelangt, dürfen die Grenzen der Zulässigkeit der Beobachtung nicht zu eng gezogen werden. Der Beklagte hat überdies auch dargelegt, dass aufgrund der eigens hierfür erstellten Dienstvorschrift gemäß § 8 Abs. 1 Satz 3 VerfSchG entschieden werden muss, ob der Einsatz von nachrichtendienstlichen Mitteln bezogen auf die konkrete Beobachtungsmaßnahme verhältnismäßig ist. Von daher steht ein weiteres Kriterium zur Verfügung, das gewährleistet, dass der Beklagte sich bei der Erfüllung seines gesetzlichen Auftrages innerhalb der zulässigen Grenzen hält. Die Klägerin hat diese Kriterien nicht in Frage gestellt. Anhaltspunkte, dass mit Blick auf die konkreten Umstände des Einzelfalles der Beklagte, sei es bei der Beantwortung der Frage, ob die Voraussetzungen für eine weitere Beobachtung noch gegeben sind, sei es bei der Entscheidung ob und welche nachrichtendienstlichen Mittel zum Einsatz kommen, die aufgezeigten Grenzen überschritten hat, bestehen nicht.

Mit Schreiben vom 24.1.1994 ersuchte der Präsident der Klägerin, Herr ..., um Auskunft über die bei dem Beklagten über ihn und „Scientology-Church, Scientology-Sekte, Dianetik, Dianetik-Informationszentrum und Scientology-Kirche Deutschland" gespeicherten Daten. Nachdem Herrn ... am 3.2.1994 durch den Beklagten mitgeteilt wurde, dass zu seiner Person keine Erkenntnisse vorliegen, beantragte er nochmals Auskunft über die bei dem Beklagten bezüglich der Klägerin gespeicherten Daten. Der Beklagte lehnte diesen Antrag mit Bescheid vom 15.4.1994 mit der Begründung ab, ein Auskunftsersuchen stehe nach § 21 Abs. 1 Saarländisches Verfassungsschutzgesetz lediglich natürlichen Personen hinsichtlich der sie betreffenden personenbezogenen Daten zu. Bei der Klägerin handele es sich jedoch um einen eingetragenen Verein.

Der hiergegen gerichtete Widerspruch wurde mit Bescheid des Ministeriums des Innern vom 26.7.1994 zurückgewiesen. Daraufhin haben die Klägerin und ihr Präsident am 25.8.1994 Klage erhoben, mit welcher sie die Verpflichtung des Beklagten zur Auskunftserteilung über sämtliche über sie gespeicherten Informationen und Daten beantragten.

Am 15.4.1999 nahm der Präsident der Klägerin die in seinem Namen auf Verpflichtung zur Auskunftserteilung erhobene Klage zurück.

Daraufhin trennte das Gericht diesen Verfahrensteil ab und stellte das Verfahren, soweit die Klage zurückgenommen wurde, mit Beschluss vom 16.4.1999 (Az.: 6 K 5/98) ein.

18

Der Übertragung der elterlichen Sorge auf die Mutter steht grundsätzlich nicht entgegen, dass sie das Kind weder im islamischen Glauben des Vaters noch in einer anderen Religion zu erziehen beabsichtigt.

§ 1671 Abs. 2 Nr. 2 BGB
OLG Nürnberg, Beschluss vom 30. März 2001 - 7 UF 2844/00[1] -

Der 1953 geborene Antragsteller, der die deutsche Staatsangehörigkeit besitzt, und die am 6.6.1971 geborene Antragsgegnerin, eine armenische Staatsangehörige, sind seit 12.5.2000 getrennt lebende Eheleute. Aus der Ehe ist der 1998 geborene Sohn S. hervorgegangen, der deutscher Staatsangehöriger ist.

Der Antragsteller ist Kurde und wurde in der Türkei geboren. Er war 1972 nach Deutschland übergesiedelt und hatte dort eine 13 Jahre ältere Schwägerin geheiratet. Diese Ehe wurde 1993 geschieden.

Die Antragsgegnerin, die aufgrund der entsprechenden Religionszugehörigkeit ihrer Eltern der jezidischen Glaubensgemeinschaft angehörte, war 1995 zusammen mit ihrer Mutter und ihrem Bruder aus Armenien nach Deutschland gekommen und hatte dort einen Asylantrag gestellt. Da dieser abgelehnt wurde, siedelte die Mutter der Antragsgegnerin nach Holland über.

Der Antragsteller und die Antragsgegnerin lernten sich 1996 in N. kennen und heirateten dort Anfang Januar 1997. Die Antragsgegnerin ging jedenfalls nach der Geburt des Kindes S. keiner Erwerbstätigkeit nach, sondern widmete sich dem Haushalt und der Betreuung des Kindes. Im Mai 2000 erhielt die Antragsgegnerin, die bis dahin lediglich eine auf drei Jahre befristete Aufenthaltserlaubnis hatte, eine unbefristete Aufenthaltserlaubnis für Deutschland.

Am 12.5.2000 verließ sie zusammen mit S. die - vom Antragsteller nach wie vor bewohnte und in dessen Eigentum stehende - Ehewohnung in N. und begab sich, ohne den Antragsteller darüber zu informieren, mit ihrem Kind zunächst in ein Frauenhaus in L., später auch für einige Tage zu ihrer Mutter nach Holland.

---

[1] OLGR Nürnberg 2001, 229; EzFamR aktuell 2001, 313 (LS); FamRZ 2001, 1639; NJWE-FER 2001, 284; ZfJ 2002, 116.

Auf Antrag des Antragstellers vom 24.5.2000 erließ das Amtsgericht Nürnberg nach Anhörung des Antragstellers - die Antragsgegnerin konnte nicht angehört werden, da ihr Aufenthalt dem Gericht nicht bekannt war - am 13.6.2000 einen Beschluss, in dem im Wege der vorläufigen Anordnung - die elterliche Sorge für S. auf den Vater übertragen und angeordnet wurde, dass die Mutter S. an den Vater herauszugeben habe. Aufgrund des Beschlusses nahmen Beamte des Bundesgrenzschutzes, die der Antragsteller über ein von ihm mit der Antragsgegnerin vereinbartes Treffen in Köln am 17.6.2000 informiert hatte, S. an diesem Tag der Mutter in Köln weg und übergaben das Kind dem Antragsteller.

Auch im Hauptsacheverfahren beantragt der Antragsteller, ihm die elterliche Sorge für das Kind S. allein zu übertragen. Zur Begründung hat er u.a. vorgetragen, dass seine Frau ihn offensichtlich nur geheiratet habe, um die Aufenthaltserlaubnis für Deutschland zu erhalten, und ihn daher, als sie ihr Ziel am 11.5.2000 erreicht habe, bereits am Tag danach verlassen habe.

Die Antragsgegnerin, die zwischenzeitlich nach N. zurückgekehrt war und zunächst im Frauenhaus wohnte, hat beantragt, den Beschluss des Amtsgerichts aufzuheben und ihr die elterliche Sorge für S. zu übertragen. Sie hat u.a. behauptet, dass sie den Antragsteller verlassen habe, weil sie von diesem seit Jahren immer wieder massiv misshandelt worden sei.

Das Amtsgericht hat nach Anhörung der Eltern mit dem angefochtenen Beschluss vom 24.7.2000 den Beschluss vom 13.6.2000 aufgehoben, die elterliche Sorge für S. auf die Mutter übertragen und angeordnet, dass der Vater das Kind an die Mutter herauszugeben hat. Mit Beschluss vom 26.7.2000 hat das Amtsgericht den zuständigen Gerichtsvollzieher beauftragt, den Beschluss vom 24.7.2000 zu vollziehen, was dann auch geschah. Seit dem lebt S. bei seiner Mutter.

Mit seiner Beschwerde verfolgt der Antragsteller seinen erstinstanzlichen Antrag, ihm die elterliche Sorge für S. allein zu übertragen, weiter.

Zur Begründung beruft er sich u.a. darauf, dass die Antragsgegnerin zur Erziehung des Kindes nicht geeignet sei. Hierfür führt er eine Reihe erzieherischer Versäumnisse an. Im Übrigen müsse auch aus religiöser und kultureller Sicht das Sorgerecht auf ihn übertragen werden. Der Antragsgegnerin sei von ihrer jezidischen Religionsgemeinschaft die Eheschließung mit dem Angehörigen einer anderen Religion, also auch mit ihm als Moslem, verboten. Der Verstoß gegen dieses Verbot habe zur Folge, dass die Antragsgegnerin als von Gott verflucht angesehen werde sowie aus ihrer Religionsgemeinschaft ausgestoßen werde und mit Verfolgung bis hin zum Mord rechnen müsse. Auch S. sei, wegen der Heirat seiner Mutter mit einem Andersgläubigen, kein Jezide und könne auch keiner mehr werden. Sowohl nach dem jezidischen Glauben als auch aus moslemischer Sicht müsse ein Kind nach der Trennung der Eltern beim Vater und nicht bei der Mutter bleiben. Da S. einerseits nach der jezidischen Religionsgemeinschaft kein Jezide mehr werden könne und andererseits nach islamischem Glauben sich die Religion des Kindes nach der Religion des Vaters richte, sei es dringend erforderlich, dass der Antragsteller das Sorgerecht erhalte, um die Erziehung des Kindes nach dem islamischen Glauben übernehmen zu können. Die moslemische Gesellschaft erkenne ein Kind, das moslemisch durch den Vater erzogen sei, voll als Moslem an. Auch aufgrund dessen könne er als moslemischer Vater das Kind besser vor Verfolgungen schützen, die der Mutter und auch dem Kind vonseiten der Jeziden drohten. Zum Beleg für seine Darlegungen im Hinblick auf die religiösen Verhältnisse hat der Antragsteller ein Schreiben eines D. vom 16.3.2001 sowie des geistlichen Oberhaupts der jezidischen Religion in Europa, vom 12.3.2001 vorgelegt und diese Personen als Sachverständige benannt.

Die Beschwerde blieb ohne Erfolg.

Aus den Gründen:

Die gemäß §§ 621e, 516, 518, 519 ZPO, 20 FGG zulässige Beschwerde des Antragstellers hat in der Sache keinen Erfolg, weil die vom Amtsgericht vorgenommene, dem Antrag der Antragsgegnerin entsprechende Übertragung der elterlichen Sorge für das Kind S. allein auf die Antragsgegnerin nach § 1671 Abs. 2 Nr. 2 BGB gerechtfertigt ist.

1. Da S. und seine Eltern ihren gewöhnlichen Aufenthalt in Deutschland haben, ist nach Art. 1 u. 2 des Übereinkommens über die Zuständigkeit der Behörden und das anzuwendende Recht auf dem Gebiet des Schutzes von Minderjährigen vom 5.10.1961 (MSA) die Internationale Zuständigkeit deutscher Gerichte gegeben und formell und materiell deutsches Recht, mithin auch § 1671 BGB, anzuwenden.

2. Nach dieser Vorschrift ist zunächst zu prüfen, ob die Aufhebung der gemeinsamen elterlichen Sorge insgesamt (gegenüber der - möglicherweise auch nur teilwesen - Belassung der gemeinsamen elterlichen Sorge bei beiden Eltern) dem Wohl S. am besten entspricht.

Diese Voraussetzung ist im vorliegenden Fall zu bejahen, weil die Eltern sich nicht nur über den Aufenthalt des Kindes uneinig sind, sondern auch unter Berücksichtigung und infolge der gegenseitigen Vorwürfe - die Antragsgegnerin wirft dem Antragsteller u.a. andauernde Misshandlungen während des Zusammenlebens vor, der Antragsteller spricht der Antragsgegnerin jegliche Erziehungseignung ab - jedenfalls derzeit nicht von einer - für die Beibehaltung auch der teilwesen gemeinsamen elterlichen Sorge erforderlichen - Kooperationswilligkeit und Kooperationsfähigkeit der Eltern in Angelegenheiten des Kindes ausgegangen werden kann (...).

3. Steht somit fest, dass die Aufhebung der Belassung der gemeinschaftlichen elterlichen Sorge im Kindesinteresse vorzuziehen ist, so ist

als Nächstes zu prüfen, ob die Übertragung der elterlichen Sorge für S. auf den Vater oder auf die Mutter dem Wohl des Kindes am besten entspricht, § 1671 Abs. 2 Nr. 2 BGB.

Der Senat kommt insoweit, wie das Amtsgericht, auch unter Berücksichtigung der zusätzlichen Erkenntnisse aus dem Beschwerdeverfahren zum Ergebnis, dass die Übertragung der elterlichen Sorge auf die Antragsgegnerin dem Wohl S. am besten entspricht. *(wird ausgeführt unter eingehender Würdigung der persönlichen Verhältnisse der Beteiligten)*

Auch die vom Antragsteller geltend gemachten religiösen Aspekte geben keinen Anlass dafür, die elterliche Sorge für S. auf den Vater zu übertragen.

Es kann dabei unterstellt werden, dass entsprechend der Darstellung des Antragstellers
- die Antragsgegnerin aufgrund ihrer Ehe mit dem moslemischen Antragsteller endgültig aus der jezidischen Glaubensgemeinschaft ausgeschlossen ist,
- auch S. als Kind aus dieser Ehe der jezidischen Glaubensgemeinschaft nicht angehören wird und auch nicht mehr beitreten kann,
- nach jezidischen und islamischen Vorstellungen im Fall der Trennung der Eltern ein Kind beim Vater zu verbleiben hat und
- sich nach islamischem Glauben die Religion eines Kindes nach der des Vaters richtet.

Weiter ist davon auszugehen, dass
- die Antragsgegnerin entsprechend ihrer Erklärung vor dem Senat im Termin vom 26.3.2001 den jezidischen Glauben nicht praktiziert, Religionen im Allgemeinen eher distanziert gegenüber steht und S. weder nach dem jezidischen noch nach dem islamischen Glauben erziehen wird,
- der Antragsteller entsprechend seinem Sachvortrag und seiner Erklärung gegenüber dem Sachverständigen Dr. S. (...) islamischer Sunnit ist, diesen Glauben nicht mit aller Konsequenz praktiziert, aber S. gleichwohl zunächst einer islamischen Erziehung mit den dazugehörigen Ritualen, wie etwa Beschneidung, zukommen lassen würde, um das Kind später selbst entscheiden zu lassen, woran es glauben wolle.

In einem weltanschaulich neutralen Staat wie der Bundesrepublik Deutschland, der in seiner Verfassung in Art. 4 Abs. 1 des Grundgesetzes Glaubens- und Bekenntnisfreiheit nicht nur für die Eltern, sondern grundsätzlich auch für das Kind garantiert (vgl. etwa OLG Frankfurt, FamRZ 1994, 920 [921], KirchE 31, 517), kann der Umstand, dass der Sohn eines der islamischen Glaubensgemeinschaft angehörenden Vaters nach der Trennung bei der nicht dieser Glaubensgemeinschaft angehörenden Mutter nicht im islamischen Glauben erzogen wird, als solcher keine Bedenken gegen die Erziehungseignung der Mutter begründen.

Dass nach den Vorstellungen der jezidischen oder islamischen Religion der Glaube eines Sohnes dem des Vaters zu folgen hat, kann gleichfalls keinen Einfluss auf die Entscheidung der Frage haben, welchem Elternteil die elterliche Sorge zu übertragen ist. Dies ergibt sich aus der - nach § 2 MSA - gebotenen Anwendung deutschen Rechtes, nach dem - aufgrund der in Art. 4 Abs. 1 GG garantierten Glaubens- und Bekenntnisfreiheit sowie der in Art. 3 Abs. 2 Satz 1 GG garantierten Gleichberechtigung von Mann und Frau - die Regel einer Glaubensgemeinschaft, dass die Religion eines Kindes nach der Auflösung einer gemischt-religiösen Ehe grundsätzlich der des Vaters zu folgen hat, auch im Rahmen einer Entscheidung nach § 1671 BGB nicht zu berücksichtigen ist. Die insoweit entwickelten Entscheidungskriterien, insbesondere also auch die Erziehungseignung der Eltern, sind im Hinblick auf Art. 4 Abs. 1 GG grundsätzlich losgelöst davon anzuwenden, welcher Glaubensgemeinschaft die Eltern angehören (vgl. etwa Garbe, FamRZ 1996, 684). Lediglich dann, wenn die Zugehörigkeit oder Nichtzugehörigkeit eines Elternteils zu einer Glaubensgemeinschaft konkret zu Erziehungszielen und Erziehungsmethoden oder sonstigen Umständen führt, die mit dem Wohlergehen und dem Recht des Kindes auf eine Förderung seiner Entwicklung und auf eine Erziehung zu einer eigenverantwortlichen und gemeinschaftsfähigen Persönlichkeit (als wesentliche Elemente des Kindeswohls, vgl. Johannsen/Henrich/Jaeger, Eherecht, 3. Aufl., § 1671 Rn 48) nicht vereinbar sind, kann sie sich mittelbar auf die Entscheidung nach § 1671 BGB auswirken (vgl. etwa OLG Düsseldorf FamRZ 1995, 1511, KirchE 33, 32).

Insoweit bestehen im vorliegenden Fall keine hinreichenden Anhaltspunkte dafür, dass S. im Hinblick auf die von der jezidischen Religion nicht akzeptierte Ehe seiner Mutter sein Wohl oder gar Leib und Leben gefährdenden Verfolgungen vonseiten der Jeziden ausgesetzt sein wird, vor denen ihn der Antragsteller besser beschützen könnte als die Antragsgegnerin.

Dagegen, dass insoweit überhaupt eine Gefahr besteht, spricht bereits der Umstand, dass der Antragsteller, obwohl seine nach jezidischem Glauben verbotene Ehe bereits Anfang 1997 geschlossen und S. 1998 geboren wurde, keinerlei Angaben zu in der Zwischenzeit erfolgten Anfeindungen oder Bedrohungen irgendwelcher Art gemacht hat. Angesichts des offensichtlichen Fehlens irgendwelcher Einwirkungen von jezidischer Seite auf den Antragsteller oder die Antragsgegnerin vermag auch der in dem vom Antragsteller vorgelegten Schreiben des D. vom 16.3.2001 geschilderte Vorfall, dass vor einigen Jahren die Hochzeit eines Kurden mit einer Jezidin von aus Deutschland angereisten Jeziden gestürmt worden sei, die ernsthafte Möglichkeit einer Gefährdung der Antragsgegnerin oder des Kindes nicht zu begründen.

Auch der Umstand, dass S. bei seiner Mutter nach deren Erklärungen weder nach der moslemischen noch nach irgendeiner sonstigen Religion erzogen werden wird, vermag das Wohl des Kindes nicht entscheidend negativ zu beeinträchtigen. Es kann nämlich davon ausgegangen werden, dass das Kind durch den Kindergarten und die Schule mit einem

Wertesystem konfrontiert wird, das ihn auf ein gemeinschaftsfähiges Leben in der hiesigen Gesellschaft hinreichend vorbereitet, und im Übrigen auch die Möglichkeit offen lässt, dass S., sobald er dazu die geistige Reife erworben hat, eine - offensichtlich auch vom Vater gewollte - eigenständige Entscheidung hinsichtlich der Religion treffen wird.

19

Als Gliederung der kath. Kirche genießt ein religiöser Orden (hier: Deutscher Orden) Gebührenermäßigung gem. § 144 Abs. 1 Nr. 3 KostO.

OLG Hamm, Beschluss vom 10. April 2001 - 15 W 416/99[1] -

Der Beteiligte zu 3), ein Notar, beurkundete am 18.11.1998 einen Vertrag, durch den der Beteiligte zu 2) das Unternehmen der Gemeinschuldnerin (Betrieb einer Rehabilitationsklinik) mitsamt dem zugehörigen, im Grundbuch von N. eingetragenen Grundstück und aufstehenden Gebäuden an den Beteiligten zu 1), die Deutsche Provinz des Deutschen Ordens, verpachtete. In derselben Urkunde bot die Gemeinschuldnerin dem Beteiligten zu 1) befristet den Kauf des Grundstückes an.

Der Beteiligte zu 3) hat dem Beteiligten zu 1) eine Kostenberechnung erteilt, in der er die Gebühr für die Beurkundung des Pachtvertrages und des Kaufangebots mit zuzüglich Auslagen und Mehrwertsteuer in Ansatz brachte, ohne dabei eine Gebührenermäßigung zu berücksichtigen.

Hiergegen wendet sich der Beteiligte zu 1) mit der Beschwerde; er erstrebt die Berücksichtigung einer Gebührenermäßigung nach § 144 Abs. 1 Nr. 3 KostO, hilfsweise gem. § 144 Abs. 2 KostO. Zur Begründung hat er unter Vorlage von Urkunden im Wesentlichen geltend gemacht, bei ihm handele es sich um die Deutsche Provinz des im Jahre 1190 gegründeten und 1929 reformierten Päpstlichen Ordens gleichen Namens. Diesem Orden seien durch Urkunde des Bayerischen Staatsministeriums für Unterricht, Kultus, Wissenschaft und Kunst vom 20.5.1998 die Rechte einer Körperschaft des öffentlichen Rechts verliehen worden. Der zunächst im Wege der Pacht übernommene Betrieb der Rehabilitationsklinik diene der Verwirklichung des satzungsgemäßen Ordenszweckes, der u.a. den sozial-karitativen Bereich unter besonderer Berücksichtigung der Bedürftigen und Kranken umfasse. Eine Weiterverpachtung bzw. Weiterveräußerung der Klinik sei nicht beabsichtigt. Durch vorläufige Bescheinigung des Finanzamtes S. vom 29.5.1998 sei mit Wirkung ab dem 19.5.1998 für

---

[1] FGPrax 2001, 168; OLGR Hamm 2001, 283; NJW-RR 2001, 1368; Ordens-Korrespondenz 2002, 204; RNotZ 2001, 463.

die Dauer von 18 Monaten festgestellt, dass der Orden nach der eingereichten Satzung ausschließlich und unmittelbar gemeinnützigen, mildtätigen und kirchlichen Zwecken diene.

Mit dem angefochtenen Beschluss hat das Landgericht die Beschwerde des Beteiligten zu 1) zurückgewiesen.

Die von der Kammer zugelassene weitere Beschwerde des Beteiligten zu 1) hatte Erfolg und führte zu einer Abänderung der Kostenberechnung des Beteiligten zu 3) unter Berücksichtigung der Gebührenermäßigung nach § 144 Abs. 1 Nr. 3 KostO.

Aus den Gründen:

In der Sache ist das Rechtsmittel begründet, weil die Entscheidung des Landgerichts auf einer Verletzung des Gesetzes beruht (§ 156 Abs. 2 Satz 4 KostO).

Die Kammer hat zur Begründung ihrer Entscheidung ausgeführt, dem Beteiligten zu 1) stehe eine Gebührenermäßigung nach § 144 Abs. 1 Satz 1 Nr. 3 KostO nicht zu. Bei ihm handele es sich zwar nach der vorgelegten Urkunde um eine Körperschaft des öffentlichen Rechts. Jedoch sei er weder eine Kirche im Sinne der genannten Vorschrift noch eine ihrer Gliederungen. Bereits seine satzungsmäßigen Aufgaben (Errichtung, Unterhaltung, Verwaltung von Einrichtungen der Seelsorge, Wissenschaft, Erziehung, Volksbildung und solche im karitativen Bereich) verdeutlichten, dass der Orden andere Aufgaben wahrnehme als die kath. Kirche selbst. Der Beteiligte zu 1) sei zwar ein Orden der Katholischen Kirche, jedoch nicht die Kirche selbst. Als selbstständige Kirche bzw. sonstige Religions- oder Weltanschauungsgemeinschaft könne der Beteiligte zu 1) ebenfalls nicht angesehen werden, weil dies seiner Anbindung an die kath. Kirche widerspräche.

Dieser Auffassung kann sich der Senat nicht anschließen. Nach § 144 Abs. 1 Satz 1 Nr. 3 KostO steht die Gebührenermäßigung einer Kirche oder sonstigen Religions- oder Weltanschauungsgemeinschaft zu, jeweils soweit sie die Rechtsstellung einer juristischen Person des öffentlichen Rechts hat. Die Begründung zur Neufassung der gesetzlichen Vorschrift durch das Gesetz vom 15.6.1989 (BGBl. I S. 1082, BT-Drs. 11/4394 S. 10) stellt klar, dass die Formulierung „jeweils soweit sie die Rechtsstellung einer juristischen Person des öffentlichen Rechts hat" berücksichtigt, dass nicht die Kirchen als solche, sondern die verschiedenen Gliederungen der Kirchen (Bistümer, Landeskirchen, Kirchengemeinden usw.) diese Rechtsstellung innehaben. Daraus folgt, dass die tragende Erwägung der landgerichtlichen Entscheidung nicht richtig ist, der Beteiligte zu 1) sei lediglich ein Orden der kath. Kirche, nicht jedoch die Kirche selbst. Entscheidend kommt es vielmehr darauf an, ob der Beteiligte als Orden eine Gliederung der Katholischen Kirche ist, wenngleich er nicht zu den in der Gesetzesbegründung ersichtlich lediglich beispielhaft genannten Gliederungen gehört. Diese Frage muss bejaht werden. Nach der Rechtsprechung des BVerfG sind nach Art. 140 GG in Verbindung mit Art. 137 Abs. 3 WRV nicht nur die organisierte Kirche und die rechtlich selbstständigen Teile dieser Organisation, sondern alle der Kirche in bestimmter Weise zugeordneten Einrichtungen ohne Rücksicht auf ihre Rechtsform Objekte, bei deren Ordnung und Verwaltung die Kirche grundsätzlich frei ist, wenn sie nach kirchlichem Selbstverständnis ihrem Zweck oder ihrer Aufgabe entsprechend berufen sind, ein Stück des Auftrags der Kirche wahrzunehmen und zu erfüllen. Der Begriff der Religionsgesellschaft in Art. 137 Abs. 3 WRV und in Art. 138 Abs. 2 WRV hat denselben Inhalt. Art. 138 Abs. 2 WRV geht aber nach seinem klaren Wortlaut eindeutig davon aus, dass zu den Religionsgesellschaften auch „Anstalten, Stiftungen und sonstiges Vermögen" gehören. Die Regelungs- und Verwaltungsbefugnis gem. Art. 137 Abs. 3 WRV stehen demnach der Kirche nicht nur hinsichtlich ihrer körperschaftlichen Organisation und ihrer Ämter zu, sondern auch hinsichtlich ihrer Vereinigungen, die sich nicht die allseitige, sondern nur die partielle Pflege des religiösen oder weltanschaulichen Lebens ihrer Mitglieder zum Ziel gesetzt haben. Voraussetzung dafür ist aber, dass der Zweck der Vereinigung gerade auf die Erreichung eines solchen Zieles gerichtet ist. Das gilt ohne weiteres für organisatorisch oder institutionell mit Kirchen verbundene Vereinigungen wie kirchliche Orden, deren Daseinszweck eine Intensivierung der gesamtkirchlichen Aufgaben enthält (BVerfGE 46, 73 [85 f.], KirchE 16, 189; 53, 366 [391 f.], KirchE 18, 69).

Es kann danach kein Zweifel daran bestehen, dass der Beteiligte zu 1) als Orden in diesem Sinne in die kath. Kirche inkorporiert ist. Dies wird durch die vorgelegte Satzung des Ordens vom 19.05.1998 belegt, die Grundlage der durch Urkunde vom 20.05.1998 erfolgten Verleihung der Rechte einer Körperschaft des öffentlichen Rechts ist. Die Satzung bringt bereits in ihrem Eingang den Zweck zum Ausdruck, den Auftrag der Katholischen Kirche als Orden zu verwirklichen. Dieser umfasst nach dem Selbstverständnis der katholischen Kirche auch den weit gefassten Satzungszweck in § 2, u.a. die Tätigkeit im sozial-karitativen Bereich (vgl. BVerfGE 53, 366 [393], KirchE 18, 69).

Die Gebührenermäßigung nach § 144 Abs. 1 Satz 1 Nr. 3 KostO privilegiert deshalb die Tätigkeit der begünstigten Religionsgemeinschaft insgesamt und erstreckt sich auch auf ihre inkorporierten rechtlich selbstständigen Rechtsträger (Bengel, MittBayNot 1998, 161; von Campenhausen, Staatskirchenrecht, 3. Aufl., S. 150 bei Fn. 71). Dies mag im Rahmen anderer gesetzlicher Vorschriften nach ihrem spezifischen Gesetzeszweck abweichend zu beurteilen sein (vgl. BGHZ 39, 299, KirchE 6, 234 zu § 4 Nr. 2 GrdstVG). Durch die Gebührenermäßigung soll der besonderen Rechtsstellung der Kirchen und Religionsgemeinschaften und ihrer allgemein anerkannten Förderungswürdigkeit Rechnung getragen werden (BT-Drs., aaO). Daraus folgt, dass die Tätigkeit einer Kirche insgesamt gefördert werden soll, also nicht lediglich die Gliederungen der Amtskirche, sondern auch die der Kirche zugeordneten selbstständigen Rechtsträger privilegiert werden sollen.

Die Rechtsstellung als juristische Person des öffentlichen Rechts im Sinne des § 144 Abs. 1 Satz 1 Nr. 3 KostO hat der Beteiligte zu 1) durch Verleihung der Rechte einer Körperschaft des öffentlichen Rechts in der Urkunde des Bayerischen Staatsministeriums für Unterricht, Kultus, Wissenschaft und Kunst vom 20.5.1998 erlangt. Diese Verleihung ist nach Art. 137 Abs. 5 Satz 2 WRV den Ländern übertragen. Die Begründung der Rechtsfähigkeit als Körperschaft des öffentlichen Rechts wirkt über das verleihende Bundesland hinaus bundesweit (von Campenhausen, aaO, 150). Deshalb kommt es entgegen dem Hinweis in der Stellungnahme des Präsidenten des Landgerichts nicht darauf an, dass der Beteiligte zu 1) nicht im Verzeichnis der als juristische Person des öffentlichen Rechts anerkannten Religionsgemeinschaften (Rundverfügungen des Justizministers NW vom 4.7.1990, 23.2.1993 und 23.6.1994 - 6002 - I B. 1/JVV -) aufgenommen ist, die - abgesehen von ihrer fehlenden Aktualität - ersichtlich nur die in Nordrhein-Westfalen anerkannten Religionsgemeinschaften berücksichtigt.

Nach § 144 Abs. 1 Satz 3 KostO tritt, wenn die Tätigkeit mit dem Erwerb eines Grundstücks oder grundstücksgleichen Rechts zusammenhängt, die Gebührenermäßigung nur ein, wenn dargelegt wird, dass eine auch nur teilweise Weiterveräußerung an einen nichtbegünstigten Dritten nicht beabsichtigt ist. Der Beteiligte zu 1) hat mit seiner Beschwerde vorgetragen, eine Weiterveräußerung des Objekts sei nicht beabsichtigt. Tatsächliche Bedenken gegen diesen Vortrag sind von keinem Beteiligten geltend gemacht worden und auch sonst nicht ersichtlich, zumal der Beteiligte zu 1) nach dem Inhalt des notariellen Vertrages bereits vor einer Annahme des Kaufangebots im Wege der Pacht die Bewirtschaftung der Rehabilitationsklinik in eigener Regie übernommen hat.

Die Sache ist danach zur abschließenden Entscheidung reif. Der Senat hat anstelle des Landgerichts die Kostenberechnung des Beteiligten zu 3) unter Berücksichtigung der dem Beteiligten zu 1) zustehenden Gebührenermäßigung abgeändert.

20

Die Verteilung der im Haushaltsplan veranschlagten Mittel auf die Subventionsnehmer (hier u.a. kirchliche Träger der Sozialberatung) unterliegt der „Zuteilungskompetenz" der Verwaltung, die hierzu ihrerseits kontingentieren und Prioritäten setzen kann. Die

Subvention / Haushaltsvorbehalt 117

bewilligten Mittel sind lediglich als Obergrenze der Bewilligung anzusehen. **Die Exekutive ist nicht gehindert, bei einer Gefährdung des Haushaltsgleichgewichts durch unvorhergesehene Steuermindereinnahmen durch einen Haushaltsvorbehalt oder -sperren in den planmäßigen Haushaltsvollzug einzugreifen.**

Etwas anderes ergibt sich auch nicht aus dem sozialstaats- und staatskirchenrechtlichen Prinzip der Kooperation für die Förderung der freien und kirchlichen Wohlfahrtspflege.

§ 17 Abs. 3 SGB; Art 4, GG 140 GG, Art 137 Abs. 3 WRV, 6, 87 BW.LV

VGH Baden-Württemberg, Urteil vom 10. April 2001 - 1 S 245/00[1] -

Der Kläger begehrt vom beklagten Land für das Haushaltsjahr 1997 eine ungekürzte Zuwendung für die von ihm durchgeführte Sozialberatung ausländischer Arbeitnehmer und ihrer Familien.

Der Kläger, der von der Ev. Kirche in Württemberg getragen wird, führt im Rahmen seines satzungsmäßigen Aufgabenbereichs auch Sozialberatung für ausländische Arbeitnehmer und deren Familien in eigenen Beratungsstellen durch, in denen Sozialarbeiter in Voll- und Teilzeitarbeitsverhältnissen tätig sind. Er erhält dafür vom Bund und vom beklagten Land finanzielle Förderung. Nach den Grundsätzen für die Ausländersozialberatung vom 14.11.1984, auf die sich die Vertreter von Bund und Ländern im Länderausschuss „Ausländerpolitik" als Grundlage ihrer Förderung der Sozialberatung mit öffentlichen Mitteln verständigt haben, ist der Kläger als Mitglied des Diakonischen Werkes der Ev. Kirche in Deutschland e.V. zuständig für griechische Arbeitnehmer. Der Kläger bestreitet die Kosten für die Sozialberatung aus Fördermitteln des Bundes, des beklagten Landes und aus eigenen Mitteln. Für das Haushaltsjahr 1996 erhielt der Kläger 606.144,- DM Bundesmittel und 310.000,- DM Landesmittel, als Eigenmittel wurden 557.225,- DM eingesetzt.

Unter dem 9.7./5.9.1996 beantragte der Kläger für das Haushaltsjahr 1997 eine Zuwendung in Höhe von 314.300,- DM. Dabei wurden der Gesamtbedarf der Personalkosten für 1997 mit 1.822.400,- DM, die Eigenmittel mit 899.494,- DM und die Zuwendung des Bundesministers für Arbeit und Sozialordnung mit 608.606,- DM angegeben. Mit dem angefochtenen Bescheid vom 20.5.1997 bewilligte das Sozialministerium des Beklagten dem Kläger einen Zuschuss von 226.000,- DM für die Fortsetzung des Projekts. Darin wird in Ziff. 6 ausgeführt, dass im Hinblick auf die derzeit außerordentlich schwierige Haushaltssituation des Landes für den Vollzug des Haushalts 1997 für den Bereich Zuweisun-

---

[1] ESVGH 51, 251 (LS); DÖV 2001, 871; DVBl. 2001, 1626 (LS); NVwZ 2001, 1428; VBlBW 2002, 118; ZevKR 46 (2001), 469; ZKF 2002, 158. Das Urteil ist rechtskräftig.

gen und Zuschüsse ein Haushaltsvorbehalt von 15 vH der Haushaltsansätze festgelegt worden sei. Es stünden daher nur 85 vH der Mittel zur Bewirtschaftung zur Verfügung. Die Haushaltsansätze 1997 bei Kap. 0903 Tit.Gr. 75 (soziale Maßnahmen für ausländische Arbeitnehmer und ihre Familien) seien gegenüber dem Vorjahr um ca. 14 vH gekürzt. Da von diesem Ansatz nur 85 vH bewilligt werden könnten, müssten alle Förderungen von Maßnahmen für ausländische Arbeitnehmer 1997 entsprechend reduziert werden. Anstatt des beantragten Zuschusses in Höhe von 314.300,- DM könne somit nur ein Zuschuss in Höhe von 226.000,- DM bewilligt werden. In Ziff. 8 des Bescheids ist - wie schon in den Zuwendungsbescheiden der Vorjahre - bestimmt, dass Förderansprüche für künftige Haushaltsjahre sich aus dieser Bewilligung nicht ergeben.

Mit der Klage erstrebt der Kläger, das beklagte Land zu verpflichten, die für das Jahr 1997 beantragte Zuwendung ohne den Haushaltsvorbehalt von 15 vH zu bewilligen. Zur Begründung trägt er im Wesentlichen vor: Er wende sich nur gegen die durch den Haushaltsvorbehalt vorgenommene Kürzung der Bewilligung um 15 vH, nicht gegen die Kürzung des Haushaltsansatzes um 14 vH. Sein Anspruch auf ungekürzte Zuwendung ergebe sich aus dem sozial- und staatskirchenrechtliche Prinzip der Kooperation und dem Grundsatz des Vertrauensschutzes.

Das Verwaltungsgericht hat die Klage abgewiesen.

Die Berufung des Klägers blieb ohne Erfolg.

Aus den Gründen:

Die zulässige Berufung ist nicht begründet. Zu Recht hat das Verwaltungsgericht die zulässige Verpflichtungsklage als unbegründet abgewiesen. Der Bewilligungsbescheid des Sozialministeriums des Beklagten vom 20.5.1997 ist in dem angegriffenen Umfang rechtmäßig und verletzt den Kläger nicht in seinen Rechten. Ein Anspruch auf die geltend gemachte höhere Subvention steht dem Kläger nicht zu, und zwar auch nicht dergestalt, dass sein Zuwendungsantrag partiell neu zu bescheiden wäre.

Einen gesetzlich geregelten Anspruch gegen das beklagte Land auf die beantragte Zuwendung für das Jahr 1997 ohne den auf Grund des Haushaltsvorbehalts vorgenommenen Abzug in Höhe von 15 vH gibt es nicht.

Auch der Haushaltsplan des Landes für das Jahr 1997 begründet keine Rechte des Klägers, sondern stellt mit Blick auf finanzielle Zuwendungen lediglich eine Legitimationsgrundlage für Ausgabenleistungen der Exekutive dar; Ansprüche oder Verbindlichkeiten werden hierdurch nicht begründet (§ 3 Abs. 2 LHO).

Im Bereich der Förderung freier oder kirchlicher Träger der Wohlfahrtspflege hat der Haushaltsplan keine weitergehenden Wirkungen; insbesondere ist die Kürzung der Zuwendung im Rahmen des Haushaltsvollzugs nicht, wie der Kläger meint, dem Parlament vorbehalten. In der höchstrichterlichen Rechtsprechung ist für den Subventionsbereich anerkannt (vgl. die Nachweise bei Ossenbühl in: Isensee/Kirchhof, Handbuch des Staatsrechts, Bd. 3, 2. Aufl., 1996, § 62 Rn 21), dass die Subventionskompetenz dem Parlament zusteht. Die erforderliche gesetzliche Legitimation für die Gewährung von Subventionen ist dann gegeben, wenn im Haushaltsplan als Bestandteil des förmlichen Haushaltsgesetzes entsprechende Mittel eingesetzt sind, innerhalb des Haushaltsplans eine ausreichende Umreißung der Zweckbestimmung dieser Mittel vorgesehen ist und die Vergabe dieser Mittel zu den den betreffenden Verwaltungsinstanzen zugewiesenen verfassungsmäßigen Aufgaben gehört. Dementsprechend begründet nach § 3 Abs. 1 LHO die Ausweisung der Zuwendung im Haushaltsplan für 1997 (Anlage zum Staatshaushaltsgesetz 1997 vom 21.2.1997, GBl. S. 26 ff.) bei Kap. 0903 Tit.Gr. 75 die Ermächtigung für die Verwaltung Ausgaben zu leisten und Verpflichtungen einzugehen, also die „bewilligten" Haushaltsmittel für die im Haushaltsplan bestimmten Zwecke in Anspruch zu nehmen. Die Abwicklung der Förderung im Rahmen einer Subventionsgewährung unterfällt hingegen nicht dem Vorbehalt des Gesetzes (vgl. die Nachweise bei Ossenbühl in: Isensee/Kirchhof aaO, § 62 Rn 21). Vielmehr ist ihre Ausführung der Exekutiven überlassen. Die Verteilung der im Haushaltsplan veranschlagten Mittel auf die Subventionsnehmer unterliegt damit der „Zuteilungskompetenz" der Verwaltung, die hierzu ihrerseits kontingentieren und Prioritäten setzen kann. Die Exekutive ist auch nicht verpflichtet, die im Haushaltsplan zur Verfügung gestellten Mittel in voller Höhe auszuschöpfen. Die bewilligten Mittel sind lediglich als Obergrenze der Bewilligung anzusehen. Die Exekutive ist insbesondere nicht gehindert, bei einer Gefährdung des Haushaltsgleichgewichts durch unvorhergesehene Steuermindereinnahmen durch einen Haushaltsvorbehalt oder -sperren in den planmäßigen Haushaltsvollzug einzugreifen (vgl. OVG Berlin, Beschluss vom 14.12.1993, LKV 1994, 262).

Etwas anderes ergibt sich auch nicht aus dem sozialstaats- und staatskirchenrechtlichen Prinzip der Kooperation für die Förderung der freien und kirchlichen Wohlfahrtspflege. Das Kooperationsprinzip, das in § 17 Abs. 3 SGB I eine gesetzliche Ausprägung gefunden hat, begründet die allgemeine Pflicht der öffentlichen Leistungsträger, in der Zusammenarbeit mit den freien und gemeinnützigen - sowie entsprechend den kirchlichen - Einrichtungen und Organisationen auf eine wirksame Ergänzung der beiderseitigen Tätigkeiten zum Wohle des Leistungsempfängers hinzuwirken (vgl. Feuchte, Verfassung des Landes Baden-Württemberg, Kommentar, 1987, Art. 87 Rn 8; Hauck/Haines, SGB I, AT, Kommentar, Stand: Mai 2000, § 17 Rn 21). Besondere, von der dargelegten haushaltsrechtlichen Kompetenzverteilung abweichende Anforderungen gebietet das Kooperationsprinzip nicht. Auch aus den gesetzlichen Regelungen, die diesem zugrunde liegen, lassen sich hierfür keine Anhaltspunkte gewinnen. Selbst wenn für die Wohlfahrtspflege der Kirchen und Religionsgemeinschaften der genannte Grundsatz der Zusammenarbeit, wie der Kläger meint, über Art. 6 u. 87 Landesverfassung Baden-Württemberg und Art. 4 Abs. 1 und Art. 140 GG iVm Art. 137 Abs. 3 WRV zusätzlich verfassungsrechtlich verankert sein sollte, so ergibt sich auch aus der Verfassung kein Hinweis darauf, dass die Kürzung der im Haushaltsplan zur Förderung der kirchlichen Wohlfahrtspflege angesetzten Mittel im Rahmen des Haushaltsvollzugs einer gesetzlichen Grundlage bedarf.

Der vom Kläger geltend gemachte Anspruch ergibt sich auch nicht aus sonstigen Rechtsgründen.

Die Kürzung der Förderung um den Haushaltsvorbehalt in Höhe von 15 vH des Haushaltsansatzes entspricht Nr. 15.2 der VwV-Haushaltsvollzug 1997 vom 24.2.1997 (GABl. S. 249) und erfolgte damit nicht willkürlich. Eine Verletzung des Gleichbehandlungsgrundsatzes (Art. 3 GG) in der Form, dass der Beklagte andere entsprechende kirchliche Subventionsnehmer bei gleicher Sachlage ohne Berücksichtigung des Haushaltsvorbehalts gefördert hätte, ist weder vom Kläger selbst substantiiert geltend gemacht noch liegen Anhaltspunkte dafür vor.

Eine Nr. 15.2 der VwV-Haushaltsvollzug 1997 entgegenlaufende Ermessensbindung wird weder durch das Kooperationsprinzip (1.) noch durch den Grundsatz des Vertrauensschutzes (2.) begründet. Eine Ermessensreduzierung auf Null setzt voraus, dass angesichts der besonderen Umstände des zu entscheidenden Falles überhaupt nur eine Entscheidung ermessensfehlerfrei sein könnte.

Dies ist indes nicht der Fall.

1. Das Kooperationsprinzip führt nicht zu einer Ermessensreduzierung in dem Sinne, dass nur die Bewilligung der Zuwendung in der im Haushaltsplan von 1997 ausgewiesenen Höhe rechtmäßig wäre. Nach § 17 Abs. 3 SGB I wirken in der Zusammenarbeit mit gemeinnützigen und freien Einrichtungen und Organisationen die öffentlichen Leistungsträger darauf hin, dass sich ihre Tätigkeit und die der genannten Einrichtungen und Organisationen zum Wohl der Leistungsträger wirksam ergänzen. Am ausgeprägtesten ist diese Zusammenarbeit im Bereich der Sozialhilfe (§ 10 Abs. 2 u. 3 BSHG) und der Kinder- und Jugendhilfe (§ 4 SGB VIII); sie hat aber auch in anderen Sozialleistungsbereichen Bedeutung (Kretschmer/von Maydell/Schellhorn, GK-SGB I 3. Aufl., 1996, § 17 Rn 26). Jedoch haben selbst in diesen Bereichen die freien und gemeinnützigen Einrichtungen und Organisationen keinen Anspruch auf Förderung in bestimmter Höhe (§§ 10 Abs. 3 Satz 2 BSHG, 4 Abs. 3 SGB VIII), sondern nur einen Anspruch auf ermessensfehlerfreie Entscheidung hierüber (Schellhorn/Jirasek/Seipp, Kommentar zum BSHG, 14. Aufl., 1993, § 10 Rn 15 u. 18; Hauck/Haines, SGB I, AT, Kommentar, Stand:

Mai 2000, § 17 Rn 21). Da für den Bereich der Sozialberatung ausländischer Arbeitnehmer, den der Kläger betreut, nur das allgemeine Prinzip der Zusammenarbeit aus § 17 Abs. 3 SGB I gilt, das keine Soll-Vorschrift zur Förderung der gemeinnützigen und freien Einrichtungen und Organisationen enthält, können in diesem Bereich die gemeinnützigen und freien Einrichtungen nicht mehr Rechte haben als etwa in dem Bereich der Jugendhilfe (vgl. allgemein hierzu: Kretschmer/von Maydell/Schellhorn, GK-SGB I 3. Aufl., 1996, § 17 Rn 28).

Gleichwohl führt das Prinzip der Kooperation grundsätzlich zu der Notwendigkeit, einschneidende Maßnahmen untereinander abzustimmen, um der Arbeit des Trägers nicht überraschend die Grundlage zu entziehen. Dies wäre etwa dann der Fall, wenn durch eine Änderung der Förderrichtlinien und einer damit einhergehenden grundlegenden Änderung der Verhältnisse eine Förderung dauerhaft nicht mehr oder nur noch in deutlich geringerem Umfang erfolgen könnte. Eine solche grundlegende Änderung liegt hier jedoch nicht vor. Die Förderungsrichtlinien haben keine Änderung erfahren, sodass insoweit auch kein Verstoß gegen das Kooperationsgebot gegeben ist. Die Kürzung war vielmehr auf Grund eines unvorhergesehenen Haushaltsengpasses notwendig geworden, der dadurch hervorgerufen war, dass die Steuereinnahmen des Beklagten in den Monaten Januar und Februar 1997 deutlich hinter dem zeitanteiligen Haushaltsansatz zurückgeblieben waren. Auf diese unvorhergesehene Verschlechterung der Haushaltslage durfte der Beklagte umgehend reagieren. Allerdings gebietet das Prinzip der Kooperation auch in diesem Falle, dass die Verwaltung die Auswirkungen der Entscheidung auf die Arbeit der freien und gemeinnützigen Einrichtungen und Organisationen bei ihrer Ermessensentscheidung berücksichtigt, insbesondere dann, wenn die bewirkte Kürzung der Zuwendung zu nahezu untragbaren Verhältnissen für den Subventionsempfänger führen würde. Aber auch dieser Gesichtspunkt führt hier nicht zu einer Ermessensreduzierung derart, dass nur eine ungekürzte Zuwendung ermessensfehlerfrei wäre. Denn wie das Verwaltungsgericht zutreffend festgestellt hat, entzieht das Fehlen des streitigen Betrages in Höhe von 44.298,- DM bei einem Gesamtbedarf an Personalkosten für 1997 in Höhe von 1.822.400,- DM der Sozialberatung durch den Kläger nicht den finanziellen Boden. Eine die Sozialberatung „austrocknende Wirkung" wurde auch nicht dadurch erreicht, dass der Kläger seinen an sich vorgesehenen Eigenanteil von 887.994,- DM auf eine 1.089.703,- DM erhöhen musste. Denn die Sozialberatung konnte, wie sich aus den Ausführungen des Klägers ergibt, ja zweifellos noch durchgeführt werden.

Auch aus dem Verfassungsrecht lässt sich keine Ermessensreduzierung auf Null begründen. Art. 6 u. 87 Landesverfassung Baden-Württemberg begründen eine institutionelle Garantie der Wohlfahrtspflege der Kirchen und Religionsgemeinschaften sowie der Freien Wohlfahrtsverbände und haben damit grundsätzlich nur eine objektiv-rechtliche

Gewährleistung zum Inhalt (Feuchte, Verfassung des Landes Baden-Württemberg, Kommentar, 1987, Art. 6 Rn 4, 5; Art. 87 Rn 7; Braun, Kommentar zur Verfassung des Landes Baden-Württemberg, 1984, Art. 6 Rn 4). Die besondere Anerkennung, die die Wohlfahrtspflege der Kirchen und der übrigen Religions- und Weltanschauungsgemeinschaften erhalten haben, rechtfertigt jedoch darüber hinaus auch Schutz und Förderung seitens des Staates; für die freien Wohlfahrtsverbände gilt das Gleiche (Feuchte, aaO, Art. 6 Rn 7, Art. 87 Rn 8 ff.). Art. 6 Landesverfassung umfasst damit auch einen Schutzanspruch gegen übermäßige Einschränkung oder gar Aushöhlung zugunsten der Wohlfahrtspflege in der Regie der öffentlichen Hand. Dem Staat fällt insofern auch eine entsprechende Sicherungsfunktion zu, aus der sich Ansprüche auf Förderung, Unterstützung und Teilhabe dem Grunde nach ergeben mögen (so: Fichtner, BSHG, Kommentar, 1999, § 10 Rn 10). Dies bedarf jedoch keiner abschließenden Erörterung. Denn auch wenn dem Kooperationsprinzip bei der kirchlichen Wohlfahrtspflege Verfassungsrang zukäme, so lassen sich doch konkrete Ansprüche auf finanzielle Förderung seitens des Staates in dem Sinne, dass dies zu einem Anspruch auf Förderung in bestimmter Höhe führen würde, hieraus nicht herleiten (Feuchte, aaO, Art. 87 Rn 9; Braun, aaO, Art. 87 Rn 6) und der Beklagte war hierdurch auch nicht gehindert, vom Haushaltsvorbehalt gegenüber dem Kläger Gebrauch zu machen. Einen etwaigen Anspruch dem Grunde nach hat man dem Kläger nicht verwehrt bzw. aberkannt; vielmehr trägt die um den Haushaltsvorbehalt gekürzte Zuwendung diesem Anspruch ausreichend Rechnung.

Art. 4 Abs. 1 GG und Art. 140 GG iVm Art. 137 Abs. 3 WRV haben über die speziellere Regelung in Art. 6 Landesverfassung hinaus im Bereich der Wohlfahrtspflege keinen weitergehenden Gehalt (Feuchte, aaO, Art. 6 Rn 5; Braun, aaO, Art. 6 Rn 1). Die Tätigkeit des Klägers in der Sozialberatung für ausländische Arbeitnehmer ist zwar durch Art. 4 GG geschützt; die verfassungsrechtliche Gewährleistung des karitativen Werkes der Kirche führt jedoch nicht zur Ermessensreduzierung auf Null, weil dessen Bestand durch die mit der Ausübung des Haushaltsvorbehalts verbundenen Kürzungen nicht ernsthaft berührt wird.

Der Kläger kann sich für sein Begehren auch nicht auf einen Subventionsvertrag berufen. Insbesondere lässt sich aus dem „Einvernehmen über die gemeinsame Finanzierung der Ausländersozialberatung" vom 5.5.1987 in Verbindung mit den „Grundsätzen für Aufgaben, Arbeitsweise und Organisation der Sozialberatung für ausländische Arbeitnehmer" vom 14.11.1984 nichts für den vom Kläger geltend gemachten Anspruch herleiten. Wie das Verwaltungsgericht zutreffend ausgeführt hat, bestimmen diese Regelungen, auch wenn der Kläger formell nicht an deren Zustandekommen beteiligt war, zwar auch das Rechtsverhältnis zwischen den Beteiligten, jedenfalls insoweit, als die „Grundsätze" zum Bestandteil der Zuwendungsbescheide gemacht wurden (vgl. Ziff. 4

Abs. 2 des Zuwendungsbescheids vom 20.5.1997), begründen aber für den Kläger keinen Anspruch auf Zuwendung in bestimmter Höhe. 2. Auch Vertrauensschutzgesichtspunkte greifen nicht zugunsten des Klägers. Nach keiner rechtlichen Variante hat der Kläger einen Anspruch auf Vertrauensschutz des Inhalts, das Ermessen müsste ausnahmsweise unabhängig von der innerrechtlichen Bindung durch den durch Nr. 15.2 der VwV-Haushaltsvollzug 1997 angeordneten Haushaltsvorbehalt wahrgenommen werden.

Der Grundsatz des Vertrauensschutzes findet seine verfassungsrechtliche Grundlage im Rechtsstaatsprinzip des Art. 20 Abs. 3 GG und dessen Postulat nach Rechtssicherheit, sofern er nicht ohnehin als tragendes und durch einzelne Vorschriften konkretisiertes allgemeines Prinzip des Verwaltungsrechts angesehen wird (BVerfGE 13, 261 [272]; VGH Baden-Württemberg Urteil vom 12.6.1990, NVwZ 1991, 1199 mwN). Vertrauensschutz gegenüber staatlichem Handeln kommt in Betracht, wenn der Staat einen Vertrauenstatbestand geschaffen oder jedenfalls gebilligt hat, der Betroffene ein daran anknüpfendes schutzwürdiges Vertrauen gefasst und betätigt hat und der Staat dann von dem Vertrauenstatbestand ohne sachliche Gründe abweicht und damit das Vertrauen des Betroffenen enttäuscht.

Die bloße Tatsache einer jahrelangen Subvention begründet kein schutzwürdiges Vertrauen, sofern nicht besondere Umstände hinzutreten (VGH.BW, Urteil vom 17.6.1990, NVwZ 1991, 1199; BVerwG, Beschluss vom 8.4.1997, NVwZ 1998, 273). Diese können etwa darin liegen, dass dem Subventionsempfänger eine Zusage gemacht, seine Tätigkeit ins Leben gerufen oder sonst veranlasst oder in der Öffentlichkeit durch Stellungnahmen eine begründete Erwartung auf eine Zuwendung geweckt wurde (VGH.BW, Urteil vom 12.6.1990, aaO).

Eine rechtlich verbindliche Zusage auf eine bestimmte Zuwendung wurde dem Kläger nicht erteilt. Vielmehr wurde er in jedem Zuwendungsbescheid ausdrücklich darauf hingewiesen, dass sich Förderansprüche für künftige Haushaltsjahre aus der Bewilligung nicht ergeben (vgl. Ziff. 10 des Bescheids vom 3.5.1996). Der Beklagte hat auch nicht durch öffentliche Äußerungen eine begründete Erwartung auf Zuwendungen in einer bestimmten Höhe hervorgerufen bzw. darauf, dass der Kläger ausnahmsweise von den für alle Förderbereiche vorgesehenen Kürzungen nicht erfasst werde. (*wird ausgeführt*)

Ein Verstoß gegen das Gebot des Vertrauensschutzes liegt auch nicht deshalb vor, weil die mit dem Bewilligungsbescheid einhergehende Kürzung für den Zeitraum ab 1.1.1997 erst am 20.5.1997 erfolgt ist. Zwar ist eine rückwirkende Verschlechterung der Rechtspositionen des Bürgers durch einen Eingriff in vergangene, bereits abgeschlossene Sachverhalte („echte Rückwirkung") grundsätzlich unzulässig (BVerwG, Beschluss vom 8.4.1997, NVwZ 1998, 273 [275]). Dieser für die Rückwirkung eines Gesetzes entwickelte Gedanke ist auch auf einen Akt der Exekutive entsprechend anwendbar, da sich auch hier die Notwendigkeit des Vertrauensschutzes ergibt. Dagegen ist es rechtlich grundsätzlich nicht ausgeschlossen, in bestimmten Situationen mit neuen Ermessenserwägungen auf noch nicht abgeschlossene Sachverhalte und Rechtsbeziehungen für die Zukunft einzuwirken („unechte Rückwirkung", vgl. dazu BVerfGE 68, 287 [306 ff.]). Änderungen eines in der Vergangenheit begründeten und fortdauernden Rechtsverhältnisses für die Zukunft sind zulässig, wenn die Interessen der Allgemeinheit, die mit den Änderungen verfolgt werden, das Vertrauen des Einzelnen auf die Fortgeltung der bestehenden Rechtslage überwiegen (vgl. BVerfGE 89, 48). Dabei stellt es nicht bereits einen Verstoß gegen das Gebot des Vertrauensschutzes dar, wenn der Betroffene lediglich in seinen Erwartungen enttäuscht wird (BVerwGE 46, 89). Hinzu kommen muss, dass er im Hinblick auf den Fortbestand der Rechtslage Dispositionen getroffen hat und billigerweise darauf vertrauen durfte, die zugrundeliegende Ermessensbindung werde auf Dauer Bestand haben (BVerwGE 46, 89 [91]).

Nach diesen Maßstäben begründet der späte Zeitpunkt der Bewilligung im schon fortgeschrittenen Haushaltsjahr keine verfassungsrechtlich unzulässige Rückwirkung, denn es wird durch die verkürzte Zuwendung nicht nachträglich in bereits abgewickelte und damit der Vergangenheit angehörende Tatbestände nachteilig ändernd eingegriffen. Nach dem Bescheid vom 20.5.1997 erfolgte die Zuwendung für den Bewilligungszeitraum vom 1.1.1997 bis 31.12.1997. Maßgeblicher Zeitraum für die Bestimmung, ob der der Förderung zugrundeliegende Sachverhalt abgeschlossen ist, ist das Kalenderjahr (vgl. BVerwG, Urteil vom 8.4.1997, aaO). Aus diesen Gründen kann der Ansicht des Klägers nicht gefolgt werden, die in den ersten Monaten des Jahres 1997 bis zur Bekanntmachung des Bewilligungsbescheids von ihm aufgewandten Personalkosten bildeten abgeschlossene Sachverhalte, in die zu seinem Nachteil eingegriffen worden sei. Vielmehr bezieht sich die Kürzung der Zuwendung lediglich auf einen zwar begonnenen, aber noch nicht abgeschlossenen Sachverhalt (sog. „unechte Rückwirkung").

Vor diesem Hintergrund lässt sich der vom Kläger geltend gemachte Anspruch auch nicht auf das verfassungsrechtlich verankerte Verbot der Rückwirkung stützen. Der Kläger hatte zwar für das Jahr 1997 bereits Dispositionen getroffen, weil auf Grund eingegangener Arbeitsverhältnisse im ersten Halbjahr schon Gehälter ausbezahlt worden waren. Einzuräumen ist dem Kläger auch, dass grundsätzlich eine richtliniengemäße Förderung selbst vor der Konkretisierung einer entsprechenden Richtlinie durch einen Bewilligungsbescheid erwartet werden kann, wenn ein begonnenes Vorhaben, das in der Vergangenheit bereits subventioniert worden ist, im neuen Haushaltsjahr fortgeführt wird. Deshalb durfte sich der Kläger auch veranlasst sehen, für das Jahr 1997 überhaupt Dispositionen zur personellen und räumlichen Ausstattung und damit zur Weiterführung seiner Beratungsstelle bereits vor Ergehen des Bewilligungsbescheids zu treffen. Das rechtfertigt indes nicht schon den Schluss auf eine Ermessensreduzierung dahin, dass dem Antrag des Klägers auf nicht um den Haushaltsvorbehalt gekürzte Förderung hätte stattgegeben werden müssen. Denn die vorgenommenen Dispositionen des Klägers sind nicht schutzwürdig. An einer solchen Schutzwürdigkeit mangelt es, wenn dem Betroffenen Umstände bekannt oder infolge grober Fahrlässigkeit unbekannt waren, die eine Änderung der Förderpraxis rechtfertigen (BVerwG, Urteil vom 8.4.1997, aaO). Es ist davon auszugehen, dass dem Kläger die Umstände, die eine Kürzung der Zuwendung im Rahmen des Haushaltsvorbehalts nach sich zogen, bekannt waren, jedenfalls aber hätten bekannt sein müssen. Der Kläger musste auf Grund der regelmäßigen Hinweise in den Zuwendungsbescheiden wissen, dass eine geleistete Zuwendung keine Ansprüche für die Zukunft begründet und dass jeder Zuwendungsantrag unter dem Vorbehalt der öffentlichen Haushaltslage steht. *(wird weiter ausgeführt)*

Ermessensfehler, insbesondere ein Ermessensausfall, der zu einer Neubescheidung führen könnte, sind nicht ersichtlich. Der Beklagte hat durch die Anordnung des Haushaltsvorbehalts in Ziff. 15.2 der VwV-Haushaltsvollzug 1997 zur Sicherstellung einer einheitlichen Verwaltungspraxis die Ermessensausübung der letztlich für die Verteilung zuständigen Stelle gesteuert. Die Verwaltungsvorschrift enthält einen „flächendeckenden" Haushaltsvorbehalt, lässt aber im Wege der Abweichung hinreichend Raum für eine angemessene Berücksichtigung der jeweiligen Einzelfallumstände. Über die Einführung eines Haushaltsvorbehalts in Höhe von 15 vH der Haushaltsansätze für freiwillige Zuwendungen des Landes wurde die Öffentlichkeit und damit auch der Kläger durch eine Pressemitteilung des Finanzministeriums Baden-Württemberg vom 6.3.1997 informiert. Es wäre daher Sache des Klägers gewesen, vor Erlass des Zuwendungsbescheids im Mai 1997 auf Umstände, die eine Ausnahme vom Haushaltsvorbehalt gebieten könnten, hinzuweisen. Dies hat er nicht getan und solche waren für den Beklagten nach den Umständen auch nicht erkennbar, sodass es einer individualisierenden Ermessensbetätigung unter Berücksichtigung der Grundsätze der Kooperation und des Vertrauensschutzes nicht bedurfte.

21

Im Falle der Aufnahme eines Behinderten in eine Einrichtung der Behindertenhilfe soll der Sozialhilfeträger über die durch § 3 Abs. 2 BSHG allgemein gebotene Beachtung von Wünschen des Hilfeempfängers bei der Gestaltung der Hilfe hinaus das Bekenntnis des Hilfeempfängers berücksichtigen und darauf bedacht sein, dass er in der Einrichtung durch einen Geistlichen seines Bekenntnisses betreut werden kann, sofern er dies wünscht. Die Berücksichtigung des in § 3 Abs. 3 BSHG hervorgehobenen Wunsches muss dort an eine Grenze stoßen, wo seine Erfüllung Kosten erfordert, die im Interesse einer sachgerechten Verteilung der vorhandenen Mittel als unvertretbar angesehen werden müssen.

§§ 3 Abs. 2 u. 3, 40 Abs. 1 Nr. 1 BSHG
VG Halle (Saale), Urteil vom 26. April 2001 - 4 A 270/99[1] -

Die Beteiligten streiten um die Übernahme der Kosten für eine Unterbringung der Klägerin im Wohnheim für psychisch Kranke und seelisch behinderte Menschen in X. Die Klägerin bezieht seit 1994 Leistungen der Eingliederungshilfe für Behinderte gem. § 39 Abs. 1 S. 1 BSHG. Sie wurde zu diesem Zeitpunkt auf Grund ihrer Erkrankung an einer paranoid-halluzinatorischen Schizophrenie zur vollstationären Behandlung in der Einrichtung Y. aufgenommen. Die Klägerin nahm nach eigenen Angaben seit ihrer Aufnahme in diese Einrichtung regelmäßig an den dort sonntags stattfindenden Gottesdiensten teil und suchte etwa vierteljährlich die diakonische Beratungsstelle auf.

In einem auf Veranlassung der Stadt H. zur Überprüfung der Werkstattfähigkeit der Klägerin erstellten amtsärztlichen Gutachten heißt es:

„Rehabilitative Maßnahmen sind dringend angezeigt. Die Pat. ist in der Lage, eine Werkstatt für Behinderte zu besuchen. Außerdem wird aus fachärztlicher Sicht dringend empfohlen, Frau N. in ein Übergangswohnheim für psychisch Kranke zu verlegen, in dem sie zielgerichtet in ihrer sozialen Kompetenz und in der Eigenverantwortlichkeit gefördert wird, um in ca. 2-3 Jahren wieder relativ eigenständig in einer betreuten Wohnform außerhalb einer pflegesatzfinanzierten Einrichtung leben zu können."

Die Eltern der Klägerin äußerten 1997 gegenüber dem Beklagten den Wunsch, die Klägerin in das Wohnheim für psychisch Kranke und seelisch behinderte Menschen X. zu verlegen. Träger dieser Einrichtung ist die Diakonische Behindertenhilfe A. e.V. Der Beklagte lehnte die Verlegung der Klägerin in die gewünschte Einrichtung mit der Begründung ab, die Pflegekosten für das Wohnheim seien zu hoch. Zugleich wurde ihr zur Durchführung der amtsärztlich empfohlenen Maßnahme die Unterbringung im Wohnheim an der Werkstatt für seelisch Behinderte in Y. angeboten. Gegen diesen Bescheid erhob die Klägerin Widerspruch und führte aus, der Beklagte habe ihre christliche Gesinnung und Lebensqualität in keiner Weise berücksichtigt. Den Widerspruch wies der Beklagte zurück mit der Begründung, die angebotene Einrichtung biete der Klägerin ebenfalls Möglichkeiten zur Teilnahme an sonntäglichen Got-

---

[1] ZevKR 48 (2003), 90. Das Urteil ist rechtskräftig.

tesdiensten und der Inanspruchnahme eines geistlichen Beistands. Durch die Unterbringung der Klägerin in X. entstünden Mehrkosten in Hohe von 87% täglich, die unverhältnismäßig seien.
Die hiergegen erhobene Fortsetzungsfeststellungsklage hatte Erfolg.

Aus den Gründen:

Die Klage ist begründet. Der Bescheid des Beklagten sowie dessen Widerspruchsbescheid sind rechtswidrig. Die Klägerin hatte einen Anspruch auf Gewährung von Eingliederungshilfe in Form der Übernahme der Kosten für ihre Unterbringung im Wohnheim für psychisch Kranke/seelisch behinderte Menschen und der angegliederten Werkstatt für Behinderte (§ 113 Abs. 1 S. 1, Abs. 5 S. 1 VwGO).

Rechtlicher Anknüpfungspunkt für den Anspruch der Klägerin auf die Gewährung von Eingliederungshilfe in Form der Übernahme der Heimkosten im Wohnheim für psychisch Kranke und seelisch Behinderte in X. ist § 39 BSHG iVm § 40 Abs. 1 Nr. 1 BSHG. Nach § 39 Abs. 1 S. 1 ist Personen, die nicht nur vorübergehend körperlich, geistig oder seelisch wesentlich behindert sind, Eingliederungshilfe zu gewähren. Die Klägerin gehört zu diesem Personenkreis. *(wird ausgeführt)*

Auch die weiteren Voraussetzungen der Eingliederungshilfe nach § 39 Abs. 3, § 40 Abs. 1 Nr. 1 BSHG liegen vor. § 39 Abs. 3 BSHG beschreibt die doppelte Aufgabe der Eingliederungshilfe, zum einen eine drohende Behinderung zu verhüten oder eine vorhandene Behinderung zu beseitigen oder zu mildern, und zum anderen den Behinderten in die Gesellschaft einzugliedern. Als Maßnahme kommt nach § 40 Abs. 1 Nr. 1 BSHG auch eine stationäre Behandlung in Betracht, somit auch die Unterbringung der Klägerin in einer Übergangseinrichtung. Diese Form der Gewährung der Eingliederungshilfe ist auch geeignet, die Folgen der Krankheit der Klägerin zu mildern und diese wieder in die Gesellschaft einzugliedern.

Die Klägerin hatte auch einen Anspruch auf Unterbringung in der durch sie gewählten Einrichtung und damit auf Übernahme der hiermit verbundenen Kosten.

Zwar liegt die Entscheidung über Form und Maß der Sozialhilfe nach § 4 Abs. 2 BSHG im pflichtgemäßen Ermessen des überörtlichen Sozialhilfeträgers (OVG Berlin, Urteil v. 11.12.1986 - 6 B 53.85 - FEVS 37, 358 [363]; Urteil v. 3.7.1984 - 6 S. 94.84 - FEVS 34, 268 [270 f.]). Der durch die Klägerin geltend gemachte Anspruch war gleichwohl gegeben, da das Ermessen des Beklagte im Zeitpunkt der letzten Behördenentscheidung dahingehend reduziert war, dass nur eine Unterbringung der Klägerin in der durch sie gewählten Einrichtung als rechtmäßig in Betracht kam.

Die Leistung von Sozialhilfe hat sich nämlich nach den Besonderheiten des Einzelfalles zu richten, § 3 Abs. 1 BSHG, d.h. vor allem nach der Person des Hilfeempfängers und der Art seines Bedarfs. Der Hilfesuchende kann demnach nur auf die Inanspruchnahme derjenigen Einrichtungen verwiesen werden, die nach ihrer personellen und sächlichen Ausstattung eine der Besonderheit des Einzelfalles gerecht werdende Erfüllung der Aufgabe der Eingliederungshilfe erwarten lassen (BVerwG, Urteil v. 2.9.1993 - 5 C 50.91 - BVerwGE 94, 127 [131]). Dabei soll Wünschen des Hilfeempfängers, die sich auf die Gestaltung der Hilfe richten, entsprochen werden, so weit sie angemessen sind und keine unverhältnismäßigen Mehrkosten erfordern, § 3 Abs. 2 BSHG. Geht es um die Unterbringung des Hilfeempfängers in einer Einrichtung, dann ist auch seinem Wunsch, dort untergebracht zu werden, wo er durch einen Geistlichen seines Bekenntnisses betreut werden kann, im Sinne eines „Soll" zu entsprechen, 3 Abs. 3 BSHG.

Die durch die Klägerin gewählte Einrichtung kann nach Auffassung der Kammer gewährleisten, die für sie erforderliche Hilfe leisten zu können. Als geeignet können dabei nur solche Einrichtungen angesehen werden, die sowohl in ihrer äußeren Beschaffenheit wie in ihrem inneren Betrieb dem besonderen Zweck der jeweiligen Hilfe - hier der Eingliederungshilfe für Behinderte (§ 39 Abs. 3 BSHG) -genügen und die Gewähr dafür bieten, dass der gegenüber dem Sozialhilfeträger bestehende Individualanspruch des einzelnen Hilfeempfängers mit hinreichender Sicherheit in der Einrichtung erfüllt wird (vgl. OVG Hamburg, Urteil v. 12.9.1980 - Bf I 9/79 - FEVS 31, 404 [413]). Dabei ist nicht zu verlangen, dass die Einrichtung den Aufgaben der Eingliederungshilfe in jeder Hinsicht bestmöglichst gerecht wird. Das verbietet bereits die in § 3 Abs. 1 BSHG vorgeschriebene individuelle Gestaltung der Hilfe. Insoweit können z.B. gewisse Unzulänglichkeiten der Einrichtung durch andere Umstände, wie z.B. die Vertrautheit des Hilfesuchenden mit der Einrichtung, aufgewogen werden (vgl. OVG Hamburg, aaO).

In Anwendung dieser Grundsätze ist das Wohnheim für psychisch Kranke und seelisch behinderte Menschen in X. geeignet, die für die Klägerin erforderliche Hilfe zu leisten. Dies stellt der Beklagte auch nicht in Abrede. Insbesondere aus dem Konzept der Einrichtung geht hervor, dass die dort geleistete Hilfe darauf ausgerichtet ist, die Eigenverantwortlichkeit der Heimbewohner zu fördern und auf deren zeitige und gesicherte Wiedereingliederung in die Gesellschaft hinzuwirken. Dies entspricht somit dem im amtsärztlichen Gutachten ausgesprochenen Empfehlung.

Darüber hinaus baut die Arbeit in der Einrichtung auf dem christlichen Glaubensbekenntnis auf, was auch nach dem Inhalt des Konzeptes dieser Einrichtung nicht nur die Möglichkeit der Betreuung der Bewohner durch einen christlichen Geistlichen beinhaltet. Die diakonische Lebensweise ist Bestandteil des Betreuungskonzeptes, was in dem hier vorliegenden Einzelfall einen maßgeblichen Gesichtspunkt für die Sicherstellung einer für die Klägerin geeigneten Hilfe darstellt. Zu dieser Überzeugung gelangt die Kammer insbesondere unter Berücksichtigung des Vorbringens der Eltern der Klägerin in der mündlichen Verhandlung. Danach ist nicht nur die Lebenseinstellung der Klägerin vom christlichen Glaubensverständnis geprägt. Ihre psychischen Konflikte stehen vielmehr auch in einem engen Zusammenhang mit ihrem christlich geprägten Lebensverständnis. Es kann vorliegend dahingestellt bleiben, ob - wie die Eltern der Klägerin vortragen - das Scheitern des Wunsches der Klägerin, als Diakonisse zu arbeiten, letztlich auch einen Auslöser für ihre Erkrankung darstellt. Jedenfalls erscheint aber für die Sicherstellung des Erfolges der Maßnahme unter den gegebenen Voraussetzungen eine auf dem christlichen Lebensverständnis aufbauende Betreuung als ein maßgebliches Kriterium.

Der Wunsch der Klägerin erscheint auch unter Berücksichtigung der hierdurch entstehenden Mehrkosten als angemessen. Die Unterbringung der Klägerin in dem durch sie gewählten Wohnheim ist zwar nicht wegen der in § 3 Abs. 3 BSHG getroffenen Regelung unabhängig vom Entstehen unverhältnismäßiger Mehrkosten gerechtfertigt. Denn diese Vorschrift enthält keine gegenüber dem Abs. 2 derart verselbstständigte Regelung des Wunschrechtes des Hilfeempfängers, dass es insbesondere nicht darauf ankäme, ob die Erfüllung des Wunsches unvertretbare Mehrkosten erfordert. Vielmehr soll der Sozialhilfeträger über die durch § 3 Abs. 2 BSHG allgemein gebotene Beachtung von Wünschen des Hilfeempfängers bei der Gestaltung der Hilfe hinaus das Bekenntnis des Hilfeempfängers berücksichtigen und darauf bedacht sein, dass er in der Einrichtung durch einen Geistlichen seines Bekenntnisses betreut werden kann, sofern er dies wünscht (BVerwG, Urteil v. 11.2.1982 - 5 C 85/80 - BVerwGE 65, 52, KirchE 19, 220). Die Berücksichtigung des in § 3 Abs. 3 BSHG hervorgehobenen Wunsches muss dort an eine Grenze stoßen, wo seine Erfüllung Kosten erfordert, die im Interesse einer sachgerechten Verteilung der vorhandenen Mittel als „unvertretbar" angesehen werden müssen. Die Vorschrift ist demnach als besonders erwähnter Anwendungsfall der allgemeinen Regelung des Abs. 2 anzusehen, so dass sich auch hier die Frage stellt, ob die Erfüllung des Wunsches der Klägerin mit unverhältnismäßigen Mehrkosten verbunden ist (BVerwG, Urteil v. 11.2.1982, aaO).

Auch unter Beachtung der durch die Unterbringung der Klägerin in dem durch sie bevorzugten Wohnheim entstehenden Mehrkosten ist jedoch ihr Anspruch auf die Übernahme der Kosten der Unterbringung zu bejahen. Denn die entstehenden Mehrkosten sind nicht unverhältnismäßig hoch. Bei dieser Prüfung ist nämlich vor allem zu berücksichtigen, ob dem Hilfeempfänger zur Abdeckung seines sozialhilferechtlich anzuerkennenden Bedarfes andere angemessene Hilfemöglichkeiten angeboten werden können (Schellhorn, BSHG, 15. Aufl. 1997, § 3 Rn 24). Für einen berechtigten Bedarf kann nicht deshalb die Sozialhilfe versagt werden, weil nach objektiven Maßstäben die Aufwendungen zu hoch sind, wenn dem Hilfeempfänger keine andere Möglichkeit der Bedarfsdeckung zur Verfügung steht und angeboten werden kann (Schellhorn aaO, § 3 Rn 24). Die durch den Beklagten angebotenen Einrichtungen sind indes - im Gegensatz zu der dem Wunsch der Klägerin entsprechenden Einrichtung - nicht geeignet, den Bedarf der Klägerin nach einer geeigneten Unterbringung zu decken. Denn sie können nicht die Gewähr dafür bieten, dass der gegenüber dem Sozialhilfeträger bestehende Individualanspruch der Klägerin mit hinreichender Sicherheit erfüllt wird (vgl. OVG Hamburg, Urteil v. 12.9.1980, aaO). Die der Klägerin von dem Beklagten angebotene Unterbringung im Wohnheim an der Werkstatt für seelisch Behinderte in Y. kann schließlich keine dem Einzelfall der Klägerin gerecht werdende Hilfeleistung gewährleisten. Nach dem vorliegenden Konzept der Einrichtung und dem Vorbringen des Beklagte ist zwar auch die dortige Arbeit auf eine baldige Wiedereingliederung der Hilfesuchenden ausgerichtet. Die Einrichtung kann jedoch nicht die - wie bereits festgestellt - für den Maßnahmeerfolg im Fall der Klägerin bedeutsame religiöse Begleitung in dem Sinne gewährleisten, dass die Therapie auf dem christlichen Glaubensbekenntnis aufbaut und sich hiermit täglich auseinander setzt. In der Einrichtung ist vielmehr gar kein Geistlicher als ständiger Ansprechpartner vorhanden, sondern die Klägerin wäre gehalten, sich an den Pastor der dort ansässigen Gemeinde zu wenden. In Anbetracht der Bedeutung des christlichen Glaubens für das Denken und Handeln der Klägerin kann mithin in Y. der Erfolg der durchzuführenden Maßnahme nicht annähernd in gleicher Weise wie in der durch die Klägerin gewählten Einrichtung sichergestellt werden.

22

Zurückverweisung des Rechtsstreits nach erfolgreicher Verfassungsbeschwerde der Zeugen Jehovas gegen das BVerwG-Urteil vom 26.6.1997 - 7 C 11/96 - (KirchE 35, 248) an das OVG Berlin zur weiteren Aufklärung. Ein Aufklärungsbedarf besteht vor allem hinsichtlich der Frage, ob die Religionsgemeinschaft a) darauf hinwirkt, im Fall der Weigerung von Eltern, der Bluttransfusion bei ihren noch nicht einsichtsfähigen Kindern zuzustimmen, staatliche Schutzmaßnahmen zu erschweren oder gar zu verhindern, b) gegenüber den in der Gemeinschaft verbliebenen Familienmitgliedern in einer den Bestand der Familie oder der Ehe (Art. 6 Abs. 1 GG) gefährdenden Weise aktiv darauf hinarbeitet, dass diese den Kontakt zu Kindern oder Ehegatten, die aus der Religionsgemeinschaft ausgeschieden sind oder ausgeschlossen wurden, „auf das absolut Notwendige" beschränken oder ganz aufgeben.

Art 2 Abs. 1 u. 2, 4 Abs. 1 u. 2, 6 Abs. 1 u. 2, 140 GG,
Art. 137 Abs. 5 WRV; § 1666 Abs. 1 u. 3 BGB
BVerwG, Urteil vom 17.Mai 2001 - 7 C 1/01[1] -

Die Klägerin ist aus der Religionsgemeinschaft der Zeugen Jehovas in der DDR hervorgegangen und seit 1999 der Verband aller Zeugen Jehovas in Deutschland mit Sitz in Berlin. Sie begehrt die Verleihung der Rechte einer Körperschaft des öffentlichen Rechts nach Art. 140 GG iVm Art. 137 Abs. 5 Satz 2WRV.

Mit Schreiben vom 23.10.1990 bat die Religionsgemeinschaft der Zeugen Jehovas in Deutschland um Bestätigung ihrer Rechtsstellung als Körperschaft des öffentlichen Rechts; der Ministerrat der DDR habe sie im März 1990 als Religionsgemeinschaft anerkannt. Im April 1991 stellte sie vorsorglich auch den Antrag, sie gemäß Art. 140 GG iVm Art. 137 Abs. 5 Satz 2 WRV als Körperschaft des öffentlichen Rechts anzuerkennen.

Der Beklagte lehnte mit Bescheid vom 20.4.1993 beide Anträge ab. Soweit es den Antrag auf Verleihung der Körperschaftsrechte betrifft, begründete er die Ablehnung vor allem damit, dass die Religionsgemeinschaft der Zeugen Jehovas ihren Mitgliedern im Widerspruch zum Demokratieprinzip des Grundgesetzes die Teilnahme an Wahlen verbiete. Auch ihr negatives Grundverständnis vom Staat und die Ablehnung jeder Form des Miteinanders mit anderen Religionsgemeinschaften weckten Zweifel daran, dass die Voraussetzungen des Art. 140 GG iVm Art. 137 Abs. 5 Satz 2 WRV erfüllt seien.

Die Klägerin hat daraufhin Klage mit dem Antrag erhoben, ihre Eigenschaft als Körperschaft des öffentlichen Rechts festzustellen; hilfsweise hat sie beantragt, den Beklagten zu verpflichten, ihr die Rechtsstellung einer Körperschaft des öffentlichen Rechts im Land Berlin zu verleihen. Das Verwaltungsgericht Berlin hat mit Urteil vom 25.10.1993 (KirchE 31, 475) den Hauptantrag der Klägerin abgewiesen und ihrem Hilfsantrag stattgegeben.

Das Oberverwaltungsgericht hat die Berufungen der Klägerin und des Beklagten mit Urteil vom 14.12.1995 (KirchE 33, 549) zurückgewiesen Dieses Urteil ist, soweit es den Hauptantrag der Klägerin betrifft, rechtskräftig geworden. Gegen die Entscheidung über den Hilfsantrag hat der Beklagte die vom Oberverwaltungsgericht zugelassene Revision eingelegt, mit der er die Abweisung auch dieses Klageantrags erstrebt. Das Bundesverwaltungsgericht hat mit Urteil vom 26.6.1997 - 7 C

---

[1] Buchholz 11 Art 140 GG Nr 66; DVBl. 2001, 1548 (LS); EzFamR BGB § 1666 Nr 17; NJW 2001, 2899 (LS); NVwZ 2001, 9246.

11.96 - (BVerwGE 105, 117, KirchE 35, 248) der Revision des Beklagten stattgegeben und die Klage auch in dem Hilfsantrag abgewiesen.

Auf die Verfassungsbeschwerde der Klägerin hat das Bundesverfassungsgericht mit Urteil vom 19.12.2000 - 2 BvR 1500/97 - (KirchE 38, 502) das Urteil des Bundesverwaltungsgerichts vom 26.6.1997 aufgehoben und die Sache an das Bundesverwaltungsgericht zurückverwiesen. Zur Begründung hat es ausgeführt: Das religiöse Verbot der Teilnahme an staatlichen Wahlen sei ein Gesichtspunkt, der zwar bei der gebotenen Gesamtbetrachtung Berücksichtigung finden könne, der aber für sich allein die Versagung des Körperschaftsstatus nicht rechtfertige. Das Urteil des Bundesverwaltungsgerichts verletze damit Art. 140 GG iVm Art. 137 Abs. 5 Satz 2 WRV. Nach dem bisherigen Sach- und Streitstand sei nicht abzusehen, ob der Klägerin der Status einer Körperschaft des öffentlichen Rechts aus anderen Gründen zu versagen sei oder nicht. Insbesondere sei im fachgerichtlichen Verfahren offen geblieben, ob die dem staatlichem Schutz anvertrauten Grundrechte Dritter einer Verleihung des Körperschaftsstatus entgegenstünden.

Mit den nachstehend wiedergegebenen Erwägungen wird der Rechtsstreit hinsichtlich des allein noch anhängigen Hilfsantrags (Verleihung der Rechtsstellung einer Körperschaft des öffentlichen Rechts im Land Berlin) vom Bundesverwaltungsgericht weiter an das Oberverwaltungsgericht zurückverwiesen.

Aus den Gründen:

Die Revision des beklagten Landes ist begründet. Das Urteil des Oberverwaltungsgerichts beruht auf einer unrichtigen Anwendung des Art. 140 GG iVm Art. 137 Abs. 5 Satz 2 WRV, soweit es dem in der Revisionsinstanz allein noch anhängigen Hilfsantrag der Klägerin stattgegeben hat. Da die Tatsachenfeststellungen keine abschließende Entscheidung des Senats über den Antrag der Klägerin zulassen, muss das Urteil nach § 144 Abs. 3 Satz 1 Nr. 2 VwGO aufgehoben und der Rechtsstreit zur weiteren Sachaufklärung an das Oberverwaltungsgericht zurückverwiesen werden. Für die beantragte Zurückverweisung an einen anderen Senat des Oberverwaltungsgerichts (vgl. Urteil vom 15.4.1964 - BVerwG 5 C 97.63 - Buchholz 310 § 144 VwGO Nr. 8) besteht kein Anlass.

1. Nach Art. 140 GG iVm Art. 137 Abs. 5 Satz 2 WRV ist Religionsgemeinschaften auf ihren Antrag die Rechtsstellung einer Körperschaft des öffentlichen Rechts zu gewähren, wenn sie durch ihre Verfassung und die Zahl ihrer Mitglieder die Gewähr der Dauer bieten. Die Klägerin erfüllt - wie der Senat bereits in dem Urteil vom 26.6.1997 - 7 C 11.96 - (BVerwGE 105, 117 [118 f.]) festgestellt hat - alle Merkmale einer Religionsgemeinschaft und bietet durch ihre Verfassung und die Zahl ihrer

Mitglieder die Gewähr der Dauer. Über diese Voraussetzungen hinaus müssen für die Verleihung des Status einer Körperschaft des öffentlichen Rechts weitere, in Art. 140 GG iVm Art. 137 Abs. 5 Satz 2 WRV nicht ausdrücklich genannte Voraussetzungen erfüllt sein, die sich daraus ergeben, dass die durch Art. 140 GG übernommenen Weimarer Kirchenartikel im Einklang mit den Wertungen des Grundgesetzes auszulegen sind. Eine Religionsgemeinschaft, die den Status einer Körperschaft des öffentlichen Rechts erwerben will, muss insbesondere die Gewähr dafür bieten, dass ihr künftiges Verhalten die in Art. 79 Abs. 3 GG umschriebenen fundamentalen Verfassungsprinzipien, die dem staatlichen Schutz anvertrauten Grundrechte Dritter sowie die Grundprinzipien des freiheitlichen Religions- und Staatskirchenrechts des Grundgesetzes nicht gefährdet (BVerfG NJW 2001, 429 [430, 433]). Ob die dem staatlichen Schutz anvertrauten Grundrechte Dritter einer Verleihung des Körperschaftsstatus entgegenstehen, ist im Wege einer typisierenden Gesamtbetrachtung zu klären (BVerfG NJW 2001, 433). Die gebotene Gesamtbetrachtung bezieht sich auf das jeweils zu prüfende Grundrecht. Häufig wird sich erst aus dem Zusammenwirken vieler einzelner Umstände erschließen, ob das Verhalten der Religionsgemeinschaft eine Gefährdung des Grundrechts erwarten lässt.

2. Das Oberverwaltungsgericht ist von einem damit nicht vereinbaren, weil zu großzügigen Verständnis der rechtlichen Voraussetzungen ausgegangen, unter denen einer Religionsgemeinschaft der Körperschaftsstatus gewährt werden kann. Von seinem rechtlichen Ansatz aus hat das Berufungsgericht nicht die Tatsachen festgestellt, die dem Senat eine abschließende Entscheidung anhand der vom Bundesverfassungsgericht bindend vorgegebenen Maßstäbe erlaubt; denn es fehlt an hinreichenden Tatsachenfeststellungen zu möglichen Gefährdungen der Grundrechte Dritter. Einen Aufklärungsbedarf sieht der Senat vor allem darin, ob die Religionsgemeinschaft darauf hinwirkt, im Fall der Weigerung von Eltern, der Bluttransfusion bei ihren noch nicht einsichtsfähigen Kindern zuzustimmen, staatliche Schutzmaßnahmen zu erschweren oder gar zu verhindern; ein solches Verhalten würde das Grundrecht der Minderjährigen auf Leben (Art. 2 Abs. 2 Satz 1 GG) gefährden (a). Ferner bedarf es der Aufklärung, ob die Religionsgemeinschaft gegenüber den in der Gemeinschaft verbliebenen Familienmitgliedern - wie das beklagte Land behauptet - in einer den Bestand der Familie oder der Ehe (Art. 6 Abs. 1 GG) gefährdenden Weise aktiv darauf hinarbeitet, dass diese den Kontakt zu Kindern oder Ehegatten, die aus der Religionsgemeinschaft ausgeschieden sind oder ausgeschlossen wurden, „auf das absolut Notwendige" beschränken oder ganz aufgeben (b). Ein solches Verhalten der Religionsgemeinschaft wird sich regelmäßig auch als nachhaltige Sperre gegen den Austritt von Mitgliedern auswirken und damit ihr nach Art. 4 Abs. 1 u. 2 GG gewährleistetes Recht gefährden, eine Religionsgemeinschaft zu verlassen (c). Erziehungspraktiken, die das Kind

in eine Außenseiterrolle führen konnen, stellen dagegen noch keine Gefährdung des Grundrechts des Kindes aus Art. 2 Abs. 1 GG dar (d).

a) Die Religionsgemeinschaft der Zeugen Jehovas untersagt es ihren Mitgliedern, die Zustimmung zu Bluttransfusionen bei ihren minderjährigen Kindern zu erteilen; dies gilt auch dann, wenn nach ärztlicher Beurteilung die Bluttransfusion das einzige Mittel ist, um das Leben des Kindes zu erhalten. Dies rechtfertigt für sich allein jedoch noch nicht die Versagung des Körperschaftsstatus. Denn der Gesetzgeber hat in § 1666 Abs. 1 u. 3 BGB Regelungen geschaffen, die im Konfliktfall einerseits dem Elternrecht und der Religionsfreiheit sowie andererseits dem Grundrechtsschutz des Kindes aus Art. 2 Abs. 2 Satz 1 GG Rechnung tragen. Nach § 1666 Abs. 3 BGB kann das Familiengericht Erklärungen des Inhabers der elterlichen Sorge ersetzen. Diese Vorschrift wird von den Gerichten herangezogen, um anstelle der Eltern die Einwilligung zur Bluttransfusion bei einem Minderjährigen zu erteilen (vgl. OLG Celle NJW 1995, 792 [793]; KirchE 32, 52): Bluttransfusion bei einem neugeborenen Kind; OLG Düsseldorf, DAVorm 1992, 878; auch AG Nettetal, FamRZ 1996, 1104). Die Regelung bewahrt die Mitglieder der Religionsgemeinschaft davor, aktiv an der Durchführung der nach ihrer Anschauung verbotenen Bluttransfusion mitwirken zu müssen, und schafft andererseits im Sinne des Grundrechtsschutzes des Kindes eine wirksame und schnelle Hilfe zur Erhaltung des Lebens des Minderjährigen. Wenn das Verhalten der Religionsgemeinschaft diesen staatlichen Schutz oder eine Sofortmaßnahme des Arztes von vornherein einbezieht und sich darauf beschränkt, die Mitglieder darin zu bestärken, nicht selbst die Zustimmung zur Bluttransfusion zu erklären, kann hierin allein noch keine Gefährdung des Grundrechts des Minderjährigen gesehen werden, welche die Versagung des Körperschaftsstatus rechtfertigt.

Anders verhält es sich aber, wenn die Religionsgemeinschaft Schritte unternimmt, die darauf hinauslaufen, die staatlichen Schutzmaßnahmen zu erschweren oder gar zu verhindern. Eine solche Haltung wäre mit dem Status einer Körperschaft des öffentlichen Rechts, der - wie das Bundesverfassungsgericht ausgeführt hat - die besonderen Pflichten des Grundgesetzes zum Schutz der Rechte Dritter näher als anderen Religionsgemeinschaften liegen (BVerfG NJW 2001, 432), nicht zu vereinbaren und müsste zur Ablehnung des Antrags der Klägerin führen. Das beklagte Land hat vorgetragen, dass von der Religionsgemeinschaft im Fall eines Krankenhausaufenthaltes des Kindes, zu dessen Behandlung eine Bluttransfusion möglich erscheint, die Ältesten der Gemeinde und auch von den Zeugen Jehovas gebildete Komitees (z.B. ein Krankenhausverbindungs-Komitee) eingeschaltet würden und in seltenen Fällen sogar ein Mitglied beauftragt werde, rund um die Uhr „Wache" zu halten. Insoweit ist vom Oberverwaltungsgericht zu klären, welche Schritte die Religionsgemeinschaft typischerweise in einem solchen Fall unternimmt und ob diese das Ziel verfolgen, eine Ersetzung des Einverständnisses der Eltern durch die Familiengerichte zu erschweren oder eine gerichtlich erlaubte Bluttransfusion zu verhindern. Hierfür kann - wegen der voraussichtlich geringen Zahl von Fällen der Bluttransfusion bei Kindern - auch das Verhalten in einem Einzelfall ausreichen, wenn sich aus sonstigen Umständen (einschließlich der Erklärungen und Schriften der Klägerin) ergibt, dass es sich um ein typisches Verhalten der Religionsgemeinschaft handelt.

Wenn sich dagegen herausstellt, dass die von dem Beklagten angeführten Maßnahmen darauf zielen, Eltern in der Ablehnung der Bluttransfusion „zu überwachen" und dadurch zu verhindern, dass diese im Interesse ihres Kindes der Bluttransfusion zustimmen, würde sich aus einem solchen Verhalten unter der Voraussetzung, dass es sich lediglich als Bestärkung der als richtig angesehenen religiösen Haltung darstellt, kein zusätzlicher Gesichtspunkt gegen die Zuerkennung des Körperschaftsstatus ergeben. Eine andere Beurteilung wäre allerdings vorzunehmen, wenn die Klägerin mit unzulässigen Maßnahmen (z.B. Ausübung von Druck oder Drohungen) versuchen würde, zur Zustimmung bereite Eltern von der Erklärung der Zustimmung gegenüber dem Arzt abzuhalten.

Sollte die Prüfung durch das Oberverwaltungsgericht ergeben, dass die Religionsgemeinschaft die Bluttransfusion bei dem Kind, zu der der Staat in Erfüllung seiner Schutzpflicht das Einverständnis der Eltern ersetzt hat, zum Anlass eines Ausschlussverfahrens in der Form eines „Gemeinschaftsentzugs" nimmt, wäre die „Sanktionierung" dieses staatlichen Schutzes ein erheblicher Gesichtspunkt im Rahmen der vorzunehmenden Gesamtbetrachtung. Sie würde im Widerspruch zu der Darlegung der Klägerin stehen, dass sie sich allein gegen den „eigenhändigen" Beitrag von Mitgliedern zur Bluttransfusion in der Form der Zustimmungserklärung wendet.

b) Vom Oberverwaltungsgericht ist ferner zu klären, ob die Religionsgemeinschaft aktiv darauf hinarbeitet, dass ausgetretene oder ausgeschlossene Familienmitglieder von ihren in der Religionsgemeinschaft verbleibenden Familienangehörigen in einer Weise ausgegrenzt werden, die den durch Art. 6 Abs. 1 GG geschützten Bestand von Familie und Ehe gefährdet. Das beklagte Land hat im Berufungsverfahren vorgetragen, dass Eltern angewiesen werden, den Kontakt zu ihren Kindern aufzugeben, die aus der Religionsgemeinschaft ausgeschieden sind. Sinngemäß ist ferner darauf hingewiesen worden, dass mit Ehegatten, die aus der Religionsgemeinschaft ausgetreten sind oder ausgeschlossen wurden, „keine geistige Gemeinschaft" mehr gepflegt werden dürfe und der Umgang auf das „absolut Notwendige" zu beschränken sei. Die Klägerin bestreitet eine solche Ausgrenzung von Kindern und Ehegatten.

Ein aktives Hinarbeiten auf eine Trennung von Ehepartnern oder Familien wäre ein ausreichender Grund für die Versagung des Körperschaftsstatus. Nach Art. 6 Abs. 1 GG stehen Ehe und Familie unter dem besonderen Schutz der staatlichen Ordnung. Die Verfassungsbestimmung enthält ein Grundrecht der Familienangehörigen und verpflichtet den Staat dazu, Ehe und Familie vor Beeinträchtigungen durch andere Kräfte zu bewahren (BVerfGE 6, 55 [76]; 55, 114 [126]). Das von dem beklagten Land behauptete Verhalten der Religionsgemeinschaft würde das Grundrecht der Kinder und des Ehegatten aus Art. 6 Abs. 1 GG, zu dessen Schutzbereich das familiäre Zusammenleben gehört, beeinträchtigen oder zumindest gefährden.

c) Wenn der Austritt aus der Religionsgemeinschaft typischerweise diese Konsequenzen hätte, würde sich dies regelmäßig auch als nachhaltige Sperre gegen einen Austritt auswirken. Denn der Austrittswillige wird von einem Ausscheiden aus der Religionsgemeinschaft regelmäßig absehen, um den Kontakt mit seinen engsten Familienangehörigen aufrechtzuerhalten. Ein solches Verhalten würde - sei es als schwerwiegende Nebenfolge des oben dargestellten Verhaltens der Klägerin (vgl. auch Urteil vom 27.3.1992 - BVerwG 7 C 21.90 - BVerwGE 90, 112 [121] zu faktischen Grundrechtsbeeinträchtigungen) oder als gezielte Maßnahme - auch das Grundrecht des Austrittswilligen aus Art. 4 Abs. 1 u. 2 GG gefährden, das das Recht umfasst, mit Wirkung für den Bereich des staatlichen Rechts aus der Religionsgemeinschaft auszutreten (BVerfGE 30, 415 [423, 426]; KirchE 12, 101; auch BVerwG, Urteil vom 23.2.1979 - 7 C 32.78 - Buchholz 401.70 Kirchensteuer Nr. 17; KirchE 17, 183). Als gezielte Maßnahme wäre ein solches Festhalten austrittswilliger Mitglieder in der Gemeinschaft mit Mitteln, die das Grundgesetz (Art. 6 Abs. 1 GG) missbilligt, ein Grund, der der Verleihung der Körperschaftsrechte entgegenstehen kann (vgl. BVerfG NJW 2001, 433).

d) Wenn durch das Verhalten der Religionsgemeinschaft, insbesondere durch verbindliche Vorgaben an die Eltern zur Erziehung, die Entwicklung von Kindern zu eigenverantwortlichen Persönlichkeiten innerhalb der sozialen Gemeinschaft in einem Maße beeinträchtigt wird, dass eine Gefährdung des Kindeswohls zu besorgen ist, wäre dies mit Blick auf das Grundrecht der Kinder auf Entfaltung ihrer Persönlichkeit gemäß Art. 2 Abs. 1 GG und die staatliche Schutzpflicht gemäß Art. 6 Abs. 2 Satz 2 GG ein Grund, der der Verleihung der Körperschaftsrechte entgegenstehen könnte.

Eine Gefährdung des Kindeswohls (vgl. auch § 1666 Abs. 1 BGB) kann auf der Grundlage des bisherigen Vortrags des Beklagten und des Akteninhalts nicht angenommen werden. Das behauptete Verbot des Kontaktes von Kindern mit „Nichtgläubigen" begründet eine Gefährdung noch nicht; es wird in seiner Wirkung dadurch eingeschränkt, dass das Kind die Schule besucht und dort mit Kindern anderer Religionen zusammentrifft. Der Beklagte hat im Berufungsverfahren vorgetragen, dass die Religionsgemeinschaft die Teilnahme von Kindern an „weltlichen" Veranstaltungen wie Geburtstagsfeiern oder Schul-, Sport- und sonstigen Jugendveranstaltungen, an Klassenfahrten sowie an allgemeinen schulischen Aktivitäten außerhalb des regulären Lehrplans verbiete. Auch insoweit ist zu berücksichtigen, dass die Kinder am regulären Unterricht einschließlich des Schulsports teilnehmen und dadurch in eine Schulklasse eingebunden sind. Dass sie an Veranstaltungen außerhalb der Schule oder an Schulveranstaltungen außerhalb des regulären Lehrplans nicht teilnehmen, kann sie, worauf der Beklagte zu Recht hinweist, zu Außenseitern machen. Dies allein kann aber mit der Gefährdung des Kindeswohls nicht gleichgesetzt werden. Sie ergibt sich insbesondere nicht daraus, dass eine andere Erziehung, die die Teilnahme an derartigen Veranstaltungen erlaubt, für die Entwicklung des Kindes besser geeignet sein kann. Soweit der Beklagte geltend macht, dass durch eine bildungsfeindliche Grundhaltung der Religionsgemeinschaft den Kindern Bildungschancen vorenthalten würden, kann auch hierauf eine Grundrechtsgefährdung nicht gestützt werden. Der Beklagte selbst behauptet nicht, dass die Religionsgemeinschaft den Besuch weiterführender Schulen oder von Universitäten verbietet oder generell die Bildung der Kinder über einem Grundniveau ablehnt.

23

1. **Im Grundbuchverfahren kann der Nachweis der gesetzlichen Vertretung einer katholischen Pfarrpfründestiftung durch urkundliche Erklärung der kirchlichen Aufsichtsbehörde erbracht werden.**
2. **Die Genehmigung des von einer Pfarrpfründestiftung vorgenommenen Rechtsgeschäfts durch die kirchliche Aufsichtsbehörde stellt in der Regel keinen ausreichenden Nachweis dafür dar, dass die Pfarrpfründestiftung bei Vornahme des Geschäfts wirksam gesetzlich vertreten war.**
3. **Bei der Prüfung, ob durch eine längere Zeit zurückliegende Bestätigung der kirchlichen Aufsichtsbehörde die Vertretungsbefugnis einer Pfarrpfründestiftung noch nachgewiesen ist, sind mit Rücksicht auf die Besonderheiten des geistlichen Amts, mit dem die Pfründe verbunden ist, weniger strenge Anforderungen zu stellen, als an den Nachweis der Vertretungsbefugnis in anderen Fällen.**

§§ 1105 BGB, 5 Abs. 2, 15 ErbbauV, 18, 29 Abs. 1 GBO;
Art. 30 Abs. 1 Bay StiftG, 35 Abs. 2, 42 Abs. 2, 44 BayKiStiftO
BayObLG, Beschluss vom 22. Mai 2001 - 2Z BR 49/01[1] -

---

[1] Amtl. Leitsätze. BayObLGZ 2001, 132; DNotI-Report 2001, 135 (LS); FGPrax 2001, 174; NJW-RR 2001, 1237; VersR 2001, 486.

Der Beteiligte ist im Grundbuch als Inhaber eines Erbbaurechts an einem Grundstück eingetragen, dessen Eigentümerin eine Pfarrpfründestiftung ist. Als Inhalt des Erbbaurechts ist vereinbart, dass der Erbbauberechtigte zur Belastung des Erbbaurechts mit einer Hypothek, Grund- oder Rentenschuld, Reallast oder einem Dauerwohn- oder -nutzungsrecht der vorherigen schriftlichen Zustimmung des Grundstückseigentümers und der Genehmigung der Erzbischöflichen Finanzkammer als der kirchlichen Aufsichtsbehörde bedarf.

Auf dem Grundstück errichtete der Beteiligte eine Heizungsanlage. Diese dient auch der Versorgung eines Nachbargrundstücks mit Heizwärme und Warmwasser. Zu notarieller Urkunde vom 25.2.2000 bestellte der Beteiligte zur Sicherung der Verpflichtung zur Heizwärme- und Warmwasserversorgung am Erbbaurecht zugunsten des jeweiligen Eigentümers des Nachbargrundstücks eine durch Beendigung des Erbbaurechts auflösend bedingte Reallast und bewilligte und beantragte deren Eintragung im Grundbuch. Den Vollzugsantrag hat das Grundbuchamt mit Zwischenverfügung vom 13.9.2000 beanstandet: Die vorgelegte Zustimmungserklärung der Eigentümerin sei nicht ausreichend konkretisiert; ferner fehle der Nachweis der Vertretungsmacht des für die Pfarrpfründestiftung handelnden Pfarrers.

Die Beschwerde hat das Landgericht mit dem angefochtenen Beschluss zurückgewiesen und zur Begründung unter anderem ausgeführt: Neben der Bewilligung des Erbbauberechtigten sei für die Eintragung der Reallast wegen des Zustimmungserfordernisses der Grundstückseigentümerin deren Bewilligung erforderlich. Im Falle gesetzlicher Vertretung nicht handlungsfähiger Personen müsse die gesetzliche Vertretungsmacht in grundbuchmäßiger Form nachgewiesen werden. Hier fehle es am Nachweis, dass der in ein Amt berufene Geistliche, der zugleich Pfründeinhaber ist, nach der Besitzergreifung von dem geistlichen Amt durch den Direktor der Erzbischöflichen Finanzkammer als kirchlicher Stiftungsaufsichtsbehörde in den Gebrauch der Pfründe eingewiesen worden sei. Die stiftungsaufsichtliche Genehmigung beseitige diesen Mangel nicht. Nach dem Erbbaurechtsvertrag sei zur Bestellung einer Reallast die Genehmigung der Stiftungsaufsicht zur Zustimmung der Grundstückseigentümerin erforderlich. Die eine Erklärung ersetze also nicht die andere. Andernfalls wäre bei derartigen Geschäften der Sache nach nur eine Zustimmungserklärung erforderlich; die Regelung im Erbbaurechtsvertrag würde dann leer laufen.

Die weitere Beschwerde des Beteiligten führte zur Aufhebung der Entscheidung des Landgerichts und der Zwischenverfügung des Grundbuchamts.

Aus den Gründen:

2. Die landgerichtliche Entscheidung hält der rechtlichen Nachprüfung nicht stand.
a) Pfarrpfründestiftungen sind als kirchliche Stiftungen (Art. 30 Abs. 1 Satz 2, Art. 40 Abs. 1 des Bayerischen Stiftungsgesetzes - BayStG - idF vom 7.3.1996, GVBl. S. 126) juristische Personen des öffentlichen Rechts (BayObLGZ 1999, 248 [251]; Palandt/Heinrichs, BGB, 60. Aufl. Vorbem. vor § 89 Rn 2; Voll/Störle, BayVBl. 1991, 97 [99]; s. auch Schaub, in: Bauer/von Oefele, GBO, AT VII Rn 370 und OLG Zweibrücken MDR 1966, 672, die jedoch irreführend von öffentlich-rechtlichen Körperschaften ausgehen). Damit verbunden ist die allgemeine Rechtsfähigkeit, die eine Teilnahme am Rechtsverkehr ermöglicht und für die gesamte Rechtsordnung gilt (Voll/Störle, BayVBl. 1991, 132 [133]). Die Außenvertretung der Pfarrpfründestiftung bestimmt sich nach kirchlichem Recht, in Bayern nach der Ordnung für kirchliche Stiftungen in den bayerischen (Erz-)Diözesen (KiStiftO; veröffentlicht mit KMBek v. 9.5.1988 KWMBl I 1988 S. 212 [215], abgedruckt bei: Voll/Störle, Bay. Stiftungsgesetz, 3. Aufl., Anh. 1). Nach Art. 35 Abs. 2 KiStiftO wird die Pfründestiftung durch den Pfründeinhaber gerichtlich und außergerichtlich vertreten. Dies geschieht unter der Obhut und Aufsicht der kirchlichen Stiftungsbehörde, deren Aufgabe nach Art. 42 Abs. 2 KiStiftO der (Erz-)Bischöflichen Finanzkammer obliegt. Nach dem Gesetz der Bayerischen (Erz-)Bischöfe zur Neuordnung des Pfründewesens vom 20.6.1986 (KiPfrWG; ABl. der Erzdiözese München u. Freising S. 292) ist das (geistliche) Amt unabhängig von der Pfründe und die Pfründe ein Anhang zum Amt (siehe § 3 Abs. 1 KiPfrWG). Folglich werden Pfarrer, mit deren Amt eine Pfarrpfründe verbunden ist, nicht mit der Pfründe belehnt, sondern ergreifen von ihrem (geistlichen) Amt Besitz oder werden in dieses eingesetzt (§ 3 Abs. 2 KiPfrWG). Die Pfründe als Anhang zum Amt bedingt, dass der Amtsinhaber auch Pfründeinhaber wird. Nach § 5 Abs. 1 KiPfrWG wird der zum Amt berufene Geistliche, der zugleich Pfründeinhaber ist, nach der Besitzergreifung von dem geistlichen Amt durch den Direktor der Erzbischöflichen Finanzkammer als kirchlicher Stiftungsaufsichtsbehörde in den Gebrauch der Pfründe eingewiesen. Erst von diesem Zeitpunkt an steht dem Pfründeinhaber der Gebrauch der Pfründe zu.

(1) Nicht zu jedem geistlichen Amt gehört eine Pfründe. Ist das Amt jedoch mit einer Pfründe verbunden, ist der Inhaber des geistlichen Amts grundsätzlich auch der Inhaber dieser Pfründe, mögen auch Wohnrecht und Bezug der Erträgnisse (Gebrauch) dem Amtsinhaber erst nach einem zusätzlichen Einweisungsakt zustehen (§ 5 Abs. 1 KiPfrWG). Grundsätzlich muss deshalb für den grundbuchamtlichen Nachweis der Vertretung einer Pfarrpfründestiftung durch öffentliche Urkunden (§ 29

Abs. 1 Satz 2 GBO; BayObLGZ 1991, 24 [33]; Demharter, GBO, 23. Aufl., § 29 Rn 15), zu denen auch kirchliche Urkunden zählen (KEHE/Herrmann, GBO 5. Aufl., § 29 Rn 50; Meikel/Brambring, GBO 8. Aufl., § 29 Rn 111), der Nachweis erbracht werden, dass der sie vertretende Geistliche Inhaber des Amts mit der Pfründe als Anhang ist.

(2) Allerdings ist ein derartiger Nachweis entbehrlich, soweit die Vertretung der Pfarrpfründestiftung durch den Pfarrer offenkundig ist. Offenkundig sind auch die Tatsachen, die das Grundbuchamt aus seinen Akten entnehmen kann (Demharter, § 29 Rn 61 mwN).

Der zu dem Nachtrag vom 23.10.1997 zum Erbbaurechtsvertrag vom 13.9.1997 vorgelegten Bestätigung der Erzbischöflichen Finanzkammer vom 16.6.1998 kann entnommen werden, „dass Herr Pfarrer ... als Pfründeinhaber zur Vertretung der Pfarrpfründestiftung ... berechtigt war". Dasselbe gilt für die Bestätigung vom 16.7.1998 zu der Zustimmung zu einem Rangrücktritt vom 26.5.1998. Dadurch wird nicht nur die gesetzliche Vertretungsbefugnis für die damaligen Rechtsgeschäfte, sondern darüber hinaus belegt, dass der Pfarrer Inhaber eines mit der Pfründe als Anhang verbundenen geistlichen Amtes ist. Die Pfründe ist, von der Ausnahme des stiftungsaufsichtlichen Verwaltungsentzugs abgesehen (§ 9 Abs. 3 KiPfrWG), an das Amt gebunden und steht dem Pfarrer zu, der von seinem Amt Besitz ergriffen hat oder in dieses eingesetzt ist (§ 3 Abs. 2 KiPfrWG). Entscheidend ist, ob für die Zustimmung zur Reallastbestellung die damaligen Bescheinigungen für den Amtsnachweis und die damit verbundene Vertretungsbefugnis ausreichen. Bezweifelt werden könnte, dass der zustimmende Pfarrer noch Inhaber des Amts ist, dessen Anhang die Pfründe bildet (vgl. OLG Düsseldorf RPfleger 1961, 46 [47 f.] mit Anm. Haegele; siehe auch KEHE/Herrmann, § 29 Rn 36).

(3) Der Nachweis der Vertretungsbefugnis wird grundsätzlich durch die stiftungsaufsichtliche Genehmigung nicht erbracht. Diese ersetzt als nach Art. 44 Abs. 2 Nr. 3 Abs. 4 u. 5 KiStiftO zusätzliches innerkirchliches und überdies autonom vertraglich geregeltes (§ 11 Abs. 1 und § 24 des Erbbaurechtsvertrags) Erfordernis für die Wirksamkeit der Reallastbestellung nicht den Vertretungsnachweis. Sie beschränkt sich ihrer Bedeutung nach darauf, eine Gefährdung oder Beeinträchtigung des Kirchenvermögens zu verhindern, dient aber nicht dazu, die privatrechtliche Wirksamkeit des Rechtsgeschäfts zu gewährleisten (vgl. OLG Hamm RPfleger 1994, 19 [20]). So ist anerkannt, dass der Nachweis der vormundschaftsgerichtlichen Genehmigung nicht den urkundlichen Nachweis der Bestellung als Vormund oder Betreuer ersetzt (KEHE/Herrmann, § 29 Rn 31). Beide Bereiche hat das Grundbuchamt vielmehr selbstständig und eigenverantwortlich zu prüfen (BayObLG Rpfleger 1986, 471, KirchE 31, 178; Schöner/Stöber, Grundbuchrecht 12. Aufl., Rn 3681), weil die aufsichtliche Genehmigung die fehlende Vertretungsmacht nicht ersetzt, wie auch umgekehrt ohne aufsichtliche Genehmi-

gung die Eigentümerzustimmung nicht wirksam wäre (OLG Hamm, aaO; BayObLGZ 1989, 387 [392], KirchE 27, 280).

(4) Gleichwohl kann hier bei Berücksichtigung aller Umstände der Nachweis der Vertretungsbefugnis als geführt angesehen werden. Bei dem vergleichbaren Fall des Nachweises der Befugnis, eine Personen- oder Handelsgesellschaft zu vertreten (vgl. § 32 GBO), geht die Rechtsprechung davon aus, dass grundsätzlich auch ältere Zeugnisse des Registergerichts den Nachweis erbringen können. Allgemeine Regeln dazu, wie alt ein Zeugnis sein darf, lassen sich nicht aufstellen (Meikel/ Roth, § 32 Rn 32; Demharter, § 32 Rn 12 mwN). Das Amt eines Pfarrers ist grundsätzlich, anders als die Position, mit der die Befugnis zur Vertretung einer Gesellschaft verbunden ist, auf einen viel längeren Zeitraum angelegt. Der Pfarrer wird grundsätzlich auf unbegrenzte Zeit ernannt (c. 522 CIC).

Auch wenn die stiftungsaufsichtliche Genehmigung, die hier jüngeren Datums ist, für sich nicht den erforderlichen Nachweis erbringt, kommt ihr bei der Gesamtwürdigung doch Bedeutung zu. Es ist jedenfalls unwahrscheinlich, dass die Aufsichtsbehörde die Genehmigung zu der Zustimmung des Pfarrers erteilt hätte, wenn dieser aus seinem Amt ausgeschieden (c. 538 CIC) und damit nicht mehr Inhaber der Pfarrpfründe wäre. Insgesamt kann damit noch von einem ausreichenden Nachweis der Vertretungsbefugnis des Pfarrers ausgegangen werden.

24

Zur Auslegung eines Testaments, mit dem die Erblasserin die „Diakonissen in S." zu ihren Erben eingesetzt hat.

§§ 133, 2065 2365 BGB
BayObLG, Beschluss vom 23. Mai 2001 – 1 Z BR 10/01[1] -

Die im Alter von 84 Jahren verstorbene Erblasserin war verwitwet und kinderlos. Sie stand seit 5.10.1999 unter Betreuung. Die Beteiligte zu 1) ist ihre Schwester, die Beteiligte zu 2) ihre Nichte. Die Beteiligte zu 5) ist Nachlasspflegerin.

Die Erblasserin verfasste ein auf den 30.12.1982 datiertes privatschriftliches Testament, das in dem von ihr seit 1994 angemieteten Banksafe aufgefunden wurde. Das Testament lautet auszugsweise: „Ich ... vererbe mein ganzes Vermögen ... den Diakonissen in S."

Die andere Seite des Schriftstücks enthält mit „Mein Testament" überschriebene privatschriftliche Erklärungen der Erblasserin ohne Datums-

---

[1] FamRZ 2002, 200; NJWE-FER 2001, 211; ZERB 2001, 220 (LS).

angabe, die ebenfalls die Erbeinsetzung der Diakonissen in S. enthalten und im Übrigen nur unwesentlich von der letztwilligen Verfügung vom 30.12.1982 abweichen. Der Reinnachlass beträgt DM 663.049,30. Die Erblasserin besuchte im Alter von 3-6 Jahren (also etwa von 1918-1921) den von Diakonissen geführten ev. Kindergarten in S. Eigentümer des 1897 erbauten Hauses und Träger des Kindergartens war bis Ende 1993 der Evangelische Diakonieverein S. e.V.; 1994 wurde die Trägerschaft an die Ev.-Luth. Kirchengemeinde S. (Beteiligte zu 3]) übergeben. Der Kindergarten wurde seit der Gründung von Diakonissen geführt, die von ihrem Mutterhaus, der Ev. Diakonissenanstalt, Anstalt des öffentlichen Rechts in Augsburg (Beteiligte zu 4), entsandt worden waren. Der Kindergarten wurde in S. deshalb als „Diakonissenhaus" bezeichnet; die Kinder, die ihn besuchten, gingen „zu den Diakonissen". Die Diakonissen wurden 1974 aus S. abgezogen. Die Ev. Diakonissenanstalt Augsburg (Beteiligte zu 4) betreibt heute einen Kindergarten, eine Fachakademie für Sozialpädagogik sowie eine Altenpflegeschule, ein Krankenhaus und ein Alten- und Altenpflegeheim.

Die Beteiligte zu 1) hat beantragt, einen Erbschein entsprechend der gesetzlichen Erbfolge zu erteilen; nachdem es in S. keine Diakonissen mehr gebe, sei das Testament gegenstandslos. Die Beteiligte zu 2) ist ebenfalls der Auffassung, es sei gesetzliche Erbfolge eingetreten. Sie hat darauf verwiesen, dass die Erblasserin vor nahezu 60 Jahren jede Verbindung zu ihrer Heimatstadt S. abgebrochen habe und auch von der evangelischen Kirche enttäuscht gewesen sei. Die Beteiligte zu 3) meint hingegen, das Testament sei dahin auszulegen, dass das Erbe an den Kindergarten gehen solle.

Das Nachlassgericht hat mit Vorbescheid vom 26.7 2000 die Erteilung eines Erbscheins entsprechend der gesetzlichen Erbfolge angekündigt: Im Testament sei die juristische Person als Erbe eingesetzt, die Träger des Kindergartens sei. Die Erbeinsetzung sei jedoch eine bedingte und mit der Auflage erfolgt, den Diakonissen in S. den Nachlass zukommen zu lassen. Diese Bedingung könne nicht mehr erfüllt werden.

Gegen diese Entscheidung hat die Beteiligte zu 3) Beschwerde eingelegt mit der Begründung, die Erblasserin habe den Kindergarten unterstützen wollen. Die Beteiligte zu 4) ist der Auffassung, die Erblasserin habe die Gesamtheit der in der Ev. Diakonissenanstalt zusammengefassten Diakonissen gemeint. Die Beteiligte zu 1) und 2) sind der Beschwerde entgegengetreten. Die Beteiligte zu 2) hat vorsorglich die Anfechtung des Testaments erklärt, da von einer unlauteren Fremdbestimmung der Erblasserin bei Abfassung des Testaments auszugehen sei.

Mit dem angefochtenen Beschluss hat das Landgericht den Vorbescheid des Nachlassgerichts aufgehoben. Gegen diese Entscheidung wenden sich die Beteiligten zu 1) und 2) mit der weiteren Beschwerde.

Das Rechtsmittel hatte keinen Erfolg.

Aus den Gründen:

1. Die nicht fristgebundene weitere Beschwerde ist zulässig (§ 27 Abs. 1 FGG, § 550 ZPO); sie ist insbesondere formgerecht erhoben worden (§ 29 Abs. 1 Satz 2 FGG). Die Beteiligten zu 1) und 2) sind beschwerdeberechtigt, weil das Landgericht die zu ihren Gunsten ergangene Entscheidung des Nachlassgerichts aufgehoben und das von ihnen geltend gemachte gesetzliche Erbrecht verneint hat (vgl. BayObLGZ 1994, 73 [74]; Keidel/Kahl FGG 14. Aufl. § 27 Rn 10). Das Rechtsmittel hat aber keinen Erfolg.

2. Das Landgericht hat ausgeführt: Die Beschwerde sei zulässig, weil die Versäumung der im Vorbescheid gesetzten Frist unschädlich sei. Die Beschwerde sei auch begründet, weil sich die Erbfolge nach dem Testament vom 30.12.1982 richte, nach dessen Auslegung die Beteiligte zu 4) Alleinerbin sei. Das Testament sei echt; der Vergleich der Schriftbilder auf beiden Seiten der Testamentsurkunde ergebe, dass diese von der Erblasserin angefertigt worden sei. Anlass zu weiteren Ermittlungen bestehe auch nicht wegen der fehlenden Datumsangabe, nachdem auf beiden Seiten der Testamentsurkunde inhaltsgleiche Verfügungen enthalten seien. Es bestünden auch keine konkreten Hinweise, dass die Erblasserin 1982 nicht testierfähig gewesen sei.

Bei der Zuwendung ihres Vermögens an die „Diakonissen in S." handle es sich um eine Erbeinsetzung, die genügend bestimmt und dahin auszulegen sei, dass die Erblasserin die Beteiligte zu 4) zum Erben habe einsetzen wollen. Sie habe 1982 nicht davon ausgehen können, dass die Diakonissen, von denen sie betreut worden sei, überhaupt noch am Leben, geschweige denn noch in S. tätig gewesen seien. Die Erblasserin habe nach Ausscheiden aus dem Kindergarten weder Kontakt zu diesem noch zu den dort tätigen Diakonissen gehabt. Deswegen sei davon auszugehen, dass die Erblasserin mit „den Diakonissen" nicht konkrete Personen und auch nicht den Kindergarten in S., sondern die Diakonissen als Gesamtheit gemeint habe und die Organisation habe zum Erben einsetzen wollen, der die in S. tätigen Diakonissen angehört hätten. Die Erblasserin habe ersichtlich „die Diakonissen", ohne einzelne Personen zu differenzieren, zu ihren Erben eingesetzt und damit der Wertschätzung und dem Ansehen der Diakonissen Rechnung getragen. Dagegen spreche nichts dafür, dass die Erblasserin nur eine Tätigkeit der Diakonissen in S. oder den dortigen Kindergarten habe unterstützen wollen, weil sie seit Jahrzehnten weder zu ihrer Heimatgemeinde noch zu dem Kindergarten in S. Kontakt gehabt habe und kirchlichen Institutionen eher ablehnend gegenübergestanden sei. Die Ortsbezeichnung habe die Diakonissenanstalt kennzeichnen sollen, die hinter den nach S. entsandten Diakonissen gestanden habe.

3. Die Entscheidung des Landgerichts hält der rechtlichen Nachprüfung (§ 27 Abs. 1 FGG, § 550 ZPO) stand.

a) Das Landgericht hat die Beschwerde zutreffend als zulässig angesehen. (wird ausgeführt)
b) Das Landgericht durfte das auf den 30.12.1982 datierte Testament ohne weitere Ermittlungen als eigenhändig von der Erblasserin geschrieben (§ 2247 Abs. 1 BGB) ansehen. (wird ausgeführt). Das Landgericht hat den Sachverhalt ausreichend ermittelt. (wird ausgeführt)
c) Das Landgericht hat nicht daran gezweifelt, dass die Erblasserin bei Errichtung des Testaments vom 30.12.1982 testierfähig gewesen ist. (wird ausgeführt)
d) Die Beteiligten zu 1) und 2) rügen mit der weiteren Beschwerde vor allem die vom Landgericht vorgenommene Auslegung des Testaments. Die Auslegung des Testaments durch das Landgericht ist jedoch für das Rechtsbeschwerdegericht verbindlich, sofern sie nicht auf Rechtsfehlern beruht. Sie kann daher vom Gericht der weiteren Beschwerde nur daraufhin überprüft werden, ob sie nach den Denkgesetzen und der Lebenserfahrung möglich ist, mit den gesetzlichen Auslegungsregeln in Einklang steht, dem Sinn und Wortlaut des Testaments nicht widerspricht und alle wesentlichen Umstände berücksichtigt (stRspr.; vgl. BGHZ 121, 357 [363]; BayObLG NJWE-FER 2000, 93). Die vom Landgericht vorgenommene Auslegung des Testaments im Sinne einer Erbeinsetzung der Beteiligten zu 4) weist solche Fehler nicht auf.

aa) Das Landgericht ist sich dabei bewusst gewesen, dass die Erblasserin die Beteiligte zu 4) unter der Sammelbezeichnung „Diakonissen in S." benannt hat und eine solche Erbeinsetzung nur als wirksam angesehen werden kann, wenn damit die Person des Erben im Testament hinreichend klar bestimmt worden ist. Denn wie sich aus § 2065 BGB ergibt, musste sich die Erblasserin selbst über den Inhalt aller wesentlichen Teile ihres letzten Willens schlüssig werden. Dazu gehört insbesondere die Bestimmung über die Person des Bedachten. Diese muss zwar nicht namentlich genannt sein; erforderlich ist aber, dass die Person des Bedachten anhand des Inhalts der Verfügung, gegebenenfalls unter Berücksichtigung von außerhalb der Urkunde liegenden Umständen zuverlässig festgestellt werden kann. Sie muss im Testament so bestimmt sein, dass jede Willkür eines Dritten ausgeschlossen ist (BayObLG NJW 1999, 1119 [1120], KirchE 36, 312). Soweit der Wille des Testierenden durch Auslegung festgestellt werden kann, liegt jedoch kein Fall der unzulässigen Bestimmung der Person des Bedachten durch einen Dritten vor. Die Testamentsauslegung ist, auch wenn sie wertende Elemente enthält, nicht die in § 2065 BGB gemeinte unzulässige Willensentscheidung; das Gericht ist insoweit nie Dritter. § 2065 BGB greift nur dann ein, wenn der Wortlaut der letztwilligen Verfügung so unbestimmt ist, dass die Auslegung ergebnislos bleiben muss (vgl. Staudinger/Otte BGB (1996) § 2065 Rn 9; MünchKomm/Leipold BGB 3. Aufl. § 2065 Rn 3). Diese Grundsätze hat das Landgericht seiner Entscheidung zugrunde gelegt.

bb) Entgegen der Auffassung der Beteiligten zu 1) und 2) verbietet der vermeintlich eindeutige Wortlaut nicht die Auslegung des Testaments. Selbst in den Fällen des „eindeutigen Wortlauts" ist der Auslegung eines Testaments durch eben diesen Wortlaut keine Grenze gesetzt (BGHZ 86, 41). Gemäß § 133 BGB ist bei der Auslegung der wirkliche Wille des Erblassers zu erforschen und nicht an dem buchstäblichen Sinn des Ausdrucks zu haften. Dieser Aufgabe kann der Richter nur dann voll gerecht werden, wenn er sich nicht auf eine Analyse des Wortlauts beschränkt, sondern auch alle ihm zugänglichen Umstände außerhalb der Testamentsurkunde heranzieht und sich auch ihrer zur Erforschung des wirklichen Willens des Erblassers bedient (BGH, aaO, S. 45). Eine für sich betrachtet eindeutige Formulierung kann gleichwohl anders zu verstehen sein, wenn das Testament dafür hinreichende Anhaltspunkte ergibt und die Gesamtheit der zu berücksichtigenden Umstände - auch außerhalb des Testaments - eine andere Auslegung rechtfertigt (Münch-Komm/Leipold § 2084 Rn 10).

cc) Das Landgericht hat auch diese Grundsätze befolgt. Es hat sich nicht mit dem buchstäblichen Sinn des Testaments begnügt. Dieser würde die Verfügung der Erblasserin gegenstandslos machen, nachdem seit 1974 keine Diakonissen mehr in S. tätig sind. Das Landgericht hat bei der Erforschung des wirklichen Willens der Erblasserin die sich bietenden Auslegungsalternativen bedacht und ist unter Berücksichtigung aller in und außerhalb des Testaments liegender Umstände zum Ergebnis gekommen, dass die Erblasserin die Beteiligte zu 4) zum Erben einsetzen wollte. Die vom Landgericht gezogenen Schlussfolgerungen sind möglich; zwingend müssen sie nicht sein. Es ist mit der weiteren Beschwerde nicht mit Erfolg angreifbar, wenn andere als die vom Tatrichter gezogenen Schlüsse ebenfalls möglich sind (stRspr.; vgl. BGH FamRZ 1997, 411 [412]; BayObLG FamRZ 2000, 120 [122]).

dd) Entgegen der Auffassung der Beteiligten zu 1) und 2) hat das Landgericht dabei keineswegs die lebensgeschichtlichen und regionalen Bezüge der Erblasserin zu den „Diakonissen in S." verkannt. Auch das Landgericht nimmt als maßgeblichen Beweggrund für die Bestimmung der Beteiligten zu 4) als Erben die fürsorgliche Zuwendung der Diakonissen an, die die Erblasserin im Alter von 3-6 Jahren erfahren hatte. Dies ergibt sich aus dem Zusammenhang der Darlegungen des Landgerichts, nach denen die Diakonissen ihr Leben uneigennützig sozialer Fürsorgetätigkeit, wie der Kindergartenbetreuung, widmen. Wenn das Landgericht die 60 Jahre später verfasste letztwillige Verfügung der Erblasserin dahin auslegt, dass diese diejenige Institution bedenkt, die immer noch diese Aufgaben wahrnimmt, hat es einen möglichen Schluss aus dem lebensgeschichtlichen Zusammenhang der Erblasserin gezogen. Auch den regionalen Bezug hat das Landgericht beachtet: Bei Abfassung des Testaments vom 30.12.1982 lag der Kindergartenbesuch der Erblasserin 60 Jahre zurück; seitdem hat sie weder zu den Diakonissen noch zu dem von ihr besuchten Kindergarten noch zu ihrer Heimatstadt Kontakt gehabt. Im Hinblick darauf hat das Landgericht es als fernliegend angesehen, dass die bei Abfassung des Testaments vom 30.12.1982 immerhin 67 Jahre alte Erblasserin die sie persönlich betreuenden Diakonissen ohne namentliche Benennung als ihre Erben gemeint haben könnte, zumal diese aus ihrer Sicht hochbetagt oder bereits verstorben sein mussten. Dies ist aus Rechtsgründen ebenso wenig zu beanstanden wie der vom Landgericht aus der fehlenden Verbundenheit der Erblasserin zu ihrem Heimatort gezogene Schluss, dass die Ortsbezeichnung lediglich diejenige Diakonisseneinrichtung bezeichnen sollte, die die Diakonissen zum Dienst im Kindergarten in S. entsandt hatte. Das Landgericht hat auch beachtet, dass die Erblasserin kirchlichen Institutionen eher ablehnend gegenübergestanden hat; wenn es gleichwohl den Willen der Erblasserin angenommen hat, die Beteiligte zu 4) als Mutterhaus der zu ihrer Kindergartenzeit in S. tätigen Diakonissen einzusetzen, um einen karitativen Zweck zu verfolgen, ist dies eine Tatsachenwürdigung, die aus Rechtsgründen nicht zu beanstanden ist.

25

1. Kirchliche Stiftungen sind nach § 1 Abs. 1, Abs. 2 lit. a der Verordnung des Kultusministeriums über die Befreiung der Kirchen und anderer Religionsgesellschaften sowie der kirchlichen Stiftungen von der Entrichtung der Verwaltungsgebühren nach dem Landesgebührengesetz vom 19.3.1962 (GBl. S. 18) idF der Verordnung vom 18.1.1963 (GBl. S. 26) iVm § 14 Nr. 3 des badischen Verwaltungsgebührengesetzes (VwGebG BA) idF der Bekanntmachung vom 17.8.1923 (GVBl. S. 283) im ehemals badischen Landesteil insbesondere von der Entrichtung von Baugenehmigungsgebühren befreit. Dieser persönlichen Gebührenbefreiung steht weder die Bezugnahme des § 1 Abs. 1 der Verordnung auf den Bereich der Kultusverwaltung noch die in § 1 Abs. 1 der Verordnung des Innenministeriums über die Befreiung der Kirchen und anderer Religionsgesellschaften von der Entrichtung von Baugebühren vom 5.7.1962 (GBl. S. 81) geregelte sachliche Gebührenfreiheit entgegen.
2. Eine Befreiung von Bauüberwachungsgebühren regelt § 1 Abs. 1, Abs. 2 lit. a der Verordnung des Kultusministeriums iVm § 14 Nr. 3 des badischen Verwaltungsgebührengesetzes (VwGebG BA) nicht.

VGH Baden-Württemberg, Urteil vom 23. Mai 2001 - 3 S 815/00[1] -

---

[1] Amtl. Leitsätze. ESVGH 51, 211; BWGZ 2001, 955; ZevKR 48 (2003), 509 (LS).

Der Kläger wendet sich unter anderem gegen die Festsetzung von Gebühren und Auslagen in Bausachen.

Im März 1998 beantragte der Kläger, eine kirchliche Stiftung des öffentlichen Rechts, bei der Beklagten die Erteilung einer Baugenehmigung für den Ausbau des Dachgeschosses des in seinem Eigentum stehenden und von der Ev. Pflege Sch. genutzten Verwaltungsgebäudes Z' Straße in H.; hierzu reichte er von einem freien Architekten gefertigte Bauvorlagen ein. Die Baugenehmigung wurde ihm unter dem 23.4.1998 erteilt.

Mit dem angefochtenen Gebührenbescheid vom 24.4.1998 setzte die Beklagte gegenüber dem Kläger Verwaltungsgebühren nebst Auslagen iHv insgesamt 1.780,-- DM (Baugenehmigungsgebühr iHv 1.280,-- DM, Bauüberwachungsgebühr iHv 320,-- DM, Gebühr für die Entwässerungsgenehmigung iHv 160,-- DM sowie pauschale Auslagen iHv 20,-- DM) fest. Als Rechtsgrundlage sind § 47 Abs. 4 LBO iVm den §§ 1, 2, 3, 4, 26 LGebG und dem Gebührenverzeichnis des Landes angegeben. Der Baugenehmigungsgebühr sowie der Bauüberwachungsgebühr legte die Beklagte vom Kläger angegebene veranschlagte Baukosten iHv 320.000,-- DM zugrunde.

Der Kläger erhob Widerspruch, zu dessen Begründung er im Wesentlichen vortrug, er unterfalle der Verordnung des Kultusministeriums über die Befreiung der Kirchen und anderer Religionsgesellschaften sowie der kirchlichen Stiftungen von der Entrichtung der Verwaltungsgebühren nach dem Landesgebührengesetz vom 19.3.1962 idF der Verordnung vom 18.1.1963 (im Folgenden: Verordnung des Kultusministeriums). Danach gelte die in § 14 Nr. 3 des badischen Verwaltungsgebührengesetzes idF der Bekanntmachung vom 17.8.1923 für Angelegenheiten der kirchlichen Stiftungen angeordnete Befreiung von „Sporteln" als Befreiung von Verwaltungsgebühren fort. Unter dem 16.6.1998 erteilte die Beklagte dem Kläger eine Entwässerungsgenehmigung nach § 9 ihrer Satzung über die öffentliche Abwasserbeseitigung.

Mit Widerspruchsbescheid vom 3.11.1998 wies das Regierungspräsidium Karlsruhe den Widerspruch des Klägers zurück. Zur Begründung ist ausgeführt, dem Kläger stehe keine Gebührenfreiheit zu. Dies gelte zunächst mit Blick auf § 1 Abs. 1 der Verordnung des Innenministeriums über die Befreiung der Kirchen und anderer Religionsgesellschaften von der Entrichtung von Baugebühren vom 5.7.1962 (im Folgenden: Verordnung des Innenministeriums). Diese Vorschrift setze voraus, dass Entwurf und Ausführung der baulichen Anlage unter der verantwortlichen Leitung, zumindest Oberleitung, der kirchlichen Baubehörden erfolge. Die Baumaßnahme des Klägers sei aber von einem privaten Architekten geplant worden. § 5 Abs. 1 Nr. 7 LGebG iVm Buchst. A Satz 1 des Gebührenverzeichnisses vermittle dem Kläger ebenfalls keine Gebührenfreiheit, da die Herstellung von Diensträumen für Mitarbeiter kirchlicher Dienststellen nicht zur unmittelbaren Erfüllung der Aufgaben der

Kirchen zähle. Nichts anderes gelte im Ergebnis für die vom Kläger beanspruchte Gebührenbefreiung nach der Verordnung des Kultusministeriums. Zwar bestimme der dort in Bezug genommene § 14 Nr. 3 des badischen Verwaltungsgebührengesetzes aus dem Jahre 1923, dass die Erhebung von „Sporteln" in Angelegenheiten u.a. der kirchlichen Stiftungen unterbleibe. Nach dem eindeutigen Wortlaut des § 1 der Verordnung des Kultusministeriums gelte diese Befreiung von der Entrichtung der Verwaltungsgebühren jedoch nur im Bereich der Kultusverwaltung fort. Die bauliche Änderung eines im Eigentum einer kirchlichen Stiftung stehenden Gebäudes sei jedoch keine Angelegenheit der Kultusverwaltung.

Mit der Klage beantragt der Kläger, den Gebührenbescheid der Beklagten und den Widerspruchsbescheid des Regierungspräsidiums aufzuheben. Er ist der Auffassung, der Umstand, dass § 1 Abs. 1 der Verordnung des Kultusministeriums eine Fortgeltung von Befreiungen auf Grund von „Rechtsvorschriften im Bereich der Kultusverwaltung" anordne, stehe einer Gebührenbefreiung hier nicht entgegen. Diese Formulierung schränke den sachlichen Anwendungsbereich der in § 1 Abs. 2 der Verordnung als „Rechtsvorschriften im Sinne von Absatz 1" aufgeführten Befreiungsregelungen nicht ein. Denn aus den angeführten Befreiungsregelungen ergebe sich, dass zur damaligen Zeit in weiten Bereichen kirchlicher Angelegenheiten die Zuständigkeit des Kultusministeriums eröffnet gewesen sei. Demgemäß werde § 1 Abs. 1 der Verordnung durch die in dessen Absatz 2 beispielhaft aufgelisteten altrechtlichen Bestimmungen konkretisiert. Hierfür spreche auch eine verfassungskonforme Auslegung der Befreiungsregelung, die andernfalls mit Blick auf wechselnde Zuständigkeiten auch der Kultusverwaltung nicht hinreichend bestimmbar sei. Dem stehe die Verordnung des Innenministeriums nicht entgegen. Während nämlich die Verordnung des Kultusministeriums iVm § 14 Nr. 3 des badischen Verwaltungsgebührengesetzes den Kirchen, anderen Religionsgesellschaften und kirchlichen Stiftungen allgemeine Gebührenfreiheit zuerkenne, spreche die Verordnung des Innenministeriums eine Gebührenbefreiung in sachlicher Hinsicht für von kirchlichen Baubehörden vorgenommene Bauten aus. Ein solcher Fall liege hier aber nicht vor. Überschneidungen der Anwendungsbereiche beider Verordnungen seien unschädlich. Die Verordnung des Innenministeriums habe den Anwendungsbereich der Verordnung des Kultusministeriums weder ausdrücklich noch der Sache nach abbedungen oder konkretisiert. Sie gebe vielmehr die Rechtslage wieder, wie sie sich bereits aus der Verordnung des Kultusministeriums ergebe. Denn eine entsprechende Gebührenbefreiung für in Verantwortung kirchlicher Baubehörden besorgte Bauten sei bereits in § 1 Nr. IV Abs. 4c der badischen Baugebührenordnung vom 8.9.1936 iVm den §§ 142, 143 badische LBO enthalten gewesen. Auch diese Gebührenbefreiung gründe auf Rechtsvorschriften im Bereich der Kultusverwaltung.

Die Beklagte meint, § 1 Abs. 1 der Verordnung des Kultusministeriums schränke den Anwendungsbereich der Befreiungsregelung in Absatz 2 lit. a dieser Verordnung auf den Bereich der Kultusverwaltung ein. Die sonstigen in Absatz 2 der Verordnung des Kultusministeriums aufgeführten Befreiungsregelungen beträfen ausschließlich der Kultusverwaltung zuzuordnende Bereiche, wie das Kirchensteuerrecht, die Entstehung bzw. die Aufhebung von Stiftungen und Anstalten, die Rechtsverhältnisse der Kirchenbeamten sowie die Wirksamkeit kirchlicher Satzungen. Eine allgemeine Zuständigkeitsregelung könne hieraus ebenso wenig abgeleitet werden, wie eine allgemeine Gebührenbefreiungsregelung zu Gunsten der kirchlichen Stiftungen. Der Begriff „im Bereich der Kultusverwaltung" sei auch bestimmbar. Die Zuständigkeitsbereiche des Kultusministeriums seien im Gesetz über die Kirchen genau abgegrenzt und beträfen im Wesentlichen Fragen des Kirchensteuerwesens und des kirchlichen Beamtenrechts. Die Verordnung des Innenministeriums zeige ebenfalls, dass die Gebühren für die Erteilung einer Baugenehmigung gerade nicht unter die Verordnung des Kultusministeriums falle, da die Verordnung des Innenministeriums ansonsten nicht erforderlich gewesen wäre.

Das Verwaltungsgericht hat die Klage abgewiesen. Zur Begründung hat es ausgeführt, die tatbestandlichen Voraussetzungen für die erfolgte Festsetzung von Gebühren im Baugenehmigungsverfahren nach § 47 Abs. 4 Satz 2 LBO iVm den §§ 1, 2, 3, 4 u. 26 LGebG und dem Gebührenverzeichnis hierzu seien unstreitig erfüllt. Bedenken hinsichtlich der Gebührenhöhe seien weder vorgetragen noch ersichtlich. Aus § 7 LGebG iVm § 1 Abs. 1 der Verordnung des Innenministeriums ergebe sich für den Kläger keine Gebührenbefreiung, da der Ausbau des Dachgeschosses im Dienstgebäude der Evangelischen Pflege Schönau nicht unter der verantwortlichen Leitung, zumindest Oberleitung, der zuständigen kirchlichen Baubehörde erfolgt sei. § 7 LGebG iVm der Verordnung des Kultusministeriums sei ebenfalls nicht anwendbar. Denn § 1 Abs. 1 der Verordnung beschränke die Fortgeltung altrechtlich bestehender Gebührenbefreiungen auf den Bereich der Kultusverwaltung, also auf Amtshandlungen derselben. § 1 Abs. 2 der Verordnung zähle nämlich lediglich auf, was „Rechtsvorschriften" im Sinne des § 1 Abs. 1 der Verordnung seien; die in Absatz 1 erfolgte Begrenzung der Fortgeltung der Gebührenbefreiung auf den Bereich der Kultusverwaltung taste Absatz 2 hingegen nicht an. Denn die lediglich beispielhafte, deklaratorische Aufzählung von Rechtsvorschriften könne nicht dazu führen, die Beschränkung in Absatz 1 außer Acht zu lassen. Die Anknüpfung an eine von der Kultusverwaltung vorgenommene Amtshandlung führe auch nicht zu einem unbestimmten Anwendungsbereich der Vorschrift. Im Übrigen spreche einiges dafür, dass einzelne Ministerien allgemeine Gebührenbefreiungen nur für ihren eigenen Zuständigkeitsbereich anordnen könnten, da eine zum Erlass einer Verordnung nach § 7 LGebG erforderliche

Einschätzung der Billigkeitsgründe oder des öffentlichen Interesses nur im eigenen Zuständigkeitsbereich möglich sei. Nachdem oberste Baurechtsbehörde nicht das Kultusministerium, sondern das Wirtschaftsministerium sei, ergebe sich aus § 1 der Verordnung des Kultusministeriums keine Gebührenbefreiung zu Gunsten der Klägerin. Eine solche scheide aber auch in Ansehung des § 5 Abs. 1 Nr. 7 LGebG aus, da an der Erteilung der Baugenehmigung selbst ein überwiegendes öffentliches Interesse nicht bestehe. Schließlich sei auch die Festsetzung der Widerspruchsgebühr nicht zu beanstanden. § 7 LGebG iVm der Verordnung des Kultusministeriums führe nicht zu einer Gebührenbefreiung. Denn das Regierungspräsidium sei bei der Entscheidung über den Widerspruch als höhere Baurechtsbehörde und nicht „im Bereich der Kultusverwaltung" tätig geworden. Die Voraussetzungen einer sachlichen Gebührenfreiheit nach § 5 Abs. 1 Nr. 7 LGebG seien ebenfalls nicht erfüllt, da schon die Baugenehmigung nicht überwiegend im öffentlichen Interesse erteilt worden sei und das Vorverfahren darüber hinaus allgemein und so auch im vorliegenden Fall zumindest gleichrangig dem Rechtsschutz des Widerspruchsführers diene.

Die vom Verwaltungsgerichtshof zugelassene Berufung des Klägers hatte überwiegend Erfolg.

Aus den Gründen:

Die Berufung ist zulässig und zum überwiegenden Teil begründet. Zu Unrecht hat das Verwaltungsgericht die Klage in vollem Umfang abgewiesen. Denn der Gebührenbescheid der Beklagten vom 24.4.1998 und der Widerspruchsbescheid des Regierungspräsidiums Karlsruhe vom 3.11.1998 sind nur insoweit rechtmäßig, als sie von der Beklagten festgesetzte Gebühren iHv insgesamt 480,-- DM betreffen. Im Übrigen sind sie dagegen rechtswidrig und verletzen den Kläger auch in eigenen Rechten (§§ 113 Abs. 1 Satz 1, 114 VwGO).

Anders als das Verwaltungsgericht meint, ist der Kläger von der Entrichtung der von der Beklagten zu seinen Lasten zunächst festgesetzten Baugenehmigungsgebühr iHv 1.280,-- DM befreit (1). Eine solche Befreiung greift allerdings hinsichtlich der im Ergebnis auch sonst nicht zu beanstandenden Gebührenerhebung für die Bauüberwachung iHv 320,-- DM sowie für die Genehmigung der Entwässerung iHv 160,-- DM nicht ein (2 u. 3). Demgegenüber sind schließlich das Verlangen der Beklagten nach Auslagenerstattung iHv 20,-- DM (...) in der Sache rechtswidrig (4) (...).

Der Erhebung einer Verwaltungsgebühr für die Erteilung der vom Kläger beantragten Baugenehmigung (Nr. 11.4 GebVerz) steht die Befreiungsregelung des § 1 der Verordnung des Kultusministeriums über die

Befreiung der Kirchen und anderer Religionsgesellschaften sowie der kirchlichen Stiftungen von der Entrichtung der Verwaltungsgebühren nach dem Landesgebührengesetz vom 19.3.1962 idF der Verordnung vom 18.1.1963 ivM § 14 Nr. 3 des Badischen Verwaltungsgebührengesetzes idF der Bekanntmachung vom 17.8.1923 entgegen.

1) Nach § 7 LGebG können die Ministerien im Einvernehmen mit dem Finanzministerium für bestimmte Arten von Fällen Gebührenbefreiung und Gebührenermäßigung sowohl in sachlicher als auch persönlicher Hinsicht (vgl. hierzu Schlabach, Verwaltungskostenrecht, Rn 12 zu § 5 LGebG, Rn 13 zu § 6 LGebG sowie - zur vergleichbaren Regelung des § 6 VwKostG - Rn 3 zu § 6 VwKostG) anordnen, soweit dies aus Gründen der Billigkeit oder des öffentlichen Interesses geboten ist. Nach der Begründung des Regierungsentwurfs (abgedruckt bei Schlabach, aaO, Rn 1 zu § 7 LGebG) dient die Anordnung von Gebührenbefreiungen und Gebührenermäßigungen für bestimmte Arten von Fällen aus Gründen der Billigkeit der Verwaltungsvereinfachung. Durch eine generelle Anordnung soll verhindert werden, dass eine größere Zahl gleichgelagerter Fälle, bei denen die Voraussetzungen des § 20 LGebG im Einzelfall vorliegen würden, von der Behörde behandelt werden muss. Darüber hinaus soll die Verwaltung die Möglichkeit haben, bestimmte im öffentlichen Interesse liegende Maßnahmen durch Gebührenbefreiung oder Gebührenermäßigung zu fördern. In Übereinstimmung mit dem allgemeinen haushaltsrechtlichen Grundsatz, dass Maßnahmen, die zu einer Verminderung der Einnahmen des Landes führen können, der vorherigen Zustimmung des Finanzministeriums bedürfen, müssen die Anordnungen in dessen Einvernehmen erlassen werden.

Die auf dieser Grundlage vom Kultusministerium erlassene Verordnung über die Befreiung der Kirchen und anderer Religionsgesellschaften sowie der kirchlichen Stiftungen von der Entrichtung der Verwaltungsgebühren nach dem Landesgebührengesetz vom 19.3.1962 (GBl. S. 18) idF der Verordnung vom 18.1.1963 (GBl. S. 26) bestimmt in ihrem Absatz 1, dass, „soweit Kirchen und andere Religionsgesellschaften sowie kirchliche Stiftungen bei Inkrafttreten des Landesgebührengesetzes auf Grund von Rechtsvorschriften im Bereich der Kultusverwaltung von der Entrichtung von Verwaltungsgebühren befreit waren", diese Befreiung fortgilt; sie ordnet damit eine Weitergeltung altrechtlich bestehender persönlicher Gebührenbefreiungen zu Gunsten dieser Rechtsträger an. Nach § 1 Abs. 2 der Verordnung des Kultusministeriums ist Rechtsvorschrift im Sinne von Absatz 1 insbesondere auch § 14 Nr. 3 des - mit Inkrafttreten des Landesgebührengesetzes aufgehobenen (vgl. § 28 Abs. 1 Nr. 1 LGebG) - badischen Verwaltungsgebührengesetzes idF der Bekanntmachung vom 17.8.1923 (GVBl. S. 283; im Folgenden: badisches Verwaltungsgebührengesetz). Nach dieser Vorschrift unterblieb im ehemaligen badischen Landesteil die Erhebung von „Sporteln" in Angelegenheiten unter Anderem der kirchlichen Stiftungen. Derartige „Sporteln" wurden nach § 5 Abs. 1

lit. a Badisches Verwaltungsgebührengesetz auch für Endentscheidungen der Bezirksämter erhoben, in deren Zuständigkeit die Erteilung der vorgängig - also vor der Bauausführung - einzuholende Baugenehmigung fiel (vgl. § 123 Abs. 1 iVm § 111 Abs. 1 der Badischen Landesbauordnung idF der Bekanntmachung vom 26.7.1935 [GVBl. S. 187]).

In Anwendung dieser Vorschriften unterfällt die vom Kläger als kirchlicher Stiftung veranlasste Erteilung einer Baugenehmigung für das in seinem Eigentum stehende Dienstgebäude im Stadtgebiet der Beklagten zunächst der bis zum Inkrafttreten des Landesgebührengesetzes geltenden gebührenrechtlichen persönlichen Gebührenbefreiungsregelung des § 14 Nr. 3 Badisches Verwaltungsgebührengesetz. Das ist zwischen den Beteiligten auch nicht im Streit. Die danach altrechtlich bestehende Gebührenbefreiung gilt nach § 1 Abs. 1, Abs. 2 lit. a der Verordnung des Kultusministeriums aber auch zu Gunsten des Klägers fort:

Zum Einen beschränkt die Verordnung des Kultusministeriums die angeordnete Weitergeltung von Verwaltungsgebührenbefreiungen der Kirchen, anderer Religionsgesellschaften und kirchlicher Stiftungen nach ihrem Wortlaut nicht auf von der Kultusverwaltung vorgenommene Amtshandlungen, zu denen die Erteilung einer Baugenehmigung ersichtlich nicht zählt. Zwar schließt § 1 Abs. 1 der Verordnung bei isolierter Betrachtung eine entsprechende Auslegung nicht von vorn herein aus. Die vom Verordnungsgeber gewählte Formulierung lässt aber andererseits auch nicht allein dieses Verständnis der Norm zu. Denn sie beschränkt die Fortgeltung von Befreiungsvorschriften nicht auf Fallgestaltungen, in denen die dort genannten Begünstigten „im Bereich der Kultusverwaltung von der Entrichtung von Verwaltungsgebühren befreit waren". Vielmehr ordnet § 1 Abs. 1 der Verordnung eine Weitergeltung von Befreiungen insoweit an, als der begünstigte Personenkreis bei Inkrafttreten des Landesgebührengesetzes „auf Grund von Rechtsvorschriften im Bereich der Kultusverwaltung von der Entrichtung von Verwaltungsgebühren befreit" war. Damit bietet der Wortlaut der Vorschrift ausreichend Raum auch für eine generelle Fortgeltung derjenigen altrechtlichen Befreiungsvorschriften, die im maßgeblichen Zeitpunkt zum Geschäftsbereich des Kultusministeriums zählten.

Nur mit einem solchen, auf die allgemeine Fortgeltung von Gebührenbefreiungsregelungen im Geschäftsbereich der Kultusverwaltung bezogenen Inhalt entspricht § 1 Abs. 1 der Verordnung - zum Anderen - auch Sinn und Zweck der vom Kultusministerium in Anwendung des § 7 LGebG getroffenen Anordnung. Dies gilt zunächst mit Blick auf § 1 Abs. 2 der Verordnung des Kultusministeriums. Denn danach sind Rechtsvorschriften im Sinne von Abs. 1 insbesondere § 14 Nr. 3 badisches Verwaltungsgebührengesetz, Art. 28 des badischen Landeskirchensteuergesetzes vom 30.6.1922 (GVBl. S. 494), Art. 39 des badischen Ortskirchensteuergesetzes vom 30.6.1922 (GVBl. S. 501), § 85 des württembergischen Gesetzes über die Kirchen vom 3.3.1924 (GBl. S. 93) und § 3 der preußischen Verwaltungsgebührenordnung idF der Bekanntmachung vom 19.5.1934 (GS S. 261) ivm § 5 des preußischen Stempelsteuergesetzes idF der Bekanntmachung vom 27.10.1924 (GS S. 627). Diese Aufzählung von nach dem Willen des Verordnungsgebers insbesondere durch § 1 Abs. 1 seiner Verordnung erfassten altrechtlichen Befreiungsregelungen liefe aber bei einer Beschränkung des Anwendungsbereichs dieser Vorschrift auf Amtshandlungen der Kultusverwaltung selbst weitgehend leer. Das gilt vor Allem mit Blick auf Art. 28 des badischen Landeskirchensteuergesetzes vom 30.6.1922 und auf Art. 39 des badischen Ortskirchensteuergesetzes vom 30.6.1922 (§ 1 Abs. 2 lit. b und c), deren Aufnahme in den Katalog § 1 Abs. 2 der Verordnung des Kultusministeriums keinerlei Funktion zukäme. Denn diese kirchensteuerrechtlichen Regelungen sahen eine Befreiung von „Sporteln" in Angelegenheiten der Besteuerung für kirchliche Bedürfnisse vor, und die hierfür gewährte Hilfe der Staatsgewalt (Art. 1 des badischen Kirchensteuergesetzes, Art. 2 des badischen Ortskirchensteuergesetzes) oblag bei Inkrafttreten des Landesgebührengesetzes am 1.5.1961 (vgl. § 29 LGebG) nicht der Kultus-, sondern der Finanzverwaltung (vgl. § 2 lit. C. Nr. 3. der 3. Verordnung der vorläufigen Regierung zur Überleitung von Verwaltungsaufgaben vom 21.7.1952 (GBl. S. 23)). Es gilt in vermindertem Maße aber auch für § 14 Nr. 3 badisches Verwaltungsgebührengesetz, der Gebührenbefreiungen - wie auch hier - weit über den sachlichen Tätigkeitsbereich der Kultusverwaltung hinaus vorsah.

Demgegenüber gewährt ein auf Rechtsvorschriften im Bereich der Kultusverwaltung bezogener Anwendungsbereich des § 1 der Verordnung des Kultusministeriums sowohl den in § 1 Abs. 2 lit. b und c aufgeführten kirchensteuerrechtlichen Befreiungsregelungen des Art. 28 des badischen Landeskirchensteuergesetzes vom 30.6.1922 und des Art. 39 des badischen Ortskirchensteuergesetzes vom 30.6.1922 als auch dem in § 1 Abs. 2 lit. a gleichfalls eigens genannten § 14 Nr. 3 badisches Verwaltungsgebührengesetz eine vom Verordnungsgeber ersichtlich beabsichtigte uneingeschränkte weitere Bedeutung. Denn in den Zuständigkeitsbereich des Kultusministeriums entfielen bei Inkrafttreten des Landesgebührengesetzes und der streitgegenständlichen Verordnung allgemein die Beziehungen des Staates zu den Religionsgesellschaften (vgl. hierzu § 2 lit. B.1. der Dritten Verordnung der vorläufigen Regierung zur Überleitung von Verwaltungsaufgaben vom 21.7.1952). Ihm oblag damit nach der Geschäftsverteilung der Landesregierung, jedenfalls im Einvernehmen mit dem Finanzministerium, auch die Regelung der Leistungsbeziehungen zwischen dem Land und den genannten Religionsgesellschaften. Diesen Leistungsbeziehungen unterfielen zur Gänze auch die in § 1 Abs. 2 der Verordnung aufgeführten altrechtlichen Gebührenbefreiungsregelungen. Denn diese galten als persönliche Gebührenbefreiungen - im Unterschied zu sachlichen Befreiungsvorschriften - allein zu Gunsten des genannten Personenkreises und betrafen damit gebührenrechtliche Leistungsbeziehungen - nur - mit demselben.

Das Ziel einer den so ausgelegten Geschäftsbereich der Kultusverwaltung betreffenden, generellen Fortgeltung insbesondere der in § 1 Abs. 2 der Verordnung des Kultusministeriums angeführten altrechtlichen (persönlichen) Befreiungsvorschriften ergibt sich darüber hinaus auch aus der Entstehungsgeschichte der in Rede stehenden Vorschrift. Denn nach der vom Senat eingeholten Stellungnahme des Wirtschaftsministeriums Baden-Württemberg vom 2.6.2000 waren sich das Finanzministerium, das Innenministerium und das Kultusministerium nach Intervention der Kirchen bei einer Besprechung am 12.12.1961 und auch beim Erlass der Verordnungen des Kultusministeriums und des Innenministeriums im Jahre 1962 darin einig, dass mit diesen Verordnungen die Gebührenfreiheit der Kirchen nach dem Stand vor dem Inkrafttreten des Landesgebührengesetzes wieder hergestellt werden sollte. Dieses hatte nämlich in seinem § 28 Abs. 1 unter Anderem sämtliche bis dahin geltende sonstige Gebührenbefreiungsvorschriften, darunter insbesondere auch verschiedene Befreiungsregelungen zugunsten kirchlicher Rechtsträger, aufgehoben, ohne hierfür in seinen §§ 5 u. 6 vollen Ersatz zu schaffen.

Mithin in der Absicht, den genannten Rechtsträgern nunmehr eine volle Kompensation auf der Grundlage des § 7 LGebG zu gewähren, erließen dann das Kultusministerium zugunsten der Kirchen und sonstigen Religionsgemeinschaften die Verordnung vom 19.3.1962, in die mit Verordnung vom 18.1.1963 die kirchlichen Stiftungen einbezogen wurden, und am 5.7.1962 das Innenministerium die Verordnung über die Befreiung der Kirchen und anderer Religionsgesellschaften von der Entrichtung von Baugebühren. Eine solche volle Kompensation lässt sich aber insbesondere mit Blick auf die hier in Rede stehenden Baugenehmigungsgebühren für den badischen Landesteil nur dann herstellen, wenn man die in der Verordnung des Kultusministeriums angeordnete Weitergeltung des § 14 Nr. 3 badisches Verwaltungsgebührengesetz nicht auf Amtshandlungen der Kultusverwaltung beschränkt. Denn § 1 Abs. 1 der Verordnung des Innenministeriums stellt nicht die kirchlichen Stiftungen persönlich, und damit ausnahmslos, von der Entrichtung von Baugebühren frei. Vielmehr betrifft die Vorschrift eine sachliche Gebührenbefreiung (nur) für Fälle, in denen Bauvorhaben von kirchlichen Baubehörden durchgeführt werden und damit - abgeleitet von der Gebührenbefreiung in § 1 IV Abs. 4 lit. C der Baugebührenordnung vom 8.9.1936 (GVBl. S. 131) - eine Gebührenerhebung mangels erforderlicher Prüf- bzw. Überwachungstätigkeit der staatlichen Behörden sachlich unbillig wäre.

Soweit die Erstreckung des § 1 Abs. 1 der Verordnung des Innenministeriums auch auf Baugenehmigungsgebühren (Nr. 12 Unter-Nr. 3 GebVerz vom 11.4.1961 (GBl. S. 65), nunmehr Nr. 11.4 GebVerz) im Vergleich zu der genannten Vorschrift der Baugebührenordnung eine Erweiterung des Anwendungsbereichs der sachlichen Gebührenfreiheit enthält, betrifft dies danach die Auslegung der persönlichen Gebührenbefreiung des § 1 der Verordnung des Kultusministeriums iVm § 14 Nr. 3 badisches Verwaltungsgebührengesetz nicht. Eine von der Beklagten in der mündlichen Verhandlung behauptete - mittelbare - Überkompensation im Rahmen der persönlichen Gebührenfreiheit infolge einer Einbeziehung von früher eigenständigen und durch § 14 Nr. 3 badisches Verwaltungsgebührengesetz nicht erfassten Prüf- und Beaufsichtigungsgebühren iSd § 1 I der Baugebührenordnung in die Baugenehmigung liegt angesichts der Nrn. 11.5, 11.12 GebVerz in der Sache nicht vor.

In Ansehung dessen steht die vom Innenministerium in § 1 Abs. 1 seiner Verordnung angeordnete Befreiung von Gebühren in Bausachen einer generellen Anwendung des § 1 der Verordnung des Kultusministeriums iVm § 14 Nr. 3 badisches Verwaltungsgebührengesetz auch auf Baugenehmigungsgebühren nicht entgegen. Denn unter Zugrundelegung des mit dem Erlass der Verordnungen verfolgten und wegen ihrer unterschiedlichen Regelungsbereiche nur bei Anwendung beider erreichbaren Ziels ist die in § 1 Abs. 1 der Verordnung des Innenministeriums angeordnete sachliche Gebührenbefreiung nicht als abschließende, die Anordnung einer persönlichen Gebührenfreiheit durch das Kultusministerium hindernde Regelung in Bezug auf Gebühren in Bausachen anzusehen. Schließlich liegt vor dem Hintergrund der einerseits geregelten sachlichen Gebührenfreiheit und der andererseits angeordneten persönlichen Gebührenbefreiung auch keine - vom Wirtschaftsministerium in seiner Stellungnahme vom 2.6.2000 befürchtete - Doppelregelung vor. Überschneidungen der Anwendungsbereiche der Befreiungsvorschriften sind - wie auch die §§ 5 u. 6 LGebG zeigen - unschädlich.

Bedenken an der Übereinstimmung der so ausgelegten Vorschrift mit höherrangigem Recht bestehen im Ergebnis nicht. So ist zunächst der Rahmen der Verordnungsermächtigung des § 7 LGebG nicht überschritten, da zumindest Gründe der Billigkeit für eine Fortgeltung von bei Inkrafttreten des Landesgebührengesetzes bestehenden Gebührenbefreiungen von Kirchen, anderen Religionsgesellschaften und kirchlichen Stiftungen streiten (vgl. zur Gebührenbefreiung von Kirchen, karitativen Hilfsorganisationen und ähnlichen Einrichtungen aus Billigkeitsgründen, Schlabach, aaO, Rn 3 zu § 6 VwKostG). Auch ist der Anwendungsbereich des § 1 der Verordnung des Kultusministeriums im Allgemeinen und der Verweisung auf § 14 Nr. 3 des badischen Verwaltungsgebührengesetzes im Besonderen hinreichend bestimmbar, und besteht schließlich für einen Verstoß gegen Art. 3 GG kein Anhalt.

2) Die danach bestehende Befreiung von Verwaltungsgebühren erfasst indes die von der Beklagten festgesetzte Bauüberwachungsgebühr iHv 320,-- DM (Nr. 11.12 GebVerz) nicht. Denn derartige Gebühren waren als die Tätigkeit der Bezirksbaumeister nach § 120 der badischen Landesbauordnung idF der Bekanntmachung vom 26.7.1935 betreffende

Baugebühren iSd § 1 der Baugebührenverordnung vom 8.9.1936 (GVBl. S. 131) nach § 25 Abs. 1 des badischen Verwaltungsgebührengesetzes den „Sporteln" iSd §§ 1 ff. des badischen Verwaltungsgebührengesetzes nicht zuzurechnen; sie wurden daher nach § 25 Abs. 2 des badischen Verwaltungsgebührengesetzes auch im Falle einer Befreiung von „Sporteln" erhoben. Zwar war für diese Gebühren in § 1 IV Abs. 4 c der Baugebührenordnung iVm den §§ 142, 142 der badischen Landesbauordnung ebenfalls eine Befreiungsregelung vorgesehen. Indes betraf diese - soweit hier maßgeblich - lediglich die von § 1 Abs. 1 der Verordnung des Innenministeriums übernommene sachliche Gebührenbefreiung bei Bauten der kirchlichen Baubehörden, also von diesen „besorgte" Bauvorhaben. Eine Fortgeltung dieser altrechtlichen Vorschrift über § 1 der Verordnung des Kultusministeriums ist mithin mangels persönlicher Befreiung der Kirchen, anderer Religionsgesellschaften und kirchlichen Stiftungen ausgeschlossen.

Dass die Voraussetzungen einer sachlichen Gebührenbefreiung nach § 1 Abs. 1 der Verordnung des Innenministeriums hier nicht erfüllt sind, hat das Verwaltungsgericht mit zutreffenden Erwägungen - auf die der Senat verweist (§ 130 b VwGO) - dargelegt; dies ist zwischen den Beteiligten auch nicht im Streit.

Nachdem sonstige Gebührenbefreiungstatbestände unstreitig nicht vorliegen, ist die Gebührenerhebung daher mit Blick auf die auch im Übrigen nach Grund und Höhe unbedenkliche Bauüberwachungsgebühr nicht zu beanstanden.

3) Gleiches gilt im Ergebnis für die von der Beklagten erhobene Entwässerungsgebühr.

Rechtsgrundlage für diese Gebührenerhebung sind die §§ 1, 2, 8 KAG iVm den § 1, 4 der Verwaltungsgebührenordnung der Stadt Heidelberg vom 29.7.1965 iVm Nr. 21.1. des Gebührenverzeichnisses hierzu. Anders als von der Beklagten und der Widerspruchsbehörde angenommen, ist die Tätigkeit der Beklagten auf der Grundlage des Genehmigungsvorbehalts in § 9 ihrer Abwassersatzung vom 18.12.1980 idF vom 26.11.1998 nämlich als Handeln im Bereich der kommunalen Selbstverwaltung anzusehen; und hierfür sind Gebühren nicht auf der Grundlage des Landesgebührengesetzes, sondern auf derjenigen des Kommunalabgabenrechts zu erheben.

Der danach vorliegende Begründungsmangel (§ 39 Abs. 1 Sätze 1 u. 2 LVwVfG) ist wegen § 46 LVwVfG im Ergebnis unerheblich. Denn die Beklagte war - mangels Anwendbarkeit der persönlichen Gebührenbefreiungsregelung des § 1 der Verordnung des Kultusministeriums außerhalb der staatlichen Verwaltung und in Ermangelung sachlicher Gebührenfreiheit - nach den Vorschriften ihrer Verwaltungsgebührenordnung iVm dem Gebührenverzeichnis hierzu ermächtigt und wegen § 1, § 4 Abs. 1 ihrer Verwaltungsgebührenordnung grundsätzlich auch verpflichtet, für die Erteilung der Entwässerungsgenehmigung eine Gebühr in der festgesetzten Höhe zu erheben. Insbesondere lag im hier maßgeblichen Zeitpunkt der Entscheidung der Widerspruchsbehörde eine wirksame Amtshandlung im Sinne der §§ 1, 4 Abs. 1 Verwaltungsgebührenordnung iVm Nr. 21.1 des Gebührenverzeichnisses vor. Auch hätte eine dem Kläger günstigere Entscheidung nicht getroffen werden können. Nach Nr. 21.1. des Gebührenverzeichnisses der Beklagten ist nämlich für eine Genehmigung gemäß § 9 der Abwassersatzung bei bis zu 3.000.000,-- DM Baukosten eine Entwässerungsgebühr iHv 0,5 vH der Baukosten, mindestens 50,-- DM, festzusetzen. Dieser Regelung entspricht die bei unbestritten zu Grunde zu legenden Baukosten von 320.000,-- DM erhobene Entwässerungsgebühr iHv 160,-- DM.

4) Die von der Beklagten darüber hinaus festsetzte Auslagenpauschale von 20,-- DM ist aufzuheben. Anhaltspunkte für das übliche Maß erheblich übersteigende Auslagen (§ 26 Abs. 1 Satz 2 LGebG; § 7 Abs. 1 Verwaltungsgebührenordnung der Beklagten; vgl. hierzu das Urteil des Senats vom 28.1.1994 - 3 S. 1098/91 -, NVwZ-RR 1994, 612-614 = VGHBW-Ls 1994, Beilage 5, B 4) sind nicht erkennbar. Soweit dem Kläger mit Blick auf Gebühren nach dem Landesgebührengesetz persönliche Gebührenfreiheit zu gewähren ist, scheidet eine Auslagenerstattung nach § 26 Abs. 2 lit. a LGebG ebenfalls aus, da eine solche Auslagenerstattung nach der die Ermessensausübung lenkenden Nr. 22 zu § 26 (3) der Allgemeinen Verwaltungsvorschriften des Finanzministeriums zum LGebG - VwVLGebG - erst ab einer Summe von mehr als 50,-- DM verlangt werden soll (vgl. Schlabach, Verwaltungskostenrecht, Rn 15 zu § 26 LGebG).

26

Die gesetzlich vorgesehene Eintragung der Religionszugehörigkeit auf der Lohnsteuerkarte verletzt keine Grundrechte von Arbeitnehmern. Entsprechendes gilt für die Eintragung „- -", aus der ersichtlich wird, dass der Steuerpflichtige keiner kirchensteuererhebungsberechtigten Religionsgemeinschaft angehört.

Art 4 Abs. 1, 140, GG, WRV Art 136 Abs. 3, 137 Abs. 6 WRV, § 39b Abs. 1 S. 1 EStG 1997
BVerfG, Beschluss vom 25. Mai 2001 - 1 BvR 2253/00[1] -

Dem Beschwerdeführer, der keiner kirchensteuererhebungsberechtigten Religionsgemeinschaft angehört, war von der zuständigen Gemeinde eine Lohnsteuerkarte ausgestellt worden, auf der unter der Rubrik „Kir-

---

[1] DStZ 2001, 608; HFR 2001, 907; NJW 2001, 2874 (LS); NVwZ 2001, 909; RDV 2002, 126; StE 2001, 582; StRK GG Art. 4 R. 14; ZAP EN-Nr 714/2001 (LS).

chensteuerabzug" zwei Striche (--) vermerkt waren. Im fachgerichtlichen Rechtszug hat er im Wesentlichen geltend gemacht, dass die vorbezeichnete Eintragung rechtswidrig sei, weil sie seine Nichtzugehörigkeit zu einer Religionsgemeinschaft erkennen lasse und daher gegen sein Grundrecht auf negative Bekenntnisfreiheit (Art. 4 Abs. 1 GG) verstoße. Das FG München (KirchE 36, 525) hat die Feststellungsklage abgewiesen. Die Nichtzulassungsbeschwerde blieb erfolglos (BFH, Beschluss vom 9.8.2000, BFH/NV 2001, 37 [nur LS]). Die Verfassungsbeschwerde wurde nicht zur Entscheidung angenommen.

Aus den Gründen:

Die Annahmevoraussetzungen des § 93 a Abs. 2 BVerfGG liegen nicht vor. Die Frage, ob es zulässig ist, auf Lohnsteuerkarten das Fehlen der Mitgliedschaft in einer kirchensteuererhebungsberechtigten Religionsgemeinschaft durch Striche kenntlich zu machen, gibt der Verfassungsbeschwerde keine grundsätzliche verfassungsrechtliche Bedeutung. Ihre Annahme ist auch nicht zur Durchsetzung von Verfassungsrechten des Beschwerdeführers angezeigt. Denn die Verfassungsbeschwerde hat keine Aussicht auf Erfolg. Die angegriffenen Entscheidungen und die ihnen zugrunde liegenden Regelungen verstoßen nicht gegen Art. 4 Abs. 1 in Verbindung mit Art. 140 GG und Art. 136 Abs. 3 Satz 1 WRV.

1. Die gesetzlich vorgesehene Eintragung der Religionszugehörigkeit auf der Lohnsteuerkarte verletzt keine Grundrechte von Arbeitnehmern. Sie ist mit der durch Art. 4 Abs. 1 GG gewährleisteten und in Art. 140 GG in Verbindung mit Art. 136 Abs. 3 Satz 1 WRV besonders hervorgehobenen Freiheit, religiöse Überzeugungen zu verschweigen, vereinbar (vgl. BVerfGE 49, 375 [375 f.], KirchE 17, 93). Entsprechendes gilt für die hier in Rede stehende Eintragung „--", aus der ersichtlich wird, dass der Beschwerdeführer keiner kirchensteuererhebungsberechtigten Religionsgemeinschaft angehört.

Das genannte Freiheitsrecht wird auf dem Gebiet des Kirchensteuerrechts von der Verfassung selbst durch die in Art. 140 GG iVm Art. 137 Abs. 6 WRV enthaltene Garantie einer geordneten Besteuerung (vgl. BVerfGE 44, 37 [57], KirchE 16, 41) eingeschränkt. Durch diese Garantie werden die Eintragung der Mitgliedschaft zu einer Religionsgemeinschaft auf der Lohnsteuerkarte und die insoweit erfolgende Offenbarung der Zugehörigkeit mit umfasst (vgl. BVerfGE 49, 375 [376], KirchE 17, 93). Auch insoweit trifft Entsprechendes auf die Eintragung „--" zu. Der Steuerpflichtige wird durch sie nicht deshalb unzumutbar belastet, weil er durch die Preisgabe der fehlenden Zugehörigkeit zu einer kirchensteuererhebungsberechtigten Religionsgemeinschaft diese nach seiner

Auffassung mittelbar unterstützen muss (vgl. mit Blick auf den konfessionslosen kirchensteuerabzugspflichtigen Arbeitgeber auch BVerfG, 3. Kammer des Ersten Senats, HFR 1988, S. 583 f.). Die Gründe, die der Beschwerdeführer für seine gegenteilige Auffassung nennt, führen zu keiner anderen Beurteilung (vgl. BVerfGE 20, 40 [43], KirchE 8, 67; 44, 103 [103 f.], KirchE 16, 75; BVerfG, Vorprüfungsausschuss des Ersten Senats, DÖV 1977, 448, KirchE 15, 235). Dies gilt auch, soweit er sich dabei auf den Grundsatz der Trennung von Staat und Kirche beruft. Dieser Grundsatz ist im Grundgesetz nicht im Sinne einer strikten, Ausnahmen und Durchbrechungen nicht zulassenden Trennung verwirklicht.

Auch die vom Beschwerdeführer angesprochenen religionssoziologischen Verhältnisse haben die verfassungsrechtlichen Grundpositionen im Verhältnis zwischen Staat, Religionsgemeinschaften und dem einzelnen Bürger nicht verändert (vgl. auch BVerfGE 73, 388 [399 f.], KirchE 24, 267). Die vorstehend wiedergegebene Verfassungsrechtslage wird denn auch in der neueren verfassungsrechtlichen Kommentarliteratur nicht in Frage gestellt (vgl. v. Mangoldt/Klein/v. Campenhausen, Das Bonner Grundgesetz, 3. Aufl., Bd. 14, 1991, Art. 140 Rn 37, 209, 211 ff.; Hemmrich, in: von Münch/Kunig, Grundgesetz-Kommentar, 3. Aufl. 1996, Art. 140 Rn 13; Ehlers, in: Sachs, GG, 2. Aufl. 1999, Art. 140/ Art. 136 WRV Rn 7, Art. 140/Art. 137 WRV Rn 24; Morlok, in: Dreier, GG, Bd. III, 2000, Art. 140/136 WRV Rn 20, Art. 140/Art. 137 WRV Rn 118; Jarass, in: ders./Pieroth, GG, 5. Aufl. 2000, Art. 4 Rn 18, Art. 140/ Art. 137 WRV Rn 10).

2. Dass die Finanzgerichte bei der Auslegung und Anwendung der den angegriffenen Gerichtsentscheidungen zugrunde liegenden Regelungen Bedeutung und Tragweite des Art. 4 Abs. 1 in Verbindung mit Art. 140 GG und Art. 136 Abs. 3 Satz 1 WRV grundsätzlich verkannt hätten (vgl. BVerfGE 18, 85 [92 f.]), ist vor diesem Hintergrund nicht ersichtlich.

27

In Angelegenheiten des kirchlichen Dienst- und Amtsrechtes (hier: Versetzung eines ev. Pfarrers in den Ruhestand) ist der Rechtsweg zu den staatlichen Verwaltungsgerichten gegeben, soweit geltend gemacht wird, dass der kirchliche Dienstgeber mit der streitgegenständlichen Maßnahme fundamentale Grundsätze der staatlichen Rechtsordnung (hier u.a.: die Gewährung hinreichenden rechtlichen Gehörs, das Willkürverbot) verletzt und damit die Schranken des für alle geltenden Gesetzes (Art. 140 GG, 137 Abs. 3 WRV) überschritten habe.

Art. 140 GG, 137 Abs. 3 S. 1 WRV; § 40 Abs. 1 VwGO
OVG Rheinland-Pfalz, Urteil vom 1. Juni 2001 - 2 A 12125/00[1] -

Der Kläger, ein im Wartestand befindlicher Pfarrer der Beklagten (Ev. Kirche in Hessen und Nassau), sucht um die Gewährung staatlichen Rechtsschutzes gegen seine Versetzung aus dem Wartestand in den Ruhestand nach.
Mit Beschluss der Leitung der Beklagten vom 28.8.1995 war der Kläger, der im Jahre 1987 zum Pfarrer der L.-Gemeinde W. ernannt worden war, wegen nachhaltiger, eine gedeihliche Amtsführung ausschließenden Störungen seines Verhältnisses zum Gemeindevorstand, in den Wartestand versetzt worden. Seine hiergegen beim Kirchlichen Verfassungs- und Verwaltungsgericht (KVVG) erhobene Klage ist durch Urteil vom 1.12.1995 abgewiesen worden. Das gegen die Wartestandsversetzung zunächst beim Verwaltungsgericht Darmstadt, dann beim Verwaltungsgericht Mainz anhängig gemachte Überprüfungsverfahren ruht.
In der Folgezeit bewarb sich der Kläger aus dem Wartestand auf verschiedene Pfarrstellen, doch blieben diese Bemühungen erfolglos, weil die Bewerbungen von der Beklagten allesamt nicht zugelassen wurden. Diese ließ sich dabei von ihrer dem Kläger bereits unter dem 18.4.1996 eröffneten Überzeugung leiten, dass eine gedeihliche Amtsführung nach den bisher gesammelten Erfahrungen auch künftig nicht zu erwarten sei. Dementsprechend wurde der Kläger mit Bescheid der Kirchenverwaltung vom 17.12.1998 nach Maßgabe von § 51 Abs. 2 Pfarrergesetz in den Ruhestand versetzt. Mit der Anrufung des KVVG machte der Kläger geltend, seine Zurruhesetzung sei unter Verstoß gegen das Gehörsgebot zustande gekommen. Außerdem sei der Pfarrerausschuss nicht beteiligt worden. Im Übrigen sei die Befugnis der Beklagten zur Ruhestandsversetzung wegen Fristablaufes verwirkt, ganz abgesehen davon, dass die Annahme eines Dauertatbestandes der „Nicht-Gedeihlichkeit" auf fehlerhaften oder unvollständigen Sachverhaltsfeststellungen beruhe. Mit Urteil vom 30.4.1999 wies das KVVG auch diese Klage ab.
Im September 1999 hat der Kläger das Verwaltungsgericht Mainz angerufen und um die Gewährung staatlichen Rechtsschutzes gebeten. Er meint, dass er vor dem umstrittenen Eingriff in seinen dienstrechtlichen Status hätte angehört werden müssen. Da eine Anhörung unterblieben und sie im kirchengerichtlichen Verfahren nicht nachholbar sei, leide die Sachentscheidung, für die das Verfahren über die Wartestandsversetzung im Übrigen vorgreiflich sei, insofern an einem schwerwiegenden Mangel, als die für die Ermessensbetätigung erforderliche Tatsachenbasis verkürzt werde.

---

[1] Die Revision des Klägers blieb ohne Erfolg; BVerwG, Urteil vom 30.10.2002 - 2 C 23/01 - BVerwGE 117, 145.

Der Kläger hat erstinstanzlich beantragt, den Bescheid der Kirchenverwaltung der Ev. Kirche in Hessen und Nassau vom 17.12.1998 in Gestalt der Entscheidung des kirchlichen Verfassungs- und Verwaltungsgerichts vom 30.4.1999 aufzuheben.

Die Beklagte lässt im Wesentlichen vortragen, bei dem Streitgegenstand handele es sich um eine innerkirchliche Angelegenheit, für die der Verwaltungsrechtsweg nicht eröffnet sei.

Das Verwaltungsgericht hat die Klage abgewiesen. Diese sei unzulässig, da im vorliegenden Fall keine staatliche Justizgewährleistungspflicht bestehe. Von dieser seien nämlich kraft verfassungsrechtlicher Regelung die „inneren Angelegenheiten" der Religionsgemeinschaften ausgenommen, zu denen richtiger Ansicht nach das Dienstrecht, insbesondere das Statusrecht, der Pfarrer gehöre. Für staatliche Justizgewährung sei im Bereich des kirchlichen Dienstrechtes nur dann Raum, wenn die öffentlich-rechtliche Religionsgesellschaft bezüglich der Rechtsverhältnisse ihrer Beamten und Seelsorger von der Ermächtigung des § 135 Satz 2 BRRG Gebrauch gemacht hätte. Dies sei hier aber nicht der Fall.

Mit seiner Berufung wiederholt der Kläger im Wesentlichen sein erstinstanzliches Vorbringen, beantragt nunmehr jedoch, unter Abänderung des angefochtenen Urteils festzustellen, dass der Bescheid der Kirchenverwaltung der Ev. Kirche in Hessen und Nassau vom 17.12.1998 unter Verletzung fundamentaler Grundsätze der staatlichen Rechtsordnung ergangen ist.

Der Senat weist die Berufung zurück.

Aus den Gründen:

Die Berufung ist zulässig, aber nicht begründet.

Das Verwaltungsgericht hat die Klage im Ergebnis zu Recht abgewiesen. Allerdings hätte es sie nicht schon als unzulässig abweisen dürfen, denn durchgreifende Zulässigkeitsbedenken haften dem Rechtsbehelf nicht an. Er scheitert insbesondere nicht an der mangelnden staatlichen Verpflichtung zur Justizgewährung. Sie ist als Kehrseite des staatlichen Friedensgebotes grundsätzlich allumfassend (vgl. BVerfGE 54, 277 [291]; 80, 103 [107]; 84, 366 [369]; 85, 337 [345]; BVerfG, Beschlüsse vom 18.9.1998 - 2 BvR 1476/94 - KirchE 36, 409 u. - 2 BvR 69/93 - NJW 1999, 349, KirchE 36, 406; Beschlüsse vom 25.2. u. 15.3.1999 - 2 BvR 548/96 – NVwZ 1999, 758, KirchE 37, 40 u. - 2 BvR 2307/94 - KirchE 37, 59), soweit staatliche Normen den Maßstab des zu beurteilenden Lebenssachverhaltes bilden. Der staatliche Regelungsanspruch ist jedoch kraft verfassungsrechtlicher Gewährleistung gegenüber bestimmten Rechtsmaterien, wozu unter anderem auch die der Religionsgesellschaften gehört (Art. 140 GG iVm Art. 137 Abs. 3 WRV), insofern zurückgenommen (vgl. BVerfGE 70, 138 [164], KirchE 23, 105), als sie ihre Angelegenheiten aus eigener Rechtsmacht ordnen und verwalten können. Soweit von dieser Befugnis Gebrauch gemacht worden ist, schließt dies jede Art von staatlicher Einflussnahme auf den Autonomiebereich, wozu auch eine Überprüfung durch die Gerichte gehört (vgl. BVerfG NJW 1999, 350 mwN, KirchE 36, 406; 36, 409), grundsätzlich aus. Das damit eingeräumte religionsgemeinschaftliche Selbstbestimmungsrecht steht jedoch seinerseits unter einem Vorbehalt, nämlich dem der Schranken des für alle geltenden Gesetzes, so dass die Reichweite der staatlichen Justizgewährungspflicht sich deduktiv aus der Wechselbeziehung zwischen kirchlichem Selbstbestimmungsrecht und Gesetzesvorbehalt entnehmen lässt. Hierauf kommt es freilich in den die Rechtsverhältnisse der kirchlichen Beamten und Seelsorger betreffenden Angelegenheiten dann nicht an, wenn die öffentlich-rechtliche Religionsgesellschaft von der Öffnungsklausel des § 135 Satz 2 BRRG Gebrauch gemacht und die Vorschriften dieses Gesetzes als für ihren Bereich entsprechend anwendbar erklärt hat. Die rechtlichen Voraussetzungen dieses Ausnahmetatbestandes liegen jedoch nicht vor, denn die beklagte Landeskirche hat die einschlägigen Bestimmungen des staatlichen öffentlichen Dienstrechtes nicht für ihren Bereich übernommen.

Mithin hängt die Frage, ob der Kläger Rechtsschutz vor staatlichen Gerichten in Anspruch nehmen kann, zunächst entscheidend davon ab, ob der Streitgegenstand dem kirchlichen Selbstbestimmungsrecht unterfällt. Selbst wenn dies der Fall sein sollte, ist die Angelegenheit damit aber der staatlichen Rechtsschutzgewährleistung noch nicht vollständig entzogen, sondern es ist ferner darauf abzustellen, ob die in Streit stehende kirchenbehördliche Maßnahme die Schranken des für alle geltenden Gesetzes berühren kann.

Gemessen an diesen rechtlichen Vorgaben ist die staatliche Verpflichtung zur Justizgewährung im vorliegenden Fall zu bejahen. Zwar betrifft der Streitgegenstand - die Versetzung des Klägers aus dem Wartestand in den Ruhestand - einen Tatbestand, der zweifelsfrei als eigene Angelegenheit der Kirche im Sinne von Art. 137 Abs. 3 Satz 1 WRV zu bewerten ist (vgl. BVerfGE 18, 385 [386 f.]; 25, 226 [228 f.]; Beschluss vom 1.6.1983 - 2 BvR 453/83 - NJW 1983, 2569; BVerwG, Urteil vom 25.11.1982 - 2 C 21/78 - NJW 1983, 2580, KirchE 20, 208). Die angesprochene personalwirtschaftliche Maßnahme ist nämlich Ausdruck der kirchlichen Ämterhoheit, die in Art. 137 Abs. 3 Satz 2 als eine von staatlichen oder gesellschaftlichen Einflüssen frei zu haltende Materie gekennzeichnet wird. Gleichwohl darf dem Kläger mit Rücksicht auf den Schrankenvorbehalt des Art. 137 Abs. 3 Satz 1 WRV auch insoweit die Inanspruchnahme des staatlichen Rechtsschutzes nicht verwehrt werden. Denn nach dem Klagevorbringen lässt sich jedenfalls nicht von vornherein ausschließen, dass die beklagte Landeskirche mit der fraglichen Versetzungsentscheidung die Schranken des für alle geltenden Gesetzes überschritten hat.

Der Kläger macht nämlich geltend, dass ihm im Zusammenhang mit seiner Zurruhesetzung kein hinreichendes rechtliches Gehör gewährt worden sei und rügt ferner sinngemäß, dass zugleich die Grundsätze eines objektiven fairen Verwaltungsverfahrens verletzt sowie das Willkürverbot missachtet worden seien. Er rügt damit die Beeinträchtigung von verfassungsrechtlich verankerten Rechtspositionen, die, wie der Anspruch auf rechtliches Gehör (vgl. BVerfGE 7, 53 [57]; 7, 275 [279]; 86, 133 [144]), das Willkürverbot (vgl. BVerfGE 1, 208 [243 f.]) oder der Anspruch auf ein faires menschenwürdiges Verfahren (vgl. BVerfGE 57, 250 [283]), zu den fundamentalen Rechtsgrundsätzen der staatlichen Rechtsordnung gehören und die gerade wegen dieser Eigenschaft unter anderem zu den den Schrankenvorbehalt des Art. 137 Abs. 3 Satz 1 WRV normativ prägenden Maßstäben gehören. Zur Überprüfung der Berechtigung dieser auf Grundsätze der staatlichen Rechtsordnung bezogenen Rügen bedarf es daher auch eines staatlichen gerichtsförmigen Verfahrens (vgl. BGH, Urteil vom 11.2.2000 - V ZR 271/99 - NJW 2000, 1555).

Hierzu sind gemäß § 40 Abs. 1 Satz 1 VwGO die allgemeinen Verwaltungsgerichte berufen. Für die in Anwendung öffentlich-rechtlichen Sonderrechts zu entscheidende Streitsache ist nämlich keine spezielle Rechtswegzuweisung gegeben. Auch handelt es sich hierbei um keine rechtliche Auseinandersetzung auf dem Gebiet des Verfassungsrechts. Zwar sind die als verletzt behaupteten Rechte unmittelbar in der Verfassung geregelt, doch findet die rechtliche Meinungsverschiedenheit, anders als in der höchstrichterlichen Rechtsprechung gefordert (vgl. BVerwGE 36, 218 [228]; 51, 69 [71]; 80, 355 [357 f.]), nicht zugleich zwischen unmittelbar am Verfassungsleben Beteiligten, sondern zwischen einem kirchlichen Amtsträger und seiner Anstellungskörperschaft statt. Mithin wird die Streitigkeit vom Verfassungsrecht nicht entscheidend geprägt, so dass der fachgerichtliche Rechtsweg zu beschreiten ist.

Als statthaften Rechtsbehelf zur Klärung der Frage, ob die streitbefangene Zurruhesetzung den für Angelegenheiten des kirchlichen Selbstbestimmungsrechts zu beachtenden staatlichen Vorbehaltsbereich berührt, steht dem Kläger die Feststellungsklage zur Verfügung. Sie berücksichtigt, dass den staatlichen Gerichten in Bezug auf Rechtsakte, die dem Kircheninternum zuzurechnen sind, grundsätzlich keine Kassationsbefugnis zusteht. Zugleich trägt sie dem Umstand Rechnung, dass im Verfahren vor den staatlichen Gerichten Streitgegenstand nicht die personalwirtschaftliche Maßnahme als solche, sondern lediglich deren Vereinbarkeit mit Grundanforderungen der staatlichen Rechtsordnung bildet. Schließlich kommt in einem Feststellungsausspruch eines staatlichen Gerichts die von verfassungswegen geforderte (vgl. BVerfG NJW 1999, 349 [350]) Rücksichtnahme auf das Selbstverständnis der Kirchen und Religionsgemeinschaften besser zum Ausdruck als in einem Gestaltungstenor, ohne dass dadurch die Effizienz der Rechtsschutzgewährung beeinträchtigt würde.

Zur Erhebung einer Feststellungsklage ist der Kläger in entsprechender Anwendung von § 42 Abs. 2 VwGO auch befugt. Er kann nämlich geltend machen, durch die Zurruhesetzung in eigenen in der staatlichen Rechtsordnung wurzelnden Rechten verletzt zu werden, die auch seinem Schutz als evangelischer Theologe zu dienen bestimmt sind. Letzteres folgt daraus, dass nach der oben dargestellten Wertung der Verfassung selbst Rechtsakte des kirchlichen Amtsrechts sich zumindest im Sinne einer ordre-public Kontrolle vor den Prinzipien der staatlichen Rechtsordnung bewähren müssen. Dabei hängt es vom Schutzzweck der maßstabbildenden staatlichen Normen ab, ob der Kläger sich auf deren Verletzung berufen kann. Dass im vorliegenden Fall die möglicherweise beeinträchtigten Rechtsnormen Individualschutz vermitteln, bedarf in Anbetracht ihres grundrechtlichen Charakters aber keiner weiteren Darlegung.

Schließlich scheitert die Zulässigkeit der Klage auch nicht am Fehlen eines allgemeinen Rechtsschutzinteresses. Ihm steht insbesondere nicht die umstrittene Rechtsauffassung entgegen, staatliche Gerichte seien in kirchlichen Angelegenheiten nur dann zur Entscheidung berufen, wenn durch die Kirchen selbst ein angemessener Rechtsschutz nicht gewährleistet wird (so Schenke, Die verfassungsrechtliche Garantie eines Rechtsschutzes kirchlicher Bediensteter, Festschrift für Faller, 1984 S. 137 f.; a.A. von Campenhausen, Staatskirchenrecht, 3. Aufl. 1996, S. 366 f.). Eine so verstandene Subsidiarität der staatlichen Justizgewährung ist schon deshalb nicht anzunehmen, weil das staatliche und das kirchliche Gerichtsverfahren sowohl durch unterschiedliche Streitgegenstände als auch durch verschiedene rechtliche Prüfungsmaßstäbe gekennzeichnet sind. Gegenstand des kirchlichen Verfahrens ist die Frage, ob die streitbefangene Personalmaßnahme gemessen am kirchlichen Dienstrecht rechtswidrig ist und den Kläger in subjektiven Rechten aus diesem Rechtskreis verletzt. Im verwaltungsgerichtlichen Verfahren geht es hingegen um die Frage, ob der Vorbehalt des für alle geltenden staatlichen Gesetzes durch die kirchenbehördliche Entscheidung berührt wird. So gesehen gibt es zwischen kirchlicher und staatlicher Rechtsschutzgewährung keine Ausschlusskonkurrenz. Das Rechtsschutzinteresse ist dem Kläger aber auch dann nicht abzusprechen, wenn in kirchlichen Angelegenheiten nur ein Nachrang der staatlichen im Verhältnis zur kirchlichen Rechtschutzgewährung behauptet wird. Der Kläger hat nämlich vor der Anrufung der staatlichen Gerichte kirchlichen Rechtsschutz in Anspruch genommen und den insoweit eröffneten Rechtsweg erschöpft. Dass dieser Rechtsweg nur einzügig ausgestaltet ist, ist aus der Sicht der staatlichen Rechtsordnung unbedenklich, da auch der staatliche Rechtsschutz nicht über mehrere Instanzen führen muss (vgl. BVerfGE 4, 74 [95]; 6, 7 [12] und stRspr. zuletzt BVerfGE 87, 48 [61]). Unter Rechtsschutzgesichtspunkten nicht zu bemängeln ist ferner, dass der Kläger den vorliegenden Rechtsstreit führt, bevor das Verwaltungsgericht darüber befunden hat, ob die Wartestandversetzung des Theologen den Schrankenvorbehalt des Art. 137 Abs. 3 Satz 1 WRV verletzt. Das entsprechende Verfahren haben die Beteiligten beim Verwaltungsgericht Mainz unter dem Aktenzeichen 7 K 824/96.MZ zum Ruhen gebracht. Der Entscheidung über diese Rechtsfrage kann insofern Vorrang zukommen, als nach der Systematik des einschlägigen kirchlichen Dienstrechts (vgl. § 51 Abs. 2 iVm § 39 des Pfarrergesetzes der Beklagten idF der Bekanntmachung vom 1.11.1976, ABl. S. 153) die Zurruhesetzung auf der Wartestandversetzung aufbaut. Von daher könnte sich eine Entscheidung über den vorliegenden Rechtsstreit erübrigen, wenn schon die Wartestandversetzung gegen das allgemeine staatliche Gesetz verstieße. Andererseits nötigt diese Art der Vorgreiflichkeit nicht dazu, den Kläger auf die anderweitige Rechtsschutzmöglichkeit zu verweisen und den aktuell erbetenen Rechtsschutz zu verweigern. § 94 Satz 1 VwGO stellt es nämlich in das Ermessen des Gerichts, ob es bei einer solchen Sachlage das Verfahren aussetzt. Im vorliegenden Fall wäre dies aber, insbesondere nachdem der gegen die Zurruhesetzung geführte Rechtsstreit sich bereits in der Rechtsmittelinstanz befindet, aus verfahrensökonomischen Erwägungen nicht zu rechtfertigen, die Beteiligten auf die vorrangige Klärung der Rechtmäßigkeit der Wartestandversetzung zu verweisen. Über diese Rechtsfrage kann nämlich im Rahmen des vorliegenden Verfahrens implizit mitbefunden werden.

Die nach allem zulässige Feststellungsklage dringt in der Sache selbst aber nicht durch. Der hier zur Entscheidung gestellte Sachverhalt rechtfertigt nicht die Feststellung, dass die Versetzung des Klägers aus dem Wartestand in den Ruhestand unter Verletzung fundamentaler Grundsätze der staatlichen Rechtsordnung ergangen ist (vgl. BGH, Urteil vom 11.2.2000, aaO, S. 1557). Beide den dienstlichen Status des Klägers berührende Versetzungsentscheidungen beeinträchtigen nicht die Schranken des für alle geltenden Gesetzes.

Für die implizit mit zu kontrollierende Versetzung des Klägers aus dem aktiven Status in den des Wartestandes folgt dies schon daraus, dass er sich insoweit auf die Verletzung einer nicht „für alle" geltenden staatlichen Schutznorm beruft. Aus der beigezogenen Gerichtsakte des beim Verwaltungsgericht Mainz zum Ruhen gebrachten Verfahrens 7 K 824/96.MZ ergibt sich nämlich, dass der Kläger seine rechtlichen Angriffe gegen die Wartestandversetzung auf die Rechtsbehauptung konzentriert hat, hierdurch in seinen Rechten aus Art. 33 Abs. 5 GG verletzt zu werden. Damit kann er in diesem Verfahren aber nicht durchdringen. Art. 33 Abs. 5 GG bezieht sich nämlich seinem Regelungsgegenstand nach auf das Sonderrecht der Angehörigen des öffentlichen Dienstes. Der Kläger gehört jedoch dem kirchlichen Dienst an, auf den Art. 33 Abs. 5 GG von vornherein nicht anwendbar ist (vgl. BVerfG, Beschluss vom 28.11.1978 - 2 BvR 316/78 - NJW 1980, 1041, KirchE 17, 209). Soweit der Kläger im kirchengerichtlichen Verfahren in Bezug auf seine Wartestandversetzung die Missachtung seines Gehörsanspruchs gerügt hat, hat er diesen Vorwurf, mit dem sich das kirchliche Verfassungs- und Verwaltungsgericht in seinem aufgrund der mündlichen Verhandlung vom 1.11.1995 ergangenen Urteil eingehend auseinander gesetzt hat, im verwaltungsgerichtlichen Verfahren nicht wiederholt. Es ist auch sonst wie nichts dafür ersichtlich, dass dieser Vorwurf, der sich auch auf einen im Rahmen von Art. 137 Abs. 3 Satz 1 WRV beachtlichen Rechtssatz bezieht, gerechtfertigt sein könnte. Vielmehr ist den einschlägigen Ausführungen des kirchlichen Verfassungs- und Verwaltungsgerichts nichts hinzuzufügen.

Ohne Erfolg bleiben auch die vom Kläger gegen die Zurruhesetzung als solche vorgetragenen Rügen. Auch insoweit lässt sich eine Verletzung des für alle geltenden Gesetzes nicht feststellen. Anders als bei der Wartestandversetzung scheitert dies freilich nicht schon daran, dass der persönliche Anwendungsbereich der Schutznorm nicht berührt wird. Ausschlaggebend ist vielmehr, dass die rechtlichen Voraussetzungen der „allgemeinen Gesetze", deren Verletzung geltend gemacht wird, nicht vorliegen.

Dies gilt zunächst für den Vorwurf, die Beklagte habe die Ruhestandsversetzung unter Verletzung des Anspruchs des Klägers auf Gewährung von rechtlichem Gehör verfügt. Diese Rüge hat zwar eine Rechtsmaterie zum Gegenstand, die dem Begriff des „für alle geltenden Gesetzes" nach Maßgabe von Art. 137 Abs. 3 Satz 1 WRV unterfällt. Normativ ist sie allerdings nicht in Art. 103 Abs. 1 GG verankert, weil diese Bestimmung dem Grundsatz des rechtlichen Gehörs, wie er sich im Bereich des staatlichen Rechts darstellt lediglich im Rahmen von gerichtlichen Verfahren betrifft (vgl. BVerfGE 6, 12 [14]; 9, 89 [96]; 70, 180 [188]). Dies bedeutet freilich nicht, dass verwaltungsbehördliche Verfahren von diesem Grundsatz unberührt blieben. Auch außerhalb des Anwendungsbereichs des Art. 103 Abs. 1 GG darf der Einzelne nicht zum bloßen Objekt hoheitlicher Verfahren gemacht werden. Ihm muss insbesondere die Möglichkeit gegeben werden, vor einer Entscheidung, die seine Rechte betrifft, zu Wort zu kommen, um Einfluss auf das Verfahren und dessen Ergebnis nehmen zu können (vgl. BVerfGE 9, 89 [95]; 65, 171 [174 f.]; 101, 397 [405]). Die Anhörung stellt sich mithin als ein aus dem Rechtsstaatsprinzip hervorgehender Bestandteil des Verwaltungsverfahrensrechtes dar, dem dienende Funktion für die Sicherung und Durchsetzung des materiellen Rechts zukommt. Bei dieser Zwecksetzung eignet der Anhörung nicht die Bedeutung eines absoluten Verfahrensrechts, sondern ihre normative Reichweite ist vom Gesetzgeber auf dem Hintergrund des Zielkonflikts zwischen Verwaltungseffizienz und Rechtsschutzauftrag zu bestimmen. Von dieser Bestimmungsbefugnis hat das Verwaltungsverfahrensgesetz einmal in der Weise Gebrauch gemacht, dass es die Nachholung einer erforderlichen Anhörung bis zum Abschluss eines verwaltungsgerichtlichen Verfahrens ermöglicht (vgl. § 45 Abs. 1 Nr. 3 VwVfG iVm § 45 Abs. 2 VwVfG) und zum anderen dadurch, dass es einen Gehörsverstoß für unbeachtlich erklärt, wenn voraussichtlich auch bei einer Anhörung im Ergebnis keine andere Entscheidung zustande gekommen wäre (vgl. § 46 VwVfG).

Bereits gemessen an der begrenzten rechtlichen Tragweite des Grundsatzes des rechtlichen Gehörs im Verwaltungsverfahren dringt die Gehörsrüge des Klägers gegenüber der Versetzungsverfügung der Kirchenleitung vom 24.11.1998 nicht durch. Zwar ist eine zeitnahe Anhörung vor der Entscheidung vom 24.11.1998 von der Beklagten nicht durchgeführt worden, obwohl dies in Anbetracht der Eingriffsfunktion der zu ergreifenden Maßnahme nahegelegen hätte. Das Gespräch vom 18.4.1996, in dem die Beklagte dem Kläger ihre Absicht eröffnet hat, seine seelsorgerischen Dienste nicht mehr in Anspruch nehmen zu wollen, kann diese Funktion nicht ersetzen. Es fand nämlich nicht in Ansehung einer konkreten Entscheidungssituation statt, auf die aus der Sicht des Klägers effektiv hätte Einfluss genommen werden müssen. Die erforderliche Anhörung ist von der Beklagten auch während des verwaltungsgerichtlichen Verfahrens nicht nachgeholt worden. Ob die Anhörung, die dem Kläger im kirchengerichtlichen Verfahren ermöglicht wurde, heilende Wirkung nach § 45 Abs. 2 VwVfG im Hinblick auf das verwaltungsgerichtliche Verfahren zu entfalten vermag, ist zweifelhaft, bedarf jedoch keiner abschließenden Entscheidung. Der Anhörungsfehler stellt sich nämlich als unerheblich dar, weil auch eine Anhörung des Klägers an dessen Ruhestandsversetzung nichts geändert hätte. Dies lässt sich aus dem Gesamtverhalten der Beklagten mit der erforderlichen Eindeutigkeit entnehmen. Im Gespräch vom 18.4.1996 im Referat „Allgemeines Rechtswesen und Dienstrecht" der Beklagten wurde dem Kläger und seinem Beistand bedeutet, dass die Umstände, die bei dem Theologen den Tatbestand der Ungedeihlichkeit begründen, als unbehebbar angesehen und dass dementsprechend Reaktivierungsanträge während der Wartestandszeit keine positive Verbescheidung erfahren würden. Der Kläger müsse daher im Hinblick auf die Regelung des § 51 Abs. 2 Pfarrergesetz damit rechnen, dass er wegen des zeitlichen Automatismus dieser Bestimmung nach zwei Jahren in den Ruhestand versetzt werde. Auf der Linie dieser Ankündigung lag es auch, dass die verschiedenen Wiederverwendungsanträge des Klägers in der Folgezeit negativ verbeschieden wurden. Das Gesamtverhalten der Beklagten lässt mithin nur den Schluss zu, dass auch eine zeitnahe Stellungnahme des Klägers zur beabsichtigten Ruhestandversetzung nichts an dem festen Entschluss der Kirchenregierung geändert hätte, die beabsichtigte Personalmaßnahme zu ergreifen.

Soweit der Kläger ihr gegenüber sinngemäß den Vorwurf erhebt, sie sei insofern willkürlich und unter Verletzung der Grundsätze eines fairen Verfahrens zustande gekommen, als die Beklagte sämtliche in der Wartestandzeit gestellten Wiederverwendungsanträge aus sachfremden Gründen abgelehnt habe, macht er wiederum die Verletzung des für alle geltenden Gesetzes geltend. Das Gebot eines willkürfreien Verwaltungshandelns ergibt sich nämlich unmittelbar aus Art. 3 Abs. 1 GG (vgl. BVerfGE 9, 338 [348]; 13, 225 [228]; 42, 64 [73]; 69, 161 [169]). Dessen weites Differenzierungsspektrum wird in Anbetracht eines entsprechenden Vorbehalts durch die Richtlinie 2000/78/EG des Rates der europäischen Gemeinschaften vom 27.11.2000 zur Festlegung eines allgemeinen Rahmens für die Verwirklichung der Gleichbehandlung in Beschäftigung und Beruf (Art. 4 Abs. 2) auch in Bezug auf kirchliche Bedienstete nicht beschränkt. Die Verpflichtung, in einem Verwaltungsverfahren korrekt und fair zu handeln, entspringt dem Rechtsstaatsprinzip (vgl. BVerfGE 30, 1 [27]). Ihr wächst mit Hilfe von Art. 2 Abs. 2 Satz 2 GG eine Individualschutz vermittelnde Funktion zu (vgl. BVerfGE 38, 105 [111]; 40, 95 [99]; 54, 100 [116]; 65, 171 [174 f.]). An diesem Maßstab müssten sich auch Maßnahme der kirchlichen Exekutive messen lassen.

Die Ruhestandsversetzung hält diesen Anforderungen indessen stand. Soweit sie auf Verfahrenshandlungen - hier der Ablehnung von Bewerbungen des Klägers um andere Pfarrstellen gemäß § 42 Abs. 1 Satz 1 Pfarrgesetz - aufbaut, ist der Vorwurf des willkürlichen und unfairen Verfahrens nicht gerechtfertigt. Die Ablehnung der Wiederverwendungsanträge erfolgte entgegen der Rechtsbehauptung des Klägers nicht schematisch und ausschließlich ergebnisorientiert, um den Regelungsautomatismus des § 51 Abs. 2 Satz 1 Pfarrergesetz auszulösen, sondern sie ist Ausdruck einer dauerhaften Ungedeihlichkeitsprognose. Diese stützt sich auf vielfältige dienstliche Erfahrungen, insbesondere die Tatsache, dass die Gemeindearbeit des Klägers bereits während seiner seelsorgerischen Verwendung in G. und später in W. aus Gründen, die nach der Überzeugung der Beklagten in der Persönlichkeit des Klägers zu suchen sind, immer wieder zu Beanstandungen Anlass gegeben hat. Diese Einschätzung, die vom kirchlichen Verfassungs- und Verwaltungsgericht in seinem aufgrund der mündlichen Verhandlung vom 1.12.1995 ergangenen Urteil geteilt wurde, vermittelte der Beklagten die Überzeugung, dass vergleichbare negative Erfahrungen auch bei anderweitiger Verwendung des Klägers oder bei dessen Einsatz an einem anderen Ort zu befürchten seien. Von daher handelte sie folgerichtig und nicht willkürlich, als sie die entsprechenden Anträge des Klägers ablehnte. Diese Verfahrensweise kann auch nicht als unfair gekennzeichnet werden, denn ihr liegt ersichtlich eine vertretbare Abwägung der Interessen des Klägers an der aktiven Dienstausübung mit denen der Beklagten an der Gewährleistung einer gedeihlichen Gemeindearbeit zugrunde. Dass die Beklagte dabei zu einem für den Kläger negativen Ergebnis gelangt ist, beruht auf keinem der gerichtlichen Kontrolle zugänglichen Prognosefehler. Insbesondere berührt der Einwand des Klägers, sein Gesundheitszustand habe sich nach dem Auszug aus der gesundheitsschädigenden Dienstwohnung stabilisiert, nicht die Überzeugung der Beklagten von der charakterlichen Ungeeignetheit des Klägers für den Beruf des

Pfarrers. Auch soweit der Kläger sich in diesem Zusammenhang auf Weiterbildungs- und Schulungsmaßnahmen beruft, von denen die Beklagte bei der umstrittenen Personalmaßnahme angeblich keine hinreichende Kenntnis genommen hat, ist nicht ersichtlich, inwiefern dadurch die Tragfähigkeit ihrer Prognoseentscheidung erschüttert werden könnte.

Die bei der Amtsführung des Klägers aufgetretenen Probleme liegen nämlich außerhalb des Bereichs der fachlichen Eignung, so dass die Prognose auf den behaupteten Mängeln nicht beruhen kann.

Schließlich haftet der Zurruhesetzung ein durchgreifender Fehler auch insofern nicht an, als diese nicht unmittelbar mit dem Ablauf einer Frist von zwei Jahren nach der Versetzung in den Wartestand (1.9.1995) verfügt worden ist, sondern erst nach etwas mehr als drei Jahren. Der angesprochenen Frist des § 51 Abs. 2 Pfarrergesetz eignet erkennbar der Charakter einer Mindestfrist, so dass der Rechtskreis des Pfarrers nach ihrem Schutzzweck durch eine Fristüberschreitung nicht willkürlich betroffen werden kann.

28

Ein als privatrechtlicher Verein organisierter kirchlicher Wohlfahrtsverband darf im Rahmen der „persönlichen Hilfe in sonstigen sozialen Angelegenheiten" (§ 8 Abs. 2 BSHG) auch außerhalb des Sozialrechts Rechtsberatung betreiben, soweit Rechtsfragen (etwa des Familien-, Erb- oder Arbeitsrechts) den Charakter von Vorfragen haben oder weil die „soziale Angelegenheit" ihrerseits auf sie einwirkt. Die Vorbereitung eines Prozesses und die Prozessvertretung sind nur im Rahmen der Insolvenzordnung, der Erlangung von Prozesskostenhilfe und der Hilfe bei fristwahrenden gerichtlichen Anträgen gestattet.

Art. 1 § 3 Nr. 1 RBerG; § 1 UWG
LG Stuttgart, Urteil vom 21. Juni 2001 - 5 KfH O 21/01[1] -

Die Klägerin ist die Standesorganisation der örtlichen Anwälte in der Form einer Anstalt des öffentlichen Rechts.

Die Beklagte zu 1) ist ein in Form eines eingetragenen Vereins organisierter Träger der freien Wohlfahrtspflege. Als kirchlicher Verband steht sie unter der Aufsicht des Bischofs der Diözese Rottenburg/Stuttgart. Sie ist u.a. im sozialen und sozialhilferechtlichen Bereich tätig und leistet dabei den Betroffenen persönliche Hilfe, die auch die Beratung bei der Verfassung von Schriftsätzen und Anträgen gegenüber Behörden und

---

[1] InfAuslR 2001, 40; SAR 2002, 18 (LS). Das Urteil ist rechtskräftig.

Gerichten in Frage der Sozialhilfe und sonstigen sozialen Angelegenheiten umfasst.

Der Beklagte 2) ist seit April 1995 bei der Beklagten angestellt. Seine Tätigkeit besteht in der Beratung der Dienste und Einrichtungen der Beklagten 1) wie auch ihrer Klienten in sozialrechtlichen Fragen. Er besitzt als Assessor des Verwaltungsdienstes die Befähigung zu höherem Verwaltungsdienst, verfügt aber über keine Zulassung als Rechtsanwalt. Durch Unterlassungserklärung vom 27.8.1997 hatte sich die Beklagte 1) gegenüber der Klägerin verpflichtet, jede Art von Prozessvertretung Dritter vor deutschen Gerichten zu unterlassen.

Die Klägerin vertritt die Auffassung, auch die sonstige Tätigkeit des Beklagten 2) im Auftrag der Beklagten 1) sei als geschäftsmäßige Besorgung von Rechtsangelegenheiten anzusehen und verstoße somit gegen das Rechtsberatungsgesetz. Dieses Vorgehen beanstande gleichzeitig einen Verstoß gegen § 1 UWG; beide Beklagte seien deshalb zur Unterlassung verpflichtet.

Die Klägerin hatte zunächst beantragt, den Beklagten zu untersagen, Dritten Rechtsfragen zu erteilen oder erteilen zu lassen dergestalt, dass diesen Eingaben an Behörden und Gerichte vorformuliert werden. Aufgrund des Hinweises der Beklagten, sie seien von verschiedenen Insolvenzgerichten als „geeignete Stelle" im Sinne von § 305 InsO anerkannt, hat die Klägerin ihren Antrag eingeschränkt und diese Tätigkeit ausgenommen. Aufgrund der Erörterung in der mündlichen Verhandlung hat die Klägerin ihren Antrag nochmals teilweise zurückgenommen und erklärt, beanstandet werde allein noch die Tätigkeit der Beklagten gegenüber Gerichten, nicht mehr gegenüber Behörden.

Die Klägerin beantragt, den Beklagten unter Strafandrohung zu untersagen, Dritten Rechtsrat zu erteilen oder erteilen zu lassen dergestalt, dass diesen Eingaben an Gerichte vorformuliert werden, ausgenommen Tätigkeiten im Rahmen von § 305 InsO.

Die Beklagten lassen im Wesentlichen vortragen: Die Beklagte 1) sei trotz ihrer privatrechtlichen Organisation ein kirchlicher Verband, wie aus einem vorgelegten Schreiben der Diözese Rottenburg vom 28.2.2001 hervorgehe. Sie nehme am körperschaftlichen Status der Diözese gemäß Art. 140 GG iVm Art. 137 Abs. 3 WRV teil. Deshalb könnten beide Beklagte das Privileg des § 3 Abs. 1 RBerG beanspruchen - eine rechtsberatende Tätigkeit sei ihnen sonach gestattet. -Tätige Hilfe für Sozialschwache sei eine ureigene Aufgabe der Kirche; dies gelte auch für die Rechtsbetreuung. Soweit man die Auffassung vertrete, dass ihre Tätigkeit nicht durch Art. 1 § 3 Nr. 1 RBerG gedeckt sei, sei die Verfassungsmäßigkeit eines solchen Verbots zu bezweifeln.

Ihre Befugnis zur Rechtsberatung ergebe sich des weiteren aus § 8 Abs. 2 BSHG, das als spezielles Gesetz gegenüber dem RBerG vorgehe. § 8 Abs. 2 BSHG ermächtigte die Sozialhilfeträger zur selbstständigen Rechtsberatung. Dementsprechend liege eine Vereinbarung aus dem

Jahre 1969, die damals die Träger freier Wohlfahrtspflege mit dem Bundesjustizministerium betroffen hätten fest, dass den Wohlfahrtsverbänden in sozialen Angelegenheiten auch eine rechtsberatende Tätigkeit gestattet sei. Jedenfalls liege aber keine „geschäftsmäßige" Rechtsberatung vor. Die Betätigung von Hilfsbereitschaft sei Teil der in Art. 2 Abs. 1 GG geschützten Handlungsfreiheit; nur bei einem überwiegenden Interesse der Allgemeinheit sei dieses Grundrecht einschränkbar. Das Verbot unentgeltlicher kirchlicher Nachbarschaftshilfe sei jedenfalls unverhältnismäßig und auch aus diesem Grund verfassungswidrig.

Ein Unterlassungsanspruch stehe der Klägerin schließlich deshalb nicht zu, weil es schon an einem Wettbewerbsverhältnis zwischen den Parteien fehle. Ihre rechtsberatende Tätigkeit erfolgte außerhalb des Wettbewerbs; sie hätten nie die Absicht verfolgt, die Klägerin und ihre Mitglieder in ihrer Erwerbstätigkeit zu beeinträchtigen. Ihr Motiv sei ausschließlich christliche Nächstenliebe. Ihr Angebot umfasse keine „Beratungsleistungen", während die Klägerin andererseits keine soziale Betreuung anbiete.

Die Klägerin meint: Die Beklagte sei auch nach Kirchenrecht keine kirchliche Behörde; § 3 Nr. 1 RBerG gelte also für sie nicht. Das persönliche Motiv der Beklagten sei ohne Bedeutung; § 1 RBerG gehöre zur verfassungsmäßigen Ordnung, an die auch die Beklagten gebunden seien. Es sei ihr legitimes Anliegen, die Allgemeinheit vor nicht fachkundigem Rechtsrat zu schützen. Es gebe verschiedene Möglichkeiten, dem kirchlichen Anliegen der Beklagten in gesetzeskonformer Weise nachzukommen - etwa die Beratung durch Rechtsanwälte bei Verbraucherorganisationen. Tätige Rechtshilfe bei der förmlichen Rechtsverfolgung stelle keine persönliche Hilfe im Sinne von § 8 BSHG dar. In dieser Vorschrift sei nur die Aufgabe des Sozialhilfeträgers geregelt, nicht aber, in welcher Weise er diese Aufgaben zu erfüllen habe. § 8 Abs. 2 BSHG stehe einer Anwendbarkeit des RBerG nicht entgegen. Die Beklagten handelten auch „geschäftsmäßig" denn dies setze keine Entgeltlichkeit voraus. Maßgeblich sei vielmehr, dass die Beklagten regelmäßig rechtsberatend tätig würden. Schließlich könne auch das Bestehen eines Wettbewerbsverhältnisses zwischen den Parteien nicht bezweifelt werden. Ein Wettbewerbsverstoß liege vor, denn das Angebot beider Parteien beinhalte die Rechtsberatung. Die fehlende Gewinnerzielungsabsicht der Beklagten sei unerheblich.

Die Kammer gibt der Unterlassungsklage unter Abweisung im Übrigen dahin statt, dass den Beklagten untersagt wird, für Dritte Rechtsrat durch Formulierung von Eingaben an Gerichte zu erteilen, es sei denn, es handle sich um eine Tätigkeit a) im Rahmen von § 305 InsO, b) im Rahmen einer Angelegenheit, die wegen Eilbedürftigkeit keinen Aufschub duldet, c) zur Erlangung von Prozesskostenhilfe.

Aus den Gründen:

Nicht mehr zu entscheiden ist, ob die Beklagte im außergerichtlichen Rechtsverkehr - also etwa gegenüber Behörden - für ihre Klienten rechtsberatend tätig werden und für diese auftreten dürfen. Die Zulässigkeit einer solchen Tätigkeit steht nicht mehr in Frage, nachdem die Klägerin ihren dahin gerichteten Klagantrag zurückgenommen hat. Im Streit ist allein noch die Frage, ob es den Beklagten gestattet ist, Rechtsberatung durch Formulierung von Eingaben an Gerichte zu erteilen.

1. Gemäß Art. 1 § 1 RBerG darf die geschäftsmäßige Besorgung von Rechtsangelegenheiten einschließlich der Rechtsberatung nur mit Erlaubnis der zuständigen Behörde ausgeübt werden, wobei nach dem ausdrücklichen Gesetzeswortlaut nicht mehr zwischen haupt- und nebenberuflicher oder entgeltlicher und unentgeltlicher Tätigkeit zu unterscheiden ist. Unerheblich ist auch, ob der Rechtsbesorger oder Rechtsberater Jurist ist und ob im Einzelfall die Gefahr mangelnder Sachkunde besteht. Auch der Volljurist unterliegt - soweit er nicht unter die Ausnahmeregelung des § 3 RBerG fällt - der Erlaubnispflicht des § 1 RBerG (Rennen/Caliebe, Kommentar zum RBerG, 3. Aufl., § 1 Rn 16). Die Rechtsberatung ist sonach grundsätzlich Rechtsanwälten vorbehalten. Das Bundesverfassungsgericht hat mehrfach entschieden, dass Art. 1 § 1 Abs. 1 Satz 1 RBerG mit dem Grundgesetz vereinbar ist (BVerfGE 41, 378 und 97, 12). Diese Bestimmung gehört also zur verfassungsmäßigen Rechtsordnung.

2. Von der Erlaubnispflicht ausgenommen ist gemäß Art. 1 § 3 Ziff. 1 RBerG die Rechtsberatung und Rechtsbetreuung, die von Körperschaften des öffentlichen Rechts im Rahmen ihrer Zuständigkeit ausgeübt wird.

a) Die Beklagte 1) ist keine Körperschaft des öffentlichen Rechts, sondern ein privatrechtlicher Verein. Trotzdem fällt sie unter die Ausnahmeregelung des § 3 Ziff. 1 RBerG, weil sie an dem öffentlich-rechtlichen Status der sie tragenden Kirche teilnimmt und weil sie der Gesetzgeber in dem gegenüber dem Rechtsberatungsgesetz früheren Bundessozialhilfegesetz (BSHG) für die Zulässigkeit persönlicher Hilfe durch die freien Wohlfahrtsverbände beschieden hat (Rennen/Caliebe, § 3 Rn 12).

b) Erlaubnisfreiheit besteht sonach für die Beklagte 1) und damit auch für ihren Mitarbeiter, den Beklagten 2), im Rahmen ihrer Zuständigkeit. Diese umfasst gemäß § 8 Abs. 1 BSHG die persönliche Hilfe und zu dieser gehört nach § 8 Abs. 2 BSHG auch die Beratung in Fragen der Sozialhilfe und sonstigen soziale Angelegenheiten.

Der Umfang der sonach zulässigen Beratungstätigkeit ist streitig. Nach allgemeiner Auffassung ist der Begriff der „persönlichen Hilfe in sonstigen sozialen Angelegenheiten" weit auszulegen, um den Auftrag der Sozialhilfeträger, insbesondere für Gruppen am Rande der Gesellschaft auch im Bereich der Rechtsberatung ein „letztes Auffangnetz" zu sein, gerecht zu werden.

Deshalb muss die persönliche Hilfe auch die Rechtsberatung mit umfassen, wobei es notwendig sein kann und deshalb erlaubt sein muss, bei der Beratung außer auf Fragen des Sozialrechts auch auf Fragen aus anderen Gebieten - etwa des Familien-, Erb- oder Arbeitsrechts - einzugehen, sei es, weil sie den Charakter von Vorfragen haben oder weil die „soziale Angelegenheit" ihrerseits auf sie einwirkt. Es wäre schwierig, die Rechtsberatung auf solche Gebieten von der sonstigen persönlichen Lebensführung zu trennen (Roscher, Lehr- und Praxiskommentar zum BSHG, 5. Aufl., § 8 Rn 25; Knopp/Fichtner, Kommentar zum BSHG, 7. Aufl., Rn 33, 34; Osterreicher/Schelter/Kunz, Kommentar zum BSHG, § 8 Rn 11; Renner/Caliebe, § 3 Rn 11). Die Kammer schließt sich dieser Auffassung an. Eine Auslegungshilfe bietet insbesondere auch die Übereinkunft, die bei einem Gespräch im BMJ am 24.2.1969 zwischen den hauptbeteiligten Bundesressorts, der Bundesarbeitsgemeinschaft der freien Wohlfahrtsverbände und der angeschlossenen Organisationen erzielt wurde (abgedr. bei Knopp/Fichtner, § 8 Rn 37). In diesem „Konsenspapier" ist ausdrücklich festgehalten, dass die Beratung in einer sozialen Angelegenheit auch ein Eingehen auf Rechtsfragen aus sonstigen Rechtsgebieten notwendig machen kann.

c) In der genannten Übereinkunft ist jedoch auch klargestellt, dass die Durchsetzung von Ansprüchen im Streitfall, die Vorbereitung eines Prozesses und die Prozessvertretung über die den Wohlfahrtsverbänden zugewiesene „persönliche Hilfe" hinausgeht. Auch die Literatur (Knopp/Fichtner, § 8 Rn 15; Rennen/Caliebe, § 3 Rn 13) folgt dieser Meinung.

Die Kammer schließt sich dem an. Danach ist neben der eigentlichen Prozessvertretung, die bereits Gegenstand der von der Beklagten 1) am 27.8.1997 abgegebenen Unterlassungserklärung ist, den Beklagten auch jede weitere Tätigkeit, die zu einer Prozessführung gehört, insbesondere auch die Abfassung von Schriftsätzen und die Formulierung von Eingaben im Rahmen eines gerichtlichen Verfahrens untersagt.

d) Von diesem Grundsatz sind indessen Ausnahmen geboten:

aa) Die Klägerin selbst nimmt Tätigkeiten der Beklagten im Rahmen des § 305 InsO aus.

bb) Die staatliche Prozesskostenhilfe ist eine Form der Sozialhilfe im Rahmen der Rechtspflege, die nur aus Zweckmäßigkeitsgründen in der ZPO und nicht im BSHG geregelt ist (Baumbach/Lauterbach/Albers/Hartmann, Kommentar zur ZPO, 59. Aufl., Übersicht vor § 114 Rn 1, 2). Es erscheint deshalb sinnvoll, die dem Aufgabenbereich der Beklagten nahe stehende Tätigkeit zur Erlangung der Prozesskostenhilfe diesen zuzuweisen. Die Zuständigkeit der Beklagten endet mit Abschluss des PKH-Verfahrens.

cc) Die Beklagten haben in überzeugender Weise dargelegt, dass ein nicht unerheblicher Teil ihrer Klientel nicht im Stande ist, sich an die üblichen Gepflogenheiten zu halten und dass deshalb oft die Gefahr besteht, dass Termine oder Fristen nicht eingehalten oder sonst versäumt werden. Um die Beklagten auch in solchen Fällen in die Lage zu versetzen, die ihnen obliegende „persönliche Hilfe" in effektiver Art und Weise zu leisten, erscheint es angebracht, ihnen in Eilfällen, also insbesondere dann, wenn die Versäumung einer Frist oder eines Termins droht oder wenn es um die Gewährungvorläufigen Rechtsschutzes geht, etwa nach § 123 VWGO oder nach § 916 ff. ZPO ihnen eine Tätigkeit für ihre Klienten zu gestatten, die allerdings auf das zur Fristwahrung Erforderliche beschränkt sein muß.

3. Soweit die Beklagten hiernach in der Vergangenheit Rechtsberatung durch Hilfestellung bei gerichtlichen Verfahren ausgeübt haben, steht der Klägerin ein Unterlassungsanspruch gemäß § 1 UWG zu.

a) Das Tatbestandsmerkmal der „Geschäftsmäßigkeit" nach § 1 Abs. 1 RBerG liegt unzweifelhaft vor, denn dafür ist lediglich eine selbständige, mit Wiederholungsabsicht erfolgende Tätigkeit erforderlich, die auch unentgeltlich vorgenommen werden kann (Rennen/Caliebe, § 1 RBerG Rn 56).

b) Nicht zweifelhaft kann auch sein, dass zwischen den Parteien ein Wettbewerbsverhältnis besteht. Ein solches ist zu unterstellen, wenn zwei Unternehmen denselben Kundenkreis haben. Dies ist im vorliegenden Fall zu bejahen, denn „Kunden" sowohl der Klägerin wie auch der Beklagten sind Personen, die Rechtsberatung benötigen. Ausreichend ist, dass jedenfalls ein kleiner Teil der Betroffenen Personen, die von den Beklagten beraten werden, damit als Kunden der Mitglieder der Klägerin ausscheiden. Nicht erforderlich ist, dass den Mitgliedern der Klägerin tatsächlich Umsätze entgehen und unmaßgeblich ist auch das Motiv der Beklagten - das können durchaus soziale oder kirchliche Gründe sein (Baumbach/Hefermehl, Wettbewerbsrecht, 21. Aufl., Einl. Rn 235).

29

Der Betreiber eines Kaufhauses verfolgt mit einem Stil („Kleiderordnung") für das äußere Erscheinungsbild des Verkaufspersonals, der sich am Charakter der Betriebsstätte, dessen örtlicher Einordnung und an den Vorstellungen des Kundenkreises orientiert, berechtigte und arbeitsrechtlich nicht zu beanstandende Interessen, denen sich das Personal zu fügen hat. Das Verlangen einer Verkäuferin, als Muslima ein Kopftuch tragen zu dürfen, begründet ein dauerndes Beschäftigungshindernis, das eine Kündigung des Dienstverhältnisses rechtfertigt, wenn im Rahmen der betrieblichen Möglichkeiten eine anderweitige Beschäftigung ausscheidet.

Kopftuch 175

Art 2 Abs. 1, 4 Abs. 1, 12, 14 GG; §§ 102 Abs. 1 BetrVG,
§ 1 Abs. 2 KSchG
LAG Frankfurt a.M., Urteil vom 21. Juni 2001 - 3 Sa 1448/00[1] -

Die Parteien streiten über die Wirksamkeit der ordentlichen Kündigung vom 30.8.1999, die die Beklagte der Klägerin personenbedingt mit Wirkung zum 31.10.1999 ausgesprochen hat.
Die 1970 geborene Klägerin ist Türkin und Muslima. Sie trat am 1.8.1989 als Auszubildende der Fachrichtung Einzelhandelskauffrau in das Unternehmen der Beklagten ein und wurde dort nach Abschluss der Ausbildung ausschließlich als Verkäuferin beschäftigt. Ob sich die Tätigkeit der Klägerin als Verkäuferin auf die Parfümerieabteilung des Kaufhauses der Beklagten beschränkte oder zeitweilig auch auf andere Abteilungen erstreckte, ist streitig geblieben.
Die Beklagte betreibt in S. das dort einzig vorhandene Kaufhaus. Im Verkauf sind etwa 85 Arbeitnehmer, im Verwaltungsbereich 8, in der Warenannahme 2 und mit Hausmeisteraufgaben 3 Mitarbeiter beschäftigt, Zur Zeit des Zugangs der Kündigung vom 30.8.1999 waren sämtliche Arbeitsplätze besetzt.
Das Warensortiment der Beklagten besteht aus Modeartikeln, sog. Accessoires, Spielsachen, Schmuck und Kosmetika. Lebensmittel werden nicht angeboten. Die Kunden der Beklagten kommen aus der sehr ländlich geprägten Stadt S. und aus den umliegenden, ebenfalls ländlichen Gemeinden. In der Stadt S. ist der Ausländeranteil der Wohnbevölkerung gering, im Umland nahezu nicht vorhanden. Das Verkaufspersonal der Beklagten ist dazu angehalten, sich bei der Ausübung der Verkaufstätigkeit gepflegt und unauffällig zu kleiden, da das Kaufhaus bestrebt ist, seinen Kunden einen noblen und exklusiven Eindruck zu vermitteln.
Die Klägerin ist seit April 1991 verheiratet. Anlässlich der Geburt und der Erziehung ihrer Kinder befand sie sich zweimal, zuletzt vom 15.4.1996 bis zum 26.5.1999 in Erziehungsurlaub. Bis zum Beginn des zweiten Erziehungsurlaubs ging die Klägerin ihrer Verkaufstätigkeit in westlicher Kleidung nach, die den Anforderungen der Beklagten entsprach. Anfang Mai 1999 teilte sie der Personalleiterin der Beklagten, der Zeugin M., mit, dass sie sich ihre Tätigkeit als Verkäuferin künftig nur noch mit Kopftuch vorstellen könne. Ihre religiösen Vorstellungen

---

[1] AP Nr 2 zu § 611 BGB Gewissensfreiheit; AuA 2002, 94 (LS); EzA-SD 2001, Nr. 18, 9 (LS); LAGE § 1 KSchG verhaltensbedingte Kündigung Nr. 77; NJW 2001, 3650; NZA-RR 2001, 632; RzK I 5h Nr. 62 (LS). In der Revisionsinstanz hatte die Klägerin mit ihrem Feststellungsbegehren Erfolg, hinsichtlich des Zahlungsbegehrens erfolgte Zurückverweisung der Sache an die Vorinstanz; BAG, Urteil vom 10.10.2002 - 2 AZR 472/01 - BAGE 103, 111. Die Verfassungsbeschwerde der Beklagten wurde nicht zur Entscheidung angenommen; BVerfG, Beschluss vom 30.7.2003 - 1 BvR 792/03 - NJW 2003, 2815.

hätten sich gewandelt. Der Islam verbiete es ihr, sich in der Öffentlichkeit ohne Kopftuch zu zeigen. Die Zeugin M., ihre Gesprächspartnerin, schloss einen Einsatz der Klägerin im Verkauf mit Kopftuch aus und räumte der Klägerin Bedenkzeit ein. Die Klägerin beharrte jedoch in einem weiteren Gespräch endgültig auf ihrer religiös begründeten Bedingung, obwohl ihr mitgeteilt wurde, dass dann eine Beendigung des Arbeitsverhältnisses unausweichlich sei, da es aus der Sicht der Beklagten keine Möglichkeit gebe, die Klägerin als Kopftuchträgerin im Verkauf zu beschäftigen. Das von der Klägerin getragene Kopftuch lässt lediglich das Oval ihres Gesichtes sichtbar.

Gegen die hierauf nach Anhörung des Betriebsrats ausgesprochene Kündigung vom 30.8.1999 wendet sich die Klägerin mit der vorliegenden Kündigungsschutzklage. Sie beantragt festzustellen, dass das Arbeitsverhältnis der Parteien durch die ordentliche Kündigung der Beklagten vom 30.8.1999 nicht aufgelöst worden ist. Zur Begründung macht sie im Wesentlichen Folgendes geltend: Ein Kündigungsgrund liege deshalb nicht vor, weil die Beklagte nicht dargetan habe, dass eine künftige betriebliche oder wirtschaftliche Beeinträchtigung ihrer Interessen eintreten werde. Die Argumentation der Beklagten gründe nicht auf Tatsachen, sondern lediglich auf falschen Vermutungen, Unterstellungen und Schlussfolgerungen. Es werde bestritten, dass die Kunden der Beklagten eine Kopftuch tragende Verkäuferin nicht akzeptieren würden. Der Beklagten sei zuzumuten, abzuwarten, welche konkreten Konsequenzen sich im Einzelnen aus dem mit der geänderten religiösen Einstellung der Klägerin einhergehenden Tragen des Kopftuches für das Arbeitsverhältnis und für die betriebliche und wirtschaftliche Situation ergeben hätten. Die Kündigung sei auch deshalb unwirksam, weil sie nur wegen der Erklärung der Klägerin ausgesprochen worden sei, diese wolle künftig bei der Arbeit das Kopftuch tragen. Die Kündigung verfolge daher erklärtermaßen das Ziel, die Klägerin in der Freiheit ihrer Religionsausübung einzuschränken.

Die Beklagte ist der Auffassung, eine probeweise Beschäftigung der Klägerin mit Kopftuch könne ihr nicht zugemutet werden. Der Vorwurf der Klägerin, sie, die Beklagte, strebe eine Einschränkung ihrer Religionsausübung an, sei unbegründet. Es gehe der Beklagten allein darum, dass die Klägerin unter der von ihr gestellten Bedingung nicht in der Lage sei, den bisher ausgeübten Arbeitsplatz als Verkäuferin weiter einzunehmen. Die betriebliche Beeinträchtigung liege bereits darin, dass sich die Klägerin in das vorgegebene einheitliche Erscheinungsbild des Verkaufspersonals der Beklagten nicht mehr einfügen wolle.

Das Arbeitsgericht hat die Klage abgewiesen.

In der Berufungsinstanz verfolgt die Klägerin ihren Klageantrag, erweitert um ein Lohnfortzahlungsbegehren, weiter. Sie rügt u.a., die Beklagte habe dem Betriebsrat den ihr bekannten Kündigungssachverhalt nicht hinreichend konkret übermittelt. So sei der Betriebsrat nicht über ihre

Staatsangehörigkeit und ihren Übertritt zum muslimischen Glauben informiert worden. Die Beklagte habe auch nicht vorgetragen, weshalb sich das Tragen des Kopftuches nicht mit der allgemeinen Anordnung vereinbaren lasse, keine auffällige Kleidung zu tragen. Es bleibe auch dabei, dass eine konkrete Beeinträchtigung betrieblicher oder wirtschaftlicher Interessen der Beklagten nicht erkennbar und der Beklagten eine die Reaktion der Kundschaft abwartende probeweise Beschäftigung der Klägerin zuzumuten sei.

Die Beklagte verteidigt das angefochtene Urteil und lässt im Wesentlichen vortragen: Entgegen der Ansicht der Klägerin liege auch eine Beeinträchtigung der betrieblichen Interessen der Beklagten vor, wenn sie eine Kopftuch tragende Verkäuferin dulden solle. Dadurch werde nämlich einer einzelnen Mitarbeiterin gestattet, aus der ungeschriebenen und allseits akzeptierten Kleiderordnung der Beklagten „auszubrechen", was „faktisch eine Schleuse" öffne und die Beklagte damit konfrontiere, auch anderen Mitarbeitern vergleichbare Wünsche zu erfüllen. Das Ansinnen der Klägerin schließlich, es könne der Beklagten eine abwartende Erprobung des Arbeitseinsatzes der Klägerin zugemutet werden, sei abzulehnen, da ihr berechtigtes wirtschaftliches Interesse im Gegenteil der Vermeidung von Schäden diene und mit einer solchen Erprobung nicht vereinbar sei.

Die Berufung wurde zurückgewiesen.

Aus den Gründen:

1. Vor der Erklärung der ordentlichen Kündigung vom 30.8.1999 ist der bei der Beklagten gewählte Betriebsrat ordnungsgemäß angehört worden. Die Kündigung ist daher nicht bereits wegen eines Verstoßes gegen das Anhörungsrecht des Betriebsrats gem. § 102 Abs. 1 Satz 3 BetrVG unwirksam. Die diesbezüglich von der Klägerin erhobenen Rügen halten einer rechtlichen Überprüfung aus mehreren Gründen nicht Stand.

a.) (...)

b.) Die weitere Beanstandung der Klägerin, der Betriebsrat sei nicht über ihre Staatsangehörigkeit und ihren Übertritt zum muslimischen Glauben informiert worden, ist gleichfalls unbegründet. Auf die Staatsangehörigkeit der Klägerin im staatsrechtlichen Sinne konnte es für die Beurteilung der Kündigungsabsicht der Beklagten offensichtlich nicht ankommen. Es fehlt auch jeder Anhaltspunkt dafür, dass die Beklagte zur Zeit der Anhörung des Betriebsrats über einschlägige Kenntnisse verfügte. Soweit die Klägerin mit dem Begriff „Staatsangehörigkeit" aber ihre Volkszugehörigkeit umschreiben will, konnte der Betriebsrat ausreichende Schlüsse bereits aus ihrem Namen und aus dem Umstand ziehen, dass sie sich aus religiösen Gründen dazu entschlossen hatte, in der Öffentlichkeit und bei der Arbeit ein Kopftuch zu tragen. Dass die Klägerin zum muslimischen Glauben „übergetreten" ist, hat sie in der mündlichen Verhandlung vor dem Berufungsgericht nicht bestätigt. Es kann zudem nicht darauf ankommen, ob ihre Entscheidung, die Arbeit nur noch Kopftuch tragend zu verrichten, auf einem Übertritt zum Islam oder allein auf gewandelten religiösen Vorstellungen beruhte. Erheblich ist allein, dass sie hierfür eine religiös fundierte Begründung gegeben hat und dass diese dem Betriebsrat durch die Beklagte übermittelt worden ist. Dabei kann nicht beanstandet werden, dass dem Betriebsrat „die der Gewissensentscheidung der Klägerin zugrunde liegenden weiteren näheren Umstände (z.b. Art des religiösen Bekenntnisses, Grad der Gewissensnot etc.)" vorenthalten worden seien. Es ist nämlich nichts dafür ersichtlich, dass die Klägerin der Beklagten in der Person der Zeugin M. eine Information gegeben hätte, die solche Details enthielt. Insoweit ist der Vortrag der Klägerin, dass der Beklagten „diese Umstände im Detail bekannt" gewesen seien, nicht ausreichend substantiiert. Eine Vernehmung der Zeugin M. kam daher nicht in Betracht. Abgesehen davon ist diese Behauptung der Klägerin auch gar nicht glaubhaft. Denn die Klägerin konnte ihre neu gewonnene religiöse Überzeugung in der mündlichen Verhandlung vom 10.5.2001 nicht näher begründen, hat sich vielmehr allgemein auf eine Fortbildung durch Lesen berufen und konnte keinen konkreten Beleg für das dem Kopftuchtragen zugrunde liegende religiöse Gebot anführen. Ihr allgemeiner Hinweis auf den „Koran" überzeugt nicht, da der Koran aus 114 Suren besteht und als Quelle für das von der Klägerin angenommene religiöse Gebot (vgl. Sure 24 [32]; Sure 33 [33, 34, 53-60]) in der konkreten Ausprägung des Tragens eines Kopftuches umstritten und Zweifeln ausgesetzt ist (vgl. z.B. Eshkevari, Die Zeit vom 4.5.2000, S. 56; Djebar, FAZ vom 23.10.2000, S. 14; Duran, FAZ vom 13.1.1997, S. 9), so dass das Kopftuchtragen von Muslimen selbst sogar nur als „ein Instrument der zivilisatorischen Abgrenzung" (Bassam Tibi) verstanden wird. Konnte die Klägerin ihre religiöse Überzeugung nach alledem selbst nicht detailliert und konkret darlegen, so kann die Mitteilung der Beklagten an den Betriebsrat, dass sie „aus religiösen Gründen" auf dem Tragen des Kopftuches bestehe, keinen Anhörungsmangel begründen. Die Beklagte kann nicht gehalten sein, Kenntnisse weiterzugeben, die ihr fehlen, weil sie ihr vorenthalten worden sind. Andererseits konnte es für den Betriebsrat nicht zweifelhaft sein, dass die Klägerin, deren Volkszugehörigkeit dem Betriebsrat bekannt war, sich allein auf ein Gebot des Islam berufen haben konnte. Der Rechtfertigungsgrund der Klägerin war für den Betriebsrat daher hinreichend erkennbar. Eine „Interessenabwägung zwischen der durch den Ausspruch der Kündigung tangierten Grundrechtsbeeinträchtigung der Klägerin ... und ... der Beklagten" oblag dem Betriebsrat entgegen der Ansicht der Klägerin nicht. Einschlägige rechtliche Erwägungen konnten

weder von der Beklagten noch vom Betriebsrat erwartet werden. Ihr Fehlen bedeutet daher keinen Anhörungsmangel.
2.Die Kündigung vom 30.8.1999 ist gem. § 1 Abs. 2 KSchG als personenbedingte Kündigung sozial gerechtfertigt:
a.) Nach Beendigung ihres zweiten Erziehungsurlaubs war die Klägerin verpflichtet, ihre Arbeit als Verkäuferin im Kaufhaus der Beklagten aufgrund des Arbeitsvertrages der Parteien und nach dessen Inhalt fortzusetzen. Zu den vertraglichen Nebenpflichten der Klägerin gehörte es, sich hinsichtlich ihrer äußeren persönlichen Erscheinung in den Rahmen einzuordnen, der im Kaufhaus der Beklagten als betriebliche Übung allseits akzeptiert und praktiziert wurde und wird. Die dazu von der Beklagten vorgetragenen Einzelheiten sind unstreitig. Danach kleidet sich das Verkaufspersonal ohne auffällige, provozierende, ungewöhnliche oder fremdartige Akzente und entspricht damit einer „ungeschriebenen", von der Beklagten aber erkennbar erwarteten „Kleiderordnung". Diese ist auch ohne „eine spezifische Klausel im Arbeitsvertrag" dessen inhaltlicher Bestandteil und trägt berechtigten Interessen der Beklagten Rechnung (vgl. LAG Hamm, LAG-E § 611 BGB Nr. 14 Direktionsrecht). Der Arbeitnehmer ist überdies nach Treu und Glauben mit Rücksicht auf die Verkehrssitte verpflichtet, „sein Äußeres den Gegebenheiten des Arbeitsverhältnisses anzupassen. Aufgrund des Arbeitsvertrages ist der Arbeitnehmer zur Einordnung, d.h. zur Übernahme einer durch den Arbeitsvertrag festgelegten Funktion innerhalb eines fremden Arbeits- oder Lebensbereichs verpflichtet; er schuldet daher ein Gesamtverhalten, das darauf gerichtet ist, nach Maßgabe der von ihm übernommenen Funktion die berechtigten Interessen des Arbeitgebers nicht zu schädigen und im Rahmen des Zumutbaren wahrzunehmen" (vgl. ArbG Mannheim, BB 1989, 1201). Dies gilt besonders dann, wenn der Arbeitgeber - wie im vorliegenden Fall - auf Kunden und deren Vorstellungen Rücksicht zu nehmen hat (vgl. LAG Hamm, BB 1992, 430 [431]) und unter anderem durch die äußere Erscheinung seines Personals „eine Aussage über Image, Stil und Trend des Unternehmens" treffen will (vgl. BAG AP Nr. 15 zu § 87 BetrVG 1972, 978). Zur Verfolgung solcher Ziele darf der Arbeitgeber sogar - unter Beachtung des Mitbestimmungsrechts des Betriebsrats bei der Ausgestaltung - eine besondere Dienstkleidung vorschreiben (vgl. BAG AP Nr. 3 zu § 56 BetrVG Ordnung des Betriebes; BAG AP Nr. 15 zu § 87 BetrVG 1972 Ordnung des Betriebes). Auch im Beamtenrecht ist es anerkannt, dass der Dienstherr mit der Funktion des Beamten nicht vereinbare Akzente seiner äußeren Erscheinung untersagen darf (vgl. z.B. BVerwG NJW 1990, 2266; BVerfG NJW 1991, 1477). Es kann daher keinem Zweifel unterliegen, dass die Beklagte mit ihrer ungeschriebenen Kleiderordnung mit Rücksicht auf den Charakter ihres Kaufhauses, dessen örtlicher Einordnung und die Vorstellungen des ländlich-konservativ geprägten Kundenkreises berechtigte und arbeits-

rechtlich nicht beanstandbare Interessen verfolgt, denen sich die Klägerin als Arbeitnehmerin zu fügen hat.

b.) Die Klägerin beruft sich bei ihrer Weigerung, die vorstehend beschriebene Rechtsstellung der Beklagten zu beachten, auf die von Art. 4 Abs. 1 GG für alle Menschen als unverletzlich anerkannte Freiheit des Glaubens, des Gewissens und des religiösen Bekenntnisses. Dabei handelt es sich um einen Rechtfertigungsgrund, der eine verhaltensbedingte Kündigung ausschließt. Kommt er zum Tragen, so ist die Klägerin im Sinne des § 297 BGB jedoch dauernd außer Stande, ihre dem Anspruch der Beklagten entsprechende, mit ihrer Grundrechtsstellung aber kollidierende vertragliche Pflicht zu erfüllen (BAG NJW 1990, 203), so dass ein an ihre Person gebundenes dauerndes Beschäftigungshindernis besteht. Kann dieses im Betrieb der Beklagten im Rahmen der dort gegebenen betrieblichen Möglichkeiten nicht ausgeräumt werden, so ist die Kündigung vom 30.8.1999 als personenbedingte Kündigung gem. § 1 Abs. 2 KSchG sozial gerechtfertigt. Es gelten dann die für die Fälle dauernder krankheitsbedingter Leistungsunfähigkeit entwickelten Grundsätze entsprechend, so dass es entgegen der Ansicht der Klägerin einer weiteren konkreten betrieblichen Beeinträchtigung nicht bedarf (vgl. KR-Etzel, § 1 KSchG Rn 398-400 mwN).

Inhaltlich umfasst die Glaubens-, Gewissens- und Bekenntnisfreiheit nach Art. 4 Abs. 1 GG auch die Freiheit, das Verhalten nach den Geboten des Glaubens auszurichten (vgl. BVerfGE 32, 98 [107], KirchE 12, 294). Geschützt ist danach jedes Verhalten, das sich als ein Bekenntnisakt darstellt, unabhängig davon, ob es generell als Erfüllung einer religiösen Pflicht erscheint oder lediglich einer religiösen Tradition oder einem religiösen Brauch Ausdruck verleiht (vgl. Böckenförde, NJW 2001, 723 [724]). Das Berufungsgericht hat die vorstehend unter 1.b.) angedeutete, im Islam entstandene theologische Diskussion daher weder zu überprüfen noch zu bewerten, die Ernsthaftigkeit der religiösen Motivation der Klägerin vielmehr als glaubhaft (§ 294 ZPO) hinzunehmen (vgl. Grabau, BB 1991, 1257 [1261 mwN]).

Der der Klägerin nach Art. 4 Abs. 1 GG somit zur Seite stehende Grundrechtsschutz ist wegen der mittelbaren „Dritt- oder Ausstrahlungswirkung" der Grundrechte (vgl. Dieterich im Erfurter Kommentar zum Arbeitsrecht, 2. Aufl., Einleitung Grundgesetz Rn 3, 17 mwN) von der Beklagten bei der Ausübung ihres Direktionsrechts, das nach § 315 Abs. 1 ZPO billigem Ermessen zu folgen hat, zu beachten (vgl. BAG, AP Nr. 27 zu § 611 BGB Direktionsrecht). Andererseits kann sich die Beklagte, die als Kommanditgesellschaft ebenfalls Grundrechtsträgerin ist (vgl. Dieterich, aaO, Einleitung Rn 7; Leibholz/Rinck, Kommentar zum Grundgesetz, 3. Aufl., dort Art. 2 Rn 10) ihrerseits auf Grundrechte berufen, die mit dem der Klägerin notwendig in einem Spannungsverhältnis stehen. Ihre Erwerbstätigkeit wird nämlich von Art. 2 Abs. 1, 12 GG, das „Erworbene" in Gestalt ihres Eigentums durch Art. 14 GG geschützt (vgl. Maunz-Dürig, Kommentar zum Grundgesetz, dort Art. 2 Abs. 1 Rn 53; Dieterich, aaO, dort Art. 12 Rn 16 mwN). Deshalb kann von der Beklagten entgegen der Ansicht der Klägerin nicht verlangt werden, dass die Klägerin probeweise Kopftuch tragend beschäftigt wird, um die Reaktion der anderen Mitarbeiter und diejenigen der Kunden der Beklagten herauszufinden. Dadurch würde sowohl die geschützte Erwerbstätigkeit der Beklagten als auch ihr Eigentum beeinträchtigt. Denn es würde der Beklagten zugemutet, eine einseitige Vertragsänderung zugunsten der Klägerin hinzunehmen, die sich innerbetrieblich, d.h. im Eigentumsbereich, durch personelle Konflikte und Störungen des Betriebsablaufs und wirtschaftlich durch eine schädliche Entfremdung des Kundenkreises, d.h. im Erwerbsbereich, negativ auswirken kann. Die von der Beklagten insoweit vorgetragenen Befürchtungen lassen sich nicht kurzerhand als falsche Vermutungen, Unterstellungen oder Schlussfolgerungen und deshalb als unbegründet abtun. Sie beruhen vielmehr auf unstreitigen Tatsachen und sind nach der Lebenserfahrung naheliegend und gut nachvollziehbar. Ob einem staatlichen Schulträger bis „jede Toleranzgrenze eindeutig" überschritten und „der Schulfrieden nachhaltig gestört wird" ein solches Experiment zugemutet werden darf (VG Lüneburg NJW 2001, 767, [770, 771], KirchE 38, 406), muss im vorliegenden Zusammenhang dahingestellt bleiben. Eine Parallele für die Entscheidung des hier anstehenden Streitfalls kann daraus jedenfalls schon deshalb nicht abgeleitet werden, weil die Beklagte - im Gegensatz zum staatlichen Schulträger - ebenso wie die Klägerin Grundrechtsträgerin ist und ihre wirtschaftliche Existenz von einer kontinuierlichen erfolgreichen Geschäftstätigkeit abhängt. Zu der gem. Art. 2 Abs. 1, 14 GG grundrechtlich geschützten Stellung der Beklagten gehört zudem die Vertragsfreiheit. Auf deren Grundlage hat die Beklagte gegen die Klägerin einen gleichfalls grundrechtlich geschützten Anspruch auf volle Vertragserfüllung, der nicht ohne weiteres durch den Hinweis der Klägerin auf Art. 4 Abs. 1 GG unterlaufen werden kann (vgl. Maunz-Dürig, aaO, Art. 2 Abs. 1 GG Rn 59; Rüfner, RdA 1992, 1 ff., [4 mwN]). Die Grundrechtspositionen der Parteien stehen sich somit gleichrangig gegenüber (vgl. Böckenförde, aaO, 723). Ihr Ausgleich muss nach Möglichkeit aufgrund des Prinzips der Toleranz und der praktischen Konkordanz gesucht werden (vgl. Dieterich, aaO, Einleitung Rn 71 mwN; Rüfner, aaO, 2; Böckenförde, aaO, 726-728).

Die Glaubens-, Gewissens- und Bekenntnisfreiheit wird durch Art. 4 Abs. 1 GG „nicht schrankenlos gewährleistet" (BVerfGE 32, 98 [107]; Rüfner, aaO, 1). Die Klägerin kann ihre Rechtsposition mit einem harten „Entweder-Oder" (Rüfner, aaO, 3) deshalb nur dann voll durchsetzen, wenn ihr durch die Beklagte eine Arbeit zugewiesen werden könnte, bei der die Bekenntnishandlung der Klägerin sich nicht negativ auf die gleichrangigen Rechte der Beklagten auswirken würde. Eine solche Einsatzmöglichkeit war für die Klägerin zur Zeit der Kündigung indessen unstreitig nicht vorhanden. Die Klägerin hat nicht behauptet, außerhalb des Verkaufs sinnvoll eingesetzt werden zu können, die Beklagte hat dies mit Rücksicht auf die Ausbildung der Klägerin ausdrücklich verneint. Überdies waren zur Zeit der Kündigung sämtliche Arbeitsplätze bei der Beklagten besetzt. Auch eine innerbetriebliche Umsetzung kam nicht in Betracht, da die Klägerin dabei stets im Verkauf geblieben wäre. Es kann deshalb offen bleiben, ob die Klägerin schon früher in den von ihr benannten Abteilungen (siehe Bl. 122 d.A.) gearbeitet hatte und dort praktische Erfahrungen sammeln konnte. Unter diesen Umständen scheidet eine Weiterbeschäftigung der Klägerin mit einer ihr Grundrecht respektierenden Vertragsanpassung aus. Andererseits kann der Klägerin nicht zugemutet werden, auf das religiös indizierte Tragen des Kopftuches zu verzichten, sobald und solange sie bei der Beklagten als Verkäuferin tätig ist und ihren Arbeitsvertrag erfüllt (vgl. Dieterich, aaO, Art. 4 GG Rn 15; Böckenförde, aaO, 726). Die Achtung ihrer Bekenntnishandlung kann daher allein durch eine fristgerechte Auflösung des Arbeitsverhältnisses zum 31.10.1999 erreicht werden, da ein Ausgleich innerhalb des Arbeitsverhältnisses selbst dauerhaft nicht möglich ist (vgl. BAG AP Nr. 1, § 611 BGB Gewissensfreiheit; Rüfner, aaO, 4; Grabau, aaO, 1261; Dieterich, aaO, Art. 4 GG Rn 25). Bei alledem muss ergänzend zugunsten der Beklagten berücksichtigt werden, dass sie den Konfliktfall nicht vorhersehen und sich deshalb hierauf auch nicht einstellen konnte. Die Klägerin muss sich andererseits entgegenhalten lassen, dass sie für die Dauer von 10 Jahren gearbeitet hat, ohne dabei das religiös motivierte Kopftuch als Bekenntnishandlung zu tragen. Sie kann deshalb nur erwarten, dass diese Handlungsweise durch eine Auflösung der damit nicht vereinbarten vertraglichen Pflichten geachtet wird, muss die damit verbundenen Nachteile aber tragen (vgl. Rüfner, aaO, 3, 4 mwN), soweit sie - wie hier - nach den betrieblichen Erfordernissen unvermeidbar sind (vgl. BAG, AP Nr. 27 zu § 611 BGB Direktionsrecht; Dieterich, aaO, dort Art. 4 GG Rn 70).

Auch der von der Klägerin verfolgte Zahlungsanspruch besteht insgesamt nicht, obwohl das Arbeitsverhältnis durch die Kündigung vom 30.8.1999 erst zum 31.10.1999 aufgelöst worden ist. Wie oben bereits ausgeführt (2.b.) ist die Klägerin im Sinne des § 297 BGB nicht leistungsfähig, so dass die §§ 611, 615 BGB als Anspruchsgrundlage versagen.

30

Auch nach personenrechtlicher Verselbstständigung und organisatorischer Ausgliederung eines Betriebs aus einer Einrichtung der kath. Kirche bleibt das Betriebsverfassungsgesetz unanwendbar, wenn der Betrieb (hier: eine in privatrechtlicher Rechtsform betriebene Behindertenwerkstatt) seinem Zweck nach auf die Verwirklichung eines kirchlichen Auftrags gerichtet bleibt. Hinzukommen muss ein Mindestmaß an Einflussmöglichkeiten der Kirche, um auf Dauer eine Übereinstimmung der religiösen Betätigung des Betriebs mit kirchlichen Vorstellungen gewährleisten zu können. Der ordnende Einfluss der Kirche bedarf allerdings keiner satzungsmäßigen Absicherung. Die Kirche muss jedoch in der Lage sein, einen etwaigen Dissens in religiösen Angelegenheiten zwischen ihr und dem Betrieb zu unterbinden.

§ 118 Abs. 2 BetrVG
LAG Hamm, Beschluss vom 22. Juni 2001 - 10 TaBV 96/00[1] -

Die Beteiligten streiten um die Wirksamkeit einer Betriebsratswahl. Der antragstellende Arbeitgeber ist eine 100%ige Tochtergesellschaft des Sozialwerk St. Georg e.V. Das Sozialwerk St. Georg e.v. ist als gemeinnütziger Verein seit 1970 korporatives Mitglied im Caritasverband für die Stadt G. und über diesen dem Deutschen Caritasverband e.V. in Freiburg angeschlossen.

Das Sozialwerk St. Georg e.V. unterhält in verschiedenen Teilen Nordrhein-Westfalens Heime (einschließlich Außenwohnungen), Einrichtungen der tagesstrukturierenden Arbeit und Beschäftigung für Menschen mit geistigen Behinderungen, Werkstätten für Behinderte, ambulante Dienste für betreutes Wohnen sowie allgemeine und psychiatrische Krankenpflegedienste. Unter diesen Einrichtungen befanden sich auch die sog. E.-Werkstatt in G. und die sog. L.-Werkstatt in S.

Die Einrichtungen des Sozialwerk St. Georg e.V. unterliegen dem Mitarbeitervertretungsrecht nach der MAVO für das Bistum Essen. Insoweit sind in den verschiedenen Einrichtungen örtliche Einzelmitarbeitervertretungen gebildet, ferner existiert eine Gesamtmitarbeitervertretung nach § 24 MAVO.

Bis zum 15.9.1999 gehörten die Werkstätten für Behinderte in G. und in S. - jeweils mit angeschlossenen Tagesstätten - zum gemeinnützigen Unternehmen des Sozialwerk St. Georg e.V. Im Zuge einer umfassenden Neustrukturierung wurden diese selbstständigen Betriebsteile im Wege einer umwandelnden Ausgliederung gemäß § 123 Abs. 3 Nr. 2 UmwG aus dem Vereinsvermögen des Sozialwerk St. Georg e.V. ausgeschieden. Unter dem 8.6.1999 wurde ein Spaltungsplan beschlossen, wonach das Sozialwerk St. Georg e.V. die Werkstätten für Behinderte auf die neu gegründete Antragstellerin, dem Arbeitgeber, übertragen wird. Gemäß Personalüberleitungsvertrag vom 8.6.1999 wurde das Personal der E.-Werkstatt und der L.-Werkstatt auf die Antragstellerin übertragen.

---

[1] Die zugelassene Rechtsbeschwerde (7 ABR 41/01 BAG) wurde für erledigt erklärt.

Der Gesellschaftsvertrag des Arbeitgebers sieht u.a. in § 2 Nr. 1 vor:

„*Die Gesellschaft ist dem Deutschen Caritasverband angeschlossen und dient der Verwirklichung des Werkes christlicher Nächstenliebe.*"

Am 16.9.1999 wurde der Arbeitgeber im Vereinsregister beim Amtsgericht G. eingetragen.

Auf Antrag des Arbeitgebers wurde dieser am 17.12.1999 beim örtlichen Caritasverband der Stadt G. als korporatives Mitglied aufgenommen. Die Zustimmung des Caritasverbandes für das Bistum Essen e.V. stand zunächst noch aus, sie ist inzwischen - im Laufe des Beschwerdeverfahrens - zum 1.9.2000 erfolgt.

Bereits bei Ausgliederung der E.-Werkstatt und der L.-Werkstatt aus dem Sozialwerk St. Georg e.V., der in diesen Werkstätten mehr als 100 Mitarbeiter beschäftigte, war zwischen dem Arbeitgeber und den in der E.-Werkstatt und der L.-Werkstatt gebildeten Mitarbeitervertretungen streitig, ob die neu gegründete Tochter, der antragstellende Arbeitgeber, unter die Bestimmungen der Mitarbeitervertretungsordnung fallen würde. Für die Mitarbeitervertretungen in der E.-Werkstatt und in der L.-Werkstatt wurde nach dem Spaltungsplan vom 8.6.1999 ein Übergangsmandat vereinbart.

Am 16.9.1999 bestellte die Mitarbeitervertretung der E.-Werkstatt einen Wahlausschuss und teilte dies dem Arbeitgeber mit Schreiben vom 16.9.1999 mit.

Mit Schreiben vom 18.11.1999 teilte dieser Wahlausschuss dem Arbeitgeber mit, dass nach einem vorliegenden Rechtsgutachten Betriebsratswahlen eingeleitet würden.

Mit Schreiben vom 1.12.1999 wurde der Geschäftsführung mitgeteilt, dass die „Personalvertretungswahlen" in der 49. Woche ausgeschrieben würden. Nach dem Wahlausschreiben für die Wahl des Betriebsrates vom 6.12.1999 war die Betriebsratswahl für den 26.1.2000 vorgesehen.

Mit Schreiben vom 7.12.1999 widersprach der Arbeitgeber der beabsichtigten Durchführung von Betriebsratswahlen, weil das Sozialwerk St. Georg e.V. dem Mitbestimmungsrecht der MAVO unterliege und für den Arbeitgeber als 100%ige Tochter nichts anderes gelte.

Im 26.1.2000 wurden sodann im Betrieb des Arbeitgebers Betriebsratswahlen durchgeführt und fünf Kandidaten gewählt.

Im vorliegenden Verfahren beantragt der Arbeitgeber, die Betriebsratswahl vom 26.1.2000 für unwirksam zu erklären

Der Arbeitgeber hat die Auffassung vertreten, die Unwirksamkeit der Betriebsratswahl ergebe sich bereits daraus, dass der vor der Wahl gebildete Wahlausschuss nicht zur Durchführung einer Betriebsratswahl nach den Bestimmungen des Betriebsverfassungsgesetzes legitimiert gewesen sei. Der Wahlausschuss sei insofern nach den Bestimmungen der MAVO von der Mitarbeitervertretung ins Amt berufen worden. Er habe nur Wahlen nach der Mitarbeitervertretungsordnung durchführen können.

Weiter hat der Arbeitgeber die Auffassung vertreten, dass es sich auch bei ihm um eine karitative Einrichtung der Kirche gemäß § 118 Abs. 2 BetrVG handele, die insoweit nicht dem Geltungsbereich des Betriebsverfassungsgesetzes unterliege. Ebenso wie das Sozialwerk St. Georg e.V. erfülle auch er, der Arbeitgeber, eine karitative Aufgabe im Dienste Hilfsbedürftiger, insbesondere körperlich oder geistig behinderter Menschen. Durch die Änderung der Rechtsform habe sich nichts an dieser Tätigkeit geändert; es würden weiterhin staatlich anerkannte Werkstätten für Behinderte betrieben. Trotz der geänderten Rechtsform stehe er, der Arbeitgeber, als Einrichtung der Kirche so nahe, dass er teilhabe an der Verwirklichung eines Stücks Auftrags der Kirche im Geist christlicher Religiosität im Einklang mit dem Bekenntnis der christlichen Kirche. Die maßgebliche Einflussmöglichkeit der Kirche im Sinne einer institutionellen Verbindung werde dadurch gewährleistet, dass das Sozialwerk St. Georg e.V. alleiniger Gründungsgesellschafter und zudem korporatives Mitglied des Caritasverbandes sei. Durch den Caritasverband und dessen satzungsmäßige Aufgaben und Einflussmöglichkeiten bestehe ein maßgeblicher Einfluss einer Religionsgemeinschaft im Sinne des § 118 Abs. 2 BetrVG nicht nur auf das Sozialwerk St. Georg e.V., sondern insoweit auch auf dessen 100%ige Tochtergesellschaft, den Arbeitgeber. Bereits mit Beschluss vom 10.11.1982 habe das Landesarbeitsgericht Hamm - 3 TaBV 30/82 - das Sozialwerk St. Georg e.V. als karitative Einrichtung der katholischen Kirche angesehen. Für den Arbeitgeber, der eine 100%ige Tochter des Sozialwerk St. Georg e.V. sei, könne nichts anderes gelten.

Der Betriebsrat ist der Auffassung, dass durch die Ausgliederung der E.-Werkstatt und die unternehmensrechtliche Umstrukturierung der Arbeitgeber der „Kirchentendenz" entwachsen und ins gewöhnliche, weltliche Betriebsverfassungsrecht übergewechselt sei. Der Arbeitgeber stelle keine karitative Einrichtung im Sinne des § 118 Abs. 2 BetrVG dar. Allein die Satzung des Arbeitgebers unterscheide sich in wesentlichen Punkten von den Satzungsbestimmungen des Sozialwerk St. Georg e.V. Selbst nach § 2 Nr. 1 des Gesellschaftsvertrages bleibe unklar, ob es sich um einen Auftrag der evangelischen, der katholischen oder einer sonstigen Religionsgemeinschaft handele. Aus dem Gesellschaftsvertrag ergebe sich auch keine hinreichende organisatorische Verbindung mit der katholischen Kirche. Kirchlichen Stellen werde keinerlei Mitwirkung an Gesellschaftsangelegenheiten eingeräumt. Eine solche organisatorische Verknüpfung werde auch nicht dadurch sichergestellt, dass das Sozialwerk St. Georg e.V. Alleingesellschafter des Arbeitgebers sei. Im Sozialwerk St. Georg e.V. habe wiederum die katholische Kirche weder im Vorstand noch in der Mitgliederversammlung einen nennenswerten, rechtlich gesicherten Einfluss.

Durch den angefochtenen Beschluss hat das Arbeitsgericht dem Antrag des Arbeitgebers stattgegeben und zur Begründung ausgeführt, die Betriebsratswahl vom 26.1.2000 sei schon deshalb unwirksam, weil es an einer ordnungsgemäßen Bestellung eines Wahlvorstandes zur Durchführung einer Betriebsratswahl fehle. Die Bestellung eines Wahlvorstandes für eine Wahl eines Betriebsrates nach den Bestimmungen des Betriebsverfassungsgesetzes könne nur nach den §§ 16, 17 BetrVG erfolgen. Hiernach werde entweder der Wahlvorstand vom alten Betriebsrat eingesetzt oder von einer Betriebsversammlung gewählt. Die Mitarbeitervertretung der E.-Werkstatt, die nach den Bestimmungen der MAVO gewählt worden sei, habe keinen Wahlvorstand zur Wahl eines Betriebsrates einsetzen können.
Die Beschwerde des Betriebsrats blieb erfolglos.

Aus den Gründen:

Der Antrag des Arbeitgebers ist (...) begründet. Dem Arbeitgeber steht ein Anfechtungsgrund nach § 19 Abs. 1 BetrVG zur Seite.
1. Nach § 19 Abs. 1 BetrVG kann eine Betriebsratswahl beim Arbeitsgericht angefochten werden, wenn gegen wesentliche Vorschriften über das Wahlrecht, die Wählbarkeit oder das Wahlverfahren verstoßen worden ist und eine Berichtigung nicht erfolgt ist, es sei denn, dass durch den Verstoß das Wahlergebnis nicht geändert oder beeinflusst werden konnte.
Ob ein Verstoß gegen wesentliche Wahlvorschriften im Sinne des § 19 Abs. 1 BetrVG bereits darin liegt, dass die in der E.-Werkstatt gewählte Mitarbeitervertretung nicht legitimiert gewesen ist, einen Wahlvorstand nach den Bestimmungen der §§ 16, 17 BetrVG zu bestellen, wie dies das Arbeitsgericht mit gewichtigen Gründen angenommen hat, hat die Beschwerdekammer nicht abschließend entschieden.
Die fehlerhafte Zusammensetzung des Wahlvorstandes stellt allerdings grundsätzlich einen Verstoß gegen wesentliche Wahlvorschriften dar (vgl. BAG, Beschluss vom 2.3.1955 - AP Nr. 1 zu § 18 BetrVG; BAG, Beschluss vom 14.9.1988 - AP Nr. 1 zu § 16 BetrVG 1972; Fitting/Kaiser/Heither/Engels, BetrVG, 20. Aufl. 2000, § 19 Rz. 14; Däubler/Kittner/Klebe/Schneider, BetrVG, 7. Aufl. 2000, § 19 Rz. 9 mwN).
Vieles spricht bereits dafür, dass die in der E.-Werkstatt gewählte Mitarbeitervertretung nicht befugt gewesen ist, einen Wahlvorstand zur Wahl eines Betriebsrates nach den Bestimmungen des Betriebsverfassungsgesetzes einzusetzen. Vorliegend ist der Wahlvorstand, der die Betriebsratswahl vom 26.1.2000 durchgeführt hat, nicht von einem Betriebsrat nach § 16 Abs. 1 BetrVG eingesetzt worden. Eine Betriebsversammlung, die nach § 17 Abs. 1 BetrVG einen Wahlvorstand hätte wählen können, hat nicht stattgefunden.

Die in der E.-Werkstatt gewählte Mitarbeitervertretung hat auch keinen Wahlvorstand eingesetzt, sondern einen Wahlausschuss nach § 9 Abs. 2 MAVO. Die Berechtigung zur Bestellung eines Wahlvorstandes nach den §§ 16, 17 BetrVG folgt auch nicht aus § 321 UmwG und dem der Mitarbeitervertretung zugebilligten Übergangsmandat. Dieses Übergangsmandat hätte allenfalls die Bestellung eines Wahlausschusses nach den Bestimmungen der Mitarbeitervertretungsordnung rechtfertigen können. Eine analoge Anwendung des § 321 UmwG, wie sie der Betriebsrat für möglich hält, erscheint auch nur in betriebsratsfähigen Betrieben möglich. Nach § 321 Abs. 1 UmwG bleiben lediglich Betriebsräte im Amt und führen die Geschäfte weiter. § 321 UmwG regelt nicht ein Übergangsmandat für Mitarbeitervertretungen nach den Mitarbeitervertretungsordnungen. § 321 Abs. 1 UmwG regelt nur ein Übergangsmandat eines bereits im Amt befindlichen Betriebsrates bei Spaltung oder Teilübertragung eines Rechtsträgers (LAG Köln, Beschluss vom 11.2.2000, NZA-RR 2001, 87). Offensichtlich sind aus diesem Grund bereits im Spaltungsplan vom 8.6.1999 Übergangsregelungen für die im Amt befindlichen Mitarbeitervertretungen getroffen worden. Aus der vom Betriebsrat in Bezug genommenen Entscheidung des Bundesarbeitsgerichts vom 31.12.2000 (AP Nr. 12 zu § 1 BetrVG 1972 Gemeinsamer Betrieb) ergibt sich nichts anderes. Vor der Abspaltung war in dem dortigen Gemeinschaftsbetrieb bereits ein Betriebsrat nach dem Betriebsverfassungsgesetz im Amt befindlich.

2. Die Betriebsratswahl vom 26.1.2000 war schon deshalb für unwirksam zu erklären, weil der Betrieb des Arbeitgebers als karitative Einrichtung einer Religionsgemeinschaft der Regelung des § 118 Abs. 2 BetrVG unterfällt und insoweit die Bestimmungen des Betriebsverfassungsgesetzes keine Anwendung auf den Betrieb des Arbeitgebers finden.

Nach § 118 Abs. 2 BetrVG finden die Bestimmungen dieses Gesetzes keine Anwendung auf Religionsgemeinschaften und ihre karitativen und erzieherischen Einrichtungen unbeschadet deren Rechtsform.

Der Betrieb des Arbeitgebers ist eine karitative Einrichtung einer Religionsgemeinschaft.

Zunächst ist unerheblich, dass die E.-Werkstatt aus dem Sozialwerk St. Georg e.V. ausgegliedert wurde und in Form einer privatrechtlichen Rechtsform einer GmbH weitergeführt wird. Nach der ausdrücklichen Klarstellung im Gesetzestext ist es für die karitativen und erzieherischen Einrichtungen einer Religionsgemeinschaft nicht entscheidend, welche Rechtsform sie haben. Die Bereichsausklammerung des Absatzes 2 des § 118 BetrVG betrifft neben den privatrechtlich organisierten Religionsgemeinschaften vor allem die in privatrechtlicher Form verselbstständigten karitativen und erzieherischen Einrichtungen der Kirchen (BAG, Beschluss vom 30.7.1987, AP Nr. 3 zu § 130 BetrVG 1972, KirchE 25, 259).

b) Der Betrieb des Arbeitgebers, die E.-Werkstatt, stellt eine karitative Einrichtung im Sinne des § 118 Abs. 2 BetrVG dar. Die E.-Werkstatt dient karitativen Bestimmungen.

Karitativen Bestimmungen dient ein Unternehmen, wenn es sich den sozialen Dienst an körperlich oder seelisch leidenden Menschen zum Ziel gesetzt hat, sofern diese Betätigung ohne die Absicht der Gewinnerzielung erfolgt und das Unternehmen selbst nicht von Gesetzes wegen unmittelbar zu derartiger Hilfeleistung verpflichtet ist (BAG, Beschluss vom 22.11.1995, AP Nr. 58 zu § 118 BetrVG 1972). Insoweit können nicht nur privatrechtlich betriebene Krankenhäuser (BAG, Beschluss vom 21.11.1975, AP Nr. 6 zu § 118 BetrVG 1972, KirchE 15, 105; BAG, Beschluss vom 6.12.1977, AP Nr. 10 zu § 118 BetrVG 1972, KirchE 16, 254), sondern auch privatrechtlich betriebene Werkstätten für Behinderte (BAG, Beschluss vom 7.4.1981, AP Nr. 16 zu § 118 BetrVG 1972) karitative Einrichtungen sein (vgl. auch Fitting/Kaiser/Heither/Engels, aaO, § 118 Rz. 57; Richardi, BetrVG, 7. Aufl. 1998, § 118 Rz. 61 u. 200; Matthes, MünchArbR, Bd. 3, 2. Aufl. 2000, § 364 Rz. 14 ff.; v. Hoyningen-Huene, MünchArbR, § 298 Rz. 14 mwN).

Der Arbeitgeber betreibt sowohl mit der E.-Werkstatt wie auch mit der L.Werkstatt eine anerkannte Werkstatt für Behinderte. Für eine solche Behindertenwerkstatt ist anerkannt, dass sie karitativen Zwecken dient (BAG, Beschluss vom 7.4.1981 - AP Nr. 16 zu § 118 BetrVG 1972; BAG, Beschluss vom 31.1.1984, AP Nr. 15 zu § 87 BetrVG 1972 Lohngestaltung). Eine Werkstatt für Behinderte ist eine Einrichtung zur Eingliederung Behinderter in das Arbeitsleben. Ihr Zweck ist es, Arbeitsplätze zu schaffen, die den besonderen Verhältnissen der Behinderten Rechnung tragen, sowie geeignete Maßnahmen der Arbeitsförderung durchzuführen, die mittelbar oder unmittelbar der beruflichen Eingliederung Behinderter dienen. Damit hat die Einrichtung des Arbeitgebers karitativen Charakter. Sie will denjenigen Behinderten, die wegen der Art oder Schwere der Behinderung nicht, noch nicht oder noch nicht wieder auf dem allgemeinen Arbeitsmarkt tätig sein können, einen Arbeitsplatz oder Gelegenheit zur Ausübung einer Tätigkeit bieten; sie will ferner den Behinderten ermöglichen, ihre Leistungsfähigkeit zu entwickeln, zu erhöhen oder wiederzugewinnen und ein dem Leistungsvermögen angemessenes Arbeitsentgelt zu erreichen. Damit stellt die vom Arbeitgeber angestrebte berufliche Eingliederung oder Wiedereingliederung der Behinderten in das Arbeitsleben eine Hilfeleistung am leidenden Menschen dar.

Dieser karitative Zweck der Einrichtung des Arbeitgebers folgt auch aus § 2 Nr. 1 des Gesellschaftsvertrages vom 8.6.1999. Hiernach ist Gegenstand des Unternehmens der Betrieb von Einrichtungen der Beschäftigung und Arbeit, die der Eingliederung von Behinderten dienen. Die Gesellschaft des Arbeitgebers dient der Verwirklichung des Werkes christlicher Nächstenliebe.

Die Betätigung des Arbeitgebers in den Einrichtungen für Behinderte erfolgt auch ohne Absicht der Gewinnerzielung. Die Einrichtungen werden nicht zum Zweck der Gewinnerzielung betrieben. Dies ergibt sich aus § 3 des Gesellschaftsvertrages vom 8.6.1999. Nach § 3 Nr. 1 des Gesellschaftsvertrages verfolgt der Arbeitgeber ausschließlich und unmittelbar gemeinnützige Zwecke im Sinne der §§ 51 ff. der Abgabenordnung. Die Gesellschaft ist selbstlos tätig. Sie verfolgt nicht in erster Linie eigenwirtschaftliche Zwecke. Gewinne dürfen nach § 3 Nr. 3 des Gesellschaftsvertrages nur für den Gegenstand der Gesellschaft verwendet werden. Die Gesellschafter erhalten keine Gewinnanteile und auch keine sonstigen Zuwendungen aus Mitteln der Gesellschaft.

c) Die vom Arbeitgeber betriebene E.-Werkstatt ist auch eine karitative Einrichtung einer Religionsgemeinschaft, nämlich des Caritasverbandes und damit der kath. Kirche.

Die Herausnahme der Kirchen und ihrer karitativen und erzieherischen Einrichtungen aus dem Geltungsbereich des Betriebsverfassungsgesetzes beruht auf dem den Religionsgemeinschaften durch Art. 140 GG in Verbindung mit § 137 Abs. 3 WRV gewährleisteten Recht, ihre Angelegenheiten innerhalb der Schranken der für alle geltenden Gesetze zu ordnen und zu verwalten (BVerfG, 46, 73 [95], AP Nr. 1 zu Art. 140 GG unter B. II. 4. der Gründe, KirchE 6, 189). Das verfassungsrechtlich garantierte Selbstbestimmungsrecht steht den Kirchen nicht nur hinsichtlich ihrer körperschaftlichen Organisation oder ihrer Ämter zu. Es erstreckt sich auch auf rechtlich selbständige Vereinigungen und deren Einrichtungen, die sich nur die partielle Pflege des religiösen oder weltanschaulichen Lebens ihrer Mitglieder zum Ziel gesetzt haben, soweit sie nach kirchlichem Selbstverständnis entsprechend ihrem Zweck oder ihrer Aufgabenstellung dazu berufen sind, den weltbezogenen Auftrag der Kirchen wahrzunehmen und zu erfüllen (BVerfG, 46, 73 [85], KirchE 6, 189; BVerfG, 53, 366 [391], KirchE 18, 69).

Für die Zuordnung einer rechtlich selbstständigen Einrichtung zur Kirche ist nicht ausreichend, dass die Einrichtung ihrem Zweck nach auf die Verwirklichung eines kirchlichen Auftrags gerichtet ist. Hinzukommen muss ein Mindestmaß an Einflussmöglichkeiten der Kirche, um auf Dauer eine Übereinstimmung der religiösen Betätigung der Einrichtung mit kirchlichen Vorstellungen gewährleisten zu können. Der ordnende Einfluss der Kirche bedarf allerdings keiner satzungsmäßigen Absicherung. Die Kirche muss jedoch in der Lage sein, einen etwaigen Dissens in religiösen Angelegenheiten zwischen ihr und der Einrichtung unterbinden zu können (BAG, Beschluss vom 14.4.1988, AP Nr. 36 zu § 118 BetrVG 1972, KirchE 26, 55; BAG, Beschluss vom 24.7.1991 - AP Nr. 48 zu § 118 BetrVG 1972, KirchE 29, 255; BAG, Beschluss vom 30.4.1997, AP Nr. 60 zu § 118 BetrVG 1972, KirchE 35, 153).

Gemessen an diesen Grundsätzen ist die vom Arbeitgeber geführte Einrichtung, die E.-Werkstatt, Teil des Caritasverbandes und damit der kath. Kirche, für die das Betriebsverfassungsgesetz keine Anwendung findet.

Es ist bereits darauf hingewiesen worden, dass nach § 2 Nr. 1 Satz 2 des Gesellschaftsvertrages der Arbeitgeber dem Deutschen Caritasverband angeschlossen ist und der Verwirklichung des Werkes christlicher Nächstenliebe dient. Der Arbeitgeber selbst ist inzwischen mit Zustimmung des Caritasverbandes für das Bistum Essen e.V. als korporatives Mitglied im Caritasverband für die Stadt G. aufgenommen worden. Der Betrieb des Arbeitgebers selbst ist ein 100%iges Tochterunternehmen des Sozialwerk St. Georg e.V. Alleiniger Gesellschafter des Arbeitgebers ist das Sozialwerk St. Georg e.V. Das Sozialwerk St. Georg e.V. ist als gemeinnütziger Verein selbst seit 1970 korporatives Mitglied im Caritasverband für die Stadt G. e.V. Als Einrichtung des Deutschen Caritasverbandes fällt der Betrieb des Arbeitgebers nicht unter das Betriebsverfassungsgesetz. Die Caritas ist eine Wesens- und Lebensäußerung der römisch-katholischen Kirche (Richardi, aaO, § 118 Rz. 204; Fitting/Kaiser/Heither/Engels, aaO, § 118 Rz. 57).

Aufgrund der Zuordnung zum Caritasverband hat die kath. Kirche auch maßgeblichen Einfluss auf die Behindertenwerkstatt des Arbeitgebers. Es ist bereits darauf hingewiesen worden, dass Alleingesellschafter des Arbeitgebers das Sozialwerk St. Georg e.V. ist, § 5 des Gesellschaftsvertrages. Bei Auflösung der Gesellschaft des Arbeitgebers fällt das Gesellschaftsvermögen an das Sozialwerk St. Georg e.V. zurück. Auf das Sozialwerk St. Georg e.V. hat seinerseits der Caritasverband und damit die kath. Kirche maßgeblichen Einfluss. Dies wird schon durch § 2 der Satzung des Sozialwerk St. Georg e.V. deutlich, wonach der Verein korporatives Mitglied des Caritasverbandes ist. Caritas ist nach ihrem Selbstverständnis und der Präambel der Dienstverträge aller Mitarbeiter eine Lebens- und Wesensäußerung der kath. Kirche. Dementsprechend können Mitglieder des Sozialwerk St. Georg e.V. nach § 4 seiner Satzung nur natürliche und juristische Personen werden, die bereit und geeignet sind, unter Berücksichtigung der Konzeption des Vereines als soziales Dienstleistungsunternehmen an der Erfüllung des Auftrages der Caritas der kath. Kirche mitzuwirken. Bei der Zusammensetzung und Wahl des Verwaltungsrates des Sozialwerk St. Georg e.V. haben nicht nur der Caritasverband, sondern auch die Kirchengemeinde B. ein Vorschlagsrecht. Bei Auflösung des Sozialwerk St. Georg e.V. fällt nach § 17 seiner Satzung das Vereinsvermögen an die Kirchengemeinde B. die es unmittelbar und ausschließlich für gemeinnützige, mildtätige oder kirchliche Zwecke zu verwenden hat.

Dass das Sozialwerk St. Georg e.V. eine karitative Einrichtung der kath. Kirche darstellt, ist im Übrigen durch Beschluss des Beschwerdegerichts vom 10.11.1982 - 3 TaBV 30/82 - rechtskräftig entschieden.

Allein die bloße Ausgliederung (...) aus dem Sozialwerk St. Georg e.V. rechtfertigt es nicht, die Ausübung maßgeblichen Einflusses auf die

Behindertenwerkstatt durch die kath. Kirche zu verneinen. Dass der Gesellschaftsvertrag vom 8.6.1999 nicht ausdrücklich vorsieht, ob es sich um einen Auftrag der evangelischen, der katholischen oder einer sonstigen Religionsgemeinschaft im Sinne des § 118 Abs. 2 BetrVG handelt, ist unerheblich. Allein der Hinweis auf den Anschluss des Arbeitgebers an den Deutschen Caritasverband reicht für die Zuordnung zum Bereich der katholischen Kirche aus.

Auch § 2 Nr. 3 des Gesellschaftsvertrages, wonach die Gesellschaft befugt ist, Kooperationen mit anderen Anbietern von gesundheitlichen und psychosozialen Hilfen einzugehen, schließt den maßgeblichen Einfluss der Kirche nicht aus. Solche Kooperationen wären nach § 7 Nr. 3 des Gesellschaftsvertrages nur mit vorheriger Zustimmung der Gesellschafterversammlung, also der Organe des Sozialwerk St. Georg e.V. möglich. Das Sozialwerk St. Georg e.V. selbst ist aber satzungsgemäß als korporatives Mitglied des Caritasverbandes zur Beachtung der Prinzipien der Caritas als einer Wesens- und Lebensäußerung der kath. Kirche verpflichtet und unterliegt gemäß § 4 Abs. 3 des Gesellschaftsvertrages über die Mitgliedschaft von Vertretern der Kirchengemeinde B. und des Caritasverbandes der unmittelbaren Einflussnahme durch anerkannte Institutionen der kath. Kirche.

Auch die Präambel der beim Sozialwerk St. Georg e.V. verwendeten Dienstverträge verweist auf die Caritas als eine Lebens- und Wesensäußerung der katholischen Kirche.

Dass in den Behindertenwerkstätten nicht nur Mitarbeiter beschäftigt sind, die dem katholischen Glauben angehören, ist insoweit unerheblich. Der maßgebliche Einfluss der kath. Kirche auf das Unternehmen des Arbeitgebers wird insoweit nicht geschmälert. Ebenso wenig ist von Bedeutung, dass in der Einrichtung des Arbeitgebers nicht die Arbeitsvertragsrichtlinien des Caritasverbandes - AVR - zur Anwendung gelangen, sondern nach den Arbeitsverträgen im Hinblick auf die Vergütung der BAT-LWL angewendet wird und die Mitarbeiter an der Zusatzversorgung der Kommunalen Zusatzversorgungskasse (...) teilnehmen. Dieser Umstand ist, wie der Arbeitgeber in der Sitzung der Beschwerdekammer (...) ausgeführt hat, historisch bedingt, da das Sozialwerk St. Georg e.V. erst seit 1970 Mitglied im Caritasverband ist und zuvor sämtliche Arbeitsverträge in Anlehnung an die Bestimmungen des BAT abgeschlossen hatte. Dass in den Einrichtungen des Arbeitgebers nicht die Arbeitsvertragsrichtlinien des Deutschen Caritasverbandes angewendet werden, wird im Übrigen vom Caritasverband selbst gebilligt. Hinzu kommt, dass den Kirchen allein die Entscheidung darüber zusteht, welcher Einrichtungen und welcher Mittel in welchen Einrichtungen sie sich bedienen will, um ihren Auftrag in der Welt wahrzunehmen. Entscheidend ist danach nicht, ob die Kirche auf der Anwendung der Arbeitsvertragsrichtlinien in den Einrichtungen des Arbeitgebers besteht und ob sie durch die Organe einen rechtlich abgesicherten maßgeblichen Einfluss auf die Einrichtung tatsächlich ausübt. Es kommt nur auf die Zuordnung der Einrichtung zur Kirche und auf ihre Zielsetzung an. Das tatsächliche Maß der Einflussnahme oder Kontrolle durch die Kirche ist für die Bewertung der Einrichtung des Arbeitgebers als kirchliche Einrichtung ohne Bedeutung. Es gehört zu den Wesensmerkmalen der verfassungsrechtlich gewährleisteten Kirchenautonomie, Anlass und Intensität ihrer Kontrolle und Einflussnahme auf ihre Einrichtungen in eigener Verantwortung zu bestimmen. Sie muss nur sicherstellen können, dass die religiöse Betätigung der Einrichtung in Übereinstimmung mit ihren eigenen religiösen Vorstellungen erfolgt. Für das Ausmaß der kirchlichen Einflussmöglichkeiten ist es unerheblich, ob der Arbeitgeber mit seinen Mitarbeitern die Geltung der Arbeitsvertragsrichtlinien vereinbart oder sich der kirchlichen Zusatzversorgungskasse angeschlossen hat (BAG, Beschluss vom 30.4.1997, AP Nr. 60 zu § 118 BetrVG 1972 unter B 3. c) cc) der Gründe, KirchE 35, 153).

3. Die Anfechtung der Wahl ist auch nicht nach § 19 Abs. 1 letzter Halbs. BetrVG ausgeschlossen. Hiernach berechtigen Verstöße gegen wesentliche Wahlvorschriften ausnahmsweise dann nicht zur Anfechtung der Wahl, wenn ein solcher Verstoß das Wahlergebnis objektiv weder ändern noch beeinflussen konnte. Insoweit ist entscheidend, ob bei einer hypothetischen Betrachtung eine ohne den Verstoß durchgeführte Wahl zwingend zu demselben Ergebnis geführt hätte (BAG, Beschluss vom 31.5.2000, AP Nr. 12 zu § 1 BetrVG 1972 Gemeinsamer Betrieb; BAG, Beschluss vom 15.11.2000, AP Nr. 10 zu § 18 BetrVG). Das kann bei einer Wahl eines Betriebsrates in einem Betrieb, der nicht dem Betriebsverfassungsgesetz unterliegt, sondern den Bestimmungen der Mitarbeitervertretungsordnung, nicht angenommen werden. Es kann nicht ausgeschlossen werden, dass bei einer Wahl nach den Bestimmungen der Mitarbeitervertretungsordnung das Wahlergebnis beeinflusst worden wäre.

31

Die Einschätzung des Dienstherrn, eine Lehramtsbewerberin sei wegen des von ihr aus religiösen Gründen beabsichtigten Tragens eines Kopftuchs im Unterricht für das angestrebte Amt einer Grund- und Hauptschullehrerin im öffentlichen Schuldienst ungeeignet, hält sich innerhalb der Grenzen des dem Dienstherrn eingeräumten Beurteilungsspielraums.

Art. 33 Abs. 2 u. 140 GG, 12, 15, 16 BW.LV;
§§ 9 Nr. 1, 11 Abs. 1, 70 Abs. 1 BW.LBG
VGH Baden-Württemberg, Urteil vom 26. Juni 2001 - 4 S 1439/00[1] -

Die Klägerin begehrt die Verpflichtung des Beklagten, sie als Beamtin auf Probe in den Schuldienst einzustellen.

Die Klägerin wurde im Jahre 1972 in Kabul (Afghanistan) geboren. Sie ist muslimischen Glaubens und seit 1995 deutsche Staatsangehörige. Nach Ablegung der Staatsprüfungen für das Lehramt an Grund- und Hauptschulen beantragte sie die Einstellung in den entsprechenden Schuldienst des Landes. Diesen Antrag lehnte das Oberschulamt Stuttgart mit dem angefochtenen Bescheid ab. Zur Begründung führte das Oberschulamt unter anderem aus: Die Klägerin sei für den Schuldienst nicht geeignet, da sie bei dem Einstellungsgespräch erklärt habe, auf das Tragen eines Kopftuchs während des Unterrichts nicht verzichten zu wollen. Das Tragen des Kopftuchs gelte innerhalb der islamischen Diskussion nicht nur als religiöses Symbol, sondern auch als Zeichen für kulturelle Abgrenzung und damit auch als politisches Symbol.

Die nach erfolglosem Widerspruch erhobene Anfechtungs- und Verpflichtungsklage hat das Verwaltungsgericht Stuttgart (KirchE 38, 162) abgewiesen.

Im Berufungsrechtszug vertieft und ergänzt die Klägerin ihr bisheriges Vorbringen. Sie trägt insbesondere vor: Das Tragen des Kopftuchs im Unterricht stelle keinen Eignungsmangel im Sinne des § 11 Abs. 1 LBG dar und verstoße nicht gegen die Neutralitätspflicht des Staates. Sie trage das Kopftuch nicht als ein demonstrativ religiöses Bekenntnis. Insbesondere wolle sie damit keine Werbung für den islamischen Glauben betreiben. Die Kruzifixentscheidung des Bundesverfassungsgerichts lasse sich auf ihren Fall nicht pauschal übertragen. Im Unterschied dazu gehe es bei ihr um das Verhalten einer natürlichen Person, die selbst Grundrechtsträgerin sei. Das Bundesverfassungsgericht gehe wie das Bundesverwaltungsgericht von einer respektierenden, vorsorgenden Neutralität des Staates aus, die von Offenheit getragen sei. Der Beklagte praktiziere hingegen einen distanzierenden, abweisenden Neutralitätsbegriff. Das Verwaltungsgericht lege ein laizistisches Staatsverständnis

---

[1] Amtl. Leitsatz. ESVGH 51, 234; ArbuR 2001, 476 (LS); ES/A II 1.5 Nr 48; IÖD 2001, 242; DVBl 2001, 1534; NJW 2001, 2899; NVwZ 2001, 1432 (LS); PersV 2002, 428 (LS); Schütz BeamtR ES/A II 1.5 Nr 48; ZBR 2001, 374; VBlBW 2001, 441; VR 2002, 35 (LS). Die Revision der Klägerin blieb ohne Erfolg; BVerwG, Urteil vom 4.7.2002 - 2 C 21/01 - BVerwGE 116, 359. Ihre Verfassungsbeschwerde führte zur Aufhebung des Berufungsurteils und Zurückverweisung der Sache an das BVerwG; BVerfG, Urteil vom 24.9.2003 - 2 BvR 1436/02 - BVerfGE 108, 282. Dort wurde die Revision der Klägerin erneut zurückgewiesen; BVerwG, Urteil vom 24.6.2004 - 2 C 45/03 - DVBl 2004, 1424; NJW 2004, 3581.

zugrunde, das dem Grundgesetz nicht entspreche. Das Grundgesetz und die Landesverfassung ordneten hingegen nicht eine strikte Trennung, sondern ein Nebeneinander von Staat und Religion an, bei dem der Staat die religiöse Verankerung des Individuums respektiere. Es sei daher möglich, dass die Religionsfreiheit in den Bereich staatlichen Handelns hineinreiche und auch einer Lehrerin im Dienst religiös motivierte Verhaltensweisen erlaube, ohne dass sich der Staat damit identifiziere. Dies gelte insbesondere deshalb, weil die Schule nicht nur ein staatlich organisierter, sondern zugleich ein gesellschaftlicher Lebensbereich sei. Bekleidungsgewohnheiten müssten lediglich mit den Sachanforderungen des Unterrichts vereinbar sein. Diesen Anforderungen entspreche das von ihr beabsichtigte Tragen eines Kopftuchs. Nach der Landesverfassung sei der Charakter der Schule positiv auf „christliche" Bildungs- und Kulturwerte bezogen. Nach dem heutigen Verständnis der beiden christlichen Kirchen gehöre die Achtung fremder Bekenntnisse zum christlichen Kulturwert. Die Erziehung zu Toleranz sei ein in der Landesverfassung verankertes Erziehungsziel. Eine Lehrkraft müsse ihre Persönlichkeit in die pädagogische und damit in die dienstliche Tätigkeit einbringen und auch zu religiösen Fragen Stellung beziehen können. Die Schule dürfe den Schülern die gesellschaftliche Pluralität nicht vorenthalten. Der Beklagte nehme ihr gegenüber eine religiöse Diskriminierung vor, da er die religiös motivierte Bekleidung christlicher oder jüdischer Lehrpersonen, etwa das sichtbare Tragen eines christlichen Kreuzes oder einer jüdischen Kippa, nicht beanstande. Insbesondere sei ein christliches Kreuz im Unterschied zu dem Kopftuch einer Muslimin bereits für sich ein religiöses Symbol. Eine Bevorzugung der Religionsausübung christlicher Lehrer im Dienst gegenüber der entsprechenden religiösen Betätigung nichtchristlicher Lehrkräfte sei verfassungsrechtlich unzulässig. Der Schutzumfang der betroffenen Grundrechte könne nicht nach den Mehrheiten in der Bevölkerung bestimmt werden. Entgegen der Ansicht des Verwaltungsgerichts seien Grundschüler in der Lage, die religiöse Motivation des Kopftuchtragens ohne Gefahren für ihre Persönlichkeit zu verarbeiten. Es sei möglich, das Kopftuch zu tragen, ohne damit die Schüler religiös zu beeinflussen. Dies folge schon aus der inzwischen erheblichen Zahl muslimischer Schülerinnen, die wie ihre Mütter ein Kopftuch trügen und als normale Erscheinungen angesehen würden. Auch sei sie, die Klägerin, besonders geeignet, Schülerinnen muslimischen Glaubens gegen die Vereinnahmung durch ein patriarchalisches Rollenverständnis beizustehen. Eine Kollision mit den Grundrechten der Schüler und Eltern, denen kein genereller Vorrang zukomme, sei daher nicht gegeben; eventuell auftretende Konflikte könnten gelöst werden. Das Toleranzverständnis des Beklagten und des Verwaltungsgerichts sei unrichtig, da es dem Minderheitenschutz nicht gerecht werde. Entgegen der Ansicht des Verwaltungsgerichts sei ihre Umsetzung oder die Umsetzung von Schülern in eine andere Klasse ein geeignetes Mittel, wenn ein etwaiger religiöser Konflikt anderweitig nicht lösbar sei. Die Rechtsprechung der Verwaltungsgerichte zu den sog. Bhagwan-Fällen, in denen es darum gegangen sei, ob Lehrer während des Unterrichts Kleidung in bhagwan-typischen Rottönen hätten tragen dürfen, sei auf ihren Fall nicht übertragbar. Das Verwaltungsgericht Lüneburg habe in einem vergleichbaren Fall zu Gunsten der dortigen Klägerin entschieden. Der Auffassung des Verwaltungsgerichts Lüneburg stehe die Rechtslage in Baden-Württemberg nicht entgegen. Die hinsichtlich des Falles einer Schweizer Lehrerin ergangene Entscheidung des Europäischen Gerichtshofs für Menschenrechte (KirchE 39, 38) sei auf ihr Begehren nicht übertragbar, da es dort um einen Tschador gegangen sei und im Kanton Genf eine besonders strenge Trennung von Staat und Kirche bestehe.

Der Beklagte trägt vor, dass die Urteile, die zu der Frage ergangen seien, ob Lehrkräfte im Unterricht Kleidung in den bhagwan-typischen Rottönen tragen dürften, hinsichtlich ihrer rechtlichen Begründung auf den vorliegenden Fall zu übertragen seien. In der Literatur schließe sich die Mehrheit der Autoren der Rechtsauffassung des Oberschulamts und des Verwaltungsgerichts Stuttgart an. Das Bundesgericht der Schweiz habe in einem vergleichbaren Fall die Beschwerde einer muslimischen Lehrerin gegen das Verbot, ein Kopftuch in der Schule zu tragen, zurückgewiesen. Die dagegen eingelegte Beschwerde habe der Europäische Gerichtshof für Menschenrechte ebenfalls zurückgewiesen. Zutreffend habe das Verwaltungsgericht ausgeführt, dass die Klägerin durch das Tragen des Kopftuchs erkennbar ihren Glauben betätige und deshalb die staatliche Neutralitätspflicht sowie die Dienstpflichten als Lehrerin nicht erfüllen könne. Es habe die Grundsätze, die das Bundesverfassungsgericht in seinem sog. Kruzifixurteil (KirchE 33, 191) aufgestellt habe, fehlerfrei auf den Fall der Klägerin übertragen und sei mit Recht zu dem Ergebnis gelangt, dass das Tragen des Kopftuchs durch die Klägerin ihrer Eignung für die Einstellung entgegenstehe. Aufgrund der in der Schule gebotenen Neutralität sei die Klägerin als Repräsentantin des Staates im Unterricht bei religiösen Verhaltensweisen in ihrer Freiheit beschränkt. Der Staat müsse sich in der Schule die Glaubensbekundungen seiner Bediensteten zurechnen lassen. Es sei dem friedlichen Miteinander der Religionen nicht zuträglich, wenn Lehrkräfte sich durch ihre Kleidung zu einem Glauben bekennten. Es sei durch die Rechtsprechung geklärt, dass religiöse Bezüge in der Unterrichtstätigkeit nicht über die Anerkennung der Religion als Kultur- und Bildungsfaktor hinausgehen dürften. Mit dieser Haltung, die auf einer sorgfältigen Abwägung der betroffenen Grundrechte im Sinne einer praktischen Konkordanz beruhe, verletze das Oberschulamt nicht die Grundrechte der Klägerin. Insbesondere müsse berücksichtigt werden, dass die Schüler aufgrund der staatlichen Schulpflicht und der Einteilung in Schulbezirke der Erziehung durch staatliche Lehrkräfte zwangsweise ausgesetzt seien. Die Klägerin habe sich hingegen selbst dafür entschieden, mit einem staatlichen Erziehungsauftrag tätig zu werden. Das Oberschulamt habe seiner Entscheidung kein laizistisches Staatsverständnis, wie es etwa in Frankreich oder in der Türkei vorherrsche, zugrunde gelegt. Es sei möglich, dass auch im ostentativen Tragen eines Kreuzes in der Schule eine Glaubensbekundung gesehen werden könne, die dem Fall der Klägerin vergleichbar sei. Völlig untauglich sei der Vorschlag, die Klägerin einzustellen und danach, sollte es Schwierigkeiten geben, an einen anderen Ort zu versetzen.

Die Berufung der Klägerin wurde zurückgewiesen.

Aus den Gründen:

Die zulässige Berufung der Klägerin ist unbegründet. Das Verwaltungsgericht hat die zulässige Verpflichtungsklage mit Recht abgewiesen. Die Ablehnung der begehrten Einstellung der Klägerin in den Schuldienst des Beklagten als Lehrerin an Grund- und Hauptschulen im Beamtenverhältnis auf Probe ist rechtmäßig und verletzt die Klägerin nicht in ihren Rechten (§ 113 Abs. 5 Satz 1 VwGO).

Die Klägerin bedarf zu der erstrebten Begründung des Beamtenverhältnisses (Einstellung) einer Ernennung (§ 9 Nr. 1 LBG). Nach §§ 11 Abs. 1 LBG, 7 BRRG sind Ernennungen nach Eignung, Befähigung und fachlicher Leistung ohne Rücksicht auf Geschlecht, Abstammung, Rasse, Glauben, religiöse oder politische Anschauungen, Herkunft oder Beziehungen vorzunehmen. Diese Vorschriften konkretisieren Art. 33 Abs. 2 GG, der bestimmt, dass jeder Deutsche nach seiner Eignung, Befähigung und fachlichen Leistung gleichen Zugang zu jedem öffentlichen Amt hat. Die Vorschriften begründen nicht nur ein Recht auf Bewerbung, sondern darüber hinaus auf pflichtgemäße und sachgerechte Entscheidung über den gestellten Antrag (vgl. von Münch/Kunig, GG, Bd. 2, 3. Aufl. 1995, Art. 33 RdNr. 32; BVerwG, Urteil vom 20.10.1983, BVerwGE 68, 109 [110]). Dabei ist zu beachten, dass u.a. die Zulassung zu öffentlichen Ämtern unabhängig von dem religiösen Bekenntnis ist (Art. 33 Abs. 3 Satz 1 GG) und dass niemandem aus seiner Zugehörigkeit oder Nichtzugehörigkeit zu einem Bekenntnis oder einer Weltanschauung ein Nachteil erwachsen darf (Art. 33 Abs. 3 Satz 2 GG). Bekenntnis bedeutet dabei nicht lediglich die Zugehörigkeit zu einer organisierten Religionsgemeinschaft, sondern das Bekenntnis, wie es durch die Bekenntnisfreiheit (Religionsfreiheit) des Art. 4 GG geschützt ist (vgl. BVerfG, Beschluss vom 11.4.1972, BVerfGE 33, 23 [28], NJW 1972, 1183, KirchE 12, 410; Beschluss vom 25.10.1988, BVerfGE 79, 69 [75], NJW 1989, 827, KirchE 26, 317).

Wie das Bundesverwaltungsgericht in ständiger Rechtsprechung (vgl. u.a. Urteile vom 7.5.1981, Buchholz 232 § 8 Nr. 19, und vom 22.2.1990, DVBl. 1990, 867) entschieden hat, liegt die Entscheidung über die Einstellung eines Bewerbers und die Auswahl unter mehreren Bewerbern im pflichtgemäßen Ermessen des Dienstherrn. Die im Rahmen der Ermessensentscheidung vorzunehmende Beurteilung von Eignung, Befähigung und fachlicher Leistung ist ein Akt wertender Erkenntnis, der vom Gericht nur beschränkt darauf zu überprüfen ist, ob die Verwaltung den anzuwendenden Begriff verkannt, der Beurteilung einen unrichtigen Sachverhalt zugrunde gelegt, allgemein gültige Wertmaßstäbe nicht beachtet oder sachwidrige Erwägungen angestellt hat. Dabei ist zu beachten, dass die Schaffung und Besetzung von Planstellen des öffentlichen Dienstes grundsätzlich allein dem öffentlichen Interesse an einer bestmöglichen Erfüllung der öffentlichen Aufgaben dient (vgl. BVerwG, Urteil vom 22.7.1999, NVwZ-RR 2000, 172, DVBl. 2000, 485).

Nachdem der Beklagte erklärt hat, dass die Klägerin die übrigen Einstellungsvoraussetzungen erfülle, ist zwischen den Beteiligten nur noch die Eignung der Klägerin für das angestrebte Amt einer Lehrerin an Grund- und Hauptschulen streitig. Bei dem Begriff der „Eignung" handelt es sich um einen unbestimmten Rechtsbegriff. Die - in die Zukunft gerichtete - Prognoseentscheidung über die Eignung erfolgt in der Auslegung und Anwendung dieses Begriffes, wobei dem Dienstherrn der vorstehend umschriebene, gerichtlich nur beschränkt überprüfbare Beurteilungsspielraum als eine normativ eingeräumte Beurteilungsermächtigung zusteht. Unter der erforderlichen „Eignung" ist umfassend die Gesamtheit der Eigenschaften, die das jeweilige Amt von seinem Inhaber fordert, zu verstehen (vgl. etwa BVerfG, Beschluss vom 4.10.1955, BVerfGE 4, 294; Urteil vom 8.7.1997, BVerfGE 96, 152; BVerwG, Urteil vom 29.9.1960, BVerwGE 11, 139 [141]). Darunter fällt auch die Erwartung, der Bewerber werde seine Pflichten als Beamter erfüllen (vgl. §§ 70 ff. LBG). Mit der Einschätzung, die Klägerin sei wegen des von ihr aus religiösen Gründen beabsichtigten Tragens eines Kopftuchs im Unterricht für das angestrebte Amt einer Grund- und Hauptschullehrerin im öffentlichen Schuldienst ungeeignet, hat der Beklagte nach Auffassung des erkennenden Senats die Grenzen des ihm eingeräumten Beurteilungsspielraums nicht überschritten.

Bei der Beurteilung der Eignung eines Bewerbers für ein Lehramt ist Art. 7 Abs. 1 GG von Bedeutung, der über Art. 33 Abs. 4 u. 5 GG hinaus dem Staat zur bestmöglichen Erfüllung des ihm erteilten Erziehungsauftrags kraft seiner ihm dabei zustehenden Organisationsbefugnis eine weitgehende Gestaltungsfreiheit einräumt. Nach Art. 7 Abs. 1 GG steht nämlich das gesamte Schulwesen unter der Aufsicht des Staates, d.h. nach den Zuständigkeitsregeln der Art. 73 ff. GG hier des beklagten Landes. Diese verfassungsrechtliche Vorschrift erteilt nach allgemeiner Ansicht dem Staat einen Erziehungsauftrag. Er hat dabei nicht nur das

Schulwesen zu organisieren und selbst Schulen zu errichten, sondern darf auch unabhängig von den Eltern die Erziehungsziele und Ausbildungsgänge festlegen. Dabei ist ihm im Rahmen der sonstigen Verfassungsbestimmungen eine weitgehende Gestaltungsfreiheit eingeräumt (vgl. BVerfG, Beschluss vom 16.5.1995, BVerfGE 93, 1 [21], „Kruzifix", KirchE 33, 191). Er ist ferner berechtigt und verpflichtet, die Funktionsfähigkeit der Schulen sicherzustellen. Die Umsetzung des Erziehungsauftrags gegenüber den Schülern erfolgt durch die an den einzelnen Schulen tätigen Lehrkräfte. Diese sind verpflichtet, im Rahmen ihrer pädagogischen Verantwortung die staatlich festgelegten Erziehungsziele zu verwirklichen und dazu beizutragen, dass die Schule den ihr durch Art. 7 Abs. 1 GG erteilten Erziehungsauftrag erfüllen kann. Dies erfordert es, die persönliche Eignung der einzustellenden Lehrer auch danach zu bestimmen, inwieweit sie in der Lage sind, den Erziehungsauftrag funktionsgerecht und bestmöglich zu erfüllen. Bei einer Bewerberin für ein Lehramt kann danach Grund für eine Nichteinstellung wegen fehlender Eignung der Umstand sein, dass sie schon vor der Einstellung ankündigt, die dem Dienstherrn verfassungsrechtlich gezogenen Grenzen bei ihrem Auftreten im Unterricht aus religiösen Gründen nicht einhalten zu wollen; darin liegt mangels ursächlicher Anknüpfung an die Religionszugehörigkeit kein Verstoß gegen das Benachteiligungsverbot des Art. 33 Abs. 3 GG (vgl. Mückl, Der Staat, 40 [2001], 96 [126]; Goerlich, NJW 1999, 2929 [2930]).

Die Verwirklichung des staatlichen Erziehungsauftrags führt unvermeidbar auch dazu, dass in der Schule die unterschiedlichen religiösen und weltanschaulichen Überzeugungen der Schüler und ihrer erziehungsberechtigten Eltern, die jeweils durch die Grundrechte des Art. 4 Abs. 1 und Art. 6 Abs. 2 Satz 1 GG geschützt werden, besonders intensiv aufeinander treffen. Der daraus herrührende Konflikt zwischen den verschiedenen Trägern des Grundrechts der Freiheit des religiösen und weltanschaulichen Bekenntnisses sowie zwischen diesem Grundrecht und anderen verfassungsrechtlich geschützten Rechtsgütern, etwa der durch Art. 7 Abs. 1 GG gewährleisteten staatlichen Schulhoheit, ist, wie noch näher auszuführen sein wird, nach dem Grundsatz praktischer Konkordanz zu lösen, der fordert, dass nicht eine der widerstreitenden Rechtspositionen einseitig bevorzugt und maximal behauptet wird, sondern alle einen möglichst schonenden, der insoweit gebotenen Neutralität des Staates entsprechenden Ausgleich erfahren (vgl. BVerfG, Beschluss vom 17.12.1975, BVerfGE 41, 29 [50], KirchE 15, 128; Beschluss vom 16.5.1995, aaO, 21, KirchE 33, 191).

Ein solcher Ausgleich verlangt vom Staat nicht, dass er bei der Erfüllung des von Art. 7 Abs. 1 GG erteilten Erziehungsauftrags auf religiösweltanschauliche Bezüge in der Schule völlig verzichtet (vgl. auch Art. 7 Abs. 5 GG). Der Staat kann und muss vielmehr bei aller gebotenen Rücksichtnahme auf die unterschiedlichen religiösen und weltanschaulichen Bekenntnisse der Schüler und ihrer Eltern die kulturell vermittelten und historisch verwurzelten Wertüberzeugungen aufgreifen, auf denen der gesellschaftliche Zusammenhalt beruht und die für die Erfüllung seiner eigenen Aufgaben maßgebend sind. Der christliche Glaube und die christlichen Kirchen sind dabei, insbesondere durch die Verbreitung der christlichen Ethik, von überragender Prägekraft gewesen. Es obliegt dem für das Schulwesen zuständigen Landesgesetzgeber, das Spannungsverhältnis zwischen der Religionsfreiheit und der christlichen Verwurzelung ausgleichend zu lösen. Der Landesgesetzgeber kann sich bei seiner Regelung davon leiten lassen, dass einerseits Art. 7 GG im Bereich des Schulwesens religiös-weltanschauliche Einflüsse zulässt, andererseits Art. 4 GG gebietet, im Schulunterricht so weit wie möglich religiös-weltanschauliche Zwänge auszuschalten. Die zulässige Bejahung des Christentums bezieht sich deshalb insoweit nur auf dessen Anerkennung als prägender Kultur- und Bildungsfaktor, nicht aber auf bestimmte Glaubenswahrheiten. Zum Christentum als Kulturfaktor gehört insbesondere auch die Toleranz für Andersdenkende (vgl. BVerfG, Beschluss vom 17.12.1975, aaO, 50 f.; Beschluss vom 16.5.1995, aaO, 22 f.). Nach diesen Maßstäben hat der Verfassungsgeber des beklagten Landes durch Art. 15 u. 16 der Landesverfassung (LVerf) keine „christlichen Gemeinschaftsschulen" im Sinne eines religiösen Bekenntnisses, sondern offene Gemeinschaftsschulen geschaffen, in denen das Christentum nur als prägender Bildungs- und Kulturfaktor wirksam ist (vgl. BVerfG, Beschluss vom 17.12.1975, aaO, 31 ff., 59 ff., zur christlichen Gemeinschaftsschule in Baden-Württemberg; Böckenförde, NJW 2001, 723 [726]; insoweit unrichtig VG Lüneburg, Urteil vom 16.10.2000, NJW 2001, 767 [769], KirchE 38, 406). In gleicher Weise ist der in Art. 12 LV als Erziehungsziel bestimmte „Geist der christlichen Nächstenliebe" zu verstehen (vgl. auch § 1 Abs. 2 SchulG).

Der Klägerin könnte die Eignung für das von ihr angestrebte Lehramt folglich nicht bereits deshalb abgesprochen werden, weil sie als Muslimin nicht in der Lage wäre, den staatlichen Erziehungsauftrag an den - im dargelegten kulturellen Sinne zu verstehenden - christlichen Gemeinschaftsschulen des beklagten Landes bestmöglich zu erfüllen. Eine derartige Auffassung, die der Beklagte auch nicht geäußert hat, würde Art. 15 u. 16 LV verkennen und deshalb die Grenzen des Beurteilungsspielraums überschreiten. Die Erwägung des Beklagten, die Klägerin sei wegen des von ihr aus religiösen Gründen beabsichtigten Tragens eines Kopftuchs im Unterricht für das erstrebte Amt einer Lehrerin an Grund- und Hauptschulen ungeeignet, hält sich dagegen im Rahmen des Beurteilungsspielraums.

Bei der Wahrnehmung der dem Dienstherrn zur Feststellung der Eignung eines Bewerbers normativ eingeräumten Beurteilungsermächtigung sind die Grundrechte des Bewerbers zu beachten. Ihre Missachtung würde in Überschreitung der Beurteilungsermächtigung dazu führen, dass der Begriff der Eignung verkannt oder ein allgemein gültiger Wertmaßstab nicht beachtet wäre (vgl. auch VG Lüneburg, Urteil vom 16.10.2000, aaO, 768). Die Wahrnehmung der Religions- und Bekenntnisfreiheit, wie sie Art. 4 Abs. 1 u. 2 GG gewährleistet, kann deshalb für sich allein gegenüber der Klägerin kein Ausschluss- oder Benachteiligungsgrund sein (vgl. Art. 33 Abs. 3 GG). Die Bewerbung der Klägerin darf allerdings dann abgelehnt werden, wenn aus der von ihr praktizierten Wahrnehmung der Bekenntnisfreiheit ein Eignungsmangel für das erstrebte Amt einer Grund- und Hauptschullehrerin hergeleitet werden kann, sei es, weil die Bekenntnisfreiheit insoweit zulässigerweise eingeschränkt oder ausgeschlossen werden kann, sei es, weil das Amt ein spezifisch bekenntnisgebundenes Amt ist (vgl. Böckenförde, NJW 2001, 723 [724]). Das von der Klägerin beabsichtigte Tragen eines religiös motivierten Kopftuchs auch im Unterricht würde gegen das vom Beklagten im Schulbereich zu beachtende, verfassungsrechtlich begründete Neutralitätsgebot und gegen die Grundrechte der Schüler und ihrer Eltern und damit gegen die der Klägerin als Repräsentantin des Beklagten obliegenden Dienstpflichten zur unparteiischen, dem Wohl der Allgemeinheit dienenden Amtsführung (vgl. § 70 Abs. 1 LBG) verstoßen. Durch diese entgegenstehenden Pflichten des Beklagten und Rechte der Schüler und Eltern wird die Bekenntnisfreiheit der Klägerin rechtmäßig eingeschränkt.

Zutreffend ist der Beklagte davon ausgegangen, dass das in Art. 4 Abs. 1 u. 2 GG verbürgte Grundrecht auf Bekenntnisfreiheit ungeachtet der Art des jeweiligen religiösen Bekenntnisses auch einem Beamten unbeschadet des bestehenden öffentlich-rechtlichen Dienstverhältnisses und damit einem Lehrer zusteht. Auch fällt das von der Klägerin in der Schule beabsichtigte Tragen eines Kopftuchs als Ausdruck ihres muslimischen religiösen Bekenntnisses in den Schutzbereich des Art. 4 Abs. 1 u. 2 GG. Dies hat das Verwaltungsgericht im einzelnen ausgeführt; der Senat nimmt hierauf zur Vermeidung von Wiederholungen Bezug (vgl. § 130b Satz 2 VwGO, S. 8 u. 9 des amtlichen Urteilsabdrucks); auch das Berufungsvorbringen der Klägerin gibt dem Senat keinen Anlass, daran zu zweifeln, dass sie das Kopftuch aus religiösen Gründen trägt. Ergänzend sei darauf hingewiesen, dass das Grundrecht der Freiheit des Glaubens und des religiösen Bekenntnisses nicht nur die innere Freiheit zu glauben oder nicht zu glauben schützt, sondern ebenso die Freiheit des kultischen Handelns, des Werbens und der Propaganda (vgl. BVerfG, Beschluss vom 16.10.1968, BVerfGE 24, 236 [245], KirchE 10, 181; BVerwG, Urteil vom 23.11.2000 - 3 C 40.99 - KirchE 38, 471). Das Recht auf Glaubens- und Religionsfreiheit einschließlich der ungestörten Religionsausübung ist ein Individualgrundrecht. Es steht in enger Beziehung zur Menschenwürde als dem zentralen Wert und Schutzgut der Verfassung (Art. 1 GG), was durch das Fehlen eines ausdrücklichen Gesetzesvorbehalts bekräftigt wird. Als säkulares Freiheitsrecht schützt es die Entfaltung verschiedener Religionen und Bekenntnisse einschließlich des Islam, auch in individuellen Ausprägungen. Es kommt dem Einzelnen daher nicht nur als Mitglied einer Religionsgemeinschaft zugute; vielmehr gestattet Art. 4 Abs. 1 u. 2 GG auch Außenseitern die ungestörte Entfaltung ihrer Persönlichkeit gemäß ihren subjektiven Glaubensüberzeugungen. Das Grundrecht erstreckt sich auf den privaten wie den öffentlichen Bereich und schützt sowohl die positive wie auch die negative Bekenntnisfreiheit. Insbesondere ist dem Staat eine Bewertung der sich in Bekleidungsvorschriften offenbarenden religiösen Anschauungen nicht gestattet (vgl. BVerfG, Beschluss vom 11.4.1972, aaO, 29 ff.). Für das umstrittene Tragen eines Kopftuchs ist es daher mit Blick auf Art. 4 GG ausreichend, wenn die Klägerin das Kopftuch für sich aus individuellen religiösen Gründen als verbindlich ansieht. Das Tragen des Kopftuchs auch während der Tätigkeit als Lehrerin im Unterricht ist, wie bereits das Verwaltungsgericht unwidersprochen festgestellt hat, Teil des religiösen Bekenntnisses der Klägerin. Es gehört als ein ihr vom Glauben vorgegebenes, verpflichtendes Kleidungsstück zu ihrer islamischen Identität und Überzeugung. Deshalb stellt es eine Einschränkung der individuellen Glaubens- und Bekenntnisfreiheit der Klägerin dar, wenn der Beklagte von ihr als Voraussetzung der gesetzlich geforderten persönlichen Eignung für den Schuldienst (§ 11 LBG) das Nichttragen des Kopftuchs im Unterricht verlangt.

Diese Einschränkung ist jedoch nach Ansicht des Senats und in Übereinstimmung mit dem Verwaltungsgericht verfassungsrechtlich nicht zu beanstanden, sodass der Beklagte bei der Bestimmung der für die Einstellung der Klägerin in den Schuldienst maßgeblichen Eignungskriterien mit den von ihm angestellten Erwägungen die Grenzen des ihm gesetzlich eingeräumten Beurteilungsspielraums nicht überschritten hat. Dabei kann offen bleiben, ob das Grundrecht auf Bekenntnisfreiheit einschließlich des Rechts auf ungestörte Religionsausübung trotz des in Art. 4 GG fehlenden Gesetzesvorbehalts durch Art. 140 GG iVm Art. 136 WRV unter den Vorbehalt der allgemeinen Gesetze gestellt wird und deshalb durch derartige Gesetze, die nicht speziell die Ausübung der Religionsfreiheit zum Gegenstand haben, also auch durch beamtenrechtliche Eignungsanforderungen, nach Maßgabe einer Güterabwägung, die dem hohen Wert des Rechts auf freie Religionsausübung Rechnung trägt, eingeschränkt werden kann (so nunmehr BVerwG, Urteil vom 23.11.2000, aaO; Jarass/Pieroth, GG, 5. Aufl. 2000, Art. 136 WRV Nr. 2; von Mangoldt/Klein/Starck, GG, 4. Aufl., 1999, Art. 4 RdNr. 80). Denn die Bekenntnisfreiheit einschließlich der Freiheit der Religionsausübung der Klägerin wird auch dann durch das geforderte Ablegen des Kopftuchs im Unterricht nicht in verfassungswidriger Weise eingeschränkt, wenn man mit der Rechtsprechung des Bundesverfassungsgerichts erschwerend davon ausgeht, dass dieses Grundrecht weder durch die allgemeine Rechtsordnung noch durch eine unbestimmte Güterabwägungsklausel relativiert und dadurch eingeschränkt werden kann, weil

Art. 140 GG iVm Art. 136 WRV nach Bedeutung und innerem Gewicht im Zusammenhang der grundgesetzlichen Ordnung von Art. 4 Abs. 1 u. 2 GG überlagert wird. Danach unterliegt die Bekenntnis- und Religionsfreiheit als Grundrecht ohne Gesetzesvorbehalt nur Einschränkungen, wenn sie in Widerstreit zu kollidierenden Grundrechten Dritter oder anderen verfassungsrechtlich geschützten Rechtsgütern tritt (so BVerfG, Beschluss vom 11.4.1972, aaO, 29 ff.; BVerwG, Urteil vom 21.12.2000, NJW 2001, 1365 [1366], KirchE 38, 519). Sie muss bei dieser Sicht zwar mit anderen verfassungsrechtlichen Gewährleistungen im Einklang stehen, kann aber, um den Freiheitsgehalt des Grundrechts zu verstärken, nicht schon aufgrund einfacher gesetzlicher Regelungen, mögen diese auch nicht willkürlich sein, eingeschränkt werden. Es ist dann Aufgabe des Gesetzgebers, aufgrund einer sachgerechten Güterabwägung die kollidierenden verfassungsrechtlich geschützten Rechtsgüter, also die Bekenntnisfreiheit und die ihr entgegenstehenden Grundrechte Dritter oder sonstige verfassungsgeschützte Rechtsgüter, nach dem Grundsatz praktischer Konkordanz als einer besonderen Ausprägung des Verhältnismäßigkeitsprinzips zu einem gerechten, gegenseitig möglichst schonenden Ausgleich zu bringen (vgl. BVerfG, Beschluss vom 11.4.1972, aaO, 29 ff.; Beschluss vom 16.5.1995, aaO, 1, 21, „Kruzifix"; Beschluss vom 27.11.1990, BVerfGE 83, 130 [143]). Dabei ist auch die durch Art. 7 Abs. 1 GG geschützte Funktionsfähigkeit der Schulen in Fällen der vorliegenden Art angemessen zu berücksichtigen.

Nach diesen Maßstäben steht der Bekenntnisfreiheit einer Lehrperson und damit der Klägerin als eine das Grundrecht während der Erteilung des Unterrichts einschränkende Anforderung die für die Einstellung gesetzlich in § 11 Abs. 1 LBG gebotene Eignung entgegen. Die für die Eignung unerlässlichen Anforderungen des konkreten Amtes und die dienstlichen Pflichten, die der Beamte zu erfüllen hat, können die Ausübung seiner Grundrechte nach dem Grundsatz der Verhältnismäßigkeit generell einschränken. Dies folgt als hergebrachter Grundsatz des Berufsbeamtentums generell aus Art. 33 Abs. 5 GG und für Lehrer an staatlichen Schulen speziell aus dem durch Art. 7 Abs. 1 GG begründeten staatlichen Erziehungs- und Bildungsauftrag. Zur Eignung für den Schuldienst gehört die Fähigkeit und Bereitschaft der Lehrkraft, die sich aus dem Beamtenverhältnis ergebenden Dienstpflichten (vgl. § 70 Abs. 1 LBG) unter den konkreten Bedingungen des Schulbetriebs zu erfüllen. Soweit dadurch die Freiheit des religiösen Bekenntnisses einer Lehrkraft nach Art. 4 Abs. 1 u. 2 GG betroffen ist, kann sich die Einschränkung dieses Grundrechts aus einer Kollision mit dem ebenfalls verfassungsrechtlich geschützten Rechtsgut der von der Schule gegenüber den Schülern und deren Eltern zu beachtenden religiös - weltanschaulichen Neutralität ergeben, wenn ein schonender Ausgleich dieser einander entgegenstehenden Rechtsgüter nicht möglich ist. Dabei ist bedeutsam, dass die für die Schule verbindliche Art dieser auf die Grundrechte der

Schüler und ihrer Eltern Rücksicht nehmenden Neutralität den an ihr tätigen Lehrern als Dienstpflicht obliegt. Das Fehlen der Fähigkeit oder Bereitschaft, sie nach Abwägung aller verfassungsrechtlich erheblichen Rechtsgüter hinreichend zu wahren, begründet einen Eignungsmangel im Sinne des § 11 Abs. 1 LBG. Zutreffend sind der Beklagte und das Verwaltungsgericht zu dem Ergebnis gelangt, dass das von der Klägerin im Schulunterricht durch das Tragen des Kopftuchs beabsichtigte religiöse Bekenntnis gegen die ihr als Dienstpflicht obliegende staatliche Neutralitätspflicht verstoßen würde:

Das Grundgesetz legt durch Art. 4 Abs. 1 u. 2, Art. 3 Abs. 3, Art. 33 Abs. 3 sowie durch Art. 136 Abs. 1 u. 4 und Art. 137 Abs. 1 WRV iVm Art. 140 GG dem Staat als Heimstatt aller Staatsbürger ohne Ansehen der Person weltanschaulich-religiöse Neutralität auf (BVerfG, Urteil vom 14.12.1965, BVerfGE 19, 206 [216], KirchE 7, 338). In der Rechtsprechung des Bundesverfassungsgerichts ist anerkannt, dass dieses Gebot nicht gleichzusetzen ist mit einer strikten Trennung von Staat und Kirche bzw. Religion (so etwa BVerfG, Beschluss vom 16.10.1979, BVerfGE 52, 223 [238 ff.], KirchE 17, 325; vgl. auch Heckel, DVBl. 1996, 453, 472). Schon dem Wortlaut des Grundgesetzes lässt sich eindeutig entnehmen, dass die Bundesrepublik Deutschland nicht als ein laizistischer Staat verfasst ist (vgl. die Präambel des Grundgesetzes, Art. 7 Abs. 3 u. 5 GG, Art. 140 GG iVm Art. 137 Abs. 5 u. 6 und Art. 141 WRV), wie dies etwa in Frankreich und in der Türkei der Fall ist. Demgemäß bedeutet die Pflicht zur Neutralität des Staates in Fragen der Religion und des Glaubens keine distanzierende, abweisende Neutralität im Sinne der - laizistischen - Nichtidentifikation mit Religionen und Weltanschauungen, sondern eine respektierende, „vorsorgende" Neutralität. Davon geht auch der Beschluss des Bundesverfassungsgerichts vom 16.5.1995 (BVerfGE 93, 1, „Kruzifix", KirchE 33, 191) aus, wenn etwa von der Pflicht des Staates die Rede ist, Einzelnen wie auch den Religions- oder Weltanschauungsgemeinschaften einen Betätigungsraum zu sichern, in dem sich die Persönlichkeit auf weltanschaulich-religiösem Gebiet entfalten kann (aaO, 16, 17). Insbesondere muss danach der Staat in Erfüllung des ihm durch Art. 7 Abs. 1 GG erteilten Erziehungs- und Bildungsauftrags nicht, wie bereits vorstehend dargelegt, auf religiös-weltanschauliche Bezüge in der Schule verzichten (aaO, 22). Der in diesem Sinne vorsorgenden Neutralität durch Zulassung weltanschaulich-religiöser Einflüsse im staatlichen Bereich sind jedoch auch in der Schule allgemeine Grenzen gesetzt. Mit Blick insbesondere auf die Schüler und ihre Eltern und die möglichen Unvereinbarkeiten ihrer unterschiedlichen Überzeugungen hat der Staat vorsorgend darauf zu achten, dass die negative Bekenntnisfreiheit Andersdenkender und die „friedliche Koexistenz" gegensätzlicher religiöser und weltanschaulicher Überzeugungen gewährleistet bleibt; er darf den religiösen Frieden in einer Gesellschaft und damit auch in der Schule nicht von sich aus gefährden, weder durch eine Privilegierung bestimmter Bekenntnisse noch durch eine Ausgrenzung Andersgläubiger (BVerfG, Beschluss vom 16.5.1995, aaO, 16 ff.; BVerwG, Urteil vom 24.4.1999, BVerwGE 109, 40 [46, 47], KirchE 37, 83). Zwar hat grundsätzlich niemand ein Recht darauf, von fremden Glaubensbekundungen und religiösen Symbolen verschont zu bleiben. Hiervon zu unterscheiden ist aber, worauf bereits das Verwaltungsgericht hingewiesen hat, eine vom Staat geschaffene Lage, in der der Einzelne wie der Schüler im Unterricht ohne Ausweichmöglichkeiten dem Einfluss eines bestimmten Glaubens, den Handlungen, in denen dieser sich manifestiert, und den Symbolen, in denen er sich darstellt, ausgesetzt ist. Hier wird das aus Art. 4 Abs. 1 GG hergeleitete Gebot staatlicher Neutralität wirksam zum Schutz der - negativen - Bekenntnisfreiheit andersgläubiger Schüler. Schließlich umfasst Art. 4 Abs. 1 GG im Verein mit Art. 6 Abs. 2 Satz 1 GG, der den Eltern die Pflege und Erziehung ihrer Kinder als natürliches Recht garantiert, auch das Recht zur Kindererziehung in religiöser und weltanschaulicher Hinsicht. Es ist Sache der Eltern, ihren Kindern diejenigen Überzeugungen in Glaubens- und Weltanschauungsfragen zu vermitteln, die sie für richtig halten. Dem entspricht das Recht, die Kinder von Glaubensüberzeugungen fern zu halten, die den Eltern falsch oder schädlich erscheinen. Der Grundsatz staatlicher Neutralität in religiösen und weltanschaulichen Angelegenheiten dient auch dem Schutz dieses Rechts (vgl. BVerfG, Beschluss vom 16.5.1995, aaO, 17).

Die nach diesen Maßstäben verfassungsrechtlich gebotene Pflicht des Beklagten zur Wahrung der religiösen Neutralität in der Schule schränkt das der Klägerin aus Art. 4 Abs. 1 u. 2 GG zustehende Grundrecht der Glaubens- und Bekenntnisfreiheit in zulässiger Weise ein. Die bei der Kollision dieses Grundrechts der Klägerin mit dem Neutralitätsgebot als entgegenstehendem verfassungsrechtlich gewährleistetem Schutzgut erforderliche Abwägung, die das Ziel eines möglichst schonenden Ausgleichs der kollidierenden Verfassungsnormen verfolgt, führt nach Auffassung des Senats im vorliegenden Zusammenhang zu einem Vorrang der Neutralitätspflicht. Das von der Klägerin beabsichtigte Tragen eines religiös motivierten Kopftuchs im Schulunterricht würde gegen die vom Beklagten in der Schule zum Schutz der negativen Bekenntnisfreiheit der Schüler und Eltern zu wahrende Neutralität verstoßen. Der Beklagte hat deshalb ohne Überschreitung des ihm eingeräumten Beurteilungsspielraums angenommen, dass die Klägerin damit die ihr bei ihrer amtlichen Tätigkeit im Unterricht obliegende Dienstpflicht zur Neutralität nicht erfüllen könnte und deshalb für den Schuldienst ungeeignet ist:

Bei dem im Wege der Abwägung gebotenen Ausgleich zwischen den einander entgegenstehenden verfassungsrechtlich geschützten Rechtsgütern ist in Fällen der vorliegenden Art zu berücksichtigen, dass die Bekenntnisfreiheit des Art. 4 Abs. 1 u. 2 GG dort ihre Grenzen findet, wo die Ausübung dieses Grundrechts durch einen Grundrechtsträger auf die kollidierenden Grundrechte andersdenkender Personen trifft. Denn als Teil des grundrechtlichen Wertsystems ist die Bekenntnisfreiheit auf die in Art. 1 Abs. 1 GG geschützte Würde des Menschen als oberstem Rechtswert bezogen und damit dem Gebot der Toleranz zugeordnet. Überall dort, wo Spannungsverhältnisse zwischen negativer und positiver Bekenntnisfreiheit unvermeidlich auftreten, besonders im Schulwesen angesichts der gemeinsamen Erziehung von Kindern der verschiedensten Weltanschauungs- und Glaubensrichtungen, muss der notwendige Ausgleich unter Berücksichtigung des Toleranzgebots gesucht werden. Soweit die Schule im Rahmen der „vorsorgenden" Neutralität ihren Angehörigen Raum dafür lässt, im Schulbereich Glaubensüberzeugungen zu betätigen, müssen diese vom Prinzip der Freiwilligkeit geprägt sein und Andersdenkenden zumutbare Ausweichmöglichkeiten lassen (vgl. BVerfG, Beschluss vom 16.10.1979, BVerfGE 52, 223 [247], KirchE 17, 325; Beschluss vom 16.5.1995, aaO, 22).

Bei der Abwägung der entgegenstehenden Rechtspositionen aus Art. 4 Abs. 1 u. 2 GG der am Schulleben Beteiligten ist zu Gunsten der Klägerin zu beachten, dass die Schule ein Lebensbereich ist, in dem sich staatlich-pädagogisches Handeln, verschiedenartigste Anschauungen und persönliche Freiheitsrechte - auch solche einer Lehrerin - unmittelbar begegnen. Die Schule ist in besonderer Weise auf einen offenen Austausch unterschiedlicher Meinungen und Empfindungen angewiesen, wobei es immer ein unvermeidliches Spannungsverhältnis zwischen verschiedenen Einstellungen geben wird. Von daher ist es verständlich, dass das Neutralitätsgebot in seiner „vorsorgenden" Dimension nicht ausnahmslos dazu bestimmt ist, Glaubensanschauungen und religiöse Äußerungen von Lehrern im Unterricht gänzlich zu verhindern. Die einzelne Lehrperson ist deshalb ebenso wie der Staat nicht einer „distanzierenden" Neutralität in dem Sinne verpflichtet, dass sie sich in allen wertungsabhängigen religiösen und weltanschaulichen Fragen ohne eigenen Standpunkt zurückzuhalten hätte. Die Schule ist von dem ihr durch Art. 7 Abs. 1 GG, Art. 12 Abs. 2 LVerf erteilten Bildungs- und Erziehungsauftrag her folglich für Bekenntnishandlungen nicht nur der Schüler, sondern auch der Lehrer grundsätzlich offen, allerdings kann das Ausmaß ihrer Wahrnehmung je nach der Möglichkeit des Ausgleichs mit entgegenstehenden Rechtspositionen und der zumutbaren Ausweichmöglichkeiten beschränkt sein. Hinzu kommt, dass die Schule in der heutigen pluralistischen Gesellschaft wertgebundene Anschauungen vermitteln und den Geist der Duldsamkeit und sozialen Ethik bewahren soll (vgl. Art. 12 Abs. 1, Art. 17 Abs. 1 LV, § 1 SchulG). Die Darstellung und Vermittlung wertgebundener Lehrinhalte durch die Lehrkraft hat deshalb zwar zurückhaltend und unter Achtung Andersdenkender zu erfolgen, jedoch soll auch bei den Schülern die Toleranz gegenüber anderen Anschauungen und religiösen Bekenntnissen gefördert werden (vgl. VG Lüneburg, Urteil vom 16.10.2000, aaO; Böckenförde, aaO, 725, 726).

Auch ist zu bedenken, dass es im vorliegenden Fall nicht nur um ein bloßes religiöses Symbol wie das an einer Wand des Klassenzimmer hängende christliche Kreuz (Kruzifix) geht, dessen Anbringung lediglich dem Staat als hoheitliche Institution zuzurechnen ist, sondern zugleich um die Ausübung des Grundrechts der Bekenntnisfreiheit durch die Klägerin im Rahmen ihrer hoheitlichen Tätigkeit. Im Kruzifix-Fall waren allein die positiven und negativen Bekenntnisfreiheiten der Schüler und ihrer Eltern unter dem Blickwinkel der Neutralität ohne Beteiligung eigener Grundrechtspositionen einer Lehrkraft aus Art. 4 GG abzuwägen, während es vorliegend um ein künftig mögliches Spannungsverhältnis zwischen individueller Grundrechtsbetätigung der Klägerin einerseits und positiver wie negativer Bekenntnisfreiheit der Schüler und ihrer Eltern im Lichte der gebotenen Neutralität und Toleranz andererseits geht (vgl. VG Lüneburg, Urteil vom 16.10.2000, aaO). Dies verbietet es, die Entscheidung des Bundesverfassungsgerichts vom 16.5.1995 (aaO) als in jeder Hinsicht vergleichbar und deshalb ohne zusätzliche Erwägungen im Ergebnis zu übernehmen.

Dem gegenüber ist, wie der Beklagte mit Recht angenommen hat, zu Gunsten der durch das Neutralitätsgebot geschützten Grundrechte der Schüler und deren Eltern auf Wahrung ihrer negativen Bekenntnisfreiheit in der Schule zu beachten, dass das Tragen des Kopftuchs im Unterricht durch die Klägerin zu einer religiösen Beeinflussung der Schüler und zu Konflikten innerhalb der jeweiligen Schulklasse führen kann. Zwar hat die Klägerin glaubhaft vorgetragen, sie werde im Unterricht nicht für ihre religiöse Überzeugung werben und deshalb die Schüler nicht missionarisch beeinflussen. Entscheidend ist aber, welche Wirkung allein der Anblick des von ihr getragenen Kopftuchs bei den einzelnen Schülern entfaltet, insbesondere welche Empfindungen es bei Andersdenkenden auslösen kann (vgl. BVerfG, Beschluss vom 17.7.1973, BVerfGE 35, 366, KirchE 13, 315; Beschluss vom 16.5.1995, aaO, 20; abweichende Meinung der Richter Seidel, Söllner und Haas, 32). In Übereinstimmung mit dem Beklagten und dem Verwaltungsgericht ist der Senat der Auffassung, dass das islamisch motivierte Kopftuch der Klägerin nicht nur als Kleidungsstück, sondern als ein deutlich sichtbares religiöses Symbol, dem sich der Betrachter nicht entziehen kann, auf die Schüler wirkt (vgl. auch Schweizerisches Bundesgericht, II. öffentlich-rechtliche Abteilung, Urteil vom 12.11.1997, BGE 123 I, 296; danach ist das Kopftuch ein „starkes religiöses Symbol"). Da hinsichtlich der Wirkung des Kopftuchs auf den Empfängerhorizont abzustellen ist, kommt es auf einen gegenläufigen Vorbehalt der Klägerin, diesen Erfolg nicht zu wollen, nicht an. Wenn die Klägerin mithin in unübersehbarer Weise ihren Schülern, die dieser Beeinflussung nicht ausweichen können, ständig deutlich macht, dass sie bestimmten religiösen Überzeugungen folgt, wie es auch noch in ihrem Berufsvorbringen hinreichend deutlich zum Ausdruck kommt, so veranlasst sie sie, sich mit diesen Überzeugungen zu beschäftigen. Dabei ist zu bedenken, dass eine Lehrerin, wenn sie ihre Erziehungsaufgabe erfüllt, gegenüber ihren Schülern regelmäßig als Vorbild wirkt. Es liegt daher nahe, dass die Schüler die mit dem Kopftuch verbundenen religiösen Vorstellungen der Klägerin auf Grund der gegebenen Neigung zur Nachahmung von Vorbildern für sich aufgreifen und möglicherweise unüberlegt zu Eigen machen. Diese Möglichkeit wird durch den Umstand verstärkt, dass die Klägerin in Schulklassen unterrichten würde, deren Schüler sich in einem Alter zwischen 6 u. 14 Jahren befinden. Es würde sich daher ganz überwiegend um Schüler handeln, die auf Grund ihres kindlichen oder frühen jugendlichen Alters, wie die allgemeine Lebenserfahrung zeigt, einfacher zu beeinflussen sind als ältere Schüler. Solche Schüler sind in ihren Anschauungen noch nicht gefestigt; sie sollen ihr Kritikvermögen und die Ausbildung eigener Standpunkte erst erkennen und sind deshalb einer mentalen Beeinflussung besonders leicht zugänglich (vgl. BVerfG, Beschluss vom 16.10.1979, aaO, 249; Beschluss vom 16.5.1995, aaO, 20; ebenso EGMR, Beschluss vom 15.2.2001, Beschwerde Nr. 42393/98, KirchE 39, 38). Entgegen der Annahme des Verwaltungsgerichts Lüneburg (vgl. Urteil vom 16.10.2000, aaO) ist der erkennende Senat der Überzeugung, dass die psychische Auswirkung des Kopftuchs auf die jüngeren Schüler und Schülerinnen nicht nur von geringem Gewicht ist und dass eine „möglicherweise bestehende Suggestivkraft" des Kopftuchs in religiöser Hinsicht nicht lediglich gering zu bewerten ist. Zwar wirkt die Klägerin im Unterricht mit ihrer gesamten Persönlichkeit, sodass ihre Wirkung nicht auf das Tragen des Kopftuchs reduziert ist. Auch wenn davon auszugehen ist, dass die Klägerin die Kinder nicht religiös missionieren, sondern sich in Glaubensäußerungen zurückhalten wird, ist die von dem Kopftuch ausgehende Signalwirkung aber gerade bei einer als Vorbild von den Kindern akzeptierten Lehrerin nicht zu vernachlässigen. Denn das Tragen des Kopftuchs bewegt sich nicht in der Weise im Rahmen des sozial Üblichen, dass es von den Schülern in erster Linie als Kleidungsstück ohne wesentlichen religiösen Bezug wahrgenommen würde. Vielmehr sind, wie das Verwaltungsgericht mit Recht hervorhebt, besonders Grundschüler kaum in der Lage, die religiöse Motivation für das Kopftuchtragen intellektuell zu verarbeiten und sich bewusst für Toleranz oder Kritik zu entscheiden. Die darin liegende Gefahr der religiösen Beeinflussung ist nach Ansicht des Senats daher ungeachtet von dokumentierten Einzelfällen mit dem gebotenen Schutz der negativen Bekenntnisfreiheit der Schüler und ihrer Eltern nicht mehr zu vereinbaren und steht im Gegensatz zum Gebot der Neutralität der Schule auf dem Gebiet der Religion und des Glaubens (vgl. zur Möglichkeit der Beeinflussung von Schülern infolge des religiös motivierten Tragens auffälliger Kleidung durch einen Lehrer - bhagwan-typische Rottöne - BVerwG, Beschluss vom 8.3.1988, NVwZ 1988, 937 [938], KirchE 26, 37; BayVGH, Beschluss vom 9.9.1985, NVwZ 1986, 405,

KirchE 23, 173; OVG Hamburg, Beschluss vom 26.11.1984, NVwZ 1986, 406, DVBl. 1985, 456, KirchE 22, 243).

Hinzu kommt - was der Beklagte in Übereinstimmung mit der ihm erteilten Beurteilungsermächtigung auch angeführt hat und wovon nach Auffassung des Senats weiterhin auszugehen ist - die hinreichende Wahrscheinlichkeit, dass das beabsichtigte Tragen eines Kopftuchs durch die Klägerin im Unterricht die „friedliche Koexistenz" unterschiedlicher religiöser und weltanschaulicher Überzeugungen in der Schule beeinträchtigen und daher die aus Art. 4 Abs. 1 u. 2 GG herzuleitende Pflicht des Beklagten zu deren Gewährleistung verletzen würde. Zutreffend hat das Verwaltungsgericht darauf hingewiesen, es könne nicht davon ausgegangen werden, dass bei einer Einstellung der Klägerin als Lehrerin Proteste von Eltern und Schülern, die auf ernsthaften Gründen einer befürchteten ungewollten religiösen Beeinflussung beruhten, mit überwiegender Wahrscheinlichkeit ausblieben. Dies wird schon dadurch deutlich, dass es erforderlich wurde, der Klägerin zur Ableistung ihres Referendardienstes eine Schule zu suchen, die Bedenken wegen des etwaigen Auftretens von Konflikten zurückgestellt hat, um der Klägerin ihre Ausbildung zu ermöglichen. Diese Einschätzung wird bestätigt durch die anhaltende kontroverse öffentliche Diskussion gerade auch des vorliegenden Falles. Die Klägerin räumt die Möglichkeit von Konflikten selbst ein. Mit dem Verwaltungsgericht sieht auch der Senat in der Gefahr von innerschulischen Konflikten ein Hindernis für die umfassende Einsetzbarkeit der Klägerin im Schuldienst des Beklagten; die Einschätzung des Beklagten, darin liege ein Eignungsmangel im Sinne von § 11 Abs. 1 LBG, kann der Senat deshalb nicht beanstanden. Die Bewahrung des religiösen Friedens in der Schule ist eine dem Staat durch Art. 7 Abs. 1 GG iVm Art. 4 GG eingeräumte - und ihm zugleich auferlegte - Befugnis, die er nach seinem weiten Gestaltungsermessen zur Sicherung angemessener Lernbedingungen ausüben kann. Die bereits vorbeugende Verhinderung religiös bedingter Konflikte in der Schule, wie sie hier nach der Lebenserfahrung hinreichend absehbar sind, stellt ein durch Art. 7 Abs. 1 GG iVm Art. 4 GG legitimiertes Ziel staatlicher Schulgestaltung und damit ein verfassungsrechtlich geschütztes Rechtsgut dar. Die Bewahrung des religiösen Friedens im Schulwesen kann folglich auch Eingriffe in andere Grundrechte wie hier die Bekenntnisfreiheit der Klägerin rechtfertigen. Die insoweit gebotene Abwägung dieses Schutzguts mit der Bedeutung der der Klägerin zustehenden Bekenntnisfreiheit ergibt, dass der Beklagte verfassungsrechtlich nicht verpflichtet ist, die angestrebte Vermeidung religiöser Konflikte der Freiheit der religiösen Betätigung der Klägerin im Schulunterricht unterzuordnen. Denn der Erhaltung des religiösen Friedens auch und gerade in der Schule kommt eine gesteigerte Bedeutung zu. Sie ist angesichts der leidvollen historischen Erfahrungen jahrhundertelanger religiöser Auseinandersetzungen eine unerlässliche Voraussetzung des friedlichen Zusammenlebens in der Gesellschaft und deshalb im Schulbereich ein wesentliches Erziehungsziel, das im Rahmen des durch Art. 7 Abs. 1 GG begründeten staatlichen Erziehungs- und Bildungsauftrags im Einklang mit Art. 4 Abs. 1 u. 2 GG verfolgt werden muss. Insbesondere dient die staatliche Gewährleistung des religiösen Friedens dem ungestörten Zusammenleben der Angehörigen der verschiedenen Bekenntnisse und Religionsgemeinschaften, auch und gerade der Minderheiten, und damit zugleich dem Schutz der Religionsfreiheit des Art. 4 Abs. 1 u. 2 GG. Dies rechtfertigt es nach Auffassung des Senats, der Sicherung der „friedlichen Koexistenz" der unterschiedlichen religiösen und weltanschaulichen Überzeugungen in der Schule den Vorrang vor der dadurch eingeschränkten Freiheit der Betätigung des religiösen Bekenntnisses der Klägerin einzuräumen, zumal da die Klägerin als beamtete Lehrerin zugleich Vertreterin gerade des Staates wäre, der durch seine Lehrkräfte zur Bewahrung des religiösen Friedens berechtigt und verpflichtet ist.

Entgegen der Auffassung der Klägerin ist eine zumutbare Lösung des Konflikts, die sowohl dem Bestreben der Klägerin nach Verwirklichung ihrer Bekenntnisfreiheit als auch den entgegenstehenden berechtigten Belangen der Schüler, ihrer Eltern und des beklagten Landes im Wege des möglichst schonenden Ausgleichs der kollidierenden Grundrechtspositionen Rechnung trägt, nicht möglich. Dem Prinzip der vorsorgenden Neutralität am nächsten kommen zwar Lösungen, die schon zu einer Konfliktvermeidung beitragen, etwa indem sie Konflikten von vornherein die Grundlage entziehen oder für die Betroffenen von vornherein eine Garantie der Freiwilligkeit enthalten (vgl. BVerfG, Beschluss vom 16.10.1979, aaO, 241, 242; Beschluss vom 16.5.1995, aaO, 16 ff.; BVerwG, Urteil vom 21.4.1999, aaO, 48 ff.). Eine Konfliktvermeidung ist aber - ungeachtet ihrer rechtlichen Ausgestaltung - im vorliegenden Zusammenhang nicht erreichbar. Mit Recht hat der Beklagte dazu vorgetragen und das Verwaltungsgericht ausgeführt, dass das von der Klägerin vorgeschlagene Konfliktlösungsmodell dafür nicht geeignet ist. Es würde dazu führen, dass während des laufenden Schuljahres entweder sie selbst oder die sich durch das Tragen des Kopftuchs beeinträchtigt fühlenden Schüler zur Herbeiführung eines Ausgleichs die Klasse wechseln müssten. Dies würde offensichtlich erhebliche schulorganisatorische Schwierigkeiten hervorrufen, die dem Beklagten bei der auf Optimierung der Unterrichtsbedingungen zielenden Handhabung der ihm verfassungsrechtlich eingeräumten Schulhoheit (Art. 7 Abs. 1 GG) auch bei Würdigung der der Klägerin zustehenden Bekenntnisfreiheit nicht zumutbar sind. Es würde bei dem an Grund- und Hauptschulen vorherrschenden Klassenlehrerprinzip auch bedeuten, dass wegen der durch die Klägerin veranlassten Wechsel der Schüler bzw. ihrer Person in andere Klassen der für die Prägung des Unterrichts im Vordergrund stehende Klassenlehrer während des Schuljahres häufig neue Schüler zugeordnet bekäme, denen gegenüber eine pädagogische Beziehung erst aufgebaut werden müsste.

Ferner konnte dadurch, wie bereits die allgemeine Lebenserfahrung nahe legt, die kontinuierliche Vermittlung des Lehrstoffs zum Nachteil der betroffenen Schüler beeinträchtigt werden. Wie das Verwaltungsgericht weiter zutreffend ausgeführt hat, könnte eine Konfliktvermeidung auch nicht dadurch hinreichend zuverlässig erreicht werden, dass bereits vor der Klasseneinteilung für ein bestimmtes Schuljahr die Einstellung der Schüler und Eltern erfragt wird. Denn mit einer derartigen Erhebung könnten, abgesehen von dem mit ihr verbundenen organisatorischen Aufwand, im Einzelfall bisher nicht vorhandene oder nicht aktuelle Konflikte geweckt und gerade dadurch in den Schulbetrieb hineingetragen werden (vgl. BVerwG, Urteil vom 21.4.1999, aaO, 49, 50). Ferner kann es dem beklagten Land wegen der ihm aus Art. 7 Abs. 1 GG bei der Gestaltung des Schulwesens zustehenden weiten organisatorischen Gestaltungsfreiheit nicht angesonnen werden, der Klägerin über die Ableistung des Referendariats hinaus durch die Auswahl mutmaßlich „konfliktfreier" Schulen bei der Verwirklichung ihrer Bekenntnisfreiheit als Lehrerin behilflich zu sein. Denn nach Überzeugung des Senats besteht an zahlreichen Schulen des beklagten Landes nach den vorstehenden Ausführungen die hinreichende Wahrscheinlichkeit des Auftretens der von den Behörden und vom Verwaltungsgericht befürchteten religiösen Konflikte zumindest mit einzelnen Schülern und deren Eltern. Im Falle der Einstellung der Klägerin müsste in allen diesen möglichen Konfliktsituationen zur Wahrung der negativen Bekenntnisfreiheit der betroffenen Schüler und Eltern, die ohne Rücksicht auf die Mehrheitsverhältnisse in den jeweiligen Schulklassen dem Charakter des Grundrechts entsprechend als Minderheitenschutz beachtet werden müsste, für die Klägerin eine besondere Lösung, etwa auch an anderen Schulen, gefunden werden. Da Konflikte an zahlreichen Schulen zu erwarten wären, würde die durch Art. 4 Abs. 1 u. 2 GG gebotene Suche nach einem schonenden Ausgleich in diese Richtung die Schulverwaltung in einer dem öffentlichen Interesse an der bestmöglichen Erfüllung ihrer Aufgaben zuwiderlaufenden Weise belasten. Dabei ist zu bedenken, dass sich bei einer derartigen Handhabung in der Person der Klägerin ein Präzedenzfall ergeben könnte, auf den sich weitere muslimische Lehrerinnen, die im Unterricht ein religiös motiviertes Kopftuch tragen wollen, bei ihrem Begehren auf Einstellung berufen könnten. Dies würde der Schulverwaltung in einem Ausmaß organisatorische Schwierigkeiten bereiten, zu deren Bewältigung sie angesichts der ihr durch Art. 7 Abs. 1 GG eingeräumten, mit einer weiten Gestaltungsfreiheit versehenen Schulhoheit auch im Interesse einer Optimierung der Unterrichtsbedingungen nicht verpflichtet werden kann. Der Senat teilt daher nicht die Auffassung des Verwaltungsgerichts Lüneburg (aaO, 770, 771; ebenso Böckenförde, aaO, 728), wonach es wegen der von ihm angenommenen Unsicherheit der Prognosen zur tatsächlichen Entwicklung für die die Einstellung erstrebende Klägerin unzumutbar wäre, von Anfang an auf das Tragen des

Kopftuchs verzichten zu müssen, um eingestellt zu werden, und wonach später etwa auftretende Konflikte mit Schülern und Eltern dann durch organisatorische Maßnahmen des Staates gelöst werden müssten. Der Senat sieht sich mit diesen Erwägungen im Einklang mit der Rechtsprechung des Europäischen Gerichtshofs für Menschenrechte (EGMR) zu Art. 9 der Europäischen Menschenrechtskonvention (EMRK). Dieser hat mit Entscheidung vom 15.2.2001 (Beschwerde Nr. 42393/98, KirchE 39, 38) die mit der Verletzung ihrer Religionsfreiheit begründete Beschwerde einer Schweizer Staatsangehörigen, die als Lehrerin im Schuldienst des Kantons Genf vom Katholizismus zum Islam konvertiert war und danach, wie aus den vorliegenden Sachverhaltsdarstellungen hervorgeht, im Unterricht ein religiös motiviertes, den Hals und die Haare bedeckendes Kopftuch („foulard islamique") trug, das sie auf Anordnung der Schulverwaltung ablegen sollte, gegen das abweisende Urteil des Schweizerischen Bundesgerichts vom 12.11.1997 (aaO) zurückgewiesen. Zur Begründung hat der EGMR im Wesentlichen ausgeführt, das Schweizerische Bundesgericht habe nach den Maßstäben des Schweizer Rechts den Schutz der Neutralität staatlicher Schulen und den Schutz der Religionsausübungsfreiheit im Einklang mit der durch Art. 9 EMRK garantierten Religionsfreiheit zu Gunsten des Neutralitätsgebots abgewogen. Die Genfer Behörden hätten den ihnen zustehenden Ermessensspielraum nicht überschritten; die getroffene Maßnahme sei in Anbetracht der Umstände und vor allem des niedrigen Alters der von der Beschwerdeführerin unterrichteten Kinder mithin nicht unverhältnismäßig gewesen. Der erkennende Senat hält den dieser Entscheidung zu Grunde liegenden Sachverhalt insoweit mit dem vorliegenden Fall für vergleichbar, als dem Gebot der religiösen Neutralität der Schule zum Schutz der negativen Bekenntnisfreiheit jüngerer Schüler, insbesondere solcher im Grundschulalter, und ihrer Eltern der Vorrang vor der Freiheit der Beschwerdeführerin, ihre Religion deutlich sichtbar mit dem Tragen eines Kopftuchs auszuüben, zuerkannt wurde. Dabei ist es entgegen dem Vorbringen der Klägerin im vorliegenden Fall unerheblich, ob im Kanton Genf eine Trennung von Staat und Religion im Sinne eines strengen Laizismus besteht. Denn das Ausmaß der Trennung von Staat und Religion ist unter dem Blickwinkel des Art. 9 EMRK unerheblich. Auch bei der in der Bundesrepublik Deutschland verfassungsrechtlich vorgegebenen, lediglich „vorsorgenden" religiösen Neutralität des Staates bedeutet eine dadurch begründete angemessene Einschränkung der Bekenntnisfreiheit einer Lehrperson im Schulunterricht keine Verletzung gerade der durch Art. 9 EMRK geschützten Religionsfreiheit. Diese Einschränkung kann nämlich, wie der EGMR ausgeführt hat, in einer demokratischen Gesellschaft, wo mehrere Religionen nebeneinander bestehen, notwendig werden, um den Respekt und die Interessen aller Anschauungen zum Ausgleich zu bringen.

Der erkennende Senat lässt offen, ob die Klägerin auf Grund des von ihr beabsichtigten Tragens des Kopftuches im Unterricht noch in der Lage wäre, den Grundsatz der Gleichberechtigung von Männern und Frauen (Art. 3 Abs. 2 Satz 1 GG) und den staatlichen Auftrag, die tatsächliche Durchsetzung der Gleichberechtigung von Frauen und Männern zu fördern und auf die Beseitigung bestehender Nachteile hinzuwirken (Art. 3 Abs. 2 Satz 2 GG; vgl. EGMR, Entscheidung vom 15.2.2001, aaO; VG Lüneburg, Urteil vom 16.10.2000, aaO; Bader, VBlBW 1998, 361; Langenfeld, Religionsfreiheit zwischen individueller Selbstbestimmung, Minderheitenschutz und Staatskirchenrecht - Völker- und verfassungsrechtliche Perspektiven, Heidelberg, 2001, S. 353), zu erfüllen. Dabei kann, wie auch der Eindruck in der mündlichen Verhandlung des Senats ergeben hat, zu ihren Gunsten davon ausgegangen werden, dass es sich bei ihr um eine selbständige und selbstbewusste Frau handelt, die sich auch im Berufsleben bewähren will und die durch die Rechts- und Gesellschaftsordnung der Bundesrepublik Deutschland eröffneten Möglichkeiten wahrnehmen möchte. Unbeschadet dessen kann es nicht von vornherein ausgeschlossen werden, dass die Klägerin durch das Tragen des Kopftuchs im Unterricht den von ihr zu unterrichtenden Schülern gleichwohl den dem Gleichberechtigungsgrundsatz (Art. 3 Abs. 2 Satz 1 GG) und dem Gleichstellungsauftrag (Art. 3 Abs. 2 Satz 2 GG) widersprechenden Eindruck einer sich den Männern untergeordnet fühlenden, gesellschaftlich nicht emanzipierten Frau vermitteln würde, weil sie im Unterschied zu Männern sich gehalten sähe, in der Öffentlichkeit ein Kopftuch zu tragen. Diese Frage mag aber auf sich beruhen, da es auf ihre Beantwortung nicht entscheidend ankommt.

32

Zur Frage der Beachtung raumordnungsrechtlicher, insbesondere naturschutzrechtlicher Vorschriften bei Planungsvorhaben von Religionsgemeinschaften (hier: Anlage einer Kapelle und eines Friedhofs).

Art. 9 Abs. 2 EMRK
EGMR, Nichtzulassungsbeschluss (decision) vom 10. Juli 2001 - Appl.No. 41754/98 (Johannische Kirche u.a. ./. Deutschland)[1] -

---

[1] ECHR 2001-VIII; dt. Übersetzung: öarr 2003, 151 (LS).

Aus dem Sachverhalt und den Entscheidungsgründen:

The Facts:
The first applicant [Johannische Kirche] is a Christian religious community (Free Church) with public-law corporation status (*Körperschaft des öffentlichen Rechts*) whose governing board (*Vorstand*) is based in Berlin. The second applicant [Horst Peters] is a German national (...) The facts of the case, as submitted by the applicants, may be summarised as follows.

In July 1991 the first applicant requested a permit to build a chapel and cemetery on land belonging to it.

Its request was rejected by the administrative authorities, whereupon the first applicant lodged an application with the Bayreuth Administrative Court. At the public hearing before that court it requested an adjournment of the proceedings concerning the cemetery.

On 20 December 1993, after visiting the site of the planned building, the Administrative Court rejected the application concerning the chapel on the grounds that the site where it was to be built was in an undeveloped protected zone (*Außenbereich*) and that it was not certain that public services (*Erschließung*) could be installed.

On 10 August 1994, after hearing submissions from, among others, the public-health department, the water resources office (*Wasserwirtschaftsamt*), the town of Waischenfeld (on whose territory the first applicant's land was) and other departments which had not given their consent or had done so only on certain conditions, the Bayreuth administrative authorities rejected the request concerning the cemetery, in respect of which the proceedings had been resumed after the Administrative Court had given judgment, on the ground that the proposed site was in an undeveloped protected zone and it was not certain that services could be installed on the land because the town of Waischenfeld refused to grant the first applicant a right of access over the adjoining municipal land to the site of the planned cemetery.

On 15 December 1994 the Bayreuth Administrative Court dismissed the application mainly on the same grounds as those set out in the judgment of 20 December 1993, to which it referred at length moreover.

On 4 July 1996, after visiting the site of the planned cemetery, the Bavaria Administrative Court of Appeal upheld the judgment of the Bayreuth Administrative Court of 15 December 1994. It noted, among other things, that construction of the planned cemetery was incompatible with the nature of the environment surrounding the site in question, particularly as, since the entry into force on 14 July 1995 of the legislative decree on the creation of Franconian Switzerland Wildlife Park (*Naturpark Fränkische Schweiz*), any act such as to disfigure the character of the wildlife park - even locally - was prohibited. The fact that the first applicant was a religious community did not alter that finding because it could build the cemetery on other land less affected by environmental restrictions. The Court of Appeal also noted that the lack of services on the land in question was an additional factor militating against the first applicant's project.

The Court of Appeal also decided not to grant leave to appeal on points of law. The first applicant appealed against that decision.

On 7 March 1997 the Federal Administrative Court (3 B 173.96; KirchE 35, 93) dismissed the appeal on the ground that it did not raise an issue of fundamental importance. It noted that freedom of religion was limited by the values laid down in the Constitution itself. Among those constitutional values was the protection of life's natural sources (*natürliche Lebensgrundlagen*), as declared in section 20(a) of the Basic Law, which included the creation of protected zones. Additionally, the provisions relating to planning matters applied to everyone without distinction and did not impose more restrictions on religious communities than on other persons or groups of persons. As far as the provisions relating to cemeteries were concerned, it was indisputable that the creation of a cemetery was subject to laws relating to public health and the management of water resources. The freedom of a religious community subject to public law to practise its religion did not compel the authorities to grant that community an exemption from the statutory restrictions relating to the protection of the environment and the countryside. Besides that, the question as to whether such an exemption should have been granted, under the legislative decree of 14 July 1995 relating to the creation of Franconian Switzerland Wildlife Park, concerned provisions adopted by the Bavarian legislature, that is to say by a *Land*, and could not therefore be relied on before the Federal Administrative Court.

On 14 October 1997 the Federal Constitutional Court, ruling as a panel of three judges, decided not to uphold the first applicant's constitutional appeal. It noted, *inter alia*, that freedom of religion and freedom to manifest it was not unlimited and could be balanced against other constitutional values, of which section 20(a) of the Basic Law was one. It also noted that the first applicant could build the cemetery on other land which was less affected by regulatory restrictions.

Complaint:

Relying on Article 9 of the Convention, the applicants complained that the German authorities had breached their right to freedom of religion when they dismissed the first applicant's request. Their religion was characterised by the belief that after death there was no further difference in social class and that human beings would all be equal before God. That belief found its expression in the very natural layout of the planned cemetery in that all the tombstones had to be laid on their side and be uniform in size, even if the burial of a member of the first applicant in a traditional cemetery was not prohibited.

The Law:

The applicants submitted that the German authorities' refusal to grant the first applicant planning permission to build a cemetery was contrary to Article 9 of the Convention, the relevant parts of which provide:

„*1. Everyone has the right to freedom ... of religion; this right includes freedom ... either alone or in community with others and in public or private, to manifest his religion or belief, in worship, teaching, practice and observance.*
2. Freedom to manifest one's religion or beliefs shall be subject only to such limitations as are prescribed by law and are necessary in a democratic society in the interests of public safety, for the protection of public order, health or morals, or for the protection of the rights and freedoms of others."

According to the applicants, the construction and upkeep of a cemetery were not only the expression of freedom to practise one's religion but were part of the very freedom of religion.

The Court points out at the outset that the second applicant, who was not a party to the proceedings before the German authorities and courts, described himself as an „intervener" (*Streithelfer*) in the present application. The Court does not consider it necessary to rule on the issue whether this means that the second applicant does not qualify as an applicant for the purposes of Article 34 of the Convention because the application must in any event be declared inadmissible for the following reasons.

The Court reiterates that freedom of thought, conscience and religion is one of the foundations of a democratic society within the meaning of the Convention. While religious freedom is primarily a matter of individual conscience, it also implies, *inter alia*, freedom to manifest one's religion alone and in private, or in community with others, in public and within the circle of those whose faith one shares. Article 9 of the Convention lists a number of forms which manifestation of one's religion or belief may take, namely worship, teaching, practice and observance. Nevertheless, Article 9 does not protect every act motivated or inspired by a religion or belief (see *Hassan and Tchaouch v. Bulgaria* [GC], no. 30985/96, § 60, ECHR 2000-XI; *Cha'are Shalom Ve Tsedek v. France* [GC], no. 27417/95, § 73, ECHR 2000-VII; and the Kalaç v. Turkey judgment of 1 July 1997, *Reports of Judgments and Decisions* 1997-IV, p. 1209, § 27).

The Court notes that the impugned decisions of the German authorities can be construed as a restriction of the right to manifest one's religion within the meaning of Article 9 § 2 of the Convention in so far as the manner of burying the dead and cemetery layout represents an essential aspect of the religious practice of the first applicant and its members (see, *mutatis mutandis*, the *Cha'are Shalom Ve Tsedek v. France* judgment cited above, §§ 73-74).

The Court also notes that the interference in question was prescribed by law, which the first applicant did not dispute moreover.

The Court next reiterates that the Contracting States enjoy a certain margin of appreciation in assessing the existence and extent of the necessity of an interference, but this margin is subject to European supervision, embracing both the legislation and the decisions applying it. The Court's task is to determine whether the measures taken at national level were justified in principle and proportionate (see the Kokkinakis v. Greece judgment of 25 May 2993, Series A no. 260-A, p. 21, § 47, and the Manoussakis and Others v. Greece judgment of 26 September 1996, *Reports* 1996-VI, p. 1364, § 44).

The Court notes in the instant case that the authorities justified their refusal to authorise construction of the cemetery on the basis of provisions relating to planning, environmental protection and services, and particularly by the fact that there was no other building in the zone in question.

It is true that the administrative authority and the Bayreuth Administrative Court did not make any allusion to the fact that the first applicant was a religious community, and it was only before the Bavaria Administrative Court of Appeal that a possible interference with the first applicant's right to religious freedom was examined.

However, the Administrative Court of Appeal noted that the status of the first applicant did not give it the right to build a cemetery on a site specially protected by the legislative decree on the creation of Franconian Switzerland Wildlife Park. With regard to the federal courts, the Court notes that they duly explained how and to what extent a right to freedom of religion, guaranteed by the Basic Law without express restrictions, was limited by the rights of others and constitutional values such as the protection of life's natural sources, as declared in section 20(a) of the Basic Law. These decisions show that the German authorities did not aim their decision to dismiss the application at the first applicant as a religious community; the prohibition on building applied to any person applying for a building permit in the zone in question.

In the light of the foregoing, and having regard to the wide margin of appreciation of the Contracting States in planning matters (see, *mutatis mutandis*, the Sporrong and Lönnroth v. Sweden judgment of 23 September 1982, Series A no. 52, p. 26, § 6, and application no. 20490/92, Iskcon and Others v. the United Kingdom, Commission decision of 8 March 1994, DR 76, p. 91), the Court considers that the measure complained of amounts to a restriction of the first applicant's right to freedom to manifest its religion which is justified in principle and proportionate to the aim pursued (protection of the rights and freedoms of others) and, accordingly, to an interference which is in conformity with Article 9 § 2 of the Convention.

It follows that the application is manifestly ill-founded within the meaning of Article 35 § 3 of the Convention and must be rejected in accordance with Article 35 § 4 of the Convention.
For these reasons, the Court unanimously declares the application inadmissible.

33

Ein inländischer religiöser Verein, der sich mit einer Feststellungsklage gegen die Ausschreibung seines ausländischen geistlichen Oberhaupts zur Einreiseverweigerung im Schengener Informationssystems wendet, kann aus seinem Grundrecht auf Freiheit der Religionsausübung (Art. 4 Abs. 1 u. 2 GG) klagebefugt sein.

Art. 4 Abs. 1 u. 2 GG; §§ 42, 43 VwGO, 7 Abs. 1 u. 2, 60 Abs. 3 AuslG 1990; Art. 96 Abs. 2 SDÜ
BVerwG, Urteil vom 10. Juli 2001 - 1 C 35/00[1] -

Die Beteiligten streiten um die Zulässigkeit der vom Kläger erhobenen Feststellungsklage.

Der Kläger ist ein eingetragener Verein, in dem sich die deutschen Mitglieder der weltweit tätigen Vereinigungskirche zusammengeschlossen haben. Deren Gründer und Oberhaupt ist Sun Myung Mun. Er und seine Ehefrau Hak Ya Han Mun sind Staatsangehörige der Republik Korea (Südkorea) mit Wohnsitz in den USA. Im Rahmen einer Vortragsreise durch Europa sollte Herr Mun am 12.11.1995 bei einer Veranstaltung in Frankfurt/Main vor Mitgliedern der Vereinigungskirche und geladenen Gästen eine Ansprache zum Thema „Die wahre Familie und Ich" halten.

Auf Veranlassung des Bundesministeriums des Innern schrieb die Grenzschutzdirektion Koblenz Anfang November 1995 das Ehepaar Mun gemäß § 96 Abs. 2 des Schengener Durchführungsübereinkommens (SDÜ) für die Dauer von zunächst drei Jahren zur Einreiseverweigerung aus. Dem lag die Auffassung zugrunde, dass die Einreise der Eheleute Mun in schwerwiegendem Maße die Interessen Deutschlands beeinträchtige und deshalb die Voraussetzungen für eine Zurückweisung an der Grenze nach § 60 AuslG vorlägen. Die Mun-Bewegung gehöre zu den so genannten Jugendsekten und Psychogruppen, von deren Aktivitäten Gefährdun-

---

[1] Amtl. Leitsatz. BVerwGE 114, 356; BayVBl 2002, 91; Buchholz 310 § 43 VwGO Nr. 136; DÖV 2002, 31; DVBl. 2001, 1770; EzAR 620 Nr 11; InfAuslR 2001, 509; JA 2002, 370 (LS); NVwZ 2001, 1396; VR 2002, 358 (LS); ZAR 2001, 274 (LS); ZAR 2002, 71 (LS).

gen für die sozialen Bezüge und die Persönlichkeitsentwicklung junger Menschen ausgehen könnten. Das Ziel dieser Bewegung sei eine von Korea regierte Welt unter der Herrschaft der Mun-Familie. Es müsse davon ausgegangen werden, dass das Ehepaar Mun für seine Bewegung missionieren werde und sein öffentliches Auftreten in der Bundesrepublik Deutschland zu heftigen Reaktionen in der Öffentlichkeit führen würde. Als die Eheleute Mun am 11.11.1995, von Budapest kommend, auf dem Flughafen in Paris eintrafen, wurde ihnen von den französischen Behörden die Einreise und beabsichtigte Weiterreise nach Madrid und von dort aus nach Deutschland unter Hinweis auf die Ausschreibung versagt. Die Eheleute Mun flogen daraufhin nach Budapest zurück.

Die bis zum 3.11.1998 geltende Ausschreibung zur Einreiseverweigerung im Schengener Informationssystem (SIS) ist durch die Grenzschutzdirektion Koblenz inzwischen um weitere drei Jahre bis zum 2.11.2001 verlängert worden. Die Eheleute Mun haben dagegen keine Rechtsmittel eingelegt.

Im Dezember 1995 hat der Kläger Klage mit dem Antrag erhoben, die Rechtswidrigkeit der Ausschreibung der Eheleute Mun zur Einreiseverweigerung festzustellen.

Das Verwaltungsgericht Koblenz hat die Klage als unzulässig abgewiesen, weil der Kläger nicht klagebefugt sei.

Das OVG Rheinland-Pfalz hat durch Zwischenurteil vom 13.9.2000 (KirchE 38, 378) entschieden, dass die Berufung und die Klage zulässig sind.

Mit der Revision erstrebt die Beklagte die Wiederherstellung des erstinstanzlichen Urteils.

Das Rechtsmittel hatte keinen Erfolg.

Aus den Gründen:

Die Revision der Beklagten ist unbegründet. Das Oberverwaltungsgericht hat die Feststellungsklage zu Recht als zulässig angesehen.

Nach § 43 VwGO kann durch Klage u.a. die Feststellung des Bestehens oder Nichtbestehens eines Rechtsverhältnisses begehrt werden, wenn der Kläger ein berechtigtes Interesse an der baldigen Feststellung hat (Absatz 1) und er seine Rechte nicht durch Gestaltungs- oder Leistungsklage verfolgen kann oder hätte verfolgen können (Absatz 2). Diese Voraussetzungen sind hier erfüllt.

Der Kläger begehrt mit seiner Klage die Feststellung des Bestehens eines Rechtsverhältnisses im Sinne dieser Vorschrift. Wie das Berufungsgericht zutreffend ausgeführt hat, erstrebt der Kläger trotz des insoweit missverständlich formulierten Klageantrags nicht eine Feststellung zu dem Rechtsverhältnis zwischen der beklagten Bundesrepublik und den Eheleuten Mun, das aufgrund der fortdauernden Ausschreibung zur Einreiseverweigerung besteht, sondern die Feststellung des Bestehens eines eigenen Rechtsverhältnisses zu der Beklagten, das nach seiner Auffassung durch die Ausschreibung der Eheleute Mun entstanden ist. Es handelt sich daher nicht um eine so genannte Drittfeststellungsklage. Vielmehr geht es dem Kläger ersichtlich um die Feststellung, dass die Beklagte bei der Entscheidung über die Ausschreibung der Eheleute Mun zur Einreiseverweigerung eigene Rechte des Klägers insbesondere aus Art. 4 Abs. 1 u. 2 GG zu berücksichtigen hat.

Dieses Begehren betrifft konkrete, zwischen den Beteiligten streitige und damit feststellungsfähige Rechtsbeziehungen. Der Einwand der Beklagten, die Ausschreibung sei eine rein innerbehördliche Maßnahme und erlange erst durch die tatsächliche Zurückweisung an der Grenze Außenwirkung, steht dem nicht entgegen. Dabei kann dahinstehen, ob die auch vom Berufungsgericht vertretene Auffassung zutrifft, dass die Ausschreibung kein Verwaltungsakt, sondern eine verwaltungsinterne Maßnahme ist, die lediglich ein Hilfsmittel für die Grenzbehörde bei der möglicherweise in Zukunft notwendigen Entscheidung über die Zurückweisung des Ausländers an der Grenze nach § 60 AuslG darstellt (vgl. auch OVG Rheinland-Pfalz, Urteil vom 20.11.1995 - OVG 11 A 12260/95 - n.v.). Denn unabhängig von ihrem rechtlichen Charakter wirkt sich jedenfalls die Ausschreibung zur Einreiseverweigerung im Schengener Informationssystem (SIS) nach Art. 96 Abs. 2 des Schengener Durchführungsübereinkommens vom 19.6.1990 (BGBl. 1993 II S. 1013) - SDÜ - wegen ihrer über die nationalen Grenzen hinausgehenden Bedeutung bereits hinreichend konkret auf die von der beabsichtigten Einreiseverweigerung Betroffenen aus. Die Ausschreibung führt nämlich gemäß Art. 5 Abs. 1 Buchst. d und Abs. 2 SDÜ regelmäßig zur Zurückweisung an den Außengrenzen des so genannten Schengenraumes durch die Grenzbehörden des jeweils zuständigen Vertragsstaates des Schengener Übereinkommens. Sie wird also - anders als eine nur nationale Ausschreibung - nicht notwendig von deutschen Behörden durch Zurückweisung an der Grenze mit entsprechenden Rechtsschutzmöglichkeiten in Deutschland umgesetzt, sondern auch durch die übrigen Vertragsstaaten, die ihrerseits die Berechtigung der Ausschreibung durch den anderen Vertragsstaat allenfalls in beschränktem Umfang überprüfen können und dürfen (vgl. hierzu Westphal, InfAuslR 1999, 361 [363 f.]). Mit der Ausschreibung zur Einreiseverweigerung ist danach die maßgebliche Entscheidung auch gegenüber dem Kläger gefallen, die das Rechtsverhältnis mit der Beklagten konkretisiert, innerhalb dessen er die Berücksichtigung seiner Rechte einfordert. An der Klärung dieser Rechtsbeziehung hat der Kläger ein berechtigtes Interesse, da die Beklagte solche eigenen subjektiven Rechte des Klägers grundsätzlich in Abrede gestellt hat.

Die Feststellungsklage ist auch nicht unter dem Gesichtspunkt der Subsidiarität (§ 43 Abs. 2 VwGO) unzulässig, da die für Anfechtungs- und Verpflichtungsklagen geltenden Bestimmungen über Fristen und

Vorverfahren nicht umgangen werden (vgl. dazu Urteil vom 29.4.1997 - 1 C 2.95 - Buchholz 310 § 43 VwGO Nr. 127 mwN).

Schließlich hat das Oberverwaltungsgericht im Ergebnis zu Recht eine Klagebefugnis im Sinne von § 42 Abs. 2 VwGO bejaht. Nach dieser Vorschrift, die auf die Feststellungsklage nach § 43 VwGO entsprechend Anwendung findet (stRspr, vgl. zuletzt Urteil vom 28.6.2000 - 11 C 13.99 - BVerwGE 111, 276), ist die Klage nur dann zulässig, wenn der Kläger geltend macht, in seinen Rechten verletzt zu sein. Dafür genügt es, dass die behauptete Rechtsverletzung möglich erscheint. Dies ist bereits dann anzunehmen, wenn eine Verletzung eigener subjektiver Rechte des Klägers nicht offensichtlich und eindeutig nach jeder Betrachtungsweise ausgeschlossen ist (stRspr, vgl. etwa Urteile vom 29.6.1995 - 2 C 32.94 - BVerwGE 99, 64 [66 mwN] und vom 27.2.1996 - 1 C 41.93 - BVerwGE 100, 287 [299]). So liegt der Fall hier.

Nach den im Revisionsverfahren nicht substanziiert angegriffenen Feststellungen des Berufungsgerichts handelt es sich bei dem Kläger um einen Verein, der sich - ungeachtet sonstiger wirtschaftlicher oder politischer Aktivitäten - auch der gemeinsamen Pflege einer Religion widmet. Jedenfalls im Rahmen der Prüfung der Zulässigkeit der Klage ist deshalb davon auszugehen, dass der Kläger gemäß Art. 19 Abs. 3 GG Träger des Grundrechts der Religionsausübungsfreiheit nach Art. 4 Abs. 1 u. 2 GG ist (allgemein zu den Anforderungen an religiöse Gemeinschaften vgl. Urteil vom 27.3.1992 - 7 C 21.90 - BVerwGE 90, 112 [115 ff.], KirchE 30, 151).

Ein subjektives Recht des Klägers kann allerdings entgegen der Auffassung des Berufungsgerichts nicht damit begründet werden, dass Art. 96 Abs. 2 SDÜ - zumindest auch - eine Norm mit Schutzwirkung zugunsten Dritter darstelle, die in Verbindung mit der grundrechtlich geschützten Religionsfreiheit dem Kläger eine subjektive Rechtsposition vermittele. Art. 96 Abs. 2 SDÜ regelt, auf welche Gründe die grundsätzlich nach nationalem Recht zu treffenden Entscheidungen über die Ausschreibung zur Einreiseverweigerung im SIS gestützt werden können. Angesichts der Konzeption des SDÜ spricht schon viel dafür, dass diese Bestimmung ebenso wie die Regelungen über die Einreiseverweigerung in Art. 5 Abs. 1 u. 2 SDÜ nur die Vertragsstaaten des Schengener Übereinkommens berechtigt und verpflichtet, aber keine unmittelbare Wirkung gegenüber den Betroffenen entfaltet (vgl. allgemein zur unmittelbaren Anwendbarkeit des SDÜ: Hailbronner, Ausländerrecht, Stand: März 2001, § 60 AuslG Rn 33 mwN). Eine allgemeine drittschützende Wirkung von Art. 96 Abs. 2 SDÜ - auch zugunsten sonstiger Dritter wie dem Kläger - ergibt sich insbesondere nicht daraus, dass Art. 109-111 SDÜ den ausgeschriebenen Personen (Drittausländern) eigene Auskunfts- und Klagerechte einräumen. Außerdem begehrt der Kläger - wie in der Revisionsverhandlung erörtert - in erster Linie Rechtsschutz gegen die der Ausschreibung im SIS zugrunde liegende Entscheidung der Beklagten, dass die Voraussetzungen für eine Verweigerung der Einreise der

Eheleute Mun nach Deutschland vorliegen. Die für diese Entscheidung maßgebende Rechtsgrundlage hat die Beklagte zutreffend in den Vorschriften des § 60 Abs. 3 in Verbindung mit § 7 Abs. 1 u. 2 AuslG gesehen. Danach kann ein Ausländer, der - wie die Eheleute Mun als südkoreanische Staatsangehörige - für einen vorübergehenden Aufenthalt im Bundesgebiet vom Erfordernis der Aufenthaltsgenehmigung befreit ist, u.a. dann an der Grenze zurückgewiesen werden, wenn sein Aufenthalt Interessen der Bundesrepublik Deutschland beeinträchtigt oder gefährdet (vgl. § 7 Abs. 2 Nr. 3 AuslG). Der Kläger beanstandet also der Sache nach, dass die Beklagte bei der Ausübung des durch diese Vorschriften eingeräumten Ermessens seine aus Art. 4 Abs. 1 u. 2 GG folgenden Rechte nicht hinreichend berücksichtigt habe.

Dass eine solche Berücksichtigungspflicht zugunsten eines religiösen Vereins besteht, wenn es um die Einreise seines geistlichen Oberhaupts geht, ist nicht von vornherein und nach jeder Betrachtungsweise ausgeschlossen. Zwar kommt den ausländerrechtlichen Bestimmungen, die die Einreise und den Aufenthalt von Ausländern regeln, einfachgesetzlich in der Regel keine Schutzwirkung zugunsten Dritter zu, sodass grundsätzlich nur der betroffene Ausländer selbst gegen eine Verweigerung der Einreise oder die Versagung einer Aufenthaltsgenehmigung vorgehen kann (vgl. Urteil vom 27.2.1996 - 1 C 41.93 - BVerwGE 100, 287 [299 f.]). Eröffnet das Gesetz aber - wie hier in § 60 Abs. 3 in Verbindung mit § 7 Abs. 1 u. 2 AuslG - der Behörde einen Ermessensspielraum, so sind bei Ausübung dieses Ermessens auch verfassungsrechtliche Wertentscheidungen und Grundrechte Dritter zu berücksichtigen, wenn und soweit sie durch die ausländerrechtliche Entscheidung berührt sind. Dieser Pflicht korrespondiert grundsätzlich auch ein subjektives Recht des betroffenen Grundrechtsträgers mit der Folge, dass die das Ermessen eröffnende Norm im Lichte der Grundrechte auch Schutzwirkung zu seinen Gunsten entfaltet. Dies hat der Senat zum Grundrecht aus Art. 6 Abs. 1 GG auf familiäres Zusammenleben bereits entschieden (vgl. Urteil vom 27.8.1996 - 1 C 8.94 - BVerwGE 102, 12 [18 f.]). Für die Berücksichtigung von Art. 4 Abs. 1 u. 2 GG gilt im Grundsatz nichts anderes.

Es erscheint auch möglich, dass durch die in Rede stehende Entscheidung der Beklagten der Schutzbereich dieses dem Kläger als Religionsgemeinschaft zustehenden Grundrechts berührt ist. Das Recht religiöser Vereinigungen auf ungestörte Religionsausübung in der Gemeinschaft umfasst nicht nur kultische Handlungen und Ausübung sowie Beachtung religiöser Gebräuche wie Gottesdienst, Sammlung kirchlicher Kollekten, Gebete, Empfang von Sakramenten etc., sondern auch religiöse Erziehung, freireligiöse und atheistische Feiern sowie andere Äußerungen des religiösen und weltanschaulichen Lebens (BVerfG, Beschluss vom 16.10.1968 - 1 BvR 241/66 - BVerfGE 24, 236 [246], KirchE 10, 181). Es beschränkt sich nicht auf die klassische Funktion eines Abwehrrechts, sondern erlegt dem Staat auch die Pflicht auf, dem Einzelnen und religiösen Gemeinschaften einen Betätigungsraum zur Entfaltung auf weltanschaulich- religiösem Gebiet zu sichern (BVerfG, Beschluss vom 16.5.1995 - 1 BvR 1087/91 - BVerfGE 93, 1 [16], KirchE 33, 191). Danach ist nicht von vornherein auszuschließen, dass auch das Interesse an der persönlichen Anwesenheit des ausländischen Oberhaupts eines religiösen Vereins bei religiösen Veranstaltungen je nach dessen Stellung in der Vereinigung durch Art. 4 Abs. 1 u. 2 GG geschützt sein kann. Ein solches Verständnis liegt auch den beiden von den Vorinstanzen angeführten Entscheidungen des erkennenden Senats zugrunde (Beschlüsse vom 6.5.1983 - 1 B 58.83 - Buchholz 402.24 § 5 AuslG Nr. 2, KirchE 21, 115, und vom 8.11.1983 - 1 A 77.83 - InfAuslR 1984, 71 f.). Darin hat der Senat betont, Art. 4 Abs. 1 u. 2 GG räume den im Bundesgebiet lebenden Angehörigen einer religiösen Gemeinde kein Recht darauf ein, dass Ausländern zum Zwecke der Religionsausübung Einreise und Aufenthalt außerhalb des gesetzlich vorgesehenen Verfahrens gestattet wird. Zugleich hat er hervorgehoben, dass das Interesse der Angehörigen einer Religionsgemeinschaft an geistlicher Betreuung im Lichte der Bedeutung der grundrechtlichen Freiheiten aus Art. 4 Abs. 1 u. 2 GG bei der Ermessensentscheidung über die Erteilung eines Sichtvermerks berücksichtigt werden kann.

Angesichts der Weite des grundrechtlichen Schutzbereichs der Religionsausübungsfreiheit und im Hinblick darauf, dass dieses Grundrecht der Religionsgemeinschaft in dem durch das Ausländerrecht bestimmten Rechtsverhältnis zwischen dem Staat und ihrem ausländischen Oberhaupt grundsätzlich keine selbstständig durchsetzbare Rechtsposition verschafft, besteht die Pflicht des Staates zur Berücksichtigung der schützenswerten Interessen dieser Religionsgemeinschaft indessen nur, sofern die Verweigerung der Einreise religiöse Belange der Gemeinschaft nach ihrem eigenen Glaubensverständnis nicht unerheblich beeinträchtigt. Nur dann kann der Schutzbereich des Art. 4 Abs. 1 u. 2 GG in rechtlich bedeutsamer Weise berührt werden mit der Folge, dass das Grundrecht den maßgeblichen Bestimmungen des Ausländerrechts zugunsten der Religionsgemeinschaft subjektiv-rechtlichen Charakter verleiht. Das kommt insbesondere dann in Betracht, wenn der Besuch des Oberhaupts in Deutschland nach der jeweiligen Glaubenslehre eine wesentliche Bedeutung für die gemeinschaftliche Ausübung der Religion hat, die über den üblichen Charakter einer gemeinsamen Begegnung hinausgeht.

Dass ein Besuch der Eheleute Mun für den Kläger und seine Mitglieder eine derartige wesentliche Bedeutung haben kann, ist nach den bisherigen Feststellungen des Berufungsgerichts angesichts der stark auf die Person des geistlichen Oberhaupts bezogenen Glaubenslehre der Vereinigungskirche zumindest denkbar. Dies reicht für die Annahme einer Klagebefugnis im Sinne des § 42 Abs. 2 VwGO aus. Ob bei Anwendung dieser Maßstäbe im Ergebnis ein subjektives Recht des Klägers auf angemessene Berücksichtigung seiner Interessen an der Begegnung mit dem geistlichen Oberhaupt im Rahmen der ausländerrechtlichen Ermessensentscheidung zu bejahen ist und welche Folgen sich daraus für die von der Beklagten getroffene und aufrechterhaltene Ermessensentscheidung ergeben, wird vom Oberverwaltungsgericht im Rahmen der Begründetheit der Klage zu prüfen sein.

34

Lehnt eine Einrichtung die Anerkennung der für das kirchliche kollektive Arbeitsrecht erlassenen bischöflichen Grundordnung ab, ist unausweichliche Rechtsfolge, dass sie dem staatlichen kollektiven Arbeitsrecht unterliegt.

Art. 140 GG, 137 Abs. 3 WRV; §§ 118 Abs. 2 BetrVG, 2a ArbGG

ArbG Mönchengladbach, Beschluss vom 12. Juli 2001 - 4 BV 34/01[1] -

Die Beteiligten streiten über die Anwendbarkeit des Betriebsverfassungsgesetzes im Betrieb des Antragstellers.

Der Antragsteller, der 38 Arbeitnehmer beschäftigt, wendet sich mit seinem Antrag vom 7.5.2001 gegen die Wirksamkeit der bei ihm am 24.4.2001 durchgeführten Betriebsratswahl. Beteiligter zu 2) ist der aus drei Mitgliedern bestehende, gewählte Betriebsrat, der sich am 2.5.2001 konstituierte. Der Antragsteller ist gemäß § 2.2 seiner Satzung Rechtsträger aller Bundesstellen, Bundeseinrichtungen und Bundesunternehmen der „Deutschen Pfadfinderschaft Sankt Georg" (DPSG). Die Satzung enthält zum Zweck des Vereins und zu dessen Zusammenhang mit der DPSG des weiteren folgende Regelungen:

„§ 2 Wesen und Zweck
Der Verein hat sich zum Ziel gesetzt:
Die Förderung der Erziehungs- und Bildungsaufgaben der ... (DPSG) im Bund der Deutschen Katholischen Jugend als eines katholischen Verbands der gemeinnützigen Jugendpflege sowie die Beschaffung und Verwaltung der hierzu erforderlichen Geldmittel und Sachwerte.
Der Verein ist selbstlos tätig und verfolgt nicht in erster Linie eigenwirtschaftliche Zwecke. Etwaige Gewinne dürfen nur für satzungsmäßige Zwecke verwendet werden.
§ 3 Mitgliedschaft
Mitglied des Vereins kann jedes volljährige Mitglied der DPSG werden. Der Verein hat nicht mehr als 17 Mitglieder.

---

[1] ZMV 2001, 244. Der Rechtsstreit endete in zweiter Instanz durch Vergleich (6 Ta BV 44/01 LAG Düsseldorf).

Die Aufnahme als Mitglied erfolgt durch die Wahl der Bundesversammlung der DPSG.

Der Bundesvorsitzende, die Bundesvorsitzende und der Bundeskurat der DPSG sind für die Dauer ihres Amtes geborene Mitglieder des Vereins. ...
§ 6 Der Vorstand
Zusammensetzung
Der Vorstand besteht aus bis zu fünf Vereinsmitgliedern. Die Mitglieder des Bundesvorstandes der Deutschen Pfadfinderschaft Sankt Georg gehören dem Vorstand kraft Amtes gleichberechtigt als geborene Mitglieder an.
§ 9 Verwendung des Vereinsvermögens
Bei Auflösung des Vereins oder bei Wegfall seines Zwecks fällt das Vermögen an den Erzbischöflichen Stuhl zu Köln, der es der DPSG erhält oder für deren Zwecke verwendet.

Die DPSG ist ein gebietsweise untergliederter, nicht rechtsfähiger Verein, der sich als der kath.e Pfadfinderverband in Deutschland versteht. Unter Ziffer 3 seiner „Ordnung" heißt es u.a.:

„*Die Deutsche Pfadfinderschaft Sankt Georg hat ihren Platz in der Katholischen Kirche, die sich selbst in zunehmenden Maße als Volk Gottes versteht, in dem alle Verantwortung tragen. Die Mitglieder der Deutschen Pfadfinderschaft Sankt Georg bemühen sich, Kirche als Volk Gottes im gemeinsamen Glauben, Beten und Handeln zu leben. Sie setzen sich in der Kirche ein, damit sie ein Zeichen der Hoffnung auf eine geschwisterliche Welt für alle Menschen werden kann.*"

Wesentlicher Teil der pfadfinderischen Erziehung in der DPSG ist die Erziehung zum Christentum im Sinne der kath. Kirche. Zum Bundesvorstand der DPSG gehören der Bundesvorsitzende, die Bundesvorsitzende und der Bundeskurat, der zudem der Beauftragung durch die Deutsche Bischofskonferenz bedarf.

Sämtliche Mitgliedsbeiträge der DPSG fließen an den Antragsteller, der auch Eigentümer der von der DPSG genutzten Immobilien ist, z.B. des Verwaltungsgebäudes in Neuss und des größten Zeltlagerplatzes Deutschlands im Westerwald. Für Mitglieder der DPSG führt der Antragsteller laufend Maßnahmen der erzieherischen Pfadfinderarbeit durch, etwa Seminare mit pädagogischen Themen und Maßnahmen im Bereich der Behindertenarbeit und des interkulturellen Lernens. Außerdem betreibt der Antragsteller den „Georgs-Verlag", in dem er auch pädagogische und religiöse Literatur sowie an die Mitglieder der DPSG gerichtete Zeitschriften vertreibt.

Beim Antragsteller gab es bis Ende des Jahres 2000 eine Mitarbeitervertretung nach der MAVO des Erzbistums Köln. Im Rahmen mehrerer Schlichtungsverfahren vor der Schlichtungsstelle für Streitigkeiten in Angelegenheiten der MAVO für den Bereich der Erzdiözese Köln erklärte der Antragsteller, die Grundordnung des kirchlichen Dienstes im

Rahmen kirchlicher Arbeitsverträge (GrO) nicht anzuerkennen. Zum Geltungsbereich der GrO heißt es in ihrem Art. 2 Abs. 2:

„Diese Grundordnung ist auch anzuwenden im Bereich der sonstigen kirchlichen Rechtsträger und ihrer Einrichtungen, unbeschadet ihrer Rechtsform ... Die vorgenannten Rechtsträger sind gehalten, die Grundordnung für ihren Bereich rechtsverbindlich zu übernehmen."

Im Hinblick auf die Abstandnahme des Antragstellers von der GrO beurteilte die Schlichtungsstelle die Wahl der Mitarbeitervertretung nach der MAVO als nichtig (Beschlüsse vom 18.10.2000, MAVO 8/2000 und MAVO 5/1999). Die Deutsche Bischofskonferenz hatte in einer Stellungnahme vom 5.10.2000 darauf hingewiesen, dass Konsequenz der Haltung des Antragstellers die Anwendung des staatlichen Arbeitsrechts wäre.

In der Folgezeit machte der Antragsteller gegenüber seinen Mitarbeitern deutlich, er nehme aufgrund seiner Rechtsstellung in der Kirche für sich in Anspruch, seine Arbeitsverhältnisse und die Mitwirkung der Mitarbeiter eigenständig regeln zu können. Er vertritt deshalb die Auffassung, weder an die MAVO noch an das Betriebsverfassungsgesetz gebunden zu sein.

Die Anwendbarkeit des BetrVG sei nach dessen § 118 Abs. 2 ausgeschlossen, da der Verein eine karitative und erzieherische Einrichtung der Kath. Kirche sei. Sein Zweck sei durch die Verbindung mit den Zielen der DPSG auf die Verwirklichung eines kirchlichen, erzieherischen Auftrags gerichtet. Das erforderliche Mindestmaß an Einfluss der Kath. Kirche auf den Antragsteller in Fragen der Ausübung der religiösen Betätigung zeige sich schon in der Personenidentität seiner Vorstandsmitglieder mit denen der DPSG, in deren Satzung wiederum zahlreiche, personell und institutionell abgesicherte Mitwirkungsmöglichkeiten der Kath. Kirche eingeräumt seien.

Die Zuordnung zur Kath. Kirche gehe nicht dadurch verloren, dass die GrO nicht übernommen worden sei. Der Antragsteller sei ein freier Zusammenschluss von Gläubigen in der Kirche im Sinne des c. 215 CIC und als solcher kraft kirchlichen Vereinsrechts autonomer Teil der Kirche. Er sei gemäß Art. 2 Abs. 2 GrO nicht verpflichtet, die GrO zu übernehmen. Würde man dies von ihm verlangen, um ihn der Kirche zuordnen zu können, würde man der Kirche in unzulässiger Weise vorschreiben, wie sie ihre eigene Ordnung zu regeln habe. Der Antragsteller beantragt festzustellen, dass die am 24.4.2001 bei ihm durchgeführte Betriebsratswahl nichtig ist, hilfsweise: die bei ihm am 24.4.2001 durchgeführte Betriebsratswahl für unwirksam zu erklären.

Der Beteiligte zu 2) äußert Bedenken bereits gegen die Annahme, beim Antragsteller handele es sich um eine karitative oder erzieherische Einrichtung. Der Antragsteller verfolge keine eigenen erzieherischen Aufgaben, sondern werde nur für einen anderen Verein als dessen Rechts- und

Verwaltungsträger tätig. Damit sei sein Zweck weit überwiegend wirtschaftlich, insbesondere was das Betreiben des Zeltlagerplatzes, des Verlages und eines Freizeitartikelvertriebs betreffe.

Jedenfalls habe der Antragsteller mit seiner Entscheidung, das geltende Arbeitsrecht der Kath. Kirche nicht zu akzeptieren, seine Zuordnung zur Kirche aufgegeben. Eine solche Einrichtung mit kirchlicher Zielsetzung, aber ohne rechtliche Zuordnung zur Kirche unterliege allein staatlichem Arbeitsrecht. Das verfassungsrechtlich garantierte Selbstbestimmungsrecht, in eigener Kompetenz Arbeitsverhältnisse zu regeln, stehe nur der Religionsgemeinschaft als solcher zu, nicht ihren selbstständigen Einrichtungen. Diese könnten sich dem kirchlichen Arbeitsrecht anschließen. Geschehe dies nicht, weil die Grundordnung nicht übernommen werde, komme ihnen das kirchliche Privileg des § 118 Abs. 2 BetrVG nicht zugute.

Der Antragsteller hatte weder mit dem Haupt- noch mit dem Hilfsantrag Erfolg.

Aus den Gründen:

Die Anträge sind zulässig, aber unbegründet.
1. Der auf die Feststellung der Nichtigkeit der Betriebsratswahl vom 24.4.2001 gerichtete Hauptantrag war als unbegründet zurückzuweisen. Die Wahl ist wirksam.

a) In prozessualer Hinsicht bestehen gegen den Antrag keine Bedenken. Es handelt sich um eine Angelegenheit aus dem Betriebsverfassungsgesetz im Sinne von § 2a Abs. 1 Nr. 1 ArbGG, in der nach § 2a Abs. 2 ArbGG das Beschlussverfahren stattfindet. Die Frage der Nichtigkeit einer Betriebsratswahl kann Gegenstand eines arbeitsgerichtlichen Beschlussverfahrens sein (vgl. Germelmann/Matthes/Prütting, ArbGG, § 2a Rn 34). Der Antragsteller ist als Arbeitgeber ohne weiteres antragsbefugt und der Betriebsrat als Antragsgegner beteiligungsbefugt. Das Feststellungsinteresse des Antragstellers ergibt sich aus der Vielzahl der betriebsverfassungsrechtlichen Rechtsbeziehungen einschließlich der Mitbestimmungsrechte, die an den Bestand des Betriebsrats anknüpfen.

b) Die Betriebsratswahl ist jedoch nicht nichtig. Der alleinige Einwand des Antragstellers gegen die Wirksamkeit der Wahl, bei ihm handele es sich um eine karitative und erzieherische Einrichtung einer Religionsgemeinschaft, auf die das Betriebsverfassungsgesetz nach seinem § 118 Abs. 2 keine Anwendung finde, ist nicht berechtigt.

aa) Eine nichtige und nicht nur nach § 19 BetrVG anfechtbare Wahl ist nur in besonderen Ausnahmefällen anzunehmen, in denen gegen wesentliche Grundsätze des Wahlrechts in einem so hohen Maße verstoßen worden ist, dass nicht einmal der Anschein einer dem Gesetz entsprechenden Wahl mehr vorliegt. Erforderlich ist ein grober und offensichtlicher Verstoß gegen wesentliche gesetzliche Wahlregeln (ständige Rechtsprechung, z.B. BAG v. 10.6.1983 AP Nr. 10 zu § 19 BetrVG 1972). Wenn es sich um einen Betrieb handelt, auf den das Betriebsverfassungsgesetz keine Anwendung findet und für den es damit an den gesetzlichen Voraussetzungen für eine Betriebsratswahl überhaupt fehlt, dann ist die Wahl nichtig (BAG v. 9.2.1982 EzA Nr. 33 zu § 118 BetrVG 1972 mwN, KirchE 19, 208).

bb) Das Betriebsverfassungsgesetz ist im Betrieb des Antragstellers aber anzuwenden. Der Antragsteller ist keine karitative und/oder erzieherische Einrichtung einer Religionsgemeinschaft im Sinne des § 118 Abs. 2 BetrVG.

(1). Die Herausnahme der Kirchen und ihrer karitativen und erzieherischen Einrichtungen aus dem Geltungsbereich des Betriebsverfassungsgesetzes beruht auf dem den Religionsgemeinschaften in Art. 140 GG in Verbindung mit Art. 137 Abs. 3 WRV gewährleisteten Recht, ihre Angelegenheiten selbstständig innerhalb der Schranken des für alle geltenden Gesetzes zu ordnen und zu verwalten. Dieses Selbstbestimmungsrecht bezieht sich nicht nur auf die organisierte Kirche und ihre rechtlich selbstständigen Teile; vielmehr sind alle der Kirche in bestimmter Weise zugeordneten Einrichtungen ohne Rücksicht auf ihre Rechtsform Objekte, bei deren Ordnung und Verwaltung die Kirche grundsätzlich frei ist, wenn die Einrichtungen nach kirchlichem Selbstverständnis ihrem Zweck oder ihrer Aufgabe entsprechend berufen sind, ein Stück Auftrag der Kirche in dieser Welt wahrzunehmen und zu erfüllen (BVerfG v. 11.10.1977 AP Nr. 1 zu Art. 140 GG, KirchE 16, 189; BAG v. 6.12.1977 EzA Nr. 16 zu § 118 BetrVG 1972, KirchE 16, 254; BAG v. 24.7.1991 AP Nr. 48 zu § 118 BetrVG 1972, KirchE 29, 255). Die Kirchen sollen selbst entscheiden können, wie sie ihre karitativen und erzieherischen Einrichtungen ordnen und verwalten, insbesondere ob und in welchem Umfang sie ihre Arbeitnehmer und deren Vertretungsorgane in Angelegenheiten des Betriebes, die ihre Interessen berühren, mitwirken und mitbestimmen lassen wollen (BVerfG v. 11.10.1977, aaO; BAG v. 9.2.1982, aaO; Blanke/Wedde in: Däubler/Kittner/Klebe, BetrVG, § 118 Rn 105).

Auf die Zugehörigkeit zur Kirchenverwaltung kommt es für die Zuordnung einer Einrichtung zur Kirche nicht an. Es genügt, wenn die Einrichtung der Kirche so nahe steht, dass sie Teil hat an der Verwirklichung eines Stücks Auftrag der Kirche im Geist christlicher Religiosität, im Einklang mit dem Bekenntnis der christlichen Kirche und in Verbindung mit deren Amtsträgern (BAG v. 9.2.1982, aaO; BAG v. 24.7.1991, aaO). Allerdings ist für die Zuordnung einer rechtlich selbstständigen Einrichtung der Kirche nicht ausreichend, dass sie nur ihrem Zweck nach auf die Verwirklichung eines kirchlichen Auftrags gerichtet

1st. Hinzu kommen muss ein Mindestmaß an Einflussmöglichkeiten der Kirche, um auf Dauer eine Übereinstimmung der religiösen Betätigung der Einrichtung mit kirchlichen Vorstellungen gewährleisten zu können (BAG v. 30.4.1997 EzA Nr. 66 zu § 118 BetrVG 1972, KirchE 35, 153). Der ordnende Einfluss bedarf keiner satzungsmäßigen Absicherung; wenn die Religionsgemeinschaft glaubt, ihre Einrichtung mit geringer Aufsicht und auf einige Positionen beschränkten personellen Verflechtungen führen zu können, so ist das eine bestimmte Ausübung ihrer Selbstverwaltung (BAG v. 14.4.1988 AP Nr. 36 zu § 118 BetrVG, KirchE 26, 55; kritisch Fitting/Kaiser/Heither/Engels, BetrVG, § 118 Rdnr. 57a f.). Die Zuordnung muss sich aber insgesamt aus objektiv nachprüfbaren Zuordnungskriterien ergeben (BAG v. 24.7.1991, aaO; vgl. auch Fabricius in: GK-BetrVG, § 118 Rn 783).

(2). Ob der Antragsteller aufgrund seiner satzungsmäßigen Verknüpfung mit der DPSG eine karitative und/oder erzieherische Einrichtung ist, kann dahinstehen. Er ist jedenfalls unter Berücksichtigung der dargestellten Maßstäbe aus Rechtsgründen keine Einrichtung der Kath. Kirche.

Bei dieser Bewertung wird nicht verkannt, dass der Antragsteller, sofern man seine Verbindung zur DPSG berücksichtigt, ein Stück Auftrag der Kirche wahrnimmt. Über die Regelungen zur Mitgliedschaft und zur Zusammensetzung des Vorstandes ist auch ein gewisser Einfluss kirchlicher Amtsträger auf den Antragsteller gesichert. Dies genügt aber zur Überzeugung der Kammer nicht, um annehmen zu können, der Antragsteller sei nach dem maßgeblichen Selbstverständnis der Kath. Kirche „ihre" Einrichtung im Sinne des § 118 Abs. 2 BetrVG. Nachdem sich der Antragsteller von der bestehenden kirchlichen Arbeitsrechtsordnung abgewandt hat, kann er im hier interessierenden Zusammenhang nicht mehr für sich in Anspruch nehmen, der Kirche zugeordnet zu sein.

(a). Die Arbeitsrechtsordnung der Kath. Kirche basiert auf der GrO, die die Deutsche Bischofskonferenz am 22.9.1993 beschlossen hat und die von den kirchenrechtlich mit Gesetzgebungsbefugnis ausgestatteten Bischöfen (vgl. c. 391 CIC) jeweils für ihre Diözese mit Wirkung ab 1.1.1994 bzw. 1.1.1995 als Kirchengesetz in Kraft gesetzt wurde. Art. 7 GrO ist Rechtsgrundlage für die KODA-Ordnungen des Kath. Arbeitsvertragsrechts, Art. 8 GrO für das Mitarbeitervertretungsrecht der Kath. Kirche (MAVO). Für rechtlich verselbststständigte Einrichtungen gilt diese Arbeitsrechtsordnung nach Art. 2 Abs. 2 GrO nur, wenn sie von der Einrichtung übernommen wird. Die Einrichtung ist zur Übernahme der GrO kirchenrechtlich gehalten, kann hierzu aber nicht gezwungen werden. Wird die GrO nicht - freiwillig - übernommen, ist die Einrichtung der kath. Arbeitsrechtsordnung nicht unterworfen. So hat es die Schlichtungsstelle für Streitigkeiten in Angelegenheiten der MAVO für den Bereich der Erzdiözese Köln in ihren Beschlüssen vom 18.10.2000 zutreffend für den Antragsteller erkannt, nachdem dieser eine Übernahme der

GrO abgelehnt hatte. Diese Frage ist zwischen den Beteiligten auch nicht im Streit.

(b). Lehnt eine Einrichtung aber in dieser Weise entgegen dem Postulat des Art. 2 Abs. 2 GrO das geltende kirchliche - kollektive - Arbeitsrecht ab, ist unausweichliche Rechtsfolge, dass sie dem staatlichen - kollektiven - Arbeitsrecht unterliegt. Sie handelt dann auf der Ebene des anzuwendenden Rechts nicht mehr im Einklang mit der Kirche und erfüllt damit nicht die Voraussetzungen einer kirchlichen Einrichtung. Die gegenteilige Auffassung des Antragstellers hätte zur Folge, dass sich die arbeitsrechtlichen Beziehungen seiner Mitarbeiter zu ihm in einem rechtsfreien Raum bewegten, da weder kirchliches noch staatliches Arbeitsrecht Anwendung fände. Diese Lücke will der Antragsteller durch die Entwicklung eigenständiger Regelungen schließen, wenn auch ggf. in Anlehnung an bestehende Vorschriften. Für eine derartige Regelungsbefugnis fehlt es aber an einer Rechtsgrundlage.

(c). Der Antragsteller kann sich dem gegenüber nicht auf das verfassungsrechtlich garantierte Selbstbestimmungsrecht der Kirche berufen. Dieses Recht steht der Religionsgemeinschaft als solcher zu, nicht der einzelnen Einrichtung. Die Einrichtung kann allenfalls am Selbstbestimmungsprivileg der Kirche teilhaben. Dafür muss sie aber das geltende Recht der Kirche anwenden und kann nicht etwa für sich isoliert regeln, was im selbstbestimmten Bereich der Kirche gelten soll. Denn die Kath.e Kirche hat mit der Schaffung der GrO und der darauf aufbauenden Rechtsnormen von ihrem Selbstverwaltungsrecht Gebrauch gemacht. Verschließt sich die Einrichtung diesen Vorschriften, so verliert sie ihre Sonderstellung als kirchliche Einrichtung in der Arbeitsrechtsordnung und gibt jedenfalls insoweit ihre Zuordnung zur Kirche preis (Richardi, Arbeitsrecht in der Kirche, § 13 Rn 27, § 15 Rn 63 f.). Sie bringt mit ihrer Haltung nämlich zum Ausdruck, dass sie sich an die bestehende rechtliche Ausgestaltung der Arbeitsrechtsbeziehungen innerhalb der Kath. Kirche und ihrer Einrichtungen nicht gebunden fühlt. Dann kann sie auf der anderen Seite aber gegenüber dem Geltungsanspruch des staatlichen Arbeitsrechts nicht einwenden, sie ordne sich dem selbstbestimmungsprivilegierten Bereich des Kirchenrechts zu. Dieser Bereich ist gerade durch die GrO abgedeckt, die vom Antragsteller abgelehnt wird.

(d) Zu Unrecht meint der Antragsteller deshalb, die Kath. Kirche gestehe ihren rechtlich verselbstständigten Einrichtungen eine völlige Regelungsautonomie zu, innerhalb derer auch die Frage der Mitarbeiterbeteiligung eigenständig geregelt werden könne. Einrichtungen wie der Antragsteller sind gemäß c. 215 CIC als freie Zusammenschlüsse Gläubiger kirchenrechtlich zulässig. Diese Festlegung beantwortet jedoch nicht die Frage, welcher Arbeitsrechtsordnung sie unterworfen sind. Die arbeitsrechtliche Zuordnung zur Kath. Kirche hängt vielmehr davon ab, ob die Einrichtung das geltende, bischöflich gesetzte, dem Selbstbestimmungsrecht der Kirche entspringende Arbeitsrecht der Kath. Kirche anerkennt oder nicht.

Die Sonderstellung kirchlicher, aber nach staatlichem Recht organisierter Einrichtungen im Bereich des Arbeitsrechts beruht auf dem verfassungsrechtlich verbürgten Selbstbestimmungsrecht der Kirche, nicht auf der Satzungsautonomie der jeweiligen Einrichtung. Nur der Kirche als solcher bleibt die Ordnung ihrer Arbeitsrechtsbeziehungen und der Arbeitsrechtsbeziehungen innerhalb ihrer Einrichtungen überlassen (Richardi, Arbeitsrecht in der Kirche, § 4 Rn 43). Dieses Selbstbestimmungsrecht hat die Kath. Kirche umfassend wahrgenommen. Wenn sie die Geltung der Grundordnung in Art. 2 Abs. 2 von einer konstitutiven Übernahme seitens der Einrichtung abhängig macht, so trägt sie damit dem Umstand Rechnung, dass das Gesetzgebungsrecht der Bischöfe nicht unmittelbar in den staatlichen Bereich hineinwirkt. Aus dieser rechtstechnischen Notwendigkeit kann jedoch nicht geschlossen werden, dass die kath. Arbeitsrechtsordnung nur als Option gemeint ist, den verselbstständigten Einrichtungen aber zugleich das Recht eingeräumt wird, eigenständige, abweichende Regelungen zu finden. Vielmehr sind die Einrichtungen gehalten, die Grundordnung zu übernehmen, wenn sie die Privilegien eines spezifisch kirchenrechtlich ausgestalteten Arbeitsrechts beanspruchen wollen. Ein sowohl vom kirchlichen als auch vom staatlichen Arbeitsrecht losgelöstes Sonderarbeitsrecht zu schaffen, das ausschließlich in dieser Einrichtung gelten soll, ermöglicht die kirchenrechtliche Vereinsautonomie dagegen nicht. Die Satzungsautonomie der Einrichtung ist nur insofern von Bedeutung, als sie es selbst in der Hand hat, sich der kirchlichen Arbeitsrechtsordnung anzuschließen und sich damit der Bindung des staatlichen Arbeitsrechts zu entziehen. Diese Sichtweise entspricht im Übrigen auch dem maßgeblichen Selbstverständnis der Kirche, wie es in der Stellungnahme der deutschen Bischofskonferenz vom 5.10.2000 zum Ausdruck kommt.

(e) Denkbar ist allerdings, dass ein zukünftig vom Antragsteller geschaffenes Regelungswerk der Mitarbeiterbeteiligung von den zuständigen Organen der Kath. Kirche als Bestandteil der kirchlichen Arbeitsrechtsordnung anerkannt wird. Dann würde hinter der in der Einrichtung praktizierten Regelung die Religionsgemeinschaft selbst stehen, die Regelung wäre vom Selbstbestimmungsrecht der Kirche gedeckt und die Einrichtung wäre der kirchlichen Arbeitsrechtsordnung und damit der Kirche zugeordnet. So liegt der Fall hier aber nicht. Jedenfalls so lange eine solche Konstellation nicht besteht, bleibt es bei der Beurteilung, dass der Antragsteller nicht der kirchlichen, sondern der staatlichen Arbeitsrechtsordnung zuzuordnen ist.

cc) Nach alledem steht fest, dass der Betriebsrat auf der Grundlage des Betriebsverfassungsgesetzes am 24.4.2001 zu Recht gewählt worden ist, da der Antragsteller keine Einrichtung einer Religionsgemeinschaft im Sinne des § 118 Abs. 2 BetrVG ist.

2. Aufgrund dieser Überlegungen ist auch der zulässige, von einem antragsberechtigten Beteiligten gemäß § 19 Abs. 2 BetrVG fristgerecht eingelegte Wahlanfechtungsantrag unbegründet. Die Wahl verstieß nicht gegen wesentliche Wahlvorschriften des Betriebsverfassungsgesetzes im Sinne des § 19 Abs. 1 BetrVG.

35

Zur Frage der Abgrenzung von Tatsachenbehauptung und Meinungsäußerung im Rahmen einer Presseinformation über „Zusammenarbeit" des Logistikkonzerns „UPS" mit der „Scientology Sekte".

Art. 5 Abs. 1 GG; §§ 823 Abs. 1 u. 2, 824, 1004 Abs. 1 Satz 2 BGB iVm Art. 2 Abs. 1 GG, §§ 185 ff. StGB
KG Berlin, Urteil vom 17. Juli 2001 - 14 U 60/01[1] -

Die Antragstellerin wehrt sich im einstweiligen Verfügungsverfahren mit Unterlassungsansprüchen gegen eine Presseerklärung der Antragsgegner.
Der Antragsgegner zu 1), dessen Vorstandsvorsitzender der Antragsgegner zu 2) ist, veranstaltete am 12.10.2000 eine Pressekonferenz in Berlin, anlässlich derer die nachfolgende Presseinformation herausgeben wurde, die sich mit einer vermeintlichen Verknüpfung zwischen dem amerikanischen Mutterkonzern der in Deutschland ansässigen Antragstellerin und der Scientology-Organisation befasst:

„*ABI Aktion Bildungsinformation e.V.*
Presseinformation
Sektenkonzern Scientology: Dubiose Verbindung mit dem amerikanischen Logistikkonzern United Parcel Service (UPS)
Berlin/Stuttgart 12. Oktober 2000. Eine große Tarnorganisation der US-Finanzsekte ‚Scientology' und zahlreiche amerikanische Abgeordnete haben beachtliche Geldmittel des internationalen Logistikkonzerns ‚United Parcel Service' (UPS) erhalten. Außerdem haben die Sekte und ihre Unterorganisationen Lieferverträge mit UPS abgeschlossen. Dies erklärte Eberhard Kleinmann, Vorsitzender der Stuttgarter Verbraucherschutzorganisation ‚Aktion Bildungsinformation e.V.' (ABI) heute in einer Pressekonferenz im Hotel Esplanade in Berlin.
‚Mit der Zusammenarbeit ist die Sekte ihrem Ziel, den Einfluss in der Wirtschaft zu verstärken und die Management-Technology von L. Ron Hubbard weiter zu verbreiten, einen Schritt näher gekommen', sagte Kleinmann. Jeder, der seine

---
[1] Das Urteil ist rechtskräftig.

*Pakete mit UPS versende, müsse wissen; dass er damit indirekt auch die Finanz-
und Schlagkraft sowie die Kriegskasse der Sekte stärke.
Recherchiert habe man in Deutschland und über Mittelsmänner in New York
und Clearwater/Florida, nachdem in einer Resolution Abgeordnete des ameri-
kanischen Senats im November vergangenen Jahres die Bundesrepublik
Deutschland schwerer Menschenrechtsverletzungen und der Verfolgung und
Diskriminierung religiöser Minderheiten beschuldigten.
Die Aktion Bildungsinformation e.V. (ABI) habe Beweise dafür, dass knapp
fünfzig dieser Abgeordneten Geldzahlungen in Höhe von bis zu 240.000,- US$
von UPS bekamen.
Die UPS-Spendengelder gingen an die ‚World Literacy Crusade Foundation'
(WLC), die eng mit einer anderen Scientology-Tarnorganisation ‚Applied
Scholastics' zusammenarbeitet. WLC-Gründer Alfreddie Johnson sei Scientology-Mitglied und trete in sekteneigenen Schriften als Ankläger gegen Psychiater
und die Psychiatrie auf. In diesen Publikationen würden deutschen Psychiatern
und der Psychiatrie unterstellt, ähnlich wie im Dritten Reich an Euthanasie-
und Vernichtungsprogrammen sozial benachteiligter und behinderter Menschen
zu arbeiten. Beide Organisationen verfolgten zudem das Ziel, Jugendliche und
Erwachsene an das Gedankengut und die Studiertechnologie der Sekte heranzu-
führen.
Aus Unterlagen, die der ABI vorlägen, lassen sich auffallende Ähnlichkeiten der
Management-Techniken bei UPS mit der totalitären Management- Technologie
von L. Ron Hubbard ableiten. Dies decke sich auch mit Gewerkschaftsinformationen. Diese berichteten über inhumane Arbeitsbedingungen, Schikanen, Manipulationen von Betriebsratswahlen durch die UPS-Geschäftsleitung und geset-
zeswidrigen Arbeitszeiten.
Die Aktion Bildungsinformation e.V. ist eine gemeinnützige Verbraucherschutz-
einrichtung in Bildungsfragen. Zu ihren satzungsgemäßen Aufgaben gehören die
Beobachtung des gesamten Bildungsmarktes und die individuelle Verbraucher-
beratung. Aufgaben der ABI sind auch die Beobachtung des Psychomarktes und
der Sekten, insbesondere der Psychosekte Scientology.
12.10.2000."*

Die Antragstellerin macht geltend, die mit ihr verbundenen Unternehmen des UPS-Konzerns förderten und billigten die Scientology-Organisation in keiner Weise. Kein Unternehmen des Konzerns habe jemals
bewusst eine Organisation finanziell unterstützt, die mit der Scientology-
Organisation in Verbindung gestanden habe. Die im Jahr 1996 an einen
Verein zur Förderung Jugendlicher geleistete Zahlung sei in Unkenntnis
der Tatsache erfolgt, dass dieser Verein der Scientology-Organisation an-
gegliedert gewesen sei. Auch habe kein Unternehmen des UPS-Konzern
jemals Bestechungsgelder an Abgeordnete des Repräsentantenhauses
der Vereinigten Staaten von Amerika gezahlt.
Das Landgericht hat den Antragsgegnern, nachdem die Antragstellerin
ihren ursprünglichen Antrag teilweise zurückgenommen hatte, im Wege
der einstweiligen Verfügung unter Androhung der gesetzlichen Ord-
nungsmittel untersagt, die folgenden Behauptungen wörtlich oder sinngemäß zu wiederholen oder zu verbreiten:

*Die Antragstellerin arbeite mit Scientology zusammen, insbesondere durch Zuwendung beachtlicher Geldmittel an eine große Tarnorganisation von Scientology und zahlreiche amerikanische Abgeordnete,
und/oder
an Abgeordnete des Repräsentantenhauses der Vereinigten Staaten von Amerika seien von der Antragstellerin Bestechungsgelder in Höhe von insgesamt bis zu $ 240.000,00 gezahlt worden
und/oder
die Antragstellerin stärke die Finanzkraft, die Schlagkraft und die Kriegskasse von Scientology
und/oder
es gebe auffallende Ähnlichkeiten der Management-Techniken bei der Antragstellerin mit der totalitären Management-Technologie von L. Ron Hubbard, insbesondere im Hinblick auf inhumane Arbeitsbedingungen, Schikanen, Manipulationen von Betriebsratswahlen und gesetzwidrige Arbeitszeiten.*

Auf den Widerspruch der Antragsgegner hat das Landgericht die einstweilige Verfügung aufgehoben.
Die Berufung der Antragstellerin blieb ohne Erfolg.

Aus den Gründen:

Die zulässige Berufung der Verfügungsklägerin (Parteibezeichnung fortan: Klägerin, Beklagte) hat in der Sache keinen Erfolg.

Zunächst bestehen allerdings keine Bedenken gegen die teilweise im zweiten Rechtszug geänderten Klageanträge. Die Klägerin verfolgt die im ersten Rechtszug abgewiesenen Unterlassungsanträge wegen der von ihr angeführten Behauptungen der Beklagten, sie arbeite mit „Scientology" zusammen, insbesondere durch Zuwendung beachtlicher Geldmittel an eine große Tarnorganisation von „Scientology" und zahlreiche Abgeordnete und/oder an Abgeordnete des Repräsentantenhauses seien von ihr Bestechungsgelder in Höhe von insgesamt bis zu $ 240.000,00 gezahlt worden, in dieser Formulierung nicht mehr weiter.

Stattdessen beantragt sie insoweit, die Unterlassungsverpflichtung wegen der Behauptungen auszusprechen, die Sekte „Scientology" sei durch Zusammenarbeit mit der Klägerin ihrem Ziel, den Einfluss auf die Wirtschaft zu verstärken und die Management-Technology von Ron L. Hubbard weiter zu verbreiten, einen Schritt näher gekommen (fortan Klageantrag 1) und/oder es habe Geldzahlungen der Klägerin in Höhe von insgesamt bis zu $ 240.000,00 an Abgeordnete des Senats der Vereinigten Staaten von Amerika gegeben, die die Klägerin in Zusammenhang mit der unter anderem von diesen Abgeordneten eingebrachten Resolution vom November 1999, in der die Bundesrepublik Deutschland schwerer Menschenrechtsverletzungen und der Verfolgung und Diskriminierung religiöser Minderheiten, unter anderem von „Scientology", beschuldigt worden sei, erbracht habe (Klageantrag 2).

Im Übrigen bleibt die Klägerin bei ihren bereits im ersten Rechtszug gestellten Anträgen, die Beklagten hätten die Behauptungen zu unterlassen, die Klägerin stärke die Finanzkraft, die Schlagkraft und die Kriegskasse von „Scientology" (Klageantrag 3), es gebe auffallende Ähnlichkeiten der Management-Techniken bei der Antragstellerin mit der totalitären Management-Technologie von Ron L. H., insbesondere im Hinblick auf inhumane Arbeitsbedingungen, Schikanen, Manipulationen von Betriebsratswahlen und gesetzwidrige Arbeitszeiten (Klageantrag 4).

In den geänderten beiden ersten Klageanträgen liegt eine sachdienliche Klageänderung gemäß § 263 ZPO, weil die Anträge unter Rückgriff auf den Text der dem Rechtsstreit zugrunde liegenden, von der Klägerin angegriffenen Presseerklärung der Beklagten zu 1) (fortan: die Beklagte) vom 12.10.2000 abgeändert wurden und insoweit das Ergebnis der bisherigen Prozessführung bei Vermeidung eines weiteren Rechtsstreits zwischen den Parteien verwendet werden kann. Unter diesen Umständen ist auch im zweiten Rechtszug eine Klageänderung zulässig (BGH NJW-RR 1994, 1143).

Der Klägerin stehen indessen die im Wege der einstweiligen Verfügung geltend gemachten Unterlassungsansprüche gegenüber den Beklagten aus den §§ 823 Abs. 1, 824 BGB analog iVm Art. 2 GG bzw. § 823 Abs. 2 BGB iVm den §§ 185 ff. StGB nicht zu.

Die Klägerin wäre allerdings an sich anspruchsberechtigt, obwohl die Beklagten sie nicht ausdrücklich in der Pressemitteilung erwähnen. Die Klägerin ist nach Parteiangaben deutsche Tochtergesellschaft der amerikanischen Muttergesellschaft „UPS", jedenfalls mit der entsprechenden US-amerikanischen Gesellschaft konzernverbunden. Sie kann etwaige unzutreffende Behauptungen und nicht gerechtfertigte Wertungen im Zusammenhang mit der Pressemitteilung nach dem Inhalt der Pressemitteilung ohne weiteres auf sich beziehen. Denn die Beklagte spricht in der Pressemitteilung bereits in der Überschrift und einmal im Text ausdrücklich vom „Logistikkonzern United Parcel Service (UPS)" bzw. vom „internationalen" Logistikkonzern UPS, bezieht also damit bereits selbst wegen der Weite der Formulierung an dieser Stelle jedes Konzernmitglied, also auch die Klägerin als deutsche Konzernrepräsentantin, in die Äußerung mit ein.

Bedenken gegen eine grundsätzliche Anspruchsberechtigung der Klägerin wegen ihrer Eigenschaft als Personenhandelsgesellschaft bestehen ebenfalls nicht. Soweit es um das hier fragliche allgemeine Persönlichkeitsrecht geht, kann sich die Klägerin gegen etwaige unberechtigte Äußerungen der Beklagten im Zusammenhang der Pressemitteilung zur Wehr setzen, weil diese sich zielgerichtet mit der Klägerin bzw. mit dem Unternehmensverband, dem sie angehört, beschäftigen. Damit ist die Klägerin direkt in ihrem sozialen Geltungsanspruch als Wirtschaftsunternehmen und als Arbeitgeber betroffen (vgl. allg. Prinz/Peters, Medienrecht, 1999, Rn 139 mwN). Die Unterlassungsbegehren der Klägerin sind aber im Einzelnen nicht begründet.

Die Klägerin kann sich nach allgemeinen Grundsätzen gegen inhaltlich unzutreffende Tatsachenbehauptungen zur Wehr setzen, wertende Meinungsäußerungen der Beklagten muss sie hinnehmen, soweit nicht aus überwiegendem Persönlichkeitsrecht z.B. der - hier nach Form und Inhalt durch die Pressemitteilung nicht erreichte - Bereich der Schmähkritik erreicht wird (allg. Prinz/Peters, aaO, Rn 2, Löffler/Ricker, Handbuch des Presserechts, 4. Aufl. 2000, S. 341, 322). Zur Einordnung der Äußerungen ist bei schriftlichen, pressemäßig verbreiteten Äußerungen auf das Verständnis und den Eindruck eines Durchschnittslesers abzustellen (vgl. Nachweis der höchstrichterlichen Rechtsprechung bei Löffler/Ricker, aaO, S. 343), wobei zu Gunsten der Klägerin hier außer Betracht bleiben mag, dass „Durchschnittsleser" der von den Beklagten gefertigten Pressemitteilung zunächst Journalisten waren, bei denen berufsmäßig in höherem Maße als etwa beim Zeitungsleser die Unterscheidung zwischen Tatsache und Wertung vorausgesetzt werden kann. Unter Berücksichtigung des Grundrechts auf Meinungsfreiheit dürfen der gerichtlichen Beurteilung bei alledem nicht Äußerungen zugrunde gelegt werden, die so nicht gefallen sind, es darf den Äußerungen auch kein Sinn beigelegt werden, der sich aus dem festgestellten Wortlaut objektiv nicht ergibt (BVerfG AfP 1998, 50/51).

Klageantrag 1

Bei der mit dem Klageantrag zu 1) angegriffenen Textstelle, die ein unmittelbares Zitat aus der Pressemitteilung darstellt, handelt es sich um eine Verbindung von zutreffender Tatsachenmitteilung und zulässig wertender Meinungsäußerung.

Im Tatsachenkern behaupten die Beklagten eine „Zusammenarbeit" der Klägerin mit „Scientology". Diese Behauptung ist aufgrund des natürlichen Wortsinns gerechtfertigt durch die vorhergehend in der Pressemitteilung angeführte Tatsache des Bestehens von „Lieferverträgen" zwischen der Klägerin und der dort so bezeichneten (Scientology) Sekte und ihren Unterorganisationen. Die Beklagten haben im Laufe des Rechtsstreits entsprechende Lieferverträge glaubhaft gemacht, die Klägerin hat diese Darlegungen nicht bestritten. Eine vertragliche Verbindung stellt jedenfalls begrifflich eine Form des „Zusammenarbeitens" dar.

Eine darüber hinausgehende Bedeutung kann der Verwendung des Begriffs der Zusammenarbeit weder aus dem konkret mit dem Klageantrag angegriffenen Satz noch aus dem Gesamtzusammenhang der Pressemitteilung entnommen werden. Die Beklagten behaupten insgesamt nicht, dass es eine bewusste, gezielte, gewollte Zusammenarbeit der Klägerin mit „Scientology"-Organisationen gibt. Der Senat schließt sich in diesem Zusammenhang den zutreffenden Gründen der angefochtenen

Entscheidung (unter Ziffer 1 der Entscheidungsgründe ...) gemäß § 543 Abs. 1 ZPO an. Unter zutreffender Würdigung der von den Beklagten insgesamt in der Presseerklärung mitgeteilten Einzeltatsachen (Spenden an eine „Scientology"-Organisation, Spenden an US-Kongressmitglieder, Bestehen von Lieferverträgen zwischen der Klägerin und „Scientology"-Organisationen) ist das Landgericht im angefochtenen Urteil zu der daraus allein begründbaren Schlussfolgerung aus der Sicht des durchschnittlichen Lesers gekommen, dass auch aus der Verbindung aller mitgeteilten Tatsachen nicht zwingend von einer irgendwie gearteten Einbindung oder Unterstützung der „Scientology"-Organisationen durch die Klägerin auszugehen ist. Eine entsprechende Beurteilung wird dem Leser nicht vorgegeben, es bleibt ihm nach dem vorliegendem Text selbst überlassen, welche Schlussfolgerungen er insoweit ziehen will.

Ergänzend sei zum Tatsachenkern der „Zusammenarbeit" dabei noch angemerkt, dass gerade die im jetzigen Klageantrag zu 1) genannte Textstelle nach dem Aussageinhalt auf der Grundlage der Wortstellung zwanglos auch den Schluss nahe legt, dass die „Scientology"-Organisation von sich aus und ohne bewusste Mitwirkung der Klägerin den genannten eigenen Zielen (z.b. wegen der Lieferverträge) näher gekommen ist. Entgegen dem Vorbringen der Klägerin im zweiten Rechtszug kann insoweit keinesfalls der Eindruck entstehen, die Klägerin überweise zielgerichtet einen Teil ihrer Unternehmensgewinne an „Scientology"-Organisationen, von der Verwendung der Unternehmensgewinne der Klägerin ist im ganzen Text nicht die Rede.

Die Würdigung der Pressemitteilung dahin, dass hier lediglich Tatsachen aneinandergereiht werden, ohne dass damit bereits eine bewusste Zusammenarbeit der Klägerin mit „Scientology" behauptet wird, folgt im Übrigen auch aus der den Gesamtinhalt der Pressemitteilung bezeichnenden Überschrift. Diese bezeichnet das Verhältnis des so bezeichneten Sektenkonzerns Scientology zum Logistikkonzern, dem die Klägerin angehört, als „dubiose Verbindung". Die Bezeichnung von Umständen als „dubios" aber hält sich grundsätzlich im Bereich der zulässig wertenden Meinungsäußerung (Prinz/Peters, aaO, Rn 29). Die Beklagten bringen damit hier ersichtlich bereits von Anfang an durch den klaren Wortsinn der Überschrift zum Ausdruck, dass die nachfolgenden Tatsachen ihr eine Wertung des Verhaltens der Klägerin als unsicher, zweifelhaft, fragwürdig, eben dubios, geboten erscheinen lassen. Darin aber liegt gerade nicht eine abschließende wertungsmäßige Verurteilung der Klägerin, die bei der eindeutig erkennbar negativen Sicht der Beklagten auf die „Scientology"-Organisationen zwingend gewesen wäre, wenn die Beklagten den unabweisbaren Eindruck der bewussten Zusammenarbeit hätten hervorrufen wollen oder wenn sie selbst diese hätten behaupten wollen.

Soweit es im angegriffenen Satz schließlich heißt, die Sekte Scientology sei durch die Zusammenarbeit (mit der Klägerin) ihrem Ziel näher gekommen, kann darin für sich auch kein Untersagungsgrund gesehen werden, denn es handelt sich insoweit um eine wertende Meinungsäußerung. Eine Meinungsäußerung liegt vor, wenn eine Äußerung nicht dem Beweis zugänglich ist, sondern durch Elemente des Dafürhaltens und der Stellungnahme gekennzeichnet ist (Prinz/Peters, aaO, Rn 4). Über die Frage der internen Zielverwirklichung der „Scientology"-Organisationen aufgrund der Beziehungen zur Klägerin bzw. deren Unternehmensverbund kann kein nachprüfbarer Tatsachenbeweis erhoben werden.

Klageantrag 2
Die im Klageantrag angeführte Äußerung kann den Beklagten nicht untersagt werden, weil die Beklagten diese Äußerung so nicht getan haben.

Die Beklagten haben im hier interessierenden Zusammenhang in der Pressemitteilung lediglich die Aussagen aufgestellt, die Beklagte habe Beweise dafür, dass knapp fünfzig Abgeordnete des amerikanischen Senats, die für die Deutschland der Menschenrechtsverletzungen beschuldigende Resolution gestimmt hätten, Geldzahlungen in Höhe von bis zu 240.000,00 US$ bekamen, ferner, „zahlreiche amerikanische Abgeordnete haben beachtliche Geldmittel" von UPS bekommen. Der als entscheidende Kern des Unterlassungsbegehrens der Klägerin anzusehende Zusammenhang zwischen Abstimmungsverhalten der Kongressmitglieder und Geldzahlungen der Klägerin bzw. ihres Unternehmensverbandes kann diesen Aussagen weder wörtlich noch sinngemäß entnommen werden. Er ist auch aus dem sonstigen Inhalt der Pressemitteilung nicht ausdrücklich, aber auch nicht dem Sinne nach, zu entnehmen. Denn die Beklagten stellen den Umstand der (nach dem vorliegenden Text allerdings nicht vom Senat, sondern vom Repräsentantenhaus gefassten) Resolution, das Abstimmungsverhalten der Abgeordneten und die Geldzahlungen sprachlich nebeneinander, ohne es zu verknüpfen. Insoweit handelt es sich, wie vorstehend bereits festgehalten und schon vom Landgericht zutreffend herausgearbeitet, um ein Nebeneinanderstellen von Tatsachen, ohne dass hieraus ein zwingender Schluss für die Bewertung des Verhaltens der Klägerin gezogen wird. Dieses bleibt vielmehr auch mit Blick auf die Geldzahlungen aus der Sicht der Beklagten im Rahmen zulässiger Meinungsäußerung für den objektiven Leser höchstens fragwürdig und unsicher, also dubios im Sinne der Überschrift der Pressemitteilung, so dass es dem Leser wegen der Zusammenhänge selbst überlassen bleibt, sich eine Meinung zu bilden.

Die Tatsache von Geldzahlungen an sich wird im Übrigen dabei von der Klägerin nicht in Abrede gestellt.

Klageantrag 3
Der Klageantrag kann nicht zur entsprechenden Unterlassungsverpflichtung der Beklagten führen, weil die Beklagten nicht behaupten, die Antragstellerin stärke die Finanzkraft, die Schlagkraft und die Kriegskasse von Scientology.

Denn in der Pressemitteilung heißt es lediglich, dass jeder, der seine Pakete mit UPS versende, wissen müsse, dass er damit auch indirekt die Finanz- und Schlagkraft sowie die Kriegskasse der Sekte stärke. Aus dieser Formulierung kann ein objektiver Durchschnittsleser nicht die Behauptung entnehmen, es sei die Klägerin, die von sich aus aktiv und direkt Scientology stärke. Dies aber will im Gesamtzusammenhang der Klageanträge, insbesondere der vorangegangenen Anträge, der einschränkungslos auf das Handeln der Klägerin bezogene Klageantrag zu 3) zum Ausdruck bringen.

Wegen des ausdrücklichen Verweises auf die Kunden der Klägerin und die durch diese bewirkte „indirekte" Stärkung von „Scientology" liegt es auch fern, die von den Beklagten angeführte Stärkung der „Scientology"-Organisationen dem aktiven Handeln der Klägerin selbst zuzuordnen. Denn aus der Pressemitteilung ist, wie bereits ausgeführt, insgesamt die Behauptung der bewussten und gewollten Zusammenarbeit zwischen „UPS" und „Scientology" nicht herzuleiten. Damit ist für den Durchschnittsleser also vorrangig die Möglichkeit in Betracht zu ziehen, dass die Klägerin unfreiwillig und damit ähnlich ihren Kunden letztlich im weiteren Sinne „indirekt", jedenfalls aber ohne direkte Absicht „Scientology" etwa durch die bestehenden Lieferverträge und die (unstreitigen) Zahlungen an eine Tarnorganisation stärkt. Im Übrigen wird im Pressetext der Beklagten auch nicht etwa behauptet, die Zahlungen an die Tarnorganisation seien bewusst und in Kenntnis der Zusammenhänge zur Stärkung von „Scientology" geschehen. Bei alledem mag die Verwendung des Wortes „Kriegskasse" bei einem mit spezifischen Organisationsfragen der „Scientology"-Organisation z.B. durch spezielle Literatur genau vertrauten Beobachter die Assoziation direkter Zahlungen abhängiger Personen möglicherweise hervorrufen, wie von der Klägerin in der mündlichen Verhandlung erwähnt. Bei einem Durchschnittsleser der Pressemitteilung kann davon indessen nicht ausgegangen werden.

Soweit man demgegenüber die von der Klägerin als ihr durch die Beklagten zur Last gelegt vorgetragene Stärkung der „Scientology"-Organisationen aus den im Wesentlichen unstreitigen Tatsachen der Zahlungen an „Scientology"-Organisationen, US-Kongressmitglieder und dem Abschluss von Lieferverträgen als rein objektiven Umstand herleiten wollte, würde sich eine derartige den Beklagten zugerechnete Äußerung im Rahmen zulässig kritisch bewertender Meinungsäußerung halten. Insoweit nimmt der Senat auf die bei diesem Ausgangspunkt dann wiederum zutreffenden Gründe der angefochtenen Entscheidung (unter Ziffer 3 der Entscheidungsgründe) Bezug.

Klageantrag 4
Die Klägerin kann wegen der in der Presseerklärung angeführten Ähnlichkeiten ihrer Management-Techniken mit den Management-Techniken im Bereich der „Scientology"-Organisationen und den dazu gegebenen Bezugnahmen auf Gewerkschaftsinformationen von den

Beklagten Unterlassung nicht verlangen, weil, wiederum mit zutreffenden Erwägungen, bereits das Landgericht in der angefochtenen Entscheidung die entsprechende Stelle in der Pressemitteilung als zulässige, insbesondere nicht in den Bereich der Schmähkritik gelangende Meinungsäußerung angesehen hat.

Es entzieht sich dabei insbesondere einer Tatsachenfeststellung, was „auffallende Ähnlichkeiten" zwischen Management-Technologien sind, wenn eine dieser Management-Technologien als „totalitär" beschrieben wird, weil es dafür im hier fraglichen Zusammenhang keine anerkannten Maßstäbe gibt. Insoweit stellt die Aussage im Pressetext lediglich eine schlagwortartige Bezeichnung der Unternehmenskultur der Klägerin bzw. ihres Unternehmensverbundes aus der kritisch bewertenden Sicht der Beklagten dar, die eine substanzlose und damit ggf. zu unterlassende Schmähung nicht enthält, da die Beklagten auf z.B. arbeitsrechtliche Auseinandersetzungen im Bereich der Klägerin glaubhaft Bezug nehmen. Ebenso kann der Begriff „totalitär" allein nicht als in der Abwägung unzulässiges Werturteil angesehen werden, zumal dieser Begriff hier dem „Scientology"-Bereich, also nicht der Klägerin, zugeordnet wird und durch den Hinweis auf bloße Ähnlichkeiten auch abgeschwächt ist.

Soweit es um die von den Beklagten in der Pressemitteilung angeführten „inhumanen Arbeitsbedingungen", „Schikanen", „Manipulationen von Betriebsratswahlen" geht, ist im Weiteren zwar zunächst unerheblich, dass die Umstände lediglich als „Gewerkschaftsinformationen", also als Zitat, bezeichnet werden, die Beklagten müssten ggf. für den fehlenden Wahrheitsgehalt einstehen (allg. Prinz/Peters, aaO, Rn 17). Es handelt sich bei den vorgenannten Äußerungen aber jeweils mangels nachprüfbarer Tatsachenkerne ebenfalls um zulässig kritisch bewertende Meinungsäußerungen, deren sachlicher, eine Schmähkritik ausschließender Anlass die von den Beklagten glaubhaft gemachten arbeitsrechtlichen Auseinandersetzungen und Meinungsverschiedenheiten zwischen der Klägerin und einzelnen Mitarbeitern bilden.

Im Ergebnis gilt dies auch für den Vorwurf gesetzwidriger Arbeitszeiten. Ob Arbeitszeiten dem Gesetz entsprechen, könnte im Einzelfall anhand von Tatsachen zwar nachgeprüft werden. Rechtliche Beurteilungen von Verhaltensweisen stellen indessen nach ständiger Rechtsprechung dann Meinungsäußerungen dar, wenn sich für den Adressaten dabei nicht die Vorstellung von konkreten, in die rechtliche Wertung eingekleideten Vorgängen ergibt, die für sich ggf. im Beweiswege nachprüfbar sind; Tatsachenbehauptungen liegen insofern dann vor, wenn die Äußerung so stark von tatsächlichen Bestandteilen geprägt ist, dass ein bestimmter Vorgang im Wesentlichen beschrieben und nicht nur bewertet ist (zusammenfassend Prinz/Peters, aaO, Rn 22, s.a. Rn 31 Stichworte: Rechtsverstoß, Rechtswidrig).

Im vorliegenden Fall ist deshalb der ohne jede weitere Tatsachenmitteilung über bestimmte Arbeitsverhältnisse und bestimmte Arbeitszeiten ganz allgemein im Zusammenhang mit weiteren Bewertungen der „Management-Technologie" bei der Klägerin angeführte Umstand „gesetzwidriger" Arbeitszeiten eine reine Wertung, ohne dass irgendein Eindruck über einen tatsächlichen Vorgang beim Leser hervorgerufen wird.

36

Die in der Ev.-luth. Landeskirche in Braunschweig eingeführte Erhebung von Kirchensteuern in der Form von Kirchgeld ist mit höherrangigem Recht vereinbar.

Art 140 GG, 137 Abs. 3 WRV; §§ 2 Abs. 1, 6 Nds.KiStRG;
1, 2 Abs. 1, 10 Abs. 2 EvKiStO
VG Braunschweig, Urteil vom 17. Juli 2001 - 6 A 40/01[1] -

Die Kläger wenden sich gegen die Erhebung von Kirchgeld in Höhe von 660,-- DM für das Jahr 2000. Der Kläger zu 1) ist nicht Mitglied einer Religionsgemeinschaft. Seine als Hausfrau tätige Ehefrau (Klägerin zu 2)), die über eigene Einkünfte nicht verfügt, gehörte bis zum Februar 2001 der Ev.-luth. Landeskirche Braunschweig an. Für das Steuerjahr 2000 wurden die Kläger vom Finanzamt H. antragsgemäß zusammen zur Einkommensteuer veranlagt. Mit dem angefochtenen Steuerbescheid setzte das Finanzamt nach Maßgabe der vom Kläger zu 1) im Jahre 2000 erzielten einkommensteuerpflichtigen Einkünfte ein besonderes Kirchgeld in Höhe von 660,-- DM fest. Der Steuerbescheid enthielt in den Erläuterungen u.a. den Hinweis, dass „die Kirchensteuer für die Ehefrau festgesetzt" werde und sich diese „Festsetzung des Kirchgeldes ausschließlich gegen den kirchenangehörigen Ehegatten" richte.

Hiergegen erhoben die Kläger Widerspruch. Zur Begründung führten sie im Wesentlichen aus, die Heranziehung zur Zahlung von Kirchgeld sei nicht zeitgerecht bekannt gegeben worden, sodass keine Gelegenheit bestanden habe, vorher über eine weitere Mitgliedschaft in der Kirche zu entscheiden. Im Übrigen führten sie allein deshalb, weil ein Ehepartner aus finanziellen Gründen der Kirche formal nicht mehr angehöre, nicht eine glaubensverschiedene Ehe, wie bei der Veranlagung zum Kirchgeld angenommen worden sei. Schließlich sei auch die in den kirchensteuerrechtlichen Vorschriften enthaltene Staffelung des Kirchgeldes rechtswidrig, indem die der Lohn- und Einkommensteuerpflicht nicht unterliegenden Rentnerehepaare von der Kirchgeldregelung ausgenommen und für steuerpflichtige Einkünfte von mehr als 400.000,-- DM jährlich

---

[1] NdsVBl 2001, 324; NdsRpfl 2002, 21; NVwZ 2001, 1447. Das Urteil ist rechtskräftig.

keine weiteren Staffelungen vorgesehen seien. Die Beklagte (Landeskirchenamt) wies den Rechtsbehelf mit der Begründung zurück, dass die Landessynode der Ev.-luth. Landeskirche im November 1999 die Festsetzung von Kirchgeld von Kirchenmitgliedern, deren allein verdienender Ehepartner nicht der Kirche angehört, beschlossen habe. Hierdurch solle in den Fällen, in denen die Eheleute gemeinsam steuerlich veranlagt würden und eine Steuerschuldnergemeinschaft bildeten, eine größere Steuergerechtigkeit erreicht werden. Nur der der Kirche angehörende Ehepartner einer so genannten glaubensverschiedenen Ehe werde zum Kirchgeld herangezogen. Das Kirchgeld betrage im Übrigen nur etwa 1/3 des Betrages, der nach dem Einkommen des allein verdienenden Ehepartners im Falle einer Veranlagung zu Kirchensteuern zu entrichten wäre. Ehepartner ohne Einkünfte oder mit einem zu versteuernden Einkommen unterhalb von 54.000,-- DM würden nicht zum Kirchgeld herangezogen.

Zur Begründung ihrer Klage machen die Kläger über ihr Vorbringen im Widerspruchsverfahren hinaus geltend: Bisher sei ein Kirchgeld nicht erhoben worden, obwohl das Kirchensteuerrahmengesetz schon seit dem Jahre 1986 in Kraft sei. Erst mit dem Steuerbescheid für das Jahr 2000, den sie im Februar 2001 erhalten hätten, hätten sie von der Erhebung des Kirchgeldes erfahren. Eine solche rückwirkende Veranlagung zur Kirchgeldzahlung sei rechtswidrig. Im Übrigen werde in Bayern von der Möglichkeit, Kirchgeld zu erheben, kein Gebrauch gemacht. Auch die kath. Kirche erhebe kein Kirchgeld.

Das Finanzgericht weist die Klage ab.

Aus den Gründen:

Die Klage, über die mit Einverständnis der Beteiligten gemäß § 101 Abs. 2 VwGO ohne mündliche Verhandlung und durch den Einzelrichter (§ 6 VwGO) entschieden werden kann, hat keinen Erfolg. Die Klage des Klägers zu 1) ist bereits als unzulässig abzuweisen, weil ihm die erforderliche Klagebefugnis fehlt (§ 42 Abs. 2 VwGO). Die Festsetzung von Kirchgeld im Bescheid des Finanzamtes H. vom 1.2.2001 ist ausdrücklich nur gegenüber der Klägerin zu 2), die im Veranlagungszeitraum noch der Ev.-luth. Landeskirche Braunschweig angehört hatte, erfolgt. Eine wirtschaftliche Beeinträchtigung des allein verdienenden Klägers zu 1) als Folge der Zahlungspflicht seiner Ehefrau reicht für die von der Klagebefugnis vorausgesetzte Rechtsbetroffenheit nicht aus (vgl. hierzu: BFH, Beschluss vom 11.10.1995 - II S 13/95 -; VG Koblenz, Urteil vom 13.7.1995, KirchE 33, 254).

Im Übrigen ist die Klage nicht begründet. Die Klägerin zu 2) ist für das Jahr 2000 rechtmäßig zur Zahlung von Kirchgeld in Höhe von 660,-- DM veranlagt worden. Rechtliche Grundlagen für die gegenüber der Klägerin zu 2) vorgenommene Festsetzung von Kirchgeld sind das Kirchensteuerrahmengesetz - KiStRG - vom 10.2.1972 (Nds. GVBl. 1972, 109) idF der Neubekanntmachung vom 10.7.1986 (Nds. GVBl. 1986, 281) sowie das Kirchengesetz der Konföderierten ev. Kirchen in Niedersachsen über die Erhebung von Kirchensteuer in den evangelischen Landeskirchen - KiStO ev - vom 14.7.1972 (Nds. MBl. 1973, 314) idF der Änderung vom 6.10.1999 (Nds. MBl. 1999, 717). Nach § 2 Abs. 1 Satz 1 KiStRG können die Landeskirchen, Diözesen, die anderen Religionsgemeinschaften, Kirchengemeinden und Kirchengemeindeverbände aufgrund eigener Steuerordnungen Kirchensteuern der in Satz 2 dieser Vorschrift aufgeführten Kirchensteuerarten erheben. Soweit die Kirchensteuer als Kirchgeld nach gestaffelten Sätzen erhoben wird (§ 2 Abs. 1 Satz 2 Nr. 4 KiStRG), sind die Heranziehungsbeträge nach dem Einkommen oder dem Vermögen des Kirchenangehörigen oder seines Ehegatten zu bemessen (§§ 2 Abs. 6, 6 Abs. 2 KiStRG). Die sich auf die Kirchenzugehörigkeit gründende Steuerschuld entsteht in einem solchen Fall mit dem Ablauf des Zeitraums, für den die Veranlagung vorgenommen wird (§ 5 Abs. 4 Satz 2, Abs. 1 Satz 1 KiStRG).Nach Maßgabe dieser Rechtsgrundlagen ist die Ev.-luth. Landeskirche in Braunschweig u.a. zu der Erhebung von Kirchensteuern in der Form von Kirchgeld ermächtigt worden (§ 1 KiStO ev.). Soweit die Kirchensteuer in der Form des besonderen Kirchgeldes nach § 2 Abs. 1 Nr. 5 KiStO ev. in den Fällen erhoben wird, in denen der Ehegatte des Kirchenmitglieds einer steuererhebenden Kirche nicht angehört (sog. glaubensverschiedene Ehe), kann das Kirchgeld nach der wirtschaftlichen Leistungsfähigkeit des Kirchenmitglieds und nach gestaffelten Sätzen bemessen werden, die in der Form eines Landeskirchensteuerbeschlusses bekannt zu machen sind (§ 10 Abs. 2 KiStO ev.).Mit Beschluss über die Landeskirchensteuer der Ev.-luth. Landeskirche Braunschweig im Lande Niedersachsen für das Haushaltsjahr 2000 vom 20.11.1999 - KiStB 2000 - (veröffentlich im Landeskirchlichen Amtsblatt der Ev.-luth. Landeskirche Braunschweig vom 15.1.2000 und in der am 9.2.2000 vom Nds. Kultusministerium genehmigten Form bekannt gemacht am 29.3.2000/Nds. MBl. 2000, 169) hat die Beklagte für das Jahr 2000 u.a. die Erhebung eines besonderen Kirchgeldes für Kirchenmitglieder, deren Ehegatte einer steuerberechtigten Kirche nicht angehört, eingeführt, sofern die Ehegatten steuerrechtlich zusammen veranlagt werden. Außerdem wurde für das nach dem Einkommen zu bemessende Kirchgeld eine Staffelung vorgesehen, als deren untere Grenze ein gemeinsam zu versteuerndes Einkommen von 54.001,-- DM (216,-- DM Kirchgeld) und als obere Grenze ein Einkommen ab 400.000,-- DM (Kirchgeld von 4.500,-- DM) festgesetzt worden ist. Auf der Grundlage eines für das Jahr 2000 zu versteuernden Einkommens des Klägers zu 1) von 124.160,-- DM hat das Finanzamt H. mit Steuerbescheid vom 1.2.2001 entsprechend der Staffelung ein besonders Kirchgeld von 660,-- DM für die Klägerin zu 2) festgesetzt. Diese Festsetzung ist rechtlich nicht zu beanstanden. Die Besteuerung auch solcher Kirchenmitglieder, die ohne eigenes oder mit nur geringem Einkommen von ihrem einer steuererhebenden Kirche nicht angehörenden Ehegatten unterhalten werden, ist sowohl vom Bundesverfassungsgericht (Beschluss vom 14.12.1965, BVerfGE 19, 268, KirchE 7, 352; Beschluss vom 23.10.1986, BVerfGE 73, 388 mwN, KirchE 24, 267) als auch vom Bundesverwaltungsgericht (Urteil vom 18.2.1977, BVerwGE 52, 104, KirchE 16, 76; Urteil vom 12.4.1991, NVwZ 1992, 66 mwN, KirchE 29, 90) wiederholt für verfassungsmäßig gehalten worden. Die genannten rechtlichen Grundlagen für die kirchensteuerrechtliche Heranziehung der Klägerin zu 2) halten sich innerhalb der von diesen Gerichten aufgezeigten Grenzen statthafter Veranlagung zum besonderen Kirchengeld im Sinne des § 10 KiStO. Mit der Bemessung des Kirchgeldes nach der wirtschaftlichen Leistungsfähigkeit des Kirchenmitglieds (§ 10 Abs. 1 KiStO ev.) wird letztlich dessen Lebensführungsaufwand zur Grundlage der Besteuerung gemacht. Hierdurch wird in zulässiger Weise dem Umstand Rechnung getragen, dass der einer steuererhebenden Kirche angehörende Ehegatte gegenüber seinem nicht kirchensteuerpflichtigen Ehepartner, der das Einkommen überwiegend oder allein erzielt, einen Unterhaltsanspruch hat, an dessen Einkommen letztlich partizipiert und seinen eigenen Lebensaufwand danach ausrichtet. Das gemeinsame Einkommen bildet innerhalb der durch den Landeskirchensteuerbeschluss vom 20.11.1999 aufgezeigten Grenzen lediglich einen Hilfsmaßstab für den als solchen nur mit erheblichen Schwierigkeiten messbaren Lebensführungsaufwand (BVerwG, Urteil vom 18.2.1977, BVerwGE 52, 104 mwN, KirchE 16, 76). Die am gemeinsamen steuerpflichtigen Einkommen der Ehegatten orientierten und nur in größeren Abständen ansteigenden Kirchgeldsätze liegen bei etwa 1/3 der Beträge, die im Falle einer gemeinsamen Besteuerung zur Kirchensteuer gezahlt werden müssten. Sie finden außerdem eine Obergrenze bei einem gemeinschaftlichen steuerpflichtigen Jahreseinkommen von 400.000,-- DM, weil davon ausgegangen werden kann, dass ein diesen Betrag übersteigendes Einkommen nicht mehr im vollen Umfang zur Deckung des laufenden Unterhaltsbedarfs und damit zur Lebensführung verwendet wird (BGH, Urteil vom 4.11.1981, NJW 1982, 1645). Die Festlegung einer untersten Stufe des besonderen Kirchgeldes ab einem zu versteuernden Einkommen von 54.001,-- DM findet ihre sachliche Rechtfertigung darin, dass diese Festsetzung - ebenso wie in anderen Bundesländern - an eine ursprünglich geltende Veranlagungspflichtgrenze nach dem Einkommensteuergesetz anknüpft (vgl. hierzu: OVG Lüneburg, Urteil vom 27.9.1982, 8 OVG A 34/82; FG Bad.-Württ., Urteil vom 26.5.2000, 9 K 436/99). Die Staffelung des Kirchgeldes innerhalb dieser Grenzen in zehn Stufen findet seinen sachlichen Grund darin, dass jedenfalls mit einer Veränderung der Einkommensverhältnisse im Umfang dieser grob bemessenen Abstufungen sich typischerweise auch der Lebensführungsaufwand verändert. Die Pauschalierung der Kirchgeldtabelle und die Spannweite der Einkommensstufen tragen darüber hinaus auch dem Umstand Rechnung, dass der Lebensführungsaufwand außer vom gemeinsamen Einkommen durch zahlreiche weitere Faktoren, die sich bei der steuerlichen Veranlagung nicht oder nur geringfügig auswirken (z.B. außergewöhnliche Belastungen), beeinflusst sein kann (BVerwG, Urteil vom 18.2.1977, BVerwGE 52, 104, KirchE 16, 76; OVG Lüneburg, Urteil vom 27.9.1982, 8 OVG A 34/82; FG Bad,.-Württ., Urteil vom 26.5.2000, 9 K 436/99 mwN). Mit diesen Regelungen bewegt sich die Beklagte innerhalb der Grenzen der den Religionsgesellschaften gemäß Art. 140 GG iVm Art. 137 Abs. 3 WRV zukommenden Gestaltungsmöglichkeit bei der Festlegung von Art und Höhe der Kirchensteuern (vgl. hierzu: BVerfG, Beschluss vom 23.10.1986, BVerfGE 73, 388, KirchE 24, 267; BVerwG, Urteil vom 11.11.1988, NJW 1989, 1747, KirchE 26, 359).

Abweichende Regelungen über die Erhebung von Kirchgeld in anderen Bundesländern und/oder durch nicht der Evangelischen Kirche angehörende steuererhebende Religionsgemeinschaften zwingen nicht dazu, dass die Beklagte ihre diesbezüglichen steuerrechtlichen Vorschriften in gleicher Weise hätte abfassen müssen. Die Heranziehung zu Kirchgeld für das Jahr 2000 erweist sich auch unter dem Gesichtspunkt einer Rückwirkung der dieser Maßnahme zugrunde liegenden Rechtsvorschriften nicht als rechtswidrig. Zwar wurde der Landeskirchensteuerbeschluss 2000 vom 20.11.1999 im Landeskirchlichen Amtsblatt der Beklagten erst am 15.1.2000 und in der vom Nds. Kultusministerium genehmigten Fassung am 29.3.2000 bekannt gemacht und damit zu einem Zeitpunkt wirksam, der nach dem Beginn des Zeitraums liegt, für den die Veranlagung zum Kirchgeld vorgenommen worden ist (§ 4 Abs. 4 Satz 2, Abs. 1 Satz 1 KiStRG). Wird - wie hier - Kirchgeld nach gestaffelten Sätzen erhoben, entsteht die Steuerschuld jedoch erst mit Ablauf des Veranlagungszeitraums, sodass die Einführung des Kirchgelds nach den §§ 2 Abs. 1 Nr. 5, 10 KiStO ev. nicht eine Rückbewirkung einer kirchensteuerrechtlichen Rechtsfolge, sondern lediglich die Neubestimmung einer bisher noch nicht eingetretenen Kirchensteuerverpflichtung darstellt (BVerfG, Beschluss vom 14.5.1986, NJW 1987, 1749/1752). Ein solches Einwirken auf einen zum Teil schon in der Vergangenheit begründeten, aber noch nicht vollständig abgeschlossenen Sachverhalt mit Wirkung für die Zukunft stellt eine so genannte unechte Rückwirkung dar (BVerfG, Beschluss vom 9.3.1971, BVerfGE 30, 250/267; Urteil vom 30.9.1987, BVerfGE 76, 256). Diese ist zulässig, es sei denn, der hiervon Betroffene durfte auf den Fortbestand des bisherigen Regelungsgefüges vertrauen. Das ist hier nicht der Fall. Die bereits im Grundsatz in den kirchengesetzlichen Regelungen angelegte Möglichkeit der Erhebung von Kirchgeld für sog. glaubensverschiedene Ehen (§ 2 Abs. 1 Satz 2 Nr. 4 KiStRG iVm §§ 2 Abs. 1 Nr. 5, 10 KiStO ev.) ist mit einer vor Beginn des Veranlagungszeitraums des Jahres 2000 bekannt gemachten sprachlichen Neufassung der Regelung über die Veranlagung zu dem besonderen Kirchgeld aktualisiert worden (Bek. MK vom 2.11.1999 - Nds. MBl. 1999, 717). Auf dieser Grundlage hat die Landessynode der Ev.-luth. Kirche am 20.11.1999 u.a. die Einzelheiten der Veranlagung zur Landeskirchensteuer, insbesondere zur Erhebung eines besonderen Kirchgeldes, beschlossen. Mit dieser auch in den Medien behandelten Beschlussfassung entfiel spätestens das Vertrauen in einen Fortbestand der ursprünglichen Rechtslage. Ab diesem Zeitpunkt mussten die Betroffenen mit der Bekanntmachung und dem In-Kraft-Treten der Neuregelung rechnen (vgl. hierzu: BVerfG, Beschluss vom 14.5.1986, NJW 1987, 1749 [1754]).

37

Für Abwehransprüche gegen Äußerungen des Sektenbeauftragten einer Kirche, die dem Kernbereich kirchlichen Wirkens zuzuordnen sind, ist der Verwaltungsrechtsweg gegeben.

Art 4 Abs. 2, 140 GG, 137 Abs. 5 WRV; §§ 13 GVG, § 40 Abs. 1 VwGO
BGH, Beschluss vom 24. Juli 2001 - VI ZB 12/00[1] -

Die Kläger wenden sich mit der Unterlassungsklage gegen Behauptungen des Sektenbeauftragten der beklagten ev. Kirche, die in einer von dieser herausgegebenen Broschüre mit dem Titel „Destruktive Kulte in B., Band 5: Die Zeugen Jehovas" enthalten sind.

Das Landgericht hat den Rechtsweg zu den Zivilgerichten für unzulässig erklärt und den Rechtsstreit gemäß § 17a Abs. 2 GVG an das zuständige Verwaltungsgericht B. verwiesen. Zwar übe die Beklagte mit ihren Äußerungen nicht unmittelbar vom Staat abgeleitete öffentliche Gewalt aus. Die Äußerungen stellten aber als gleichsam amtliche Verlautbarungen der Beklagten als einer Körperschaft des öffentlichen Rechts im Rahmen des Kernbereichs ihres kirchlichen Wirkens öffentlich-rechtliches Handeln dar.

Auf die sofortige Beschwerde der Kläger hat das Oberlandesgericht Bremen (NVwZ 2001, 957) den Beschluss des Landgerichts aufgehoben und den Rechtsweg zu den Zivilgerichten für zulässig erklärt. Zur Begründung hat es ausgeführt, es liege eine bürgerlich-rechtliche Strei-

---

[1] Amtl. Leitsatz. BGHZ 148, 307; BGHR GG Art. 140 WRV Art. 137 Abs. 5 (LS); BGHR GG Art. 4 Abs. 2 Kirche 1 (LS); BGHR GVG § 13 Kirche 1; BGHR VwGO § 40 Abs. 1 Kirche 1 (LS); BGHReport 2002, 82; DÖV 2002, 86; DVBl. 2001, 1839; DVBl. 2002, 336 (LS); EBE/BGH 2001, 332; EBE/BGH 2001, BGH-Ls 567/01 (LS); JR 2002, 378; JZ 2002, 191; LM GVG § 13 Nr. 226 (6/2002); NJW 2001, 3537; NVwZ 2001, 1449 (LS); ZAP EN-Nr 786/2001 (LS).

tigkeit vor, da die Beklagte im Rahmen ihrer Teilnahme am Prozess der öffentlichen Meinungsbildung als gesellschaftliche und nicht als staatliche Organisation gehandelt habe. Sie stehe anderen Teilnehmern am Meinungsbildungsprozess auf der Ebene staatsbürgerlicher Gleichordnung gegenüber. Allein diese Beurteilung kirchlichen Handelns werde dem laizistischen Charakter der Staatsverfassung der Bundesrepublik Deutschland gerecht. Aus ihrer Eigenschaft als Körperschaft des öffentlichen Rechts könne nicht auf den rechtlichen Charakter ihres Handelns geschlossen werden. Denn diese Organisationsform sei als Mittel der Bestandswahrung ausschließlich historisch bedingt.

Mit der zugelassenen sofortigen weiteren Beschwerde erreichte die Beklagte die Wiederherstellung des landgerichtlichen Beschlusses.

Aus den Gründen:

Das Rechtsmittel ist zulässig und begründet. Entgegen der Auffassung des Beschwerdegerichts handelt es sich bei der vorliegenden Unterlassungsklage nicht um eine bürgerlich-rechtliche, sondern um eine öffentlich-rechtliche Streitigkeit, sodass gemäß § 40 Abs. 1 VwGO der Verwaltungsrechtsweg eröffnet ist.

1. Zutreffend ist allerdings der Ausgangspunkt des Beschwerdegerichts. Danach richtet sich die Frage, ob eine Streitigkeit öffentlich- oder bürgerlich-rechtlich ist, wenn - wie hier - eine ausdrückliche Rechtswegzuweisung fehlt, nach der Natur des Rechtsverhältnisses, aus dem der Klageanspruch hergeleitet wird (GmS-OGB, Beschluss vom 29.10.1987 - GmS-OGB 3/86 (BSG) - NJW 1988, 2297; GmS-OGB BGHZ 108, 284 [286 mwN]; BGH, Beschluss vom 19.12.199 6 - III ZR 105/96 - NJW 1998, 909). Das Beschwerdegericht geht auch mit Recht davon aus, dass sich das mit der Klage beanstandete Verhalten der Beklagten trotz ihrer Eigenschaft als Körperschaft des öffentlichen Rechts im Sinne des Art. 140 GG iVm Art. 137 Abs. 5 Satz 1 WRV nicht als staatliche Meinungsäußerung eines unmittelbar an die Grundrechte gebundenen Trägers hoheitlicher Gewalt darstellt. Denn die korporierten Religionsgemeinschaften unterscheiden sich grundlegend von den Körperschaften des öffentlichen Rechts im verwaltungs- und staatsorganisationsrechtlichen Verständnis. Sie nehmen keine Staatsaufgaben wahr, sind nicht in die Staatsorganisation eingebunden und unterliegen keiner staatlichen Aufsicht. Sie sind in gleichem Umfang grundrechtsfähig wie privatrechtlich organisierte Religionsgesellschaften und stehen dem Staat als Teile der Gesellschaft gegenüber (BVerfG, Urteil vom 19.12.2000 - 2 BvR 1500/97 - NJW 2001, 429 [430], KirchE 38, 502). Für öffentliche Äußerungen über andere Religionsgemeinschaften bedürfen sie im Gegensatz zu staatlichen Stellen keiner gesetzlichen Ermächtigungsgrundlage. Denn

sie üben dabei keine staatliche Gewalt aus, sondern machen von ihrem aus Art. 4 Abs. 2 GG abzuleitenden Äußerungsrecht Gebrauch (BVerfG, Beschluss vom 13.7.1993 - 1 BvR 960/93 - NVwZ 1994, 159, KirchE 31, 275; BVerfG, Beschluss vom 26.3.2001 - 2 BvR 943/99 - KirchE 39, 79).

2. Entgegen der Auffassung des Beschwerdegerichts folgt hieraus jedoch nicht, dass das durch die streitgegenständlichen Äußerungen der Beklagten begründete Rechtsverhältnis zwischen den Parteien als bürgerlich-rechtlich zu qualifizieren ist. Eine derartige Betrachtungsweise würde der besonderen Rechtsstellung der Beklagten, der Bedeutung der verfassungsrechtlich garantierten Korporationsqualität sowie dem spezifischen Charakter ihres Tätigwerdens nicht ausreichend Rechnung tragen. Diese Umstände verleihen den Beziehungen zwischen den Parteien vielmehr ein öffentlich-rechtliches Gepräge.

a) Durch die Zuerkennung des Status von Körperschaften des öffentlichen Rechts gemäß Art. 140 GG iVm Art. 137 Abs. 5 Satz 1 WRV hat der Staat den Kirchen eine besondere Rechtsstellung eingeräumt. Er hat sie bewusst aus dem Kreis der Religionsgemeinschaften, deren Wirken er der Privatrechtsordnung unterstellt, hervorgehoben und diesen gegenüber rechtlich abgegrenzt (vgl. BVerfGE 18, 385 [387], KirchE 7, 172; Urteil vom 19.12.2000 - 2 BvR 1500/97 - aaO, 430; BVerwG, Urteil vom 7.10.1983 - 7 C 44/81 - NJW 1984, 989, KirchE 21, 251). Er hat damit nicht nur anerkannt, dass die Kirchen wie alle Religionsgemeinschaften das Recht der Selbstbestimmung haben und vor staatlichen Eingriffen in ihre inneren Verhältnisse geschützt sind - dies folgt bereits aus Art. 140 GG iVm Art. 137 Abs. 3 WRV -; vielmehr hat er darüber hinaus die Rechtsstellung der Kirchen wie auch deren öffentliches Wirken dem öffentlichen Recht zugeordnet (vgl. BVerwG, Urteil vom 7.10.1983 - 7 C 44/81 - aaO; Bonner Grundgesetz/Frhr. v. Campenhausen, 3. Aufl., Art. 140 Rn 149). Seiner Entscheidung liegt die Überzeugung von der besonderen Bedeutung der öffentlichen Wirksamkeit der Kirchen sowohl für die Gesellschaft als auch für die staatliche Rechtsordnung zugrunde (vgl. BVerfGE 18, 385 [387], KirchE 7, 172; 19, 129 [133], KirchE 7, 242; 66, 1 [20], KirchE 21, 307). Er wollte sie nicht dem Kampffeld „liberaler Selbstbehauptung" überlassen, sondern als Teil der öffentlichen Ordnung in dem verfassungsrechtlichen Status der Körperschaft zur Wirkung kommen lassen (vgl. Kirchhof, Die Kirchen und Religionsgemeinschaften als Körperschaften des öffentlichen Rechts, HdbStKirchR, § 22, S. 656).

b) Zugleich ist in Art. 140 GG damit eine für das deutsche Staatskirchenrecht charakteristische Entscheidung getroffen worden. Der radikalen Trennung von Staat und Kirche (laizistisches System), wie sie beispielsweise in Frankreich und den USA besteht, wurde damit eine Absage erteilt. Bestimmte Beziehungen zwischen Staat und Kirche blieben aufrechterhalten. Die Zusammenarbeit wurde grundsätzlich fortgesetzt (vgl. Bonner Grundgesetz/Frhr. v. Campenhausen, aaO, Rn 148; Maunz-Dürig, Komm. zum GG, 6. Aufl., Art. 140 Rn 3; Kirchhof, aaO,

665, 665, 674 f.; Robbers, Sinn und Zweck des Körperschaftsstatus im Staatskirchenrecht, Festschrift für Martin Heckel zum 70. Geburtstag, 1999, S. 411 [415 ff.]; Isensee, Rechtschutz gegen Kirchenglocken, Gedächtnisschrift für Constantinesco, 1983, S. 301 [322 f.]; vgl. auch BVerfG, Urteil vom 19.12.2000 - 2 BvR 1500/97 - aaO, 433 zur Kooperation des Staates mit den Religionsgemeinschaften; BGHZ 46, 94 [101] „Koordinationsverhältnis"). Insofern bedeutet der Körperschaftsstatus der Kirchen entgegen der Auffassung des Beschwerdegerichts mehr als nur eine bloße Bestandsgarantie (vgl. BVerwG, Urteil vom 7.10.1983 - 7 C 44/81 - aaO, 990; Bonner Grundgesetz/Frhr. v. Campenhausen, aaO, Rn 147; Kirchhof, aaO, 665; Robbers, aaO, 415).

c) Dem entspricht es, dass von den korporierten Religionsgemeinschaften auch außerhalb des ihnen übertragenen Bereichs hoheitlicher Befugnisse (Kirchensteuer, Friedhofswesen etc.) in weitergehendem Umfang als von jedem Bürger Rechtstreue verlangt wird. Zwar sind sie insoweit an die einzelnen Grundrechte nicht unmittelbar gebunden. Die Zuerkennung des Status der Körperschaft des öffentlichen Rechts bindet sie jedoch an die Achtung der fundamentalen Rechte der Person, die Teil der verfassungsmäßigen Ordnung ist. Angesichts der ihnen zur Verfügung stehenden besonderen Machtmittel und ihres erhöhten Einflusses in Staat und Gesellschaft liegen ihnen die besonderen Pflichten des Grundgesetzes zum Schutze Dritter, wozu auch die aus Art. 4 Abs. 1 u. 2 GG abzuleitende Pflicht gehört, den Einzelnen und religiöse Gemeinschaften vor Angriffen und Behinderungen von Anhängern konkurrierender Glaubensrichtungen zu schützen, näher als anderen Religionsgesellschaften (BVerfG, Urteil vom 19.12.2000 - 2 BvR 1500/97 - aaO, 432; Nichtannahmebeschluss vom 26.3.2001 - 2 BvR 943/99).

d) Vor diesem Hintergrund erscheint die Aussage des Beschwerdegerichts, die Beklagte stehe anderen Teilnehmern am Meinungsbildungsprozess auf der Ebene staatsbürgerlicher Gleichordnung gegenüber, nicht gerechtfertigt. Im Gegensatz zu den vom Beschwerdegericht herangezogenen, durch einfaches Gesetz geschaffenen öffentlich-rechtlichen Rundfunk- und Fernsehanstalten, deren Programmgestaltung privatrechtlich qualifiziert wird (Senatsurteil vom 6.4.1976 - VI ZR 246/74 - NJW 1976, 1198; BVerwG, Beschluss vom 7.6.1994 - 7 B 48/94 - NJW 1994, 2500), sieht die Verfassung die Kirchen, was ihr Verhältnis zum Staat angeht, nicht in einer dem Bürger bzw. den privatrechtlich organisierten Religionsgemeinschaften vergleichbaren Rolle. Anders als bei den öffentlich-rechtlichen Rundfunkanstalten besteht keine Gleichordnung der Kirchen mit anderen Religionsgemeinschaften und dem Bürger auf verfassungsrechtlicher Ebene, die sich auf der Ebene des einfachen Rechts fortsetzen könnte (vgl. Senatsurteil vom 6.4.1976 - VI ZR 246/74 - aaO, 1199). Zwar sind die Kirchen wie die Rundfunk- und Fernsehanstalten Grundrechtsträger. Den Kirchen garantiert aber bereits die Verfassung den Status einer Körperschaft des öffentlichen Rechts, hebt sie dadurch, wie unter

a) ausgeführt, bewusst aus dem Bereich des Privaten heraus und erkennt sie als Teile der öffentlichen Ordnung an. Den öffentlich-rechtlichen Rundfunkanstalten wurde hingegen erst durch ein einfaches Gesetz der Körperschaftsstatus verliehen. Die Kirchen sind auch im Übrigen nicht mit den öffentlich-rechtlichen Rundfunk- und Fernsehanstalten zu vergleichen. Zwar dient die Organisationsform jeweils der Verwirklichung von Grundrechten. Die Korporationsqualität der Kirchen ist ein Mittel zur Entfaltung der Religionsfreiheit (BVerfG, Urteil vom 19.12.2000 - 2 BvR 1500/97 - aaO, 430); die Rundfunkanstalten wurden geschaffen, um die Verwirklichung des Grundrechts der Rundfunkfreiheit zu ermöglichen (BVerfGE 12, 205 [261]; 31, 314 [326]; 57, 295 [320]; Bonner Grundgesetz/Starck, 3. Aufl., Art. 5 Rn 77). Darüber hinaus soll der Körperschaftsstatus der Kirchen jedoch auch ihre Eigenständigkeit unterstützen (vgl. BVerfG, Urteil vom 19.12.2000 - 2 BvR 1500/97 - aaO, 430) und ihre originäre Kirchengewalt betonen (vgl. BVerfG 18, 385 [386], KirchE 7, 172). Die Organisationsform der Rundfunkanstalten erfüllt hingegen keinen Selbstzweck (BVerfGE 57, 295 [320]; Bonner Grundgesetz/Starck, aaO, Art. 5 Rn 89). Sie wurde gewählt um zu gewährleisten, dass der Rundfunk nicht in die Hand einer gesellschaftlichen Gruppe oder des Staates gerät (vgl. BVerfGE 12, 205 [261 f.]; 31, 314 [326 f.]; 83, 238 [296, 300]).

e) Die hervorgehobene Rechtsstellung der Kirchen und die verfassungsrechtliche Rechtsformgarantie würden ihrer Bedeutung beraubt, wenn nicht dem Kernbereich kirchlichen Wirkens zuzurechnende Verhaltensweisen anerkannt und grundsätzlich als öffentlich-rechtlich gewertet würden (BVerwG, Urteil vom 7.10.1983 - 7 C 44/81 - aaO, 990; OLG Frankfurt DVBl. 1985, 861, KirchE 23, 2; BayVGH NVwZ 1994, 787, KirchE 32, 107; BayVGH NVwZ 1994, 598; BayVBl. 1995, 564, KirchE 31, 188; Bonner Grundgesetz/Frhr. v. Campenhausen, aaO, Art. 140, Rn 242; Isensee, aaO, 315 ff.; MünchKomm-Medicus, Kommentar zum BGB, 3. Aufl., § 1004 Rn 84; Müssig, DVBl. 1985, 837; a.A. OVG Bremen, NVwZ 1995, 793, KirchE 33, 144; Staudinger-Gursky, Kommentar zum BGB, 13. Aufl., § 1004 Rn 212 mwN; Lorenz, NJW 1996, 1855; Steiner, NVwZ 1989, 410; Schatzschneider, NJW 1984, 991; Weber, NJW 1989, 2218 [2222 f.]; Müller-Volbehr, JuS 1987, 869; ders., ZevKR 33 (1988), 153; Goerlich, JZ 1984, 221). Auch das Bundesverfassungsgericht bezeichnet die kirchliche Gewalt außerhalb des Bereichs der vom Staat verliehenen Befugnisse als zwar nicht staatliche, aber doch öffentliche Gewalt (BVerfGE 18, 385 [387], KirchE 7, 172; 19, 129 [134], KirchE 7, 242; 66, 1 [23], KirchE 21, 307). Die streitgegenständlichen Äußerungen der Beklagten gehören zu diesem Kernbereich kirchlichen Wirkens. Sie stellen keine reinen Meinungsäußerungen im gesellschaftlichen Umfeld dar, sondern sind Ausdruck und Verkündigung der eigenen Glaubenslehre. Mit ihnen erfüllt die Beklagte ihren Sendungsauftrag, grenzt sich ihrem inneren Selbstverständnis entsprechend von anderen Glaubensgemeinschaften ab und nimmt ihr Wachteramt gegenüber Lehren wahr, die sie auf der Basis ihres Wertesystems als gefährlich oder bedenklich betrachtet.

38

Die verfassungsrechtlich geschuldete Rücksichtnahme gegenüber dem kirchlichen Selbstverständnis gebietet den staatlichen Gerichten, über Fragen des kirchlichen Amtsrechts nach Maßgabe der allgemeinen Gesetze und in Erfüllung des Justizgewähranspruchs jedenfalls nicht vor Erschöpfung des kirchlichen Rechtswegs zu entscheiden, wenn und soweit die Kirchen die Möglichkeit geschaffen haben, Rechtsstreitigkeiten von einem kirchlichen Gericht beurteilen zu lassen, und somit die Gelegenheit besteht, die Streitigkeit im Einklang mit dem kirchlichen Selbstverständnis beizulegen (im Anschluss an BVerfG, Kammerbeschluss vom 18.9.1998 - 2 BvR 1476/94 - KirchE 36, 409).

§§ 124 Abs. 2 Nr. 1-3, 124a Abs. 4 VwGO
OVG Nordrhein-Westfalen, Beschluss vom 25. Juli 2001 - 5 A 1516/00[1] -

Der Kläger, ein Pfarrer im Dienst der Ev. Kirche von Westfalen, wandte sich gegen eine Verminderung der Sonderzuwendungen in den Jahren 1997 und 1998 und den Wegfall von Urlaubsgeld im Jahr 1998. Er rügte einen Verstoß der zugrunde liegenden kirchenrechtlichen Bestimmungen gegen das Alimentationsprinzip.

Das Verwaltungsgericht hat die Klage wegen Vorrangigkeit des kirchlichen Rechtswegs als unzulässig abgewiesen.

Der hiergegen gerichtete Antrag auf Zulassung der Berufung hatte keinen Erfolg.

Aus den Gründen:

1. Die geltend gemachten ernstlichen Zweifel an der Richtigkeit der verwaltungsgerichtlichen Entscheidung (§ 124 Abs. 2 Nr. 1 VwGO) bestehen nicht. Das Antragsvorbringen stellt die Richtigkeit der Entscheidung nicht in Frage. Das Verwaltungsgericht hat zu Recht die Zulässigkeit der Klage verneint, weil der Kläger nicht zunächst die ihm eröffnete Möglichkeit ausgeschöpft hat, kirchlichen Rechtsschutz zu erlangen. Die verfassungsrechtlich geschuldete Rücksichtnahme gegenüber dem kirch-

---

[1] DÖV 2002, 129; NVwZ 2002, 1527; NWVBl. 2002, 149; ZevKR 47 (2002), 728 (LS).

lichen Selbstverständnis gebietet den staatlichen Gerichten, über Fragen des kirchlichen Amtsrechts nach Maßgabe der allgemeinen Gesetze und in Erfüllung des Justizgewähranspruchs jedenfalls nicht vor Erschöpfung des kirchlichen Rechtswegs zu entscheiden, wenn und soweit die Kirchen die Möglichkeit geschaffen haben, Rechtsstreitigkeiten von einem kirchlichen Gericht beurteilen zu lassen, und somit die Gelegenheit besteht, die Streitigkeit im Einklang mit dem kirchlichen Selbstverständnis beizulegen (BVerfG, Kammerbeschluss vom 18.9.1998 - 2 BvR 1476/94 - NJW 1999, 349 [350], KirchE 36, 409). Das kirchliche Amtsrecht in diesem Sinne umfasst nicht nur Statusbestimmungen, sondern auch besoldungsrechtliche Regelungen, um die hier gestritten wird; auf sie kann das Selbstverständnis einer Kirche ebenfalls einwirken (vgl. OVG.NW, Urteil vom 22.3.1994 - 5 A 2378/93 - NJW 1994, 3368 [3369], KirchE 32, 97).

Der vorerwähnten Entscheidung ist keineswegs zu entnehmen, die Zulässigkeit besoldungsrechtlicher Klagen vor den staatlichen Verwaltungsgerichten sei unabhängig von der Ausschöpfung der Möglichkeiten innerkirchlichen Rechtsschutzes zu bejahen. In ihr hat der Senat vielmehr zum Ausdruck gebracht, dass die Zulässigkeit derartiger Klagen davon abhängen kann, ob die Kirche - wie hier - den Kläger auf einen kirchengerichtlichen Rechtsbehelf verweist. OVG.NW, aaO, 3370; vgl. auch OVG Rh.-Pf., Urteil vom 5.7.1996 - 2 A 12622/95 - NVwZ 1997, 802 [803], KirchE 34, 237.

Ernstliche Zweifel weckt die Antragsbegründung ferner nicht, soweit sie sich gegen die Auffassung des Verwaltungsgerichts wendet, § 20 Nr. 2 des Kirchengesetzes über die kirchliche Verwaltungsgerichtsbarkeit (VwGG) schließe nicht nur ein abstraktes Normenkontrollverfahren gegen kirchenrechtliche Vorschriften, sondern auch deren Inzidentkontrolle im Rahmen von Rechtsbehelfen gegen kirchenrechtliche Einzelakte aus. Der Kläger hat seinen gegenteiligen Standpunkt nicht begründet. Er beschränkt sich auf die bloße Behauptung, die Zulässigkeit einer inzidenter erfolgenden Prüfung durch die Kirchengerichte sei nicht ersichtlich. Das genügt schon nicht dem Begründungserfordernis des § 124a Abs. 4 Satz 4 VwGO. Davon abgesehen wird die Auffassung des Klägers weder dem Normtext noch der Gesetzessystematik gerecht. § 20 VwGG bezeichnet nach seiner Überschrift und seinem Wortlaut solche Akte, die nicht vor den kirchlichen Verwaltungsgerichten angegriffen werden können, trifft hingegen keine Aussage über den Prüfungsumfang bei angreifbaren Akten. Diese Auslegung entspricht auch dem engen systematischen Zusammenhang der Vorschrift mit § 19 VwGG, der seinerseits diejenigen Akte aufführt, die Gegenstand einer Klage vor den kirchlichen Verwaltungsgerichten sein können. Der Senat hat keine Anhaltspunkte für eine abweichende Auslegung des § 20 VwGG durch die kirchlichen Verwaltungsgerichte; auch der Kläger hat dafür nichts dargetan.

2. Die Grundsatzrüge (§ 124 Abs. 2 Nr. 3 VwGO) kann gleichfalls keinen Erfolg haben. Aus den Ausführungen zum Zulassungsgrund des § 124 Abs. 2 Nr. 1 VwGO ergibt sich, dass die Frage der Subsidiarität staatlichen Rechtsschutzes in kirchenrechtlichen Besoldungsstreitigkeiten durch die Rechtsprechung hinreichend geklärt ist. Mit der Zulassungsschrift werden keine Gesichtspunkte aufgezeigt, die Anlass zu einer Überprüfung dieser Rechtsprechung geben könnten. Soweit der Kläger einen weitergehenden Klärungsbedarf bezogen auf die Auslegung des § 20 VwGG sieht, ist es nicht Sache der staatlichen Gerichte, eine abschließende Klärung herbeizuführen; der Kläger hat vielmehr die Möglichkeit, in dem von ihm bei der Verwaltungskammer der Ev. Kirche von Westfalen eingeleiteten Verfahren darauf hinzuwirken.

39

Eine der Kirche zuzuordnende Einrichtung liegt vor, wenn die Einrichtung ihrem Zweck nach auf die Verwirklichung eines kirchlichen Auftrages gerichtet und ein Mindestmaß an Einflussmöglichkeiten der Amtskirche gegeben ist. Feststehen muss allerdings, dass die verfasste Kirche die Möglichkeit hat, einen etwaigen Dissens zwischen Kirche und Einrichtung bei der Ausübung der religiösen Tätigkeit zu unterbinden. Die Religionsgemeinschaft muss sich in Fragen der Ausübung der jeweiligen religiösen Betätigung gegenüber der Einrichtung durchsetzen können.

Art 140 GG, 137 Abs. 3 WRV; § 611 Abs. 1 BGB
BAG, Urteil vom 26. Juli 2001 - 6 AZR 138/00 -

Der Kläger verlangt von dem Beklagten für die Zeit ab Januar 1996 eine höhere als die im Arbeitsvertrag vereinbarte Vergütung, weil der Beklagte verpflichtet gewesen sei, das für den Kläger günstigere diözesane Arbeitsrecht anzuwenden.
Der Kläger ist seit dem 16.8.1993 bei dem Beklagten als pädagogischer Mitarbeiter im Kolping-Bildungszentrum S. beschäftigt. Er betreut Berufsvorbereitungskurse für Jugendliche.
Im Arbeitsvertrag vom 30.8.1995 heißt es u.a.:

„3. Besondere Pflichten
3.1 Die Mitarbeit beim Kolping-Bildungswerk erfordert von allen Mitarbeitern/ Mitarbeiterinnen, dass ihre Lehrinhalte und ihre persönliche Lebensführung dem Selbstverständnis des Trägers und seinem kirchlichen Charakter nicht widersprechen.

arbeitsrechtliche Zuordnung zum kirchlichen Bereich 253

5. Vergütung
5.1 Herr M. erhält eine monatliche Vergütung von 4.611,71 DM (E 8) gemäß dem Vergütungsgruppenverzeichnis des Kolping-Bildungswerks vom 1.5.1995. Die Grundvergütung des Mitarbeiters/der Mitarbeiterin erhöht sich um den Prozentsatz, um den sich das Tarifgehalt des Öffentlichen Dienstes bei Tariferhöhungen verändert.
6. Weihnachtsgratifikation
6.1 Der/die MitarbeiterIn erhält eine Weihnachtsgratifikation in Höhe eines Monatsgehaltes.
..."

Die Deutsche Bischofskonferenz hat am 22.9.1993 eine „Grundordnung des kirchlichen Dienstes im Rahmen kirchlicher Arbeitsverhältnisse" (GrO) beschlossen. Diese trat in der Diözese Rottenburg-Stuttgart, in der der Beklagte seinen Sitz hat, am 1.1.1994 in Kraft. Sie lautet auszugsweise wie folgt:

„Art. 2 Geltungsbereich
(1) Diese Grundordnung gilt für Arbeitsverhältnisse von Mitarbeiterinnen und Mitarbeitern bei den Dienststellen, Einrichtungen und sonstigen selbstständig geführten Stellen - nachfolgend als Einrichtung(en) bezeichnet -
der Diözesen,
der Kirchengemeinden und Kirchenstiftungen,
der Verbände von Kirchengemeinden,
der Diözesancaritasverbände und deren Gliederungen, soweit sie öffentliche juristische Personen des kanonischen Rechts sind,
der sonstigen öffentlichen juristischen Personen des kanonischen Rechts.
(2) Diese Grundordnung ist auch anzuwenden im Bereich der sonstigen kirchlichen Rechtsträger und ihrer Einrichtungen, unbeschadet ihrer Rechtsform sowie des Verbandes der Diözesen Deutschlands und des Deutschen Caritasverbandes. Die vorgenannten Rechtsträger sind gehalten, die Grundordnung für ihren Bereich rechtsverbindlich zu übernehmen.
Art. 7 Beteiligung der Mitarbeiterinnen und Mitarbeiter an der Gestaltung ihrer Arbeitsbedingungen
(1) Das Verhandlungsgleichgewicht ihrer abhängig beschäftigten Mitarbeiterinnen und Mitarbeiter bei Abschluss und Gestaltung der Arbeitsverträge sichert die katholische Kirche durch das ihr verfassungsmäßig gewährleistete Recht, ein eigenes Arbeitsrechts-Regelungsverfahren zu schaffen. Rechtsnormen für den Inhalt der Arbeitsverhältnisse kommen zustande durch Beschlüsse von Kommissionen, die mit Vertretern der Dienstgeber und Vertretern der Mitarbeiter paritätisch besetzt sind. Die Beschlüsse dieser Kommissionen bedürfen der bischöflichen Inkraftsetzung für das jeweilige Bistum. Das Nähere, insbesondere die jeweiligen Zuständigkeiten, regeln die KODA-Ordnungen. Die Kommissionen sind an diese Grundordnung gebunden."

Für die Diözese Rottenburg-Stuttgart galt eine Bistums-KODA-Ordnung, nach deren § 3 die KODA (Kommission zur Regelung des Diözesanen Arbeitsrechts) bei der Gestaltung des Arbeitsvertragsrechts der Diözese, der Kirchengemeinden und Kirchenstiftungen, der Verbände und Kirchengemeinden und der sonstigen kirchlichen Einrichtungen in einer Rechtsform des öffentlichen oder privaten Rechts mitwirkt. Die Bistums-KODA hat am 31.8.1981 beschlossen, dass für die Arbeitsverhältnisse der Mitarbeiter der in § 3 der Bistums-KODA-Ordnung genannten Anstellungsträger der BAT Bund/Land und der Vergütungstarifvertrag nach dem Stand vom 1.5.1981 gelten, soweit vom Bischof keine eigenen Regelungen gemäß der Bistums-KODA-Ordnung in Kraft gesetzt werden. Am 30.9.1981 setzte der Bischof den Beschluss vom 31.8.1981 in Kraft.

Der Beklagte betreibt im Bereich der Diözese Rottenburg-Stuttgart eine Vielzahl von Bildungseinrichtungen. Die Satzungen mit Stand September 1989 und Juli 1996 lauten auszugsweise wie folgt:

„§ 1 Name und Sitz
Der Verein führt den Namen
‚Kolping-Bildungswerk, Diözesanverband Rottenburg-Stuttgart e.V.'.
Er hat den Sitz in Stuttgart.
§ 2 Zweck
2.1 Zweck des Kolping-Bildungswerkes ist, im Geiste Adolph Kolpings,
2.1.1 jeder/jedem Bildungsfähigen und Bildungswilligen eine ihrer/seinen Anlagen entsprechende Bildung zu ermöglichen;
2.1.2 das Kolpingwerk Diözesanverband Rottenburg durch Bildungsangebote und Beratung in Bildungsfragen zu unterstützen. Solche Maßnahmen führt das Kolping-Bildungswerk über die Kolpingsfamilien, Bezirksverbände und über den Diözesanverband des Kolpingwerks durch.
2.2 Die für jedermann offenen Bildungsangebote verstehen sich als Teil der Erwachsenenbildung in katholischer Trägerschaft im Sinne des Erwachsenenbildungsgesetzes von Baden-Württemberg.
§ 8 Vorstand
8.1 Der Vorstand besteht aus der/dem Vorsitzenden und weiteren sechs Mitgliedern. Sie werden von der Mitgliederversammlung auf die Dauer von drei Jahren gewählt, davon zwei Mitglieder aus einem Vorschlag des Diözesanvorstandes des Kolpingwerkes. Die Mitglieder müssen dem Kolpingwerk angehören.
Das bischöfliche Ordinariat der Diözese Rottenburg-Stuttgart forderte den Beklagten mehrfach erfolglos auf, die in Art. 2 Abs. 2 GrO vorgesehene verbindliche Übernahme zu erklären. In einer außerordentlichen Mitgliederversammlung vom 23.1.1998 beschloss der Beklagte, die Grundordnung nicht zu übernehmen und künftig das Betriebsverfassungsgesetz anzuwenden; in der Folgezeit wurde auch ein Betriebsrat gewählt. Am 23.1.1998 wurde darüber hinaus die Satzung in mehreren Punkten geändert. Die Mitgliederversammlung beschloss eine Änderung des Namens dahingehend, dass der Zusatz ‚Diözesanverband Rottenburg-Stuttgart' entfällt."

§ 2 erhielt folgende Fassung:

„2.1 Zweck des Kolping-Bildungswerkes ist, im Geiste Adolph Kolpings,
2.1.1 Bildungsfähigen und Bildungswilligen einen ihren Anlagen entsprechende Bildung zu ermöglichen;

arbeitsrechtliche Zuordnung zum kirchlichen Bereich   255

2.1.2 das Kolpingwerk durch Bildungsangebote und Beratung in Bildungsfragen zu unterstützen.

2.2 Die für alle offenen Bildungsangebote verstehen sich als Teil der Erwachsenenbildung im Sinne des Erwachsenenbildungsgesetzes von Baden-Württemberg."

§ 8.1 wurde wie folgt geändert:

„Der Vorstand besteht aus der/dem Vorsitzendem und weiteren sechs Mitgliedern. Sie werden von der Mitgliederversammlung auf die Dauer von drei Jahren gewählt, davon zwei Mitglieder aus einem Vorschlag des Vorstandes des Kolpingwerkes Diözesanverband Rottenburg-Stuttgart. Die Mitglieder des Vorstandes sollen Mitglieder des Kolpingwerkes sein."

Das bischöfliche Ordinariat der Diözese Rottenburg-Stuttgart hat unter dem 7.12.1999 auf die Anfrage des Landesarbeitsgerichts erklärt, der Beklagte sei nach der Satzungsänderung vom 23.1.1998 keine Einrichtung mehr, die als sonstiger kirchlicher Rechtsträger im Sinne des Art. 2 Abs. 1 Satz 1 GrO anzusehen sei.

Mit Schreiben vom 2.12.1997 hat der Kläger Vergütung nach Vergütungsgruppe IVa BAT geltend gemacht sowie die Differenz zwischen der bisherigen Vergütung und der sich aus Vergütungsgruppe IVa BAT ergebenden für die Zeit ab Januar 1996.

Der Kläger vertritt die Auffassung, er habe gegen den Beklagten einen Anspruch auf Vergütung nach VergGr. IVa BAT. Der Beklagte sei auf Grund seiner Ausrichtung und seiner Verflechtungen mit Einrichtungen der katholischen Kirche verpflichtet, die GrO sowie die KODA-Beschlüsse anzuwenden. Dies gelte zumindest bis zur Satzungsänderung im Jahr 1998.

Der Kläger stellt einen seiner Rechtsauffassung entsprechenden Zahlungsantrag.

Der Beklagte meint, der Kläger habe keinen Anspruch auf Vergütung nach BAT. Er sei zu keinem Zeitpunkt ein kirchlicher Rechtsträger gewesen, jedenfalls nicht mehr nach der Satzungsänderung vom Februar 1998. Weder habe er einer kirchlichen Aufsicht oder einem Visitationsrecht unterlegen noch finanzielle Zuschüsse seitens der Kirche erhalten. Den Leitungs- und Kontrollorganen des Vereins gehörten keine Priester an; Satzungsänderungen bedürften nicht der Zustimmung der Kirche. Außerdem habe er sich in der Vergangenheit nicht an die Vorschriften der GrO gehalten weder hinsichtlich des Verfahrens noch hinsichtlich der Einstellungsvoraussetzungen. Er beschäftige sowohl Mitarbeiter katholischer und evangelischer Konfession als auch konfessionslose Mitarbeiter, was bei einer kirchlichen Einrichtung nicht möglich sei. Selbst wenn er als sonstiger kirchlicher Träger anzusehen wäre, führe dies nicht automatisch zur Anwendbarkeit des BAT.

Das Arbeitsgericht hat der Klage teilweise stattgegeben. Auf die Berufung des Beklagten hat das Landesarbeitsgericht die Klage insgesamt abgewiesen. Mit seiner Revision verfolgt der Kläger sein Klagebegehren weiter. Die Revision hatte teilweise Erfolg. Sie führt zur teilweisen Aufhebung des Urteils des Landesarbeitsgerichts und zur Zurückweisung der Berufung des Beklagten, soweit dieser zur Zahlung von 290,58 DM nebst Zinsen als anteilige Weihnachtsgratifikation verurteilt wurde. Die weitergehende Revision des Klägers hält der Senat für unbegründet.

Aus den Gründen:

I. Der Kläger hat nach Ziff. 6.1 des Arbeitsvertrags gegen den Beklagten einen Anspruch auf Zahlung eines vollen Monatsentgelts als Weihnachtsgratifikation. Mit dem Einwand, nach Ziff. 5.1 Satz 2 des Arbeitsvertrags seien die Gehaltserhöhungen an diejenigen des öffentlichen Dienstes gekoppelt, kann der Beklagte nicht durchdringen. Aus dieser Bestimmung kann nicht geschlossen werden, die Festschreibung der Zuwendung auf die Entgelthöhe von 1994, wie sie sich aus der Protokollnotiz Nr. 1 zum Zuwendungstarifvertrag ergibt, gelte ebenfalls. Der Kläger hat somit Anspruch auf Zahlung eines Betrages von 290,58 DM als Differenz zwischen seiner Grundvergütung in Höhe von 4.671,66 DM und dem als Zuwendung geleisteten Betrag von 4.381,08 DM.

II. Im Übrigen hat das Landesarbeitsgericht die Klage zu Recht als unbegründet abgewiesen.

1. Der Kläger hat auf Grund fehlender Verweisungsklausel im Arbeitsvertrag keinen vertraglichen Anspruch darauf, nach der Anlage 1a Abschnitt G für Angestellte im Sozial- und Erziehungsdienst zum BAT-KODA vergütet zu werden.

2. Der Kläger hat gegen den Beklagten auch keinen Anspruch auf Schadensersatz aus positiver Vertragsverletzung. Der Beklagte hat dadurch, dass er die GrO und die Bestimmungen zur Gestaltung der Arbeitsbedingungen nicht übernommen hat, keine Pflicht aus dem zwischen den Parteien bestehenden Arbeitsverhältnis verletzt. Dies folgt daraus, dass der Beklagte während des Anspruchszeitraums kein sonstiger kirchlicher Rechtsträger iSv. Art. 2 Abs. 2 GrO war, und außerdem als ein solcher seinen Arbeitnehmern gegenüber nicht verpflichtet gewesen wäre, die Grundordnung zu übernehmen.

a) Das Landesarbeitsgericht hat angenommen, zur Bestimmung der unter Art. 2 Abs. 2 GrO fallenden Einrichtungen sei grundsätzlich auf die zu § 118 Abs. 2 BetrVG entwickelten Kriterien abzustellen. Dem ist zu folgen. In beiden Normen geht es um die Reichweite des Selbstordnungs- und Selbstverwaltungsrechts der Kirche (vgl. zu § 118 Abs. 2 BetrVG: BAG, 14.4.1988 - 6 ABR 36/86 - BAGE 58, 92 [102], KirchE 26,

55). Entsprechend wird auch der Begriff des sonstigen kirchlichen Rechtsträgers in der Literatur verstanden (vgl. die Beispiele bei Dütz, NJW 1994, 1369 [1374]). Eine der Kirche zuzuordnende Einrichtung liegt demgemäß vor, wenn die Einrichtung ihrem Zweck nach auf die Verwirklichung eines kirchlichen Auftrages gerichtet und ein Mindestmaß an Einflussmöglichkeiten der Amtskirche gegeben ist (BAG, 14.4.1988 - 6 ABR 36/86 - aaO, 102 f.; 24.7.1991 - 7 ABR 34/90 - BAGE 68, 170 [175], KirchE 29, 255; 30.4.1997 - 7 ABR 60/95 - AP BetrVG 1972 § 118 Nr. 60, EzA BetrVG 1972 § 118 Nr. 66, KirchE 35, 153).

aa) Die Identität der Zielsetzung zwischen dem Auftrag der katholischen Kirche und dem Zweck des Beklagten ist zu bejahen. Darüber sind die Parteien einig. Nach seiner Satzung - auch in den älteren Fassungen - ist Zweck des Beklagten die Erwachsenenbildung im Geiste Adolph Kolpings. In seiner Arbeit orientiert der Beklagte sich an den Prinzipien der katholischen Soziallehre/christlichen Gesellschaftslehre. Somit ist die Arbeit des Beklagten auf die Verwirklichung eines christlichen Auftrags gerichtet. Nach dem Selbstverständnis der christlichen Kirchen, beschränkt sich Religionsausübung nicht nur auf den Bereich des Glaubens und des Gottesdienstes, sondern auch auf die Entfaltung zu Freiheit und Wirksamkeit in dieser Welt (BAG, 30.4.1997 - 7 ABR 60/95 - aaO). Dazu gehört auch die Bildung jüngerer und älterer Menschen.

bb) Es fehlt aber an dem erforderlichen Mindestmaß an Einflussmöglichkeiten der Amtskirche.

(1) Der ordnende und verwaltende Einfluss der Kirche muss nicht maßgeblich oder beherrschend und auch nicht satzungsmäßig abgesichert sein. Die verfasste Kirche wird insbesondere bei historisch gewachsenen Verbänden, die sich trotz der fehlenden Inkorporation als Teil der Kirche verstanden und stets ihre Zugehörigkeit zur Amtskirche betont und danach gehandelt haben, weniger direkt verwalten als etwa neuzeitliche, von Laien ins Leben gerufene Einrichtungen. Feststehen muss allerdings, dass die verfasste Kirche die Möglichkeit hat, einen etwaigen Dissens zwischen Kirche und Einrichtung bei der Ausübung der religiösen, hier der bildenden Tätigkeit, zu unterbinden. Die Religionsgemeinschaft muss sich in Fragen der Ausübung der jeweiligen religiösen Betätigung gegenüber der Einrichtung durchsetzen können. Nur wenn das gewährleistet und damit gesichert ist, dass die eigenen Gesetze der Kirche bei der Betätigung der Lebens- und Wesensäußerung durchgesetzt werden können, rechtfertigt es sich, einen Betrieb von den Konfrontationen staatlicher Betriebsverfassung zu befreien (BAG, 14.4.1988 - 6 ABR 36/86 - aaO; 30.4.1997 - 7 ABR 60/95 - aaO). Diese Voraussetzungen sind auch zu fordern, wenn kirchliche Normen in solchen Betrieben wirksam werden sollen.

Der Senat hat in der auch vom Kläger angeführten Entscheidung vom 14.4.1988 (- 6 ABR 36/86 - aaO) das erforderliche Mindestmaß an Einflussmöglichkeiten bejaht, obwohl im konkreten Fall den im Kolpingwerk tätigen Priestern nicht die alleinige Regelungsbefugnis oder auch nur die Mehrheit in den entscheidenden Gremien zugestanden war. Als entscheidend hat er angesehen, dass angesichts der programm- und statusmäßigen Verbindung auf personellem Gebiet unter Berücksichtigung der Geschichte des Kolpingwerks und des daraus entstandenen Selbstverständnisses gewährleistet war, dass das Kolpingwerk priesterliche oder bischöfliche Hinweise auf eine Diskrepanz zwischen den Auffassungen der Amtskirche und der Ausübung religiöser Betätigung in einer Untergliederung des Verbandes nicht missachten werde.

(2) Eine entsprechende Einflussmöglichkeit der Amtskirche ist im Falle des Beklagten trotz dessen Verbindung zum Kolpingwerk nicht gegeben. Dagegen spricht die vom Landesarbeitsgericht festgestellte Entwicklung, die der Beklagte im Laufe der Zeit genommen hat.

Der Beklagte ist nicht Mitglied des Kolpingwerks. Zu diesem gehören gemäß § 5 der Satzung des Kolpingwerks Deutschland die Mitglieder der Kolping-Familien. Diese bilden gemäß § 3 Abs. 2 der Satzung des Kolpingwerks Deutschland in einem räumlich zugeordneten Bereich den Bezirksverband, im Bereich eines Bistums den Diözesanverband und in der Bundesrepublik Deutschland das Kolpingwerk Deutschland.

Der Beklagte fällt zwar unter § 21 des Generalstatuts des internationalen Kolpingwerks, da er Rechtsträger einer Einrichtung ist, die den Namen Kolping führt. Nach Absatz 2 dieser Bestimmung kann ihm deshalb die Fortführung der Namensbezeichnung untersagt werden, wenn er sich nicht mehr statutengemäß verhält und sein Verhalten dem Wesen, Ziel und Ansehen des Kolpingwerkes abträglich ist. Dabei ist zu beachten, dass das Kolpingwerk Deutschland sich gemäß § 21 Abs. 1 seiner Satzung als privater Verein von Gläubigen entsprechend cc 321 ff. CIC versteht, der kirchlichen Aufsicht gemäß c 305 CIC unterliegt und nach seinem Programm (Ziff. 13) Priester und Laien partnerschaftlich zusammenarbeiten.

Anders als in dem vom Senat mit Urteil vom 14.4.1988 (- 6 ABR 36/86 - aaO) entschiedenen Fall sind beim Beklagten keine Priester als Mitglieder in hervorgehobener Position vorgeschrieben. Zwar war bis zur Satzungsänderung bestimmt, dass die Vorstandsmitglieder dem Kolpingwerk anzugehören hatten, in dem vorrangig Laien tätig sind. Der Vorstand des Beklagten musste und muss jedoch nicht aus Priestern bestehen. Auch die nach § 8.1 Satz 2 der Satzung alter und neuer Fassung aus einem Vorschlag des Diözesanvorstandes bzw. Diözesanverbandes zu wählenden Vorstandsmitglieder müssen keine Priester sein. Dass tatsächlich vorliegend der Präses des Diözesanverbandes im Vorstand ist, ist keine zwingende Folge der Regelung in § 8 der Satzung. Außerdem haben die vom Kolpingwerk Diözesanverband bzw. Diözesanvorstand vorgeschlagenen Mitglieder keine Mehrheit im Vorstand. Es besteht mithin beim Beklagten zwar eine personelle Verflechtung mit dem Kolpingwerk als einem katholischen Verein und damit indirekt mit der verfassten Kirche. Dass letztere sich trotz des Fehlens entsprechender satzungsgemäßer Befugnisse in Fragen der Ausübung der religiösen Betätigung gegenüber dem Beklagten durchsetzen könnte, kann aber nicht angenommen werden.

Das vom Landesarbeitsgericht festgestellte Verhalten des Beklagten, das sich in der Satzungsänderung im Januar 1998 niedergeschlagen hat, bestätigt dies. Der Beklagte ist der mehrfachen Aufforderung der Diözesanverwaltung, die Grundordnung zu übernehmen, nicht nachgekommen. Er hat geltend gemacht, der Kirche nicht zugeordnet und demgemäß kein sonstiger Rechtsträger iSv Art. 2 Abs. 2 GrO zu sein. Diese Lockerung der Bindung an Kirche und Kolpingwerk hat der Beklagte durch die Satzungsänderung dokumentiert. Seitdem fehlt im Namen des Beklagten der Hinweis auf die Untergliederung des Kolpingwerks, die sich an den Grenzen des Bistums orientiert; die Mitgliedschaft im Kolpingwerk ist für Vorstandsmitglieder nicht mehr zwingend. Weiterhin ist die Erwähnung von Kolping-Familien, Kolping-Bezirksverband und Kolping-Diözesanverband entfallen, also Verbindung und Zusammenarbeit mit dem Kolpingwerk nicht mehr durch die früheren Nennungen hervorgehoben. Schließlich ist in der geänderten Satzung kein Hinweis mehr auf die katholische Kirche enthalten, nachdem unter Ziff. 2.2 „in katholischer Trägerschaft" gestrichen worden ist. Insgesamt hat damit der Beklagte eine Distanz zur verfassten Kirche gezeigt, die die Annahme verbietet, er werde sich kirchlichem Rat auch ohne satzungsmäßig abgesicherten Einfluss beugen und in der Grundordnung enthaltene Grundsätze zur Beschäftigung im kirchlichen Dienst beachten, die elementare kirchliche Wertvorstellungen widerspiegeln.

Dem Kläger ist auch nicht darin zu folgen, die Einordnung des Beklagten als sonstiger Rechtsträger sei erst mit der Satzungsänderung entfallen. Zu Recht hat das Landesarbeitsgericht darauf abgestellt, dass die Satzungsänderung nur der Ausdruck der Entwicklung ist, die der Beklagte durchlaufen hat und für die Beurteilung nicht allein entscheidend ist.

b) Aus Art. 2 Abs. 2 GrO, wonach die sonstigen Rechtsträger gehalten sind, die Grundordnung rechtsverbindlich zu übernehmen, folgt keine dem Kläger gegenüber einzuhaltende Verpflichtung des Beklagten, sich entsprechend zu verhalten.

Die Amtskirche könnte gegenüber dem Beklagten - wenn man ihn denn als vom Geltungsbereich erfasst ansehen würde - die Übernahme der Grundordnung nicht verlangen. Art. 2 Abs. 2 GrO begründet für die autonomen kirchlichen Bereiche lediglich eine Obliegenheit, deren Verletzung nachteilige Folgen haben kann. So ist die Befugnis, sich katholisch zu nennen, abhängig vom Einverständnis der Amtskirche, Unterstützung durch verfasste kirchliche Stellen könnte versagt werden. Schließlich gibt es grundgesetzlich garantierte Selbstbestimmungsbefugnisse iSv Art. 140 GG, 137 Abs. 3 WRV nur für kirchliche Verbände und Einrichtungen in Übereinstimmung mit der verfassten Kirche (Dütz, aaO, 1374 rechte Spalte). Übernimmt ein unter Art. 2 Abs. 2 GrO fallender Rechtsträger die GrO nicht, so kann er für seine arbeitsrechtlichen Beziehungen nicht mehr die Zuordnung zur katholischen Kirche in Anspruch nehmen (Richardi, NZA 1994, 19 [24]). Der auf diese Rechtsfolgen beschränkte Inhalt der Verpflichtung nach Art. 2 Abs. 2 GrO schließt es aus, mit dem Arbeitsgericht anzunehmen, es handele sich bei der Grundordnung um Normen mit Schutzwirkung zugunsten der Arbeitnehmer. Zwar ist anerkannt, dass gesetzliche Vorschriften, die dem Arbeitnehmerschutz dienen, diesen Schutzvorschriften inhaltlich entsprechende vertragliche Pflichten begründen (BAG, 10.3.1976 - 5 AZR 34/75 - AP BGB § 618 Nr. 17, EzA BGB § 618 Nr. 2; ErfK/Preis 2. Aufl. BGB § 611 Rn 877). Der Grundordnung fehlt eine derartige Ausrichtung jedoch. Wird diese entsprechend Art. 2 Abs. 2 GrO von einer Einrichtung nicht übernommen, gilt kirchliches Arbeitsrecht nicht. Dadurch werden die betroffenen Arbeitnehmer nicht benachteiligt, weil ihnen alle Schutzmöglichkeiten des allgemeinen Arbeitsrechts bis hin zum Arbeitskampf zur Verfügung stehen. Daher verbietet sich auch die Annahme, die Fürsorgepflicht des kirchlichen Arbeitgebers verpflichte diesen den Arbeitnehmern gegenüber zur Übernahme der Grundordnung.

40

Kirchen als Körperschaften des öffentlichen Rechts unterliegen nicht den Regelungen des Insolvenzrechts.

Art. 140 GG , 137 Abs. 3, 5 u. 6 WRV; § 12 Abs. 1 InsO
AG Potsdam, Beschluss vom 1. August 2001 - 35 IN 538/01[1] -

Die Gläubigerin beantragt die Eröffnung des Insolvenzverfahrens über das Vermögen der Schuldnerin, einer als Körperschaft des öffentlichen Rechts verfaßten Kirche.
Das Amtsgericht lehnt den Antrag ab.

Aus den Gründen:

Der Antrag ist unzulässig. Bei der Schuldnerin handelt es sich um eine Körperschaft des öffentlichen Rechts in der Form einer Religionsgemeinschaft. Diese ist, obwohl dies nicht ausdrücklich in § 12 Abs. 1 InsO ausgesprochen wurde, nicht insolvenzfähig. Entsprechend dem Vorbehalt des Art. 140 GG iVm Art. 137 Abs. 3, 5 u. 6 WRV unterfallen Kirchen

---

[1] DZWIR 2001, 526. Der Beschluss ist rechtskräftig.

nicht den Regelungen des Insolvenzrechts (BVerfG, Beschluss vom 13.12.1983 - 2 BvL 13, 14, 15/82 - BVerfGE 66, 1, KirchE 21, 307; HK-Kirchhof, InsO, § 13 Rn 8; Prütting, in: Kübler/Prütting, InsO, § 12 Rn 7; Mönning, in: Nerlich/Römermann, InsO, § 12 Rn 13; Schmerbach, in: Frankfurter Kommentar, InsO, § 12 Rn 5; Smid, InsO, § 12 Rn 8).

Hierauf war die Gläubigerin hingewiesen worden, sie hielt jedoch ihren Antrag ausdrücklich aufrecht.

41

Wenn das Vormundschaftsgericht in Unkenntnis einer anderweitigen vorherigen Bevollmächtigung und in Anbetracht der lebensbedrohenden Situation der (der Glaubensgemeinschaft der Zeugen Jehovas angehörenden) Betroffenen, ihres Grundrechts auf Leben und des Schutzes der Familie aus Art. 6 Abs. 1 GG sowie der Wahrung des Kindeswohls nach Art. 6 Abs. 2 GG den Ehemann zum vorläufigen Betreuer bestellt, um zu ihrem Wohl eine Entscheidung über die Vornahme von Bluttransfusionen treffen zu lassen, hat es Grundrechten der Betroffenen keine Grenzen gesetzt, die der Verfassung widersprechen.

Art. 2 Abs. 2 iVm Art. 1 Abs. 1, 4 Abs. 1 u. 2 GG;
§§ 1896, 1901 Abs. 2 u. 3 BGB
BVerfG, Beschluss vom 2. August 2001 - 1 BvR 618/93[1] -

Die Beschwerdeführerin ist Angehörige der Glaubensgemeinschaft der Zeugen Jehovas. Vor der Durchführung einer Operation im Jahre 1992 lehnte die Beschwerdeführerin gegenüber den behandelnden Ärzten eventuell erforderliche Bluttransfusionen ab und übergab ihnen ein entsprechendes „Dokument zur ärztlichen Versorgung" sowie eine Urkunde, in der sie zur Ausführung ihres Willens einen Bevollmächtigten bestellt hatte.

Nachdem nach erfolgter Operation durch weitere Komplikationen bei der Beschwerdeführerin eine lebensbedrohende Situation eingetreten war, wandte sich der behandelnde Arzt am 13.6.1992 an das Vormundschaftsgericht und bat um Bestellung eines Betreuers für die Beschwerdeführerin. Zwar habe sie als Zeugin Jehovas eine Blutübertragung abgelehnt. Ohne solche Transfusionen reduzierten sich die Heilungschancen der Beschwerdeführerin jedoch aufgrund ihres derzeitigen Gesundheitszustandes auf Null. Nachdem die zuständige Richterin am selben

---

[1] FamRZ 2002, 312 (LS); FuR 2002, 242; JuS 2002, 494 (LS); NJW 2002, 206; PflR 2002, 423; RuP 2002, 114.

Tag die Beschwerdeführerin im Krankenhaus aufgesucht und bewusstlos angetroffen hatte, ordnete das Amtsgericht für die Beschwerdeführerin eine bis 31.7.1992 befristete vorläufige Betreuung mit dem Wirkungskreis „Sorge für die Gesundheit" an und bestellte den Ehemann der Beschwerdeführerin zum vorläufigen Betreuer, der unter Hinweis auch auf die Schutzbedürftigkeit des gemeinsamen Sohnes Blutübertragungen zustimmte. Noch am selben Abend wurde der Beschwerdeführerin Blut transfundiert, weitere zwölf Transfusionen folgten.

Unter Bezugnahme auf eine am 17.7.1992 dem Gericht vorgelegte Urkunde über die von der Beschwerdeführerin zur Besorgung ihrer Gesundheitsangelegenheiten erteilte Bevollmächtigung und eine darauf basierende Untervollmacht zur Prozessvertretung legte die Prozessbevollmächtigte der Beschwerdeführerin am 23.7.1992 gegen die Betreuungsanordnung Beschwerde ein und beantragte, diese aufzuheben. Einen vom Ehemann als Betreuer gestellten Antrag auf Verlängerung der Betreuung lehnte das Gericht unter Hinweis auf die von der Beschwerdeführerin erteilte Bevollmächtigung ab.

Da die Beschwerde aufrechterhalten wurde, legte das Amtsgericht sie dem Landgericht vor, das die Beschwerde mit Beschluss vom 26.8.1992 als unzulässig verwarf. Die weitere Beschwerde der Beschwerdeführerin, mit der sie ihr Begehren weiter verfolgte und zudem beantragte, die Beschlüsse des Amtsgerichts und Landgerichts aufzuheben sowie festzustellen, dass die angeordnete vorläufige Betreuung rechtswidrig war, wies das Bayerische Oberste Landesgericht mit Beschluss vom 18.2.1993 als unbegründet zurück.

Mit ihrer gegen die gerichtlichen Entscheidungen gerichteten Verfassungsbeschwerde rügt die Beschwerdeführerin u.a. die Verletzung ihrer Grundrechte aus Art. 2 Abs. 1 iVm Art. 1 Abs. 1, Art. 3 Abs. 1, Art. 4 Abs. 1 u. 2 GG. Die amtsgerichtliche Anordnung einer Betreuung und die aufgrund dieses Beschlusses verabreichten Blutkonserven griffen in ihr Grundrecht auf körperliche Unversehrtheit aus Art. 2 Abs. 2 GG ein. Sie lehne Bluttransfusionen aufgrund ihrer religiösen Überzeugung unter Abwägung der Risiken ab. Für die Anordnung einer Betreuung hätten die Voraussetzungen des § 1896 Abs. 1 BGB nicht vorgelegen, da sie für die Besorgung ihrer Angelegenheiten Vorkehrungen getroffen hätte. Deshalb hätte das Amtsgericht den Antrag auf Bestellung eines Betreuers für sie ablehnen müssen. Trotz Kenntnis des Gerichts von der Bevollmächtigung sei der Beschluss des Amtsgerichts nicht aufgehoben worden. Der Eingriff in das Recht auf körperliche Unversehrtheit könne auch nicht gerechtfertigt werden. Sie habe ihre Entscheidung unter Abwägung der Risiken getroffen und diesen Willen nach außen manifestiert. Deshalb sei kein Raum für die Frage nach ihrem mutmaßlichen Willen gewesen. Gleichfalls sei sie in ihrem Recht aus Art. 4 Abs. 1 u. 3 GG verletzt. Ihr Recht, aus religiösen Gründen bestimmte medizinische Behandlungsmethoden abzulehnen, verletzten die angegriffenen Entscheidungen. Dass gerade ihr Ehemann, von dem die Amtsrichterin gewusst habe, dass er einer Bluttransfusion zustimmen würde, als Betreuer bestellt worden sei, sei eine willkürliche Maßnahme gewesen. Die Verfassungsbeschwerde wurde nicht zur Entscheidung angenommen.

Aus den Gründen:

Weder kommt ihr grundsätzliche verfassungsrechtliche Bedeutung zu, noch ist ihre Annahme zur Durchsetzung der in § 90 Abs. 1 BVerfGG genannten Rechte angezeigt (§ 93a Abs. 2 BVerfGG). Die Verfassungsbeschwerde hat keine Aussicht auf Erfolg.

1. Die angegriffene Entscheidung des Bayerischen Obersten Landesgerichts verletzt die Beschwerdeführerin nicht in ihrem Recht auf effektiven Rechtsschutz aus Art. 19 Abs. 4 GG. (*wird ausgeführt*)

2. Die die angegriffenen Entscheidungen tragenden Erwägungen zur Rechtmäßigkeit der amtsgerichtlichen Anordnung einer befristeten vorläufigen Betreuung sind verfassungsrechtlich nicht zu beanstanden.

a) Die Beschwerdeführerin ist dadurch weder in ihrem Recht auf körperliche Unversehrtheit aus Art. 2 Abs. 2 GG in Verbindung mit Art. 1 Abs. 1 GG noch in ihrer Entscheidungsfreiheit aus Art. 2 Abs. 1 GG in verfassungswidriger Weise verletzt.

aa) Zwar greift die Anordnung unmittelbar nur in die Entscheidungsfreiheit ein, nicht aber auch in das Grundrecht der Beschwerdeführerin auf körperliche Unversehrtheit. Denn das Gericht hat gerade nicht von der Möglichkeit nach § 1908i Abs. 1 in Verbindung mit § 1846 BGB Gebrauch gemacht, durch eine einstweilige Maßregel selbst die Verabreichung von Bluttransfusionen zur Lebenserhaltung der Beschwerdeführerin anzuordnen, sondern hat die Beschwerdeführerin gemäß § 1896 BGB in Verbindung mit § 69f FGG lediglich - vorläufig - unter Betreuung gestellt. Erst die Einwilligung des Betreuers hat zu den ärztlicherseits für erforderlich gehaltenen Blutübertragungen und damit zu dem körperlichen Eingriff geführt. Hätte der Betreuer die Einwilligung versagt, wäre der ärztliche Eingriff wegen Unzulässigkeit nicht durchführbar gewesen.

bb) Aber selbst wenn man hier einen mittelbaren Eingriff in das als verletzt gerügte Grundrecht der Beschwerdeführerin aus Art. 2 Abs. 2 GG durch die gerichtliche Betreuerbestellung annehmen wollte, ist dieser Eingriff verfassungsrechtlich nicht zu beanstanden.

Das Amtsgericht konnte aufgrund der ärztlichen Beurteilung des Gesundheitszustandes der Beschwerdeführerin davon ausgehen, dass eine Entscheidung unaufschiebbar war, wenn das Leben der Beschwerdeführerin gerettet werden sollte. Die Beschwerdeführerin war bereits bewusstlos. Eine Anhörung der Beschwerdeführerin vor der Entscheidung war dem Gericht wegen des Gesundheitszustandes der Beschwerdefuhrerin nicht möglich. Von einer Bevollmächtigung war dem Gericht zum Zeitpunkt seiner Entscheidung nichts bekannt, sodass die Voraussetzungen des § 1896 BGB für eine vorläufige Betreuerbestellung vorgelegen haben. Kenntnis hatte das Gericht zwar von der Religionszugehörigkeit der Beschwerdeführerin zu den Zeugen Jehovas und ihrer vor der schon erfolgten Operation gegenüber den behandelnden Ärzten abgegebenen Erklärung, keine Bluttransfusion erhalten zu wollen. Dass das Gericht aber in einer solchen Situation Zweifel gehegt hat, ob die Beschwerdeführerin auch in Kenntnis der bei ihr inzwischen eingetretenen Lebensgefahr weiterhin ihre Ablehnung zu derartigen lebenserhaltenden Maßnahmen aufrechterhält, ist verfassungsrechtlich nicht zu beanstanden, hat es doch auch das ebenfalls in Art. 2 Abs. 2 GG verankerte Recht der Beschwerdeführerin auf Leben in seine Erwägungen mit einbeziehen müssen. Indem es diesen Konflikt nicht dadurch gelöst hat, seine eigene Entscheidung an die Stelle derjenigen der Beschwerdeführerin zu setzen, sondern die Entscheidungskompetenz hierüber dem Ehemann der Beschwerdeführerin als vorläufigen Betreuer zu übertragen, hat es den zu diesem Zeitpunkt erkennbaren mildesten Eingriff in die Entscheidungsfreiheit der Beschwerdeführerin vorgenommen. So hat es dem Ehemann gemäß § 1901 Abs. 2 u. 3 BGB oblegen, unter Berücksichtigung des Wunsches der Beschwerdeführerin, keine Bluttransfusionen zu erhalten, eine Entscheidung zu treffen, die dem Wohle der Beschwerdeführerin entspricht. Die Einschränkung der Entscheidungsfreiheit und des Rechts der körperlichen Unversehrtheit der Beschwerdeführerin ist damit in rechtlich zulässiger Weise und unter Wahrung der Verhältnismäßigkeit erfolgt.

cc) Das Gericht hat auch nicht dadurch in verfassungswidriger Weise die Entscheidungsfreiheit der Beschwerdeführerin verletzt, dass es die Betreuung nicht sofort nach Kenntnis der Bevollmächtigung einer Person durch die Beschwerdeführerin und entsprechender Antragstellung aufgehoben hat. Berücksichtigt man die Verpflichtung des Gerichts zur Sachverhaltsaufklärung im Zusammenhang mit dem neuen Tatsachenvortrag und die sich darauf gründende Notwendigkeit einer erneuten rechtlichen Würdigung, stellt es angesichts der bis zum Ablauf der befristeten Betreuerbestellung noch verbliebenen Zeit keine im engeren Sinne unverhältnismäßige Einschränkung der Entscheidungsfreiheit der Beschwerdeführerin dar, dass das Gericht nicht innerhalb der kurzen Frist die Betreuerbestellung aufgehoben, sondern entgegen der Antragstellung des Betreuers die vorläufige Betreuung nicht verlängert hat, sodass sie mit dem 31.7.1992 zum Wegfall gekommen ist.

b) Ein verfassungswidriger Eingriff in die Religionsfreiheit und die Freiheit der Religionsausübung gemäß Art. 4 Abs. 1 u. 2 GG liegt durch die gerichtliche Betreuerbestellung ebenfalls nicht vor.

Die Betreuerbestellung berührt die religiös begründete Entscheidung der Beschwerdeführerin, Bluttransfusionen abzulehnen, nicht unmittelbar.

Selbst wenn man auch hier einen mittelbaren Eingriff annimmt und ausreichen lässt, bewegt sich dieser Eingriff im Rahmen des verfassungsrechtlich Zulässigen. Zwar unterliegt die Religionsausübungsfreiheit nicht den Schranken des Art. 2 Abs. 1 u. 2 GG. Sie ist jedoch auch nicht schrankenlos gewährt. Sie geht vom Menschen als eigenverantwortlicher Persönlichkeit aus, die sich innerhalb der sozialen Gemeinschaft frei entfaltet. Diese Gemeinschaftsbindung macht auch das Grundrecht aus Art. 4 Abs. 2 GG gewissen äußersten Grenzziehungen zugänglich, die jedoch nur von der Verfassung selbst bestimmt werden können (vgl. BVerfGE 32, 98 [107 f.], KirchE 12, 294). Wenn hier das Gericht in Unkenntnis einer anderweitigen vorherigen Bevollmächtigung und in Anbetracht der lebensbedrohenden Situation der Beschwerdeführerin, ihres Grundrechts auf Leben und des Schutzes der Familie aus Art. 6 Abs. 1 GG sowie der Wahrung des Kindeswohls nach Art. 6 Abs. 2 GG den Ehemann der Beschwerdeführerin zu ihrem Betreuer bestellt hat, um zu ihrem Wohl eine Entscheidung über die Vornahme von Bluttransfusionen treffen zu lassen, hat es dem Grundrecht der Beschwerdeführerin keine Grenzen gesetzt, die der Verfassung widersprechen.

42

Im Falle des Zuzugs aus dem Ausland kann die Kirchensteuerfestsetzung bis auf weiteres an die Selbstauskunft des Zuziehenden über die Religionszugehörigkeit gegenüber der Meldebehörde anknüpfen.

§§ 4 Abs. 1 RhPf.KiStG 1971, 32 Abs. 1 RhPf.MeldeG
OVG Rheinland-Pfalz, Urteil vom 8. August 2001 - 6 A 10237/01[1] -

Der im Jahre 1936 in Hongkong geborene Kläger wendet sich gegen seine Heranziehung zur Kirchensteuer für das Jahr 1996.
Als er im Jahre 1966 nach Deutschland einreiste und seinen Wohnsitz in der Stadt T. nahm, wurde als Konfession des Klägers „römisch-katholisch" in das Melderegister eingetragen. In den Einkommensteuererklärungen für die Jahre 1988 bis 1993 gab der Kläger ebenfalls an, röm.-kath. Bekenntnisses zu sein. Die diesbezüglichen Erklärungen für die Jahre 1994 bis 1996 enthalten demgegenüber im Formularfeld „Religion" einen Strich. Übereinstimmend mit dem Melderegister befindet sich auf den für die Ehefrau des Klägers ausgestellten Lohnsteuerkarten der Jahre

---

[1] AS RP-SL 29, 150; DÖV 2002, 36; DVBl 2002, 72 (LS); NJW 2002, 2972 (LS); NVwZ 2002, 1010; ZevKR 48(2003), 70.

1992, 1993 und 1994 die Eintragung, ihr Ehegatte, also der Kläger, sei römisch-katholisch. Mit dem Vorbringen, er sei nie getauft worden und gehöre deshalb der röm.-kath. Kirche nicht an, hat der Kläger gegen die Kirchensteuerfestsetzungen für die Jahre 1984 bis 1996 Klage erhoben, die vom Verwaltungsgericht abgewiesen wurde. Mit seiner Berufung beschränkt der Kläger sein Begehren auf die Anfechtung der Steuerfestsetzung für das Jahr 1996 und macht geltend, es sei Aufgabe der steuererhebenden Behörde, die steuerbegründenden Umstände zu ermitteln und nachzuweisen. Um diese Verpflichtung zu erfüllen, genüge die Einsichtnahme in das Einwohnermelderegister nicht. Denn eine solche Eintragung könne eine Kirchensteuerpflicht nicht begründen. Da er bei seiner Einreise und auch in der Folgezeit die deutsche Sprache nicht hinreichend beherrscht habe, sei es zu Unstimmigkeiten bezüglich der Konfessionsangabe gekommen, wie sich aus den unterschiedlichen Eintragungen der Einkommensteuererklärungen der Jahre 1984 bis 1987 einerseits und der Jahre 1988 bis 1993 andererseits ergebe. Er sei auch nicht im Stande, eine Bescheinigung darüber vorzulegen, dass er nicht getauft sei. Solche „Negativatteste" würden nicht ausgestellt. Auch ein Kirchenaustritt sei ihm nicht möglich gewesen, da er nie getauft und damit nie Mitglied der katholischen Kirche geworden sei.
Die Berufung blieb ohne Erfolg.

Aus den Gründen:

Das Verwaltungsgericht hat die Klage (auch) insoweit zu Recht abgewiesen, als es um die Kirchensteuerfestsetzung für das Jahr 1996 geht, die allein (noch) Gegenstand des Berufungsverfahrens ist. Denn der dem zugrunde liegende Bescheid des Finanzamtes T. vom 17.3.1999 verletzt den Kläger nicht in seinen Rechten.

Er findet seine Rechtsgrundlage in § 4 Abs. 1 des Landesgesetzes über die Steuern der Kirchen, Religionsgemeinschaften und Weltanschauungsgesellschaften (Kirchensteuergesetz) vom 24.2.1971, GVBl. S. 59 m.sp.Ä., - KiStG -). Danach sind nach näherer Maßgabe der Kirchensteuerordnungen natürliche Personen kirchensteuerpflichtig, die einer steuererhebenden Diözese, Landeskirche oder Kirchengemeinde (Kirchengemeindeverband) angehören und im Lande Rheinland-Pfalz ihren Wohnsitz oder gewöhnlichen Aufenthalt haben. Gemäß § 1 Ziffer 1 der Kirchensteuerordnung für die Diözese Trier (rheinland-pfälzischer Gebietsteil) vom 20.11.1971 (KABl. 1971, 197 - KiStO -) sind alle Angehörigen der röm.-kath. Kirche, die in der Diözese Trier im Bereich des Landes Rheinland-Pfalz ihren Wohnsitz haben, kirchensteuerpflichtig. Nach § 1 Ziffer 2 KiStO gilt als Katholik jeder, der durch die Taufe in der röm.-kath. Kirche oder durch Übertritt von einer anderen Kirche oder christlichen Religionsgemeinschaft oder nach empfangener Taufe durch Eintritt oder durch Rücktritt der röm.-kath. Kirche angehört und nicht nach den Bestimmungen des Staatsrechts sich von ihr losgesagt hat (aus der Kirche ausgetreten ist).

Die Anknüpfung der Kirchensteuerpflicht an solche innerkirchlichen Regelungen, die die Kirchenmitgliedschaft von Taufe und Wohnsitz abhängig machen, verstößt nicht gegen die Glaubens- und Bekenntnisfreiheit sowie die negative Vereinigungsfreiheit, sofern der Kirchenangehörige jederzeit die Möglichkeit hat, seine Mitgliedschaft zu beenden (BVerfG, Beschluss vom 31.3.1971, BVerfGE 30, 415, KirchE 12, 101). Allerdings darf keine Kirche jemanden, der in ihr Gebiet eintritt, automatisch und ohne Rücksicht auf seinen Willen sich eingliedern (BVerfG, Urteil vom 14.12.1965, BVerfGE 19, 206 [217], KirchE 7, 338). Den Willen, einer bestimmten Kirche des neuen Wohnsitzes anzugehören, kann der Steuerpflichtige dabei beispielsweise durch Angaben über seine Bekenntniszugehörigkeit in den Einkommensteuererklärungen und durch die Kirchensteuerzahlungen deutlich machen (BVerfG, Beschluss vom 31.3.1971, aaO, S. 425). Auf einen in dieser oder ähnlicher Weise zum Ausdruck gebrachten Willen des Steuerpflichtigen kommt es insbesondere dann an, wenn das innerkirchliche Recht über die Mitgliedschaft in einer Religionsgemeinschaft einen formalisierten Eintrittsakt nicht vorsieht (BFH, Urteil vom 24.3.1999, BStBl. 1999, 499 [501], KirchE 37, 63). Zwar ist die Taufe nach den dargestellten Regelungen des § 1 KiStO konstitutive Voraussetzung für den Erwerb der Mitgliedschaft in der röm.-kath. Kirche. Dementsprechend erhält - wie der Beigeladene dargelegt hat - die Meldebehörde eine Mitteilung über jede im Inland vollzogene Taufe. Im Falle des Zuzugs eines Kirchenmitglieds aus dem Ausland gestaltet sich der Datenfluss jedoch anders: Die Kirchengemeinde bzw. das Bischöfliche Generalvikariat wird durch die Meldebehörde über die Angaben des Zuziehenden zu seinem religiösen Bekenntnis informiert (§ 32 Abs. 1 Meldegesetz vom 22.12.1982, GVBl. S. 463, - MeldeG -). Ohne Absehen von dem Erfordernis der Taufe wird an dieser Selbstauskunft, der freiwilligen persönlichen Erklärung des Zuziehenden, angeknüpft und eine von ihm behauptete Mitgliedschaft in der röm.-kath. Kirche - und damit gleichzeitig eine empfangene christliche Taufe - grundsätzlich nicht in Zweifel gezogen. Unter solchen Umständen kommt einer nach außen hin erkennbaren und dem Steuerpflichtigen zurechenbaren Willensäußerung, einer Religionsgemeinschaft anzugehören, ebenso maßgebliche Bedeutung wie in dem Fall zu, dass die Religionsgemeinschaft auf einen formalisierten Beitrittsakt völlig verzichtet. Dabei ist nicht erforderlich, dass der Steuerpflichtige sich für jeden Veranlagungszeitraum gesondert zu einer Religionsgemeinschaft bekennt; vielmehr bleibt die durch das Bekenntnis dokumentierte Glaubenszugehörigkeit bis zum Kirchenaustritt, -ausschluss oder Tod bestehen; jede nach außen hin und als solche deutlich gewordene Bekenntniserklärung trägt die Kirchensteuerpflicht, auch wenn sie Jahrzehnte zurückliegt (BFH, Urteil vom 24.3.1999, aaO).

Nach diesen Maßstäben kann nicht beanstandet werden, dass die persönlichen Erklärungen des Klägers zu seiner Mitgliedschaft in der röm.-kath. Kirche der Steuerfestsetzung zugrunde gelegt wurden.

Der Kläger hat sich nicht nur bei seiner polizeilichen Anmeldung als römisch-katholisch bezeichnet. Er hat außerdem in seinen Einkommensteuererklärungen für die Jahre 1988 bis 1993 die Eintragung „rk" unterschrieben und die daraufhin erfolgten Festsetzungen der Kirchensteuer nicht angefochten. Er hat des Weiteren nicht beanstandet, dass auf ihm als Arbeitgeber vorzulegenden Lohnsteuerkarten seiner Ehefrau für ihn selbst die Zugehörigkeit zur röm.-kath. Kirche vermerkt war. Und schließlich hat er sich als römisch-katholisch bezeichnet, als er seinen Sohn Jimmy im Jahre 1986 zur Taufe in der katholischen St. Martin-Kirchengemeinde in T. anmeldete.

An den persönlichen Erklärungen des Klägers anzuknüpfen, ist umso weniger bedenklich, als ihm deren Abänderung möglich ist. Falls er Angehöriger der röm.-kath. Kirche sein sollte, ist ihm ein Kirchenaustritt nicht verwehrt. Darüber wird die Religionsgemeinschaft, die Meldebehörde und die Stelle, die die Kirchensteuer verwaltet, vom Standesbeamten informiert (§ 4 Abs. 2 des Landesgesetzes über den Austritt aus Religionsgemeinschaften vom 12.10.1995, GVBl. S. 421). Wenn der Kläger nicht getauft ist, kommt für ihn eine Berichtigung des Melderegisters in Betracht, die der Religionsgemeinschaft gemäß §§ 10 Abs. 3, 32 Abs. 1 MeldeG mitzuteilen ist. § 8 Nr. 2 MeldeG gibt dem Einwohner gegenüber der Meldebehörde ein Recht auf gebührenfreie Berichtigung des Melderegisters, wenn es unrichtig oder unvollständig ist, sowie auf Sperrung (auch) der nach § 3 Abs. 1 Nr. 11 MeldeG über die rechtliche Zugehörigkeit des Einwohners zu einer Religionsgesellschaft im Melderegister gespeicherten Daten, wenn sich weder die Richtigkeit noch die Unrichtigkeit feststellen lässt. Gemäß § 10 Abs. 1 MeldeG hat die Meldebehörde das Melderegister von Amts wegen oder auf Antrag des Betroffenen zu berichtigen oder zu ergänzen, wenn das Melderegister unrichtig oder unvollständig ist, wobei der Betroffene vorher gehört werden soll. Da die Fortführung des Melderegisters (beispielsweise durch neue Eintragungen) ein internes Verwaltungshandeln, nicht aber eine dem Betroffenen gegenüber ergehende Regelung mit Außenwirkung ist, erwachsen die Eintragungen nicht in Bestandskraft (OVG Rheinland-Pfalz, Beschluss vom 29.1.1993, AS 24, 86 [88 f.]), so dass selbst eine rückwirkende Änderung der Registereintragung nicht ausgeschlossen ist.

43

Nimmt der Leiter des Referats für Öffentlichkeitsarbeit einer ev. Landeskirche kritisch zu einem Presseartikel über eine innerkirchliche Streitigkeit Stellung, so kann ein Streitbeteiligter hieraus Unterlassungs- und Schadensersatzansprüche nur ableiten, wenn aus den Umständen auf eine Beleidigungsabsicht geschlossen werden kann.

Art. 1, 2, 5 Abs. 1 GG; § 823 Abs. 1 BGB
LG Darmstadt, Urteil vom 14. August 2001 - 13 O 324/99[1] -

Der Kläger nimmt den Beklagten auf Unterlassung, Widerruf und Schmerzensgeld in Anspruch. Der Kläger ist Pfarrer der Evangelischen Kirche in Hessen und Nassau (EKHN) und nebenberuflich als Journalist tätig. Der Beklagte ist ebenfalls Pfarrer der EKHN und zudem Leiter des Referats für Öffentlichkeitsarbeit der Kirchenverwaltung. Das Wochenmagazin „Stern" sowie die Tageszeitung „Darmstädter Echo" berichteten im Sommer 1999 in einem Artikel über den Kirchenpräsidenten der EKHN und den Kläger. Hintergrund der Berichte war u.a., dass der Kläger, der seit 1995 wegen der Mitgliederzeitschrift der EKHN „Echt" mit der Kirchenleitung im Streit liegt, anlässlich eines Artikels, in dem Magazin „Brücken bauen" im November 1996 ein Fax an die Kirchenverwaltung geschickt hatte. Dieses hatte in der Folge zu einem Disziplinarverfahren gegen den Kläger geführt. Nach Erscheinen des „Stern"-Artikels beschwerte sich der Beklagte am 3.8.1999 in einem Schreiben an den Chefredakteur des „Stern" über die Art und Weise der Berichterstattung. Der Kläger erhielt Kenntnis von diesem Schreiben und fühlte sich durch dessen Inhalt in seinen Rechten verletzt.

Da der Beklagte die geforderte Unterlassungserklärung nicht abgegeben hat, beantragt der Kläger im vorliegenden Verfahren

(1) dem Beklagten zu untersagen, über den Kläger folgende Äußerungen zu tätigen:
(a) Die - als Tatsache oder Meinungsäußerung umschriebene - Behauptung: „Die Interpretation seines vom 11.11.1996 datierten Telefaxes (das der Kirchenleitung im November 1996 zuging) lieferte Herr Pfarrer A. erst Monate später, als ein Disziplinarverfahren in Aussicht stand."
(b) Die - als Tatsache oder Meinungsäußerung umschriebene - Behauptung: „Herr Pfarrer A. hat sich (in der Zeit nach November 1996) mehreren Einladungen zu einem klärenden Gespräch schlicht verweigert."
(c) Die - als Tatsache oder Meinungsäußerung umschriebene - Behauptung; „Herr Pfarrer A. weigert sich, das in der Kirche gültige Dienstrecht für sich

---

[1] NJW-RR 2002, 188; NJW-RR 2004, 1512 (LS). Das Urteil ist rechtskräftig.

anzuerkennen, obwohl er nach seinem beamtenrechtlichen Status dazu verpflichtet wäre."
(d) Die - als Tatsache oder Meinungsäußerung umschriebene - Behauptung: „Herr Pfarrer A verfolgt jetzt (1999, d.h. seit drei Jahren!) Herrn Kirchenpräsidenten B mit rufschädigenden Presse-Aktivitäten."
(2) den Beklagten zu verurteilen, seine gegenüber dem Chefredakteur des Wochenmagazins „Der Stern", Herrn X, im Schreiben vom 3.8.1999 aufgestellten und oben unter 1 a-d im Wortlaut wiedergegebenen Behauptungen durch schriftliche Erklärung gegenüber dem genannten Herrn A. zu widerrufen, und
(3) den Beklagten zu verurteilen, an den Kläger ein Schmerzensgeld in vom Gericht festzusetzender Höhe, das aber 3000 DM nicht unterschreiten sollte, nebst Zinsen zu zahlen.

Die Klage hatte keinen Erfolg.

Aus den Gründen:

Zwar ist der Beklagte der richtige Anspruchsgegner (passivlegitimiert), da er die streitgegenständlichen Äußerungen abgegeben hat und mithin diese auch zu verantworten hat. Dies ist unabhängig von der Frage, ob er als Privatperson oder in seiner Funktion als Leiter des Referats für Öffentlichkeitsarbeit der EKHN handelte. Dennoch kann der Kläger vom Beklagten Unterlassung, Widerruf und Schadensersatz nicht verlangen. Unabhängig von der Frage, ob die vom Beklagte mit Schreiben vom 3.8.1999 getätigten Äußerungen als Tatsachenbehauptungen oder Meinungsäußerungen zu werten sind und unabhängig von der Frage, ob diese geeignet sind, die Ehre oder das allgemeine Persönlichkeitsrecht des Kläger zu verletzen, können die streitgegenständlichen Äußerungen des Beklagte bei Abwägung aller Umstände unter Berücksichtigung des Gesamtgeschehens sowie auch des klägerischen Vorverhaltens vorliegend nicht als rechtswidrig angesehen werden und sind vom Kläger hinzunehmen.

Ausgehend von dem Grundsatz „Kritik ist frei", dem auch das tadelnde Urteil über das Verhalten eines anderen gleich steht (vgl. hierzu Schwerdtner, in: MünchKomm, § 12 Rn 263 ff.; Weitnauer, DB 1976, 1413), kommt vorliegend ein Unterlassungs- oder Widerrufsanspruch nur dann in Betracht, wenn aus den Umständen auf eine Beleidigungsabsicht geschlossen werden kann. Dies ist vorliegend nicht erkennbar. Das Schreiben des Beklagte war ersichtlich als Reaktion und Kritik auf den im „Stern" erschienenen Artikel verfasst und setzt sich dezidiert mit dessen Diktion, der Art und Weise der Berichterstattung, sowie den dort berichteten Tatsachen auseinander. Der Beklagte hat sich unmittelbar nach Erscheinen des Artikels im „Stern" an dessen Chefredakteur gewandt, verschiedene Textpassagen konkret kritisiert und hierzu eine andere Sachdarstellung abgegeben und zusammenfassend die journalistische Pflicht zur Gegenrecherche gerügt. Er hat sich damit an die Stelle gewandt, die für die Berichterstattung verantwortlich ist und der es oblag, die Richtigkeit der erhobenen Vorwürfe zu klären und ggf. entsprechende Gegenmaßnahmen zu ergreifen. Dies hat, wie aus den vorgelegten Schreiben ersichtlich, die Chefredaktion auch getan, indem sie den verantwortlichen Redakteur um Stellungnahme ersucht hat. Offenbar ist von diesem über dessen Büro auch dem Kläger Gelegenheit zur Stellungnahme gegeben worden, in deren Rahmen der Kläger Kenntnis von dem Schreiben des Beklagten erhalten hat. An die Öffentlichkeit im Sinne einer unbestimmten Vielzahl von Lesern ist das Beschwerdeschreiben nicht gerichtet und auch durch den „Stern" nicht gelangt. Vielmehr sind die Vorwürfe des Beklagten nur gegenüber der zuständigen Stelle (Redaktion des „Stern") erhoben worden. Der Kläger hatte ersichtlich die Möglichkeit, sich zu den Vorwürfen zu äußern, und seine Auffassung darzustellen. Dass die EKHN dem Kläger Amtspflichtverletzung vorwirft, wird ausführlich in dem erschienenen Artikel kommentiert und war Gegenstand eines Disziplinarverfahrens. Angesichts dessen erscheint es für den Kläger hinnehmbar, dass der Beklagte als Leiter des Referats für Öffentlichkeitsarbeit der EKHN weiter deren Auffassung vertritt und dies auch gegenüber dem „Stern" deutlich macht. Diese Auffassung wird auch durch die Rechtsprechung gestützt, die in vergleichbaren Fällen bei im Rahmen von Kritik und Beschwerden erhobenen Vorwürfen, Ansprüche nur dann erkennt, wenn der der Beschwerde zugrunde liegende Vorwurf leichtfertig und vorsätzlich unrichtig oder zum Zwecke diffamierender Schmähkritik erhoben wurde (vgl. hierzu OLG Frankfurt a.M. NJW-RR 1994, 416 [417]; OLG Hamburg MDR 1971, 1009 [1010]).

Schon angesichts der konkret anlassbezogenen Beschwerde gegenüber dem „Stern" kann hiervon nicht ausgegangen werden. Nach dem unstreitigen Vortrag des Beklagten war er dahingehend informiert worden, dass der Kläger zu einem klärenden Gespräch eingeladen worden war. Der Streit über etwaiges amtspflichtwidriges Verhalten war bereits im Rahmen eines Disziplinarverfahrens im Streit und beruhte auf einem vom Kläger initiierten Fax vom November 1996. Die insoweit vertretene Rechtsauffassung der EKHN war bekannt. Dass die Interpretation des „humorischen Faxes" „erst Monate später erfolgt" sein soll, ist vom Beklagten richtig gestellt worden. Angesichts dessen vermag das Gericht nicht zu erkennen, dass die erhobenen Vorwürfe leichtfertig und vorsätzlich falsch erhoben worden wären. Vielmehr kann allein davon ausgegangen werden, dass der Beklagte - auch in seiner Funktion als Leiter des Referats für Öffentlichkeitsarbeit - versuchte, der Darstellung des „Stern" den Ablauf des Geschehens aus Sicht der EKHN bzw. aus seinem Blickwinkel gegenüberzustellen. Dies mit dem Ziel, etwaigen Rufschädigungen des Kirchenpräsidenten zu begegnen. Dass der Kläger in diesem

Zusammenhang mit völlig sachwidrigen Schmähungen überzogen worden wäre, die allein dessen Ehrkränkung beabsichtigt hätten, ist nicht anzunehmen. Vielmehr halten sich die hier im Streit stehenden Äußerungen im Rahmen der durch die Meinungsfreiheit gedeckten Kritikmöglichkeiten, wobei die vorzunehmende Abwägung auch die Äußerungen des Klägers zu berücksichtigen hat, die dieser zuvor über den Beklagte geäußert hat. Danach erscheinen die streitgegenständlichen Äußerungen für den Kläger, der selbst für scharfe Kritik eintritt und diese auch - wie aus den vorliegenden Schreiben ersichtlich - in dieser Form übt, hinnehmbar. Mangels rechtswidriger Verletzung des Klägers liegen die Voraussetzungen eines Schmerzensgeldanspruchs nicht vor.

44

In allgemeinen Wohngebieten und in Mischgebieten sind Anlagen für kirchliche und soziale Zwecke, so auch die Errichtung einer Moschee, allgemein zulässig. Der Umstand, dass kein Mitglied des Trägervereins ortsansässig ist, kann nur rechtserheblich sein, wenn das Objekt in einem reinen Wohngebiet geplant wird.

Zur Frage, ob sich ein solches Vorhaben nach Art und Maß der baulichen Nutzung, der Bauweise und der Grundstücksfläche, die überbaut werden soll, in die Eigenart der näheren Umgebung einfügt.

§§ 34 Abs. 1BauGB, 4 Abs. 1 Nr. 3, 6 Abs. 2 Nr. 5 BauNVO
VG Frankfurt a.M., Urteil vom 27. August 2001 - 3 E 815/01(2)[1] -

Die Beteiligten streiten um die Frage, ob der Beklagte das nach § 36 BauGB erforderliche und von ihr versagte Einvernehmen der Klägerin zu einem von der Beigeladenen beantragten Bauvorbescheid für die Errichtung einer Moschee im Stadtgebiet S. der Klägerin zu Recht ersetzt hat oder nicht. Das Baugrundstück liegt im Bereich der Ortseinfahrt eines Ortsteils mit ca. 1.000 Einwohnern, von denen keiner Mitglied der Beigeladenen ist.

Mit Schreiben vom 30.7.1999 stellte die Beigeladene, eine Ahmadiyya-Gemeinde, eine Bauvoranfrage an die Bauaufsichtsbehörde des M-Kreises. Sie legte dar, sie beabsichtige im Ortsteil N. der Stadt S. auf einem näherbezeichneten Grundstück ein Gebetshaus mit Räumlichkeiten für die Verwaltung und einer Hausmeisterwohnung für ihre zirka 130 Mitglieder in S. zu bauen. Die derzeit in der Stadt angemieteten Räumlich-

---

[1] NVwZ-RR 2002, 175. Über die Berufung der Klägerin (3 UZ 3043/01 Hess.VGH) war bei Redaktionsschluss (1.6.2005) noch nicht entschieden.

Errichtung einer Moschee 273

keiten für die täglichen Gebete und das Freitagsgebet seien zu klein und entsprächen nicht den Bedürfnissen der Gemeinde. Sie wies darauf hin, dass für das betreffende Grundstück bereits ein positiver Vorbescheid für die Errichtung eines Wohngebäudes vom 25.9.1997 vorliege. Dieser Vorbescheid war im Einvernehmen mit der Klägerin ergangen.

Die Dienststelle Umwelttechnik des M-Kreises erklärte am 26.8.1999, dass aus der Sicht des Immissionsschutzes nur dann keine Bedenken gegen das Bauvorhaben erhoben würden, wenn im Rahmen des Bauantrages durch ein Lärmgutachten einer gemäß § 26 BImSchG in Hessen anerkannten Messstelle der Nachweis erbracht werde, dass von der Moschee, einschließlich Parkplatz, keine Überschreitungen der in der TA-Lärm für allgemeine Wohngebiete festgelegten Immissionsrichtwerte ausgingen. Das Amt empfahl daher, einen entsprechenden Vorbehalt in den Bauvorbescheid aufzunehmen.

In ihrer Stellungnahme vom 10.9.1999 teilte die Klägerin mit, das Vorhaben liege innerhalb eines im Zusammenhang bebauten Ortsteils, füge sich jedoch nicht in die vorhandene Bebauung ein. In der zugrunde liegenden Beschlussvorlage an den Magistrat heißt es, aufgrund der exponierten Lage würde durch die Errichtung einer Moschee in diesem Bereich, der von Wohnbebauung geprägt sei, das charakteristische Ortsbild nachhaltig beeinträchtigt. Außerdem lasse es das Vorhaben möglicherweise an der gebotenen Rücksichtnahme auf die Nachbarbebauung fehlen, wenn beispielsweise das Verkehrsaufkommen über das zumutbare Maß hinausgehe. Eine Moschee widerspreche auch der Eigenart des bestehenden Mischgebietes mit ausschließlicher Wohnbebauung.

Mit Bescheid vom 24.11.1999 teilte der M-Kreis der Beigeladenen mit, dass die Baugenehmigung für die geplante Moschee nicht in Aussicht gestellt werden könne. Zur Begründung wurde ausgeführt, dass zur Bebauung vorgesehene Grundstück befinde sich im Innenbereich der Gemarkung N. und beurteile sich somit in bauplanungsrechtlicher Hinsicht nach § 34 BauGB. Die Eigenart der näheren Umgebung entspreche einem Mischgebiet. Zwar seien gemäß § 6 BauNVO in einem Mischgebiet Anlagen für kirchliche Zwecke allgemein zulässig, die geplante Anlage verstoße jedoch gegen das in § 34 BauGB integrierte Rücksichtnahmegebot. Aufgrund des durch das Vorhaben bedingten erhöhten Verkehrsaufkommens sei mit höheren Immissionen/Emissionen für die umliegende Wohnbebauung zu rechnen. Insbesondere das Nachbargrundstück, Flurstück 3512, werde über das zumutbare Maß hinaus beeinträchtigt, so dass die Stadt S. ihr Einvernehmen zu dem Vorhaben versagt habe.

Mit Schreiben vom 22.12.1999 legte die Beigeladene Widerspruch gegen den Bescheid ein. Zur Begründung wurde unter anderem ausgeführt, dass bei der Berücksichtigung des Rücksichtnahmegebots im Rahmen einer Abwägung nach § 34 BauGB zu beachten sei, dass das Gesetz von einer grundsätzlichen Bebaubarkeit der Innenbereichsgrundstücke ausgehe. Daraus folge, dass die Eigentümerbelange ein besonderes Gewicht hätten und hier Vorrang vor den nachbarlichen Interessen genießen müssten, zumal nicht erkennbar sei, dass eine Beeinträchtigung über das zumutbare Maß hinaus stattfinde. Die Grundstücke lägen zwischen der Landesstraße L 3372, welche die Ortschaft N. als Hauptverkehrsstraße durchquere und die Verbindung zwischen der Gemeinde St. und der Stadt S. herstelle, und der stark befahrenen Bundesstraße B 40. Die von dieser Bundesstraße ausgehende Beeinträchtigung des Gebiets durch Emissionen sei nachhaltig und bereits seit Langem bekannt. So werde in einem Schreiben des Main-Kreises an das Hessische Straßenbauamt vom 27.10.1978 ausgeführt:

„Nach unserer Überprüfung bestehen hinsichtlich der Bebauung an die Wegparzelle 34 in der vorhandenen Bauflucht in bauaufsichtlicher Hinsicht grundsätzlich keine Bedenken. Wir weisen jedoch auf die nachteiligen Einwirkungen durch Emissionen (Lärm, Abgase und Schmutz) durch die nahe gelegene B 40 besonders hin."

In dem Bauvorbescheid des Main-Kreises vom 25.9.1997 werde dazu wie folgt festgehalten:

„Das Bauvorhaben wird in Kenntnis der von der B 40 bzw. L 3372 ausgehenden Emissionen geplant. Eventuell erforderlich werdende Schallschutzanforderungen oder ähnliches gehen zu Lasten des Bauherrn."

Diese Vorbelastung des Gebietes werde durch das Bauvorhaben der Ahmadiyya-Gemeinde nicht verschärft. Der für den Besuch der Moschee in Frage kommende Kreis belaufe sich auf zirka 120 Personen. Der gesamte Personenkreis werde allenfalls bei dem wöchentlich stattfindenden Freitagsgebet anwesend sein, das außerhalb der für den erhöhten Lärmschutz maßgeblichen Zeiten von abends 22.00 Uhr bis morgens 6.00 Uhr abgehalten werde. An den übrigen Wochentagen werde die Moschee von erheblich weniger Besuchern aufgesucht. Nach der Rechtsprechung des Bundesverwaltungsgerichts seien von den Nachbarn einer in dem Baugebiet allgemein zulässigen kirchlichen Anlage die mit deren Benutzung üblicherweise verbundenen Beeinträchtigungen wie An- und Abfahrtsverkehr der Besucher grundsätzlich hinzunehmen. Dies gelte erst recht, wenn das Gebiet mit Verkehrsgeräuschen bereits vorbelastet sei.

Am 19.4.2000 kam es zu einem Ortstermin, an dem Vertreter der Beigeladenen, der Bauaufsichtsbehörde und der Klägerin teilnahmen. Es wurde vereinbart, dass die Beigeladene eine detaillierte Baubeschreibung und Ansichten der geplanten Moschee vorlegt. Die Beigeladene überarbeitete daraufhin ihre ursprüngliche Planung und reichte die Unterlagen bei der Bauaufsichtsbehörde und der Klägerin ein. In der Baubeschreibung gab sie dazu an, die Moschee solle den in S. lebenden

Gemeindemitgliedern Platz bieten, die zurzeit - Erwachsene und Kinder zusammengenommen - zirka 100 Personen zählten. Alle Bauten, einschließlich der nach der Stellplatzverordnung erforderlichen 12 Parkplätze, befänden sich innerhalb des Baufensters. Das Gebäude sei in Richtung Mekka ausgerichtet. Das Pyramidendach der Moschee schließe mit einer Kuppel ab, die Seitenflügel des Baukörpers seien als Pultdächer geplant, um sie an die Nachbarbebauung anzupassen. Das Minarett werde knapp 9,50 m hoch und werde nicht mit Lautsprechern ausgestattet. Jedes Gemeindemitglied erhalte monatlich einen Gebetsplan, auf dem die Uhrzeiten der fünf täglichen Gebete vermerkt seien. Erfahrungsgemäß werde nur an Freitagen und an Wochenenden die volle Anzahl der Mitglieder die Moschee besuchen. Der Baukörper sei eingeschossig und beinhalte zwei nach Geschlechtern getrennte Gebetsräume mit 40 bzw. 54 m^2 (0,85 m^2 pro Person), Nasszellen, ein Büro, eine Küche, eine Zweizimmer-Wohnung für den Hausmeister und einen Technik- sowie Anschlussraum.

Mit Schreiben vom 9.6.2000 blieb die Klägerin jedoch bei ihrer negativen Stellungnahme, wobei sie erneut das Vorhaben dem unbeplanten Innenbereich nach § 34 BauGB zuordnete. Diese bauplanungsrechtliche Beurteilung war auch Grundlage einer erneuten Erörterung des Vorhabens im Magistrat der Klägerin am 26.7.2000, die mit der Feststellung endete, dass zu dem Grundstück keine Zuwegung bestehe.

Die Beigeladene wies den Beklagten, dem zwischenzeitlich die Akten zur Durchführung des Widerspruchsverfahrens vorgelegt worden waren, mit Schreiben vom 25.8.2000 noch darauf hin, dass die Höhe des Baukörpers einschließlich des vorgesehenen Minaretts die Firsthöhe der umliegenden Gebäude nicht übersteige, die teilweise über zwei Vollgeschosse mit ausgebautem Dachgeschoss verfügten und überdies wegen der beginnenden Hanglage oberhalb des in Rede stehenden Grundstücks lägen. Auch das erforderliche Einfügen in die nähere Umgebung könne nicht wegen des Minaretts verneint werden, da die Besonderheiten kirchlicher Architektur, wie etwa ein Kirchturm, hinzunehmen seien, solange die Anlage als solche in dem Baugebiet allgemein zulässig sei.

In einer Stellungnahme vom 8.9.2000 gegenüber dem Beklagten betonte die Klägerin nochmals, dass das geplante Vorhaben nach § 34 BauGB beurteilt werde. Zusätzlich zu den bisher geäußerten Bedenken meinte sie nun, dass die prägende Wirkung des Altbestandes auch dadurch in Frage gestellt werde, dass nicht nur von der Art, sondern auch vom Maß der vorhandenen baulichen Nutzung erheblich abgewichen werde. Sie bezweifelte die von der Beigeladenen angegebene Besucherzahl. Es sei davon auszugehen, dass weitaus mehr als 100 Personen die Moschee - nicht nur an Feiertagen und Wochenenden - aufsuchen würden, zumal sie die einzige im weiteren Umkreis sei.

Mit Bescheid vom 18.10.2000 ersetzte der Beklagte als Widerspruchsbehörde das nach seiner Auffassung rechtswidrig versagte Einvernehmen der Klägerin. Zur Begründung führte er unter anderem aus, die Errichtung der geplanten Moschee sei an dem vorgesehenen Standort gemäß § 34 BauGB iVm der BauNVO zulässig, da die nähere Umgebung des zur Bebauung vorgesehenen Grundstücks einem Mischgebiet gemäß § 6 BauNVO entspreche. § 6 Abs. 2 Nr. 5 BauNVO sehe Anlagen für kirchliche Zwecke, und damit auch Moscheen, in Mischgebieten allgemein als zulässige Bauvorhaben an. Das Vorhaben weiche nach der bisherigen Darstellung nicht von dem Maß der baulichen Nutzung in der Umgebung des betroffenen Baugrundstücks ab, sondern entspreche ihr auch im Hinblick auf die zu berücksichtigende Bauweise und die zu überbauende Grundstücksfläche. Die befürchtete Beeinträchtigung des Ortsbildes durch die Moschee sei nicht nachvollziehbar. Für die Beurteilung seien ausschließlich städtebauliche Kriterien maßgeblich. Ein Verstoß gegen das Gebot der Rücksichtnahme liege nicht vor, insbesondere sei nicht mit einer unzumutbaren Erhöhung des Verkehrsaufkommens in dem betroffenen Gebiet zu rechnen. Das Gelände sei außerhalb der Ortsdurchfahrt an der freien Strecke im Knotenbereich der Landesstraßen L 3372/L3329 (= B 40) gelegen. Die Moschee sei damit zum einen für ihre Besucher, die nicht durch das innere Gemeindegebiet fahren müssten, leicht zu erreichen. Zum anderen sei nicht erkennbar, inwiefern die auf Grund der von den beiden Landesstraßen ausgehenden Emissionen ohnehin schon beeinträchtigten Anwohner durch den Bau der Moschee einer unzumutbaren Mehrbelastung ausgesetzt wären. Der mit der Moschee typischerweise verbundene An- und Abfahrtsverkehr der Besucher sei gemäß der gesetzlichen Wertung in § 6 Abs. 2 Nr. 5 BauNVO grundsätzlich hinzunehmen. Es sei darauf hinzuweisen, dass sich Muslime nach ihrer religiösen Tradition vor allem zum Freitagsgebet versammeln würden, so dass für die Anwohner keine unzumutbaren Belästigungen oder Störungen an christlichen Sonn- und Feiertagen zu erwarten seien. Da die Ahmadiyya-Gemeinschaft sich als islamische Reformgemeinde verstehe, sei nicht zu erwarten, dass Angehörige anderer islamischer Glaubensrichtungen die Moschee aufsuchen würden. Durch den Verzicht auf einen Lautsprecher werde eine weitere Lärmeinwirkung auf die Anwohner vermieden. Die Zahl der vorgesehenen Stellplätze sei ausreichend, wenn man bedenke, dass bei Kirchen mit überörtlicher Bedeutung üblicherweise pro 10 Sitzplätze 0,5-1 Stellplatz zur Verfügung zu stellen seien. Die Erschließung des Grundstücks sei über den von der L 3372 abzweigenden öffentlichen Weg gesichert. Im Übrigen könne diese Frage im Bauvorbescheid offengelassen werden und dem Baugenehmigungsverfahren vorbehalten bleiben. Ebenso könne die Erteilung der Baugenehmigung von der Vorlage einer Lärmprognose einer nach § 26 BImSchG anerkannten Stelle abhängig gemacht werden.

Die Begründung des Widerspruchs der Klägerin entspricht im Wesentlichen dem Inhalt ihrer rüheren Stellungnahmen. Auch der Ortsbeirat von N. wandte sich an den Beklagten und legte eine Unterschriftenliste vor, auf der sich 408 der zirka 1.000 Bürgerinnen und Bürger des Ortsteils gegen den Bau der Moschee ausgesprochen hatten. Der Ortsbeirat erklärte, die Bevölkerung werde es nicht hinnehmen, dass an einem so exponierten Standort in ländlicher Umgebung ein so auffälliges Bauwerk wie eine Moschee entstehe, und äußerte sich ebenfalls besorgt über das zu erwartende Verkehrsaufkommen. In der Folgezeit gründete sich in Niederzelt eine Bürgerinitiative zur Verhinderung des Baues der Moschee.

Mit Widerspruchsbescheid vom 30.1.2001 wies der Beklagte den Widerspruch zurück. Die Begründung wiederholt - in detaillierterer Form - die Argumentation des Ausgangsbescheids vom 18.10.2000. Ergänzend wird ausgeführt, auch wenn in der Umgebung nahezu ausschließlich Wohnbebauung vorhanden sein sollte, so dass es sich um ein allgemeines Wohngebiet handeln könnte, ändere sich nichts an der bauplanungsrechtlichen Beurteilung, weil nach § 4 Abs. 2 Nr. 3 BauNVO auch dort Anlagen für kirchliche Zwecke zulässig seien. Beim Vergleich des Maßes der baulichen Nutzung im unbeplanten Innenbereich sei in erster Linie auf solche Maße abzustellen, die nach außen wahrnehmbar in Erscheinung träten und anhand derer sich die vorhandenen Gebäude in der näheren Umgebung leicht in Beziehung zueinander setzen ließen.

Im vorliegenden Fall werde die das Baugrundstück prägende Umgebungsbebauung südlich der L 3329 und auf beiden Seiten der L 3372 bestimmt durch jeweils ein- oder zweigeschossige Wohnhäuser in überwiegend offener Bauweise auf Grundstücken mit jeweils zwischen etwa 800 und 1200 m², die im rückwärtigen Bereich jeweils noch größere Freiflächen aufwiesen. Das größte Ausmaß in diesem Bereich erreiche dasjenige auf der Parzelle 95/1 mit einer Gebäudelänge von 23 m und einer Tiefe von 13 m; auch das Haus auf der Parzelle 48/2 erreiche mit Nebengebäuden eine Länge von 20 m und eine Tiefe von 10 m. In diese Umgebung füge sich die geplante Moschee mit einer Länge von 22 m und einer Tiefe von 14 m ein, auch wenn die anderen dort errichteten Häuser kleinere Ausmaße hätten. Angesichts der Tatsache, dass das Baugrundstück mit etwa 1640 m² erheblich größer sei als diejenigen der Umgebung und am äußeren Rand des Stadtteils N. gelegen sei, würden auch durch die Überschreitung der Ausmaße der meisten in der Umgebung vorhandenen Gebäude keine nur durch eine Bauleitplanung zu lösenden bodenrechtlichen Spannungen hervorgerufen. Im Übrigen sei bei der in allgemeinen Wohngebieten oder Mischgebieten zulässigen Bebauung mit Anlagen für kirchliche, sportliche oder soziale Zwecke davon auszugehen, dass die äußeren Ausmaße derartiger Gebäude diejenigen der umgebenden Wohnhäuser überschreiten könnten und müssten, um die ihnen zugedachte Funktion erfüllen zu können.

Auch die Grundflächenzahl füge sich in die Umgebung ein. Sie betrage bei einer Grundstücksgröße von 1640 m² und den Ausmaßen der Moschee von etwa 245 m² zuzüglich der Stellplätze von 150 m² ungefähr 0,24. Dieses Maß liege jedenfalls noch unter der von 0,3, die in den angrenzenden Plangebieten zulässig sei, und liege auch noch innerhalb des Rahmens der die Umgebung prägenden Bebauung, bei der die Grundflächenzahl jeweils zwischen 0,17 und 0,27 betrage. Die Höhe des Gebäudes von 7,50 m übersteige ebenso wenig diejenige der umliegenden zweigeschossigen Häuser wie das an der Nordecke vorgesehene Minarett mit einer Höhe von 9,50 m.

Eine Beeinträchtigung des Ortsbildes sei nicht schon dann zu erwarten, wenn ein Bauvorhaben nach seinem äußeren Erscheinungsbild nicht in das Ortsbild „passe", sondern nur, wenn das Vorhaben die bauliche Ansicht des Ortes negativ beeinflusse. Dabei sei das jeweilige städtebauliche Gewicht des betroffenen Ortsteils zu berücksichtigen. Der strittige Bereich sei städtebaulich weder besonders schutzwürdig noch sonst von besonderer Bedeutung. Es möge zwar zutreffen, dass bei der Vorbeifahrt an N. als erstes Gebäude des Ortsteiles die Moschee zu sehen sei, diese sei jedoch nicht so auffällig und vor allem nicht so hoch, dass hierdurch der Blick auf die angrenzenden Häuser verdeckt werde, zumal das Gelände ansteige. Von der Kuppel und dem Minarett abgesehen sei die äußere Gestaltung des Gebäudes eher neutral. Aber auch aus der Tatsache, dass ein Gebäude aufgrund der äußeren Gestaltung etwas Außergewöhnliches in der Umgebung darstelle und sich nichts Vergleichbares in der unmittelbaren Nachbarschaft finde, könne nicht ohne weiteres auf eine negative Beeinflussung des Ortsbildes geschlossen werden.

Bei der Frage, ob das Rücksichtnahmegebot durch das Vorhaben verletzt werde, seien in erster Linie die dem Vorhaben zuzurechnenden Emissionen zu berücksichtigen. Als Betriebslärm könne nur der fünfmal am Tag von dem Minarett aus zu erwartende Gebetsruf angesehen werden, für den allerdings kein Lautsprecher benutzt werde. Diese Rufe berührten das Rücksichtnahmegebot nicht, da sie zum einen an der in der Nähe der L 3329 gelegenen nordwestlichen Gebäudeecke erfolgten, neben dem von dieser Straße ausgehenden Verkehrslärm also ohnehin kaum wahrnehmbar sein würden, und zum anderen die Nachbarn eines gesetzlich zulässigen Vorhabens die von diesem ausgehenden Emissionen hinzunehmen hätten. Etwas anderes gelte möglicherweise, falls der erste Ruf vor Sonnenaufgang in die stärkeren Schutz genießende Ruhezeit vor 6.00 Uhr falle. Ob die geltenden Emissionsrichtwerte dann voraussichtlich noch eingehalten würden, könne jedoch anhand der im Baugenehmigungsverfahren einzuholenden Lärmprognose ermittelt werden, wobei auch die Lärmvorbelastung zu berücksichtigen sei. Eine zusätzliche Verkehrsbelastung des Stadtteils N. sei außerhalb des Einmündungsbereiches der L 3372 in die L 3329 nicht zu erwarten. Für das angrenzende Wohngrundstück sei die geforderte Lärmprognose zur Beurteilung der Emissionswerte heranzuziehen.

Schließlich genügten die in der Planung enthaltenen Stellplätze den Anforderungen der Stellplatzsatzung der Stadt S. vom 26.9.2000. Nach Ziffer 4.2 würden für Versammlungsstätten wie Kinos, Vortragssäle und

Mehrzweckhallen ein Stellplatz für je 10 Sitzplätze und nach Ziffer 4.3 für Gemeindekirchen ein Stellplatz für je 30 Sitzplätze gefordert. Die Moschee, die höchstens 110 Personen aufnehmen solle, sei eher einer Versammlungsstätte als einer Gemeindekirche gleichzusetzen, da die Besucher nicht nur aus dem umliegenden Ortsteil zu erwarten seien. Die vorgesehenen 12 Stellplätze seien jedoch auch bei dieser Einordnung ausreichend.

Gegen die Ersetzung ihres Einvernehmens wendet sich die Klägerin mit der Anfechtungsklage. Zur Begründung bringt sie – unter näherer Darlegung der örtlichen Verhältnisse - erstmals vor, das Baugrundstück liege im Außenbereich des Ortsteils N. und sei deshalb nicht bebaubar.

Hilfsweise hält die Klägerin an den bisherigen Einwendungen gegen das Sicheinfügen des Vorhabens im Sinne des § 34 BauGB fest. Das Vorhaben sprenge mit seinen äußeren Abmessungen den vorgegebenen Rahmen. Dieser liege bei der Mehrzahl der vorhandenen Ein- oder Mehrfamilienhäuser bei einer Grundfläche von etwa 10 x 14 m = 140 m², während die Abmessungen des Vorhabens 14 x 22 m = 308 m² betragen sollten, also die Grundflächen der angrenzenden Bebauung um 120 vH überstiegen. Die Grundflächenzahl liege einschließlich der erforderlichen Stellplatzflächen mit mehr als 0,41 erheblich über dem im Widerspruchsbescheid angegebenen Rahmen von 0,17-0,27. Tatsächlich seien 24 Stellplätze à 18 m² notwendig, also allein eine Stellplatzfläche von 432 m². Dies ergebe sich aus der gegenwärtig gültigen Stellplatzsatzung in der Fassung vom 26.9.2000. Der Bedarf an notwendigen Stellplätzen richte sich nach Ziffer 4.1, denn es handele sich um eine Versammlungsstätte von überörtlicher Bedeutung, für die ein Stellplatz je fünf Sitzplätze notwendig sei. Die Privilegierungen der Ziffern 4.2 und 4.3 kämen nicht in Betracht, denn es handele sich weder um eine Gemeindekirche, noch um eine sonstige Versammlungsstätte. Neben 22 Stellplätzen für 110 Besucher kämen noch zwei Stellplätze für die Hausmeisterwohnung und den Büroraum.

Das Vorhaben füge sich auch deswegen nicht ein, weil nicht erkennbar sei, wie der Zu - und Abfahrtsverkehr zu den auf dem Grundstück anzuordnenden Stellplätzen von dem weniger als 4 m breiten Wirtschaftsweg bewältigt werden könnte. Deshalb sei auch die Erschließung des Vorhabens nicht gesichert. Die Klägerin sei nicht verpflichtet, den Wirtschaftsweg entsprechend den konkreten Erschließungsbedürfnissen auszubauen. Im unbeplanten Innenbereich seien nach der Rechtsprechung des Bundesverwaltungsgerichts nur Vorhaben zulässig, für welche die vorgefundene Erschließungslage ausreiche. Eine Erschließung des Baugrundstücks unmittelbar über eine direkte Zufahrt von der L 3372 sei wegen § 24 Abs. 1 Nr. 1 Hessisches Straßengesetz nicht zulässig.

Ferner werde durch das Vorhaben das Ortsbild beeinträchtigt, weil es durch seine prominente Lage bei Anfahrt aus Richtung Kernstadt unverkennbar den Ortseingang von N. städtebaulich dominieren und die benachbarte Bebauung völlig in den Hintergrund drängen würde. Diese sei gekennzeichnet durch Wohnhäuser, die jeweils soweit hinter die Grundstücksgrenze zurückwichen, dass sich dem aus der Kernstadt kommenden, in den Ortseingang N. fahrenden Betrachter der Eindruck eines Ortseinganges in großzügiger Weite mit aufgelockerter Bebauung biete, die zum Kern des Ortsteiles hin an Dichte zunehme. Zudem ergäben sich erhebliche städtebauliche Spannungen zum Nachteil des Ortsbildes dadurch, dass die Moschee schräg auf dem Grundstück plaziert werden solle und nicht entlang der durch Wohnhäuser faktisch erzeugten Baulinie. Dies führe zu einer optischen Verengung der Ortseinfahrt und verschlechtere dadurch deren städtebauliche Qualität.

In der mündlichen Verhandlung hat die Klägerin einen am 24.8.2001 in Kraft getretenen Nachtrag zu ihrer Stellplatzsatzung vorgelegt, nach der für Versammlungsstätten und Kirchen von stadtteilübergreifender oder überörtlicher Bedeutung ein Stellplatz je fünf Sitz- oder Betplätze zu errichten ist.

Der Beklagte lässt vortragen, das Grundstück sei heute wie zur Zeit der früheren positiv beschiedenen Bauvoranfrage als ein zum Innenbereich gehörendes Grundstück anzusehen, das sich als Baulücke darstelle. Dass die Klägerin jetzt ihre diesbezügliche Einschätzung geändert habe, sei nur vor dem Hintergrund nachvollziehbar, dass sie die Bebauung mit einer Moschee auf jeden Fall verhindern wolle. Aber selbst wenn das Grundstück dem Außenbereich zugehörig sein sollte, müsste eine Zulässigkeit des Vorhabens nach § 35 Abs. 2 BauGB angenommen werden, da keine der Beeinträchtigungen nach § 35 Abs. 3 BauGB vorliegen würden.

Die Größe der Grundfläche sei kein Einfügensmaßstab für die überbaute Grundstücksfläche, da sich dieses Kriterium in erster Linie auf Baulinien, Baugrenzen und Bebauungstiefe beziehe. Zwar überschreite das geplante Vorhaben hinsichtlich der Grundfläche das in der Umgebung vorhandene Maß der baulichen Nutzung, füge sich aber dennoch ein, weil eine grundsätzlich zulässige Anlage für kirchliche und soziale Zwecke im allgemeinen größere Gebäude benötige als die üblicherweise in einem allgemeinen Wohn- oder Mischgebiet vorhandenen Wohnhäuser. Die Klägerin habe im Übrigen zu Unrecht die Stellplatzflächen bei der Beurteilung des Maßes der baulichen Nutzung mitberechnet. Deren Anrechnung könne sich nur aus § 19 Abs. 4 BauNVO ergeben, der an die im Bebauungsplan festgesetzte zulässige Grundflächenzahl anknüpfe und daher im Rahmen des § 34 BauGB keine Anwendung finde. Außerdem begegne es erheblichen Bedenken, wenn diese Flächen zwar im Falle des hier streitigen Bauvorhabens, nicht jedoch auch bei den zum Vergleich herangezogenen Grundstücken in der Umgebung in die Berechnung der Grundflächenzahl einbezogen würden.

Die Frage der notwendigen Stellplätze spiele als bauordnungsrechtliches Kriterium bei der Versagung des gemeindlichen Einvernehmens

keine Rolle. Das Einvernehmen habe auch nicht wegen fehlender Erschließung des Grundstücks versagt werden können, denn dieses liege unstreitig an einer öffentlichen Straße. Einzelheiten der Erschließung müssten im Verfahren zur Erteilung des Bauvorbescheides nicht abschließend geregelt werden.
Das Verwaltungsgericht weist die Klage ab.

Aus den Gründen:

Die Klage ist zulässig, aber unbegründet.
Die angefochtenen Bescheide sind rechtmäßig und verletzen die Klägerin nicht in ihrer Planungshoheit oder sonstigen Rechten (vgl. § 113 Abs. 1 Satz 1 VwGO). Die Klägerin hat ihr nach § 36 BauGB erforderliches Einvernehmen zu dem Vorhaben der Beigeladenen rechtswidrig versagt, so dass der Beklagte als Widerspruchsbehörde das Einvernehmen ersetzen konnte, um die Bindung der Verwaltung an Recht und Gesetz sicherzustellen(§ 36 Abs. 2 Satz 3 BauGB).
Die Beigeladene beantragte bei der zuständigen Baugenehmigungsbehörde einen Bauvorbescheid (vgl. § 65 HBO) zur generellen Zulässigkeit einer Moschee auf dem in Aussicht genommenen Bauplatz in N. Damit war die bauplanungsrechtliche Beurteilung des Vorhabens am vorgesehenen Standort angesprochen.
Über die Zulässigkeit von Vorhaben nach den §§ 31, 33-35 BauGB wird im bauaufsichtlichen Verfahren von der Baugenehmigungsbehörde im Einvernehmen mit der Gemeinde entschieden (§ 36 Abs. 1 Satz 1 BauGB). Nach § 36 Abs. 2 Satz 1 BauGB darf das Einvernehmen der Gemeinde nur aus den sich aus den §§ 31, 33, 34 u. 35 BauGB ergebenden Gründen versagt werden.
Das Vorhaben beurteilt sich planungsrechtlich nach § 34 BauGB. Es handelt sich zwar um einen Grenzfall, weil das Baugrundstück am Rande der vorhandenen Bebauung liegt, doch zeigt die nähere Betrachtung, dass es noch dem unbeplanten Innenbereich zuzurechnen ist, was der Eindruck vor Ort bestätigt. *(wird ausgeführt)*
Das Vorhaben der Beigeladenen ist nach § 34 BauGB bauplanungsrechtlich zulässig. Insbesondere fügt es sich in die Eigenart der näheren Umgebung ein. Da diese einem der in der Baunutzungsverordnung bezeichneten Baugebiete entspricht, beurteilt sich seine Zulässigkeit nach seiner Art allein danach, ob es nach der Verordnung in dem Baugebiet allgemein zulässig wäre. Bei der Bestimmung der maßgeblichen Umgebung ist zu beachten, dass es sich bei dem Ortsteil N. um ein kleines Dorf mit vorwiegend aufgelockerter Bebauung handelt, so dass der Kreis um das Baugrundstück, innerhalb dessen sich eine städtebaulich prägende Wirkung entfaltet, nicht zu eng gezogen werden darf. Die

Bebauung südöstlich der Ortsdurchfahrt (...) ist durch Bebauungspläne geregelt, die dort ein Mischgebiet ausweisen. Diese Ausweisung ist nach Einschätzung der Klägerin in der mündlichen Verhandlung auch nicht durch die tatsächliche Entwicklung überholt und funktionslos geworden. Die Bebauungspläne werden nach wie vor für die Prüfung neuer Vorhaben herangezogen. Das neben dem Baugrundstück nordwestlich an die Ortsdurchfahrt angrenzende Gemeindegebiet ist dagegen nach Auskunft der Klägerin gestützt auf § 34 BauGB bebaut worden. *(wird weiter ausgeführt)*
In allgemeinen Wohngebieten und in Mischgebieten, die hier in Betracht kommen, sind Anlagen für kirchliche und soziale Zwecke allgemein zulässig (§ 4 Abs. 1 Nr. 3 und § 6 Abs. 2 Nr. 5 BauNVO), so dass offen bleiben kann, welcher der beiden Gebietstypen hier letztlich zutrifft. Da als Ausfluss der staatlichen Neutralität auch die Baunutzungsverordnung weltanschaulich neutral ausgelegt werden muss, ist die geplante Moschee unter diese Vorschriften zu subsumieren und damit nach ihrer Art am vorgesehenen Standort allgemein zulässig. Dass die Mitglieder der Beigeladenen allesamt nicht in N. ansässig sind, wäre rechtlich nur relevant gewesen, wenn es sich bei der näheren Umgebung um ein reines Wohngebiet gehandelt hätte (vgl. § 3 Abs. 3 Nr. 2 BauNVO).

Das Vorhaben fügt sich auch nach Art und Maß der baulichen Nutzung, der Bauweise und der Grundstücksfläche, die überbaut werden soll, in die Eigenart der näheren Umgebung ein (§ 34 Abs. 1 Satz 1 erster Halbsatz BauGB). Es hält sich mit seiner überbauten Grundstücksfläche innerhalb der Grenzen, die durch die Anordnung der vorhandenen Bebauung und die Vorschriften des Hessischen Straßengesetzes vorgegeben sind. Dass der Baukörper, verglichen mit den Gebäuden auf derselben Straßenseite, wegen seiner Ausrichtung nach Mekka schräg angeordnet ist, schadet nicht, da hier zwar Baugrenzen, nicht aber Baulinien zu beachten sind, weil diese nicht durch lediglich 2 Häuser in der Nachbarschaft, deren Straßenfront eine Linie bildet, erzeugt werden können. Die Schrägstellung ist Teil der typischen Architektur eines muslimischen Gebetshauses, die - wenn nicht städtebauliche Gründe dagegen sprechen - grundsätzlich hinzunehmen ist. Im Übrigen sei darauf hingewiesen, dass auch die christliche Kirche des Ortes bezogen auf den Straßenverlauf und die Nachbarbebauung schräg steht, ohne dass dies offenbar als Beeinträchtigung empfunden würde.

Bei dem Einfügen nach dem Maß der baulichen Nutzung ist auf die Begriffsbestimmungen der Baunutzungsverordnung zurückzugreifen (BVerwGE 95, 277). Allerdings kommt den Faktoren des § 16 Abs. 2 BauNVO unterschiedliches Gewicht zu, je nach dem welche Bezugsgrößen zur Ermittlung des zulässigen Maßes der baulichen Nutzung von außen am besten zu erkennen sind (Schrödter aaO Rn 37). Die absolute Größe der Grundfläche und der Höhe sowie die Geschosszahl, bei offener Bauweise auch das Verhältnis zu den seitlichen Freiflächen, prägen das

Bild der maßgeblichen Umgebung und bieten sich zur Ermittlung des Rahmens an (BVerwG aaO). Die relativen Maßstäbe, wie die Grundflächenzahl und die Geschossflächenzahl, sind in der Örtlichkeit schwer ablesbar und können daher allenfalls in Gebieten mit einheitlichem Grundstückszuschnitt eine gewisse Bedeutung erlangen (Schrödter aaO). Die Grundfläche hält den vorgegebenen Rahmen ein. Neben kleineren Gebäuden (...), die Grundflächen von insgesamt jeweils zirka 120-140 m² aufweisen, gibt es in der näheren Umgebung auch größere Gebäude, die allein oder mit Nebengebäuden Grundflächen zwischen zirka 170-260 m² aufweisen (Flurstücke 50, 68, 69). Am besten vergleichbar ist die geplante Moschee mit dem Mehrfamilienhaus auf Flurstück 95/1. Dieses hat - die Vorsprünge nicht mitgerechnet - eine Länge von 24 m und eine Breite von 10,50. Die Moschee soll - auch hier die Vorsprünge nicht mitgerechnet - eine Länge von 22 m erhalten und eine Breite von 10 m. Rechnet man die Vorsprünge mit, ergibt sich für das Mehrfamilienhaus eine Grundfläche von zirka 275 m², für die Moschee dagegen nur eine Fläche von 233 m². Überdies ist zu berücksichtigen, dass ein für religiöse Zwecke vorgesehenes Gebäude regelmäßig einen größeren Platzbedarf hat als Wohnhäuser und dieser - sofern er nicht völlig außer Verhältnis zur umgebenden Bebauung steht - hingenommen werden muss, da derartige Anlagen in Wohngebieten zulässig sind. Dieses gilt es insbesondere zu bedenken, wenn man im Gegensatz zum Beklagten, der § 19 Abs. 4 BauNVO im unbeplanten Innenbereich nicht für anwendbar hält, mit der Klägerin die notwendigen Stellplätze in die Berechnung miteinbeziehen wollte. Anlagen für religiöse oder soziale Zwecke benötigen naturgemäß erheblich mehr Stellplätze als Wohnhäuser vergleichbarer Größe. Daher kann an dieser Stelle nicht nur dahinstehen, ob § 19 Abs. 4 BauNVO bei dieser Frage Anwendung findet - ganz abgesehen davon, dass die Vorschrift auch erhebliche Überschreitungen bis über 50 vH der zulässigen Grundfläche gestattet - sondern auch von welcher Fassung der Stellplatzsatzung und damit welcher Stellplatzanzahl auszugehen ist.

Hinzu kommt, sofern man der Grundflächenzahl überhaupt Bedeutung beimessen möchte, dass das Vorhaben der Beigeladenen auf dem größten Grundstück der näheren Umgebung realisiert werden soll, was die Grundfläche selbst dann relativieren würde, wenn man 24 Stellplätze berücksichtigen würde. Dabei darf dann nämlich nicht vergessen werden - wie dies der Klägerin unterlaufen ist - dass beispielsweise das zum Vergleich herangezogene - erheblich kleinere - Flurstück 95/1 auch über eine größere Stellplatzanlage (9 Parkplätze) verfügt. Seine Grundflächenzahl unterschreitet diejenige des Baugrundstücks nicht, wenn die Stellplätze mit ihren Zufahrten mitgerechnet werden. Ähnliches gilt für das Verhältnis der überbauten Fläche zu den seitlichen Freiflächen.

Die Geschosszahl und die Geschossflächenzahl sind im gegebenen Rahmen ebenso unproblematisch wie die Bauweise, mit der keine gestalterischen Elemente gemeint sind, sondern die Frage, ob die Bebauung offen oder geschlossen ist. Die Höhe der geplanten Moschee sprengt den planungsrechtlichen Rahmen ebenso wenig. Es ist insgesamt ein eher flacher Baukörper, der mit einer Kuppel abschließt, die in einer Höhe von 6,50 m endet - eine nicht unübliche Traufhöhe bei zweigeschossigen Wohnhäusern. Lediglich die aufgesetzte Spitze erreicht eine Höhe von 7,50 m und das schmale Minarett am höchsten Punkt eine Höhe von 9,50 m. Damit ist die Spitze des Minaretts dem Dachfirst des Mehrfamilienhauses auf dem Flurstück 95/1 vergleichbar, gleichwohl wird die Moschee insgesamt weniger massig wirken. Entscheidender noch ist aber auch hier wieder der Hinweis, dass es sich um ein religiöses Gebäude handelt und Kuppel sowie Minarett, die als Einzige einige Häuser in der Nachbarschaft überragen, Ausdruck der spezifischen Nutzung des Gebäudes sind, die zulässig ist, so dass seine Besonderheiten hinzunehmen sind. Beim Bau einer christlichen Kirche würde die Forderung, ihr Kirchturm dürfe benachbarte Wohnhäuser nicht überragen, als abwegig abgetan werden.

Auch das im Merkmal des „Sicheinfügens" enthaltene Gebot der Rücksichtnahme ist soweit dies im Stadium. des Bauvorbescheids erkennbar ist - nicht tangiert. Da die Klägerin das durch die Moschee ausgelöste Verkehrsaufkommen als unzumutbar einschätzt, weil sie befürchtet, dass die Moschee weit über S. hinaus Zuspruch finden könnte, sei zunächst darauf aufmerksam gemacht, dass der von der Beigeladenen vorgelegte Grundriss Gebetsräume für 110 Personen vorsieht. Angesichts dessen, dass damit jeder Besucherin und jedem Besucher nur 0,85 m² zugebilligt werden und das Beten nicht in platzsparender aufrechter Haltung stattfindet, ist dadurch von vornherein ausgeschlossen, dass eine erheblich größere Menschenmenge an den Versammlungen teilnimmt. Im Baugenehmigungsverfahren kann darauf geachtet werden, dass bei der Einreichung der endgültigen Bauvorlagen keine andere Dimensionierung erfolgt. Da die Besucher nicht alle einzeln anreisen werden, zumal es sich bei Ahmadiyyas häufig um Familien handelt, wie dem Gericht aus seinen Erfahrungen mit Asylverfahren pakistanischer Staatsangehöriger bekannt ist, wird das zusätzliche Verkehrsaufkommen überschaubar bleiben. Zieht man die speziell für das Vorhaben der Beigeladenen aktualisierte Fassung der Stellplatzverordnung heran, dann wird deutlich, dass die Klägerin zu den Zeiten der höchsten Frequentierung beim Freitagsgebet mit maximal 24 Fahrzeugen rechnet. Das ist angesichts der Vorbelastung des Gebiets durch zwei Landesstraßen, von denen die L 3329 stark befahren ist, keine unzumutbare Größenordnung. Stattdessen ist zu erwägen, ob das langgestreckte Gebäude der Beigeladenen nicht im Gegenzug den südöstlich davon auf der anderen Straßenseite gelegenen Häusern einen gewissen Schallschutz gegenüber der L 3329 bieten könnte.

Auch der Verkehr auf dem Grundstück selbst beim Anfahren der Stellplätze und bei der Abfahrt ruft keine schwerwiegenden Spannungen hervor, die nur durch die Aufstellung eines Bebauungsplanes bewältigt werden könnten. Selbst wenn auf dem Grundstück tatsächlich 24 Stellplätze untergebracht werden müssten und der angrenzende Wirtschaftsweg auf dem Flurstück 34 durch eine grundstückseigene Zufahrt entlastet werden müsste, würde dies das Baugrundstück ermöglichen, ohne Bestimmungen des Hessischen Straßengesetzes zu verletzen, insbesondere wenn der Baukörper geringfügig versetzt würde (vgl. § 23 Abs. 1 Nr. 1 und Abs. 3 Satz 2 StraßenG; § 24 Abs. 1 Nr. 1 StraßenG findet ohnehin keine Anwendung, da eine etwaige Zufahrt zum Baugrundstück nicht außerhalb der Ortsdurchfahrt liegen würde). Im Übrigen kann, worauf der Beklagte zu Recht hinweist, noch im eigentlichen Baugenehmigungsverfahren geklärt werden, wie die Stellplätze und die erforderliche Zufahrt für die Nachbarschaft möglichst verträglich geplant werden können. Das Gericht sieht jedenfalls keinen Grund zu der Annahme, dass das Vorhaben an der Parksituation scheitern müsste.

Außerdem gilt auch hier wieder der Grundsatz, dass die Nachbarn einer in dem Baugebiet allgemein zulässigen Anlage für religiöse Zwecke die mit deren Benutzung üblicherweise verbundenen Beeinträchtigungen wie den An- und Abfahrtsverkehr der Besucher hinzunehmen haben (BVerwG NJW 1992, 2170 f., KirchE 30, 93). Das Gericht teilt die Auffassung des Beklagten und der Beigeladenen, dass der gewählte Standort an der L 3329 eher ein Vorteil, denn ein Nachteil ist, da der größte Teil des Stadtgebiets in diesem Ortsteil davon nicht berührt wird. Eine noch geringere Beeinträchtigung von Wohnbebauung durch die geplante Moschee ließe sich nur durch einen Standort in einem Gewerbegebiet oder dergleichen erreichen, wohin christliche Kirchenbauten üblicherweise auch nicht ausgelagert werden.

Das Gericht vermag auch die Bedenken der Klägerin, was die Sicherung der Erschließung (vgl. § 34 Abs. 1 Satz 1 2. Halbsatz BauGB) anlangt, nicht zu teilen. Der Begriff der Erschließung umfasst unter anderem den Anschluss des Baugrundstücks an das öffentliche Straßennetz, wobei die Erschließung nur dann durch eine vorhandene Straße gesichert ist, wenn diese den durch das Vorhaben ausgelösten Verkehr im Regelfall bewältigen kann (BVerwG NVwZ 1997, 389). Es gibt keinen Grund zu der Annahme, dass die L 3372 als Ortsdurchgangsstraße ein zusätzliches Verkehrsaufkommen von maximal 24 Fahrzeugen nicht zu bewältigen vermag. Die notwendigen Stellplätze können so angeordnet und durch den vorhandenen Wirtschaftsweg sowie eine weitere Zufahrt auf dem Baugrundstück, die keine Erschließungsleistung der Klägerin voraussetzt, so angefahren werden, dass keine Verkehrsbehinderungen oder gar -gefährdungen eintreten, insbesondere kein Rückstau auf der L 3372 zu erwarten ist. Die Ortsdurchgangsstraße ist auch nicht so stark befahren, dass der Abfahrtsverkehr von dem Grundstück Mühe hätte, sich ohne eine Ampelanlage in den fließenden Verkehr einzufädeln.

zu der von der Klägerin aufgeworfenen Frage der Beeinträchtigung des Ortsbilds (§ 34 Abs. 1 Satz 2 BauGB) nimmt das Gericht Bezug auf die im Wesentlichen zutreffenden Ausführungen des Widerspruchsbescheids. Der Ortseingang von N. ist nicht so markant und bietet kein so geschlossenes Bild, dass deshalb eine Bebauung des Flurstücks 33/1 unterbleiben müsste. Das konkrete Bauvorhaben wiederum ist nicht so massig, dass es eine erdrückende Wirkung auf die angrenzenden Häuser ausüben könnte. Dass es durch seine für die Gegend ungewöhnlichen Besonderheiten wie Kuppeldach und Minarett bei der Annäherung an den Ortsteil die Aufmerksamkeit auf sich ziehen wird, ist nicht mit einer ästhetischen Störung des sich bietenden Gesamtbilds gleichzusetzen. Weshalb schließlich ein Gebäude, das sich innerhalb der Baugrenzen hält, durch seine Schrägstellung zu einer unzulässigen optischen Verengung der Ortseinfahrt führen soll, ist für das Gericht ebenso wenig nachvollziehbar wie die erheblichen städtebaulichen Spannungen, die sich daraus ergeben sollen. Zum einen wäre das Vorhaben nicht das einzige Gebäude, dessen Außenwand nicht parallel zur straßenseitigen Grundstücksgrenze verläuft (vgl. z.b. Flurstück 71), zum anderen ist die Abweichung relativ geringfügiger Natur, da der Bebauung in diesem Bereich ohnehin keine einheitlichen Gestaltungsprinzipien zugrunde liegen.

45

Die Gleichbehandlung von Religions- und Weltanschauungsgemeinschaften gemäß Art. 140 GG iVm Art 137 Abs. 7 WRV, verbietet es, einem Verband schon wegen seines Charakters als Weltanschauungsgemeinschaft von vornherein Leistungen aus einem staatlichen Haushaltstitel zu versagen, der Zuschüsse an Religionsgemeinschaften vorsieht. Der einzelne Zuwendungsempfänger hat jedoch prinzipiell nur einen Anspruch auf fehlerfreie Ermessensausübung.
Zur Frage der Leistungskriterien bei Fehlbedarfsfinanzierung und anderen Zuwendungen an Religions- und Weltanschauungsgemeinschaften.

OVG Berlin, Urteil vom 11. September 2001 - 8 B 3.00[1] -

Die Beteiligten streiten darüber, ob der Beklagte (Land Berlin) im Haushaltsjahr 1998 die Bereiche Jugendfeier, Feierkultur und Zeitschrift „diesseits" von der im Wege der Fehlbedarfsfinanzierung bewillig-

---
[1] Das Urteil ist rechtskräftig.

ten institutionellen Förderung des Klägers (Landesverband Berlin des „Humanistischen Verbandes Deutschlands") ausnehmen durfte.
Das VG Berlin (KirchE 37, 151) hat die Klage abgewiesen.
Die Berufung des Klägers, die in zweiter Instanz nur noch die Förderung der Zeitschrift „diesseits" betrifft, blieb im Ergebnis ohne Erfolg.

Aus den Gründen:

Die Berufung ist nicht begründet.
Das Verwaltungsgericht hat die Klage im Ergebnis zu Recht abgewiesen, denn der angefochtene Zuwendungsbescheid vom 1.12.1998 ist rechtmäßig; eine höhere Förderung kann der Kläger nicht beanspruchen (§ 113 Abs. 1 u. 5 VwGO).
Als Rechtsgrundlage für den geltend gemachten Anspruch auf die dem Kläger für das Haushaltsjahr 1998 - teilweise - verweigerte Förderung kommt nur das Gesetz über die Feststellung des Haushaltsplans von Berlin für das Haushaltsjahr 1998 (HG 1998, GVBl. 1997, S. 692) iVm dem Haushaltsplan für das Haushaltsjahr 1998 in Betracht, in dessen Kapitel 17 90 - „Leistungen an die Kirchen" - , Titel 684 43 3.526.000 DM für „Zuschüsse an sonstige Religionsgemeinschaften" zur Verfügung gestellt worden waren. Bei diesen Regelungen, deren Bedeutung als Ausgaben- und Verpflichtungsermächtigung auf das Verhältnis von Parlament und Regierung begrenzt ist (Art. 85 Abs. 1 u. 86 Abs. 1 Verfassung von Berlin), handelt es sich nicht um ein Gesetz im materiellen Sinne, welches das Rechtsverhältnis zwischen Bürger und Staat regelt. In der Rechtsprechung ist dennoch anerkannt, dass eine an Gesetz und Recht gebundene Verwaltung für geldliche Zuwendungen an Private nicht unter allen Umständen der materiell-gesetzlichen Grundlage bedarf. Daneben kommt jede andere parlamentarische Willensäußerung, insbesondere die etatmäßige Bereitstellung der zur Subvention erforderlichen Mittel als eine hinreichende Legitimation für verwaltungsmäßiges Handeln in Betracht (BVerwG, Urteile vom 17.3.1977 - 7 C 59.75 - NJW 1977, 1838 [1839]; vom 26.4.1979 - 3 C 111.79 - BVerwGE 58, 45 [48], NJW 1979, 2059; OVG Berlin, Urteile vom 25.9.1963 - 1 B 22.63 - OVGE Bln 7, 149; vom 14.12.1993 - 8 B 81.93 -; Beschluss vom 16.12.1994 - 8 S 572.94 - KirchE 32, 462; vom 13.6.1995 - 8 B 89.94 -). Der rechtsstaatliche Gesetzesvorbehalt greift aber in den Fällen, in denen mit der Subventionsgewährung gleichzeitig Eingriffe in die Grundrechtssphäre von am Subventionsverhältnis nicht beteiligten Dritten in Rede stehen (vgl. BVerwG, Urteile vom 6.11.1986 - 3 C 72.84 - BVerwGE 75, 109 [117] und vom 27.3.1992 - 7 C 21.90 - BVerwGE 90, 112 [126], KirchE 30, 151; vgl. auch BVerfG, Beschluss vom 6.6.1989 - 1 BvR 727.84 - BVerwGE 80, 124 [131 ff.]) mit der Folge, dass die haushaltsmäßige Bereitstellung der

Fördermittel nicht für die Begründung eines Rechtsanspruches auf Subventionierung bzw. auf Neubescheidung des Förderungsbegehrens ausreicht, sondern es dafür eines materiellen Gesetzes bedarf. Die vom Verwaltungsgericht bejahte verfassungsrechtliche Frage, ob für die hier beanspruchte Förderung über die haushaltsmäßige Bereitstellung hinaus ein materielles Parlamentsgesetz erforderlich ist, stellt sich aber nicht. Sie wäre nur dann entscheidungserheblich, wenn der Kläger bei Zugrundelegen des haushaltsmäßigen Ansatzes und der dazu ergangenen Verwaltungsvorschriften einen Zuwendungsanspruch oder zumindest einen Anspruch auf erneute Bescheidung seines Zuwendungsantrages hätte, soweit dieser noch streitig ist. Dies ist indessen nicht der Fall. Denn die maßgeblichen haushaltsrechtlichen Bestimmungen lassen entgegen der Auffassung des Verwaltungsgerichts zwar eine Förderung auch des Klägers zu (I.); der Beklagte hat den entsprechenden Antrag aber rechts-, insbesondere ermessensfehlerfrei (II.) abgelehnt.

I. Die Auffassung des Verwaltungsgerichts, der Verfassungsrang genießende Grundsatz der sachlichen Bindung an die Zweckbestimmung des Haushaltstitels stehe der Förderung des Klägers entgegen, überzeugt nicht. Zwar handelt es sich bei dem Kläger nicht um eine religiöse Gemeinschaft im engeren Sinne, die dadurch gekennzeichnet ist, dass sie sich zum Glauben an eine oder mehrere Gottheiten in kultischer Verehrung bekennt, sondern um eine sich zu einer („nichtreligiösen") Weltanschauung bekennenden Weltanschauungsgemeinschaft. Es mag auch zutreffen, dass, wie das Verwaltungsgericht meint, der Begriff der Religionsgemeinschaft im Sinne des Staatskirchenrechts nicht so auszulegen ist, dass er als Oberbegriff auch Weltanschauungsgemeinschaften umfasst. Der Haushaltsgesetzgeber hat jedoch entgegen der Auffassung des angefochtenen Urteils den Begriff der Religionsgemeinschaft nicht im streng staatskirchenrechtlichen Sinne verwendet; es fehlt dafür an hinreichenden Anhaltspunkten im Haushaltsplan. Dagegen spricht schon, dass das Kapitel 17 90, zu dem der hier streitige Titel gehört, mit „Leistungen an die Kirchen" bezeichnet worden ist, die einzelnen dazu gehörenden Haushaltstitel aber Zuwendungen nicht nur an die Evangelische und die Katholische Kirche, sondern auch an die Jüdische Gemeinde und an sonstige Religionsgemeinschaften vorsehen, die sich von den Kirchen gerade dadurch unterscheiden, dass sie nicht den Status öffentlich rechtlicher Körperschaften genießen, der die Kirchen im eigentlichen Sinne des Wortes auszeichnet. In demselben Kapitel sind auch Zuschüsse „für den Lebenskundeunterricht des Humanistischen Verbandes" (Haushaltstitel 684 45), also des Klägers selbst, veranschlagt.

Dem Kirchen, jüdische Gemeinden sowie Religions- und Weltanschauungsgemeinschaften umfassenden Inhalt des gesamten Kapitels 17 90, das in dieser Form mindestens seit 1990 abgefasst ist, entspricht der letzte Satz der „Allgemeinen Erläuterungen", in dem undifferenziert von „sonstigen Religions- und Weltanschauungsgemeinschaften" gesprochen wird, diese also gleichgesetzt werden, soweit sie nach „ihrer Größe und Bedeutung" ebenfalls Zuschüsse erhalten können. Anknüpfend daran wird in Titel 684 43 formuliert, dass sonstige Religionsgemeinschaften unter Berücksichtigung der Bedürftigkeit, „der Bedeutung und des Wirkungsgrades" Zuschüsse erhalten sollen. Hinzu kommt, dass der Kläger bzw. der von ihm als Rechtsvorgänger benannte Freidenkerverband mindestens seit 1990 aus dem vorgenannten Haushaltstitel gefördert werden und dass das Abgeordnetenhaus von Berlin die Vorlage der Senatsverwaltung für kulturelle Angelegenheiten vom 10.6.1993 (GA Bd. 1, Bl. 31 R ff.) billigend zur Kenntnis genommen hatte, dass die Förderung des Klägers aus dem „Zuschüsse an sonstige Religionsgemeinschaften" überschriebenen Haushaltstitel 684 43 für das Haushaltsjahr 1993 um 1.800.000 DM erhöht werden sollte und nach einer entsprechenden Beschlussfassung des Abgeordnetenhauses die erforderlichen Mittel auch zur Verfügung gestellt und für die Förderung des Klägers verwendet worden sind. Es wäre lebensfremd anzunehmen, dass sich die vorgenannte Beschlussfassung in ihrer Bedeutung für die Auslegung der Zweckbestimmung auf das Haushaltsjahr 1993 beschränken ließe, es dem Abgeordnetenhaus all die Jahre seit 1990 entgangen sein könnte, dass der Kläger, obgleich in der Zweckbestimmung dieses Titels die Weltanschauungsgemeinschaften nicht ausdrücklich als solche erwähnt sind, dennoch den größten Teil der dort zur Verfügung gestellten Mittel erhält. Daraus folgt, dass der Gesetzgeber des Haushaltsgesetzes insoweit keinen Unterschied zwischen Weltanschauungs- und sonstigen Religionsgemeinschaften machen wollte, mit der Erwähnung der Letzteren auch die Ersteren gemeint sind.

Der gegenteiligen Interpretation des Verwaltungsgerichts steht schließlich entgegen, dass sie verfassungsrechtliche Bedenken im Hinblick darauf erweckt, dass Art. 140 GG iVm Art 137 Abs. 7 WRV den Religionsgesellschaften die Vereinigungen gleichstellt, die sich die gemeinschaftliche Pflege einer Weltanschauung zur Aufgabe gemacht haben. Zwar werden dadurch nicht Differenzierungen ausgeschlossen, die der Größe und der sozialen oder sonstigen Bedeutung der zu vergleichenden Organisationen entsprechen; schwerlich mit dem Gebot der Gleichbehandlung von Religions- und Weltanschauungsgemeinschaften wäre es jedoch vereinbar, den Kläger von vornherein von der im streitigen Haushaltstitel vorgesehenen Fördermöglichkeit auszuschließen, so dass eine verfassungskonforme Interpretation die Ausdehnung des Förderzweckes rechtfertigen würde, wenn er denn restriktiv im Sinne des Verwaltungsgerichts zu verstehen wäre.

II. Der einzelne Zuwendungsempfänger hat prinzipiell jedoch nur einen Anspruch auf fehlerfreie Ermessensausübung. Denn Zuwendungen - dabei handelt es sich nach der Legaldefinition des § 23 der Landeshaushaltsordnung vom 5.10.1978 in der Fassung vom 20.11.1995 (GVBl. S. 805, 1996 S. 118 - LHO) um „Ausgaben und Verpflichtungsermächtigungen für Leistungen an Stellen außerhalb der Verwaltung Berlins zur Erfüllung bestimmter Zwecke" - dürfen nur unter den Voraussetzungen des § 23 LHO gewährt werden (§ 44 Abs. 1 Satz 1 LHO), d.h. wenn Berlin an der Erfüllung der Zwecke durch solche Stellen ein erhebliches Interesse hat, das ohne die Zuwendung nicht oder nicht im notwendigen Umfang befriedigt werden kann. Neben dem insoweit eindeutigen Wortlaut des § 44 Abs. 1 Satz 1 LHO stellt § 3 LHO zusätzlich und ausdrücklich klar, dass der Haushaltsplan die Verwaltung ermächtigt, Ausgaben zu leisten und Verpflichtungen einzugehen und dass durch ihn Ansprüche und Verbindlichkeiten weder begründet noch aufgehoben werden.

Das Zuwendungsermessen ist gemäß § 114 Satz 1 VwGO gerichtlich beschränkt nur daraufhin überprüfbar, ob die - teilweise - Verweigerung der Förderung in Höhe des hier nur noch streitigen Betrages von 9.780,89 DM rechtswidrig ist, weil die gesetzlichen Grenzen des Ermessens überschritten sind oder von dem Ermessen in einer dem Zweck der Ermächtigung nicht entsprechenden Weise Gebrauch gemacht worden ist. Maßgebend für den Zweck der Ermessensausübung ist der haushaltsmäßige Zweck, für den die Fördermittel bereitgestellt worden sind und der in dem einschlägigen Titel mit „Zuschüsse an sonstige Religionsgemeinschaften" umschrieben ist.

Obgleich die Zwecksetzung des Haushaltstitels der streitigen Zuwendung - wie dargelegt - nicht entgegensteht, hat es der Beklagten zu Recht abgelehnt, die Zeitschrift „diesseits" des Klägers zu bezuschussen. Sein Zuwendungsermessen hat er rechtsfehlerfrei entsprechend dem Zweck der Ermächtigung ausgeübt (§ 114 VwGO), ist von einem zutreffenden Sachverhalt ausgegangen, hat den Gleichheitssatz und den aus langjähriger Förderung resultierenden Gesichtspunkt des Vertrauensschutzes sowie die sonstigen rechtlichen Grenzen des Ermessens beachtet. Der Zuwendungsbescheid lässt insbesondere keine Verletzung des allgemeinen Gleichheitssatzes namentlich bei der durch Art. 140 GG iVm Art. 137 Abs. 7 WRV gebotenen Gleichstellung der Weltanschauungsgemeinschaften mit den Religionsgesellschaften erkennen (1), er widerspricht nicht den aus dem Rechtsstaatsprinzip folgenden Grundsätzen des Vertrauensschutzes (2) und überschreitet mit der Erwägung, der Kläger sei auf die Möglichkeit zu verweisen, seine Mitglieder verstärkt zur Eigenfinanzierung heranzuziehen (3), nicht die Grenzen des - nach Feststellungen des Senats nicht durch spezielle Verwaltungsvorschriften über die Verteilung der im Haushaltstitel 684 43 bereitgestellten Mittel selbst gebundenen - Ermessens des Beklagten.

Der Senat lässt dagegen offen, ob der Beklagte mit der weiteren Erwägung, der Kläger habe im Haushaltsjahr 1998 (in den von der institutionellen Förderung erfassten Bereichen unter Berücksichtigung der bewilligten Zuwendungen) einen erheblichen Überschuss erzielt, so dass eine Bezuschussung mangels Fehlbedarfs nicht in Betracht komme, von seinem Ermessen in einer dem Zweck der Ermächtigung entsprechenden

Weise Gebrauch gemacht hat und ob er mit der Annahme des Bestehens anrechenbarer Überschüsse von zutreffenden Voraussetzungen ausgegangen ist (vgl. § 114 Satz 1 VwGO). Denn diese erst im Berufungsverfahren (...) eingeführte Begründung für die Versagung der Förderung wirft einige Fragen auf, deren abschließender Klärung es im vorliegenden Verfahren nicht bedarf, und sie steht selbstständig neben den die Ablehnung bis dahin tragenden Ermessenserwägungen des Beklagten.

Der Senat neigt allerdings zu der Auffassung, dass dem Kläger die beanspruchte Förderung der Zeitschrift „diesseits" nicht zusteht, wenn er den dort entstandenen Fehlbedarf mit Überschüssen aus anderen, dem Zuwendungszweck unterfallenden Bereichen ausgleichen kann: Dass die dem Kläger gewährte institutionelle Fehlbedarfsförderung bereits begrifflich das Bestehen eines Fehlbedarfs voraussetzt mit der Folge, dass anderenfalls ein Ermessensspielraum nicht (mehr) eröffnet ist, liegt auf der Hand und wird durch die entsprechenden Verwaltungsvorschriften zu § 44 LHO bestätigt. Nach der in Nr. 2.2.2 der AV zu § 44 LHO (abgedr. bei Krämer/Schmidt, Zuwendungsrecht, Zuwendungspraxis, Bd. 1, Stand Februar 1998, Berlin A III S. 35) enthaltenen Definition des Begriffs „Fehlbedarfsfinanzierung" handelt es sich dabei um eine Zuwendung zur Deckung des Fehlbedarfs, der insoweit verbleibt, als der Zuwendungsempfänger die zuwendungsfähigen Ausgaben nicht durch eigene oder fremde Mittel zu decken vermag. Dementsprechend sieht Nr. 1.2 der Allgemeinen Bestimmungen für Zuwendungen zur institutionellen Förderung vor, dass alle eigenen Mittel und mit dem Zuwendungszweck zusammenhängenden Einnahmen (insbesondere Zuwendungen, Leistungen Dritter) des Zuwendungsempfängers als Deckungsmittel für alle Ausgaben einzusetzen sind (Krämer/Schmidt, aaO, S. 50). Weniger eindeutig ist hingegen, welche Überschüsse zur Fehlbedarfsberechnung heranzuziehen sind. Die zwischen den Verfahrensbeteiligten in diesem Zusammenhang umstrittene Frage, ob die Einkünfte des Klägers aus den Bereichen „Jugendfeier" und „Feierkultur" als Einnahmen anzusehen sind, die mit dem Zuwendungszweck zusammenhängen, obwohl - wie der Kläger argumentiert - gerade diese beiden Bereiche nach der infolge Berufungsrücknahme für das Haushaltsjahr 1998 sogar bestandskräftigen Entscheidung des Beklagten künftig nicht mehr gefördert werden sollen und deshalb - nach Ansicht des Klägers - mit dem Zuwendungszweck nicht mehr zusammenhängen, dürfte aus Sicht des Senats eher im Sinne der Rechtsauffassung des Beklagten zu beantworten sein. Denn Zuwendungszweck ist die Förderung des Klägers als Weltanschauungsgemeinschaft; insoweit besteht ein staatliches Interesse an seinem Bestand und der Unterstützung seiner satzungsmäßigen Aufgaben. Institutionelle Förderung ist deshalb auf den Kernbestand des weltanschaulichen Bekenntnisses des Klägers gerichtet, hierin liegt der Zuwendungszweck. Es dürfte mithin bei der Bestimmung des Zuwendungszwecks auf das Selbstverständnis des Klägers von seiner Aufga-

Beuslellung als Institution und deren Förderungsfähigkeit, nicht aber darauf ankommen, ob bestimmte, zum Kernbereich der Institution zählende Aktivitäten bisher gefördert worden sind und künftig nicht mehr gefördert werden. Dass zum Kernbestand der Aufgaben des Klägers, eine freigeistig humanistisch-wissenschaftliche Weltanschauung zu verbreiten, jedenfalls die Jugendfeiern und die Veranstaltungen im Rahmen der Feierkultur gehören, haben die Vertreter des Klägers in der mündlichen Verhandlung einmütig bestätigt. Wo in anderen Bereichen der satzungsmäßigen Aufgaben des Klägers die vom Zuwendungszweck institutioneller Förderung vorgegebenen Grenzen mit der Folge zu ziehen wären, dass dort entstehende Einnahmen oder Verluste keinen Einfluss auf die Höhe der Fehlbedarfsförderung haben dürften, bedarf keiner vertiefenden Erörterung. - Umso weniger stellt sich die Frage, ob die vom Beklagten durch den Einwand des nicht (mehr) bestehenden Fehlbedarfs in der Sache geltend gemachte Ermessensreduzierung auf „Null" im Laufe des gerichtlichen Verfahrens noch berücksichtigt werden konnte (§ 114 Satz 2 VwGO).

(1) Die Auffassung des Klägers, er werde im Verhältnis zu den Kirchen unter Verstoß gegen das Gleichbehandlungsgebot benachteiligt, trifft bereits im Ausgangspunkt nicht zu. Denn die Kirchen erhalten nicht wie der Kläger institutionelle Förderung im Wege der Fehlbedarfsfinanzierung. Vielmehr besteht insoweit eine grundlegend abweichende und deshalb eine Gleichbehandlungspflicht gemäß Art. 3 Abs. 1 GG nicht auslösende historische und rechtliche Grundlage für die Förderung der Kirchen. Die für die Kirchen unter den Titeln 684 39/40 zur Verfügung gestellten Mittel mussten nämlich in den Haushalt eingestellt werden, weil diese im Gegensatz zum Kläger auf entsprechende Leistungen historisch begründete und verbürgte Rechtsansprüche haben, die letztlich darauf beruhen, dass ihnen in früheren Jahrhunderten das für die Versorgung ihrer Bediensteten erforderliche Vermögen, vor allem Grundvermögen, im Wege der Säkularisierung entzogen worden war (vgl. dazu im Einzelnen „Die Gewährung von Staatsleistungen an die evangelische und die katholische Kirche - Geschichtliche Grundlagen und gegenwärtige Rechtslage", in: Vorlage des Senats von Berlin vom 11.1.1960 an das Abgeordnetenhaus von Berlin, GA Bd. II Bl. 66 ff.). Den in Art. 140 GG iVm Art.138 Abs. 1 WRV vorgesehenen, auf Gesetz, Vertrag und besonderen Rechtstiteln beruhenden Ansprüchen der Religionsgesellschaften auf Staatsleistungen vermag der Kläger nichts Vergleichbares zur Seite zu stellen.

Dessen ungeachtet erhalten die Kirchen, wie sich unmittelbar aus dem Wortlaut der Erläuterungen zu den einschlägigen Titeln 683 39/40 des Kapitels 17 90 ergibt, keine öffentlichen Mittel für Zeitschriften oder vergleichbare Publikationen, sondern lediglich Dotationen für kirchenregimentliche Zwecke, also für die Kosten der kirchlichen Zentralverwaltung, und Zuschüsse für die Pfarrerbesoldung und -versorgung. Dass

Pfarrer an der Herausgabe von Kirchenblättern beteiligt sein mögen, rechtfertigt keine andere Beurteilung. Eine Förderung des Kirchenblattes „Berlin-Brandenburgisches Sonntagsblatt - Die Kirche" ist auch nicht in dem mit „Zuschüsse für kirchlich-kulturelle Betreuung" überschriebenen Titel 684 44 des Kapitels 17 90 vorgesehen. Sollte der Beklagte indes ohne haushaltsrechtliche Grundlage der evangelischen Kirche Zuwendungen für das erwähnte Kirchenblatt gewähren - wie der Kläger ohne nähere Substanziierung behauptet -, wäre solche Förderung rechtswidrig; der Kläger könnte insoweit keine Gleichbehandlung im Unrecht verlangen. Sollte die evangelische Kirche dagegen die ihr zufließenden öffentlichen Mittel zweckentfremdet und zur Herstellung und zum Vertrieb des Kirchenblattes verwenden, ergäbe sich auch daraus nichts zu Gunsten des Klägers. Der Beklagte wäre nämlich in diesem Fall gehalten, die Gelder zurückzufordern. Der schriftsätzlich beantragten Beiziehung der Haushalts- bzw. Wirtschaftspläne bedurfte es demnach nicht, weil ihr vom Kläger angenommener Inhalt nicht entscheidungserheblich wäre.

(2) Weitere Förderung für die Zeitschrift kann der Kläger auch nicht im Hinblick darauf beanspruchen, dass er in schutzwürdiger Weise darauf vertrauen durfte, er werde, wie das bis einschließlich 1997 geschehen war, auch im Haushaltsjahr 1998 erneut Zuwendungen erhalten. Zwar handelt es sich bei der institutionellen Förderung typischerweise um eine Dauerförderung (von Köckritz/Ermisch/Lamm, BHO, Stand Juni 1997, § 44 BHO Rn 10), die für den Zuwendungsempfänger existenzielle Bedeutung haben kann, so dass das Vertrauen, auch künftig Unterstützung zu erhalten, nicht gering zu veranschlagen ist. Der Beklagte hat den Kläger jedoch in mehreren Vorbesprechungen, deren Inhalt schriftlich bestätigt worden ist, zuerst zur Zeitschrift „diesseits" am 7.3.1997 und zuletzt mit Schreiben vom 9.9.1997 hinsichtlich aller streitigen Zwecke, also auch der Verbandszeitschrift, mit hinreichender Deutlichkeit darauf hingewiesen, dass er die fraglichen Zwecke wegen knapper staatlicher Finanzmittel nicht mehr fördern werde. Der Kläger hatte damit hinreichend Zeit und Gelegenheit, die aus der angekündigten Verminderung der staatlichen Zuwendung erforderlichen Konsequenzen zu ziehen. (*wird weiter ausgeführt*)

Vertrauensschutz auf weitere Förderung in gewünschter Höhe kann der Kläger auch nicht im Hinblick darauf beanspruchen, dass ihm im Jahre 1993 auf Grund der Senatsvorlage vom 10.6.1993 eine uneingeschränkte Erhöhung der Zuwendungen um 1,8 Mio. DM gewährt und diese Beschlusslage nachträglich nicht geändert worden ist. Einer solchen Änderung bedurfte es nicht, denn der in Rede stehende Beschluss galt, was die Höhe der bereitgestellten Mittel betrifft, ohnehin nur für das unter günstigeren finanziellen Voraussetzungen stehende Haushaltsjahr 1993. Dass der Kläger nicht schutzwürdig darauf vertrauen durfte, ihm werde für die kommenden Haushaltsjahre mindestens der im Jahre 1993 zuerkannte Förderungsbetrag von 2.067.000 DM für alle bis dahin als förderungswürdig und -bedürftig anerkannten (Teil-)Zwecke zustehen, versteht sich von selbst, bedarf daher keiner weiteren Erörterung. Auch die Überlegung des Beklagten, die Zeitschrift „diesseits" ab dem Haushaltsjahr 1998 nicht mehr zu fördern, weil sie sich faktisch als ein Organ des Bundesverbandes darstelle, ist nicht fehlerhaft, namentlich nicht auf unzutreffende Tatsachen gestützt. Der Beklagte hat nicht etwa verkannt, dass ausweislich des Impressums der Kläger (seit dem Frühjahr 1996 wieder) formell Herausgeber dieser Zeitschrift ist. Er hat lediglich darauf hingewiesen, dass es sich bei der Zeitschrift dem Inhalt und äußeren Erscheinungsbild nach nicht um ein (lokales) Publikationsorgan des Klägers, sondern eher um eine landesverbandsunabhängige Kulturzeitschrift atheistisch-humanistischer Prägung handele, die ihren während der Herausgeberschaft des Bundesverbandes erhaltenen überregionalen Charakter auch nach dem Herausgeberwechsel beibehalten habe. Insofern handele es sich bei dieser Zeitschrift der Sache nach um ein Publikationsorgan des Bundesverbandes. Diese Einschätzung teilt der Senat. Er konnte sich von ihrer Richtigkeit anhand einer Vielzahl eingereichter Exemplare des „diesseits" überzeugen. Lediglich der bei den letzten Ausgaben in der Mitte der Zeitschrift eingeheftete, unschwer herausnehmbare „Rundbrief" weist den für eine Zeitschrift des Berliner Landesverbandes typischen lokalen Bezug auf. Bei dieser Sachlage konnte auf sich beruhen, ob der nach der Mitteilung im Editorial des „diesseits" Nr. 4/95 nahe liegende, vom Kläger in der mündlichen Verhandlung aber nachdrücklich bestrittene Verdacht zu Recht bestehe, der Wechsel der Herausgeberschaf im Frühjahr 1996 sei rein formal und mit Rücksicht auf die staatliche Förderung des Berliner Landesverbandes vollzogen worden.

(3) Schließlich hat der Beklagte den Kläger zu Recht darauf verwiesen, er habe die Möglichkeit, seine Mitglieder stärker zur Finanzierung der Verbandsaufgaben heranzuziehen, im Vergleich zu den Kirchen und sonstigen Religionsgemeinschaften bisher nicht hinreichend ausgeschöpft. Unter dem Gesichtspunkt der vor allem im Haushaltstitel 684 43 angesprochenen „Bedürftigkeit" und angesichts der Finanznot der öffentlichen Hand ist es nicht ermessensfehlerhaft, wenn der Kläger durch Herabsetzung der bisher gewährten Zuwendungen angehalten wird, zumutbare eigene Finanzierungsmöglichkeiten stärker als bisher zu entwickeln.

46

Verlässt ein Betriebsteil mit seiner Veräußerung (§ 613a BGB) den Geltungsbereich eines Zusatzversorgungssystems (hier: eines kirchlichen Krankenhausträgers), erlischt damit ein zuvor begründetes Recht auf Zusatzversorgung nicht. Der Betriebserwerber muss vielmehr dem weiterbeschäftigten Arbeitnehmer aus dem arbeitsrechtlichen Grundverhältnis im Versorgungsfall die Leistungen verschaffen, die er erhalten hätte, wenn er bei dem ursprünglichen Arbeitgeber verblieben und entsprechend den ursprünglich vereinbarten Bedingungen versichert worden wäre (Bestätigung von BAG, 5.10.1993 - 3 AZR 586/92 - AP BetrAVG § 1 Zusatzversorgungskassen Nr. 42, EzA BetrAVG § 1 Zusatzversorgung Nr. 6).

§§ 613a BGB, 256 ZPO, 1 BetrAVG
BAG, Urteil vom 18. September 2001 - AZR 689/00[1] -

Die Parteien streiten darum, ob die Beklagte zu 2) der Klägerin eine Zusatzversorgung verschaffen muss.

Die Klägerin war von Januar 1987 bis zum 30.6.1998 im Labor des Krankenhauses St. M. in B. beschäftigt. Dieses Labor war zunächst vom Krankenhausträger, dem Verein der Franziskanerbrüder vom Heiligen Kreuz e.V., betrieben worden. Im Arbeitsvertrag hieß es u.a., dass für das Arbeitsverhältnis die „Richtlinien für Arbeitsverträge in den Einrichtungen des Deutschen Caritasverbandes" (AVR) in ihrer jeweiligen Fassung gelten und dass der Mitarbeiter unter Beachtung der Bestimmungen der Anl. 8 zu den AVR in der jeweils geltenden Fassung an der Zusatzversorgung ab 2.1.1987 teilnimmt. Zum 1.3.1988 wurde das Labor von dem Beklagten zu 1) übernommen, der zunächst gesamtschuldnerisch mit verklagt worden war. In dem Übernahmevertrag mit dem Krankenhausträger verpflichtete sich der Beklagte zu 1), die Arbeitsverhältnisse der übernommenen acht Mitarbeiterinnen des Labors mit ihrem bisherigen Besitzstand zu übernehmen.

Zum 1.4.1995 wurde das Labor von der Beklagten zu 2) übernommen, an deren Gründung die Beklagte zu 1) als Gesellschafter beteiligt war. Aus diesem Anlass schloss die Klägerin mit der Beklagten zu 2) einen Anstellungsvertrag unter dem 22.3.1995, wonach das Anstellungsverhältnis am 1.4.1995 begann. Das Arbeitsverhältnis ging nach § 9 des Arbeitsvertrages mit allen Rechten und Pflichten, die bis zum Zeitpunkt des Betriebswechsels bestanden hatten, unverändert auf die neue Gesellschaft über.

Mit ihrer Klage nimmt die Klägerin beide Beklagten darauf in Anspruch, sie hinsichtlich ihrer Altersversorgung so zu stellen, als wäre sie weiterhin bis zum 30.6.1998 bei ihrer ursprünglichen Arbeitgeberin beschäftigt gewesen. Der Versorgungsanspruch sei dort entstanden und

---

[1] Amtl. Leitsatz 1 (mit Klammerzusatz). BAGE 99, 92; AP Nr 230 zu § 613a BGB; AR-Blattei ES 460 Nr 395; ArbuR 2002, 157 (LS); BB 2002, 1376 (LS); BetrAV 2003, 77; DB 2002, 1279; EzA § 613a BGB Nr 205; EzA-SD 2002, Nr 9, 7-8 (LS); FA 2002, 185 (LS); JR 2002, 308 (LS); NZA 2002, 1391; SAE 2002, 203 (LS); ZMV 2002, 200; ZTR 2002, 348 (LS).

aufgrund der Betriebsübergänge unter ausdrücklicher Aufrechterhaltung der ursprünglichen Besitzstände erhalten geblieben. Die Klägerin beantragt - soweit nach Rücknahme der Revision gegen den Beklagten zu 1) noch von Bedeutung -,

1) die Beklagte zu 2) zu verurteilen, die Klägerin bezüglich ihrer Altersversorgung so zu stellen, wie sie gestanden hätte, wenn in der Zeit vom 1) März 1988 bis zum 30.6.1999 gemäß Arbeitsvertrag vom 2) März 1988 die vereinbarten Beiträge zur Altersversicherung gezahlt worden wären,

2) hilfsweise festzustellen, dass der Klägerin gegenüber der Beklagten zu 2) eine unverfallbare Versorgungsanwartschaft zusteht, aufgrund derer sie bei Eintritt in das Rentenalter eine Betriebsrente erworben hat.

Die Beklagte zu 2) hat geltend gemacht, sie habe im Zuge des Betriebsüberganges lediglich die Verpflichtungen übernehmen können, die zugunsten der Klägerin gegenüber ihrem Rechtsvorgänger, dem Beklagten zu 1), tatsächlich bestanden hätten. Dieser Anspruch sei jedoch schon gegenüber dem Beklagten zu 1) nach § 23 AVR verfallen gewesen. Darüber hinaus sei auch von einem Anspruchsverfall nach § 8 des Arbeitsvertrages vom 22.3.1995 auszugehen. Schließlich habe die Beklagte zu 2) auch darauf vertrauen können, dass nach dem Schriftwechsel der Jahre 1992 und 1993 von der Klägerin keine weiteren Versorgungsansprüche mehr geltend gemacht werden würden. Vorsorglich hat sich die Beklagte zu 2) auch auf Verjährung berufen.

Das Arbeitsgericht hat zunächst durch Teilurteil die Klage gegen den Beklagten zu 1) abgewiesen; dieses Urteil ist rechtskräftig. Durch Schlussurteil hat das Arbeitsgericht sodann die Klage gegen die Beklagte zu 2) abgewiesen. Die Berufung der Klägerin hatte keinen Erfolg.

Die Revision der Klägerin führte zur Aufhebung des Berufungsurteils. Das Schlussurteil des Arbeitsgerichts wurde insoweit abgeändert, als es die Klage wegen des Versorgungsanspruchs der Klägerin gegen die Beklagte zu 2) abgewiesen hatte. Der Senat erlässt eine Feststellungsurteil des Inhalts, dass die Beklagte zu 2) verpflichtet ist, der Klägerin bei Eintritt des Versorgungsfalles die Versorgungsleistungen zu verschaffen, die sie erhalten würde, wenn sie auch vom 1.3.1988 bis zum 30.6.1998 an der Zusatzversorgung nach Maßgabe der Anl. 8 zu den Richtlinien für Arbeitsverträge in den Einrichtungen des Deutschen Caritas-Verbandes (AVR) teilgenommen hätte.

Aus den Gründen:

Die Revision der Klägerin ist begründet. Ihre Klage ist mit dem verbliebenen Klageantrag zulässig und entgegen der Auffassung der Vorinstanzen auch begründet.

A. Der Antrag ist nach seinem Wortlaut allerdings nicht hinreichend bestimmt. Er ist als Leistungsantrag formuliert, aber so nicht zur Vollstreckung fähig. Nach ihrem durchgängig erkennbaren Rechtsschutzziel geht es der Klägerin in der Sache jedoch nur darum, dass die Beklagte zu 2) ihr die Versorgung verschaffen soll, die ihr vertraglich in § 5 ihres Dienstvertrages vom 15.1.1987 in Aussicht gestellt worden ist, nämlich eine Zusatzversorgung nach der Anlage 8 zu den Richtlinien für Arbeitsverträge in den Einrichtungen des Deutschen Caritas-Verbandes (AVR) in ihrer jeweils geltenden Fassung. Dabei kommt es der Klägerin erkennbar nicht darauf an, dass die entsprechenden Versorgungsleistungen von der Zusatzversorgungseinrichtung erbracht werden. Sie strebt in der Sache lediglich die Feststellung an, dass die Beklagte zu 2) ihr eine entsprechende Versorgung, woher auch immer, verschafft. Auch ein Selbsteintritt der Beklagten zu 2) liegt innerhalb ihres Rechtsschutzziels. Der so verstandene Klageantrag ist zulässig. Die Klägerin hat insbesondere das für einen solchen Antrag erforderliche besondere Rechtsschutzinteresse (§ 256 ZPO), obwohl bei ihr der Versorgungsfall noch nicht eingetreten ist. Das betriebsrentenrechtliche Rechtsverhältnis zwischen den Parteien ist durch das Bestreiten der Beklagten zu 2) gefährdet. Es besteht ein Bedürfnis an alsbaldiger Klärung. Die Klägerin kann nicht darauf verwiesen werden, erst nach Eintritt des Versorgungsfalles einen zeitraubenden Prozeß gegen die Beklagte zu 2) über Inhalt und Umfang ihrer Versorgungsrechte führen zu müssen. Für die Versorgungsberechtigten ist es wichtig, dass Meinungsverschiedenheiten über Bestand und Ausgestaltung von Versorgungsrechten möglichst vor Eintritt des Versorgungsfalles geklärt werden. Hiervon hängt es ab, in welchem Umfang Versorgungslücken entstehen. Auch ältere Arbeitnehmer können noch für ihren Ruhestand Vorsorge treffen. Sie können zumindest durch ihr Spar- und Konsumverhalten bestehenden Versorgungslücken Rechnung tragen (BAG, 7.3.1995 - 3 AZR 282/94 - BAGE 79, 236 [239, zu A III 2 a der Gründe]).

B. Die Klage ist begründet, weil die Klägerin den geltend gemachten Versorgungsverschaffungsanspruch erworben und zwischenzeitlich nicht verloren hat. Er richtet sich nunmehr gegen die Beklagte zu 2).

I. Der Anspruch auf Verschaffung einer Zusatzversorgung nach Maßgabe der Arbeitsvertragsrichtlinien (AVR) ist durch die Zusage in § 5 des Dienstvertrages der Klägerin vom 15.1.1987 mit den Franziskanerbrüdern vom Heiligen Kreuz e.V. entstanden.

II. Dieser Anspruch ist nicht dadurch erloschen, dass die Klägerin seit dem 1. März 1988 ihre Labortätigkeit nicht mehr für diesen Krankenhausträger, sondern für den Beklagten zu 1) erbracht hat.

1) Durch diesen Arbeitgeberwechsel ist das ursprüngliche Arbeitsverhältnis der Klägerin nicht beendet worden. Ihre Versorgungsanwartschaft aus dem Dienstvertrag ist deshalb auch nicht wegen Nichterreichens der Unverfallbarkeitsfristen im Arbeitsverhältnis verfallen. Der

Beklagte zu 1) hat das Labor mit sämtlichen Arbeitnehmerinnen im Wege eines Betriebsteilüberganges nach § 613a Abs. 1 BGB übernommen. Er hat darüber hinaus mit dem Krankenhausträger nach unwidersprochen gebliebenem Vortrag vereinbart, dass alle übernommenen Arbeitnehmerinnen so zu stellen seien, als wären sie weiterhin beim Krankenhaus beschäftigt. Auch diese Vereinbarung zugunsten Dritter begründet die Kontinuität des Arbeitsverhältnisses im Verhältnis zwischen dem Beklagten zu 1) und der Klägerin.

2) Die hiernach gemäß § 613a Abs. 1 Satz 1 BGB zusammen mit dem Arbeitsverhältnis als Ganzem auf den Beklagten zu 1) übergegangene Verpflichtung, der Klägerin eine Versorgung nach AVR zu verschaffen, ist nicht dadurch erloschen, dass der Beklagte zu 1) nicht in der Lage war, die Klägerin bei der betreffenden kirchlichen Zusatzversorgungseinrichtung zu versichern.

a) Der Beklagte zu 1) konnte die Klägerin nicht bei der kirchlichen Zusatzversorgungskasse versichern. Nach der Anl. 1 Abschn. XIII iVm. mit der Anl. 8 zu den AVR muss das Arbeitsverhältnis des zu Versichernden vom Geltungsbereich der Arbeitsvertragsrichtlinien erfasst sein, damit eine zusätzliche Altersversorgung in der kirchlichen Zusatzversorgungskasse möglich ist. Hierzu zählen nach § 2 AVR nur die in der Bundesrepublik Deutschland gelegenen Einrichtungen und Dienststellen, die dem Deutschen Caritas Verband angeschlossen sind (Zetl/Zwosta, Die AVR von A bis Z, Erläuterungen zu den Arbeitsvertragsrichtlinien des Deutschen Caritasverbandes Z 3 Anm. 2, G 1 Anm. 2). Diese Voraussetzung erfüllte das in der Inhaberschaft des Beklagten zu 1) stehende Labor nicht.

b) Das bedeutet aber nicht, dass die vertraglich übernommene Verpflichtung, der Klägerin eine Zusatzversorgung nach Maßgabe der Regelungen für die betreffende Versorgungseinrichtung zu verschaffen, mit dem Verlassen des Geltungsbereichs der Zusatzversorgungseinrichtung im Jahre 1988 erloschen wäre. Der Senat hat bereits in seinem Urteil vom 5.10.1993 (- 3 AZR 586/92 - AP BetrAVG § 1 Zusatzversorgungskassen Nr. 42, EzA BetrAVG § 1 Zusatzversorgung Nr. 6) darauf hingewiesen, dass mit dem Erlöschen des Anspruchs auf Versicherungsleistungen nicht zugleich der Anspruch des Arbeitnehmers auf die vom Arbeitgeber versprochene betriebliche Altersversorgung erlischt. Er hat dies sogar für den Fall eines auf einem allgemeinverbindlichen Tarifvertrag der Bauwirtschaft beruhenden Zusatzversorgungsanspruch angenommen. Für den Fall eines Betriebsübergangs mit gleichzeitigem Verlassen des betrieblichen Geltungsbereichs einer allgemeinen Regelung tritt der Rechtsnachfolger in die Rechte und Pflichten des bisherigen Arbeitgebers ein. Zu diesen Rechten und Pflichten gehört auch das Versorgungsversprechen. Wenn der neue Arbeitgeber den übernommenen Arbeitnehmer nicht mehr entsprechend versichern und Beiträge entrichten kann, muss er gleichwertige Leistungen erbringen. Er muss deshalb, etwa durch den Abschluss einer neuen Gruppenlebensversicherung oder durch Selbsteintritt, im Versorgungsfall die Leistungen verschaffen, die der Arbeitnehmer erhalten hätte, wenn er bei dem ursprünglichen Arbeitgeber verblieben wäre und entsprechend den ursprünglich in Bezug genommenen Bestimmungen versichert worden wäre (BAG 5.10.1993 - 3 AZR 586/92 - aaO, zu II 1, 3 der Gründe).

Der Senat hält an dieser Rechtsprechung fest. Sie beruht auf dem Dreiecksverhältnis, das bei jeder Einschaltung eines externen Versorgungsträgers zwischen Arbeitgeber, Arbeitnehmer und Versorgungsträger entsteht. Aus ihm ergibt sich die Pflicht des Arbeitgebers im Grundverhältnis, die dort versprochene Versorgungsleistung in jedem Falle zu verschaffen.

3. Der gegen den Beklagten zu 1) gerichtete Anspruch ist entgegen der Auffassung der Vorinstanzen bis zum Übergang des Betriebes auf die Beklagte zu 2) weder nach § 23 AVR verfallen noch verjährt. (*wird ausgeführt*)

47

Angesichts des Umstandes, dass Scientology eine umstrittene Organisation ist, der in der Öffentlichkeit verbreitet der Charakter einer unlautere Ziele verfolgenden Sekte beigemessen wird, muss ein um ordnungsgemäße Ausübung seiner Geschäfte bemühter Arbeitsvermittler für ausländische Au-Pair-Mädchen auf die Scientology-Zugehörigkeit der Gastfamilien hinweisen.

Der Zuverlässigkeit als Zugangsvoraussetzung zur privaten Arbeitsvermittlung kann eine mehrjährige Tätigkeit als sog. Auditor bei Scientology entgegenstehen.

Art. 3 Abs. 3, 4, 12 Abs. 1 GG; §§ 293 Abs. 1 SGB III,
23a Abs. 2 AFG 1993, 23 Abs. 3 AFG 1994
LSG Rheinland-Pfalz, Urteil vom 20. September 2001 - L 1 AL 49/01[1] -

Zwischen den Beteiligten ist streitig, ob die Beklagte (Bundesanstalt für Arbeit [BA]) berechtigt war, der Klägerin vom Landesarbeitsamt (LAA) erteilte Erlaubnisse zur Vermittlung von Au-Pair-Arbeitsverhältnissen im Hinblick auf deren Mitgliedschaft in der Scientology Organisation (SO) mit dem angefochtenen Bescheid vom 8.5.1995 (Widerrufsbescheid) aufzuheben. Weiter ist streitgegenständlich, ob die Klägerin über

---

[1] Breith. 2003, 79; NZA-RR 2003, 46; NZS 2003, 546 (LS); SGb 2002, 675 (LS). Die Nichtzulassungsbeschwerde der Beklagten blieb erfolglos; BSG, Beschluss vom 25.6.2002 - B 11 AL 21/02 B - n.v.

den 26.12.1997 hinaus einen Anspruch auf Verlängerung der von der Beklagten zunächst befristet erteilten Erlaubnisse hat. Im Laufe des Rechtsstreits sind Anträge der Klägerin auf Verlängerung der Arbeitsvermittlungserlaubnisse bzw. unbefristete Erlaubnisse zur Arbeitsvermittlung durch Bescheide vom 22.12.1997 und 7.12.2000 unter Hinweis auf die Mitgliedschaft der Klägerin in der SO abgelehnt worden.

Die streiterheblichen Einzelheiten und der Verfahrensverlauf ergeben sich aus dem klageabweisenden Urteil des SG Mainz vom 10.11.1997 (KirchE 35, 461) sowie aus dem Berufungsurteil des LSG Rheinland-Pfalz vom 28.1.1999 (KirchE 37, 8). Die Berufung führte zur Aufhebung des erstinstanzlichen Urteils und der klagegegenständlichen Bescheide sowie zum Erfolg der Verpflichtungsklage auf Erteilung der Erlaubnisverlängerung. Auf die Revision der Beklagten erkannte das BSG (KirchE 38, 484) unter Aufhebung des Berufungsurteils auf Abweisung der Anfechtungsklage gegen den Widerrufsbescheid der Beklagten und verwies die Sache im Übrigen, auch soweit das Verfahren als Fortsetzungsfeststellungsklage behandelt wird, an das LSG zurück.

Hier trägt die Klägerin im Wesentlichen vor: Sie habe die Notwendigkeit einer qualifizierten Au-Pair-Arbeitsvermittlung selbst erfahren, als sie für ihre eigene Familie Au-Pair-Mädchen gesucht habe. Nachdem eine Vermittlung durch andere Stellen erfolglos geblieben sei, habe sie 1990 sich selbst um eine Vermittlung bemüht und dabei Kontakte zu mehreren skandinavischen Mädchen geknüpft. Die insgesamt 6 Au-Pair-Mädchen, die in ihrer Familie gewesen seien, seien sehr zufrieden gewesen und es bestehe auch noch bis heute teilweise Kontakt mit ihnen. Die Erfahrungen aus der Suche nach eigenen Au-Pair-Mädchen habe sie dann dazu veranlasst, eine entsprechende Au-Pair-Vermittlung zu betreiben. Dies sei allein der Grund gewesen, eine entsprechende Erlaubnis zu beantragen. Den Vorwurf, die Vermittlungstätigkeit diene auch den Interessen der SO, weise sie mit Entschiedenheit zurück. Ihre Geschäftsbeziehungen auch für die Ziele der SO einzusetzen, sei von ihr weder verlangt noch erwartet worden.

Von der Ethiklehre der SO sei sie überzeugt. Sie selbst habe erfahren, dass man mit der Ethiktechnologie der SO sein Leben meistern könne. Sie sehe keinen Widerspruch zwischen der SO-Ethik und dem geltenden Recht, weil ein ethisch handelnder Mensch sich rechtmäßig verhalte. Sie selbst halte sich stets an geltende Rechtsnormen auch bei ihrer Tätigkeit als Arbeitsvermittlerin. Diese Erklärung hat die Klägerin im Rahmen einer eidesstattlichen Versicherung abgegeben.

Im Übrigen hat sie vorgetragen, sie betreibe die Arbeitsvermittlung in ihrem Einfamilienhaus, dessen räumliche Verhältnisse sie im Einzelnen schildert. Sie vermittle im Jahr zwischen 60 u. 90 Au-pairs in deutsche Familien, wovon ca. 5-7 Gastfamilien Mitglieder der SO seien. Im Jahr 2000 habe sie 90 Vermittlungen vorgenommen. Dabei seien 7 Au-Pair-Mädchen in SO-angehörende Gastfamilien vermittelt worden. Im Jahr

2001 habe sie höchstens 2 Au-pairs in Gastfamilien vermittelt, die der SO angehörten. Sie selbst weise die entsprechenden Au-pairs nicht auf die Tatsache hin, dass die Gastfamilien Mitglieder von SO seien. Dies habe sie auch nach Erlass des BSG-Urteils nicht getan. Sie habe jedoch noch nie etwas Negatives von diesen Au-pairs über ihre Gastfamilien gehört.

Die weltanschaulichen Veröffentlichungen des SO-Gründers Ron Hubbard stellten keine Verhaltensanweisungen dar. Verwaltungsrichtlinien an die Organisationseinheiten von SO seien für die einzelnen Mitglieder der SO, sofern sie keine Verwaltungsfunktion wahrnähmen, nicht verbindlich. Unabhängig davon räume die für Deutschland geltende Satzung der SO dem maßgeblichen deutschen Recht Vorrang vor kollidierenden Richtlinien der SO ein.

In diesem Rechtszug beantragt die Klägerin nunmehr die Aufhebung des erstinstanzlichen Urteils, die Feststellung der Rechtswidrigkeit des Widerrufsbescheids vom 8.5.1995, die Aufhebung des ablehnenden Bescheids vom 22.12.1997 (hilfsweise die Feststellung seiner Rechtswidrigkeit) und unter Aufhebung des ablehnenden Bescheids vom 7.12.2000 die Beklagte zu verurteilen, ihr eine unbefristete Erlaubnis zur Arbeitsvermittlung von Personen, die in Au-Pair-Arbeitsverhältnissen tätig werden, und eine besondere Erlaubnis zur Arbeitsvermittlung von Beschäftigten unter 25 Jahren für Au-Pair-Beschäftigungen bis zu einem Jahr zu erteilen. Hilfsweise stellt die Klägerin eine Reihe von Beweisanträgen auf Zeugenvernehmung und Einholung eines Sachverständigengutachtens.

Das LSG erkennt auf Zurückweisung der Berufung der Klägerin gegen das Urteil des SG Mainz vom 10.11.1997 (KirchE 35, 461) und auf Abweisung der Klagen.

Aus den Gründen:

I. Die Berufung der Klägerin gegen das Urteil des SG Mainz vom 10.11.1997 ist zulässig. *(wird ausgeführt)*

Über die von der Klägerin nunmehr im Berufungsverfahren gestellten Anträge ist im Wege der Klage zu entscheiden, weil alle Streitgegenstände erst nach Erlass des SG-Urteils in das Verfahren einbezogen wurden. Das SG hat in seinem Urteil vom 10.11.1997 nur über die Anfechtungsklage gegen den Entziehungsbescheid vom 8.5.1995 in der Gestalt des Widerspruchsbescheides vom 25.7.1995 entschieden.

II. Die Berufung der Klägerin gegen das Urteil des SG vom 10.11.1997 ist zurückzuweisen und die Klagen sind abzuweisen.

Die Berufung der Klägerin gegen das Urteil des SG ist bereits deshalb unbegründet, weil das BSG durch sein Urteil vom 14.12.2000 die Anfechtungsklage gegen den Bescheid der Beklagten vom 8.5.1995 in der

Gestalt des Widerspruchsbescheides vom 25.7.1995, der allein Gegenstand des Klageverfahrens vor dem SG gewesen war, rechtskräftig abgewiesen hat.

Die übrigen Klagen der Klägerin sind unbegründet und daher abzuweisen. Weder hat die Klägerin Anspruch auf die Feststellung, dass der Entziehungsbescheid bzw. die Versagungsbescheide der Beklagten rechtswidrig waren, noch hat die Klägerin Anspruch auf Erteilung einer unbefristeten Erlaubnis zur Arbeitsvermittlung.

Rechtsgrundlage für die Aufhebung der Erlaubnisse zur Arbeitsvermittlung ist § 23a Abs. 2 Nr. 1 AFG idF des Ersten Gesetzes zur Umsetzung des Spar-, Konsolidierungs- und Wachstumsprogrammes (1. SKWPG) vom 21.12.1993 (BGBl. I S. 2353). Danach ist die Erlaubnis aufzuheben, wenn die Voraussetzungen zur Erteilung einer Erlaubnis von vornherein nicht vorgelegen haben oder später weggefallen sind. Voraussetzungen für die Erteilung der Erlaubnis sind, dass der Antragsteller die erforderliche Eignung und Zuverlässigkeit besitzt, in geordneten Vermögensverhältnissen lebt und über angemessene Geschäftsräume verfügt (§ 23 Abs. 3 S. 1 AFG idF des Beschäftigungsförderungsgesetzes - BeschFG - 1994 vom 26.7.1994, BGBl. I S. 1786).

Das Präventivverbot mit Erlaubnisvorbehalt nach § 23 Abs. 3 S. 1 AFG bzw. § 293 Abs. 1 S. 1 SGB III hat den Zweck, von der Arbeitsvermittlung als „sensibler Dienstleistung" über das Erlaubnisverfahren Personen auszuschließen, die nicht zuverlässig oder nicht geeignet sind (BT-Drs. 12/6719, S. 13).

Der unbestimmte Rechtsbegriff Zuverlässigkeit eröffnet für die Verwaltung keinen Beurteilungsspielraum und ist unter Anlehnung an die Rechtsprechung und Praxis zu anderen Vorschriften mit gewerberechtlichem Einschlag wie § 35 Abs. 1 der Gewerbeordnung (GewO) auszulegen.

Zuverlässig ist ein Bewerber, wenn im Hinblick auf das angestrebte oder ausgeübte Gewerbe die Prognose möglich ist, er werde die zum Schutz der Allgemeinheit erlassenen Vorschriften beachten. Liegen Tatsachen vor, die einer solchen Prognose entgegenstehen, ist die Erteilung einer Erlaubnis nach § 23 Abs. 3 S. 1 AFG bzw. § 293 Abs. 1 S. 1 SGB III nicht gerechtfertigt bzw. die Aufhebung einer Erlaubnis nach § 23a AFG geboten. Der Begriff der Zuverlässigkeit ist mithin zweckorientiert; er soll bei der Arbeitsvermittlung die Verletzung von gesetzlichen Vorschriften, die im Allgemeininteresse erlassen sind, verhindern. Die Prognose muss deshalb auf Tatsachen beruhen, die Anhaltspunkte für die Beurteilung des künftigen Verhaltens des Bewerbers oder Erlaubnisinhabers ermöglichen. Das können objektive Tatsachen sein, wie die Beachtung oder Nichtbeachtung der zum Schutz von Arbeitsuchenden erlassenen Vorschriften (Unparteilichkeit, Datenschutz, Unentgeltlichkeit für Arbeitsuchende) und die Erfüllung oder die Nichterfüllung öffentlicher Lasten (Zahlung von Steuern oder Sozialversicherungsbeiträgen). Das können aber auch subjektive Tatsachen sein, wie beispielsweise grundsätzliche Lebenseinstellungen des Bewerbers bzw. Erlaubnisinhabers, die außerrechtlichen Verhaltensmaßstäben oder Verhaltenserwartungen den Vorrang vor den für alle geltenden Gesetzen einräumen.

Nach diesen Grundsätzen ist die Klägerin nicht zuverlässig im Sinne der § 23 Abs. 3 Satz 1 AFG, § 293 Abs. 1 Satz 1 SGB III.

Gegen die Zuverlässigkeit der Klägerin spricht bereits die objektive Tatsache, dass sie seit Aufnahme ihrer Vermittlungstätigkeit im Jahr 1994 bis zum Jahre 2001 in ca. 6-10 vH aller Vermittlungsfälle Au-Pair-Mädchen aus Estland, die zwischen 18 u. 22 Jahre alt waren und nicht der SO angehörten, in Gastfamilien vermittelte, die der SO zugehörig sind, und sie von diesem Umstand Kenntnis hatte, ohne die Au-pairs auf diese Tatsache hinzuweisen.

Damit hat die Klägerin ihre Pflicht als private Arbeitsvermittlerin verletzt, die betreffende Vertragspartei über die Zugehörigkeit der anderen Arbeitsvertragspartei zur SO vor Abschluss des Arbeitsvertrages aufzuklären.

Diese Pflicht ergibt sich aus der Tatsache, dass ein um eine ordnungsgemäße und redliche Arbeitsvermittlung bemühter Arbeitsvermittler die Arbeitsvertragsparteien objektiv und umfassend beraten muss. Durch die Berücksichtigung der Religion oder Weltanschauung bei der Personalauswahl sollen Unzuträglichkeiten vermieden werden, die bei grundsätzlich unterschiedlicher Weltanschauung beim Leben in häuslicher Gemeinschaft nahe liegend sind. Diesem Gedanken muss daher im Interesse unparteiischer Arbeitsvermittlung umfassend Rechnung getragen werden. Bei Aufnahme in die Hausgemeinschaft hat auch der Arbeitsuchende ein Interesse daran, dass ihm eine bestimmte weltanschauliche Prägung des Arbeitgebers bekannt wird, damit auch seine Entschließungsfreiheit gewährleistet ist.

Angesichts des Umstandes, dass die SO eine umstrittene Organisation ist, der in der Öffentlichkeit verbreitet der Charakter einer unlautere Ziele verfolgenden Sekte beigemessen wird (vgl. BVerfG NJW 1997, 2669, KirchE 35, 157), muss ein um ordnungsgemäße Ausübung seiner Geschäfte bemühter Arbeitsvermittler daher auf die SO-Zugehörigkeit der Gastfamilien hinweisen, weil gerade junge, aus dem Ausland stammende Menschen, die der deutschen Sprache nicht oder kaum mächtig sind, besonders schutzbedürftig sind (zum Ganzen vgl. BSG, Urteil vom 14.12.2000 - B 11/7 AL 30/99 R - KirchE 38, 484).

Dieser Verpflichtung ist die Klägerin jahrelang und mithin nachhaltig nicht nachgekommen. Dabei ist für die objektive Tatsache, die gegen die Zuverlässigkeit der Klägerin spricht, nicht entscheidungserheblich, aus welchen Gründen sie trotz Kenntnis der SO-Mitgliedschaft der Gastfamilien die betroffenen Au-pairs auf diesen Umstand nicht hingewiesen hat.

Der Begriff der Unzuverlässigkeit bestimmt sich nämlich nach dem Schutzzweck der in Betracht kommenden Vorschrift und nach dem Gewerbe, das betrieben wird. Die Unzuverlässigkeit erfordert daher kein

Verschulden des Erlaubnisbewerbers (vgl. BVerwGE 65, 1; BVerwG, Urteil vom 9.3.1988 - 1 B 17/88 -).

Allerdings neigt der Senat auch für die Zeit vor Kenntnisnahme der Klägerin von dem Urteil des BSG vom 14.12.2000 zu der Auffassung, dass das Verschweigen der SO-Angehörigkeit der Gastfamilien gegenüber den betroffenen Au-pairs der Klägerin auch subjektiv vorzuwerfen ist, weil die Au-Pair-Mädchen nach Treu und Glauben unter Berücksichtigung der Verkehrsanschauung redlicherweise eine Aufklärung erwarten durften (vgl. dazu auch OLG Stuttgart NJW 1996, 3640).

Die Tatsache, dass die Klägerin auch noch nach Kenntnis des Urteils des BSG davon abgesehen hat, die betroffenen Au-pairs von der SO-Mitgliedschaft der Gastfamilien in Kenntnis zu setzen, spricht nach Auffassung des Senats nachdrücklich gegen die Zuverlässigkeit der Klägerin. Das BSG hat in seinem Urteil vom 14.12.2000 ausdrücklich klargestellt, dass die Aufklärung der Betroffenen über die SO-Zugehörigkeit nach dem Recht der Arbeitsvermittlung nicht nur zulässig, sondern geboten ist, um die Entschließungsfreiheit der Vertragspartner bei Abschluss der Arbeitsverträge zu gewährleisten. Obgleich nunmehr auch die Klägerin keinerlei Zweifeln bezüglich ihrer Verpflichtung zur Aufklärung hat unterliegen können, sah sie von einer Belehrung der Au-pairs auch nach Kenntnis des BSG-Urteils ab. Dies geschah ganz offensichtlich, um überhaupt in SO angehörende Gastfamilien vermitteln zu können, wie die Anhörung der Klägerin ergab. Dies spricht gegen die Zuverlässigkeit der Klägerin. Darin dokumentiert sich, dass die Klägerin ihr eigenes Interesse an einer Vermittlung in der SO angehörende Gastfamilien höher einstufte als die Entschließungsfreiheit der von ihr betreuten Au-pairs.

Gegen die Zuverlässigkeit der Klägerin spricht weiterhin, dass sie gegenüber der Beklagten und den Gerichten zum Teil falsche, zum Teil unvollständige Angaben über Umfang und Ausmaß ihrer Stellung und Funktion innerhalb der SO gemacht hat.

So hat die Klägerin zunächst schriftlich und auch bei ihrer Anhörung vor dem SG vorgetragen, sie sei nur einfaches Mitglied („normales Vereinsmitglied") der SO. Bei ihrer Befragung vor dem SG gab sie ausdrücklich an, sie nehme ab und zu an religiösen Dienstleistungen teil. Sie nehme keinerlei Funktion in dem Verein war. Erst auf nochmaliges Befragen hat die Klägerin vor dem SG eingeräumt, sie sei Auditor und als solcher schon gelegentlich tätig und nehme zudem gelegentlich an geistlichen Beratungen teil.

Diese Einlassungen der Klägerin, die den Eindruck erwecken konnten, ihre SO-Zugehörigkeit spiele eine eher nebensächliche Rolle, sind teilweise falsch und teilweise unvollständig. Tatsächlich ist die Klägerin nämlich als Auditor seit 1990 nicht nur gelegentlich, sondern häufig und regelmäßig tätig. Sie auditiert, wie sie auf Befragen des erkennenden Senats dargelegt hat, zwischen zwei und drei Preclears (einfache Mitglieder) im Monat. Dass ein Auditor innerhalb der SO - entgegen den

Angaben der Klägerin vor dem SG - sehr wohl eine Funktion ausübt, hat die Klägerin bei ihrer Anhörung vor dem Senat eingeräumt. Auch ihre schriftliche Einlassung im August 1995, sie vermittle nicht bewusst SO-angehörige Au-pairs in nicht SO-angehörende Gastfamilien und umgekehrt, ist nicht korrekt. Wie sich aus der Aussage der Klägerin vor dem SG ergibt, hatten auch in den ersten vier Monaten ihrer Vermittlungstätigkeit Vermittlungen in SO-angehörende Gastfamilien stattgefunden. Dass ihr diese Tatsache bewusst war, hat ihre Antwort auf die vom Senat gestellten Fragen ergeben. Des Weiteren sprechen auch subjektive Tatsachen gegen die Zuverlässigkeit der Klägerin. Aufgrund der Anhörung der Klägerin ist der Senat zu der Überzeugung gelangt, dass sie auch nach ihrer Gesamtpersönlichkeit keine Gewähr dafür bietet, dass sie die ihr übertragene Arbeitsvermittlung ordnungsgemäß und redlich Zu der Würdigung der Gesamtpersönlichkeit der Klägerin gehören nämlich auch ihre Zugehörigkeit zur SO und ihr Bekenntnis zu deren Lehren.

Die Klägerin hat sich zuletzt in ihrer Anhörung vor dem Senat erneut zu den Lehren der Ethik-Technologie des Gründers der SO Ron Hubbard bekannt und erklärt, sie wende diese auf ihr Leben an. Dass die Klägerin mit der SO und ihren Lehren aufs Engste verbunden ist, zeigt auch die Tatsache, dass sie seit 1979 Mitglied dieser Organisation und zudem Lebenszeitmitglied der internationalen Vereinigung der SO ist. Im Rahmen ihrer Mitgliedschaft hat sich die Klägerin auch als Auditor ausbilden lassen.

Nach dem Verständnis dieser Organisation ist ein Auditor ein hochqualifizierter Fachmann, unabhängig davon, welche Ausbildungsstufe er erlangt haben mag. Dem Auditor obliegt die Aufgabe, einen „Preclear" (eine Person, die durch scientologisches Auditing mehr über sich selbst und das Leben herausfindet) entsprechend der Lehre von Scientology zu ändern (vgl. dazu „Das Handbuch für den ehrenamtlichen Geistlichen" von Ron Hubbard, 1. Aufl. in Deutsch, 1980).

Auch die Tatsache, dass die Klägerin durch Absolvierung einer Reihe von Kursen oberhalb der „Clear-Stufe" ist und als sog. „operierender Thetan" bereits die Qualifikationsstufe 5 erreicht hat, zeigt, dass sie die Lehren der SO zutiefst verinnerlicht hat. Angesichts einer derart geprägten Gesamtpersönlichkeit der Klägerin hält es der Senat nicht für glaubhaft, wenn die Klägerin beteuert, sie werde sich auch im Falle eines Widerspruchs mit den Lehren der SO stets an das geltende Recht halten. Diese Überzeugung hat der Senat bei der Anhörung der Klägerin gewonnen.

Die Klägerin selbst hat schriftlich eingeräumt, dass die SO auf die praktische Anwendung der Lehrinhalte der SO im Leben des Mitgliedes besonderen Wert legt. Ebenso gehört es nach den Einlassungen der Klägerin zu den Lehren der SO, Verantwortung für das Heil der Mitmenschen zu übernehmen und eine intensive Mitgliederwerbung zu betreiben, da die SO bestrebt ist, ihre Lehren zu verbreiten.

Die Gesamtpersönlichkeit der Klägerin, die wesentlich durch ihr Bekenntnis zur SO und ihren Lehren geprägt ist, begründet in Verbindung mit dem Missionsauftrag der SO auch die Gefahr, dass die Klägerin im Rahmen ihrer Tätigkeit als Arbeitsvermittlerin versuchen wird, die Lehren der SO zu verbreiten, und damit jedenfalls teilweise andere Ziele verfolgt als ein um ordnungsgemäße und redliche Arbeitsvermittlung bemühter privater Arbeitsvermittler.

Dass die Klägerin auch im Rahmen ihrer beruflichen Vermittlungstätigkeit sich nach den Regeln und Lehren der SO richten will, zeigt sich auch in dem Umstand, dass sie bei ihrer Anhörung vor dem SG sich geweigert hat, die Negativerklärung der Beklagten in Ziff. 1 („Ich arbeite nicht nach der Technologie von Ron Hubbard und werde auch in Zukunft nicht danach arbeiten") zu unterschreiben.

Angesichts dessen hält der Senat die Einlassung der Klägerin, sie werde sich stets an das geltende Recht halten, nach Anhörung der Klägerin für nicht glaubhaft.

So hat insbesondere die Einlassung der Klägerin zu den Textpassagen aus dem Buch von Ron Hubbard „Einführung in die Ethik der Scientology" den Senat davon überzeugt, dass die Klägerin der Auffassung ist, eine „antisoziale Persönlichkeit" im Sinne von Ron Hubbard sei diejenige, die ein Antiscientologe sei, und dass einem Antiscientologen nicht die gleichen Rechte zustünden wie einer „sozialen Persönlichkeit" im Sinne des Ron Hubbard. So hat die Klägerin, befragt nach sog. unterdrückerischen Handlungen, sich nicht von der Auffassung von Ron Hubbard distanziert, dass diesen Personen oder Gruppen nicht die gleichen Rechte gewährt werden könnten, die rationalen Wesen normalerweise zu gewähren seien. Die Klägerin hat lediglich erklärt, dass es sich insoweit um eine Richtlinie innerhalb der Organisation handele.

Nach Auffassung des Senats zeigt dies eine Rechtsauffassung der Klägerin, wonach der Schutz geltenden Rechts nicht allen Personen gleichermaßen zusteht, sondern danach zu differenzieren sei, ob es sich um eine im Sinne von Ron Hubbard „gute" oder „böse" Person handelt.

Auch die Erklärung, die die Klägerin unaufgefordert unter Hinweis auf das Magazin Ability „Der Scientology - Eine Anleitung zur Verbreitung von Material" vom März 1955 abgegeben hat, dokumentiert nach Überzeugung des Senats eine Rechtsauffassung der Klägerin, wonach das Recht nicht für alle uneingeschränkt gilt. Nach der abgegebenen Erklärung gelten die Gesetze nur für die grösste Anzahl und nicht für alle ihnen unterworfenen Menschen.

Die Anhörung der Klägerin hat daher nach Überzeugung des Senats ein Rechtsverständnis der Klägerin offenbart, wonach nicht gewährleistet ist, dass die Klägerin im Falle einer Pflichtenkollision zwischen den Verhaltensmaßstäben der SO und dem geltenden Recht sich stets an das geltende Recht halten wird.

Private Arbeitsvermittlung 307

Der Klägerin kann daher wegen fehlender Zuverlässigkeit die von ihr begehrte Erlaubnis zur Arbeitsvermittlung auch nicht unter Auflagen erteilt werden. Da nach Überzeugung des Senats die Gesamtpersönlichkeit der Klägerin auch entscheidend gegen ihre Zuverlässigkeit als private Arbeitsvermittlerin spricht, ist keine handhabbare Nebenbestimmung denkbar, bei deren Erfüllung die Zuverlässigkeit der Klägerin im Sinne des Gesetzes gewährleistet sein könnte.

Entgegen der Auffassung der Klägerin werden Grundrechte nicht verletzt. Das gilt zunächst für Art. 12 Abs. 1 GG. Das Merkmal der Zuverlässigkeit als Zugangsschranke für den Beruf des Arbeitsvermittlers dient dem Schutz der Arbeitsmarktteilnehmer. Die Zugangsschranke dient daher einem überragend wichtigen Gemeinschaftsgut, das nach ständiger Rechtsprechung des Bundesverfassungsgerichts und des Bundessozialgerichts verhältnismäßige Regelungen der Berufswahl rechtfertigt (BVerfGE 7, 377 [405 ff.] und BSG, Urteil vom 14.12.2000, aaO).

Der Schutzbereich des Art. 4 GG wird durch die gesetzliche Voraussetzung der Zuverlässigkeit für die Erteilung der Erlaubnis zur privaten Arbeitsvermittlung nicht berührt, da die Beurteilung der Zuverlässigkeit nicht an die Mitgliedschaft in der SO geknüpft ist (vgl. dazu auch BSG, Urteil vom 14.12.2000, aaO).

Eine Benachteiligung der Klägerin wegen ihres religiösen Bekenntnisses oder ihrer Mitgliedschaft in der SO (Art. 3 Abs. 3 GG) ist ebenfalls nicht gegeben, weil nicht das religiöse Bekenntnis oder die Mitgliedschaft als solche die Klägerin von der Ausübung einer Tätigkeit als Arbeitsvermittlerin ausschließt (BSG, Urteil vom 14.12.2000, aaO).

Den hilfsweise gestellten Beweisanträgen der Klägerin war nicht nachzugehen. Die Behauptungen der Klägerin, zu denen Beweis erhoben werden sollte, sind nicht entscheidungserheblich. Ob die Klägerin bei ihrer Vermittlungstätigkeit die ihr anvertrauten Au-pairs zu missionieren versuchte oder ob das Au-Pair-Mädchen S. tatsächlich in ihrer Gastfamilie unter Druck gesetzt wurde, ist für die Beurteilung der Zuverlässigkeit der Klägerin nicht entscheidungserheblich. Die Unzuverlässigkeit der Klägerin für die Arbeitsvermittlung folgt - wie bereits dargelegt - aus anderen Gründen. Nicht entscheidungserheblich ist auch, ob aus der Schrift des Ron Hubbard „Einführung in die Ethik von Scientology" für Mitglieder und Auditoren der SO sich allgemeine Verhaltensmaßstäbe aufstellen lassen oder ob die sog. HCO-Policies der SO Verhaltensanweisungen an Mitglieder ohne Verwaltungsaufgabe beinhalten. Entscheidungserheblich ist allein, ob die grundsätzliche Lebenseinstellung der Klägerin als subjektive Tatsache gegen ihre Zuverlässigkeit für die Arbeitsvermittlung spricht. Die Überzeugung hiervon konnte der Senat allein durch die persönliche Anhörung der Klägerin und nicht durch Sachverständigengutachten zu allgemeinen Verhaltenspflichten von SO-Mitgliedern gewinnen.

48

Die Entscheidung über den Abzug von Kirchenbeiträgen nach
R 101 Abs. 1 EStR 1993 ist eine Billigkeitsmaßnahme gemäß § 163 AO
1977.

§§ 10 Abs. 1 Nr. 4, 51a Abs. 2 EstG 1990, § 163 Abs. 1 AO 1977,
R 101 Abs. 1 EStR 1993
BFH, Urteil vom 10. Oktober 2001 - XI R 52/00[1] -

Streitig ist der Abzug von Kirchenbeiträgen. Die Klägerin zu 1) und ihr Ende 1996 verstorbener Ehemann sind bzw. waren Mitglieder der Freien Evangelischen Gemeinde A., die dem Bund Evangelisch-Freikirchlicher Gemeinden, einer Körperschaft des öffentlichen Rechts, angehört. Alleinerbe des Ehemanns ist der Kläger zu 2). Die Eheleute zahlten im Jahr 1994 für kirchliche Zwecke an die Kirchengemeinde einen Betrag von 90.600 DM. Darüber hinaus leisteten sie Spenden an eine Reihe anderer gemeinnütziger Einrichtungen in Höhe von 132.360 DM. Der Beklagte (Finanzamt) setzte mit dem angefochtenen Bescheid die Einkommensteuer auf 810.011 DM fest. Einen Teilbetrag von 32.467 DM (9 vH des Einkommensteuer-Vorauszahlungssolls von 360.741 DM) berücksichtigte das Finanzamt als „gezahlte Kirchensteuer" und den Restbetrag als Spende gemäß § 10b EStG. Die Eheleute erhoben Einspruch. Mit Schreiben vom 28.5.1996 ging das Finanzamt davon aus, dass der Einspruch gegen die mit der Steuerfestsetzung verbundene Billigkeitsmaßnahme bzw. deren teilweise Ablehnung erhoben worden sei. Mit Einspruchsentscheidung entschied das Finanzamt über eine „Billigkeitsmaßnahme gemäß § 163 AO zur Einkommensteuer 1994" und berücksichtigte Kirchenbeiträge in Höhe von 47.792 DM (9 vH der festgesetzten Einkommensteuer laut Vorauszahlungsbescheid in Höhe von 503.319 DM zzgl. der angepassten Einkommensteuer-Vorauszahlung 1993 in Höhe von 23.932 DM und der Abschlusszahlung 1992 in Höhe von 3.765 DM). Den weiter gehenden Einspruch wies das Finanzamt unter Hinweis auf R 101 Abs. 1 EStR 1993 mit der Begründung zurück, dass eine Besserstellung der Mitglieder von Freikirchen nicht beabsichtigt sei. In dem geänderten Bescheid vom 14.8.1996 setzte das Finanzamt die Einkommensteuer auf 802.053 DM fest.

Die Eheleute erhoben Klage gegen den Einkommensteuerbescheid 1994 idF der Einspruchsentscheidung und machten den Bescheid vom

---

[1] Amtl. Leitsatz. BFHE 196, 572; BB 2002, 399 (LS); BFH/NV 2002, 409; BFH-PR 2002, 161; BStBl. II 2002, 201; DStRE 2002, 281; EStB 2002, 93 (LS); FR 2002, 412; HFR 2002, 305; NVwZ 2002, 766; StE 2002, 91 (LS); StRK EStG 1975 § 10 Abs. 1 Nr. 4 R. 5.

14.8.1996 zum Gegenstand des Verfahrens. Das Finanzgericht (EFG 2000, 1116) gab der Klage „wegen Einkommensteuer 1994" im Wesentlichen statt und vertrat die Auffassung, dass ein Betrag von 9 vH der festgesetzten Steuer von 802.053 DM gleich 72.185 DM als Kirchensteuer absetzbar sei. Das Finanzgericht übertrug die Berechnung der Einkommensteuer dem Finanzamt.
Mit der Revision macht das Finanzamt geltend:
1. Das Finanzgericht habe nicht über eine Billigkeitsmaßnahme entschieden, die bereits mit der Steuerfestsetzung im Bescheid vom 13.2.1996 verbunden worden und ausdrücklich Gegenstand der Einspruchsentscheidung gewesen sei, sondern über die Einkommensteuer. Insofern fehle es an einem Vorverfahren. Das Finanzgerichtsurteil sei wegen Einkommensteuer 1994 ergangen und regele direkt die Änderung der Einkommensteuer.
2. Die Berechnung des Finanzgerichts entspreche nicht der Richtlinienregelung. Der Höchstbetrag dürfe nicht von der zunächst ohne Abzug von Kirchenbeiträgen festzusetzenden Einkommensteuer berechnet werden. Nach Abzug sei die Einkommensteuer entsprechend niedriger und würde nur einen geringeren Abzug erlauben. Es sei - ähnlich wie bei der Gewerbesteuer - eine Näherungsrechnung vorzunehmen.
Nach dem Urteil solle ein Betrag von 72.185 DM wie Kirchensteuer abziehbar sein. Richtig wäre aber ein Betrag von 71.072 DM; der als Kirchensteuer abziehbare Betrag und der Steuerbetrag selbst wären identisch. Bei Abzug eines Betrags von 72.185 DM wäre die Einkommensteuer auf 789.117 DM festzusetzen und damit um 572 DM zu niedrig.
Das Rechtsmittel hatte Erfolg.

Aus den Gründen:

II. Die Revision ist begründet; sie führt gemäß § 126 Abs. 3 Nr. 1 FGO zur Aufhebung des angefochtenen Urteils und zur Verpflichtung des Finanzamt, den Bescheid nach § 163 Satz 1 AO 1977 nach Maßgabe der nachstehenden Gründe zu ändern. Das Finanzgericht hat den als Kirchenbeitrag abziehbaren Betrag fehlerhaft berechnet.
1. Die Vorentscheidung ist nicht wegen fehlender Durchführung eines Vorverfahrens aufzuheben. Im Wege der Auslegung des Klagebegehrens und unter Gewährung eines möglichst weitgehenden und angemessenen Rechtsschutzes ist davon auszugehen, dass die Kläger die vom Finanzamt gemäß § 163 Satz 1 AO 1977 erlassene Billigkeitsentscheidung anfechten wollten. Dies wird deutlich aus ihrem Klageantrag, der ausdrücklich auf die ergangene Einspruchsentscheidung Bezug nimmt; auch das Finanzgericht hat in den Entscheidungsgründen selbst hervorgehoben, dass die Regelung R 101 EStR und damit auch der (begrenzte) Abzug von

Kirchenbeiträgen im Einkommensteuerbescheid vom 13.2.1996 eine nach § 163 Satz 1 AO 1977 ergangene Billigkeitsregelung sei. Dementsprechend ist davon auszugehen, dass auch das Finanzgericht - trotz anders lautenden Rubrums - über diesen Gegenstand entschieden hat. Die Auffassung des Finanzamt, dass ein Vorverfahren nicht durchgeführt worden sei, trifft demnach nicht zu.

2. a) Die begehrte abweichende Festsetzung von Steuern aus Billigkeitsgründen ist eine Ermessensentscheidung (vgl. Tipke/Kruse, AO/FGO, 16. Aufl., § 163 AO 1977 Tz. 10), die gemäß § 102 FGO nur in eingeschränktem Umfang der Nachprüfung durch die Finanzgericht unterliegt. Das Gericht darf die angegriffene Ermessensentscheidung nur auf Ermessensüberschreitung, Ermessensunterschreitung, Ermessensfehlgebrauch prüfen. Stellt es hierbei eine Ermessensüberschreitung oder einen Ermessensfehler fest, ist es grundsätzlich auf die Aufhebung der angefochtenen Verwaltungsentscheidung beschränkt. Nur in den Fällen der sog. Ermessensreduzierung auf Null ist das Gericht befugt, seine Entscheidung an die Stelle der Ermessensentscheidung der Verwaltungsbehörde zu setzen (vgl. Tipke/ Kruse, aaO, § 102 FGO Tz. 1, § 5 AO 1977 Tz. 76).

b) Nach § 163 Satz 1 1. Alternative AO 1977 können Steuern niedriger festgesetzt werden, wenn die Erhebung der Steuer nach Lage des einzelnen Falles unbillig wäre (zum Verhältnis von Steuerfestsetzungen und abweichender Festsetzung nach § 163 AO 1977 vgl. Tipke/Kruse, aaO, § 163 AO 1977 Tz. 20). In Anwendung dieser Vorschrift können die Finanzbehörden allgemeine Regelungen über die nach § 163 AO 1977 vorzunehmende Ermessensausübung aufstellen (vgl. Tipke/Kruse, aaO, § 4 AO 1977 Tz. 36 f.). Diese Richtlinien sind auch von den Gerichten zu beachten, wenn sich die in ihnen getroffenen Regelungen in den Grenzen halten, die das Grundgesetz (GG) und die einfachen Gesetze der Ausübung des Ermessens setzen. Im Falle von begünstigenden Regelungen für einen bestimmten Personenkreis ergibt sich zudem eine Bindungswirkung für die Gerichte aus dem Gleichbehandlungsgrundsatz (Urteil des BFH vom 15.11.1991 - III R 30/88 - BFHE 166, 159, BStBl. II 1992, 179).

c) Die Finanzverwaltung hat in R 101 Abs. 1 EStR, die der Sache nach bereits auf § 17 Abs. 1 Nr. 5 Satz 2 EStG 1925 zurückgeht, im Einzelnen dargelegt, dass Beiträge der Mitglieder von Religionsgemeinschaften, die mindestens in einem Land als Körperschaft des öffentlichen Rechts anerkannt sind, aber während des ganzen Jahres keine Kirchensteuer erheben, wie Kirchensteuern abgezogen werden können. Nach R 101 Abs. 1 Satz 3 EStR ist der Abzug bis zur Höhe der Kirchensteuer zulässig, die in dem betreffenden Land unter Berücksichtigung der Kinderermäßigung von den als Körperschaften des öffentlichen Rechts anerkannten Religionsgemeinschaften erhoben wird. Der Senat sieht in der Regelung R 101 Abs. 1 EStR - insbesondere auch unter dem Gesichtspunkt der steuerlichen Gleichbehandlung - eine Ermessensreduzierung auf Null, soweit es um die Frage geht, ob die Einkommensteuer nach § 163 Satz 1 1. Alternative AO 1977 aus Billigkeitsgründen niedriger festzusetzen ist; bei Vorliegen der Voraussetzungen der Anweisung R 101 Abs. 1 EStR muss eine Billigkeitsmaßnahme zwingend vorgenommen werden. Entgegen der Auffassung von Söhn in Kirchhof/Söhn/ Mellinghoff (EStG, § 10 Rn G 22) hält der Senat R 101 Abs. 1 EStR nicht für rechtswidrig, sondern für eine norminterpretierende und ermessensregulierende Verwaltungsvorschrift zur Abgrenzung von § 10 Abs. 1 Nr. 4 EStG gegenüber § 10b Abs. 1 EStG beim Abzug von Kirchenbeiträgen. Kirchenbeiträge, die unter den Voraussetzungen der Anweisung R 101 EStR gezahlt werden, sind zwar keine Kirchensteuern; sie sind aber von ihrer Art her den Kirchensteuern ähnlich und unterscheiden sich lediglich durch das Erhebungsverfahren. Soweit auf den Zwangscharakter der Kirchensteuer abgestellt wird, ist dem entgegenzuhalten, dass - im Unterschied zu anderen Steuern - der Zahlung von Kirchensteuer durch den Austritt aus der Religionsgemeinschaft ausgewichen werden kann.

d) Gemäß R 101 Abs. 1 Satz 3 EStR ist der Abzug bis zur Höhe der in dem jeweiligen Bundesland erhobenen Kirchensteuer - unter Berücksichtigung der Kinderermäßigung- zulässig. Maßgeblich sind die tatsächlich gezahlten Kirchenbeiträge. Im Unterschied zur Kirchensteuer werden Kirchenbeiträge nicht festgesetzt; für ihren Abzug gilt ausschließlich das Zahlungsprinzip (vgl. allgemein Söhn, aaO, § 10 Rn G 26 ff.). Abziehbar sind sie im Streitfall bis zur Höhe von 9 vH der festzusetzenden Einkommensteuer (vgl. § 51a Abs. 1 u. 2 EStG).

Allerdings hält der Senat die Einwendungen des Finanzamt gegen die Berechnung der abziehbaren Kirchenbeiträge für berechtigt; das Finanzamt weist zu Recht darauf hin, dass im Streitfall die Begrenzung des Abzugsbetrags nach der Gleichung „zvE vor KiB-Abzug ./. zvE nach KiB-Abzug = EStG auf zvE nach KiB-Abzug x 9 vH" zu ermitteln ist. Der abgezogene Betrag muss mit dem abziehbaren Betrag identisch sein. Die Differenz zwischen dem zu versteuernden Einkommen vor und nach dem Abzug der Kirchenbeiträge muss dem Betrag von 9 vH der festgesetzten Einkommensteuer entsprechen. Im Streitfall bedeutet dies, dass ein Betrag von 71.072 DM abziehbar ist.

3. Dem (begrenzten) Abzug der Kirchenbeiträge steht die Entscheidung vom 19.8.1969 - VI R 261/67 (BFHE 96, 458, BStBl. II 1970, 11, KirchE 11, 6) nicht entgegen. In diesem Fall war nicht über den Abzug von Kirchenbeiträgen im Billigkeitsweg zu entscheiden.

49

Leistungen aus der Altershilfe-Zusatzrentenkasse der Caritas-Schwesternschaft gehören zu den beitragspflichtigen Einnahmen der Krankenversicherung.

§§ 229 Abs. 1 Satz 1 Nr. 5, 237 SGB V, 1 BetrAVG
BSG, Urteil vom 11. Oktober 2001 - B 12 KR 4/00 R[1] -

Die 1927 geborene Klägerin wurde 1955 Mitglied der Caritas-Schwesternschaft eV. Sie wurde außerdem 1956 antragsgemäß Mitglied der „Altershilfe - Zusatzrentenkasse der Caritas-Schwesternschaft". Bei der Altershilfe handelte es sich um einen kleinen Versicherungsverein auf Gegenseitigkeit (VVaG). Dessen Zweck war es, seinen Mitgliedern nach Vollendung des 60. bzw. 65. Lebensjahres eine Alters-Zusatzrente zu gewähren. Die Satzung der Altershilfe sah zunächst nur eine freiwillige Mitgliedschaft vor. Als Mitglieder konnten auf Antrag alle Schwestern der Caritas-Schwesternschaft eV aufgenommen werden. Seit der Errichtung der Versorgungsordnung des Deutschen Caritasverbandes 1966 sah die Satzung für „die nach der Versorgungsordnung des Deutschen Caritasverbandes anzumeldenden Caritasschwestern" auch eine Pflichtmitgliedschaft vor. Die Altershilfe wurde Ende 1985 aufgelöst und ihr Versichertenbestand auf die Selbsthilfe übertragen. Bei der Selbsthilfe handelt es sich ebenfalls um einen kleinen VVaG, dessen Zweck es ist, seinen bei ihm versicherten Mitgliedern Zusatzrenten zu gewähren. Die Selbsthilfe sah ursprünglich nur eine freiwillige Mitgliedschaft vor. Nach Errichtung der Versorgungsordnung beim Deutschen Caritasverband wurde auch in der Satzung der Selbsthilfe zwischen den nach der Versorgungsordnung anzumeldenden Mitarbeiterinnen der Caritas als Pflichtmitgliedern und den auf Antrag „in der katholischen Kirche und ihren Einrichtungen im weitesten Sinne Tätigen" freiwilligen Mitgliedern unterschieden. - Die Versorgungsordnung des Deutschen Caritasverbandes fand auf die Klägerin keine Anwendung, da sie als Krankenschwester zwar in verschiedenen Kliniken, jedoch nie bei der Caritas oder deren Einrichtungen beschäftigt war. Die Klägerin zahlte ihre Beiträge für ihre Altershilfe-Zusatzrente stets selbst.

Die Klägerin bezieht seit Dezember 1987 eine Altersrente der Bundesversicherungsanstalt für Angestellte (BfA); sie ist deswegen in der Krankenversicherung der Rentner (KVdR) versichert und Mitglied der beklagten Krankenkasse. Daneben bezieht sie die Zusatzrente der Altershilfe und Versorgungsbezüge einer Kommunalen Zusatzversorgungskasse (ZKW). Die auf die Zusatzrenten entfallenden Beiträge wurden von der

---

[1] USK 2001-38; WzS 2002, 92 (LS).

ZKW ab Dezember 1989, von der Selbsthilfe ab März 1990 einbehalten und an die Beklagte abgeführt; bei der Selbsthilfe waren dies seit 1.1.1990 zunächst monatlich 5,02 DM. Die Beklagte verlangte von der Klägerin die Zahlung von 303,84 DM Beiträgen auf beide Zusatzrenten für Dezember 1987 bis Dezember 1989 und aus der Selbsthilfe-Zusatzrente zudem für Januar und Februar 1990. Die Klägerin legte hiergegen keinen Widerspruch ein, übersandte der Beklagten aber unter dem 17.7.1990 ein Schreiben der Selbsthilfe, in dem zum Ausdruck gebracht wird, dass die Zusatzrente der Selbsthilfe nicht beitragspflichtig sei. Die Beklagte stellte hierauf mit dem angefochtenen Bescheid fest, bei der Zusatzrente der Selbsthilfe handele es sich um Versorgungsbezüge iSd § 229 (SGB V); sie seien beitragspflichtig.

Die Klägerin hat nach erfolglosem Widerspruch Klage erhoben und sinngemäß beantragt, den angefochtenen Bescheid aufzuheben und die Beklagte zu verurteilen, ihr „die Beiträge zurückzuzahlen, die sie als Krankenversicherungsbeiträge zu dem Rentenbezug bei der Selbsthilfe erhoben und vereinnahmt hat".

Das Sozialgericht hat die Klage abgewiesen. Die Klägerin habe keinen Anspruch auf Rückzahlung ihrer Beiträge. Die Beklagte habe zu Recht auch auf die Zusatzrente Beiträge erhoben. Das Landessozialgericht hat die Selbsthilfe beigeladen und die Berufung der Klägerin zurückgewiesen. Es hat Bedenken gegen die Rechtsprechung des Bundessozialgerichts zur Beitragspflicht mancher der von der Selbsthilfe gezahlten Renten angemeldet, ist dem BSG aber im Ergebnis gefolgt.

Mit ihrer Revision rügt die Klägerin eine Verletzung des § 229 Abs. 1 Satz 1 Nr. 5 SGB V, hatte aber keinen Erfolg.

Aus den Gründen:

Die Revision der Klägerin ist unbegründet. Das Landessozialgericht hat ihre Berufung gegen das klagabweisende Urteil des Sozialgerichts zu Recht zurückgewiesen. Der angefochtene Bescheid der Beklagten vom 13.11.1990 in der Gestalt des Widerspruchsbescheides vom 11.2.1993 ist rechtmäßig. Die von der Beigeladenen an die Klägerin gezahlte Zusatzrente unterliegt der Beitragspflicht. Die Klägerin hat daher auch keinen Anspruch auf Erstattung der hierauf gezahlten Beiträge nach § 26 Abs. 2 SGB IV. Nach dieser Vorschrift sind lediglich zu Unrecht entrichtete Beiträge zu erstatten. Die hier umstrittenen Beiträge sind jedoch zu Recht entrichtet worden.

Die Klägerin ist als Bezieherin einer Rente aus der gesetzlichen Rentenversicherung in der Krankenversicherung versicherungspflichtig und Mitglied der Beklagten. Für sie galt bis Ende 1988 als Grundlohn, von dem die Beiträge zu erheben waren, nach § 180 Abs. 5 der Reichsversicherungsordnung (RVO) neben dem Zahlbetrag der Rente aus der gesetzlichen Rentenversicherung (Nr. 1) auch der Zahlbetrag der der Rente vergleichbaren Einnahmen (Versorgungsbezüge, Nr. 2). Als Versorgungsbezüge in diesem Sinne galten nach § 180 Abs. 8 Satz 2 Nr. 5 RVO auch Renten der betrieblichen Altersversorgung, soweit sie wegen einer Einschränkung der Erwerbsfähigkeit oder zur Alters- und Hinterbliebenenversorgung erzielt wurden. Seit Inkrafttreten des SGB V am 1.1.1989 hat sich hieran inhaltlich nichts geändert. Zu den beitragspflichtigen Einnahmen (dem früheren Grundlohn), von denen die Beiträge seither zu erheben sind, gehört bei versicherungspflichtigen Rentnern nach § 237 Satz 1 Nr. 2 SGB V der Zahlbetrag der der Rente vergleichbaren Einnahmen, wobei nach Satz 2 dieser Vorschrift § 229 entsprechend gilt. Dessen Abs. 1 Satz 1 stimmt mit dem früheren § 180 Abs. 8 Satz 2 RVO überein. Auch danach gelten als der Rente vergleichbare Einnahmen (Versorgungsbezüge) Renten der betrieblichen Altersversorgung, soweit sie wegen einer Einschränkung der Erwerbsfähigkeit oder zur Alters- oder Hinterbliebenenversorgung erzielt werden.

Die Zusatzrente der Klägerin ist eine Rente der betrieblichen Altersversorgung in diesem Sinne. Dabei beurteilt der Senat die Beitragspflicht der seit 1986 von der Selbsthilfe gezahlten Altershilfe-Renten selbstständig nach den rechtlichen und tatsächlichen Verhältnissen, die zwischen den Versicherten und der Altershilfe maßgeblich waren. Er stellt in diesem Zusammenhang nicht darauf ab, wie diejenigen Renten zu beurteilen sind, die von der Selbsthilfe an deren eigene - originäre - Mitglieder gezahlt werden. Der Senat trägt damit dem Umstand Rechnung, dass die Selbsthilfe Ende 1985 den Versichertenbestand der Altershilfe übernommen hat und sie mit der Auszahlung von Renten der Altershilfe keine Verpflichtungen erfüllt, die sie von vornherein selbst begründet hat (vgl. BSG SozR 3-2500 § 229 Nr. 8 S. 41; Urteil des Senats vom 6.2.1992 - 12 RK 4/91 - USK 9268 S. 314).

Der erkennende Senat hat bereits mit Urteilen vom 6.2.1992 (BSGE 70, 105, SozR 3-2500 § 229 Nr. 1), 30.3.1995 (BSG SozR 3-2500 § 229 Nr. 7) und vom 21.8.1997 (12 RK 35/96, USK 97159) entschieden, dass die von der Selbsthilfe gezahlten Selbsthilfe-Zusatzrenten zu den Renten der betrieblichen Altersversorgung gehören. Mit Urteil vom 30.3.1995 (SozR 3-2500 § 229 Nr. 8) hat der Senat in gleicher Weise für Zusatzrenten der Altershilfe entschieden (vgl. früher das zurückverweisende Urteil vom 6.2.1992 - 12 RK 4/91 - USK 9268): Auch diese gehören zu den Renten der betrieblichen Altersversorgung. Dem Urteil vom 21.8.1997 (USK 97159) lag ein Sachverhalt zugrunde, bei dem es um die Beitragspflicht der Selbsthilfe-Rente einer Versicherten ging, die bei der Selbsthilfe zunächst seit April 1971 bis Juni 1976 pflichtversichert war und die Versicherung 1982 als freiwilliges Mitglied der Selbsthilfe fortsetzte. Die Revision macht geltend, im Unterschied hierzu sei die Klägerin des vorliegenden Verfahrens zu keiner Zeit pflichtversichert gewesen. Es stelle sich deshalb die Frage, ob bei Mitgliedern eines VVaG die Zusatzrenten auch dann der Beitragspflicht in der KVdR unterliegen, wenn sie, ohne jemals Pflichtmitglied gewesen zu sein, bereits vor der Satzungsänderung der Beigeladenen deren Mitglied geworden waren und einen Zusatzrentenanspruch aufgrund alleiniger, freiwilliger Beitragsleistungen erworben haben. - Diese Frage ist indessen nicht mehr klärungsbedürftig. Entgegen der Ansicht der Klägerin hat der Senat auch über die Beitragspflicht einer Altershilfe-Zusatzrente solcher Versicherten bereits entschieden, die nicht Pflichtmitglied, sondern nur freiwilliges Mitglied der Altershilfe waren. Ein solcher Sachverhalt lag der Entscheidung des Senats vom 30.3.1995 (SozR 3-2500 § 229 Nr. 8) zu Grunde: Aus den Gründen dieses Urteils ergibt sich, dass die dortige Klägerin nicht versicherungspflichtig war (vgl. SozR 3-2500 § 229 Nr. 8 S. 39 u. 47 Mitte), denn eine Versicherungspflicht gab es in der Altershilfe erst ab 1966.

Nach der genannten Rechtsprechung, an der der Senat festhält, sind Zusatzrenten der Altershilfe auch dann Renten der betrieblichen Altersversorgung, wenn der Rentenberechtigte nicht Pflichtmitglied der Alters- oder Selbsthilfe war und er die Renten selbst finanziert hat. Bei der Altershilfe handelte es sich um eine Pensionskasse iSd § 1 Abs. 3 des Gesetzes über die betriebliche Altersversorgung (BetrAVG) in der bis zum Inkrafttreten des Art. 9 Nr. 2 u. 5 des Altersvermögensgesetzes (AVmG) vom 26.6.2001 (BGBl. I 1310) am 1.1.2001 geltenden Fassung (aF, jetzt § 1b Abs. 3 Satz 1 BetrVAG), denn sie schloss nach ihrer Satzung Pflichtversicherungen ab, die zur Durchführung der seit dem 1.4.1966 geltenden Versorgungsordnung der Arbeitsvertragsrichtlinien des Deutschen Caritasverbandes dienten und von Caritasschwestern in der Caritas angeschlossenen Einrichtungen und Anstalten eingegangen werden konnte. Zwar bot die Altershilfe erst seit Einführung der Versorgungsordnung der Arbeitsvertragsrichtlinien des Deutschen Caritasverbandes zum 1.4.1966 gemäß § 3 Abs. 1 Buchst. a ihrer Satzung auch Pflichtversicherungen an, um die Versorgungsordnung für die Beschäftigten des Deutschen Caritasverbandes oder von Einrichtungen durchzuführen, die dem Deutschen Caritasverband angeschlossen waren; insoweit weist die Klägerin zu Recht darauf hin, dass die Pflichtversicherung an das bis dahin vorhandene Versicherungssystem der freiwilligen Mitglieder angeknüpft hat, nicht umgekehrt. Die Altershilfe war jedoch auch schon vor dieser Satzungsänderung aufgrund der engen Beziehungen zwischen dem Deutschen Caritasverband und der Caritas-Schwesternschaft einerseits sowie der Altershilfe andererseits als Versorgungseinrichtung der dem Deutschen Caritasverband angeschlossenen Einrichtungen und damit als Pensionskasse anzusehen. Diese Verbindungen hat der Senat in BSG SozR 3-2500 § 229 Nr. 8 S. 45 f. im einzelnen aufgezeigt.

Die von der Altershilfe zu zahlende und von der Selbsthilfe abgewickelte Zusatzrente weist auch den für Renten der betrieblichen Altersversorgung iSv § 180 Abs. 8 Satz 2 Nr. 5 RVO, § 229 Abs. 1 Satz 1 Nr. 5 SGB V erforderlichen Zusammenhang mit der früheren Berufstätigkeit des Versicherten auf. Dieser liegt nach der Rechtsprechung des Senats bereits dann vor, wenn der Rentner der Pensionskasse nur im Zusammenhang mit einer Berufstätigkeit beitreten konnte. Der Senat hat diesen Zusammenhang bei Altershilfe-Zusatzrenten der Caritas-Schwestern bejaht (vgl. BSG SozR 3-2500 § 229 Nr. 8 S. 41, 46). Zwar setzte die freiwillige Mitgliedschaft bei der Altershilfe - anders als bei der Selbsthilfe - nicht die Ausübung einer konkreten Berufstätigkeit oder die Beschäftigung bei einem bestimmten Arbeitgeber, z.b. .einer dem Deutschen Caritasverband angeschlossenen Einrichtung, voraus. Der Altershilfe konnten gemäß § 3 ihrer Satzung auf Antrag aber nur Schwestern der Caritas-Schwesternschaft beitreten, unabhängig vom konkreten Arbeitgeber. Die Caritas-Schwesternschaft wiederum nahm satzungsrechtlich praktisch nur solche Frauen auf, die den Beruf einer karitativen Schwester auch tatsächlich ausübten (vgl. hierzu BSG SozR 3-2500 § 229 Nr. 8 S. 47). - Dies traf auch bei der Klägerin zu.

Der Beitragspflicht der Altershilfe-Zusatzrente steht nicht entgegen, dass die Klägerin die Mittel für ihre freiwillige Versicherung selbst aufgebracht und sich hieran ein Arbeitgeber nicht beteiligt hat. Der Begriff der betrieblichen Altersversorgung in § 180 Abs. 8 Satz 2 Nr. 5 RVO, § 229 Abs. 1 Satz 1 Nr. 5 SGB V ist in der Rechtsprechung des BSG von Anfang an als eigenständig verstanden und gegen die Definition in § 1 Abs. 1 BetrAVG aF abgegrenzt worden (vgl. BSGE 58, 10 [11 f.], SozR 2200 § 180 Nr. 25). Schon in dieser Entscheidung hat das BSG die Rente einer Pensionskasse, die ausschließlich vom Arbeitnehmer finanziert war, als Rente der betrieblichen Altersversorgung iS des § 180 Abs. 8 Satz 2 Nr. 5 RVO als beitragspflichtig angesehen. Soweit Renten der betrieblichen Altersversorgung von Pensionskassen gezahlt werden, folgt der erkennende Senat einer institutionellen Betrachtungsweise, die er in mehreren Entscheidungen bestätigt und ausführlich begründet hat (vgl. zuletzt SozR 3-2500 § 229 Nr. 7 u. 8). Die Abgrenzung der beitragspflichtigen Renten der betrieblichen Altersversorgung nach der Institution, die sie zahlt (Pensionskassenrente, § 1 Abs. 3 BetrAVG aF), bzw. dem Versicherungstyp (Direktversicherung, § 1 Abs. 2 BetrAVG aF [jetzt § 1b Abs. 2 Satz 1 BetrAVG]) führt gegenüber den beitragsfreien sonstigen Renten aus privaten Lebensversicherungen am ehesten zu Ergebnissen, die mit dem allgemeinen Gleichheitssatz vereinbar sind.

Entgegen der Ansicht der Klägerin findet durch die Beitragspflicht ihrer Rente der Altershilfe keine Entwertung geschützter Besitzstände statt. Ihre Versicherungsansprüche gegen die Altershilfe werden nicht beeinträchtigt. Der Gesetzgeber war weder durch Art. 14 Abs. 1 Grundgesetz (GG) noch durch das Rechtsstaatsprinzip gehindert, bei der Neuregelung der KVdR Renten der betrieblichen Altersversorgung mit Beiträgen zu belegen (BSGE 58, 10 [15 f.], SozR 2200 § 180 Nr. 25 mwN), wie dies bei Einführung der eigenen Beitragspflicht in der KVdR mit vielen Bezügen geschehen ist. So sind gemäß § 237 Satz 1 Nr. 1 SGB V z.b. auch Renten der gesetzlichen Rentenversicherung grundsätzlich beitragspflichtig, gleichgültig ob sie aufgrund einer versicherungspflichtigen Beschäftigung von Arbeitnehmer und Arbeitgeber finanziert worden sind oder ob sie bei antragspflichtversicherten Selbstständigen oder bei freiwillig Versicherten ausschließlich auf Beiträgen des Versicherten beruhen. Ebenso sind als Versorgungsbezüge Renten der Versicherungs- und Versorgungseinrichtungen für bestimmte Berufe beitragspflichtig, obwohl sie in der Regel allein durch Beiträge des Versicherten finanziert worden sind; Letzteres gilt selbst dann, wenn es sich um eine freiwillige Mitgliedschaft in einer derartigen Einrichtung handelt (vgl. BSG SozR 3-2500 § 229 Nr. 6: freiwillige Mitgliedschaft eines Steuerberaters in einem berufsständischen privatrechtlichen Versicherungsverein).

Das Bundesverfassungsgericht (BVerfG) hat die Einbeziehung der Versorgungsbezüge in die Beitragspflicht nicht nur gebilligt, sondern wegen des in der gesetzlichen Krankenversicherung geltenden Solidaritätsprinzips sogar für geboten erachtet (vgl. BVerfGE 79, 223 [237 ff.], SozR 2200 § 180 Nr. 46 S. 198 ff.). Verfassungsbeschwerden gegen die Urteile des Senats vom 30.3.1995 (BSG SozR 3-2500 § 229 Nr. 8: Beitragspflicht einer Altershilfe-Zusatzrente und SozR 3-2500 § 229 Nr. 7: Beitragspflicht einer Selbsthilfe-Zusatzrente) hat das BVerfG nicht zur Entscheidung angenommen (vgl. Kammerbeschlüsse vom 21.9.1995 - 1 BvR 1764/95 und 1 BvR 1765/95).

Der Senat hat den Begriff der betrieblichen Altersversorgung iS des § 180 Abs. 8 Satz 2 Nr. 5 RVO, § 229 Abs. 1 Satz 1 Nr. 5 SGB V seit jeher als gegenüber dem Begriff der betrieblichen Altersversorgung im BetrAVG eigenständig verstanden. Zwar ist in der Gesetzesbegründung zu § 180 Abs. 5-8 RVO auf § 1 Abs. 1 BetrAVG hingewiesen worden (vgl. BT-Drs. 9/458, S. 35 zu Nr. 2), jedoch wurde in § 180 Abs. 8 Satz 2 Nr. 5 RVO weder ein Klammerzusatz noch der Begriff „Versorgungszusage" aufgenommen. Wie der Senat bereits ausgeführt hat, ist nicht einmal sicher, ob § 1 BetrAVG in der Gesetzesbegründung nicht nur als eine Vergleichsnorm erwähnt worden ist, die das Gemeinte lediglich verdeutlichen soll. Entgegen der Ansicht der Revision lässt sich ein Wille des Gesetzgebers, für Versorgungsbezüge sei ein unmittelbarer Bezug zu einem bestehenden Arbeitsverhältnis erforderlich, nicht feststellen. Der Senat hat daher in ständiger Rechtsprechung eine Bindung des Begriffs der „betrieblichen Altersversorgung" in § 180 Abs. 8 Satz 2 Nr. 5 RVO und später in § 229 Abs. 1 Satz 1 Nr. 5 SGB V an die Definition des § 1 BetrAVG abgelehnt (vgl. BSGE 58, 10 [11 f.], SozR 2200 § 180 Nr. 25 S. 90). Der Gesetzgeber hat trotz dieser ständigen Rechtsprechung § 229 Abs. 1 Satz 1 Nr. 5 SGB V bisher nicht geändert. Soweit die Revision darauf hinweist, dass von anderen obersten Gerichtshöfen des Bundes die betriebliche Altersversorgung anders verstanden werde als vom BSG, bezieht sich dies immer auf Entscheidungen der anderen Gerichte, die zum BetrAVG ergangen sind. Der Senat sieht daher auch keine Veranlassung, den Gemeinsamen Senat der Obersten Gerichtshöfe des Bundes (GmSOGB) anzurufen. Die Revision und die Beigeladene machen schließlich geltend, das BSG müsse seine bisherige Rechtsprechung zumindest im Hinblick auf die Begriffsbestimmungen des AVmG aufgeben. Die Abgrenzung der betrieblichen Altersversorgung von der privaten Eigenvorsorge ergebe sich nunmehr aus den Art. 6 u. 7 des AVmG. Danach sei eine betriebliche Altersversorgung nur gegeben, wenn sie der Definition des § 1 BetrAVG entspricht. Befände sich ihr Versicherungsvertrag mit der Altershilfe nicht bereits in der Auszahlungs-, sondern noch in der Ansparphase, würde er nach einer zertifizierten Umwandlung in einen Altersvorsorgevertrag als ein auf Eigenvorsorge gerichteter Versicherungsvertrag angesehen. Durch das AVmG sei dem § 229 Abs. 1 Satz 1 SGB V keine Nr. 6 für die Renten aus privater betriebsfremder Eigenvorsorge hinzugefügt worden. Auch hieran sei der Wille des Gesetzgebers erkennbar, die private Eigenvorsorge aus der Krankenversicherungspflicht auszunehmen. - Der Senat sieht keinen Anlass, aufgrund dieses Vorbringens seine Rechtsprechung zum Begriff der Versorgungsbezüge zu ändern. Abgesehen davon, dass das AVmG in seinen wesentlichen Teilen zu der Zeit, um die es hier geht, noch nicht in Kraft getreten war, hat es § 229 SGB V nicht geändert. Soweit der Wortlaut des § 1 BetrAVG geändert wurde, hat dies im Wesentlichen systematische Gründe. Der bisherige Inhalt des § 1 Abs. 1 BetrAVG wurde auf zwei Vorschriften verteilt. Die Begriffsbestimmungen der bisherigen Abs. 1, 5 u. 6 verblieben in § 1, dagegen wurden die Regelungen zu den Durchführungswegen und zur Unverfallbarkeit von Betriebsrentenanwartschaften in einen neuen § 1b BetrAVG überführt. Mit den neuen Sätzen 2 u. 3 des § 1 Abs. 1 BetrAVG wurde aus Gründen der Klarstellung ausdrücklich geregelt, dass unabhängig von der Durchführungsform der betrieblichen Altersversorgung immer eine arbeitsvertragliche „Grundverpflichtung" des Arbeitgebers zur Erbringung der zugesagten Leistung besteht (vgl. BR-Drs. 764/00 S. 156 zu Art. 7 Nr. 2 - § 1 des Entwurfs der Bundesregierung). Es ist nicht erkennbar, weshalb durch diese Änderungen oder die steuerlichen Begünstigungen privater oder betrieblicher Vorsorgeverträge der bisherigen Rechtsprechung des Senats die Grundlage entzogen sein könnte.

50

Zur Frage, ob eine in der Rechtsform einer GmbH betriebene katholische Wohnungsbau- und Siedlungsgesellschaft eine karitative Einrichtung der katholischen Kirche und deshalb nach § 118 Abs. 2 BetrVG vom Geltungsbereich des Betriebsverfassungsgesetzes ausgenommen ist.

Art. 140 GG, 137 Abs. 3 WRV; § 118 Abs. 2 BetrVG
LAG Berlin, Urteil vom 12. Oktober 2001 - TaBV 1359/01[1] -

Zwischen den Parteien ist streitig, ob die Antragstellerin eine vom Geltungsbereich des Betriebsverfassungsgesetzes ausgenommene karitative Einrichtung der kath. Kirche ist und ob deshalb oder aus anderen Gründen die Wahl des Beteiligten zu 2) vom 23.11.2000 zum Wahlvorstand für die Wahl eines Betriebsrats bei der Antragstellerin nichtig ist.

Die Antragstellerin ist eine Gesellschaft mit beschränkter Haftung, deren Gegenstand ausweislich der Eintragung im Handelsregister ist:

„*1. Eine sichere und sozial verantwortbare Wohnungsversorgung der breiten Schichten der Bevölkerung (kirchlich-sozialer Zweck). Die Gesellschaft nimmt damit teil an der Erfüllung des kirchlichen Auftrages.*
2. Die Gesellschaft errichtet, betreut, erwirtschaftet und verwaltet Bauten in allen Rechts- und Nutzungsformen, darunter Eigenheime und Eigentumswohnungen. Sie kann außerdem alle im Bereich der Wohnungswirtschaft, des Städtebaus, der Dorferneuerung und der Infrastruktur anfallenden Aufgaben übernehmen, Grundstücke erwerben, belasten und veräußern sowie Erbbaurechte ausgeben. Sie kann Gemeinschaftsanlagen und Folgeeinrichtungen, Läden und Gewerbebauten, soziale, wirtschaftliche, ökologische und kulturelle Einrichtungen und Dienstleistungen bereitstellen. Die Gesellschaft ist berechtigt, Zweigniederlassungen zu errichten, andere Unternehmen zu erwerben oder sich an solchen zu beteiligen."

Gesellschafter der Antragstellerin sind die Erzbischöfliche Vermögensverwaltungs GmbH - eine 100%ige Tochter des Erzbistum Berlin - und der Caritasverband für Berlin e.V. Die Antragstellerin verfügt über einen aus sechs Personen bestehenden Aufsichtsrat, dem u.a. zwei der Caritas bzw. dem Caritasverband für das Erzbistum Berlin angehörende Personen, ein Pfarrer, der Finanzdezernent des Erzbistums Berlin sowie der Geschäftsführer des Morus-Verlages, einer im Kirchenbesitz befindlichen Verlagsanstalt, angehören.

---

[1] Die Rechtsbeschwerde des Wahlvorstands führte zur Aufhebung des Beschlusses. Das Verfahren wurde zur anderweiten Anhörung und Entscheidung an das Landesarbeitsgericht zurückverwiesen; BAG, Beschluss vom 23.10.2002, - 7 ABR 59/01 - n.v.

Die Antragstellerin ist vor allem in den Bereichen der Vermietung von Wohnungen, der Baubetreuung und dem Bau von Eigenheimen tätig, wobei sie überwiegend die Verwaltung von Wohnungen - davon zu 90 vH im öffentlich geförderten Wohnungsbau - betreibt. Die Arbeitsverträge werden unabhängig von der Konfessionszugehörigkeit geschlossen, die Mitarbeiter erlangen eine zusätzliche Altersversorgung bei der Kirchl. Zusatzversorgungskasse Köln.

Im vorliegenden Beschlussverfahren macht die Antragstellerin geltend, als karitative Einrichtung der kath. Kirche unterfalle sie gemäß § 118 Abs. 2 BetrVG nicht dem Geltungsbereich dieses Gesetzes; die Wahl des Wahlvorstandes sei daher nicht ordnungsgemäß. In erster Instanz wurde beantragt 1) festzustellen, dass die Antragstellerin eine karitative Einrichtung einer Religionsgemeinschaft iSd § 118 Abs. 2 BetrVG ist, 2) festzustellen, dass die Bildung eines Wahlvorstandes zur Vorbereitung und Durchführung von Betriebsratswahlen im Betrieb der Antragstellerin unzulässig ist, 3) hilfsweise zu den Anträgen zu 1) und 2) festzustellen, dass der gebildete Wahlvorstand nicht ordnungsgemäß besetzt und wegen Verstoßes gegen § 16 Abs. 1 Satz 5 BetrVG die Wahlen zum Wahlvorstand nichtig sind.

Der Wahlvorstand hat beantragt, die Anträge zurückzuweisen, und geltend gemacht, es handle sich bei der Antragstellerin um ein reines Wirtschaftsunternehmen.

Durch den angefochtenen Beschluss hat das Arbeitsgericht die mit den Hauptanträgen begehrten Feststellungen getroffen und zur Begründung im Wesentlichen ausgeführt, die Antragstellerin sei aufgrund ihrer Zuordnung zur Kirche und ihrer Zielsetzung eine karitative Einrichtung einer Religionsgemeinschaft iSd § 118 Abs. 2 BetrVG.

Mit seiner Beschwerde lässt der Beteiligte zu 2) vortragen, die in dem angefochtenen Beschluss vertretene Auffassung führe dazu, dass die Kirchen unter Berufung auf ihr Selbstverständnis letztlich durch unternehmerische Entscheidung festlegen könnten, welche ihrer rechtlich und wirtschaftlich selbstständigen Unternehmen dem Vorbehalt des § 118 Abs. 2 BetrVG unterfallen sollten. Karitativ sei eine Tätigkeit im Dienste Hilfsbedürftiger. Voraussetzung sei weiterhin, dass ohne die Absicht der Gewinnerzielung und ohne eine gesetzliche Verpflichtung das Unternehmen es sich freiwillig zur Aufgabe gesetzt habe, körperlich, geistig oder seelisch leidenden Menschen in ihren inneren oder äußeren Nöten heilend, lindernd oder vorbeugend zu helfen. Es könne nicht maßgeblich und allein auf das Selbstverständnis der Kirche und deren alleinige Entscheidung ankommen, welcher Mittel sie sich bediene, um ihren Auftrag in der Welt wahrzunehmen. Diese Sichtweise führte dazu, dass der Kirche die Kompetenz der Kompetenz zugeschrieben würde und die Entscheidung ohne jede gerichtliche Überprüfungsmöglichkeit ins Belieben der Kirchen gestellt würde. Vorliegend sei gleichgültig, ob die Antragstellerin ein Unternehmen der Wohnungsverwaltung oder des Woh-

nungsbaus sei, da bei beiden Unternehmenszwecken und -zielen nicht das Selbstverständnis der Kirche iSd Verfolgung einer geistig-ideellen Zielsetzung gegeben sei. Die Antragstellerin gehe ausschließlich nach betriebswirtschaftlichen Gesichtspunkten vor. Eine institutionelle Verbindung zwischen der Antragstellerin und der Amtskirche sei nicht gegeben, es werde davon ausgegangen, dass auch im Gesellschaftsvertrag über die angebliche Einflussnahme über die einzelnen Aufsichtsratsmitglieder hinaus keine Einflussnahmemöglichkeiten vereinbart seien. Der Beschwerdeführer wiederholt und vertieft sein erstinstanzliches Vorbringen zu der seiner Auffassung nach ordnungsgemäß durchgeführten Wahl.
Die Beschwerde blieb erfolglos.

Aus den Gründen:

Mit dem Arbeitsgericht ist auch das erkennende Gericht der Auffassung, dass die Feststellungsanträge zulässig und begründet sind.
1. In prozessualer Hinsicht bestehen weder Bedenken gegen die Statthaftigkeit des arbeitsgerichtlichen Beschlussverfahrens, denn es handelt sich um eine Angelegenheit aus dem Betriebsverfassungsgesetz iSd § 2a Abs. 1 Nr. 1 ArbGG, noch gegen die Beteiligtenfähigkeit des Wahlvorstands iSd § 10 ArbGG für die Klärung der geltend gemachten Anwendbarkeit des § 118 Abs. 2 BetrVG und der Nichtigkeit seiner Wahl (vgl. BAG, Beschluss vom 8.4.1992 - 7 ABR 56/91 - NZA 1993, 415).
Das Beschwerdegericht hält die Feststellungsanträge auch für zulässig. Zwar unterscheidet sich der vorliegende Antrag zu 1) von dem Antrag auf Feststellung des Tendenzcharakters eines Unternehmens iSd § 118 Abs. 1 BetrVG (vgl. dazu BAG, Beschlüsse vom 21.7.1998 - 1 ABR 2/98 - NZA 1999, 277; vom 23.3.1999 - 1 ABR 28/98 - NZA 1999, 1347), aber auch die zwischen den Beteiligten streitige Anwendbarkeit des § 118 Abs. 2 BetrVG iS eines Statusstreits betrifft ein betriebsverfassungsrechtliches Rechtsverhältnis iSd § 256 ZPO, für dass das besondere Feststellungsinteresse aufgrund der Wahl des Beteiligten zu 2) gegeben ist. Auch der Feststellungsantrag zu 2) begegnet im Hinblick auf das Bestehen des Beteiligten zu 2) keinen rechtlichen Bedenken.
2. Die Feststellungsanträge sind auch begründet.
2.1 Wie das Arbeitsgericht geht auch das Beschwerdegericht von den Grundsätzen aus, die das Bundesverfassungsgericht und das Bundesarbeitsgericht zur Auslegung der Ausnahmevorschrift des § 118 Abs. 2 BetrVG entwickelt haben. Danach findet das Betriebsverfassungsgesetz wegen des den Religionsgemeinschaften durch Art. 140 GG iVm § 137 Abs. 3 WRV gewährleisteten Rechts, ihre Angelegenheiten innerhalb der Schranken der für alle geltenden Gesetze zu ordnen und zu verwalten,

keine Anwendung auf Religionsgemeinschaften und deren karitative und erzieherische Einrichtungen. Das verfassungsrechtlich garantierte Selbstbestimmungsrecht steht den Kirchen nicht nur hinsichtlich ihrer körperschaftlichen Organisation oder ihrer Ämter zu, sondern erstreckt sich auch auf rechtlich selbstständige Vereinigungen und deren Einrichtungen, die sich nur die partielle Pflege des religiösen oder weltanschaulichen Lebens ihrer Mitglieder zum Ziel gesetzt haben, soweit sie nach kirchlichem Selbstverständnis entsprechend ihrem Zweck oder ihrer Aufgabenstellung dazu berufen sind, den weltbezogenen Auftrag der Kirchen wahrzunehmen und zu erfüllen. Bei einer rechtlich selbstständigen Einrichtung muss ein Mindestmaß an Einflussmöglichkeiten der Kirche hinzukommen, um auf Dauer eine Übereinstimmung der religiösen Betätigung der Einrichtung mit kirchlichen Vorstellungen gewährleisten zu können, ohne dass dieser Einfluss einer satzungsmäßigen Absicherung bedürfte (vgl. nur BAG, Beschlüsse vom 24.7.1991 - NZA 1991, 977, KirchE 29, 255; vom 30.4.1997 - NZA 1997, 1240, KirchE 35, 153 jeweils mwN).

Die Angriffe der Beschwerde sind nicht geeignet, die Rechtslage abweichend als mit dem vom Arbeitsgericht festgestellten Status der Antragstellerin als karitative Einrichtung der katholischen Kirche festzustellen.

Soweit der Beschwerdeführer geltend macht, die Antragstellerin sei keine karitative Einrichtung, da sie ein Wirtschaftsunternehmen sei und damit nicht ohne die Absicht der Gewinnerzielung und ohne eine gesetzliche Verpflichtung es sich freiwillig zur Aufgabe gesetzt habe, körperlich, geistig oder seelisch leidenden Menschen in ihren inneren oder äußeren Nöten heilend, lindernd oder vorbeugend zu helfen, so bezieht der Beschwerdeführer sich damit auf die Rechtsfrage, wann eine karitative Einrichtung eines weltlichen Unternehmens iSd § 118 Abs. 1 Nr. 1 BetrVG gegeben ist, die ohne Rücksicht auf die Freiheitsrechte der Kirchen definiert und begrenzt werden, während die Kirche frei ist, ihre Angelegenheiten selbständig zu verwalten und allein nach ihrem Selbstverständnis zu bestimmen, ob eine Einrichtung und deren Betätigung „Caritas" und damit Wesensäußerung der Kirche in der Welt ist (vgl. BAG, Beschluss vom 24.11.1981 - BB 1982, 1363, KirchE 19, 151).

Ob dieses Selbstbestimmungsrecht als sog. Kompetenz-Kompetenz schrankenlos besteht, braucht vorliegend auch unter Berücksichtigung der Darlegungen des Beschwerdeführers nicht entschieden zu werden, da die Antragstellerin durch ihren Unternehmensgegenstand deutlich macht, durch ihre Betätigung die sichere und sozial verantwortbare Wohnungsversorgung breiter Schichten der Bevölkerung und damit einen nach ihrem Verständnis kirchlich-sozialen Zweck i.S. einer karitativen Betätigung zu verfolgen.

Entgegen der Auffassung der Beschwerde ist auch das geforderte Mindestmaß an Einflussmöglichkeiten der Kirche gegenüber der Antragstellerin sowohl durch ihre Gesellschafter, die Erzbischöfliche Vermö-

gensverwaltungs GmbH als 100%ige Tochter des Erzbistums Berlin und den Caritasverband für Berlin e.V., als auch durch den direkten Einfluss der Mitglieder des Aufsichtsrats - unabhängig von etwaiger satzungsmäßiger Absicherung - gegeben.
2.2 Da die Antragstellerin damit als Einrichtung iSd § 118 Abs. 2 BetrVG gilt, war die Bildung eines Wahlvorstands in ihrem Betrieb unzulässig.

51

1. Nach § 55 Abs. 2 Unterabsatz 2 Satz 1 BAT berechtigen andere wichtige Gründe, insbesondere dringende betriebliche Erfordernisse, die einer Weiterbeschäftigung des Arbeitnehmers zu den bisherigen Arbeitsbedingungen entgegenstehen, den Arbeitgeber nicht zu der ausgesprochenen außerordentlichen Änderungskündigung (hier: außerordentliche betriebsbedingte Kündigung und neues Vertragsangebot zu den Bedingungen des Kirchlichen Angestelltentarifvertrages der Nordelbischen Ev.-Luth. Kirche). Bei Vorliegen der Voraussetzungen des § 55 Abs. 2 Unterabsatz 2 Satz 1 BAT konnte der Arbeitgeber lediglich eine Änderungskündigung zur Herabgruppierung um eine Vergütungsgruppe, nicht jedoch eine solche zur Änderung des Tarifsystems aussprechen.
2. Das Festhalten des Arbeitnehmers an den vertraglichen Vereinbarungen stellt auch keinen in seiner Person oder in seinem Verhalten liegenden wichtigen Grund im Sinne des § 55 Abs. 1 BAT dar. Aus dem Leitbild der christlichen Dienstgemeinschaft lassen sich lediglich solche besonderen Loyalitätsobliegenheiten entwickeln, die die Kirche oder ihre Einrichtungen um ihrer Glaubwürdigkeit willen, wie beispielsweise die Beachtung der tragenden Grundsätze der kirchlichen Glaubens- und Sittenlehre, von ihren Mitarbeitern verlangen kann. Eine vertragliche Verpflichtung des kirchlichen Arbeitnehmers, Vertragsänderungen der hier streitigen Art zu akzeptieren, lässt sich hieraus jedoch nicht ableiten.

§§ 53 Abs. 3, 54, 55 Abs. 2 BAT, 626 Abs. 1 BGB
BAG, Urteil vom 25. Oktober 2001 - 2 AZR 216/00[1] -

---

[1] Amtl. Leitsätze. EzA § 626 BGB Änderungskündigung Nr 2; EzBAT § 55 BAT Nr 11; FA 2002, 331; FA 2002, 30; NZA 2002, 1000; PersV 2002, 569; PersR 2002, 489; RzK I 8f Nr 33; ZMV 2002, 198; ZfPR 2002, 275 (LS).

Die Parteien streiten über die Wirksamkeit einer außerordentlichen betriebsbedingten Änderungskündigung.
Die beklagte Stiftung ist eine diakonische Einrichtung. Sie vereinbarte mit dem Kläger wie auch mit allen anderen Mitarbeitern arbeitsvertraglich die Geltung des Bundes-Angestelltentarifvertrages (BAT). Seit März 1991 ist sie Mitglied im Verband Kirchlicher und Diakonischer Anstellungsträger Nordelbien (VKDA). Seitdem vereinbart sie mit den neu eingestellten Angestellten die Geltung des Kirchlichen Angestelltentarifvertrages der Nordelbischen Ev.-Luth. Kirche (KAT-NEK). Auf Veranlassung der Beklagten sind alle älteren Arbeitsverträge überwiegend einvernehmlich vom BAT auf den KAT-NEK umgestellt worden.
Der Kläger ist seit 1981 bei der Beklagten als Angestellter im erzieherischen Dienst tätig. Am 6.11.1998 schlossen der VKDA einerseits und die Deutsche Angestelltengewerkschaft (DAG), die Gewerkschaft Öffentliche Dienste, Transport und Verkehr (ÖTV), der Verband Kirchlicher Mitarbeiter Nordelbien sowie die Industrie-Gewerkschaft Bauen-Agrar-Umwelt andererseits den Tarifvertrag „Bündnis für Investitionen und Beschäftigung in der Evangelischen Stiftung" (Bündnis-TV), der ua. eine Reduzierung der Personalkosten um jährlich 4,6 vH bis Ende 2003, einen Investitionsfond mit einem Volumen von 50 Mio. DM und den Ausschluss von betriebsbedingten Kündigungen, die vor dem 31.3.2005 wirksam werden, vorsieht. Durch den Abschluss des Bündnis-TV konnten seinerzeit 160 betriebsbedingte Kündigungen abgewendet werden.
Der Kläger nahm die geänderten Arbeitsbedingungen unter Vorbehalt an und hat im Rahmen der vorliegenden Änderungsschutzklage die Auffassung vertreten, es liege kein wichtiger Grund für die Änderung seiner bisherigen Arbeitsbedingungen vor. Er sei auch nicht aus Gleichbehandlungsgründen verpflichtet, auf seinen erworbenen tariflichen Kündigungsschutz zu verzichten, zumal sein Beitrag zum Investitionsfond nur gering wäre.
Das Arbeitsgericht hat der Klage stattgegeben; das LAG Hamburg (KirchE 37, 407) hat sie abgewiesen. Die vom Landesarbeitsgericht zugelassene Revision des Klägers führte zur Wiederherstellung des erstinstanzlichen Urteils.

Aus den Gründen:

Die Revision ist begründet. Die zum 30.6.1999 erklärte Änderungskündigung vom 22.12.1998 ist rechtsunwirksam.
A. Das Landesarbeitsgericht hat angenommen, die außerordentliche betriebsbedingte Kündigung mit Auslauffrist sei rechtswirksam, weil ein wichtiger Grund gemäß § 54 BAT iVm. § 626 Abs. 1 BGB vorliege. Der Beklagten sei eine Fortsetzung des Arbeitsverhältnisses zu den bisheri-

gen Arbeitsbedingungen unzumutbar. Die Beklagte brauche es auch bei dem unkündbaren Kläger nicht hinzunehmen, dass er als einziger Mitarbeiter eine Vertragsumstellung auf den KAT-NEK und den Bündnis-TV verhindere und sich damit nicht an den gemeinsamen finanziellen Lasten beteilige. Ihr sei ein Ausscheren des Klägers aus der Dienstgemeinschaft nicht zuzumuten. Der Kläger stehe als Teil der Dienstgemeinschaft in der gemeinsamen Verantwortung für die Erfüllung des diakonischen Auftrages. Dementsprechend sei es hinzunehmen, wenn sich die Beklagte zur Begründung der Änderungskündigung des an sich unkündbaren Arbeitsverhältnisses auf die Herstellung der Dienstgemeinschaft berufe. Alle Mitarbeiter seien dem Ziel des Bündnis-TV verpflichtet, die Einrichtung und damit den Dienst an den behinderten Menschen langfristig zu sichern. Indem der Kläger eine einvernehmliche Vertragsänderung ablehne und auf der Anwendung des BAT beharre, verweigere er sich dem Vollzug der Dienstgemeinschaft. Dabei sei es unerheblich, ob er für seine Haltung Gründe habe. Seine Einzelinteressen hätten hinter den Gemeinschaftsgedanken und vor allem der gemeinsamen Aufgabe zurückzutreten.

B. Dem folgt der Senat nicht.

I. Die Änderungskündigung der Beklagten ist nach § 55 Abs. 2 Unterabs. 1 Satz 1 BAT iVm. § 134 BGB rechtsunwirksam.

1. Zutreffend ist das Landesarbeitsgericht davon ausgegangen, dass auf Grund einzelvertraglicher Vereinbarung auf das Arbeitsverhältnis der Parteien der BAT Anwendung findet und der Kläger angesichts seines Alters und seiner Beschäftigungszeit iSv. § 53 Abs. 3 BAT ordentlich unkündbar ist.

2. Das Landesarbeitsgericht hat jedoch nicht berücksichtigt, dass das Arbeitsverhältnis des Klägers nur noch nach Maßgabe des § 55 BAT gekündigt werden konnte.

a) Der BAT regelt in § 54 BAT in Übereinstimmung mit § 626 BGB allgemein, wann ein Arbeitsverhältnis eines Angestellten aus wichtigem Grund gekündigt werden kann. Für die gemäß § 53 Abs. 3 BAT ordentlich unkündbaren Angestellten bestimmt die Sonderregelung des § 55 BAT zunächst in ihrem Absatz 1, dass einem solchen Angestellten nur aus einem in seiner Person oder in seinem Verhalten liegenden wichtigen Grund fristlos gekündigt werden kann. Nach § 55 Abs. 2 Unterabs. 1 BAT berechtigen andere wichtige Gründe den Arbeitgeber nicht zur Kündigung, wobei dringende betriebliche Erfordernisse, die einer Weiterbeschäftigung des Angestellten entgegenstehen, ausdrücklich als Beispiel eines solchen zur fristlosen Kündigung nicht ausreichenden wichtigen Grundes genannt werden. § 55 BAT enthält somit eine Beschränkung der Gründe für eine fristlose Kündigung, nämlich auf die in der Person und dem Verhalten des unkündbaren Angestellten liegenden wichtigen Gründe. Aus § 55 Abs. 2 Unterabs. 1 Satz 1 BAT ergibt sich ein grundsätzliches Verbot der fristlosen Kündigung aus einem betriebsbedingten wichtigen Grund (BAG, 17.5.1984 - 2 AZR 161/83 - AP BAT § 55 Nr. 30; Bredemeier/Neffke BAT/BAT-O § 55 Rn 7; Ramdohr/Crisolli, Das Tarifrecht der Angestellten im öffentlichen Dienst, Stand September 2001, § 55 BAT Erl. 12; PK-BAT/Schmalz, 2. Aufl., § 55 Rn 3). Vielmehr soll der Bestand des Arbeitsverhältnisses eines tarifvertraglich unkündbaren Angestellten bei Wegfall seines Arbeitsplatzes umfassend geschützt werden (Clemens/Scheuring/Steingen/Wiese, BAT Stand September 2001. § 55 Erl. 5).

b) Eine solche tarifliche Beschränkung des außerordentlichen Kündigungsrechts ist nicht grundsätzlich unzulässig und unvereinbar mit § 626 BGB (BAG, 31.1.1996 - 2 AZR 158/95 - BAGE 82, 124 [132]). Da eine außerordentliche Kündigung aus betriebsbedingten Gründen ohnehin nur in Ausnahmefällen rechtlich zulässig ist, können die Tarifvertragsparteien eine Einschränkung auf bestimmte, fest umrissene Tatbestände zumindest dann vorsehen, wenn, wie in § 55 Abs. 2 Unterabs. 2 BAT geschehen, eine außerordentliche betriebsbedingte Kündigung nicht völlig ausgeschlossen ist, sondern eine Änderung der bisherigen Arbeitsbedingungen ermöglicht wird, sofern eine Beschäftigung zu den bisherigen Vertragsbedingungen aus dienstlichen Gründen nachweisbar nicht möglich ist (BAG, 31.1.1996, aaO). Bedenken könnten aus verfassungsrechtlicher Sicht nur insoweit bestehen, als der Ausschluss einer außerordentlichen Kündigung dazu führte, dass ein sinnentleertes Arbeitsverhältnis aufrechterhalten werden müßte. Insoweit wäre allerdings eine geltungserhaltende Auslegung dahin zu erwägen, dass die Regelung für derartige Ausnahmefälle keine Anwendung findet (vgl. BAG, 5.2.1998 - 2 AZR 227/97 - BAGE 88, 10 [15]).

c) Demnach konnte eine Änderung der Arbeitsbedingungen des Klägers durch eine Änderungskündigung nach § 55 Abs. 2 Unterabs. 2 Satz 1 BAT nicht wirksam erfolgen.

Nach § 55 Abs. 2 Unterabs. 2 Satz 1 BAT, der vom Landesarbeitsgericht bei seiner Entscheidungsfindung nicht berücksichtigt wurde, berechtigen andere wichtige Gründe, insbesondere dringende betriebliche Erfordernisse, die einer Weiterbeschäftigung des Klägers zu den bisherigen Arbeitsbedingungen entgegenstehen, die Beklagte nicht zu der ausgesprochenen Änderungskündigung. Bei Vorliegen der Voraussetzungen des § 55 Abs. 2 Unterabs. 2 Satz 1 BAT konnte die Beklagte lediglich eine Änderungskündigung zur Herabgruppierung um eine Vergütungsgruppe, nicht jedoch eine solche zur Änderung des Tarifsystems aussprechen. Eine Änderungskündigung zur Herabgruppierung steht aber vorliegend nicht im Streit. Es liegen im Übrigen auch keine Anhaltspunkte dafür vor, dass dienstliche Gründe eine Weiterbeschäftigung des Klägers zu den bisherigen Arbeitsbedingungen nachweisbar unmöglich machen, zumal der Kläger weiterhin auf seinem bisherigen Arbeitsplatz mit seinen bisherigen Tätigkeiten eingesetzt wird.

Änderungskündigung 327

d) Etwas anderes ergibt sich auch nicht aus der (*Anm.: im Tatbestand des Berufungsurteils LAG Hamburg KirchE 37, 407 wiedergegebenen*) Protokollnotiz Nr. 2 zum Bündnis-TV. Für diese tarifliche Regelung fehlt es an einer Tarifbindung der Parteien.

II. Das Festhalten des Klägers an den vertraglichen Vereinbarungen stellt auch keinen in seiner Person oder in seinem Verhalten liegenden wichtigen Grund iSd. § 55 Abs. 1 BAT dar.

1. Der in § 55 Abs. 1 BAT verwendete Begriff des wichtigen Grundes knüpft an die Grundsatznorm des § 54 BAT an. Für die Anwendung der allgemeinen Rechtsbegriffe des wichtigen Grundes gilt auch für den Personenkreis des § 53 Abs. 3 BAT die Bestimmung des § 54 BAT. Die Tarifvertragsparteien haben insoweit die gesetzliche Regelung übernommen, ohne ihr einen bestimmten tariflichen, vom Gesetz abweichenden Inhalt zu geben. Es muß daher ein wichtiger Grund zur Änderungskündigung vorliegen, wie er in der Rechtsprechung zu § 626 BGB beurteilt worden ist (Senat 31.1.1996, aaO).

Der in den §§ 54, 55 BAT, § 626 Abs. 1 BGB verwendete Begriff des wichtigen Grundes ist ein unbestimmter Rechtsbegriff. Seine Anwendung durch die Tatsachengerichte kann im Revisionsverfahren nur darauf überprüft werden, ob das Berufungsgericht den Rechtsbegriff selbst verkannt hat, ob es bei der Unterordnung des Sachverhalts unter diese Rechtsnormen Denkgesetze oder allgemeine Erfahrungssätze verletzt hat und ob es alle vernünftigerweise in Betracht kommenden Umstände, die für und gegen eine außerordentliche Kündigung sprechen, widerspruchsfrei beachtet hat (st. Rspr., vgl. u.a. Senat 31.1.1996, aaO).

2. Auch unter Berücksichtigung dieses eingeschränkten Prüfungsmaßstabs hält das angefochtene Urteil einer rechtlichen Überprüfung nicht stand.

Das Landesarbeitsgericht hat schon nicht geprüft, ob ein verhaltensbedingter wichtiger Grund iSd § 55 Abs. 1 BAT überhaupt vorlag. Einen solchen wichtigen verhaltensbedingten Grund hat die Beklagte auch nicht geltend gemacht. Soweit das Landesarbeitsgericht im Zusammenhang mit der Prüfung eines wichtigen, betriebsbedingten Kündigungsgrundes auf die kirchliche Dienstgemeinschaft und die für die kirchlichen Mitarbeiter bestehenden Loyalitätsobliegenheiten hinweist und man in der Verletzung von Loyalitätspflichten durch den Arbeitnehmer einen verhaltensbedingten Kündigungsgrund erkennen wollte, so kommt diesem Aspekt vorliegend schon deshalb keine entscheidende Bedeutung zu, weil aus dem Leitbild der christlichen Dienstgemeinschaft sich lediglich solche besonderen Loyalitätsobliegenheiten entwickeln lassen, die die Kirche oder ihre Einrichtungen um ihrer Glaubwürdigkeit willen, wie beispielsweise die Beachtung der tragenden Grundsätze der kirchlichen Glaubens- und Sittenlehre, von ihren Mitarbeitern verlangen kann (BVerfG, 4.6.1985 - 2 BvR 1703, 1718/83 - u. - 2 BvR 856/84 - BVerfGE 70, 138 [166], KirchE 23, 105). Eine vertragliche Verpflichtung des kirchlichen Arbeitnehmers, Vertragsänderungen der hier streitigen Art zu akzeptieren, lässt sich hieraus jedoch nicht ableiten. Die Ablehnung führt daher auch nicht zu einer Vertragsverletzung, die eine verhaltensbedingte Kündigung rechtfertigen könnte.

III. Die Kündigung ist schließlich auch nicht als außerordentliche Änderungskündigung ausnahmsweise nach § 626 Abs. 1 BGB wirksam. Für die Annahme eines Ausnahmefalles einer eventuell auch tariflich nicht auszuschließenden Kündigungsmöglichkeit (s.o. B I 2 b; vgl. BAG, 5.2.1998, aaO) liegen keine Anhaltspunkte vor. Der Arbeitsplatz des Klägers ist nicht weggefallen, die Weiterbeschäftigung des Klägers zu den bisherigen Bedingungen führt nicht zu einer nicht hinzunehmenden Beschränkung der unternehmerischen Freiheit der Beklagten.

52

Nach Berliner Schulrecht hat die staatliche Schulaufsichtsbehörde im Rahmen der Gestattung von Religionsunterricht nur zu prüfen, ob es sich bei dem Veranstalter um eine Kirche, Religions- oder Weltanschauungsgemeinschaft handelt, diese aufgrund ihrer sachlichen und persönlichen Mittel zur Durchführung des Unterrichts in der Lage ist und keine Anhaltspunkte dafür bestehen, dass ein Gegenunterricht zum staatlichen Schulunterricht stattfinden soll. Von den Religionsunterricht durchführenden Religionsgemeinschaften kann nicht verlangt werden, dass die Lerninhalte der Schulverwaltung durch Vorlage von Rahmenplänen vorab bekannt gegeben werden.

Art. 4, 7 141 GG; §§ 1, 23, 24 Berl.SchulG
VG Berlin, Urteil vom 25. Oktober 2001 - 27 A 254/01[1] -

Die Klägerin verfolgt seit dem Jahre 1980 unter Vorlage von Lehrplänen gegenüber dem beklagten Land Berlin das Ziel, islamischen Religionsunterricht an Berliner Schulen erteilen zu dürfen. Am 7.4.1987 stellte sie - wiederum unter Vorlage von Lehrplänen - einen entsprechenden Antrag, der vom Beklagten seinerzeit mit Bescheid vom 25.3.1994 zurückgewiesen wurde. Unter Aufhebung des verwaltungsgerichtlichen Urteils vom 19.12.1997 verpflichtete das OVG Berlin den Beklagten mit Urteil vom 4.11.1998 (NVwZ 1999, 786, KirchE 36, 472), den Antrag der Klägerin auf Gestattung der Erteilung islamischen Religionsunterrichts an öffentlichen Schulen unter Beachtung der Rechtsauffassung des

---

[1] Der Antrag des beklagten Landes auf Zulassung der Berufung wurde abgelehnt; OVG Berlin, Beschluss vom 18.9.2003 - 8 N 171.01 - n.v.

Gerichts erneut zu bescheiden. Die Revision gegen dieses Urteil wies das Bundesverwaltungsgericht durch Urteil vom 23.2.2000 (NVwZ 2000, 922, KirchE 38, 90) zurück. Die Klägerin reichte daraufhin am 27.4.2000 beim Beklagten einen „Vorläufigen Rahmenplan für den islamischen Religionsunterricht im Lande Berlin" ein. In Reaktion auf Beanstandungen des Beklagten wurden weitere modifizierte Rahmenpläne vorgelegt. Mit Bescheid vom 30.7.2001 teilte die Senatsverwaltung für Schule, Jugend und Sport der Klägerin mit, sie sei nicht berechtigt, auf der Grundlage des vorgelegten Rahmenplans islamischen Religionsunterricht an Berliner Schulen zu erteilen. Zur Begründung führte die Senatsverwaltung im Wesentlichen aus, der in vierter Fassung vorgelegte Rahmenplan biete nicht die Gewähr, dass tragende Prinzipien der Verfassung - die Befähigung zur eigenen Entscheidung und zur freien Entwicklung des eigenen Gewissens entsprechend Art. 2 Abs. 1 GG und die Gleichberechtigung von Mann und Frau entsprechend Art. 3 Abs. 2 GG - bei der didaktischen Umsetzung der Unterrichtskonzeption beachtet werden.

Die Klägerin hat Klage erhoben und gleichzeitig einen auf die Gestattung von islamischem Religionsunterricht an Berliner Schulen gerichteten Antrag auf Erlass einer einstweiligen Anordnung gestellt. Mit Beschluss vom 29.8.2001 (27 A 253/01) hat das Verwaltungsgericht das beklagte Land im Wege der einstweiligen Anordnung verpflichtet, der Klägerin die Erteilung islamischen Religionsunterrichts an öffentlichen Schulen in Berlin ab Unterrichtsbeginn am 3.9.2001 zu gestatten.

Zur Begründung ihrer Klage trägt die Klägerin im Wesentlichen vor, man beabsichtige, zunächst modellhaft an zwei Berliner Schulen islamischen Religionsunterricht zu erteilen, wofür erfahrene und der deutschen Sprache mächtige Lehrkräfte zur Verfügung stünden. Insgesamt sei man jedoch derzeit fachlich wie finanziell in der Lage, an zwanzig Berliner Schulen Religionsunterricht zu erteilen. Die Klägerin wahre in ihrem Unterricht das Prinzip der Toleranz und respektiere die elementaren sittlichen Grundlagen, aus denen das Gemeinwesen lebe.

Die Kammer gibt der Klage statt.

Aus den Gründen:

Die Klage ist als auf den Erlass eines abgelehnten Verwaltungsakts gerichtete Verpflichtungsklage (§ 42 Abs. 1VwGO) zulässig.

Die Klägerin erstrebt einen begünstigenden Verwaltungsakt in der Form der Gestattung der Erteilung von Religionsunterricht, welche ihr durch den Bescheid vom 30.7.2001 versagt wurde. Zwar ergibt sich aus dem Wortlaut der den Religionsunterricht betreffenden §§ 23 u. 24 des Berl.SchulG v. 26.6.1948 idF v. 20.8.1980 (GVBl. S. 2102), zuletzt geändert durch Gesetz vom 20.4.2000 (GVBl. S. 286) - im Folgenden: SchulG -

keine ausdrückliche Kompetenz des Beklagte zu einer Zulassung oder Gestattung der Erteilung von Religionsunterricht. Diese Vorschriften lauten in den für die Entscheidung relevanten Teilen wie folgt:

> § 23. (1) Der Religionsunterricht ist Sache der Kirchen, Religions- und Weltanschauungsgemeinschaften. Er wird von Personen erteilt, die von diesen beauftragt werden. Die Kirchen, Religions- und Weltanschauungsgemeinschaften übernehmen die Verantwortung, dass der Religionsunterricht gemäß den für den allgemeinen Unterricht geltenden Bestimmungen durchgeführt wird. ...
> (2) Religionsunterricht erhalten diejenigen Schüler, deren Erziehungsberechtigte eine dahin gehende schriftliche Erklärung abgeben. Die Willenserklärung gilt bis zu einem schriftlichen Widerruf. Bei religionsmündigen Schülern tritt die eigene Willenserklärung bzw. der eigene Widerruf an die Stelle der von den Erziehungsberechtigten ausgehenden Erklärung. ...
> § 24. (1) Die Schule hat für die Erteilung des Religionsunterrichts an die nach § 23 Abs. 2 ordnungsgemäß angemeldeten Schüler allwöchentlich zwei Stunden im Stundenplan der Klassen freizuhalten und unentgeltlich Unterrichtsräume mit Licht und Heizung zur Verfügung zu stellen. Die nicht zum Religionsunterricht gemeldeten Schüler können während der Religionsstunde unterrichtsfrei gelassen werden.
> (2) Soweit Klassen nicht gebildet werden, gilt Abs. 1 mit der Maßgabe, dass die Schule durch eine entsprechende Aufteilung des Unterrichtsangebots den nach § 23 Abs. 2 angemeldeten Schülern die Teilnahme an zwei Stunden Religionsunterricht je Woche zu ermöglichen hat.

Die Kompetenz zur Prüfung der Gestattung der Erteilung von Religionsunterricht ergibt sich indes nach Auffassung des Gerichts für den Beklagten - im Rahmen der weiter unten ausgeführten Grenzen des Prüfungsumfangs - aufgrund der zu treffenden Feststellung, ob die die Erteilung beabsichtigende Organisation eine Kirche, Religions- oder Weltanschauungsgemeinschaft darstellt und - über den Wortlaut des § 23 Abs. 1 SchulG hinaus - vor dem Hintergrund der mit dieser Erteilung verbundenen Nutzung der öffentlichen Einrichtung Schule und ihres Sachbestands zum Zwecke des Religionsunterrichts durch die Religionsgemeinschaft und der damit für den Beklagten bestehenden Notwendigkeit, rechtzeitig im Wege schulorganisatorischer Maßnahmen die Voraussetzungen dafür schaffen zu können, dass der Religionsunterricht an den betroffenen Schulen tatsächlich stattfinden kann.

Die Klage ist auch begründet. Der Bescheid vom 30.7.2001 ist rechtswidrig und verletzt die Klägerin in ihren Rechten (§ 113 Abs. 5 Satz 1 VwGO).

Das VG Berlin hat dazu bereits im Beschluss vom 29.8.2001 ausgeführt:

„Die Antragstellerin hat das Vorliegen eines (Anordnungs-)Anspruchs dargelegt. Zwischen den Beteiligten steht auf Grund des Urteils des OVG Berlin vom 4.11.1998 (NVwZ 1999, 786, KirchE 36, 472) rechtskräftig fest, dass die Antragstellerin eine Religionsgemeinschaft iSd § 23 Abs. 1 SchulG ist. In jenem Rechts-

streit ist zugleich durch das Urteil des BVerwG vom 23.2.2000 (NVwZ 2000, 922, NJW 2000, 3224 L, KirchE 38, 90) geklärt, dass auf Grund der für Gesamt-Berlin geltenden ‚Bremer Klausel' des Art. 14 Abs. 1 GG in Berlin der Religionsunterricht nicht als ordentliches Lehrfach staatlich veranstaltet wird, sondern in zulässiger Abweichung von Art. 7 Abs. 1 Satz 3 GG alleinige Angelegenheit der Religionsgesellschaften ist, zu denen die Antragstellerin - für die Verfahrensbeteiligten bindend - zählt. Bei der rechtlichen Beurteilung des Rechtsschutzantrags hat das erkennende Gericht damit ohne weitere Prüfung davon auszugehen, dass die Antragstellerin eine zur Durchführung von Religionsunterricht als eigene Aufgabe befugte Religionsgemeinschaft ist. Mit der - im verfassungsrechtlich unbedenklichen Gegensatz zu Art. 7 Abs. 1 Satz 3 GG stehenden landesrechtlichen Regelung des § 23 Abs. 1 Satz 1 SchulG, dass Religionsunterricht ‚Sache der Religionsgemeinschaften' ist, steht darüber hinaus fest, dass der Religionsunterricht inhaltlich eine autonome, vom Staat grundsätzlich in keiner Weise zu beeinflussende Angelegenheit ist; es handelt sich, anders als im Regelungsbereich des Art. 7 Abs. 1 Satz 1 GG, beim Religionsunterricht an Berliner Schulen nicht um die Durchführung einer originär staatlichen Aufgabe durch Religionsgesellschaften, sondern von vornherein um die Wahrnehmung der im Staatskirchenrecht dem Bereich der ‚innerkirchlichen Angelegenheit' zugewiesenen Aufgabe religiöser Unterweisung (vgl. dazu auch BVerwG NVwZ 2000, 922, KirchE 38, 90).

§ 23 Abs. 1 SchulG begründet nach den in der Regelung zum Ausdruck kommenden Grundsätzen der weltanschaulich-religiösen Neutralität des Staates und der Gleichbehandlung der verschiedenen Bekenntnisse einen Rechtsanspruch auf die Erteilung von Religionsunterricht nicht nur für Kirchen und nichtreligiöse Weltanschauungsgemeinschaften, sondern außerdem für alle Zusammenschlüsse, die den Begriff der Religionsgemeinschaft erfüllen und deren Religionsunterricht sich im Rahmen der geltenden Rechtsordnung, insbesondere im Rahmen des die Aufgabe der Schule allgemein regelnden § 1 SchulG hält. Diese Norm hat folgenden Wortlaut:

§ 1. Aufgabe der Schule ist es, alle wertvollen Anlagen der Kinder und Jugendlichen zur vollen Entfaltung zu bringen und ihnen ein Höchstmaß an Urteilskraft, gründliches Wissen und Können zu vermitteln. Ziel muss die Heranbildung von Persönlichkeiten sein, welche fähig sind, der Ideologie des Nationalsozialismus und allen anderen zur Gewaltherrschaft strebenden politischen Lehren entschieden entgegenzutreten sowie das staatliche und gesellschaftliche Leben auf der Grundlage der Demokratie, des Friedens, der Freiheit, der Menschenwürde und der Gleichberechtigung der Geschlechter zu gestalten. Diese Persönlichkeiten müssen sich der Verantwortung gegenüber der Allgemeinheit bewusst sein, und ihre Haltung muss bestimmt werden von der Anerkennung der Gleichberechtigung aller Menschen, von der Achtung vor jeder ehrlichen Überzeugung und von der Anerkennung der Notwendigkeit einer fortschrittlichen Gestaltung der gesellschaftlichen Verhältnisse sowie einer friedlichen Verständigung der Völker. Dabei sollen die Antike, das Christentum und die für die Entwicklung zum Humanismus, zur Freiheit und zur Demokratie wesentlichen gesellschaftlichen Bewegungen ihren Platz finden.

Der Religionsunterricht darf danach nicht den Bildungszielen der Berliner Schule und der Wertordnung des Grundgesetzes zuwiderlaufen. Diese Einschränkung für die Gestattung zum Erteilen von Religionsunterricht ergibt sich aus § 23 Abs. 1 Satz 3 SchulG, wonach die Religionsgemeinschaften die Verantwortung dafür übernehmen, dass der Religionsunterricht gemäß den für den allgemeinen Unterricht geltenden Bestimmungen durchgeführt wird. *Hieraus folgt indes nur, dass eine Religionsgemeinschaft nicht zum Religionsunterricht zugelassen werden kann, bei der zu befürchten ist, dass sie insgesamt eine Art ‚Gegenunterricht' zum sonstigen Schulunterricht erteilt. Die Grenzen für die Gestattung der Erteilung von Religionsunterricht sind demnach dort zu ziehen, wo zu befürchten ist, dass die Lehrer der betreffenden Religionsgemeinschaft in diesem Unterricht in vollem Umfang oder doch hinsichtlich tragender Prinzipien der Verfassung von den staatlichen Bildungszielen abweichen. Damit ist nicht ausgeschlossen, dass die Religionslehrer aus ihrer religiösen Überzeugung heraus punktuell von der Verfassung abweichende Standpunkte vertreten dürfen. Die Grenze wäre aber dort erreicht, wo nicht nur ein Abweichen in Einzelfragen, sondern ein Gegenunterricht zum staatlichen Unterricht in der Schule stattfindet (vgl. dazu insgesamt OVG Berlin NVwZ 1999, 786, KirchE 36, 472). Keinesfalls indes kann eine Religionsgemeinschaft unterhalb dieser Grenze in ihrem Religionsunterricht auf die in § 1 SchulG vorgegebenen Bildungsziele inhaltlich festgelegt werden. Das Grundrecht der Religionsfreiheit gem. Art. 4 Abs. 1 u. 2 GG verbietet dem Staat die Einmischung in die Glaubensüberzeugungen, -handlungen und -darstellungen religiöser Gemeinschaften. Wegen des Grundsatzes der religiös-weltanschaulichen Neutralität darf der Staat eine Religionsgemeinschaft nicht nach ihrem Glauben, sondern nur nach ihrem Verhalten beurteilen. Es ist dem Staat verwehrt, Glaube und Lehre einer Religionsgemeinschaft als solche zu bewerten. Im Bereich genuin religiöser Fragen darf der Staat nichts regeln und bestimmen. Es ist allein dem Grundrechtsträger überlassen, ob und wie er diesen ihm zugestandenen Freiraum ausfüllt. Dabei ist er nicht verpflichtet, sich an den Interessen des Staates zu orientieren (vgl. dazu BVerfG NJW 1995, 2477, NVwZ 1995, 1197 [L], KirchE 33, 191 und BVerfG NJW 2001, 429, KirchE 38, 502). Für die Durchführung eines Religionsunterrichts bedeutet dies, dass es - unterhalb der dargelegten Grenze - allein und ausschließlich der den Unterricht veranstaltenden Kirche, Religions- oder Weltanschauungsgemeinschaft obliegt zu bestimmen, welche religiösen und dazu in Beziehung stehenden Inhalte sie in welcher Form und mit welchen didaktischen Methoden zu vermitteln gedenkt. Es ist alleinige Befugnis der Religionsgemeinschaft zu entscheiden, was Lehrstoff des betreffenden Religionsunterrichts ist und in welcher Methode der Lehrstoff dargeboten wird. In keinem Fall ist es dem Staat gestattet, einer Religionsgemeinschaft das Ziel deren Religionsunterrichts vorzugeben. Der Umfang der Prüfungskompetenz des Antragsgegners für die Gestattung der Erteilung von Religionsunterricht erstreckt sich über die Prüfung, ob es sich um eine Kirche, Religions- oder Weltanschauungsgemeinschaft handelt und keine Anhaltspunkte dafür bestehen, dass ein Gegenunterricht zum staatlichen Schulunterricht stattfinden soll, lediglich noch darauf, ob die Religionsgemeinschaft von den sachlichen und persönlichen Mitteln her zur Durchführung des Unterrichts in der Lage ist. Hierbei ist insbesondere zu sehen, ob das Lehrpersonal gesundheitliche Anforderungen erfüllt und keine sonst wie geartete Gefährdung der Schüler darstellt. Die religiöse Qualifikation und Befähigung der von einer Religionsgemeinschaft gem. § 23 Abs. 1 Satz 2 SchulG beauftragten Lehrer zur Durchführung des Religionsunterrichts ist von der Schulbehörde nicht zu beurteilen. Diese Feststellung ist alleinige Angelegenheit der Religionsgemeinschaften, wovon auch der Antragsgegner in seinen verwaltungsinternen Vor-*

schriften selbst ausgeht (§ 1 der 5. DVO zum SchulG von Berlin v. 23.11.1952 - GVBl. S. 1008).

Darüber hinaus erscheint auch zweifelhaft - was hier indes im Ergebnis dahinstehen kann - ob überhaupt eine Rechtsgrundlage für die explizite Anforderung von Rahmenplänen durch den Antragsgegner zum Zwecke der Prüfung des Anspruchs auf Gestattung der Erteilung von Religionsunterricht besteht. Diese Rechtsgrundlage ergibt sich jedenfalls nicht aus § 23 iVm § 1 SchulG. Handelt es sich vorliegend um einen grundrechtsrelevanten Bereich - Religionsgemeinschaften sind Träger des Grundrechts der Religionsfreiheit aus Art. 4 Abs. 1 u. 2 GG (vgl. dazu BVerfG NJW 2001, 429, KirchE 38, 502) - und ist die inhaltliche Durchführung des Religionsunterrichts alleinige Angelegenheit der Kirchen, Religions- oder Weltanschauungsgemeinschaften (§ 23 Abs. 1 Satz 1 SchulG), so stellen diese Normen schon keine hinreichend bestimmte rechtliche Grundlage dar, von den Grundrechtsträgern vorab Lehr- und Rahmenpläne anzufordern und gegebenenfalls bei Verweigerung der Vorlage die Gestattung zu versagen. Allenfalls dann, wenn eine antragstellende Kirche, Religions- oder Weltanschauungsgemeinschaft freiwillig derartige Rahmenpläne vorlegt oder diese Pläne sonst wie bekannt geworden sind, können sie in den Entscheidungsprozess einbezogen und entlang der dargestellten rechtlichen Maßstäbe darauf geprüft werden, ob sich aus ihnen Anhaltspunkte ergeben, der beabsichtigte Religionsunterricht werde insgesamt den Bildungszielen der Berliner Schule und der Wertordnung des Grundgesetzes derart zuwiderlaufen, dass ein Gegenunterricht zum staatlichen Unterricht stattfände. Ergeben sich derartige Anhaltspunkte nicht, kommt dem Antragsgegner keine darüber hinausgehende inhaltliche Prüfungskompetenz bezüglich solcher Rahmenpläne zu.

Ausgehend von diesen Maßstäben erweist sich der Bescheid der Senatsverwaltung für Schule, Jugend und Sport vom 30.7.2001 als rechtwidrig. Die Antragstellerin hat als Religionsgemeinschaft, wie bereits das OVG Berlin in den Gründen seiner Entscheidung ausgeführt hat, einen Anspruch darauf, Religionsunterricht an Berliner Schulen zu erteilen. Nach Auffassung des OVG Berlin (NVwZ 1999, 786, KirchE 36, 472) lagen zum 4.11.1998 keinerlei Anhaltspunkte vor, dass die Antragstellerin unter dem Deckmantel der Religion im Unterricht Inhalte vermitteln wird, die den Bildungszielen der Berliner Schule und der Wertordnung des Grundgesetzes zuwiderlaufen. Hieran hat sich seither nichts geändert. Derartige Anhaltspunkte sind auch zum gegenwärtigen Zeitpunkt nicht ersichtlich. Sie ergeben sich insbesondere nicht vor dem Hintergrund der von der Antragstellerin vorgelegten und vom Antragsgegner beanstandeten Rahmenpläne. Die von der Antragstellerin vorgelegten Rahmenpläne lassen keine Anhaltspunkte erkennen, diese werde Recht und Gesetz nicht achten und insgesamt einen den Bildungszielen der Berliner Schule und der Wertordnung des Grundgesetzes zuwiderlaufenden Gegenunterricht veranstalten. Die im Bescheid vom 30.7.2001 angeführten Gründe vermögen die Versagung der Gestattung zur Erteilung von islamischem Religionsunterricht nicht zu tragen. Wird hier im Wesentlichen ausgeführt, auch nach vielen Änderungswünschen von Seiten des Antragsgegner seien die Erklärungen der Antragstellerin zu Fragen der Befähigung der Schüler zur eigenen Entscheidung, zur freien Entwicklung des Gewissens sowie zur grundgesetzlich garantierten Gleichberechtigung von Mann und Frau allenfalls abstrakt und allgemein formuliert und ließen eine konkrete Umsetzung in didaktische Unterrichtskonzepte nicht erkennen, vermag dies eine Versagung der Gestattung zur Erteilung islamischen Religionsunterrichts auch

*dann nicht zu rechtfertigen, wenn die Antragstellerin im Einzelfall zu diesen Themenbereichen in ihrem Unterricht aus religiösen Gründen von der Rechts- und Verfassungslage abweichende Positionen vertreten sollte. Viele Religionen, die die Autorität staatlicher Gesetze für sich grundsätzlich anerkennen, machen gleichwohl einen Vorbehalt zu Gunsten ihres Gewissens und ihrer aus dem Glauben begründeten Entscheidungen und bestehen letztlich darauf, im Fall eines unausweichlichen Konflikts den Glaubensgeboten mehr zu gehorchen als den weltlichen Geboten des Rechts (vgl. BVerfG NJW 2001, 429, KirchE 38, 502). Demgemäß kann es auch nicht ausgeschlossen sein, eine solche Konfliktlage im Einzelfall im Religionsunterricht zu erörtern und dabei punktuell von der Verfassungs- und Rechtslage abweichende Standpunkte zu vertreten. Gerade die in der Bundesrepublik Deutschland ausführlich geführten gesellschaftlichen Debatten um das Recht zum Schwangerschaftsabbruch oder das Asylrecht haben gezeigt, dass eine gegebene Rechts- und Verfassungslage nicht unabänderlich festgelegt ist, sondern sich Recht und Verfassung im Spannungsfeld gesellschaftlicher Auseinandersetzungen bewegen. Für eine solche Diskussion ist es notwendige Voraussetzung, dass - auch religiös begründete - Meinungen vertreten werden, die mit der vorgefundenen Rechts- und Verfassungslage nicht in Einklang stehen. Ort einer solchen Diskussion kann auch ein Religionsunterricht sein. Die durch Art. 4 Abs. 2 GG gewährleistete Bekenntnisfreiheit, die selbstverständlich auch das Lehren des Bekenntnisses im Rahmen des Religionsunterrichts erfasst, verbietet aber eine vorhergehende inhaltliche Festlegung des Unterrichts von Staatsseite. Keinesfalls können deshalb von Seiten der Senatsverwaltung vorab beispielsweise Bekenntnisse und Stellungnahmen der Antragstellerin aus islamischer Sicht zur Stellung der Frau im Islam und im Grundgesetz bzw. zu deren didaktischer Umsetzung gefordert werden. Führt der Bescheid aus, es sei in Bezug auf die Frage der Gleichberechtigung der Geschlechter ‚unverzichtbar zu klären, wie die Islamische Föderation durch Beispiele der unterrichtlichen Umsetzung im Rahmenplan deutlich macht, dass der grundgesetzlich festgelegte Gleichberechtigungsgrundsatz im Unterricht zum Tragen kommt', greift er damit in unzulässiger Weise in den Freiheitsraum der Antragstellerin ein, ihren Religionsunterricht inhaltlich autonom zu gestalten. Ob und in welcher Form die Antragstellerin die Stellung der Frau im Islam allgemein, in Ländern mit anderer Koraninterpretation oder aber im Grundgesetz in ihrem Unterricht zu thematisieren gedenkt, obliegt allein der Antragstellerin.
Die Überprüfung der Einhaltung der rechtlichen Maßstäbe, das heißt ob der Religionsunterricht nicht insgesamt den Bildungszielen der Berliner Schule und der Wertordnung des Grundgesetzes derart zuwiderläuft, dass eine Art Gegenunterricht erteilt wird, hat sich vor der Gestattung der Erteilung von Religionsunterricht darauf zu beschränken, ob auf Grund sonstiger bekannt gewordener Umstände vorab schon derartige Anhaltspunkte klar und eindeutig, beispielsweise aus dem bisherigen Verhalten der antragstellenden Organisation oder führender Mitglieder oder aber aus sonst bekannt gewordenen Rahmenplänen, erkennbar sind. Darüber hinaus wird eine solche Überprüfung erst im Nachhinein bei Durchführung des Religionsunterrichts stattfinden können. Dies stellt keine wesentlich neue praktische Anforderung an den Antragsgegner dar. Dass es allein mit der Prüfung von Rahmenplänen nicht getan ist, ist offensichtlich, da Rahmenpläne nichts über die tatsächliche Ausgestaltung des Unterrichts aussagen. Auch wenn nach (bisheriger) Prüfung von Rahmenplänen die Gestattung der Erteilung des Religionsunterrichts in der Vergangenheit erteilt wurde,*

islamischer Religionsunterricht 335

obliegt es dem Antragsgegner, diese Gestattung aufzuheben, wenn sich im Nachhinein aus dem durchgeführten Unterricht einer Kirche, Religions- oder Weltanschauungsgemeinschaft Anhaltspunkte ergeben sollten, dass diese insgesamt einen Gegenunterricht zu den Bildungszielen der Berliner Schule und der Wertordnung des Grundgesetzes erteilt".

Die Kammer sieht auch vor dem Hintergrund der mündlichen Verhandlung vom 25.10.2001 keinen Anlass, von diesem Rechtsstandpunkt abzuweichen. Tatsächliche Anhaltspunkte, dass die Klägerin unter dem Deckmantel der Religion im Unterricht Inhalte vermitteln wird, die den Bildungszielen der Berliner Schule und der Wertordnung des Grundgesetzes zuwiderlaufen, lagen - wie die Beklagte bezüglich des bislang durchgeführten Religionsunterrichts der Klägerin ausdrücklich erklärte - auch zu diesem Zeitpunkt nicht vor.

Die Kammer ist allerdings in ihrer Beratung - insoweit über den zitierten Beschluss hinausgehend - zu dem Ergebnis gekommen, dass nach dem geltenden Berliner Schulrecht von den Religionsunterricht durchführenden Religionsgemeinschaften nicht verlangt werden kann, dass die Lerninhalte der Schulverwaltung durch Vorlage von Rahmenplänen vorab bekannt gegeben werden. Maßgeblich hierfür ist, dass der Religionsunterricht nach § 23 Abs. 1 Satz 1 SchulG eine eigene Aufgabe der Religionsgemeinschaften - außerhalb des die Ziele des § 1 SchulG vermitteln sollenden staatlichen Schulunterrichts - ist und gerade nicht - anders als der staatlich verantwortete Religionsunterricht nach Art. 7 Abs. 3 GG - auf Grund einer normativen Bestimmung der staatlichen Schulaufsicht unterworfen ist. Soweit das OVG Berlin in seiner Entscheidung vom 4.11.1998 (NVwZ 1999, 786) davon ausgegangen ist, das weitere Verwaltungsverfahren werde sich nur mehr auf Einzelheiten der Unterrichtsgestaltung nach den eingereichten Lehrplänen beziehen, wird übersehen, dass die inhaltliche Gestaltung des Religionsunterrichts alleinige Sache der jeweiligen Religionsgemeinschaft ist. Dies ist nicht nur berlinspezifisch. Denn sogar für die Bundesländer, die Religionsunterricht als ordentliches Lehrfach unter staatlicher Aufsicht durchführen, ist es anerkannt, dass die jeweiligen Inhalte des auf Vermittlung des religiösen Bekenntnisses zielenden Religionsunterrichts auf Grund des in Art. 7 Abs. 3 GG genannten „Übereinstimmungsgebots" zum autonomen Bereich der Religionsgemeinschaften gehören (vgl. auch Mückl, AöR 122 [1997], 513 [528]). Eine inhaltliche Kontrolle von Rahmenplänen scheidet dort ebenso wie in Berlin aus. Sie ist, wie bereits ausgeführt, weder notwendig noch geeignet, um die Einhaltung der verfassungs- und schulrechtlichen Grenzen des Religionsunterrichts bei dessen tatsächlicher Durchführung sicherzustellen. Sofern sich - wie hier - aus dem tatsächlichen Verhalten der Religionsgemeinschaft oder ihrer Mitglieder (vgl. zur Relevanz dieses Punktes zur Beurteilung der „Rechtstreue" BVerfG NJW 2001, 429, KirchE 38, 502 - Entscheidungsgründe V zu) keine Bedenken gegen die Einhaltung dieser Grenzen ergeben, ist allein maßgeblich, ob Anhaltspunkte dafür entstehen, dass der tatsächlich durchgeführte Unterricht diese Grenzen überschreitet. Zu einer derartigen Kontrolle ist der Beklagte jedenfalls schon auf Grund der von der Klägerin erklärten Einladung zum jederzeitigen Unterrichtsbesuch in der Lage, so dass das Gericht keinen Anlass hatte, darüber zu befinden, unter welchen Voraussetzungen der Beklagte solche Kontrollrechte ausüben könnte.

53

Ist hinsichtlich der Ausweisung eines Ausländers eine bestands- und rechtskräftige hoheitliche Entscheidung ergangen, so ist der Betroffene zur Ausreise verpflichtet und die Behörde gehalten, dies auch gegen Widerstände durchzusetzen. Es gibt keine rechtmäßige Möglichkeit, diese Entscheidung durch sog. Kirchenasyl zu korrigieren.

Die Gewährung von Kirchenasyl mit dem Ziel, den Betroffenen der Ausreisepflicht zu entziehen oder die bereits vorgesehene Abschiebung zu verhindern, erfüllt den Straftatbestand des § 92a Abs. 1 Nr. 2, 2. Alt. AuslG.

LG Osnabrück, Urteil vom 2. November 2001 - 7 Ns 131/01[1] -

Der Angeklagte ist Pfarrer der kath. Kirchengemeinde St. Josef in P. Er ist niederländischer Staatsangehöriger und seit etwa 40 Jahren in Deutschland seelsorgerisch tätig. Seine Arbeit ist geprägt durch ein starkes soziales Empfinden, das sich in besonderer Weise in seinen Bemühungen um Betreuung und Integration von Flüchtlingen zeigt.

Die Familie X., türkische Kurden, war 1992 mit 5 Kindern eingereist. Mit erfundenen Darstellungen, fragwürdigen Zeugenaussagen und zweifelhaften Bescheinigungen hatten sie versucht, sich als Opfer von Folter und staatlicher Verfolgung darzustellen, um einen rechtmäßigen Aufenthalt in Deutschland zu erreichen. Nach erfolgloser Inanspruchnahme des Rechtsweges gegen die Ablehnung der Asyl- und Asylfolgeanträge und nach Mitteilung der bevorstehenden Abschiebung tauchten die Betroffenen im Dezember 1997 in den Niederlanden unter und waren dort unauffindbar. Im April 1998 reisten sie erneut nach Deutschland ein und betrieben erfolglos ein drittes Asylverfahren. Am 9.10.1998 lie-

---

[1] NJW 2002, 3645 (LS); NStZ 2002, 604. Die Revision des Angeklagten wurde gemäß § 349 Abs. 2 StPO verworfen; OLG Oldenburg, Beschluss vom 27.3.2002 - Ss 52/02 (I 24) - n.v.

ßen sie mitteilen, dass sie sich zur Abschiebung am 10.11.1998 bereithalten. Die Sozialleistungen für die Betroffenen in monatlicher Höhe von 3.900,- DM wurden per 10.11.1998 eingestellt. An die Stelle ihres Rechtsbeistandes trat nunmehr der Angeklagte. Diesem war durch eine örtliche Mitarbeiterin des DRK die Familie vorgestellt worden. Der Familie war als letzte Möglichkeit aufgezeigt worden, mit Hilfe von Kirchenasyl die Abschiebung doch noch zu verhindern und womöglich ein Bleiberecht zu erzwingen. Der Angeklagte übernahm die Darstellung von Hilfsbedürftigkeit der Betroffenen und veranlasste in Kenntnis der Strafbarkeit seines Tuns die Aufnahme der Betroffenen im sakralen Bereich der Kirche. Damit entzog er sie dem Zugriff der Behörde. Im Schutz des bekannten Stillhaltens der Behörde in solchen Fällen betrieb er weitere Duldungsanträge zugunsten der Betroffenen. Das Auswärtige Amt teilte auf Nachfrage am 11.2.1999 mit, dass eine gefahrlose Rückkehr der Betroffenen in die Heimat ohne weiteres möglich war. Auch hierüber ist der Angeklagte mit Schreiben vom 25.2.1999 informiert worden. Eine Änderung der Haltung des Angeklagten konnte indes nicht bewirkt werden. Er bezweifelte vielmehr die Richtigkeit des Ergebnisses der behördlichen Ermittlungen. Nach 14 Monaten wurde das Kirchenasyl beendet. Am 28.12.1999 hatte die Landesbehörde eine weitere befristete Duldung ausgesprochen. Zum Zeitpunkt der vorliegenden Entscheidung hat die Familie eine Aufenthaltsberechtigung bis Juni 2002.

Der Angeklagte hält sich für unschuldig. Im wesentlichen hat er sich wie folgt eingelassen: Er sei überzeugt, nach seinem Gewissen gehandelt zu haben. Nach reiflicher Prüfung sei er davon überzeugt gewesen, dass die Familie in Not gewesen sei. Letztendlich sei der Familie auch geholfen worden. Die Sache sei in der Gemeinde nicht unumstritten gewesen. Er wisse, dass er gegen das Gesetz gehandelt habe. Es gebe aber komplizierte Sachverhalte, die nicht ins Leben passen. Die Kirche müsse die Möglichkeit haben, Entscheidungen zu treffen, die nicht in Gesetzen zu fassen sind. Man habe ein Zeichen gesetzt. Man müsse mithelfen, dass Gesetze sich weiterentwickeln. Er habe im Einzelfall geholfen. Er wisse nicht, ob er es wieder so machen würde. Im Berufungsverfahren stellt der Angeklagte ergänzend darauf ab, dass er vom Diözesanverband der Caritas und der Rechtsabteilung des Generalvikariats die Auskunft erhalten habe, wonach die strafrechtliche Relevanz seines Verhaltens nicht ohne weiteres feststehe. Die Rechtslage sei als unklar dargestellt worden, so dass er sich für die Maßnahme entschieden habe. Er habe nicht gewusst, dass sich die Familie X. 1997 in die Niederlande abgesetzt hatte. Er könne das aber gut verstehen. Die Bemühungen um die Integration der Familie X. seien „auf gutem Wege". Die Gemeinde habe dem Vater eine Arbeitsstelle vermittelt. Außer dem Kindergeld für die sieben Kinder würden keine öffentlichen Gelder gezahlt. Er habe seinerzeit ein sog. offenes Kirchenasyl befürwortet und in ständigem Gespräch mit der Behörde gestanden. Aktionen, die den Eindruck erwecken könnten, als wollte man die Behörde oder das Gericht unter Druck setzen, habe er abgelehnt. Im Übrigen habe er nicht die Aufenthaltsverlängerung zu verantworten, sondern die Familie X., die trotz ihrer Ausreisepflicht nicht ausgereist sei und die Behörde, die diese Pflicht zur Ausreise nicht zwangsweise durchgesetzt hat, obwohl sie es jederzeit gekonnt hätte.

Das Amtsgericht hat den Angeklagten wegen Verstoßes gegen das AuslG zu einer Verwarnung mit Strafvorbehalt von 40 Tagessätzen zu je 100,- DM verurteilt. Dieses Urteil hat der Angeklagte mit Ziel seines Freispruchs angefochten, während die Staatsanwaltschaft mit ihrem Rechtsmittel den Wegfall des Strafvorbehaltes erstrebt.

Die Berufung der Staatsanwaltschaft hatte Erfolg. Das Rechtsmittel des Angeklagten wurde zurückgewiesen.

Aus den Gründen:

1. Das Handeln des Angeklagten war ursächlich für den Verbleib der Betroffenen. Seine Einlassung, nicht er, sondern die Behörde habe das Kirchenasyl aufrechterhalten, weil die Behörde von der Möglichkeit, jederzeit das Asyl in der Kirche zu beenden, keinen Gebrauch gemacht hat, berührt die Tatbestandsmäßigkeit seines Verhaltens nicht. Die Erklärung steht im Widerspruch zu seiner Intention, durch die Gewährung von Asyl im geschützten Bereich der Kirche die Betroffenen dem Zugriff der Behörde zu entziehen, die verpflichtet war, den unerlaubten Aufenthalt zu beenden. Ihm war die Verwaltungspraxis bekannt, wonach die Behörde aus Respekt vor dem geschützten Bereich der Kirche nicht eingreift. Er hat diese Haltung vorausgesetzt. Die Behörde könnte in künftigen Fällen seine Erklärung möglicherweise zum Anlaß nehmen, ihre Zurückhaltung aufzugeben und die Zuflucht im Bereich der Kircheneinrichtungen, auch nur vorübergehend, nicht mehr dulden.

2. Der Angeklagte handelte auch rechtswidrig.

a) Er befand sich in keiner Konfliktlage, nach seinem Gewissen nur so und nicht anders entscheiden zu können. Die Einlassung des Angeklagten, er habe nach sorgfältiger Prüfung geglaubt, dass die Familie in Not sei, wird nicht belegt. Als Erkenntnisquelle wird die Angabe der Familie mitgeteilt, sie könne nicht in die Türkei zurück, da sie dort nicht in Freiheit und ohne Gewalt leben könne. Er habe dies nach Mitteilungen anderer Organisationen, wie etwa der Caritas, Amnesty International oder „Netzwerk Asyl" für glaubhaft gehalten. Die anderslautenden Erkenntnisse der Behörde und des Gerichts, zu denen diese in einem jahrelangen Verfahren gekommen sind, hat er nach seinen weiteren Angaben nicht geglaubt, weil er seine Informationen für zutreffender hielt. Laut Schreiben des Generalvikariats vom 10.12.1998 hatte der Angeklagte zu diesem Zeitpunkt, also einen Monat nach dem Beginn, noch keine Vorstel-

sog. Kirchenasyl 339

lung vom Ziel des Kirchenasyls. Die Zielvorgabe sollte vielmehr noch erarbeitet werden. Dies räumt der Angeklagte ein, beruft sich aber darauf, dass er zunächst sich selbst geprüft und danach entschieden habe, die Familie aufzunehmen. Hätte die Gemeinde anders entschieden, wäre das kein Problem gewesen. „Dann hätte ich mich geschlagen gegeben". Die Kirchengemeinde stellt unter gleichem Datum auf die Stellungnahme eines psycho-sozialen Zentrums für ausländische Flüchtlinge in B. ab, das der Vater im September 1997 und erneut nach Bekanntgabe der Abschiebung am 5.11.1998 aufgesucht. hatte. Dies hatte er der Behörde erst am 23.11.12998 mitteilen lassen. Bei dem Vater wird die Möglichkeit attestiert, dass es in einer Krisensituation zu Selbst- und Fremdgefährdung kommen kann. In der Zeit vom 2.-6.12.1998, also nach Beginn des Kirchenasyls, fanden weitere Gespräche mit einer Psychologin in P. statt, die zeitweilig eine Selbstgefährdung für möglich hielt. Die daraufhin veranlasste amtsärztliche Untersuchung hat zwar Angstzustände bestätigt, die allerdings beherrschbar sind und keinen Zustand darstellen, der einer Abschiebung entgegensteht. Auch dies war dem Angeklagten mitgeteilt worden. Das folgt aus dem Schreiben des Landkreises E. vom 11.2.99 und der Entscheidung vom 25.2.1999 (...) „Wer von Abschiebung bedrohten Menschen Kirchenasyl gewährt, bringt sich selbst aufgrund eigenen Entschlusses in die Konfliktsituation; er wehrt sich nicht lediglich gegen einen Konflikt, der ihm von staatlicher Seite aufgezwungen ist. Er entfaltet vielmehr eine Aktivität, mit der er sich in Widerspruch zu staatlichen Anordnungen setzt" (vgl. „Die Grenzen der Gewissensfreiheit" in NJW 2000, 689 mwN). Aus christlicher Nächstenliebe, oder aus humanitärem Empfinden oder rechtlicher Pflicht hilflosen Personen, erste menschliche Hilfe und Beistand zu leisten und ihnen den Weg zu den Behörden zu weisen, wozu auch an der Straße von ihren Schleppern abgesetzte Einwanderer gehören können, ist etwas anderes, als rechtskräftig zur Ausreise verpflichtete Personen dem Zugriff der Behörden zu entziehen.

Vorliegend geht es letztlich nicht um einen Gewissenskonflikt, sondern um die unterschiedliche Bewertung der besonderen Umstände eines Einzelfalles. Zu seiner kompetenten und allgemeinverbindlichen Bewertung sind aber allein die zuständigen staatlichen Stellen berufen, die ihrerseits Recht- und Gesetz in einklagbarer Weise verpflichtet sind. Anhand der verlesenen Urkunden aus der Ausländerakte des Landkreises Emsland ist festgestellt, dass die Behörden und Gerichte mit großer Sorgfalt das Vorliegen von Asylgründen oder Möglichkeiten zur Duldung des Aufenthaltes geprüft und verneint haben. Wenn nach jahrelanger Ausschöpfung aller rechtlichen Möglichkeiten das Vorhandensein von Asylgründen bei der inzwischen auf neun Köpfe angewachsenen Gruppe verneint worden ist und weiter feststeht, dass die Betroffenen zwischenzeitlich in den Niederlanden sich aufgehalten haben, hat keine Konfliktlage vorgelegen, in der eine andere Entscheidung. als die Gewährung von Kirchenasyl dem Angeklagten nicht zumutbar war. Die Betroffenen hatten angekündigt, sich für die Rückführung bereitzuhalten. Hiervon sind sie erst abgerückt, nachdem ihnen das Kirchenasyl als Bleibemöglichkeit vorgestellt worden war.

b) Auch das sog. Kirchenasyl rechtfertigt seine Handlungen nicht.

aaO) Soweit der Angeklagte darauf abstellt, die Problemlage des Nebeneinanders von staatlichem und kirchlichen Asyl müsse dadurch gelöst werden, dass man im Dialog eine „mittlere Lösung" finden müsse, ist dies die Darstellung eines Scheinproblems: Ohne die Propagierung von Kirchenasyl gäbe es das Problem dieses Nebeneinanders nicht. Wenn sich die Behörde aus Gründen praktischer Vernunft auf das Gespräch mit dem Angeklagten eingelassen hat, bedeutet das nicht die rechtliche Anerkennung des Kirchenasyls. Zudem räumt der Angeklagte ein, dass mit dem Kirchenasyl auch eine politische Zielsetzung verbunden sei. Es solle in der Gesellschaft eine Haltung bewirken, die den Gesetzgeber veranlassen soll, dieser veränderten, auf mehr Öffnung zielenden Stimmung gesetzgeberisch nachzugeben. „Die Kirche verstehe sich als Thermostat" zur Regulierung und Einstellung humanitärer Haltungen. Bezogen auf den hier vorliegenden Fall beruhe hierauf seine Entscheidung für das Kirchenasyl, um der Familie ein Bleiberecht zu verschaffen.

bb) Soweit nach innerkirchlichem Selbstverständnis sog. Kirchenasyl nach näher darzulegenden Voraussetzungen anerkannt sein sollte, findet dies nach der Verfassung nur in den Schranken des für alle geltenden Gesetzes Beachtung. Die Grundrechte werden durch den Staat garantiert. Zu diesen gehört die Gewährung staatlichen Asyls in seiner gesetzlich geregelten praktischen Anwendung. Niemand, auch nicht die Kirche oder sonstige gesellschaftliche Interessengruppen, kann hier oder in anderen Bereichen außerhalb dieser Ordnung Sonderrechte für sich beanspruchen und etwa Asyl gewähren, oder sonst Allgemeinverbindlichkeit für das beanspruchen, was er jeweils gerade für richtig oder falsch hält, noch kann er bestimmen, was erlaubt ist und was nicht. Das Anliegen des Angeklagten geht letztlich, dahin, die staatliche Asylpraxis im Einzelfall seinen Vorstellungen anzupassen. Das BVerfG hat demgegenüber aber entschieden, dass niemand verlangen kann, dass gerade seine Überzeugung der allgemeinen Rechtsordnung zugrunde gelegt und zum Maßstab ihrer Ausgestaltung gemacht wird. Würde man anderes zulassen, wäre eine verfassungsrechtlich bedenkliche Ungleichbehandlung die Folge und ein Klima fehlender Rechtstreue geschaffen. Grundrechtsschranken würden ignoriert und Willkür wäre die Folge. Das Rechtsbewusstsein der Allgemeinheit und damit die öffentliche Ordnung als der Grundlage des geordneten Zusammenlebens der Bürger in Freiheit würde beschädigt, die durch das Grundrecht aus Art 2 GG garantiert ist. Vom Gesetz abweichende Vorstellungen von Asyl und Einwanderung können, wie auch in anderen umstrittenen Konfliktbereichen, nicht in der Weise durchgesetzt werden, dass kurzerhand die Funktionen von Gesetzgeber, Gericht und Exekutive übernimmt, wer meint, die allein richtige Sicht der Dinge zu haben und durchsetzen zu müssen. Stimmen, die das Kirchenasyl zur allgemein akzeptierten, sozialadäquaten Betätigung erklären und hierfür staatliche Anerkennung beanspruchen, argumentieren nur für sich selbst und nicht im Interesse des öffentlichen Wohls. Dies zeigt auch der Begriff der „Kriminalisierung", mit dem unterstellt wird, die strafrechtliche Sanktion des Gesetzesverstoßes beruhe auf Willkür. Folgte man diesen Stimmen, so könnten sie, überspitzt gesagt, mit gleicher Argumentation auch beanspruchen, den rechtkräftig verurteilten Straftäter mit der Behauptung, er sei gleichwohl unschuldig, vor dem Strafantritt zu bewahren. Da eine anders nicht abzuwendende Notlage für Leib- oder Leben der Betroffenen zu keiner Zeit vorgelegen hat, war die Gewährung von Kirchenasyl auch nicht durch innerkirchliche Erklärungen gedeckt, nach denen diese Maßnahme unter humanitären Gesichtspunkten als ultima ratio toleriert wird. Dies sei am Rande und mit dem Vorbehalt erwähnt, dass dem Kirchenasyl als innerkirchlichem Vorgang außerhalb des geschützten Bereiches keine rechtliche Anerkennung zukommt. Es dürfte wohl Konsens darüber bestehen, dass kirchliche Glaubenshaltungen nicht in Anspruch nehmen kann, wer die Zuverlässigkeit rechtskräftiger hoheitlicher Entscheidungen grundsätzlich in Frage stellt, wie es der Angeklagte im vorliegenden Fall für richtig gehalten hat. Außergesetzliche Öffnungen der Asylmöglichkeiten durch Einflussnahme auf die Verwaltungspraxis steht dem Anliegen des Gesetzes entgegen, Anreize zur illegalen Einwanderung zu unterbinden und nur in begründeten Notfällen gegenüber staatlicher Verfolgung eine staatliche Zuflucht zu gewähren.

cc) Ist, wie hier, eine bestands- und rechtskräftige hoheitliche Entscheidung ergangen, so ist der Betroffene zur Ausreise verpflichtet und die Behörde gehalten, dies auch gegen Widerstände durchzusetzen. Es gibt keine rechtmäßige Möglichkeit, diese Entscheidung durch Kirchenasyl zu korrigieren. „Kirchen sind Asyle innerhalb von Diktaturen. In freiheitlichen Rechtsstaaten bedarf es solcher Schutzzonen nicht. Im Ernstfall wendet man sich an ein Gericht, nicht aber an die Kirche (vgl. „Kirchenasyl: ehrenwert, aber kein Recht" in NJW 1995, 565 und „Bekenntnisfreiheit und Kirchenasyl" in NJW 1997, 2089). Das Kirchenasyl ist weder geeignet, noch notwendig, um allgemein anerkannte gerechte Ergebnisse im Einzelfall zu bewirken. Die Grundsätze auch in christlicher Humanität begründeter Werthaltungen tragen die Grundrechte und die darauf beruhende Rechtsordnung, aus denen sich auch die Handlungsmaximen der zur Gesetzesanwendung bestimmten Stellen herleiten. Dies zeigt sich auch in den hier einschlägigen Regelungen des Ausländer-, Asylverfahrens- oder des Asylbewerberleistungsgesetzes. Der humanitären Haltung wird in vielfältigen Ausnahme- und Duldungsregelungen Rechnung getragen. Sie sind auf den ehrlichen, zur Mitwirkung bereiten Asylbewerber zugeschnitten und ermöglichen Lösungen, die den Besonderheiten des Einzelfalles Rechnung tragen. Die Regelungen ermöglichen aber dem unehrlichen Antragsteller zugleich vielfältige Möglichkeiten zum Mißbrauch. Die Missbrauchsquote beträgt günstig gerechnet ca. 90 vH. Dem versucht das Gesetz durch harte Strafdrohungen zu begegnen. Die Behörden haben das mit Entschiedenheit und Konsequenz durchzusetzen. Dies nachzuprüfen ist ausschließlich Sache der Gerichte.

3) a) Der Angeklagte handelte vorsätzlich. Die Behörden haben ihn zutreffend auf die Rechtslage hingewiesen. Sie haben ihm angeboten, die Erkenntnisse über die fehlende Schutzbedürftigkeit der Betroffenen zur Kenntnis zu nehmen. Auch in der eigenen Gemeinde hat er Widerspruch erfahren. Er hat sich in klarer Erkenntnis, unerlaubt zu handeln, die Ausreise der Personen verhindert. Auch vom Generalvikariat war er auf die mögliche strafrechtliche Relevanz seines Handelns hingewiesen worden.

b) Er ist nicht entschuldigt. Das Handeln des Angeklagten war auch nicht zur Abwendung akuter Gefahr für Leib oder Leben der Betroffenen unter notstandsähnlichen Gesichtspunkten vorübergehend entschuldigt. Der Umstand, dass der Angeklagte nach eigenen Angaben nichts vom zeitweiligen Aufenthalt der Familie X. in den Niederlanden gewusst hat, deutet darauf hin, dass auch der Angeklagte durch die Familie X. nur unvollständig informiert worden war. Das Empfinden einer humanitären Problemlage mag zwar dadurch begünstigt worden sein, dass nach dem Ausländerrecht den Betroffenen vor der allfälligen Ausreise bzw. Abschiebung ein jahrelanger Aufenthalt in Deutschland ermöglicht worden ist, dessen bevorstehendes Ende bei den Betroffenen nachvollziehbare Missempfindungen begünstigt haben mag, die aber, wie dargestellt, keinen Duldungstatbestand begründen konnten, den die Behörde von Amts wegen zu berücksichtigen hatte.

4.) Der Angeklagte hat sich danach gemäß § 92a Abs. 1 Nr. 2 , 2. Alt. AuslG strafbar gemacht, indem er mehreren Ausländern, die sich ohne Erlaubnis im Bundesgebiet aufgehalten haben und auch keine Duldung besaßen, vorsätzlich geholfen hat, sich der Ausreisepflicht zu entziehen und die bereits vorgesehene Abschiebung zu verhindern.

5.) Der Strafrahmen beträgt Freiheitsstrafe bis zu 5 Jahren oder Geldstrafe bis zu 360 Tagessätzen.

a) Nach § 47 Abs. 1 StGB war zu erörtern, ob zur Verteidigung der Rechtsordnung die Verhängung einer Freiheitsstrafe unerlässlich ist. Wie dargestellt, ist die Rechtsordnung in Gefahr, wenn die Geltung des Rechts ins Belieben gestellt wird. Das mag bei Überzeugungs- und Wiederholungstätern eher zur Verhängung kurzfristiger Freiheitsstrafen führen als bei jemandem wie dem Angeklagten, der sich erstmalig über das Recht hinweggesetzt hat und bei dem nicht ohne weiteres festgestellt werden kann, dass er sich auch künftig darüber hinwegsetzen wird, auch wenn seine Einlassung, dies hänge vom Einzelfall ab, so verstanden werden kann. Der Angeklagte hat offen gehandelt, er stand im Gespräch mit der Behörde und er hat Widerstandshandlungen oder Propagandaaktionen nicht zugelassen. Die Ankündigung von Freiheitsstrafe für den Fall der Wiederholung dürfte jedem vernünftigen Beobachter als hinreichende Abschreckung erscheinen. Nachdem er durch dieses Verfahren nunmehr eindeutige und verbindliche Auskunft über die Rechtslage erfahren hat, glaubt die Kammer, dass er sich künftig hiernach richten wird. Er wird sich als Vertreter der Kirche, einer öffentlich-rechtlichen Einrichtung, mit Rücksicht auf ihr Selbstverständnis als Träger zeitloser Wahrheiten, und nicht nur wegen möglicher strafrechtlicher Berührungen einer besonderen Verantwortung verpflichtet fühlen und im Übrigen seine verdienstvolle Zuwendung gegenüber Hilfsbedürftigen fortsetzen und weiterhin ein Beispiel tätiger christlicher Nächstenliebe geben.

b) Zur Ahndung dieser Tat ist deshalb eine Geldstrafe ausreichend, aber auch geboten. Eine bloße Verwarnung mit Strafvorbehalt reicht nicht aus. Der Angeklagte hat sich an führender Stelle exponiert. Durch einen bloßen Strafvorbehalt besteht die Gefahr, dass der Eindruck einer unangemessenen und ungleichen Behandlung sowie einer unzulässigen Verharmlosung der Straftat entsteht.

aa) Bei der Strafzumessung waren auch die materiellen und ideellen Folgen der Tat zu berücksichtigen. Durch das Kirchenasyl sind gut meinende Mitglieder der Gemeinde und die Öffentlichkeit für eine zweifelhafte Sache in Anspruch genommen worden. Es ist Schaden für die Allgemeinheit entstanden, die für Personen aufkommen muss, die ohne die Einwirkung des Angeklagten längst das Land verlassen hätten.

bb) Unter Berücksichtigung aller Umstände hält die Kammer zur Einwirkung auf den Angeklagten eine Geldstrafe von 40 Tagessätzen für tat- und schuldangemessen und geeignet, den Angeklagten in dem nötigen Maße dahin zu beeinflussen, von Wiederholungen Abstand zu nehmen. Sie reicht auch aus, um gegenüber der rechtstreuen Allgemeinheit die Ernsthaftigkeit der Strafdrohung darzustellen.

54

Eine Kirchenaustrittserklärung konnte in der DDR nur gegenüber dem Staatlichen Notariat abgegeben werden. Ein Vermerk der zuständigen Kirchengemeinde über Verweigerung der Kirchensteuerzahlung ist insoweit ebenso unerheblich wie die Nichtteilnahme am Religionsunterricht und der Konfirmation.

§ 2 Abs. 1 Berl.KiStG
VG Berlin, Urteil vom 2. November 2001 - VG 10 A 377.00[1] -

---

[1] ZevKR 47 (2002), 596. Das Urteil ist rechtskräftig.

Der Kläger wendet sich gegen die Heranziehung zur Kirchensteuer. Der 1939 geborene Kläger wurde im evangelischen Glauben getauft; im September 1998 ist er durch Erklärung gegenüber dem Amtsgericht aus der ev. Kirche ausgetreten. Ein früherer Kirchenaustritt ist nach Auskunft der Kirchengemeinde im Taufbuch nicht vermerkt; nach den vorliegenden Unterlagen wurde der Kläger wegen der Nichtzahlung von Kirchensteuern seit 1961 als „Verweigerer" geführt.

Das Finanzamt setzte die vom Kläger zu entrichtende Kirchensteuer für den Veranlagungszeitraum 1998 fest; mit seinem hiergegen eingelegten Widerspruch machte der Kläger im Wesentlichen geltend, er sei bereits im Jahre 1957 durch Erklärung seiner Eltern gegenüber dem Pfarramt aus der Kirche ausgetreten. Zum damaligen Zeitpunkt sei er erst 18 Jahre alt und damit noch nicht volljährig gewesen. Nachfolgend habe er weder am Religionsunterricht teilgenommen noch sei er konfirmiert worden. Da er seit über 40 Jahren nicht zur Kirchensteuer herangezogen worden sei, genieße er Vertrauensschutz.

Das Konsistorium der beklagten Landeskirche wies den Widerspruch zurück, da der Kläger einen wirksamen Kirchenaustritt im Jahre 1957 nicht nachgewiesen habe und daher im fraglichen Zeitraum kirchensteuerpflichtiges Mitglied der ev. Kirche gewesen sei.

Die Klage blieb ohne Erfolg.

Aus den Gründen:

Die Klage ist unbegründet. Der angefochtene Kirchensteuerbescheid ist rechtmäßig und verletzt den Kläger nicht in seinen Rechten (§ 113 Abs. 1 Satz 1 VwGO).

Rechtsgrundlage der Heranziehung des Klägers zur Kirchensteuer ist § 2 Abs. 1 KiStG iVm § 2 KiStO. Zutreffend ist die Beklagte danach davon ausgegangen, dass der Kläger mit Blick auf seine Taufe im evangelischen Glauben für das Veranlagungsjahr der Kirchensteuerpflicht unterliegt. Einen wirksamen Kirchenaustritt vor seiner Austrittserklärung im September 1998 hat der Kläger nicht substantiiert dargetan. Sein Einwand, er sei 1957 durch Erklärung seiner Eltern aus der Kirche ausgetreten, vermag angesichts der Tatsache, dass er zum damaligen Zeitpunkt bereits religionsmündig und damit selbst zur Abgabe einer entsprechenden Austrittserklärung berufen war (vgl. Urteil der Kammer v. 22.2.1991 - VG 10 A 473.90 -), einen wirksamen Kirchenaustritt nicht zu belegen, zumal eine gegenüber den zuständigen Staatlichen Notariaten erforderliche Austrittserklärung vom Kläger selbst nicht vorgetragen wird. Hinsichtlich der weiteren Einzelheiten wird insoweit zur Vermeidung von Wiederholungen in vollem Umfang auf die Begründung des

Widerspruchsbescheides verwiesen, dem der Kläger nicht entgegengetreten ist. Auf den vom Kläger angetretenen Beweis kam es danach nicht an. Der Umstand, dass der Kläger nach den vorliegenden Unterlagen bereits seit 1961 als „Kirchenverweigerer" geführt worden ist, steht einem wirksamen Kirchenaustritt nicht gleich. Dies gilt auch für die Nichtteilnahme am Religionsunterricht und die fehlende Konfirmation, da maßgeblich allein die formalisierten Regelungen des jeweiligen Landesrechts sind.

Der Kläger kann sich schließlich nicht darauf berufen, dass der geltend gemachte Steueranspruch verwirkt ist. In erster Linie war es vielmehr andauernde Aufgabe des Klägers, sich ausreichende Kenntnis über seine Kirchenmitgliedschaft, gegebenenfalls durch Nachfrage beim Taufregister, zu verschaffen. Das Finanzamt hat hingegen im Hinblick auf die fehlende Kenntnis bezüglich der Kirchensteuerpflicht des Klägers und die Angaben in den Steuererklärungen keinen positiven Vertrauenstatbestand für den Kläger geschaffen.

55

Art. 7 Abs. 3 GG, 14 Abs. 1 u. 2 NW.LV vermittelt einer Religionsgemeinschaft ungeachtet ihrer Organisations- und Rechtsform einen Anspruch auf Einführung von Religionsunterricht in Übereinstimmung mit ihren Grundsätzen, wenn sie die für die inhaltliche Ausgestaltung des Unterrichts erforderliche Mitwirkung leistet.

Durch die Organisationsstruktur muß aber gewährleistet sein, dass dem Staat ein Ansprechpartner zur Verfügung steht, dessen Mandat auf einer durchgehenden Legitimationskette zu einer Gruppe von natürlichen, eine Religionsgemeinschaft bildenden Personen beruht.

Art. 7 Abs. 3, 140 GG, 14 Abs. 1 u. 2 NW.LV
VG Düsseldorf, Urteil vom 2. November 2001 - 1 K 10519/98[1] -

Die Kläger sind zwei der in der Bundesrepublik Deutschland bestehenden islamischen Dachverbände. Der Kläger zu 1) ging 1994 aus dem 1988 gegründeten „Islamischen Arbeitskreis in Deutschland" hervor. Gemäß § 1 seiner Vereinssatzung ist er ein „Spitzenverband islamischer Organisationen in Deutschland". Mit Ausnahme der Ehrenmit-

---

[1] NWVBl 2002, 196. Die Berufung blieb ohne Erfolg; OVG Nordrhein-Westfalen, Urteil vom 2.12.2003 - 19 A 997/02 - NWVBl. 2004, 224. Auf die Revision der Kläger wurde das Berufungsurteil aufgehoben und die Sache zur anderweitigen Verhandlung und Entscheidung an das OVG Nordrhein-Westfalen zurückverwiesen; BVerwG, Urteil vom 23.2.2005 - 6 C 2.04 - bei Redaktionsschluss (1.6.2005) noch n.v.

gliedschaft kennt er keine Mitgliedschaft natürlicher Personen (vgl. § 4 der Satzung). § 2 der Satzung formuliert den Zweck des Vereins dahingehend, dass er sich als Handlungsorgan der ihm angehörenden Organisationen mit alle Muslime betreffenden islamischen Angelegenheiten befasst und eine ständige Informations- und Gesprächsebene für die öffentlichen Interessen der Muslime bildet. Insbesondere soll er die Tätigkeit seiner Mitglieder koordinieren und gemeinsame Aktivitäten organisieren sowie gemeinsame Interessen seiner Mitgliedsgemeinden und einzelner Personen gegenüber staatlichen und gesellschaftlichen Stellen vertreten. Nach der der Satzung vorangestellten Präambel haben sich die Gründungsmitgliedsvereinigungen des Klägers zu 1) bei der Satzungsgebung (u.a.) von der gemeinsamen Überzeugung leiten lassen, dem Islam unterworfen zu sein, sowie der Absicht, den islamischen Gemeinschaften zu dienen und den kulturellen und interreligiösen Dialog zu pflegen. Die Zahl seiner Mitgliedsverbände bewegt sich seit seiner Gründung im Bereich von 20, die nach eigenen Angaben des Klägers zu 1) einige hundert Moscheegemeinden vertreten.

Der 1986 gegründete Kläger zu 2) verfolgt laut der Präambel der Vereinssatzung (idF vom 2.6.2001) den Zweck, die Interessen der Muslime in Deutschland in der Ausübung ihrer Religion sowie der Bekenntnis- und Glaubensvermittlung zu vertreten. § 5 der Satzung führt als Aufgaben im Einzelnen auf: Lehre des islamischen Glaubens und Wahrung der islamischen Werte, Glaubensunterweisung und Bekenntnisvermittlung, Durchführung von Gottesdiensten Glaubensseminaren, Veranstaltung religiöser Feste, Verbreitung islamischer Literatur, Aufbau einer Infrastruktur für die Integration der Muslime, Beratung von Muslimen in sozialen und karitativen Fragen, Eintreten für die Einführung islamischen Religionsunterrichts an öffentlichen Schulen sowie eines universitären Studienganges zur Ausbildung islamischer Religionslehrer. Mit Ausnahme der Ehren- oder Fördermitgliedschaft kennt er ebenfalls keine Mitgliedschaft natürlicher Personen; § 3 Abs. 1, Abs. 2a) der Satzung sehen als ordentliche Mitglieder juristische Personen vor. Unter den Mitgliedsorganisationen, deren Zahl der Kläger mit 38 angegeben hat, befinden sich Bundes- und Landesverbände sowie regionale und lokale Vereinigungen.

Mit Schreiben vom 6.4.1994 beantragte N. beim nordrhein-westfälischen Kultusministerium die Einführung von islamischem Religionsunterricht an den öffentlichen Schulen in Nordrhein-Westfalen. Der Kläger zu 1) griff diesen Antrag nach seiner Gründung mit Schreiben vom 21.2.1995 auf. Der Kläger zu 2) trat dem Anliegen mit beim Ministerium für Schule und Weiterbildung des Landes Nordrhein-Westfalen am 24.1.1996 eingegangenem Schreiben bei.

Nachdem der Kläger zu 1) das Ministerium für Schule und Weiterbildung des Landes Nordrhein-Westfalen, nunmehr Ministerium für Schule, Wissenschaft und Forschung, mit Schreiben vom 17.9.1996 an die noch ausstehende Bescheidung des Antrages vom 6.4.1994 erinnert hatte, teilte das Ministerium mit Schreiben vom 24.10.1996 mit, die Einführung islamischen Religionsunterrichts setze auf Seiten der Religionsgemeinschaft einen dauerhaften Ansprechpartner voraus, der autorisiert sei, die Inhalte des Unterrichts festzulegen, einen Lehrplan zu erstellen, Lehrer zu bevollmächtigen und die Fachaufsicht zu führen. Ein solcher Ansprechpartner sei dem Ministerium nicht bekannt. Vielmehr müsse man nach den vorliegenden Erkenntnissen davon ausgehen, dass es allein für türkische Muslime eine Vielzahl von Organisationen gebe. Nachdem die Kläger ihr Anliegen erneut vorgetragen hatten, führte das Ministerium mit Schreiben vom 12.3.1998 und 21.7.1998 aus, die sich aus Art. 7 Abs. 3 GG, Art. 14 NW.LV ergebenden rechtlichen Voraussetzungen für die Einführung islamischen Religionsunterrichts fehlten. Die Kläger verträten nur einen Teil der Muslime und besäßen daher nicht die vom Verfassungsgeber geforderte religiöse Autorität zur Bestimmung der Grundsätze der Glaubensgemeinschaft.

Mit der Klage verfolgen die Kläger ihr Begehren weiter. Zur Begründung lassen sie im Wesentlichen Folgendes vortragen:

Die Klage sei entgegen der Annahme des Beklagten auch hinsichtlich des Klägers zu 2) zulässig. Dessen interne Willensbildung betreffend die Klageerhebung entspreche allen innerverbandlichen Anforderungen. Im Übrigen sei die Klageerhebung durch ein vertretungsberechtigtes Vereinsorgan erfolgt. Die Klage sei auch begründet. Als Religionsgemeinschaft im Sinne von Art. 7 Abs. 3 GG, Art. 14 NW.LV hätten die Kläger einen Anspruch auf Einführung islamischen Religionsunterrichts als ordentliches Lehrfach an den öffentlichen Schulen in Nordrhein-Westfalen. Die Vorschriften verliehen Religionsgemeinschaften ein subjektivöffentliches Recht auf Erteilung von Religionsunterricht. Beide Kläger erfüllten die Voraussetzungen einer Religionsgemeinschaft. Der Begriff stimme überein mit demjenigen der Religionsgesellschaft in Art. 140 GG iVm Art. 137 WRV. Darunter sei ein Zusammenschluss von Personen mit gemeinsamen religiösen Auffassungen zu Sinn und Bewältigung des menschlichen Lebens zu verstehen, der den vorhandenen religiösen Konsens in umfassender Weise bezeuge. Die Gemeinschaft müsse auf Dauer angelegt und ausreichende organisatorische Strukturen aufweisen. Die Organisationsform einer Körperschaft des öffentlichen Rechts sei nicht erforderlich. Auch in der Rechtsform des eingetragenen Vereins organisierte islamische Vereinigungen kämen als Partner des Staates bei der Durchführung islamischen Religionsunterrichts in Betracht. Der Annahme einer Religionsgemeinschaft stehe auch nicht entgegen, dass die Kläger als Mitglieder juristische Personen hätten. Die Organisation als Dachverband hindere die Anerkennung als Religionsgemeinschaft nicht. Durch ihre Satzungen erfüllten beide Kläger das Erfordernis hinreichend klarer Organisationsstrukturen. In Deutschland hätten sich mittlerweile mehrere auf Dauer angelegte islamische Religionsgemeinschaften gebildet, so dass für den Staat mehrere Partner in Betracht kamen, von denen jeder einen eigenen Religionsunterricht beanspruchen könne. Um eine Zersplitterung des islamischen Religionsunterrichts zu vermeiden, hätten die Kläger als Dachverbände einen gemeinsamen Antrag auf Einführung eines Religionsunterrichts gestellt. Als Vertreter der Mehrheit der islamischen Gemeinschaften in Nordrhein-Westfalen seien sie auch ein hinreichend autorisierter Ansprechpartner. Mit dem im März 1999 vom pädagogischen Fachausschuss des Klägers zu 1) vorgestellten Lehrplan liege mittlerweile auch eine inhaltliche Grundlage für den einzuführenden islamischen Religionsunterricht vor. Ferner sei im Mai 1999 die gemeinsame „Kommission für den Islamischen Religionsunterricht" (KIRU) gegründet worden, deren Mitglieder (12 ordentliche und 4 stellvertretende) von den Klägern je zur Hälfte für einen Zeitraum von 2 Jahren ernannt würden. Die KIRU sei nach dem Gründungsprotokoll Anlaufstelle für sämtliche behördliche Fragen, die Errichtung, Planung und Durchführung des islamischen Religionsunterrichts beträfen, und zuständig für die Erstellung entsprechender Lehrpläne sowie die Erteilung der Lehrbefugnis. Ausweislich ihrer Satzungsbestimmungen verfolgten die Kläger auch eine religiöse Zielsetzung. Entsprechendes gelte hinsichtlich ihrer Mitgliedsvereine, deren Mitglieder zugleich natürliche Mitglieder der Kläger seien. Die Kläger stützten sich auf einen religiösen Konsens ihrer Mitglieder, da diese sich auf Grund ihres islamischen Glaubens zusammengeschlossen hätten. Entgegen der Auffassung des Beklagten bedürfe es zur Annahme eines religiösen Konsenses nicht der Festlegung auf eine bestimmte Glaubensrichtung innerhalb des Islam. Aus dem für den Staat verbindlichen Neutralitätsgebot und dem in Art. 4 GG verankerten Grundrecht auf freie Religionsausübung folge, dass es allein Sache der Religionsgemeinschaft sei, ihre Religion, ihre Lehre und ihr Verständnis von Gott zu definieren. Deshalb sei es dem Staat auch versagt, bestimmte Mindestanforderungen an den Inhalt religiöser Lehren zu stellen.

Ebenso wenig komme es darauf an, ob die Kläger lediglich eine Minderheit der Muslime in Nordrhein-Westfalen verträten. Die zahlenmäßige Stärke oder soziale Relevanz spielten für das Vorliegen einer Religionsgemeinschaft keine Rolle. Weder verlange Art. 7 Abs. 3 GG, dass alle Angehörigen eines Bekenntnisses von einer Religionsgemeinschaft vertreten würden, noch schließe die Bestimmung aus, dass es für Angehörige eines Bekenntnisses verschiedene, von unterschiedlichen Religionsgemeinschaften legitimierte Angebote von Religionsunterricht gebe. Die Kläger beanspruchten nicht, als Vertreter aller Muslime in Nordrhein-Westfalen zu handeln. Sie repräsentierten vielmehr allein ihre Mitglieder bzw. deren Mitglieder. Die Zahl der von ihnen repräsentierten Muslime sei auch hinreichend groß, um als Religionsgemeinschaft im Sinne von Art. 7 Abs. 3 GG anerkannt zu werden. Im Übrigen sei zu berücksichtigen, dass der Islam nicht mitgliedschaftlich verfasst sei. Er verfüge über keine Organisation mit einer präzisen Gliederung und Mitgliedschaftsstrukturen. So sei beispielsweise die Zahl der Muslime, die in den von den Mitgliedsverbänden der Kläger unterhaltenen Einrichtungen an den Freitagsgebeten teilnähmen, um ein Mehrfaches höher als die Mitgliederzahl. Entsprechend sei zu erwarten, dass die Zahl derer, die am Religionsunterricht teilnähmen, erheblich über der Mitgliederzahl der Kläger liegen würde. Die Kläger erfüllten auch das vom VG Düsseldorf mit Beschluss vom 18.7.2000 - 1 L 1224/00 - (NWVBl. 2001, 110, NVwZ-RR 2000, 789) aufgestellte Erfordernis der hinreichenden Legitimation zur Artikulierung von Grundsätzen einer Religionsgemeinschaft. Dies ergebe sich bereits mit Rücksicht auf die in dem Verfahren 1 L 1224/00 vorgelegten Elternerklärungen. Mit jenen hätten die jeweiligen Unterzeichner klar zum Ausdruck gebracht, dass sie sich in der Frage der Einführung islamischen Religionsunterrichts durch die Kläger vertreten sehen wollten. Weitere solcher Erklärungen seien im vorliegenden Verfahren vorgelegt worden. Im Übrigen stünden die vom VG Düsseldorf in dem vorgenannten Beschluss formulierten Legitimationsanforderungen nicht im Einklang mit dem Verfassungsrecht. Zwar müsse der Staat Mindestanforderungen an die Verfasstheit der Religionsgemeinschaft aufstellen, damit die in Art. 7 Abs. 3 GG angelegte Kooperation zwischen Staat und Religionsgemeinschaft funktionieren könne. Diese gingen aber über die Merkmale der Artikulationsfähigkeit und -bereitschaft nicht hinaus, die bei den Klägern ohne Weiteres gegeben seien. Ein Verständnis des Begriffs der Religionsgemeinschaft, das demgegenüber eine mitgliedschaftliche Verfassung verlangte, verstieße gegen Art. 4 GG. Soweit praktische Schwierigkeiten bestünden, diejenigen Schüler und Schülerinnen zu erfassen, die der Teilnahme am islamischen Religionsunterricht unterlägen, könnten diese nicht herangezogen werden, um das Erfordernis einer mitgliedschaftlichen Organisationsstruktur zu begründen. Auch ohne mitgliedschaftliche Verfasstheit, wie sie für die christlichen Kirchen kennzeichnend seien, seien Lösungen denkbar, die Zugehörigkeit eines Schülers/einer Schülerin zu einer Religionsgemeinschaft hinreichend sicher festzustellen. Die Ausgestaltung im Einzelnen obliege dem Beklagten.

Es bestünden auch keine Zweifel an der Verfassungstreue der Kläger. Diese achteten bei der Aufnahme ihrer Mitglieder darauf, dass diese die Gewähr für die Einhaltung der Rechtsordnung böten. Soweit der Beklagte hinsichtlich bestimmter Personen Bedenken bezüglich deren Verfassungstreue geäußert habe, sei ihnen nicht bekannt, dass diese strafrechtlich relevante Handlungen begangen hätten. Im Übrigen komme es darauf aber auch nicht an, da Ansprechpartner die Mitglieder der KIRU seien, deren Verfassungstreue außer Frage stehe.

Die Kläger haben in diesem Verfahren ca. 3.000 unterschriebene Erklärungsvordrucke vorgelegt, wonach die Unterzeichner erklären, dass der Kläger zu 1) bzw. der Kläger zu 2) berechtigt seien, sie in Angelegenheiten des islamischen Religionsunterrichts zu vertreten, insbesondere berechtigt seien, die Unterrichtsinhalte zu bestimmen. Ferner erklären die Unterzeichner ihr Einverständnis, dass die Befugnis ganz oder teilweise auf Einrichtungen übertragen werden könne, die zum Zwecke der gemeinsamen Vertretung in Angelegenheiten des islamischen Religionsunterrichts mit anderen islamischen Organisationen gebildet würden. Auf den Kläger zu 1) entfallen etwa 2.500 der Erklärungen, auf den Kläger zu 2) circa 400. Die Unterzeichner stammen zum überwiegenden Teil aus Nordrhein-Westfalen, zum Teil auch aus anderen Bundesländern. Die Kläger haben ferner etwa 1.000 unterschriebene Erklärungsvordrucke überreicht, wonach die Unterzeichner erklären, eine dort namentlich bezeichnete Person, Mitglied des Klägers zu 1), sei ermächtigt, sie in Angelegenheiten des islamischen Religionsunterrichts zu vertreten. Desweiteren haben sie eine Erklärung des Vorstandsvorsitzenden des XY vorgelegt, wonach der Kläger zu 1) berechtigt ist, diesen Verein in allen den Religionsunterricht betreffenden Angelegenheiten zu vertreten.

Die Kläger beantragen, das beklagte Land zu verurteilen, mit den Vorbereitungen für islamischen Religionsunterricht, in Übereinstimmung mit den von den Klägern aufgestellten Grundsätzen, zu beginnen, hilfsweise 1) das beklagte Land zu verurteilen, mit den Vorbereitungen für islamischen Religionsunterricht in Übereinstimmung mit den Grundsätzen zu beginnen, die die von den Klägern eingesetzte Kommission für den islamischen Religionsunterricht aufstellt, hilfsweise 2) festzustellen, dass es sich bei den Klägern um Religionsgemeinschaften im Sinne von Art. 7 Abs. 3 GG, Art. 14 Abs. 1 NW.LV handelt, die grundsätzlich berechtigt sind, die Einführung von islamischem Religionsunterricht als ordentliches Lehrfach an den öffentlichen Schulen in Nordrhein-Westfalen zu verlangen.

Das beklagte Land führt zur Begründung seines Klageabweisungsantrages im Wesentlichen aus:

Die Klage sei insgesamt unbegründet, da es sich bei den Klägern nicht um Religionsgemeinschaften im Sinne von Art. 7 Abs. 3 GG, Art. 14 NW.LV, §§ 31 ff. SchOG handele. Nach ihrem Selbstverständnis und ihren Zielsetzungen seien sie keine Gemeinschaften, die auf der Grundlage eines religiösen Konsenses die Religionsausübung und -vermittlung zum Ziel hätten. Vielmehr stehe, wie sich aus den Satzungen der Kläger ergebe, die Verfolgung sozialer und politischer Interessen im Vordergrund. Religionsunterricht sei nach den gesetzlichen Bestimmungen eine Staat und Religionsgemeinschaft gemeinsam überantwortete Aufgabe. Auf Grund der ihr übertragenen Verantwortung müsse die Religionsgemeinschaft nach Organisation und Zahl ihrer Mitglieder die Gewähr der Dauer bieten. Ferner müsse sie, wenn sie nicht lediglich einen nach religiösen Kriterien abgrenzbaren Teil der dem Islam Zugehörigen, sondern alle Muslime in Nordrhein-Westfalen repräsentieren wolle, durch eine umfassende Organisation den Nachweis erbringen, dass sie die nordrheinwestfälischen Muslime umfassend vertrete. Der Staat müsse sichergehen können, dass die Religionsgemeinschaft die ihr Zugehörigen auch tatsächlich repräsentiere, da er nur insoweit die Verantwortung für die Inhalte des Unterrichts übernehmen könne. Aus den verfügbaren Untersuchungen und Statistiken ergebe sich indes, dass die in Nordrhein-Westfalen lebenden Muslime nur zu einem kleinen Teil von den Klägern erfasst würden. Sie kämen als Ansprechpartner für die Einführung islamischen Religionsunterrichts nicht in Betracht, da nicht ersichtlich sei, welche natürlichen Personen ihnen zuzuordnen seien. Sie verfügten damit nicht über die notwendige Legitimation durch von ihnen repräsentierte muslimische Schüler und Schülerinnen. Es sei mithin auch unklar, auf wen der Beklagte Schüler und Schülerinnen bzw. deren Eltern bei auftretenden Fragen zum Inhalt des Religionsunterrichts verweisen könne. Da der Religionsunterricht ordentliches Lehrfach sei, sei er - vorbehaltlich der Möglichkeit der Abmeldung - für die dem jeweiligen Bekenntnis angehörenden Schüler/Schülerinnen obligatorisch. Für die Anerkennung als Religionsgemeinschaft sei daher zu verlangen, dass die Kläger einen nicht unbedeutenden und klar abgrenzbaren Teil der muslimischen Schülerschaft repräsentierten. Die Kläger könnten auch nicht mit Erfolg auf die KIRU als Ansprechpartner verweisen. Insoweit fehle es an der erforderlichen durchgehenden Legitimationskette zu einer Gruppe von natürlichen, eine Religionsgemeinschaft bildenden Personen. Eine solche ergebe sich auch nicht mit Blick auf die von den Klägern vorgelegten Erklärungen. Diese belegten weder, dass die Unterzeichner Muslime seien, noch dass sie den Klägern angehörten und Eltern von Schülern/Schülerinnen seien. Soweit die Teilnehmer an der Unterschriftenaktion erklärt hätten, dass die den Klägern eingeräumte Befugnis auf andere Einrichtungen übertragen werden könne, zeige dies im Übrigen, dass sie keine Religionsgemeinschaft sein wollten. Denn damit wäre es nicht vereinbar, die Entscheidung über Glaubensinhalte zu delegieren.

Darüber hinaus bestünden angesichts der Vereinsmitgliedschaft bestimmter namentlich bezeichneter Personen erhebliche Bedenken hinsichtlich der Verfassungstreue der Kläger. Da die KIRU als deren Handlungsorgan benannt worden sei, schlügen die Bedenken auf diese durch.

Das Verwaltungsgericht weist die Klage ab.

Aus den Gründen:

Die Klage hat keinen Erfolg.
I. Die Klage ist hinsichtlich des Hauptantrages als allgemeine Leistungsklage statthaft. Das Begehren der Kläger, mit den Vorbereitungen

für islamischen Religionsunterricht zu beginnen, ist nicht auf den Erlass eines Verwaltungsaktes im Sinne von § 35 NW.VwVfG gerichtet und damit nicht im Wege der Verpflichtungsklage geltend zu machen. Die Annahme, einzelne Verfahrensschritte oder das Gesamtergebnis des vom Beklagten erwarteten Handelns enthielten einseitige, auf potentielle Bestandskraft hin angelegte Regelungen, ist mit der normativen Ausgestaltung der erstrebten Einführung von Religionsunterricht nicht vereinbar.

Gemäß Art. 7 Abs. 3 Satz 1 GG ist der Religionsunterricht in den öffentlichen Schulen mit Ausnahme der bekenntnisfreien Schulen ordentliches Lehrfach. Er wird unbeschadet des staatlichen Aufsichtsrechts in Übereinstimmung mit den Grundsätzen der Religionsgemeinschaften erteilt, Satz 2 der Vorschrift. Nach Art. 14 Abs. 1 Satz 1 NW.LV ist der Religionsunterricht ordentliches Lehrfach an allen Schulen, mit Ausnahme der Weltanschauungsschulen (bekenntnisfreien Schulen). Gemäß Absatz 2 sind Lehrpläne und Lehrbücher für den Religionsunterricht im Einvernehmen mit der Kirche oder Religionsgemeinschaft zu bestimmen. Entsprechend heißt es in § 31 Abs. 2 SchOG, dass Religionsunterricht ordentliches Lehrfach an allen allgemein bildenden Schulen ist sowie an allen Schulen, durch deren Besuch der Schulpflicht genügt wird. Ausgenommen sind Weltanschauungsschulen und bekenntnisfreie Schulen. § 1 SchVG bestimmt, dass die Schulen Unterricht nach einem von der Schulaufsichtsbehörde festgesetzten oder genehmigten Lehrplan erteilen. § 33 Abs. 2 SchOG ergänzt dies für den Bereich des Religionsunterrichts dahingehend, dass Lehrpläne und Lehrbücher im Einvernehmen mit der Kirche oder Religionsgemeinschaft zu bestimmen sind. § 32 Abs. 1 SchOG sieht vor, dass der Religionsunterricht von Lehrern oder Geistlichen erteilt wird. Voraussetzung für die Erteilung des Religionsunterrichts durch Lehrer ist die staatliche Lehrbefähigung sowie eine Bevollmächtigung durch die Kirche bzw. Religionsgemeinschaft, § 32 Abs. 2 Satz 2 SchOG. Soweit Geistliche den Unterricht erteilen, bedürfen sie eines staatlichen Unterrichtsauftrages, § 32 Abs. 4 Satz 1 SchOG.

Ausgehend von diesem rechtlichen Rahmen ergibt sich, dass die Einführung von Religionsunterricht verschiedener organisatorischer Vorleistungen bedarf, die wechselseitige Abstimmung voraussetzen. Zum einen ist sicherzustellen, dass geeignetes Lehrpersonal zur Verfügung steht. Zum anderen müssen die Unterrichtsinhalte durch Erstellung eines Lehrplanes festgelegt werden. Insbesondere die Ausarbeitung des Lehrplanes macht dabei nach den gesetzlichen Vorgaben die Mitwirkung der jeweiligen Religionsgemeinschaft erforderlich, da der Unterricht in Übereinstimmung mit den Grundsätzen der Religionsgemeinschaft zu erteilen ist. Die Einführung von Religionsunterricht stellt sich mithin als ein aus mehreren Schritten bestehender Verfahrensvorgang dar, an dessen Abschluss bei Vorliegen der entsprechenden Voraussetzungen der

Organisationsakt steht, den Unterricht zu einem bestimmten Zeitpunkt für bestimmte Klassenstufen als ordentliches Lehrfach einzurichten.

Hinsichtlich des von den Klägern gewünschten islamischen Religionsunterrichts ist ein solches Verfahren bislang nicht in Gang gesetzt worden, da das beklagte Land die Kläger nicht als Religionsgemeinschaften im Sinne von Art. 7 Abs. 3 GG, Art. 14 Abs. 1 NW.LV betrachtet. Vor diesem Hintergrund ist das Begehren der Kläger darauf gerichtet, diesen Einführungsprozess in Gang zu setzen und das beklagte Land zu veranlassen, sie als Ansprechpartner zu betrachten, um die Lehrinhalte des islamischen Religionsunterrichts festzulegen und die Frage des Einsatzes geeigneter Lehrkräfte abzustimmen. Damit verfolgen die Kläger nicht den Erlass einer einseitigen hoheitlichen Maßnahme im Sinne des § 35 NW.VwVfG, sondern sie erstreben ein auf Zusammenarbeit gerichtetes tatsächliches, schlicht-hoheitliches Verwaltungshandeln.

Die Klage ist auch nicht mangels hinreichend bestimmten Klageantrages (§ 82 VwGO) unzulässig. Zwar ist ein Klageantrag grundsätzlich nur dann hinreichend bestimmt, wenn er den erhobenen Anspruch konkret bezeichnet, dadurch den Rahmen der richterlichen Entscheidungsbefugnis absteckt, Inhalt und Umfang der materiellen Rechtskraft der begehrten Entscheidung erkennen lässt, das Risiko eines Unterliegens des Klägers nicht durch vermeidbare Ungenauigkeit auf den Beklagten abwälzt und schließlich eine Zwangsvollstreckung aus dem Urteil ohne eine Fortsetzung des Streits im Vollstreckungsverfahren erwarten lässt (vgl. BGH, Urteil vom 14.12.1998 - 2 ZR 330/97 - NJW 1999, 954). Bei Leistungsklagen muss der Antrag danach grundsätzlich so gestellt sein, dass auf einen entsprechenden gerichtlichen Ausspruch hin die Zwangsvollstreckung stattfinden kann (vgl. BGH, Urteil vom 10.7.1986 - 9 ZR 138/85 - NJW 1986, 3142 [3143]).

Soweit der Antrag der Kläger nicht im Sinne einzelner Verfahrensschritte das begehrte Verwaltungshandeln bezeichnet, mithin auch keine Chronologie für den Verfahrensablauf vorgibt und insoweit die begehrten Vorbereitungsmaßnahmen nicht konkret bezeichnet, führt dies unter dem Gesichtspunkt der Antragsbestimmtheit dennoch nicht zur Unzulässigkeit der Klage. Für die Einführung von (islamischem) Religionsunterricht bestehen bezüglich des dabei anzuwendenden Verfahrensablaufs keine zwingenden landesgesetzlichen Vorgaben. Vielmehr ist die Schulaufsichtsbehörde bei der Verfahrensausgestaltung, etwa hinsichtlich des Zeitrahmens und der Bestimmung der einzelnen Verfahrensschritte, frei. Angesichts dessen würden die Kläger Gefahr laufen, mit einem Klageantrag, der insoweit konkrete Vorgaben machte, (bereits deshalb) zu unterliegen. Außerhalb ihrer Sphäre liegende Umstände machen den Klägern somit eine genauere Fassung des Klageantrages nicht möglich. Mit Rücksicht auf die verfassungsrechtliche Gewährleistung effektiven Rechtsschutzes (vgl. Art. 19 Abs. 4 GG) genügt ihr Klageantrag daher den Bestimmtheitsanforderungen auch mit einer nach

Verfahrensschritten und zeitlicher Abfolge nicht weiter differenzierten Formulierung (vgl. zu Umständen, unter denen ausnahmsweise weniger strenge Anforderungen an die Bestimmtheit des Klageantrages gestellt werden können, auch Eyermann, Kommentar zur VwGO, 11. Aufl., § 82 Anm. 10; Kopp/Schenke, Kommentar zur VwGO, 12. Aufl., § 82 Anm. 10; OVG. NW, Beschluss vom 6.9.1994 - 25 B 1507/94 - OVGE 44, 166 mwN). Die hinsichtlich des Hauptantrages auch im Übrigen zulässige Klage hat in der Sache keinen Erfolg. Den Klägern steht der insoweit geltend gemachte Anspruch nicht zu.

Sie richten sich mit ihrem Begehren zutreffend gegen das Land Nordrhein-Westfalen. Bei einer allgemeinen Leistungsklage ist richtiger Beklagter der Rechtsträger der für das erstrebte Verwaltungshandeln zuständigen Behörde(n) (vgl. Schoch/Schmidt-Aßmann/Pietzner, Kommentar zur VwGO, Stand: Januar 2001, § 78 Anm. 21).

Zuständige Behörde für die Einführung von Unterrichtsfächern und damit auch von islamischem Religionsunterricht sind die Schulaufsichtsbehörden, vgl. §§ 1, 15 SchVG. Rechtsträger dieser Landesbehörden ist das Land Nordrhein-Westfalen als Gebietskörperschaft.

Die Voraussetzungen für einen Anspruch der Kläger auf Einführung islamischen Religionsunterrichts als ordentliches Lehrfach an den öffentlichen Schulen in Nordrhein-Westfalen liegen indes nicht vor, so dass sie auch keinen Anspruch auf darauf gerichtete Vorbereitungsmaßnahmen haben.

§ 35 Abs. 1 Satz 1 SchOG kommt im vorliegenden Zusammenhang als Anspruchsgrundlage nicht in Betracht. Nach dieser Bestimmung ist an einer öffentlichen Schule Religionsunterricht für eine religiöse Minderheit einzurichten, wenn die Zahl der Schüler dieser Minderheit mindestens zwölf beträgt. Die Regelung ist darauf ausgerichtet, einen Anspruch auf Einrichtung von Religionsunterricht an einer konkreten Schule zu vermitteln. Die Verwirklichung des Anspruches setzt voraus, dass von der Schulaufsichtsbehörde die grundsätzliche Entscheidung über die Einführung des betreffenden Religionsunterrichts sowie die erforderlichen organisatorischen Maßnahmen betreffend Lehrplan und Lehrkräfte bereits getroffen worden sind. Die Vorschrift des § 35 Abs. 1 Satz 1 SchOG kann nicht losgelöst von dem normativen Zusammenhang gesehen werden, in dem sie steht. Die Vorschrift ist die abschließende Norm im Vierten Abschnitt des Schulordnungsgesetzes, in dem die Grundlagen des schulischen Religionsunterrichts geregelt werden. Bei ihrer Heranziehung sind daher die in §§ 31 ff. SchOG enthaltenen Grundsätze zu berücksichtigen, die ihrerseits an Art. 14 NW.LV und Art. 7 Abs. 3 GG anknüpfen (vgl. die Begründung zum Entwurf des Schulordnungsgesetzes vom 15.1.1951, LT-Drs 2/190, S. 18: „Der vierte Abschnitt ordnet im Anschluss an Art. 7 des Grundgesetzes und Art. 14 der Landesverfassung die Rechtsfragen des Religionsunterrichtes ..."). § 35 Abs. 1 Satz 1 SchOG vermag daher als Anspruchsgrundlage erst einzugreifen, wenn die Voraussetzungen des Art. 7 Abs. 3 GG, Art. 14 Abs. 1 u. 2 NW.LV gegeben sind und ausgehend davon die Grundsatzentscheidung für die Einführung von Religionsunterricht eines bestimmten Bekenntnisses gefallen ist und die damit verbundenen organisatorischen Vorleistungen geschaffen sind. (Nur) unter dieser Voraussetzung gewährt § 35 Abs. 1 Satz 1 SchOG bei Vorliegen der dort genannten Voraussetzungen einen Anspruch auf Einrichtung von Religionsunterricht bezogen auf eine konkrete Schule.

Maßgeblich dafür, ob einer Religionsgemeinschaft ein Anspruch auf grundsätzliche Einführung von Religionsunterricht als ordentliches Lehrfach an den öffentlichen Schulen in Nordrhein-Westfalen zusteht, sind danach Art. 7 Abs. 3 GG, Art. 14 Abs. 1 u. 2 NW.LV.

Diese Normen enthalten in Art. 7 Abs. 3 Satz 1 GG, Art. 14 Abs. 1 Satz 1 NW.LV zunächst eine institutionelle Garantie des Religionsunterrichts. Es ist verfassungsrechtlich gewährleistet, dass Religionsunterricht vorbehaltlich der nach Art. 7 Abs. 3 Satz 2 GG, Art. 14 Abs. 2 NW.LV erforderlichen Mitwirkung der jeweiligen Religionsgemeinschaften an öffentlichen Schulen ein Unterrichtsfach mit derselben Stellung und Behandlung wie andere ordentliche Lehrfächer ist (vgl. für Art. 7 Abs. 3 GG z.B. BVerfG, Beschluss vom 25.2.1987 - 1 BvR 47/84 - BVerfGE 74, 244 [251 ff.]; BVerwG, Urteil vom 23.2.2000 - 6 C 5/99 - BVerwGE 110, 326 [337], KirchE 38, 90; Hemmrich, in: v. Münch/Kunig, Kommentar zum GG, Bd. 1, 4. Aufl., Art. 7 Anm. 23; Schmitt-Kammler, in: Sachs, Kommentar zum GG, 2. Aufl., Art. 7 Anm. 43; Maunz, in: ders./Dürig, Kommentar zum GG, Stand: März 2001, Art. 7 Anm. 47; Gröschner, in: Dreier (Hrsg.), Grundgesetz-Kommentar, Bd. 1 (1996), Art. 7 Anm. 83; Robbers, in: v. Mangoldt/Klein/Starck, Bonner Grundgesetz -Kommentar, Bd. 1, 4. Aufl., Art. 7 Anm. 118; Mückl, AöR 122 [1997], 513 [520]; Renck, JZ 2000, 561 [562]; Heckel, JZ 1999, 741 [746] mwN; Link, in: HdbStKirchR, Bd. 2, S. 496; Korioth, NVwZ 1997, 1041 [1043], sieht in Art. 7 Abs. 3 GG nicht den Religionsunterricht institutionell abgesichert, sondern die Verpflichtung des Staates, ihn als Angebot bereitzuhalten; für Art. 14 NW.LV vgl. Geller-Kleinrahm, Die Verfassung des Landes Nordrhein-Westfalen, Kommentar, 3. Aufl., Stand: Februar 1994, Art. 14 Anm. 1).

Über diesen institutionellen Charakter hinaus kommt Art. 7 Abs. 3 GG, Art. 14 Abs. 1 u. 2 NW.LV aber auch ein subjektiv-rechtlicher Gehalt zu, der Religionsgemeinschaften im Sinne dieser Vorschriften einen Anspruch auf Einführung von Religionsunterricht in Übereinstimmung mit ihren Grundsätzen vermittelt (soweit sie die mit Blick auf Art. 7 Abs. 3 Satz 2 GG, Art. 14 Abs. 2 NW.LV für die inhaltliche Ausgestaltung des Unterrichts erforderliche Mitwirkung leisten). Dies ergibt sich daraus, dass die Religionsgemeinschaften in Art. 7 Abs. 3 Satz 2 GG, Art. 14 Abs. 2 NW.LV als Ansprechpartner des Staates ausdrücklich genannt sind, die Regelungen mithin auf sie ausgerichtet sind. Wird den

Religionsgemeinschaften aber durch den Regelungszusammenhang in Art. 7 Abs. 3 GG, Art. 14 Abs. 1 u. 2 NW.LV eine verfassungsrechtlich garantierte Begünstigung eingeräumt, legen Sinn und Zweck eine Auslegung nahe, wonach die Begünstigung von den Religionsgemeinschaften auch durchgesetzt werden kann. Dafür spricht ferner die Stellung des Art. 7 Abs. 3 Satz 2 GG im Grundrechtsteil des Grundgesetzes. Ausgehend davon besteht daher ein unmittelbarer Anknüpfungspunkt für die Zuweisung eines subjektiv-rechtlichen Gehalts. Dies gilt im Hinblick auf die inhaltliche Anknüpfung an Art. 7 Abs. 3 GG auch für Art. 14 Abs. 1 u. 2 NW.LV. Einen subjektiv-rechtlichen Charakter von Art. 7 Abs. 3 GG bejahend auch Niehues, Schul- und Prüfungsrecht, Bd. 1, 3. Aufl., Anm. 538 f.; Mückl, AöR 122 (1997), 513 [521]; Link, aaO, 496; Hemmrich, in: v.Münch/Kunig, aaO, Art. 7 Anm. 23; Schmitt-Kammler, in: Sachs, aaO, Art. 7 Anm. 44; Maunz, in: ders./Dürig, aaO, Art. 7 Anm. 47; Gröschner, in: Dreier (Hrsg.), aaO, Art. 7 Anm. 83; Robbers, in: v. Mangoldt/Klein/Starck, aaO, Art. 7 Anm. 122 ff.; Heckel, JZ 1999, 741 [750]; Oebbecke, epd-Dokumentation 2/2000, 3 [6]; Eiselt, DÖV 1981, 205 [206]; Korioth, NVwZ 1997, 1041 [1045 f.], lehnt einen grundrechtlichen Anspruch der Eltern und Schüler auf Einrichtung von Religionsunterricht ab, thematisiert aber nicht, ob er einen solchen auch für Religionsgemeinschaften ablehnt; für Art. 14 NW.LV vgl. Geller-Kleinrahm, aaO, Art. 14 Anm. 1 u. 2).

Eine Anspruchsgrundlage ergibt sich darüber hinaus auch aus Art. 7 Abs. 3 GG, Art. 14 Abs. 1 NW.LV in Verbindung mit dem verfassungsrechtlichen Neutralitäts- und Gleichheitsgebot. Das Grundgesetz erlegt dem Staat durch Art. 4 Abs. 1, Art. 3 Abs. 3, Art. 33 Abs. 3 GG sowie Art. 136 Abs. 1 u. 4, Art. 137 Abs. 1 WRV iVm Art. 140 GG weltanschaulich-religiöse Neutralität auf und untersagt damit die Privilegierung bestimmter Bekenntnisse (vgl. BVerfG, Urteil vom 14.12.1965 - 1 BvR 413, 416/60 - BVerfGE 19, 206 [216], KirchE 7, 338; Beschluss vom 16.5.1995 - 1 BvR 1087/91 - BVerfGE 93, 1 [17], KirchE 33, 191). Dieses Gebot religiöser und konfessioneller Neutralität hat der Staat mithin auch im Rahmen von Art. 7 Abs. 3 GG, Art. 14 Abs. 1 NW.LV zu beachten. Den Verfassungsauftrag zur Einführung von Religionsunterricht als ordentliches Unterrichtsfach hat er ohne Ansehung des jeweiligen Bekenntnisses zu erfüllen, wenn es sich um eine Religionsgemeinschaft im Sinne von Art. 7 Abs. 3 GG handelt. Da der Beklagte in Ausführung der Verpflichtung aus Art. 7 Abs. 3 GG, Art. 14 Abs. 1 NW.LV hinsichtlich verschiedener Religionsgemeinschaften Religionsunterricht eingeführt hat, begründet dies auf Grund des Gleichbehandlungsgebotes in Art. 3 Abs. 1 u. 3 GG auf Seiten anderer Religionsgemeinschaften ein (derivatives) Leistungsrecht (vgl. allgemein zu aus Art. 3 Abs. 1 GG abzuleitenden Ansprüchen auf Teilhabe und Leistung z.B. Osterloh, in: Sachs, aaO, Art. 3 Anm. 53 ff.; Heun, in: Dreier (Hrsg.), aaO, Art. 3 Anm. 51; Jarass, in: Jarass/Pieroth, Grundgesetz für die Bundesrepublik Deutschland, 5. Aufl., Art. 3 Anm. 43).

Die Kläger erfüllen jedoch nicht die mithin maßgeblichen Anspruchsvoraussetzungen in Art. 7 Abs. 3 GG, Art. 14 Abs. 1 u. 2 NW.LV. Sie sind keine Religionsgemeinschaft(en) im Sinne dieser Normen. Der Begriff der Religionsgemeinschaft, der dasselbe meint wie die in Art. 140 GG iVm Art. 137 WRV genannten Religionsgesellschaften (vgl. z.B. BVerwG, Urteil vom 23.2.2000 - 6 C 5/99 - aaO, S. 342; Robbers, in: v. Mangoldt/Klein/Starck, aaO, Art. 7 Anm. 149; v. Campenhausen, in: v. Mangoldt/Klein/Starck, Bonner Grundgesetz - Kommentar, Bd. 3, 4. Aufl., Art. 137 WRV Anm. 18), ist weder im Grundgesetz noch im nordrheinwestfälischen Landesrecht definiert. Ausgehend vom Wortsinn setzt der Begriff sich aus zwei Bestandteilen zusammen: Gemeinschaft verweist dabei auf eine Gruppe/einen Verbund/eine Vereinigung natürlicher Personen, die/der über ein gewisses Maß an Organisation verfügt und deren/ dessen Mitglieder sich auf Grund einer gemeinsamen Überzeugung und nicht nur vorübergehend, sondern auf eine gewisse Dauer angelegt zusammengefunden haben (vgl. auch VG Berlin, Urteil vom 19.12.1997 - VG 3 A 2196/93 - InfAuslR 1998, 353, KirchE 35, 521). Die gemeinsamen Überzeugungen müssen mit Blick auf den zweiten Begriffsbestandteil auf Glaubensinhalte im Sinne eines religiösen Bekenntnisses gerichtet sein. Im Unterschied zu einer Vereinigung, die sich die gemeinschaftliche Pflege einer Weltanschauung zur Aufgabe gemacht hat (vgl. Art. 140 GG iVm Art. 137 Abs. 7 WRV) ist das religiöse Bekenntnis durch ein auf Gott, das Jenseits oder eine andere Form des Transzendenten bezogenes Weltbild geprägt (vgl. BVerwG, Urteil vom 19.2.1992 - 6 C 3/91 - BVerwGE 90, 1 [4]; ferner z.b. Kokott, in: Sachs, aaO, Art. 4 Anm. 20). Religionsgemeinschaft ist mithin ein Verband natürlicher Personen, der Angehörige ein und desselben Glaubensbekenntnisses oder mehrerer verwandter Glaubensbekenntnisse zu allseitiger Erfüllung der durch das gemeinsame Bekenntnis gestellten Aufgaben zusammenfasst (vgl. BVerwG, Urteil vom 15.6.1995 - 3 C 31/93 - BVerwGE 99, 1 [3]), oder anders ausgedrückt ein auf eine gewisse Dauer angelegter Zusammenschluss von Personen mit gemeinsamen religiösen Auffassungen von Sinn und Bewältigung des menschlichen Lebens, die den vorhandenen religiösen Konsens bezeugen (vgl. BVerwG, Urteil vom 14.11.1980 - 8 C 12/79 - NJW 1981, 1460, KirchE 18, 311; BAG, Beschluss vom 22.3.1995 - 5 AZB 21/94 - NJW 1996, 143 [146], KirchE 33, 92; OVG Berlin, Urteil vom 4.11.1998 - 7 B 4/98 - NVwZ 1999, 786, KirchE 36, 472; Maunz, in: ders./Dürig, aaO, Art. 140 Anm. 19; Niehues, aaO, Anm. 546; Heckel, JZ 1999, 741 [752]).

Dass die allseitige Erfüllung der durch das gemeinsame Bekenntnis gestellten Aufgaben erforderlich ist, die Förderung eines einzelnen religiös begründeten idealistischen Anliegens mithin nicht ausreicht, lässt sich mittelbar aus Art. 140 GG iVm Art. 137 Abs. 7 WRV erschließen. Denn die dort der Religionsgemeinschaft gleichgestellte Weltanschauungsgemeinschaft zeichnet sich ebenfalls durch die „gemeinschaftliche Pflege" eines Weltbildes, nicht nur durch die Verfolgung eines daraus folgenden Einzelanliegens aus, dessen Schutz Art. 9 Abs. 1 GG übernimmt (vgl. zur Gegenüberstellung von Kirchen, Religions- und Weltanschauungsgemeinschaften, die sich die allseitige Pflege des religiösen oder weltanschaulichen Lebens ihrer Mitglieder zum Ziel gesetzt haben, und Vereinigungen, die nur die partielle Pflege zum Ziel haben, auch BVerfG, Beschluss vom 16.10.1968 - 1 BvR 241/66 - BVerfGE 24, 236 [246/247], KirchE 10, 181). Religionsgemeinschaft in diesem Sinne verlangt nicht, dass der fraglichen Gruppe der Status einer Kirche zukommt (vgl. v. Campenhausen, in: v. Mangoldt/Klein/Starck, aaO, Art. 137 WRV Anm. 18; Schmitt/Kammler, in: Sachs, aaO, Art. 7 Anm. 41; Ehlers, in: Sachs, aaO, Art. 140 GG/Art. 137 WRV, Anm. 5; Niehues, aaO, Anm. 546). Ebenso wenig ist erforderlich, dass die fragliche Gruppe die Eigenschaft einer Körperschaft des öffentlichen Rechts aufweist. Eine solche Auslegung hat schon den Wortlaut der Art. 140 GG, Art. 137 WRV gegen sich. Diese Bestimmungen kennen gerade auch Religionsgemeinschaften, die privatrechtlich verfasst sind (vgl. Art. 137 Abs. 4-6 WRV). Stellte der Staat generell eine solche Anforderung auf, würde er seiner Verpflichtung zur Neutralität in Religions- und Weltanschauungsfragen nicht gerecht und würde zudem die in Art. 140 GG iVm Art. 137 Abs. 3 WRV verbürgte Garantie der Selbstorganisation der Religionsgemeinschaften entwertet (vgl. Robbers, in: v. Mangoldt/Klein/Starck, aaO, Art. 7 Anm. 151; Morlok, in: Dreier [Hrsg.], Grundgesetz-Kommentar, Bd. 3 (2000), Art. 137 WRV/ Art. 140 GG, Anm. 29 ff.).

Dementsprechend wird die öffentlich-rechtliche Organisationsform nur dort obligatorisch, wo die Religionsgemeinschaft grundsätzlich allein beim Staat liegende Rechte ausüben will (vgl. Art. 140 GG iVm Art. 137 Abs. 6 WRV). Das Erfordernis eines Körperschaftsstatus ablehnend auch z.B. Link, aaO, S. 500; Niehues, aaO, Anm. 547 mit Fn. 152; Rohe, ZRP 2000, 207 [209]; Langenfeld, AöR 123 (1998), 375 [401]; Heckel, JZ 1999, 741 [752]; a.A. Korioth, NVwZ 1997, 1041 [1048]; Hillgruber, JZ 1999, 538 [546].

Auch unterhalb der Organisationsform der Körperschaft des öffentlichen Rechts darf der Staat mit Blick auf seine Neutralitätspflicht und das Selbstorganisationsrecht der Religionsgemeinschaften diesen keine über das erforderliche Mindestmaß hinausgehenden Organisationsstrukturen aufzwingen. Deshalb erscheint auch denkbar, dass Gemeinschaften Träger der verfassungsrechtlichen Verbürgung sind, denen nach bürgerlichem Recht keine Rechtsfähigkeit zukommt. Art. 140 GG iVm Art. 137 Abs. 4 WRV kennt grundsätzlich auch Religionsgemeinschaften ohne eigene Rechtspersönlichkeit; kollektive Zuordnungssubjekte, die keine juristischen Personen sind, kennt das Verfassungsrecht auch im Übrigen (vgl. etwa Art. 9 Abs. 3 und Art. 21 GG). Zu verlangen ist jedoch zu-mindest die (nach Verfassung und Zahl der Mitglieder gegebene) Gewähr der Dauer sowie eine organisatorische Verfestigung, so dass dem Staat ein Ansprechpartner gegen-übersteht, der die Fähigkeit zu verbindlicher und hinreichend legitimierter Artikulation von Grundsätzen der Religionsgemeinschaft hat (vgl. bereits Beschluss der Kammer vom 18.7.2000 - 1 L 1224/00 - NVwZ-RR 2000, 789 ff.; Rüfner, NWVBl. 2001, 114; Robbers, in: v. Mangoldt/Klein/Starck, aaO, Art. 7 Anm. 151; Schmitt-Kammler, in: Sachs, aaO, Art. 7 Anm. 41; Niehues, aaO, Anm. 547; Muckel, JZ 2001, 58 [60 f.]; Oebbecke, DVBl. 1996, 336 [339]; Fechner, NVwZ 1999, 735 [736]).

Diese (Mindest-)Anforderungen ergeben sich daraus, dass die Erteilung von Religionsunterricht nach den verfassungsrechtlichen Vorgaben ein Zusammenwirken von Staat und Religionsgemeinschaft erfordert. Das erklärt sich wiederum daraus, dass zwischen dem Gebot der religiös-weltanschaulichen Neutralität des Staates einerseits und der staatlichen Erteilung von Religionsunterricht andererseits ein ausgleichsbedürftiges Spannungsverhältnis besteht. Art. 7 Abs. 3 GG und Art. 14 NW.LV haben demnach den Religionsunterricht zu einem Bestandteil der Unterrichtsarbeit im Rahmen der staatlichen Schulorganisation erhoben. Gleichzeitig verweisen sie ihn in den Verantwortungsbereich der Religionsgemeinschaften, wenn sie seine inhaltliche Übereinstimmung mit den Grundsätzen der Religionsgemeinschaften gebieten. Dem Staat obliegt es in erster Linie, die organisatorischen Voraussetzungen zu schaffen, während der Religionsgemeinschaft die Aufgabe bzw. Befugnis der inhaltlichen Gestaltung des Unterrichts zukommt (vgl. BVerfG, Beschluss vom 25.2.1987 - 1 BvR 47/84 - BVerfGE 74, 244 [251], KirchE 25, 39).

Weil die Grundsätze der Religionsgemeinschaft für den Religionsunterricht bestimmend sind, muss diese über eine Instanz verfügen, die gegenüber den Schulaufsichtsbehörden die Grundsätze verbindlich feststellen kann. Der Staat bedarf insoweit eines verlässlichen Ansprechpartners (vgl. Korioth, NVwZ 1997, 1041 [1046 f.]; Heckel, JZ 1999, 741 [752]; Robbers, in:v.Mangoldt/Klein/Starck, aaO, Art. 7 Anm. 150; Rohe, ZRP 2000, 207 [209]; Rüfner, NWVBl. 2001, 114), auf dessen Aussage er sich auch im Verhältnis zu den unterrichteten Kindern und deren Eltern berufen kann.

Das Erfordernis eines dauerhaften Ansprechpartners, der verbindlich und hinreichend legitimiert die inhaltlichen Grundsätze des Unterrichts bestimmt, findet seine Rechtfertigung darin, dass der Staat seiner Neutralitätspflicht nur entsprechen kann, wenn er Eltern und Schüler bezüglich der Verantwortung für die Unterrichtsinhalte an die Religionsgemeinschaft verweisen kann. Das erfordert zwischen der Religionsgemeinschaft einerseits und den Schülern bzw. deren Eltern andererseits ein Näheverhältnis, bei dem der staatlicherseits erteilte Religionsunterricht von vornherein in kein Spannungsverhältnis zum Recht auf religiöse Selbstbestimmung oder Erziehung tritt. Hierfür ist nur Gewähr, wo die Religionsgemeinschaft gegenüber Kindern oder Erziehern berechtigt ist, mit Wirkung für diese die Unterrichtsinhalte zu bestimmen, wobei unerheblich ist, auf welcher rechtlichen Grundlage im Einzelnen diese

Befugnis beruht. Diese sich aus der Neutralitätspflicht des Staates ergebenden Anforderungen können auch nicht mit Blick darauf zurückgenommen werden, dass die Verfassungsbestimmungen mit Art. 7 Abs. 2 GG, Art. 14 Abs. 4 NW.LV die Möglichkeit vorsehen, sich vom Religionsunterricht abzumelden. Die verfassungsrechtliche Regelung des Religionsunterrichts ist im Zusammenhang mit der durch Art. 4 GG gewährleisteten Religionsfreiheit zu sehen. Die Garantie von Religionsunterricht als ordentlichem Lehrfach ist Ausprägung der Entscheidung des Verfassungsgebers, die Religion nicht im Sinne einer strikten Trennung von Religion und Staat aus dem Bereich des öffentlichen Erziehungswesens zu beseitigen, sondern die Religionsausübung auch im Rahmen der öffentlichen Erziehung zu ermöglichen, also der Religionsfreiheit auch dort Raum zur Entfaltung zu geben. Das Neutralitätsgebot wird dadurch nicht verletzt, weil der Staat zugleich die inhaltliche Ausgestaltung des Religionsunterrichts in die Verantwortung der Religionsgemeinschaften stellt (vgl. dazu näher Heckel, JZ 1999, 741 [743 ff.] mwN; Hillgruber, DVBl. 1999, 1155 [1174 f.]).

Art. 7 Abs. 3 GG, Art. 14 Abs. 1 u. 2 NW.LV dienen mithin der aktiven Glaubensbetätigung. Die in Art. 4 Abs. 1 u. 2 GG verbürgte Religionsfreiheit schützt auf der anderen Seite aber auch die negative Religionsfreiheit (vgl. z.B. Kokott, in: Sachs, aaO, Art. 4 Anm. 26). Ausprägung dessen ist die in Art. 7 Abs. 2 GG, Art. 14 Abs. 4 NW.LV vorgesehene Möglichkeit der Unterrichtsbefreiung. Die Gewährleistung von Religionsunterricht als ordentlichem Lehrfach einerseits sowie die Befreiungsmöglichkeit andererseits stehen mithin von ihrer Zielrichtung her selbstständig nebeneinander. Ersteres ist ein Verfassungsauftrag, dem der Staat - vorbehaltlich der Mitwirkung der jeweiligen Religionsgemeinschaft - in vollem Umfang nachzukommen hat. Letzteres ist Ausdruck eines grundrechtlichen Abwehrrechts. Vor diesem Hintergrund ist kein rechtlicher Anknüpfungspunkt dafür ersichtlich, aus der Befreiungsmöglichkeit die Folgerung zu ziehen, dass an die Verpflichtung des Staates zu weltanschaulich-religiöser Neutralität im Rahmen von Art. 7 Abs. 3 GG, Art. 14 Abs. 1 u. 2 NW.LV geringere Anforderungen gestellt werden können und auf die Voraussetzung eines hinreichend legitimierten Ansprechpartners auf Seiten der Religionsgemeinschaft verzichtet werden kann.

Ein Mindestgrad an organisatorischer Verfasstheit ist ferner im Hinblick darauf erforderlich, dass Religionsunterricht als ordentliches Lehrfach Pflichtfach ist (vgl. dazu BVerfG, Beschluss vom 25.2.1987 - 1 BvR 47/84 - BVerfGE 74, 244 [251 f.], KirchE 25, 39; ferner z.B. Robbers, in: Mangoldt/Klein/ Starck, aaO, Art. 7 Anm. 136 mwN) und damit für die dem jeweiligen Bekenntnis zugehörigen Schüler vorbehaltlich der Abmeldemöglichkeit (vgl. Art. 7 Abs. 2 GG, Art. 14 Abs. 4 NW.LV) eine Teilnahmepflicht besteht. Es bedarf einer Organisationsform, die gegenüber den Schulaufsichtsbehörden die Mitgliedschaftszugehörigkeit der Schüler bzw. ihrer Erziehungsberechtigten erkennbar werden lässt. Denn nur dann kann der Staat seiner Aufsichtspflicht (vgl. Art. 7 Abs. 1 GG, Art. 8 Abs. 3 NW.LV) hinreichend nachkommen (vgl. auch Heckel, JZ 1999, 741 [752 f.]; Niehues, aaO, Anm. 547; Muckel, JZ 2001, 58 [61]). Sie ist schließlich auch deshalb unverzichtbar, weil der Staat dem Verfassungsauftrag aus Art. 7 Abs. 3 GG nur unter erheblichem zeitlichen und materiellen Aufwand nachkommen kann. Die Einführung eines bestimmten Religionsunterrichts ist keine Maßnahme, die in kurzem Zeitabstand getroffen oder korrigiert werden kann. Daher bedarf es der Gewähr, dass die Gemeinschaft, die ihn verlangt, einen gewissen zeitlichen Bestand hat, das heißt dem Staat nicht nur jetzt, sondern auch für einen ausreichend bemessenen, der Einführung adäquaten Zeitraum als Ansprechpartner zur Verfügung steht. Dass die somit zu verlangende Gewähr der Dauer von der Verfassung zur Voraussetzung der Partizipation an langfristig ausgelegten einer Vereinigung zukommenden Rechten gemacht wird, kommt unter anderem in Art. 140 GG iVm Art. 137 Abs. 5 WRV zum Ausdruck.

Die dargelegten Vorgaben an die Verfasstheit der Religionsgemeinschaft sind nicht ausnahmsweise deshalb entbehrlich, weil der Islam nach seinem Selbstverständnis grundsätzlich keine Instanz kennt, der eine Definitionskompetenz im zuvor genannten Sinne zukäme bzw. weil ihm grundsätzlich eine mitgliedschaftliche Organisationsform fremd ist (vgl. dazu OVG Berlin, Urteil vom 4.11.1998 - 7 B 4/98 - NVwZ 1999, 786 [788], KirchE 18, 311 mwN).

Zwar bestimmt jede Religionsgemeinschaft ausschließlich in eigener Verantwortung, in welcher Weise sie ihre Amtsträger mit Autorität in Glaubensfragen ausstattet und wie sie sich organisiert. Das schließt aber nicht aus, dass der Staat mit Blick auf eine hinreichende Sicherheit und Klarheit des Rechtsverkehrs nach außen die Partizipation an bestimmten verfassungsrechtlichen Aufgaben von jener Verfasstheit der Religionsgemeinschaft abhängig macht, die nach dem Zweck der Gewährleistung unverzichtbar ist, wie es etwa auch in Art. 140 GG iVm Art. 137 Abs. 6 WRV geschehen ist (vgl. auch BVerfG, Beschluss vom 5.2.1991 - 2 BvR 263/86 - BVerfGE 83, 341 [356/357], KirchE 29, 9; Niehues, aaO, Anm. 547).

Ausgehend von diesen Maßstäben haben die Kläger nicht dargelegt, dass es sich bei ihnen um eine Religionsgemeinschaft im Sinne von Art. 7 Abs. 3 GG, Art. 14 Abs. 1 u. 2 NW.LV handelt. Es ist nicht ersichtlich, dass sie den an die organisatorische Verfasstheit zu stellenden Anforderungen genügen. Die Kläger sind kein(e) Ansprechpartner, der (die) gegenüber dem Beklagten verbindlich die sich aus Art. 7 Abs. 3 Satz 2 GG, Art. 14 Abs. 1 u. 2 NW.LV ergebenden Aufgaben wahrnehmen kann (können).

Die Kläger sind nach ihrer Organisationsform islamische Dachverbände, deren ordentliche Mitglieder ausweislich ihrer Vereinssatzungen wiederum ausschließlich (eingetragene) islamische Vereine bzw. Vereinigungen sind. Damit weisen sie eine Organisationsstruktur auf, die eine Anerkennung als Religionsgemeinschaft im Sinne von Art. 7 Abs. 3 GG, Art. 14 Abs. 1 u. 2 NW.LV ihrem Grunde nach zwar nicht ausschließt. Ebenso wenig wie die Organisation in Dachverbänden der Anerkennung als Religionsgemeinschaft von vornherein entgegensteht (vgl. VG Berlin, Urteil vom 19.12.1997 - VG 3 A 2196/93 - InfAuslR 1998, 353, KirchE 35, 521; OVG Berlin, Urteil vom 4.11.1998 - 7 B 4/98 - NVwZ 1999, 786, KirchE 36, 472; Eiselt, DÖV 1981, 205 [206]), ist es auch unschädlich, dass die Kläger nicht für sich in Anspruch nehmen, alle Muslime in Nordrhein-Westfalen zu vertreten. Insoweit ist zunächst zu berücksichtigen, dass es innerhalb des Islam - ebenso wie z.b. innerhalb des Christentums - verschiedene Richtungen (z.B. Sunniten, Schiiten, Aleviten) gibt. Bereits vor diesem Hintergrund ist - sofern sich die Gruppen nicht auf einen gemeinsamen Unterricht einigen - denkbar, dass sich für den Beklagten verschiedene Ansprechpartner konstituieren und, soweit die Voraussetzungen gegeben sind, islamischer Religionsunterricht in unterschiedlicher Ausprägung einzurichten ist (vgl. Rohe, ZRP 2000, 207 [210]; Eiselt, DÖV 1981, 205 [206]).

Ungeachtet dessen gilt im Übrigen, dass für die Frage, ob eine Vereinigung die Voraussetzungen für eine Religionsgemeinschaft erfüllt, der Personenkreis in den Blick zu nehmen ist, für den die Zugehörigkeit zu der Gruppe geltend gemacht wird. Danach kommt auch hinsichtlich zahlenmäßig kleinerer Gruppierungen die Anerkennung als Religionsgemeinschaft in Betracht. Die zahlenmäßige Stärke eines bestimmten Bekenntnisses spielt im Lichte der in Art. 4 GG verbürgten Religionsfreiheit für das Vorliegen einer Religionsgemeinschaft (nur) insofern eine Rolle, als dies einer der Gesichtspunkte ist, die bei der Beantwortung der Frage heranzuziehen sind, ob die fragliche Gruppe die erforderliche Gewähr der Dauer bietet (vgl. auch OVG Berlin, Urteil vom 4.11.1998 - 7 B 4/98 - NVwZ 1999, 786 [787]; BVerfG, Beschluss vom 11.4.1972 - 2 BvR 75/71 - BVerfGE 33, 23 [28 f.], KirchE 12, 410; Oebbecke, epd-Dokumentation 2/2000, 10).

Wenngleich die Organisation in Dachverbänden die Anerkennung als Religionsgemeinschaft nicht per se ausschließt, muss jedoch auch bei einer solchen Organisationsstruktur gewährleistet sein, dass mit der Gemeinschaft ein Ansprechpartner gegeben ist, der über ein - die Gewähr der Dauer bietendes - Mandat für die Festlegung von inhaltlichen Grundsätzen des Religionsunterrichts verfügt, das legitimiert ist durch die natürlichen Personen, die sich zu einer Religionsgemeinschaft zusammengeschlossen haben.

Zum Erfordernis eines Zusammenschlusses natürlicher Personen (vgl. auch Muckel, JZ 2001, 58 [60]; Rüfner, NWVBl. 2001, 114).

Es muss gleichsam eine durchgehende „Legitimationskette" vom Ansprechpartner zur Basis der Religionsgemeinschaft gegeben sein. Daran fehlt es hier. Es ist nicht ersichtlich, dass die Kläger über eine hinreichende Legitimation durch natürliche Personen verfügen, die sich auf Grund gemeinsamer religiöser Überzeugungen zu allseitiger Erfüllung der durch das gemeinsame Bekenntnis gestellten Aufgaben dauerhaft zusammengeschlossen haben. Sie selbst vermögen diese Legitimation nicht zu vermitteln, da sie nach ihrer Verfasstheit keine natürlichen Personen als unmittelbare (ordentliche) Mitglieder haben. § 3 Abs. 2a der Satzung des Klägers zu 2) und § 4 der Satzung des Klägers zu 1) sehen als ordentliche Mitglieder wiederum Verbände vor. Soweit § 3 Abs. 4 der Satzung des Klägers zu 2) bestimmt, dass mit der Aufnahme eines Verbandes dessen Mitglieder automatisch mittelbare Mitglieder des Klägers zu 2) werden, vermag dies für den Kläger zu 2) zu keiner anderen rechtlichen Beurteilung zu führen. Es ist schon nicht ersichtlich, ob es sich bei den Mitgliedern der Mitgliedsverbände des Klägers letztlich um natürliche Personen handelt oder ob nicht auch diese wiederum Personenzusammenschlüsse als Mitglieder haben. Aber auch wenn die Mitgliedsverbände des Klägers zu 2) ihrerseits natürliche Personen als Mitglieder aufwiesen, wäre dadurch die erforderliche Legitimationskette nicht dargelegt. Eine Satzungsbestimmung des Dachverbandes ist für sich allein nicht geeignet, eine Gemeinschaft von natürlichen Personen zu begründen, die sich auf Grund gemeinsamer religiöser Überzeugungen dauerhaft zusammengeschlossen haben. Abgesehen davon, dass eine von außen gleichsam „übergestülpte" Mitgliedschaft dem von Art. 7 Abs. 3 GG vorgegebenen Begriff der Religionsgemeinschaft fremd ist, da dies der grundgesetzlich verbürgten Religionsfreiheit (Art. 4 Abs. 1 GG) widerspräche, wäre die Vermittlung einer Legitimation an den Dachverband überhaupt nur denkbar, wenn die Gruppe, die Mitglied des Dachverbandes ist, selbst die Voraussetzungen einer Religionsgemeinschaft erfüllt, oder doch jedenfalls auf die Verfolgung von Zielen hin ausgerichtet ist, die denen einer Religionsgemeinschaft entsprechen (vgl. auch Muckel, JZ 2001, 58 [60]: „Eine lediglich formale Mitgliedschaft natürlicher Personen im Dachverband genügt nicht. Zu fordern ist eine gelebte Gemeinschaft der natürlichen Personen, ...").

Dass Mitgliedsverbände des Klägers zu 2) solche Ziele verfolgen und dass sich die jeweiligen Mitglieder über ihre Mitgliedschaft in diesen hinaus bewusst mit Mitgliedern anderer Mitgliedsverbände auf Grund gemeinsamer religiöser Überzeugungen zusammengeschlossen hätten, ist indes nicht substantiiert dargetan. Entsprechende Willensbekundungen oder sonstiges konkludentes Handeln der betreffenden natürlichen Personen, mit denen (nach außen) dokumentiert würde, dass sie sich einer solchen Gemeinschaft zugehörig fühlten, sind nicht ersichtlich. Dies gilt auch im Hinblick auf die vom Kläger zu 2) vorgelegten Unterschriftenlisten. Die jeweiligen Unterzeichner erklären (lediglich) ihr Einverständnis damit, dass der Kläger sie in Angelegenheiten des islamischen Religionsunterrichts einschließlich der Bestimmung der Unterrichtsinhalte vertritt sowie ferner damit, dass die Befugnis auf ein anderes Organ delegiert werden kann. Indes lässt sich dieser Erklärung nicht entnehmen, dass die Unterzeichner sich damit im Sinne einer Religionsgemeinschaft zusammengeschlossen hätten. Zum einen ist schon nicht ersichtlich, dass die jeweiligen Unterzeichner bei Abgabe ihrer Erklärung nicht nur im Blick gehabt haben, die Kläger entsprechend zu bevollmächtigen, sondern darüber hinaus eine verfasste Gemeinschaft mit Gleichgesinnten bilden wollten. Doch selbst wenn man den Erklärungen die Bekundung beimessen wollte, mit anderen einen Verbund einzugehen, ist jedenfalls nicht erkennbar, dass dieser Zusammenschluss im Hinblick auf gemeinsame religiöse Überzeugungen im Sinne eines gemeinsamen Bekenntnisses erfolgte und es sich nicht nur um eine möglicherweise durch Art. 9 Abs. 1 bzw. Art. 6 Abs. 2, 7 Abs. 2 GG geschützte, nicht aber von Art. 140 GG iVm Art. 137 WRV gemeinte Vertretung einzelner, aus der Religion begründeter Zielsetzungen handelt. Denn dazu verhält sich die abgegebene Erklärung, die lediglich und auch insoweit ohne jegliche weitere konkrete Vorgaben den Bereich des Religionsunterrichts betrifft, weder abstrakt im Sinne einer allgemeinen Bezugnahme auf gemeinsame Glaubensinhalte, geschweige denn, dass diese konkret beschrieben würden. Hinzu kommt, dass dem aus den Unterschriftenlisten folgenden tatsächlichen oder rechtlichen Verhältnis jede Gewähr der Dauer fehlt. Die Unterzeichner werden hierdurch nicht Mitglieder des Klägers zu 2) und können von den Erklärungen jederzeit Abstand nehmen. Letzterem kommt wegen des inhaltlichen Blankettcharakters der Erklärungen besondere Bedeutung zu. Denn da gegenüber den Unterzeichnern noch nicht konkretisiert ist, wie der von den Klägern verantwortete Religionsunterricht ausgestaltet sein wird, kann sich in der Praxis leicht ergeben, dass Erziehungsberechtigte entgegen ihrer jetzt verlautbarten Erklärung nicht damit einverstanden sein werden. Durch die Sammlung der Unterschriften hat sich daher keine Gemeinschaft konstituiert, die als Ansprechpartner des Staates dem Funktionsauftrag des Art. 7 Abs. 3 Satz 2 GG, Art. 14 Abs. 1 u. 2 NW.LV genügen könnte.

Aus vorstehenden Ausführungen, die entsprechend für den Kläger zu 1) gelten, ergibt sich zugleich, dass den Klägern die Eigenschaft einer Religionsgemeinschaft auch nicht mittelbar zukommt, wenn ihre Mitgliedsverbände einschließlich deren Mitglieder mit in den Blick genommen werden. Auch über diese ergibt sich keine hinreichende Legitimierung durch einen eine Religionsgemeinschaft bildenden Personenzusammenschluss, da, wie ausgeführt, jedenfalls nicht dargetan ist, dass die Gesamtheit der natürlichen Personen der Mitgliedsvereinigungen der Kläger sich als Zugehörige einer Gruppe begriffen, die sich auf Grund übereinstimmender Glaubensinhalte dauerhaft verbunden haben. Dies gilt auch mit Rücksicht darauf, dass die Kläger hinsichtlich dreier ihrer Mitgliedsvereine die maßgeblichen Vereinssatzungen vorgelegt haben. Angesichts der von den Klägern angegebenen Gesamtzahl von Vereinigungen, für die sie in Anspruch nehmen, sie zu vertreten, kommt den überreichten Satzungen bereits nach ihrer Zahl bezüglich des Vorliegens einer Religionsgemeinschaft kein entsprechender Aussagegehalt zu.

Soweit es die Satzung der „(A.)" betrifft, verweist diese im Übrigen wiederum nicht auf natürliche Personen als Mitglieder, sondern auf eingetragene türkische Vereine (vgl. § 5 der Satzung). Auch lässt der formulierte Satzungszweck nicht hinreichend erkennen, ob die Mitglieder sich im Hinblick auf gemeinsame religiöse Glaubensüberzeugungen zusammengefunden haben und es ihnen (zumindest auch) um die Pflege des gemeinsamen religiösen Bekenntnisses geht. Denn in § 3 der Satzung heißt es (nur), dass sich der Verein mit den sozialen, kulturellen, religiösen und Erziehungsproblemen der Türken in der Bundesrepublik Deutschland befasst, sich für die Verbreitung der türkischen und deutschen Kultur einsetzt und dazu unter anderem Kultur- und Volksabende sowie sportliche Veranstaltungen organisiert. Entsprechendes gilt hinsichtlich der Satzung des „...", wonach der Verein (nur) das Ziel hat, die familiären, sozialen, beruflichen und kulturellen Interessen der Mitglieder zu fördern sowie durch Bereitstellen von Räumlichkeiten die Religionsausübung möglich zu machen (vgl. § 2 der Satzung). Der Anerkennung als Religionsgemeinschaft steht zwar nicht entgegen, wenn sich die Vereinigung neben der Pflege des religiösen Bekenntnisses auch allgemein-politisch oder gesellschaftlich betätigt (vgl. BVerwG, Urteil vom 23.3.1971 - 1 C 54/66 - BVerwGE 37, 344 [363]).

Aus den Satzungsbestimmungen ergibt sich indes aus dem bloßen Hinweis, dass der Verein sich auch mit religiösen Problemen befasst bzw. Räumlichkeiten für die Religionsausübung zur Verfügung stellt, nichts dafür, dass sich die Mitglieder ob eines bestimmten religiösen Konsenses zusammengeschlossen haben, was sich angesichts des von den Klägern betonten Selbstverständnisses des Islam auch nicht aus sich heraus ergibt. Ist schon nicht ersichtlich, dass diese - wenigen - Mitgliedsverbände Zielsetzungen im Sinne einer Religionsgemeinschaft verfolgen, kommt es auf die Frage nicht an, inwieweit sie - wofür es nicht nur hinsichtlich des „(A.)" und „(B.)", sondern auch hinsichtlich des dritten Vereins „(C.)" an jeglichem Ansatzpunkt fehlt - die entsprechenden Kompetenzen und Aufgaben auf die Kläger übertragen dürften.

Die erforderliche Legitimationskette hinunter zu natürlichen Personen als Mitgliedern einer Religionsgemeinschaft wird schließlich auch nicht unmittelbar über die von den Klägern vorgelegten Unterschriftenlisten begründet. Es ist bereits nicht ersichtlich, dass die Unterzeichner der Erklärungen eine Religionsgemeinschaft bilden. Die auf den Kläger zu 1) bzw. dessen Mitgliedsverband ... bezogenen Erklärungen sind inhaltlich gleich lautend mit den auf den Kläger zu 2) bezogenen Erklärungen. Danach lässt sich, wie bereits ausgeführt, ein auf einem gemeinsamen religiösen Konsens beruhender Zusammenschluss der Unterzeichner nicht feststellen. Damit fehlt es zugleich an jedwedem Anknüpfungspunkt, um in den Klägern die Voraussetzungen für das Vorliegen einer Religionsgemeinschaft erfüllt zu sehen.

Steht einem Anspruch der Kläger auf Einführung islamischen Religionsunterricht mithin (schon) die Nichterfüllung des Merkmals Religionsgemeinschaft entgegen, bedarf es keiner weiteren Erörterung, ob ein Anspruch auch unter dem von dem beklagten Land geltend gemachten Gesichtspunkt der Verfassungsloyalität der Kläger ausscheidet.

II. Der erste Hilfsantrag hat ebenfalls in der Sache keinen Erfolg. Auch insoweit liegen die maßgeblichen Anspruchsvoraussetzungen des Art. 7 Abs. 3 GG, Art. 14 Abs. 1 u. 2 NW.LV nicht vor, weil es sich bei den Klägern, wie ausgeführt, nicht um Religionsgemeinschaften im Sinne dieser Normen handelt.

Die Inblicknahme der KIRU vermag zu keiner für die Kläger günstigeren rechtlichen Beurteilung zu führen. Auch mit der „Kommission für den Islamischen Religionsunterricht (KIRU)" fehlt es auf Seiten der Kläger nach wie vor an einem Ansprechpartner, der gegenüber dem Beklagten verbindlich die sich aus Art. 7 Abs. 3 Satz 2 GG, Art. 14 Abs. 1 u. 2 NW.LV ergebenden Aufgaben wahrnehmen und dabei für sich in Anspruch nehmen kann, hinreichend legitimiert für eine Religionsgemeinschaft tätig zu werden. Ebenso wenig wie die Kläger verfügt die KIRU über eine hinreichende Legitimation durch natürliche Personen, die sich auf Grund gemeinsamer religiöser Überzeugungen dauerhaft zusammengeschlossen haben. Dass sich die erforderliche Legitimationskette nicht über die Kläger selbst bzw. ihre Mitgliedsverbände begründen lässt, ergibt sich aus den Darlegungen unter I.. Nichts anderes ergibt sich unter Inblicknahme der Unterschriftenlisten. Über die Erklärung, damit einverstanden zu sein, dass die Kläger die ihnen übertragene Befugnis, die Unterzeichner in Angelegenheiten des islamischen Religionsunterrichts einschließlich der Bestimmung der Unterrichtsinhalte zu vertreten, auf Einrichtungen übertragen können, die zum Zweck der gemeinsamen Vertretung in diesen Angelegenheiten mit anderen islamischen Organisationen gebildet werden, besteht zwar eine Legitimationskette zwischen der KIRU und den Erklärenden. Letzteren fehlt indes, wie sich aus den Darlegungen unter I. ergibt, die Verfasstheit als ein auf einem gemeinsamen religiösen Konsens beruhender Zusammenschluss natürlicher Personen.

III. Auch der Hilfsantrag zu 2) hat keinen Erfolg.

Er ist als Feststellungsantrag gemäß § 43 Abs. 1 VwGO statthaft. Das Begehren ist auf die Feststellung des Bestehens eines Rechtsverhältnisses gerichtet. Gegenstand des mit dem Hilfsantrag verfolgten Klagebegehrens ist die Frage, ob den Klägern die Eigenschaft von Religionsgemeinschaften im Sinne von Art. 7 Abs. 3 GG, Art. 14 Abs. 1 u. 2 NW.LV zukommt mit der Folge, dass sie für den Beklagten geeignete Ansprechpartner für die Einführung islamischen Religionsunterrichts als ordentliches Lehrfach sind. Diese von den Klägern geltend gemachte Eigenschaft ist statthafter Gegenstand einer Feststellungsklage, denn feststellungsfähig sind auch Eigenschaften, an deren Vorliegen das Bestehen von Rechten und Pflichten anknüpft. Vgl. Kopp/Schenke, aaO, § 43 Anm. 13; Redeker/ von Oertzen, Kommentar zur VwGO, 12. Aufl., § 43 Anm. 3.

Die Kläger haben auch ein berechtigtes Interesse an der Feststellung, ob es sich bei ihnen um Religionsgemeinschaften im Sinne von Art. 7 Abs. 3 GG, Art. 14 Abs. 1 u. 2 NW.LV handelt. Dies ergibt sich mit Blick darauf, dass diese Frage zwischen den Beteiligten seit langem streitig ist und das beklagte Land dem Begehren der Kläger, islamischen Religionsunterricht als ordentliches Lehrfach einzuführen, bislang unter Hinweis auf das Fehlen (schon) dieser Voraussetzung nicht näher getreten ist.

Der Feststellungsantrag ist auch nicht gemäß § 43 Abs. 2 VwGO deshalb unzulässig, weil die Kläger ihr Begehren im Wege der Leistungsklage verfolgen können. Dies ergibt sich ungeachtet der Frage, ob der Grundsatz der Subsidiarität im Verhältnis von Feststellungsklagen gegen einen Hoheitsträger und allgemeinen Leistungsklagen überhaupt Anwendung findet (vgl. dazu Kopp/Schenke, aaO, § 43 Anm. 28 mwN), hier mit Blick darauf, dass für die Kläger die Feststellungsklage die effektivere Rechtsschutzmöglichkeit darstellt. Die Feststellungsklage wird durch die anderen in § 43 Abs. 2 VwGO genannten Klagearten nur dann ausgeschlossen, wenn durch diese Rechtsschutz in zumindest gleichem Umfang und mit gleicher Effektivität erreicht würde (vgl. dazu Kopp/Schenke, aaO, § 43 Anm. 29 mwN).

Diese Voraussetzung liegt nicht vor. Verfolgen die Kläger ihr auf Einführung islamischen Religionsunterrichts gerichtetes Begehren im Wege der Leistungsklage, ergeben sich zum einen, wie dargelegt, im Hinblick auf das Erfordernis eines hinreichend bestimmten Klageantrages Schwierigkeiten bei der Antragsfassung. Sie führen zwar - wie ausgeführt - nicht zur Unzulässigkeit, wohl aber dazu, dass ein entsprechender Tenor in einem Vollstreckungsverfahren nur schwierig umzusetzen wäre und angesichts des auf schrittweise Verwirklichung angelegten Einführungsverfahrens die Kläger ihrem Ziel in keinem über die ideelle Rechtskraft hinausweisenden Maße näher brächte. Zum anderen ist zu berücksichtigen, dass der diesem Verfahren zu Grunde liegende Rechtsstreit von den Beteiligten in erster Linie auf die Frage fokussiert ist, ob es sich bei den Klägern um Religionsgemeinschaften im Sinne von Art. 7 Abs. 3 GG, Art. 14 Abs. 1 u. 2 NW.LV handelt. Dem Rechtsschutzinteresse der Kläger entspricht es mithin, wenn diese für die Einführung islamischen Religionsunterrichts zentrale Frage einer ausdrücklichen gerichtlichen Klärung zugeführt wird. Im Vergleich dazu stellt sich die Leistungsklage als weniger effektive Rechtsschutzmöglichkeit dar, da in deren Rahmen die Klärung dieser Frage als eine von mehreren Anspruchsvoraussetzungen nicht zwingend ist.

Der mithin zulässige Hilfsantrag ist indes ebenfalls unbegründet, weil die Kläger, wie dargelegt, die Voraussetzungen für eine Religionsgemeinschaft im Sinne von Art. 7 Abs. 3 GG, Art. 14 Abs. 1 u. 2 NW.LV nicht erfüllen.

56

Bei einer Änderung des zugrunde liegenden Einkommensteuerbescheids innerhalb der Festsetzungsverjährungsfrist ist die Kirchensteuerfestsetzung zwingend an den geänderten Einkommensteuerbescheid anzupassen. Die zehnjährige Festsetzungsfrist des § 169 Abs. 2 Satz 2 AO findet im Falle der Hinterziehung von Einkommensteuer auch auf die Festsetzung der Kirchensteuer Anwendung.

§§ 169 Abs. 2, 171 Abs. 10, 175 Nr. 1 AO 1977, 15 Hess.KiStG
VG Darmstadt, Beschluss vom 5. November 2001 - 4 G 783/01[1] -

Durch Änderungsbescheide des Antragsgegners vom 19.1.2001 wurden die Antragsteller für die Jahre 1988-1992 wegen nachträglich bekannt gewordener Einkünfte aus Kapitalvermögen und Spekulationsgeschäften zur Einkommensteuer nachveranlagt. In den Bescheiden wurde auch die röm.-kath. Kirchensteuer gegen die Antragstellerin zu 1) und die ev. Kirchensteuer gegen den Antragsteller zu 2) auf je 22.142,16 DM gegenüber zuvor je 7.794,36 DM neu festgesetzt. Die den geänderten Einkommensteuerbescheiden zugrunde liegenden Einkommensteuererklärungen waren von den Antragstellern zwischen dem 4.12.1989 und dem 9.4.1994 beim zuständigen Finanzamt eingereicht worden. Das Ermittlungsverfahren der Steuerfahndung, welches letztendlich zur Neuveranlagung führte, war am 28.1.1999 eingeleitet worden.

Mit Schreiben ihres Bevollmächtigten vom 5.2.2001 legten die Antragsteller Widerspruch gegen die Festsetzung der Kirchensteuer in den Änderungsbescheiden vom 19.1.2001 ein, soweit diese den ursprünglich festgesetzten Betrag überschritt und beantragten insoweit die Aussetzung der Vollziehung der angefochtenen Bescheide. Zur Begründung wurde ausgeführt, die Verjährungsfrist für die Festsetzung der Kirchensteuer für die betroffenen Veranlagungszeiträume sei im Zeitpunkt des Erlasses des Änderungsbescheides bereits abgelaufen gewesen. Die für den Fall der Steuerhinterziehung in § 169 Abs. 2 Satz 2 AO vorgesehene Verlängerung der Festsetzungsfrist auf zehn Jahre finde auf die Festsetzung von Kirchensteuer keine Anwendung, weil § 15 Abs. 2 KiStG die Anwendbarkeit der strafrechtlichen Vorschriften der Abgabenordnung und damit auch die Vorschrift des § 370 AO, welche den Straftatbestand der Steuerhinterziehung normiere, im kirchensteuerrechtlichen Verfahren ausschließe. Auch § 175 Abs. 1 Nr. 1 AO lasse sich nicht entnehmen, dass die Festsetzung der Einkommensteuer unter allen rechtlichen

---

[1] NJW 2002, 2972 (LS); NVwZ 2002, 1017. Der Antrag auf Zulassung der Beschwerde wurde zurückgewiesen; Hess.VGH, Beschluss vom 18.1.2002 - 5 TZ 3046/01 - n.v.

Gesichtspunkten als Grundlagenbescheid für die Kirchensteuer anzusehen sei. Für die Kirchensteuer und die Einkommensteuer könnten durchaus unterschiedliche Verjährungsfristen gelten, ohne dass dadurch der Charakter der Kirchensteuer als Zuschlagsteuer verloren gehe. Mit Schreiben vom 22.3.2001 lehnte die Oberfinanzdirektion Frankfurt eine Aussetzung der Vollziehung der angefochtenen Kirchensteuerfestsetzung ab. Zur Begründung führte sie aus, es bestünden weder ernstliche Zweifel an der Rechtmäßigkeit des angegriffenen Verwaltungsaktes noch habe dessen Vollziehung für die Antragsteller eine unbillige, nicht durch überwiegende öffentliche Interessen gebotene Härte zur Folge. Die zehnjährige Festsetzungsfrist des § 169 Abs. 2 Satz 2 AO gelte auch bei der Hinterziehung von Kirchensteuern. Der Anwendung der verlängerten Festsetzungsfrist stehe § 15 KiStG nicht entgegen. Soweit § 15 Abs. 2 KiStG die Anwendung der Vorschriften des Achten Teils der Abgabenordnung (Straf- und Bußgeldvorschriften) ausschließe, könne hieraus nach Sinn und Zweck des Gesetzes nicht geschlossen werden, dass auch die verlängerte Festsetzungsfrist des § 169 Abs. 2 Satz 2 AO im kirchensteuerrechtlichen Verfahren nicht gelten solle. Die Rechtsfolgen beim Vorliegen einer Steuerhinterziehung gem. § 370 AO einerseits und § 169 Abs. 2 Satz 2 AO andererseits seien nicht vergleichbar. Im Gegensatz zu einer Bestrafung gem. § 370 AO habe die verjährungsrechtliche Prüfung des Vorliegens der Tatbestandsmerkmale der Steuerhinterziehung allein nach den Vorschriften der Abgabenordnung zur Steuerfestsetzung zu erfolgen. Schließlich entspreche die durch § 15 Abs. 2 KiStG angeordnete Nichtanwendbarkeit der Straf- und Bußgeldvorschriften der Abgabenordnung lediglich dem kirchlichen Selbstverständnis, im Falle der Hinterziehung von Kirchensteuer auf eine strafrechtliche Sanktionierung verzichten zu wollen, nicht aber auf die Festsetzung der Steuern.

Mit dem Eilantrag begehren die Antragsteller die Anordnung der aufschiebenden Wirkung ihres Widerspruchs gegen die Festsetzungsbescheide vom 19.1.2001.

Unter Vertiefung ihres Vorbringens im Widerspruchsverfahren tragen sie vor, bei Kirchensteuern könne nach § 15 Abs. 2 KiStG der Tatbestand der Steuerhinterziehung nicht verwirklicht werden, weshalb § 169 Abs. 2 Satz 2 AO auf Kirchensteuern mangels eines Hinterziehungstatbestands ebenfalls nicht anzuwenden sei. Eine Steuerhinterziehung, die nicht den Tatbestand des § 370 AO erfülle, komme denkbegrifflich nicht in Frage. Die Verlängerung der Festsetzungsfrist nach § 169 Abs. 2 Satz 2 AO setze somit eine strafbare Handlung oder ein strafbares Unterlassen voraus, welches im vorliegenden Fall im Hinblick auf die Festsetzung der Kirchensteuer unstreitig nicht gegeben sei.

Der Antragsgegner trägt vor, auch Kirchensteuern könnten hinterzogen werden. § 15 Abs. 2 KiStG schließe insoweit lediglich die Anwendbarkeit der Sanktion des § 370 AO aus. Der verjährungsrechtliche Begriff der Steuerhinterziehung sei gesondert vom strafrechtlichen

Begriff der Steuerhinterziehung auszulegen. Eine Bestrafung nach § 370 AO sei letztlich nicht Voraussetzung für eine Anwendung der verlängerten Festsetzungsfrist des § 169 Abs. 2 Satz 2 AO.
Die Kammer weist den Antrag zurück.

Aus den Gründen:

Dem Begehren auf Gewährung vorläufigen Rechtsschutzes ist der Erfolg zu versagen.

Der Eilantrag ist gem. § 80 Abs. 5 Satz 1 1. Alt. VwGO als Antrag auf Anordnung der aufschiebenden Wirkung des Widerspruches vom 6.2.2001 statthaft.

Bei der Neufestsetzung der Kirchensteuer in den angefochtenen Bescheiden vom 19.1.2001 handelt es sich um die Anforderung öffentlicher Abgaben im Sinne des § 80 Abs. 2 Nr. 1 VwGO. Widerspruch und Klage haben damit keine aufschiebende Wirkung, weshalb es zur Vermeidung der Vollstreckung einer behördlichen oder gerichtlichen Anordnung der aufschiebenden Wirkung des eingelegten Rechtsbehelfs bedarf. Die besondere Zulässigkeitsvoraussetzung des § 80 Abs. 6 Satz 1 VwGO ist im vorliegenden Fall ebenfalls erfüllt. Der Antragsgegner hat mit Schreiben vom 22.3.2001 einen Antrag auf Aussetzung der Vollziehung der angefochtenen Bescheide abgelehnt.

Der demnach zulässige Eilantrag ist jedoch in der Sache unbegründet.

Bei einer Abwägung der widerstreitenden Interessen der Verfahrensbeteiligten überwiegt das öffentliche Interesse am Sofortvollzug des angegriffenen Verwaltungsaktes gegenüber dem Interesse der Antragsteller an einer Anordnung der aufschiebenden Wirkung ihres Widerspruchs.

Im Verfahren gem. § 80 Abs. 5 Satz 1 VwGO ist dabei im Falle der Anforderung öffentlicher Abgaben grundsätzlich die Vorschrift des § 80 Abs. 4 Satz 3 VwGO anzuwenden. Danach ist die aufschiebende Wirkung des Widerspruchs nur dann anzuordnen, wenn ernstliche Zweifel an der Rechtmäßigkeit des angegriffenen Verwaltungsaktes bestehen oder wenn die Vollziehung für den Abgabenpflichtigen eine unbillige, nicht durch öffentliche Interessen gebotene Härte zur Folge hätte.

Ernstliche Zweifel an der Rechtmäßigkeit der Heranziehung der Antragsteller zu der nun festgesetzten Kirchensteuer bestehen nicht.

Rechtsgrundlage der Neufestsetzung der von den Antragstellern im Veranlagungszeitraum zwischen 1988 und 1992 zu entrichtenden Kirchensteuer sind die §§ 1, 2 Abs. 1 Nr. 1, 3 Abs. 1 Nr. 1 b, 15 Abs. 1 KiStG iVm § 175 Abs. 1 Nr. 1 AO iVm den geltenden Kirchensteuertarifen. Nach § 175 Abs. 1 Nr. 1 AO, der über § 15 Abs. 1 KiStG auf das kirchensteuerrechtliche Besteuerungsverfahren Anwendung findet, ist ein

Steuerbescheid zu ändern, soweit ein Grundlagenbescheid, dem Bindungswirkung für den Steuerbescheid zukommt, geändert wird. Grundlagenbescheide sind gem. § 171 Abs. 10 AO solche, die für die Festsetzung einer Steuer bindend sind.

Wegen der Konzeption der Kirchensteuer als Zuschlagsteuer zur Einkommensteuer und der aus dieser Konzeption resultierenden, durch §§ 2 Abs. 1, 13 Abs. 2 KiStG normierten strengen Bindung der Kirchensteuerfestsetzung an die Einkommensteuerfestsetzung, handelt es sich beim Einkommensteuerbescheid um einen Grundlagenbescheid für die Festsetzung der Kirchensteuer.

Mit der Neufestsetzung der Einkommensteuer für den Veranlagungszeitraum zwischen 1988 und 1992 war daher auch die Kirchensteuer neu festzusetzen.

Der dem Grunde und der unstreitigen Höhe nach zutreffenden Neufestsetzung der Kirchensteuer steht dabei auch nicht der von Amts wegen zu beachtende Eintritt der Festsetzungsverjährung nach § 169 AO entgegen.

Die Festsetzungsfrist beträgt im Falle der Festsetzung von Kirchensteuer gem. § 169 Abs. 2 Satz 1 Nr. 2 AO grundsätzlich vier Jahre. Nach § 169 Abs. 2 Satz 2 AO verlängert sie sich jedoch auf zehn Jahre, soweit eine Steuer hinterzogen worden ist. § 169 Abs. 2 Satz 2 AO nimmt damit auf den Straftatbestand der Steuerhinterziehung des § 370 AO Bezug.

Eine von den Antragstellern begangene Steuerhinterziehung im Hinblick auf die Einkommensteuer wird von den Antragstellern im vorliegenden Verfahren nicht bestritten. Sie sind jedoch entsprechend einer in der Literatur geäußerten Meinung der Ansicht, die zehnjährige Festsetzungsfrist des § 169 Abs. 2 Satz 2 AO finde im Falle der Hinterziehung von Einkommensteuer auf die Festsetzung der Kirchensteuer keine Anwendung, weil § 15 Abs. 2 KiStG die Anwendung der Straf- und Bußgeldvorschriften des Achten Teils der Abgabenordnung und damit auch § 370 AO im kirchensteuerrechtlichen Besteuerungsverfahren ausschließe (vgl. Gast-De Haan, DStZ 1992, 525; Tipke/Kruse, AO, Kommentar, 15. Aufl., vor § 169, Rn 16; Klein, AO, Kommentar, 6. Aufl., § 169, Anm. 3 C unter Aufgabe der in der Vorauflage geäußerten Meinung). Könne aber mangels Anwendbarkeit des § 370 AO der Tatbestand der Steuerhinterziehung überhaupt nicht verwirklicht werden, scheide auch eine Verlängerung der Festsetzungsverjährung wegen Steuerhinterziehung aus. Die Verlängerung der Verjährungsfrist setze nämlich gemäß der ständigen Rechtsprechung des Bundesfinanzhofs (vgl. insoweit BFH, Urteil vom 2.4.1998 - V R 60/97 - BFHE 186, 1) voraus, dass der Steuerpflichtige den objektiven und subjektiven Tatbestand des § 370 AO rechtswidrig und schuldhaft erfüllt habe.

Dieser von den Antragstellern angeführten Auffassung vermag sich das Gericht nicht anzuschließen. Vielmehr geht es in Übereinstimmung mit dem Antragsgegner davon aus, dass § 15 Abs. 2 KiStG für den Fall der Hinterziehung von Kirchensteuer nicht die Erfüllung des Tatbestands des § 370 AO, sondern lediglich die daran anknüpfende Rechtsfolge einer Bestrafung ausschließt. Die an die schuldhafte und rechtswidrige Erfüllung des Tatbestands des § 370 AO gem. § 169 Abs. 2 Nr. 2 AO anknüpfende Rechtsfolge der Verlängerung der Festsetzungsfrist wird durch § 15 Abs. 2 KiStG nicht ausgeschlossen (so auch FG Köln, Urteil vom 11.11.1998 - 11 K 4408/95 - EFG 1999, 362, KirchE 36, 501; Hummert, DStZ 1993, 112). Wegen der Bindung der Kirchensteuer an die zu entrichtende Einkommensteuer hat die Hinterziehung von Einkommensteuer daher neben der Verlängerung der Festsetzungsfrist für die Einkommensteuer stets auch die Verlängerung der Festsetzungsfrist für die Kirchensteuer zur Folge.

Bereits dem Wortlaut des § 15 Abs. 2 KiStG lässt sich weder eine mittelbare noch eine unmittelbare Einschränkung der Anwendbarkeit des § 169 AO entnehmen. § 169 AO verweist auch nicht ausdrücklich auf § 370 AO, dessen Anwendbarkeit durch § 15 Abs. 2 KiStG ausgeschlossen wird. Zwar setzt das Hinterziehen von Steuern im Sinne des § 169 AO, wie dargestellt, die rechtswidrige und schuldhafte Erfüllung des objektiven und subjektiven Tatbestands des § 370 AO, entgegen der Ansicht der Antragsteller jedoch nicht die tatsächliche Möglichkeit der Bestrafung des Steuerpflichtigen voraus. Ob einer Bestrafung beispielsweise Strafausschließungs- oder -aufhebungsgründe wie die Verjährung des staatlichen Strafanspruchs oder strafprozessuale Gründe entgegenstehen, spielt für die Beurteilung der Verjährung im steuerrechtlichen Sinne keine Rolle. Nicht einmal die Begehung der Steuerhinterziehung durch den Steuerschuldner selbst ist Voraussetzung der Verlängerung der Festsetzungsfrist (BFH DStR 1980, 538). Für die Verlängerung der Festsetzungsfrist kommt es ausschließlich auf die Eigenschaft der festzusetzenden Beträge an, hinterzogen zu sein. Dies zeigt, dass der verjährungsrechtliche Begriff der Steuerhinterziehung durchaus einer eigenständigen Auslegung zugänglich ist. Hinterzogen im Sinne des § 169 Abs. 2 Satz 2 AO sind daher auch Kirchensteuerbeträge, wenn die Finanzbehörden wie hier pflichtwidrig über steuererhebliche Tatsachen in Unkenntnis gelassen und dadurch Steuern verkürzt worden sind.

Auch die Gesetzessystematik spricht gegen eine Einschränkung der Anwendbarkeit des § 169 AO im kirchensteuerrechtlichen Besteuerungsverfahren. Zum einen bestimmt § 175 Abs. 1 Nr. 1 AO, der im kirchensteuerrechtlichen Besteuerungsverfahren gem. § 15 Abs. 1 KiStG ebenfalls Anwendung findet, dass die Kirchensteuerfestsetzung bei Änderung des zugrundeliegenden Einkommensteuerbescheids zwingend an den geänderten Einkommensteuerbescheid anzupassen ist. Der sich hieraus ergebenden strengen Bindung der Kirchensteuerfestsetzung an die Einkommensteuerfestsetzung widerspräche es, wenn für die Kirchensteuer eine andere Festsetzungsfrist gelten würde als für die Einkommensteuer. Anhaltspunkte dafür, dass die dargestellte strenge Bindung der Kirchensteuerfestsetzung an die Einkommensteuerfestsetzung durch die in § 15 Abs. 2 KiStG normierte Nichtanwendbarkeit der Strafvorschriften der Abgabenordnung durchbrochen werden sollte, sind nicht ersichtlich. Zum anderen sind die Vorschriften bezüglich der Festsetzungsfristen bzw. des strafbaren Verhaltens einschließlich des Strafverfahrens in verschiedenen Abschnitten der Abgabenordnung geregelt und betreffen gänzlich unterschiedliche gesetzliche Regelungsbereiche. Die Rechtsfolgen beim Vorliegen einer Steuerhinterziehung sind bei § 370 AO einerseits und § 169 Abs. 2 Satz 2 AO andererseits konzeptionell und qualitativ nicht vergleichbar. Bei § 169 Abs. 2 Satz 2 AO handelt es sich um eine reine Verjährungsregelung ohne Bestrafungscharakter. Aufgrund der Systematik und des Sinnzusammenhangs der Festsetzungsfristen einerseits und der Strafnormen andererseits bedeutet die kirchensteuergesetzlich erklärte Nichtanwendbarkeit des § 370 AO daher nicht zugleich das Nichtvorliegen der Hinterziehung einer Steuer im Sinne der Verjährungsvorschriften.

Auch Sinn und Zweck der Vorschrift des § 15 Abs. 2 KiStG gebieten nicht, dass sich der Ausschluss der Anwendbarkeit des § 370 AO auf die Steuerhinterziehung im Sinne des § 169 Abs. 2 Nr. 2 AO erstreckt. Vielmehr spricht die Anordnung der Nichtanwendbarkeit der Straf- und Bußgeldvorschriften sowie der dazu gehörenden verfahrensrechtlichen Bestimmungen dafür, dass der Gesetzgeber entsprechend der Vorstellungen der Kirche aufgrund deren theologischen Selbstverständnisses bei Kirchensteuerverkürzungen auf die strafrechtliche bzw. bußgeldrechtliche Sanktionierung der betreffenden Taten verzichten wollte, nicht aber auf die Festsetzung der Steuern.

Die demnach anzuwendende zehnjährige Festsetzungsfrist des § 169 Abs. 2 Satz 2 AO war im vorliegenden Fall im Zeitpunkt des Erlasses der streitgegenständlichen Bescheide noch nicht abgelaufen. Sie beginnt gem. § 170 Abs. 2 Nr. 1 AO mit Ablauf des Kalenderjahres, in dem die Einkommensteuererklärung eingereicht wurde, spätestens jedoch nach Ablauf des dritten Kalenderjahres, welches auf das Kalenderjahr folgt, in dem die Steuer entstanden ist. Beginnen die Zollfahndungsämter oder die mit der Steuerfahndung betrauten Dienststellen der Landesfinanzbehörden vor Ablauf der Festsetzungsfrist beim Steuerpflichtigen mit Ermittlungen der Besteuerungsgrundlagen, läuft die Festsetzungsfrist gem. § 171 Abs. 5 AO nicht ab, bevor die aufgrund der Ermittlungen zu erlassenden Steuerbescheide unanfechtbar geworden sind.

Im vorliegenden Fall begann die zehnjährige Verjährungsfrist für den Veranlagungszeitraum 1988 nach der am 4.12.1989 erfolgten Einreichung der Einkommensteuererklärung am 1.1.1990 zu laufen und wäre eigentlich am 31.12.1999 abgelaufen. Bereits am 28.1.1999 wurde von der Steuerfahndung jedoch ein Ermittlungsverfahren eingeleitet, wodurch der Ablauf der Festsetzungsfrist bis zum Zeitpunkt der Unanfechtbarkeit der Änderungsbescheide vom 19.1.2001 gehemmt wurde.

Da die Festsetzungsfristen für die folgenden Veranlagungszeiträume zwischen 1989 und 1992 erst noch später zu laufen begannen, kann auch ihnen wegen des zwischenzeitlich eingeleiteten Ermittlungsverfahrens nicht der Eintritt der Festsetzungsverjährung entgegengehalten werden. Eine mit der Vollziehung der angefochtenen Bescheide für die Antragsteller verbundene unbillige Härte ist weder vorgetragen noch ersichtlich.

57

**1. Die Arbeitsvertragsrichtlinien für Anstalten und Einrichtungen, die dem Diakonischen Werk der EKD angeschlossen sind (AVR), sind keine Tarifverträge und können ein Arbeitsverhältnis nicht wie ein Tarifvertrag unmittelbar und zwingend gestalten.
2. Bei der Arbeitsrechtlichen Kommission handelt es sich um eine unabhängige, paritätisch besetzte Kommission. Sie ist auch nach der Umstellung im Jahr 1997 auf das Verbandsprinzip ordnungsgemäß besetzt, wenn ein Personalleiter als Kommissionsmitglied der Mitarbeiterseite angehört.
3. Die Absenkung der Vergütung gemäß der Anlage 18 AVR - zur Beschäftigungssicherung für Mitarbeiterinnen und Mitarbeiter ohne abgeschlossene Ausbildung in einem anerkannten Ausbildungsberuf - ist nicht unbillig iSv § 319 Abs. 1 Satz 1 BGB.**

BAG, Urteil vom 15. November 2001 - 6 AZR 88/01[1] -

Die Klägerin wendet sich gegen die Absenkung ihrer Vergütung durch die Beklagte.

Die Klägerin ist seit 1988 im Krankenhaus der Beklagten, die Mitglied im Diakonischen Werk Berlin-Brandenburg e.V. (DW.BB) ist, als Stationshilfe beschäftigt. Nach dem Arbeitsvertrag vom 8.12.1988 finden auf das Arbeitsverhältnis die Arbeitsvertragsrichtlinien für Anstalten und Einrichtungen, die dem Diakonischen Werk der Evangelischen Kirche in Deutschland angeschlossen sind (AVR), in der jeweils gültigen Fassung Anwendung.

Die AVR beruhen auf Beschlüssen der Arbeitsrechtlichen Kommission des Diakonischen Werkes der EKD (AK.DW.EKD). Die AK.DW.EKD setzt sich zur Hälfte aus Mitarbeitern im Diakonischen Dienst (Dienstnehmervertreter) und zu anderen Hälfte aus Vertretern von Trägern Diakonischer Einrichtungen (Dienstgebervertreter) zusammen. Nach § 7 der Ordnung der AK.DW.EKD sind die Mitglieder der AK.DW.EKD unab-

---

[1] Amtl. Leitsätze. EzA § 611 BGB Kirchl. Arbeitnehmer Nr 48; NZA 2002, 1055 (LS); PflR 2004, 109; ZMV 2002, 246; ZTR 2002, 537.

hängig und nicht an Weisungen gebunden. Nach den bis zum 30.9.1998 geltenden Bestimmungen der Ordnung wurden die Dienstnehmervertreter von den Arbeitsgemeinschaften der Mitarbeitervertretungen benannt. Bei der Neukonstituierung der Arbeitsrechtlichen Kommission im Januar 1998 wurden als Dienstnehmervertreter u.a. ein Personalleiter einer Klinik und der Geschäftsführer des sämtliche Dienstnehmervertreter entsendenden Verbandes kirchlicher Mitarbeiter benannt. Seit dem 1.10.1998 sieht die Ordnung nunmehr in § 4 vor, dass die Dienstnehmervertreter durch Vereinigungen entsandt werden, in denen mindestens 500 Mitarbeiter im Diakonischen Werk zusammengeschlossen sind.

In § 1 Buchst. a Abs. 2 AVR ist bestimmt, dass die AVR nur noch nach Maßgabe der gliedkirchlich-diakonischen Arbeitsrechtsregelung gelten sollen, wenn für einen Bereich eines oder mehrerer gliedkirchlich-diakonischer Werke eine eigene Arbeitsrechtliche Kommission gebildet ist. Im Juli 1998 beschloß die Diakonische Konferenz des DW.BB die Bildung einer eigenständigen Arbeitsrechtlichen Kommission. In der für diese geltenden Ordnung heißt es in § 2 Abs. 3, dass Beschlüsse der AK.DW. EKD erst nach Übernahme durch Beschluss der AK.DW.BB gelten. Nach § 21 der Ordnung begann die erste Amtszeit der AK.DW.BB am 1.10.1998. Am selben Tag fand die konstituierende Sitzung statt.

Durch Rundschreiben vom 16.7.1998 wurden Beschlüsse AK.DW.EKD bekannt, welche u.a. die Aufnahme einer Anlage 18 in die AVR mit Wirkung vom 1.9.1998 vorsahen. In dieser Anlage wird die Abschaffung bestimmter Vergütungsgruppen der Berufsgruppeneinteilung H einschließlich der Vergütungsgruppe der Klägerin und die Eingruppierung der betroffenen Mitarbeiter - ausnahmslos Mitarbeiter ohne abgeschlossene Ausbildung - in eine neu in die Anlage 1 Buchst. d aufgenommene Berufsgruppeneinteilung W geregelt. Die Grundvergütung in den neuen Vergütungsgruppen W ist deutlich geringer als die in den bisherigen Vergütungsgruppen. In der Anlage 18 AVR heißt es:

„Anlage 18 AVR - Beschäftigungssicherungsordnung für Mitarbeiterinnen und Mitarbeiter der Wirtschaftsbereiche diakonischer Einrichtungen
Vorbemerkung:
Die Wirtschaftsbereiche diakonischer Einrichtungen wurden in den letzten Jahren verstärkt ausgelagert oder fremdvergeben. Um die bestehenden Arbeitsplätze innerhalb der Diakonie zu erhalten, werden Eingruppierungsvorschriften von einigen H-Gruppen gestrichen und eine an der gewerblichen Wirtschaft orientierte Vergütungsstruktur geschaffen.
§ 2 Überleitungsregelung
(1) Mitarbeiterinnen und Mitarbeiter, die bisher in der Anlage 1c Berufsgruppeneinteilung H Fallgruppe 1 und 2 der Vergütungsgruppe H 1, Fallgruppen 1, 1a, 1b und 2 der Vergütungsgruppe H 2, in der Vergütungsgruppe H 2a, der Fallgruppe 4, der Vergütungsgruppe H 3 und in der Vergütungsgruppe H 3a eingruppiert waren, werden zum 1.9.1998 in die Anlage 1d Berufsgruppeneinteilung W eingruppiert.

Mitarbeiterinnen und Mitarbeiter, die am 31.8.1998 in einem Dienstverhältnis standen, das am 1.9.1998 zu demselben Dienstgeber fortbesteht und die nach der Neuaufnahme der Anlage 1d in die AVR in die Eingruppierungen W 1 bis W 4 eingruppiert sind, erhalten eine Zulage in Höhe der Differenz zu der Vergütung (§ 14) ihrer bisherigen Vergütungsgruppe. Die persönliche Zulage wird durch allgemeine Vergütungserhöhungen und Höhergruppierungen aufgezehrt. Bis zum 31.12.2003 werden die allgemeinen Vergütungserhöhungen der Gesamtvergütung nur zur Hälfte auf die persönliche Zulage angerechnet.

(2) Mitarbeiterinnen und Mitarbeiter, die nach dem 31.8.1998 neu eingestellt werden, erhalten keine Zulage.

§ 4 Abfindung bei Betriebsübergang gem. § 613a BGB
Gehen die Dienstverhältnisse von Mitarbeiterinnen und Mitarbeitern, die eine persönliche Zulage gem. § 2 Abs. 1 Unterabsatz 2 erhalten, auf einen anderen Betrieb der nicht unter den Geltungsbereich der AVR fällt, über, so erhalten diese Mitarbeiterinnen und Mitarbeiter eine Abfindung in Höhe von 2 vH der Jahresvergütung, die ihnen am 31.8.1998 zugestanden hat.
Inkrafttreten: 1.9.1998"

Die Tätigkeit der Klägerin entspricht der neuen Vergütungsgruppe W 2. Der Unterschied zwischen der Vergütung nach der für die Klägerin zuletzt maßgeblichen Vergütungsgruppe H 2a und der neuen Vergütungsgruppe beträgt knapp 900,00 DM brutto monatlich.

Die AK.DW.EKD beschloss im März 1999, dass die Grundvergütungen, Ortszuschläge/Sozialzuschläge sowie die allgemeine Zulage der Mitarbeiter ab dem 1.4.1999 um 3,1 vH erhöht werden. Dieser Beschluss wurde noch im März 1999 von der AK.DW.BB übernommen. Bei der Klägerin wurden die 3,1 vH auf der Grundlage der neuen Vergütungsgruppe ohne Einbeziehung der persönlichen Ausgleichszulage berechnet. Der Erhöhungsbetrag wurde gemäß der Anlage 18 zur Hälfte auf die persönliche Ausgleichszulage angerechnet, so dass sich diese entsprechend verringerte.

Mit der Klage verlangt die Klägerin für die Monate April bis Dezember 1999 je 36,32 DM brutto. Dies entspricht dem Betrag, den die Beklagte von der persönlichen Ausgleichszulage abgezogen hatte.

Die Klägerin ist der Auffassung, im Hinblick auf die ständige Praxis bei Abschluss des Arbeitsvertrags müsse die Bezugnahme auf die AVR in der jeweiligen Fassung so ausgelegt werden, dass damit eine Übernahme der Tarifabschlüsse des öffentlichen Dienstes gemeint sei (sog. „Abschreibeweg"). Die Arbeitsrechtliche Kommission könne nicht als „Dritter" angesehen werden, weil die Diakonische Konferenz als Arbeitgeberleitungsorgan deren Ordnung, wie geschehen, jederzeit ändern könne. Indem die Diakonische Konferenz die neue Ordnung gegen die Einwände der Arbeitnehmerseite in Kraft gesetzt habe, habe sie die von der Kirche gesetzten Maßstäbe für den sog. Dritten Weg verletzt, der vorsehe, Arbeitsrechtsregelungen im Konsens zu schaffen. Die AK.DW.EKD sei keine paritätisch besetzte unabhängige Kommission. Dies sei Folge der

Veränderung der Ordnung der AK.DW.EKD und spiegele sich in der Entsendung eines Personalleiters und eines Geschäftsführers für die Dienstnehmerseite wieder. Damit entspreche die Ordnung der Arbeitsrechtlichen Kommission nicht mehr der Ordnung, wie sie im Zeitpunkt des Abschlusses des Arbeitsvertrags gegolten habe. Den Kommissionsmitgliedern fehle auch deshalb die erforderliche Unabhängigkeit, weil für sie in der Ordnung ein besonderer Kündigungsschutz nicht vorgesehen sei. Auch könnten die Dienstnehmervertreter anders als Gewerkschaften die Arbeitnehmerinteressen nicht durch Maßnahmen des Arbeitskampfs zur Geltung bringen. Der Beschluss zur Einführung der W-Gruppen sei offenbar unbillig, weil er einem Teil der Belegschaft ein Sonderopfer auferlege, ohne wirklich geeignet zu sein, Dienstgeber von einer Ausgliederung abzuhalten, und ohne auf die wirtschaftliche Situation der konkreten Einrichtung abzustellen. Ihre - der Klägerin - im Falle einer Ausgliederung zu erwartende Abfindung betrage lediglich 835,27 DM. Sie sei nicht nur von der Gehaltsentwicklung ihrer Kollegen abgekoppelt, sondern ihre weitaus niedrigere Grundvergütung sei auch Berechnungsgrundlage für die Sonderzahlung zu Weihnachten.

Die Beklagte meint, die in der Anlage 18 vorgenommene Veränderung der Vergütungsstruktur sei eine wirksame und nicht offenbar unbillige Leistungsbestimmung eines Dritten, da lediglich Vergütungserhöhungen, auf welche die Klägerin ohnehin keinen Anspruch habe, auf die persönliche Ausgleichszulage angerechnet würden. Mit der Anlage 18 werde bezweckt, die Personalkosten zu reduzieren, um eigene Leistungen günstiger anbieten zu können und damit Aufträge zu erhalten und Arbeitsplätze zu sichern. Für die Schaffung der W-Gruppen seien die Tarifverträge aus dem Bereich Nahrung/Genuss/Gaststätten herangezogen worden.

Das Arbeitsgericht hat die Klage abgewiesen. Das Landesarbeitsgericht hat die Berufung der Klägerin zurückgewiesen.

Auch die Revision der Klägerin blieb erfolglos.

Aus den Gründen:

Die Revision hat keinen Erfolg. Zu Recht haben die Vorinstanzen die Klage als unbegründet abgewiesen.

I. Die Klägerin hat keinen Anspruch gegen die Beklagte auf die von ihr verlangten weiteren 36,32 DM brutto pro Monat für die Zeit von April 1999 bis Dezember 1999. Gemäß § 2 Abs. 1 Satz 3 der Anlage 18 AVR ist die der Klägerin zustehende Entgelterhöhung in Höhe von monatlich 36,32 DM brutto und damit zur Hälfte zu Recht auf die persönliche Ausgleichszulage angerechnet worden.

1. Die AVR finden auf das Arbeitsverhältnis der Parteien auf Grund einzelvertraglicher Vereinbarung Anwendung. Als kirchliche Arbeitsver-

tragsregelung stellen die AVR keinen Tarifvertrag iSd § 1 TVG dar. Tarifverträge im Rechtssinne sind nur Verträge, die nach Maßgabe des Tarifvertragsgesetzes zustande gekommen sind. Es muss sich demnach um Vereinbarungen handeln, die in Ausübung der durch Art. 9 Abs. 3 GG den Gewerkschaften und Arbeitgebern bzw. Arbeitgeberverbänden eingeräumten Rechtssetzungsautonomie von diesen nach den Grundsätzen des im Tarifvertragsgesetz näher geregelten staatlichen Tarifrechts auf Grund entsprechender Verhandlungen freier und voneinander unabhängiger Tarifvertragsparteien mit Normencharakter zustande gekommen sind (stRspr., vgl. BAG, 5.1.1989 - 4 AZN 629/88 - BAGE 60, 344 [345], KirchE 27, 5; 17.4.1996 - 10 AZR 558/95 - AP BGB § 611 Kirchendienst Nr. 24, EzA BGB § 611 Gratifikation, Prämie Nr. 140, KirchE 34, 146).

Diese Voraussetzungen erfüllen die AVR nicht. Sie beruhen auf kirchenrechtlichen Bestimmungen und innerkirchlichen Vereinbarungen, die ohne Verhandlungen mit einer Gewerkschaft oder einem Zusammenschluss von Gewerkschaften als „Tarifvertragspartei" iSv § 2 TVG zustande gekommen sind. Deshalb sind die AVR der Kirchen keine Tarifverträge und können ein Arbeitsverhältnis nicht wie ein Tarifvertrag unmittelbar und zwingend (vgl. § 4 Abs. 1 TVG) gestalten. Es bedarf vielmehr stets der Übernahme durch Einzelvertrag, Gesamtzusage oder Einheitsregelung, wenn die in AVR enthaltenen Arbeitsvertragsregelungen in einem Arbeitsverhältnis gelten sollen. Eine solche Übernahme ist im vorliegenden Fall dadurch erfolgt, dass die Parteien im Arbeitsvertrag vom 8.12.1998 vereinbart haben, dass die AVR auf das Arbeitsverhältnis in der jeweiligen Fassung Anwendung finden.

2. Für die Eingruppierung der Klägerin im streitgegenständlichen Zeitraum kommt somit die Anlage 18 AVR iVm. der Anlage 1 Buchst. d zur Anwendung, nach der die Klägerin in die Vergütungsgruppe W 2 einzuordnen ist und ihr wegen der verringerten Grundvergütung eine persönliche Ausgleichszulage zusteht, auf die allgemeinen Vergütungserhöhungen anzurechnen sind.

Entgegen der Auffassung der Klägerin war für die Anwendung der Anlagen 18 und 1 d kein Übernahmebeschluß der AK DW.BB erforderlich. § 2 der Ordnung für die AK.DW.BB sieht zwar vor, dass die Beschlüsse der AK.DW.EKD für den Bereich Berlin-Brandenburg erst nach Übernahme durch Beschluss der AK.DW.BB gelten sollen. Dies setzt jedoch die Existenz einer funktionsfähigen regionalen Arbeitsrechtlichen Kommission voraus und konnte daher erst ab Beginn der Amtszeit der AK DW.BB gelten. Gemäß § 21 der Ordnung für die AK.DW.BB begann diese Amtszeit erst am 1.10.1998 mit der konstituierenden Sitzung. Die Beschlüsse der AK.DW.EKD zur Ergänzung der AVR und der Anlage 18 und 1 d waren aber bereits vorher gefaßt und veröffentlicht worden und hatten somit nach altem Recht Wirksamkeit erlangt.

3. Die Regelung der Anlage 18 AVR ist wirksam. Sie wurde durch die AK.DW.EKD als dem zuständigen Gremium getroffen, deren Entschei-

dung sich die Klägerin durch die arbeitsvertragliche Bezugnahme auf die AVR unterworfen hatte.

a) Bei der Arbeitsrechtlichen Kommission handelt es sich um eine unabhängige, paritätisch besetzte Kommission. Die Mitglieder sind nach § 7 Abs. 1 der Ordnung AK.DW.EKD unabhängig und an Weisungen nicht gebunden. Sie besteht nach § 3 der Ordnung aus jeweils zehn Vertretern der Mitarbeiter im Diakonischen Werkdienst (Dienstnehmervertreter) und zehn Vertretern der Träger Diakonischer Einrichtungen (Dienstgebervertreter). Die AK.DW.EKD war bei Erlass der Anlage 18 AVR in diesem Sinne ordnungsgemäß gebildet worden und besetzt.

Durch die von der Klägerin bemängelte Änderung der Ordnung der AK.DW.EKD im Jahre 1997 und der damit verbundenen Umstellung auf das „Verbandsprinzip" hat sich an der paritätischen Besetzung der Kommission nichts geändert. Die Vertreter der Mitarbeiter werden seitdem durch große Verbände und nicht mehr von Arbeitsgemeinschaften der Mitarbeitervertretungen entsandt. Allein die Tatsache, dass für die Mitarbeiterseite ein Personalleiter entsandt worden ist, beeinträchtigt nicht die paritätische Besetzung der Arbeitsrechtlichen Kommission. Zu Recht hat das Arbeitsgericht bereits ausgeführt, dass ein Personalleiter als Kommissionsmitglied der Mitarbeiterseite angehört, auch wenn er bei Ausübung seiner Funktion im Betrieb Interessen des Arbeitgebers wahrnehmen muss. Ebenso ist nicht ersichtlich, weshalb die Entsendung des Geschäftsführers des Verbandes, dem die Mitarbeiter angehören und der die Dienstnehmervertreter entsendet, gegen die paritätische Besetzung verstoßen soll.

Die arbeitsvertragliche Bezugnahme der Parteien auf die AVR in der jeweils geltenden Fassung erfolgte in Bezug auf den gegenwärtigen Rechtszustand, dh. beide Parteien gingen davon aus, dass die AVR nur durch die paritätisch besetzte, an Weisungen nicht gebundene Arbeitsrechtliche Kommission geändert werden können. Daran hat sich nichts geändert. Nur eine Änderung der AVR auf anderer Weise wäre durch die arbeitsrechtliche Bezugnahme auf die AVR in der jeweiligen Fassung nicht gedeckt, dh. sie würde nicht Vertragsbestandteil. Ein solcher Fall liegt nicht vor.

Die Veränderung der Ordnung der AK.DW.EKD durch Einführung des Verbandsprinzips stellte keine Umgestaltung dar, die zur Folge hatte, dass die von der nach neuem Recht besetzten Kommission gefaßten Beschlüsse nicht mehr von der arbeitsvertraglichen Bezugnahme gedeckt waren. Da sich an der paritätischen Besetzung der Arbeitsrechtlichen Kommission und deren Unabhängigkeit nichts geändert hatte, sind die Bestimmungen der neu gebildeten Arbeitsrechtlichen Kommission für das Arbeitsverhältnis der Klägerin maßgebend.

b) Auch die Tatsache, dass die Dienstnehmervertreter in der Arbeitsrechtlichen Kommission für die Durchsetzung der Mitarbeiterinteressen über keine Druckmittel verfügen, steht der Wirksamkeit der Anlage 18

AVR nicht entgegen. Überwiegend werden die Arbeitsverhältnisse im kirchlichen Dienst weder durch einseitige Regelungen der Kirchenleitung noch durch Tarifverträge, sondern im sog. „Dritten Weg" in Form eines spezifisch kircheneigenen Regelungsverfahrens bestimmt. Danach erfolgt auf der Grundlage der Arbeitsrechtsregelungsgesetze der einzelnen evangelischen Landeskirchen bzw. der „Ordnungen zur Mitwirkung bei der Gestaltung des Arbeitsrechts durch eine Kommission (KODA)" der einzelnen katholischen (Erz-)Bistümer die Festlegung der Arbeitsbedingungen durch eine paritätisch von der Mitarbeiterseite und der Kirchenleitung besetzte Kommission. Die Unabhängigkeit wird durch die paritätische Besetzung und dadurch gewährleistet, dass die Mitglieder nicht weisungsgebunden sind.

c) Mit den Vorinstanzen spricht auch nicht gegen Unabhängigkeit der Arbeitsrechtlichen Kommission, dass ihren Mitgliedern in § 7 der derzeitigen Ordnung anders als zuvor kein besonderer Kündigungsschutz mehr eingeräumt wird. Durch den besonderen Kündigungsschutz wurde die materielle Parität der Arbeitnehmerseite lediglich gestärkt, ohne dass die Unabhängigkeit der Dienstnehmervertreter ohne eine solche Regelung in Frage gestellt wäre.

4. Auch inhaltlich ist die Absenkung der Vergütung der Klägerin durch die Anlage 18 AVR nicht zu beanstanden. Dabei kann offenbleiben, ob für die Inhaltskontrolle kirchlicher Arbeitsvertragsrichtlinien hier die für Tarifverträge geltenden Maßstäbe heranzuziehen sind, wie das die Rechtsprechung bisher für kirchliche Regelungen angenommen hat, soweit diese Tarifvertragsregelungen ganz oder mit im Wesentlichen gleichen Inhalt übernommen haben (vgl. z.B. BAG, 6.11.1996 - 5 AZR 334/95 - BAGE 84, 282, KirchE 34, 410), oder ob die AK.DW.EKD als zur Leistungsbestimmung berechtigter Dritte iSd § 317 Abs. 1 BGB anzusehen war, der mangels anderweitiger Regelung nach billigem Ermessen zu entscheiden hatte (BAG, 17.4.1996 - 10 AZR 558/95 - AP BGB § 611 Kirchendienst Nr. 24, EzA BGB § 611 Gratifikation, Prämie Nr. 140, KirchE 34, 146). Beiden Prüfungsmaßstäben hält die Regelung der Anlage 18 AVR stand.

a) Geht man mit der Vorinstanz davon aus, dass die Kommission als Dritte die vertragliche Leistung der Beklagten zu bestimmen hatte, so erweist sich die Änderung der Vergütung der Klägerin auch nicht als offenbar unbillig iSd § 319 Abs. 1 Satz 1 BGB.

Mangels irgendwelcher Anhaltspunkte für eine anderweitige Vereinbarung der Parteien ist nach § 317 Abs. 1 BGB davon auszugehen, dass die Arbeitsrechtliche Kommission ihre Leistungsbestimmung, dh. die jeweiligen Änderungen der AVR, nach billigem Ermessen zu treffen hat. Die nach billigem Ermessen zu treffenden Entscheidungen der Arbeitsrechtlichen Kommission sind den Parteien gegenüber aber nur dann nicht verbindlich, wenn sie offenbar unbillig sind (§ 319 Abs. 1 Satz 1 BGB). Der Beschluss der Arbeitsrechtlichen Kommission vom 16.7.1998,

Absenkung der Vergütung nach AVR 381

der die Änderungen und Ergänzungen in der Anlage 18 der AVR zum Gegenstand hat, stellt keine offenbar unbillige Entscheidung dar und ist deshalb für die Klägerin verbindlich.

aa) Offenbar unbillig iSd § 319 Abs. 1 Satz 1 BGB ist die Leistungsbestimmung eines Dritten dann, wenn sie in grober Weise gegen Treu und Glauben verstößt und sich dies bei unbefangener sachkundiger Prüfung sofort aufdrängt (BGH, 26.4.1991 - V ZR 61/90 - NJW 1991, 2761). Die Klägerin, die sich auf die unbillige Änderung der AVR beruft, wäre für die Umstände darlegungs- und beweispflichtig, aus denen sich die offenbare Unbilligkeit der Entscheidung der Arbeitsrechtlichen Kommission vom 16.7.1998 ergeben soll (Staudinger/Mader, BGB, 13. Aufl., § 319 Rn 31; MünchKommBGB/Gottwald, 4. Aufl., § 319 BGB Rn 2; BAG, 17.4.1996 - 10 AZR 558/95 - aaO, zu 4 e der Gründe, KirchE 34, 146). Von offenbarer Unbilligkeit ist vorliegend nicht auszugehen.

bb) Die Beklagte hat sich darauf berufen, dass die Änderung der Vergütungsstruktur durch die Arbeitsrechtliche Kommission der Beschäftigungssicherung für Mitarbeiterinnen und Mitarbeiter ohne abgeschlossene Ausbildung in einem anerkannten Ausbildungsberuf dient. Wie sich aus der Vorbemerkung der Anlage 18 AVR ergibt, wurde angesichts der Tatsache, dass Wirtschaftsbereiche Diakonischer Einrichtungen in den letzten Jahren verstärkt ausgelagert oder fremdvergeben wurden, und, um bestehende Arbeitsplätze innerhalb der Diakonie zu erhalten, die Eingruppierungsvorschriften von einigen H-Gruppen gestrichen und eine an der gewerblichen Wirtschaft orientierte Vergütungsstruktur geschaffen. Dies stellt eine an sich zweckmäßige und damit nicht offenbar unbillige Entscheidung dar. Es hätte der Klägerin oblegen, substantiiert und schlüssig vorzutragen, dass dennoch eine Unbilligkeit des Beschlusses der Arbeitsrechtlichen Kommission vom 16.7.1998 vorliegt (vgl. BGH, 21.9.1983 - VII ZR 233/82 - NJW 1984, 43). Das hat sie nicht getan.

Zu Recht hat das Landesarbeitsgericht festgestellt, dass vor dem Hintergrund der allgemeinen wirtschaftlichen Situation und der besonderen Haushaltslage der Diakonischen Einrichtungen es weder unbillig noch gar grob treuwidrig war, den sog. „Abschreibeweg" für eine Beschäftigungsgruppe zu verlassen, deren Tätigkeiten auf Grund ihrer bloßen Hilfsfunktionen in besonderem Maße dem Risiko einer Auslagerung ausgesetzt sind. Während eine solche Auslagerung günstigenfalls als Betriebsteilübergang gemäß § 613 a Abs. 1 Satz 1 BGB zu einem Fortbestand der Arbeitsverhältnisse auf dem bisherigen Niveau führen würde, nimmt die Klägerin auf Grund der Überleitungsregelung in § 2 Abs. 1 Unterabs. 2 Satz 3 der Anlage 18 AVR noch mindestens fünf Jahre lang in Höhe von 50 vH an allgemeinen Vergütungserhöhungen teil. Auch die Sonderzuwendung der Klägerin bleibt unberührt, weil die ihr gewährte persönliche Zulage in Höhe der Differenz zu ihrer bisherigen Vergütung bei der Berechnung der Zuwendung gemäß § 2 Abs. 1 Unterabs. 1

Satz 1 der Anlage 18 AVR zu berücksichtigen ist. dass die Abkoppelung der Beschäftigung der Berufsgruppe W von der allgemeinen Vergütungsentwicklung von vorneherein ungeeignet wäre, Dienstgeber von Auslagerungen abzuhalten, lässt sich entgegen der Ansicht der Klägerin nicht erkennen. Entscheidend ist vielmehr, dass durch die Einsparung selbst ein Anreiz genommen oder zumindest verringert wird, durch Auslagerung eine Entlastung auf der Ausgabenseite zu erreichen. Dies ergibt sich auch aus Absatz 4 der Erläuterungen zu 2 der Anlage 18 AVR.

b) Unterwirft man die Regelung der Inhaltskontrolle nach den für Tarifverträge geltenden Maßstäben, ist das Ergebnis kein anderes. Bei Tarifverträgen ist nicht gerichtlich zu prüfen, ob jeweils die gerechteste oder zweckmäßigste Regelung gefunden wurde. Tarifverträge sind allein darauf zu untersuchen, ob sie gegen die Verfassung, gegen anderes höherrangiges zwingendes Recht oder gegen die guten Sitten verstoßen (st. Rspr. vgl. BAG, 6.11.1996 - 5 AZR 334/95 - BAGE 84, 282 [289], KirchE 34, 410). Die allein zu erwägenden Verstöße gegen Art. 3 Abs. 1 und Art. 12 Abs. 1 GG scheiden aus. Insoweit kann auf die vorstehenden Ausführungen zu § 319 Abs. 1 BGB verwiesen werden.

5. Es ist auch kein Verstoß gegen den arbeitsrechtlichen Gleichbehandlungsgrundsatz erkennbar. Der arbeitsrechtliche Gleichbehandlungsgrundsatz verbietet die sachwidrige Schlechterstellung einzelner Arbeitnehmer gegenüber anderen Arbeitnehmern vergleichbarer Lage sowie die sachwidrige Differenzierung zwischen Arbeitnehmern einer bestimmten Ordnung (BAG, 20.6.1993 - 3 AZR 52/93 - BAGE 73, 343). Gegen dieses Verbot ist mit der Aufnahme der Anlage 18 in die AVR nicht verstoßen worden. Es erschien nicht sachwidrig, allein die Vergütung der vorhandenen ungelernten Hilfskräfte von der allgemeinen Vergütungsentwicklung abzukoppeln, weil deren Tätigkeit in besonderem Maße gefährdet ist, an branchenfremde Unternehmen vergeben zu werden, die entsprechend niedrigere Vergütungen zahlen. dass die Klägerin von der Beklagten anders als die übrigen ungelernten Hilfskräfte behandelt wurde, hat sie nicht geltend gemacht.

58

Aufwendungen, die einer Religionslehrerin an einer katholischen Hauptschule für einen mit dem Lehrerkollegium durchgeführten Besuch einer Partnerschule in Israel entstehen, sind auch dann als Werbungskosten absetzbar, wenn die Reise den Besuch von historisch und religionsgeschichtlich bedeutsamen Orten und Landschaften einschließt.

§§ 9 Abs. 1, 12 Nr. 1, 19 Abs. 1 EStG 1997
FG Münster, Urteil vom 15. November 2001 - 14 K 1492/01 E[1] -

Die Klägerin ist Lehrerin an der katholischen Hauptschule H. In der Zeit vom 29.9.1999 bis 8.10.1999 nahm sie an einer von der Schule organisierten Studienfahrt des 15-köpfigen Kollegiums nach Israel teil. Die Reise begann und endete in Tel Aviv und führte zu historisch und religionsgeschichtlich bedeutsamen Orten und Landschaften Israels. Ein Tag war vorgesehen für den Besuch der Partnerschule „A.". Seit dem Jahr 1995 fand ein regelmäßiger Schüleraustausch zwischen den beiden Schulen statt. Die zuständige Bezirksregierung erklärte sich damit einverstanden, dass die Reise an den letzten beiden Schultagen vor den Herbstferien und in den Herbstferien des Streitjahres 1999 stattfand. Die katholische Hauptschule H. bestätigte der Klägerin, dass die Studienfahrt im dienstlichen Interesse lag. Die für die Reise entstandenen Aufwendungen iHv 3.476 DM machte die Klägerin in ihrer Einkommensteuer Erklärung für 1999 als Werbungskosten bei den Einkünften aus nichtselbstständiger Arbeit geltend. Im angefochtenen Einkommensteuerbescheid für 1999 berücksichtigte der Beklagte (Finanzamt) die Aufwendungen nicht. Der Einspruch blieb erfolglos.

Im Klageverfahren verfolgt die Klägerin ihr Begehren weiter. Die Besichtigung der religiösen Stätten sei von der Partnerschule mitorganisiert worden und fördere ihre berufliche Tätigkeit als Religionslehrerin an einer katholischen Schule. Die Schule bereite zurzeit wieder den Aufenthalt von Schülern in Israel vor. Die gewonnenen Erkenntnisse ermöglichten eine gründliche Planung um vor Ort erfahrenes Hintergrundwissen den Schülern mitzuteilen. Die katholische Hauptschule H. sei als „Schule gegen Rassismus" ausgezeichnet worden.
Das Finanzgericht gibt der Klage statt.

Aus den Gründen:

Die Klage ist begründet. Der Beklagte hat es zu Unrecht abgelehnt, die geltend gemachten Aufwendungen der Klägerin für ihre Reise nach Israel i.H.v. insgesamt 3.476 DM als Werbungskosten bei ihren Einkünften aus nichtselbstständiger Arbeit zu berücksichtigen. Nach der ständigen Rechtsprechung des BFH (Urteil vom 21.10.1996 - VI R 39/96 - BFH/NV 1997, 469 mwN, KirchE 34, 396) führen Auslandsreisen nur dann zu Betriebsausgaben oder Werbungskosten, wenn die Reisen aus-

---

[1] EFG 2002, 969; StE 2002, 364 (LS); EzB-VjA EStG §§ 9, 10 Nr 240 (LS); EzB-VjA EStG §§ 18, 19 Nr 56 (LS); EzB-VjA EStG § 12 Nr 115 (LS). Über die Revision (VI R 36/02 BFH) war bei Redaktionsschluss (1.2.2005) noch nicht entschieden.

schließlich oder zumindest weitaus überwiegend im betrieblichen oder beruflichen Interesse unternommen werden, wenn also die Verfolgung privater Interessen, wie z.b. Erholung, Bildung und Erweiterung des allgemeinen Gesichtskreises, nach dem Anlass der Reise, dem vorgesehenen Programm und der tatsächlichen Durchführung nahezu ausgeschlossen ist. Anderenfalls sind die gesamten Reisekosten nicht abziehbar, so weit sich nicht ein durch den Beruf veranlasster Teil nach objektiven Maßstäben sicher und leicht abgrenzen lässt. Für die Beurteilung der Frage, ob für eine Reise in nicht unerheblichem Umfang Gründe der privaten Lebensführung eine Rolle gespielt haben, hat der BFH (in BFH/NV 1997, 469 mwN) in erster Linie auf ihren Zweck abgestellt. Reisen sind in der Regel nur dann ausschließlich der beruflichen oder betrieblichen Sphäre zuzuordnen, wenn ihnen offensichtlich ein unmittelbarer beruflicher oder betrieblicher Anlass zu Grunde liegt. Im Streitfall lag der Reise des 15-köpfigen Kollegiums der katholischen Hauptschule H. ein unmittelbarer beruflicher Anlass zugrunde. Die 10-tägige Reise nach Israel fand im Rahmen des seit dem Jahr 1995 regelmäßigen Austausches von Schülern der katholischen Hauptschule H. und deren Partnerschule „A." statt. Die Klägerin und ihre Kollegen besuchten an einem Tag während der Reise ihre Partnerschaftsschule und standen an den übrigen Reisetagen mit den Lehrern der Partnerschule in ständigem Kontakt. Die Bezirksregierung erklärte sich damit einverstanden, dass die Reise an den letzten beiden Schultagen vor den Herbstferien des Streitjahres begann. Die katholische Hauptschule H. bestätigte der Klägerin, dass die Studienfahrt im dienstlichen Interesse lag.

59

Eine Ehe der Parteien kann ersatzweise in Anwendung deutschen Sachrechts geschieden werden, wenn das primär anzuwendende Heimatrecht der Beteiligten gegen den deutschen ordre public verstößt, weil es nur dem Ehemann ein Recht zur Auflösung der Ehe (durch Verstoßung der Ehefrau, Talaq) einräumt, während die Ehefrau grundsätzlich ein (einseitiges) Recht auf Ehescheidung nicht hat.

Art. 3 Abs. 2 GG, § 6 Satz 2 EGBGB
OLG Zweibrücken, Urteil vom 16. November 2001 - 2 UF 80/00[1] -

---

[1] EzFamR aktuell 2002, 165 (LS); FamRB 2002, 331 (LS); IPRspr 2001, Nr 72, 151; JuS 2002, 1025 (LS); NJW-RR 2002, 581; OLGR Zweibrücken 2002, 196; ZFE 2002, 70.

Die Parteien sind libanesische Staatsangehörige; sie gehören der muslimischen Glaubensgemeinschaft der Schiiten an. Sie haben am 13.9.1982 im Libanon die Ehe geschlossen und leben beide seit über 10 Jahren in Deutschland. Die Anträge beider Parteien auf Anerkennung als Asylberechtigte wurden mit Entscheidung des Bundesamtes für die Anerkennung ausländischer Flüchtlinge vom 20.9.1989 abgelehnt; der Aufenthalt der Antragstellerin, die die vier gemeinsamen minderjährigen Kinder betreut, beruht auf einer derzeit bis zum 17.3.2002 gültigen Aufenthaltsbefugnis. Der Antragsgegner befindet sich seit 17.12.1996 in Strafhaft. Die Antragstellerin begehrt die Ehescheidung. Sie hält die Ehe für gescheitert und will die eheliche Lebensgemeinschaft mit dem Antragsgegner nicht mehr aufnehmen, da dieser während der gesamten Ehezeit bis zu seiner Inhaftierung sexuelle Beziehungen zu einer Vielzahl anderer Frauen unterhalten habe. In einem Fall habe er eine Frau sogar mit in die Ehewohnung gebracht und dort sexuell mit dieser verkehrt. Dieser Frau gegenüber habe er sie, die Antragstellerin, als seine Schwester ausgegeben, die gemeinsamen Kinder als Nichten und Neffen. Sie habe damals die Frau auf Geheiß des Antragsgegners auch verköstigen müssen. Durch dieses Verhalten des Antragsgegners sowie durch dessen völlig unbegründete Vorwürfe und Beschimpfungen in einem Schreiben, das er ihr im Oktober 2000 aus der Strafhaft geschickt und in dem er ihr Verhältnisse mit anderen Männern vorgeworfen und sie als „Hure", „Schlampe" und „Nutte" bezeichnet habe, sei sie in ihrer Ehre als Frau zutiefst verletzt.

Der Antragsgegner ist dem Ehescheidungsantrag zunächst entgegengetreten. Er bestreitet die Vorwürfe, die die Antragstellerin gegen ihn erhoben hat; er habe vor seiner Inhaftierung während der Ehe mit der Antragstellerin keine sexuellen Beziehungen zu anderen Frauen unterhalten. Es habe vor seiner Inhaftierung auch nie Eheprobleme gegeben, weshalb er die eheliche Gemeinschaft auch nach seiner Freilassung aus der Strafhaft weiterführen wolle. Im Rahmen seiner im Wege der Rechtshilfe durch das Amtsgericht D. durchgeführten Anhörung hat er am 14.11.2000 - über einen Dolmetscher - erklärt, auch er wolle nunmehr geschieden werden, allerdings nicht nach deutschem, sondern nach schiitischem Recht. Den Brief an seine Frau habe er aus Wut geschrieben. Seine Frau sei nach seiner Ansicht „nicht ganz dicht".

Das Amtsgericht hat die Ehe der Parteien in der vom Antragsgegner mit der Berufung bekämpften Entscheidung auf der Grundlage des Art. 337 des Gesetzes vom 16.7.1962, in dem das Recht der muslimischen Glaubensgemeinschaften in Libanon geregelt ist, geschieden.

Der Antragsgegner hat seinen Antrag auf Abänderung des Urteils des Familiengerichts und Zurückweisung des Ehescheidungsantrags (trotz seiner Erklärung im Rahmen der Anhörung vom 14.11.2000) auch in der letzten mündlichen Verhandlung vor dem Senat aufrechterhalten.

Die Antragstellerin begehrt nach wie vor die Ehescheidung aus den von ihr dargelegten Gründen.
Die Berufung blieb ohne Erfolg.

Aus den Gründen:

Die Berufung ist verfahrensrechtlich bedenkenfrei, bleibt in der Sache jedoch ohne Erfolg.

Das Erstgericht hat dem Scheidungsbegehren der Antragstellerin im Ergebnis zu Recht stattgegeben. Die Scheidung der Ehe war, da das primär anzuwendende islamische Recht der Antragstellerin ein Recht auf Ehescheidung aus den von ihr angeführten Gründen versagt, während es dem Ehemann einen einseitigen Ausspruch der Scheidung durch Verstoßung (Talaq) gestattet, ordre public-widrig ist, in ersatzweiser Anwendung deutschen Rechts auszusprechen, da die Parteien seit mehr als einem Jahr getrennt leben und ihre Ehe gescheitert ist (§ 1565 Abs. 1 BGB).

I. Zum Ausspruch der Ehescheidung sind deutsche Gerichte berufen, da beide Ehegatten ihren gewöhnlichen Aufenthalt im Inland haben (§ 606a Abs. 1 Nr. 2 ZPO). Die örtliche Zuständigkeit des Amtsgerichts Ludwigshafen am Rhein und daraus folgend des Pfälzischen Oberlandesgerichts für das Berufungsverfahren ergibt sich aus § 606 Abs. 2 Satz 1 ZPO; die sachliche Zuständigkeit des Familiengerichts beruht auf § 23 a Nr. 4 GVG.

II. Dem Erstgericht ist darin zuzustimmen, dass auf die Scheidung der Ehe der Parteien primär libanesisches Sachrecht anzuwenden ist, da beide Parteien diesem Staat zum Zeitpunkt des Eintritts der Rechtshängigkeit des Scheidungsantrages (und auch seither) angehören (Art. 17 Abs. 1 Satz 1 iVm Art. 14 Abs. 1 Nr. 1 EGBGB).

Im Libanon gibt es kein einheitliches Familienrecht. Art. 9 der libanesischen Verfassung von 1926 hat den Glaubensgemeinschaften im Bereich des Personalstatutes, zu welchem auch das Familienrecht zählt, die Befugnis zur Schaffung eigener Gesetze und Gerichte eingeräumt (vgl. Bergmann/Ferid, Internationales Ehe- und Kindschaftsrecht, Länderteil „Libanon", Stand: 124. Lieferung, 31.5.1996, S. 5). Die Ehe - und damit auch die Ehescheidung - untersteht danach der Regelung und Gerichtsbarkeit der Religionsgemeinschaft, der die Ehegatten angehören; gehören die Ehegatten unterschiedlichen Religionsgemeinschaften an, ist das Recht der Religionsgemeinschaft des Mannes maßgebend (vgl. Bergmann/Ferid, aaO, S. 7). Vorliegend sind beide Ehegatten islamisch-schiitischen Glaubens; Scheidungsstatut ist mithin islamisch-schiitisches Recht.

Die moslemischen Glaubensgemeinschaften der Sunniten und Schiiten im Libanon haben ihr Ehe- und Scheidungsrecht mit dem Gesetz zur

Regelung der sunnitischen und ja'afaritischen Gerichtsbarkeit Char'i vom 16.7.1962 geregelt. Dieses Gesetz verweist, soweit es keine eigenständigen Regelungen enthält, in Art. 242 auf das ottomanische Familiengesetz von 1917 und auf die jeweiligen Riten der beiden Glaubensgemeinschaften. Für die Glaubensgemeinschaft der Schiiten gilt danach in erster Linie der ja'afaritische Ritus; die Vorschriften des ottomanischen Familiengesetzes und des Gesetzes vom 16.7.1962 finden nur Anwendung, soweit sie mit der Lehre nach dem ja'afaritischen Ritus vereinbar sind (Bergmann/Ferid, aaO, S. 15 f.).

Sowohl das Gesetz vom 16.7.1962 als auch das ottomanische Familiengesetz von 1917 enthalten in den Artikeln 337-345 bzw. in Art. 130 Regelungen über die Auflösung der Ehe wegen Streitigkeiten der Eheleute und daraus folgender Unerträglichkeit des weiteren Zusammenlebens. Die Vorschriften beider Gesetze sind jedoch wegen ihrer Unvereinbarkeit mit den Grundsätzen der ja'afaritischen Lehre auf Angehörige der muslimisch-schiitischen Glaubensgemeinschaft nicht anwendbar.

Für die Art. 337-345 des Gesetzes von 1962 ist dies ausdrücklich in Art. 346 dieses Gesetzes normiert. Für Art. 130 des ottomanischen Familiengesetzes ergibt sich dies nach den Ausführungen des vom Senat beauftragten Sachverständigen Prof. M. in seinem Gutachten vom 1.9.2001, an dessen Richtigkeit zu zweifeln der Senat keine Veranlassung hat, aus der Unvereinbarkeit der darin enthaltenen Regelung mit den Glaubensgrundsätzen der Schiiten. Art. 130 des ottomanischen Familiengesetzes geht nach den Darlegungen des Sachverständigen zurück auf das in Sure 4 Vers 34 des Korans geregelte Schlichtungsverfahren von Streitigkeiten unter Eheleuten. Dieses Streitschlichtungsverfahren steht allerdings in keinem Zusammenhang mit einem Scheidungsverlangen. Der Koran kennt nur die in Sure 65 geregelte Scheidung durch Verstoßung (Talaq) der Frau durch den Mann, die mit Einverständnis der Frau (hul), aber auch gegen deren Willen erfolgen kann. Dagegen ist eine Scheidung der Ehe wegen Streitigkeiten der Eheleute auf Verlangen der Frau gegen den Willen des Mannes im Koran nicht vorgesehen und damit nach dem Recht der schiitischen Glaubensgemeinschaft im Libanon auch nicht möglich.

Nach dem hier primär anzuwendenden Recht kann die Ehe der Parteien mithin auf den Antrag der Antragstellerin nicht geschieden werden, wenn und solange der Antragsgegner sich der Scheidung widersetzt.

Es muss davon ausgegangen werden, dass der Antragsgegner nach wie vor sein Einverständnis zur von der Antragstellerin begehrten Scheidung der Ehe verweigert, da er zum Schluss der mündlichen Verhandlung vor dem Senat - trotz seiner Erklärung im Rahmen der Anhörung vom 14.11.2000 - seinen Antrag, das angefochtene Urteil des Amtsgerichts - Familiengericht - abzuändern und den Antrag der Antragstellerin auf Scheidung der Ehe abzuweisen, aufrechterhalten hat.

III. Die Ehe der Parteien kann auch nicht in analoger Anwendung des Art. 17 Abs. 1 Satz 2 EGBGB nach deutschem Sachrecht geschieden werden, weil die die Scheidung begehrende Antragstellerin weder bei Eheschließung noch bei Rechtshängigkeit des Scheidungsantrags und auch nicht zum Zeitpunkt der letzten mündlichen Verhandlung über ihr Scheidungsbegehren vor dem Senat (was wohl ausreichen würde - vgl. zum Meinungsstreit: Palandt/Heldrich, BGB, 59. Aufl., Art. 17 EGBGB Rn 9 m. w. Hinweisen, insbesondere auf OLG Köln FamRZ 96, 948 [947]) unter dem deutschen Personalstatut gelebt hat bzw. lebt. Hierzu zählen in Deutschland lebende Nichtdeutsche, die entweder staatenlos oder anerkannte Asylberechtigte oder Flüchtlinge sind. Bei diesem Personenkreis stellen Wohnsitz bzw. gewöhnlicher Aufenthaltsort in Deutschland eine personenbezogene Bindung dar, die die Anwendung deutschen Sachrechts rechtfertigt (vgl. MüKo/Winkler von Mohrenfels, Art. 17 EGBGB, Rn. 53; Staudinger/von Bahr/Mankowski, Art. 17 EGBGB Rn 177; OLG Köln, aaO). Diese Voraussetzungen sind für die Antragstellerin nicht gegeben. Zwar hat sie ihren gewöhnlichen Aufenthaltsort in Deutschland, da sie mit ihren vier Kindern, von denen die beiden jüngsten hier geboren sind, seit mehr als zehn Jahren in Deutschland lebt und hier ihren Daseinsmittelpunkt hat; sie ist aber weder staatenlos (sondern libanesische Staatsangehörige) noch anerkannte Asylberechtigte noch Flüchtling im Sinne der Genfer Flüchtlingskonvention. Der Asylantrag der Antragstellerin ist - ebenso wie der des Antragsgegners - durch rechtskräftige Entscheidung des Bundesamtes für die Anerkennung ausländischer Flüchtlinge vom 20.9.1989 abgelehnt worden. Auch besitzt die Antragstellerin nicht die - auch nach Versagung der Anerkennung als Asylberechtigte gesondert zu überprüfende - Rechtsstellung eines Flüchtlings nach der Genfer Flüchtlingskonvention vom 28.7.1951 (BGBl. 1953 II 559) iVm Art. I des Protokolls über die Rechtsstellung der Flüchtlinge vom 31.1.1967 (BGBl. 1969 II, S. 1294). Danach ist die Flüchtlingseigenschaft nur Personen zuzuerkennen, die sich aus der begründeten Furcht vor Verfolgung wegen ihrer Rasse, Religion, Nationalität, Zugehörigkeit zu einer bestimmten sozialen Gruppe oder wegen ihrer politischen Überzeugung außerhalb des Landes befinden, dessen Staatsangehörigkeit sie besitzen, und die den Schutz dieses Landes nicht in Anspruch nehmen können oder wegen dieser Befürchtungen nicht in Anspruch nehmen wollen. Davon kann nach dem Inhalt der bei der Kreisverwaltung L. für die Antragstellerin geführten Ausländerakte (...), die der Senat eingesehen hat, nicht ausgegangen werden. Sie hat ihr Heimatland Libanon im Jahr 1988 nur wegen ihres Mannes verlassen; im Übrigen sind auch für diesen die Voraussetzungen für die Bejahung der Flüchtlingseigenschaft - insbesondere die begründete Furcht vor Verfolgung im Libanon - nicht gegeben.

IV. Die Ehe der Parteien ist gleichwohl ersatzweise in Anwendung deutschen Sachrechts zu scheiden, weil die Tatsache, dass das primär anzuwendende Heimatrecht der Parteien nur dem Ehemann ein Recht zur Auflösung der Ehe (durch Verstoßung der Ehefrau, Talaq) einräumt, während die Ehefrau - mit Ausnahme des Falles der Impotenz des Mannes - ein (einseitiges) Recht auf Ehescheidung nicht hat, gegen den Gleichberechtigungsgrundsatz des Art. 3 Abs. 2 GG verstößt und daher mit wesentlichen Grundsätzen des deutschen Rechts unvereinbar ist (Art. 6 Satz 2 EGBGB). Die Frage, ob ein Verstoß gegen den ordre public im Sinne des Art. 6 EGBGB gegeben ist, ist stets einzelfallbezogen zu prüfen. Nicht die abstrakte Unvereinbarkeit des ausländischen Rechts mit deutschen Grundrechten, sondern allein die Unvereinbarkeit des Ergebnisses der Einzelfallprüfung auf der Grundlage des ausländischen Rechts mit dem Grundgesetz rechtfertigt die Anwendung deutschen Rechts. Demzufolge kann eine islamische Ehe durch (Gestaltungs-) Urteil eines deutschen Gerichts auch dann in Anwendung des islamischen Sachrechts geschieden werden, wenn sie auf einer vom Ehemann - mit Zustimmung oder gegen den Willen der Ehefrau - ausgesprochenen Verstoßung beruht, sofern die Ehe auch nach deutschem Sachrecht geschieden werden könnte; in diesem Fall verstößt der Talaq nicht gegen den deutschen ordre public, weil man bei Anwendung deutschen Sachrechts zu keinem anderen Ergebnis gelangen würde (vgl. OLG Koblenz FamRZ 1993, 563 [564] u. 1994, 1262 [1263]; OLG Hamm IPrax 1995, 175 [176 f.]; MüKo/Winkler von Mohrenfels, aaO, Rdnr. 124a; Staudinger/von Bahr/Markowski, aaO, Rn 113; Johannsen/Henrich, Eherecht, 3. Aufl., Art. 17 EGBGB Rn 29).

Das Gleiche muss dann allerdings mit Rücksicht auf Art. 3 Abs. 2 GG auch der Ehefrau zugestanden werden; auch sie muss mithin die Scheidung der Ehe (gegen den Willen des Mannes) verlangen können, wenn die Ehe nach deutschem Recht geschieden werden könnte. Da das primär anzuwendende moslemisch-schiitische Recht nach dem oben Gesagten ihr dieses Recht jedoch nicht zugesteht, muss diese ordre public-widrige Regelungslücke durch Heranziehung der Scheidungsgründe des deutschen Rechts geschlossen werden (OLG Hamm, aaO, 177; MüKo, aaO, Rn 124b).

V. Nach deutschem Sachrecht ist die Ehe der Parteien zu scheiden, da die Parteien seit mehr als einem Jahr getrennt leben und die Ehe gescheitert ist (§ 1565 Abs. 1 BGB). Die Trennung der Parteien ist im Mai 1999 erfolgt, als die Antragstellerin dem Antragsgegner im Rahmen eines Besuchs in der Haftanstalt erklärte, dass sie die Ehe mit ihm nicht fortsetzen, sondern sich von ihm trennen wolle. Es kann kein Zweifel daran bestehen, dass die Ehe der Parteien endgültig gescheitert und dass mit einer Wiederherstellung der ehelichen Lebensgemeinschaft nicht zu rechnen ist. Die Antragstellerin hat sich endgültig vom Antragsgegner abgewandt und ist insbesondere wegen der von ihm gegen sie erhobenen unberechtigten Vorwürfe und Beleidigungen nicht mehr bereit, die eheliche Lebensgemeinschaft wiederherzustellen. Die in seinem Schreiben an die Antragstellerin sowie seiner Erklärung im Anhörungstermin erkennbar gewordene völlige Missachtung der Antragstellerin und deren Herabwürdigung durch den Antragsgegner belegen eindrucksvoll, dass die Ehe der Parteien tiefgreifend zerrüttet und eine Grundlage für die künftige Wiederherstellung der ehelichen Lebensgemeinschaft nicht mehr gegeben ist. Angesichts dessen bedarf es keiner weiteren Aufklärung hinsichtlich der (streitigen) Vorwürfe der Antragstellerin zum Verhalten des Antragsgegners vor der Inhaftierung (dem Unterhalten sexueller Beziehungen zu anderen Frauen auch unter Missachtung des geschützten Bereichs der Ehewohnung).

60

Zur Frage der Anerkennung eines Vereins als jüdische Kultusgemeinde in der Rechtsform einer altkorporierten oder neugekorenen Körperschaft des öffentlichen Rechts.

Art. 140 GG, 137 Abs. 5 Satz 1 WRV
VG Halle (Saale), Urteil vom 22. November 2001 - 3 A 1794/97[1] -

Die Klägerin, ein im Vereinsregister eingetragener Verein, ist eine jüdische Gemeinschaft mit Sitz in Halle. Sie begehrt von dem Beklagten die Anerkennung als Körperschaft des öffentlichen Rechts vor dem Hintergrund, an den für die entsprechend anerkannten religiösen jüdischen Gemeinschaften zur Verfügung gestellten Haushaltsmitteln des Landes teilzuhaben.
Mit Schreiben vom 4.7.1997 beantragte die Klägerin bei dem Beklagten, ihr den Status einer Körperschaft des öffentlichen Rechts zu verleihen. Sie beruft sich in ihrer Satzung vom 26.7.1996 auf die Rechtsnachfolge der 1692 gegründeten jüdischen Gemeinde in Halle. In der Präambel führt sie aus:

„Die Synagogengemeinde zu Halle konstituierte sich unter Aufnahme und Fortsetzung der Tradition als direkte Nachfolge der Synagogengemeinde zu Halle, die im Holocaust ausgelöscht worden ist. Die Synagogengemeinde zu Halle nimmt damit die traditionelle liberale Haltung dieser Gemeinde wieder auf."

Die unmittelbare Rechtsnachfolge in der liberalen Tradition begründet die Klägerin damit, dass sich bereits im Jahr 1842 eine Synagogengemeinde zu Halle von der jüdischen Gemeinde abgetrennt habe.

---

[1] Über den Antrag der Klägerin auf Zulassung der Berufung (2 L 53/02 OVG Magdeburg) war bei Redaktionsschluss (1.6.2005) noch nicht entschieden.

Die Rechtsnachfolge der jüdischen Gemeinde selbst wurde durch die Jüdische Gemeinde zu Halle angetreten. Diese hat ihren Sitz in der Großen Märkerstraße 13 in 06108 Halle und den Status einer Körperschaft des öffentlichen Rechts. Sie hatte sich nach der Wende neu konstituiert. Eine erste Satzung, deren rechtmäßiges Zustandekommen umstritten ist, stammt vom 18.7.1991. Der Bereich der jüdischen Gemeinde zu Halle umfasst gegenwärtig das Gebiet des Regierungsbezirks Halle. Der Beklagte lehnte den Antrag der Klägerin mit dem angefochtenen Bescheid ab. Er führt zur Begründung aus, die Klägerin könne nicht als altkorporierte Religionsgemeinschaft im Sinne des Art. 137 Abs. 5 Satz 1 WRV anerkannt werden. Es sei ihr nicht gelungen, nachzuweisen, dass es in Halle neben der Jüdischen Gemeinde zumindest seit dem Jahr 1842 eine weitere Gemeinde gegeben habe. Eine Recherche der Stiftung „Neue Synagoge Berlin - Centrum Judaicum" habe ergeben, dass in deren Beständen kein Hinweis auf zwei jüdische Gemeinden in Halle enthalten sei. In den älteren Akten werde die Gemeinde - wie es damals üblich gewesen sei - nicht einheitlich bezeichnet, sondern tauche als „Israelitische Kultusgemeinde", als „Jüdische Gemeinde", seit Mitte des 19. Jahrhunderts häufiger als „Synagogengemeinde" auf. In den Statistischen Jahrbüchern des Deutsch-Israelitischen Gemeindebundes, die seit dem Jahr 1885 erschienen, sowie im „Führer durch die jüdische Gemeindeverwaltung und Wohlfahrtspflege in Deutschland 1932-1933", herausgegeben von der Zentralwohlfahrtspflege der deutschen Juden, Berlin, sei nur eine Gemeinde in Halle aufgeführt worden. Gemäß dem Gesetz über die Verhältnisse der Juden vom 23.7.1847 für Preußen haben alle jüdischen Einwohner eines bestimmten staatlich festgelegten Synagogenbezirks Mitglied einer bestimmten Synagogengemeinde sein müssen. Der Landesverband Jüdischer Gemeinden habe diese Feststellungen bestätigt. Eine Neuverleihung der Körperschaftsrechte nach Art. 137 Abs. 5 Satz 2 WRV scheitere an der zu geringen Mitgliederzahl der Klägerin von 31 Personen und der kurzen Zeit des Bestehens der Religionsgemeinschaft. Auch unter Berücksichtigung der für jüdische Gemeinschaften bestehenden Besonderheiten im Hinblick auf die Mitgliederzahl, sei eine Zahl von 31 Personen nicht als ausreichend anzusehen. Auch sei die Verfassung der Klägerin und ihr bisheriges Erscheinungsbild zu berücksichtigen. Die Gewähr der Dauer erscheine angesichts der Beteiligung von nur acht Mitgliedern an der Satzungsänderung vom 31.7.1997 zweifelhaft. Hinzu komme, dass die Klägerin am 13.2.1997 einen Antrag auf Verleihung der Körperschaftsrechte vom 30.8.1996 zurückgenommen habe, nachdem ihr Vorsitzender, Herr Karl S., von dem Landesverband Jüdischer Gemeinden als Vorsitzender der „Jüdischen Gemeinde zu Halle (Körperschaft des öffentlichen Rechts)" anerkannt worden sei. Erst nachdem das Schiedsgericht des Zentralrates der Juden in Deutschland mit Entscheid vom 17.4.1997 die Vorstandswahlen und damit die Wahl von Herrn S. zum Vorsitzenden für unwirksam erklärt und einen kommissarischen Geschäftsführer eingesetzt habe, habe der Vorsitzende der Klägerin den zugrunde liegenden erneuten Antrag auf Zuerkennung des Status gestellt. Auch müsse eine gewisse Dauer des Bestehens nachgewiesen sein. Erst ein Bestand über einen ersten Generationswechsel hinaus könne erweisen, ob eine Gemeinschaft nicht nur von der aktiven Gründergeneration getragen werde.

Der Vorsitzende der Klägerin beantragte beim VG Halle mit Schreiben vom 30.12.1998 den Erlass einer einstweiligen Anordnung (3 B 1/99 HAL). Er wollte feststellen lassen, dass er Mitglied der Jüdischen Gemeinde zu Halle sei und diese verpflichten, ihn an Versammlungen und Wahlen teilnehmen zu lassen, hilfsweise der Jüdischen Gemeinde vorläufig untersagen lassen, Neuwahlen zum Vorstand durchzuführen. Mit Beschluss vom 18.1.1999 lehnte die Kammer diesen Antrag ab, weil das Gericht sich für innerreligiöse Streitigkeiten für unzuständig erklärte.

Herr Josef H.K., Sohn des in den 20-er bis 30-er Jahre in der jüdischen Gemeinde zu Halle wirkenden Rabbiners Dr. Albert K., teilte auf Anfrage des Beklagten mit, dass in Halle nur eine Gemeinde existiert habe. Vor 1938 habe eine Gruppe orthodoxer Juden eine kleine Betstube (Minjan) eingerichtet. Die Orthodoxen seien aber alle Mitglieder der Synagogengemeinde gewesen.

Die Archivarin der Jüdischen Gemeinde zu Halle, Frau Gudrun G., erklärte in einem Schreiben vom 12.11.1996 auf Nachfrage der Klägerin, dass sich die jüdische Gemeinde von Halle seit ihrer Gründung bis zu ihrer Auflösung am 12.1.1942 „Synagogengemeinde" genannt habe. Diese sei eine liberale Gemeinde gewesen, im Gegensatz zur neuerdings orthodoxen jüdischen Gemeinde in Halle. Im Jahr 1939 sei die Synagogengemeinde Halle als Zweigstelle in die „Reichsvereinigung der Juden in Deutschland" unter der Bezeichnung „Jüdische Kultusvereinigung e.V." eingegliedert worden. Die Sowjetische Militäradministration habe am 31.1.1947 nur die Gründung einer Gemeinde unter der Bezeichnung „Jüdische Gemeinde" genehmigt. Auch sei in einigen Grundbüchern als Eigentümer die Synagogengemeinde eingetragen gewesen. Frau G. legte dazu verschiedene Schreiben mit dem Briefkopf „Synagogengemeinde Halle" aus den Jahren 1934, 1937, 1939 und 1940 vor. In einem Schreiben vom 20.3.1941 wird der Briefkopf „Juedische Kultusvereinigung e.V. (Synagogengemeinde)" verwandt. Ferner ist in zwei Schreiben aus dem Jahr 1945 vom Friedhof der früheren Synagogen Gemeinde die Rede.

In dem Band „300 Jahre Juden in Halle" aus dem Jahr 1992 findet sich in dem Beitrag von Werner Piechocki, Zur Geschichte der jüdischen Gemeinde in Halle (1800-1933) auf S. 49 folgende Passage:

„Auf der Basis dieses Gesetzes vom 23.7.1847 konnte nach jahrelangen Vorarbeiten die Synagogengemeinde Halle am 20.10.1858 ein eigenes Statut verabschieden, dass am 15.12. d. J. vom Oberpräsidenten der Provinz Sachsen genehmigt

wurde. *Der Synagogenbezirk Halle umfasste danach den gesamten Regierungsbezirk Merseburg ohne den Synagogenbezirk Eisleben. Alle innerhalb dieses Bezirks wohnenden Juden gehörten künftig der Synagogengemeinde Halle an.*"

Mit der Klage begehrt die Klägerin, den angefochtenen Bescheid aufzuheben und den Beklagten zu verpflichten, ihr den Status einer Körperschaft des öffentlichen Rechts zu verleihen. Sie lässt im Wesentlichen vortragen, die derzeitige Jüdische Gemeinde zu Halle (Körperschaft des öffentlichen Rechts) sei nicht mehr diejenige, der die Körperschaftsrechte verliehen worden seien. Diese Gemeinde habe sich von einer liberalen Gemeinde durch die Zuwanderung aus Osteuropa zu einer orthodoxen russischen Gemeinde gewandelt. Es habe schon vor dem 2. Weltkrieg in Halle eine größere liberale und eine kleinere orthodoxe jüdische Gemeinde bestanden. Wegen der sich ergebenden Konflikte zwischen den orthodoxen und den liberalen Juden hätten die liberalen Juden die Klägerin gegründet. Diese könne ebenso Rechtsnachfolgerin der ehemaligen Jüdischen Gemeinde in Halle sein, wie dies die orthodoxen Juden in Anspruch nähmen.

Nach ihrer Auffassung sei die aus dem Jahr 1954 stammende Richtzahl von einem Promille der Bevölkerung zur Bestimmung der erforderlichen Mitgliederzahl, um den Status einer öffentlich rechtlichen Körperschaft im Sinne des Art. 137 Abs. 5 Satz 2 WRV zu erlangen, unverbindlich. Dies sei zeitlich überholt und stimme mit den tatsächlichen Verhältnissen nicht überein. Es gebe keine jüdische Gemeinde in Sachsen-Anhalt, die 2.600 Mitglieder habe. So habe die Jüdische Gemeinde zu Dessau, obwohl diese im Jahr 1993 nur sieben Mitglieder gehabt habe, den Status einer Körperschaft des öffentlichen Rechts erhalten. Die für jüdische Gemeinschaften geltenden Besonderheiten im Hinblick auf die Mitgliederzahl seien durch den Beklagten nicht ausreichend berücksichtigt worden. Soweit vorgehalten werde, nur acht Personen hätten an einer ihrer Vollversammlungen teilgenommen, so sei darauf hinzuweisen, dass es sich bereits um die vierte Vollversammlung in einem kurzen Zeitraum gehandelt habe. Soweit verlangt werde, dass die Klägerin erst dreißig Jahre bestehen müsse, bevor ihr der Status einer Körperschaft des öffentlichen Rechts verliehen werden könne, welches sich aus einer Vereinbarung der Kultusministerkonferenz ergeben solle, so werde dies bestritten. Dies sei auch im Verfahren der Jüdischen Gemeinde zu Dessau nicht verlangt worden. Dort habe sich 1997 neben der Jüdischen Gemeinde eine Israelitische Gemeinde zu Dessau gegründet, die bereits im Jahr 1998, nach elf Monaten, von der Beklagten den Status einer Körperschaft des öffentlichen Rechts zuerkannt erhalten habe. Zahlreiche Aktivitäten seien ein Indiz für ihre auf Dauer angelegte Tätigkeit. Dazu zählten die Einbindung zahlreicher Jugendlicher und Kinder in den Gottesdienst und die vorbereitenden Arbeiten bezüglich der Errichtung eines jüdischen Altersheims. Für die Errichtung einer Synagoge seien bereits ein Grundstück erworben und die Bauplanung beim halleschen Stadtbauamt eingereicht worden. Am 17.8.1999 sei sie in die Union progressiver Juden in Deutschland, Österreich und der Schweiz aufgenommen worden. Sie beschäftige mittlerweile einen Kantor und verfüge über eine Mitgliederzahl von 112 Personen. Es seien ein kultisch ausgestatteter Gebetssaal und Verwaltungs- sowie Sozialräume vorhanden. Es werde wöchentlich gemeinsam der Kiddusch gefeiert, ebenso die hohen Feiertage.

Herr Josef H. K., Sohn des letzten halleschen Rabbiners, habe ihrem Vorsitzenden gegenüber telefonisch angegeben, er sei weder religiös, noch könne er sich genau an die Zusammensetzung der jüdischen Gemeinschaft vor dem Krieg erinnern. Er könne lediglich bestätigen, dass es vor dem Krieg in Halle eine liberale Synagogengemeinde Halle und eine orthodoxe Splittergemeinde gegeben habe.

Schließlich dürfe nicht übersehen werden, dass die Verhältnisse bei der Jüdischen Gemeinde in Halle chaotisch seien. So werde gegen den Vorsitzenden der Gemeinde sowie gegen den Vorsitzenden des Landesverbandes Jüdischer Gemeinden strafrechtlich ermittelt, u.a. wegen des Vorwurfs des unkorrekten Umgangs mit Haushaltsmitteln. Gerade angesichts derartiger Verhältnisse laufe es auf eine Diskriminierung der liberalen Juden hinaus, wenn nur die Gemeinden der orthodoxen Juden als Körperschaften des öffentlichen Rechts anerkannt würden.

Der Beklagte macht geltend, die Rechtsnachfolge der im Jahr 1692 gegründeten Jüdischen Gemeinde in Halle sei durch die Jüdische Gemeinde zu Halle angetreten worden. Diese habe den Status einer Körperschaft des öffentlichen Rechts. Dies sei durch ihn auf der Grundlage von § 2 Nr. 3 DDR-KiStG (BGBl. Nr. 35 Teil II vom 28.9.1990) mit Schreiben vom 26.9.1994 bestätigt worden. Die Jüdische Gemeinde habe in ihren Satzungen von 1991 und 1993 die Rechtsnachfolge angetreten. Die Frage der religiösen Haltung, ob orthodox oder liberal, sei insoweit für ihn nicht relevant und entziehe sich seiner Beurteilung. Der Ministerpräsident der Provinzialregierung Sachsen-Anhalt habe in einem Schreiben vom 7.2.1947 festgestellt, dass die Jüdische Gemeinde zu Halle wieder existent geworden sei und diese die Rechte einer Körperschaft des öffentlichen Rechts habe. Mithin sei eine Kontinuität gegeben. Die Existenz einer zweiten jüdischen Gemeinde habe sich nicht bestätigt. Die Rechtsnachfolge könne aber nur einheitlich erfolgen. Eine doppelte Sonderrechtsnachfolge sei nicht möglich. Vielmehr habe es auch früher schon verschiedene Strömungen unter dem Dach der Jüdischen Gemeinde gegeben. Die Klägerin sei am 19.6.1996 mit 31 Mitgliedern in das Vereinsregister des Amtsgerichts Halle-Saalkreis (VR 1488) eingetragen worden. Sie trete in der Öffentlichkeit ausschließlich durch ihren Vorsitzenden, Herrn S., auf. Die Satzung der Klägerin weise keine Regelungen auf, mit der verbindliche Entscheidungsinstanzen in Fragen der jüdischen Glaubenslehre festgelegt seien. Angaben zur finanziellen Ausstattung der Klägerin fehlten gänzlich. Ausweislich der Satzung sei das Abstimmungsverhalten der drei Vorstandsmitglieder in Binnenangelegenheiten dieses Organs - insbesondere der Wahl des Vorsitzenden - nicht geregelt. Es fehle eine Regelung für Abstimmungen, die die eigene Person eines Vorstandsmitgliedes betreffen. Regelungen über Stimmenthaltung und Stimmrechtsausschluss fehlten. Es sei nicht sichergestellt, wie bei Stimmengleichheit zu verfahren sei. Das Verhalten des Vorsitzenden der Klägerin sei widersprüchlich. So habe er mit Schreiben vom 30.12.1998 beim erkennenden Gericht beantragt festzustellen, dass er Mitglied der Jüdischen Gemeinde zu Halle sei. § 3 der Satzung der Jüdischen Gemeinde besage aber, dass die Mitgliedschaft durch die Ummeldung in eine andere Gemeinde ende. Der Jüdischen Gemeinde zu Dessau sei im Jahr 1993 als altkorporierter Religionsgemeinschaft der Status einer Körperschaft des öffentlichen Rechts verliehen worden. Die Israelitische Gemeinde in Dessau habe den Status nicht erhalten.

Die Kammer weist die Klage ab.

Aus den Gründen:

Die Klage ist zulässig, aber unbegründet.
Der Bescheid des Beklagten vom 25.8.1998 ist rechtmäßig und die Klägerin ist dadurch nicht in ihren Rechten verletzt (§ 113 Abs. 5 Satz 1 VwGO). Die Klägerin hat keinen Anspruch auf Anerkennung als Körperschaft des öffentlichen Rechts.

Allein in Betracht kommende Rechtsgrundlage für den geltend gemachten Anspruch auf Verleihung des Status der Körperschaft des öffentlichen Rechts ist Art. 137 Abs. 5 WRV, der über Art. 140 GG vollgültiger Bestandteil der Verfassungsordnung ist. Gemäß Art. 137 Abs. 5 Satz 1 WRV bleiben die Religionsgesellschaften Körperschaften des öffentlichen Rechts, soweit sie solche bisher waren (sog. altkorporierte Gemeinschaften). Nach Art. 137 Abs. 5 Satz 2 WRV sind Religionsgesellschaften auf ihren Antrag hin die Rechte einer Körperschaft des öffentlichen Rechts zu gewähren, wenn sie durch ihre Verfassung und die Zahl ihrer Mitglieder die Gewähr ihrer Dauer bieten (sog. neugekorene Gemeinschaften).

Die Klägerin stellt aber weder eine altkorporierte Gemeinschaft dar, noch erfüllt sie die Voraussetzungen für eine neugekorene Gemeinschaft im vorgenannten Sinne.

Unstreitig ist allerdings zunächst, dass es sich bei der Klägerin um eine Religionsgemeinschaft iSd Art. 137 Abs. 5 WRV handelt. Dies ergibt sich im Übrigen auch aus § 1 der Satzung der Klägerin, wonach diese eine Religionsgemeinschaft jüdischen Glaubens ist.

Diese kann allerdings nicht als altkorporierte Religionsgesellschaft angesehen werden. Denn sie ist nicht Rechtsnachfolgerin der im Jahr 1692 gegründeten Jüdischen Gemeinde in Halle. Die Rechtsnachfolge ist vielmehr durch die Jüdische Gemeinde zu Halle angetreten worden. Zwar stellte die ehemalige Jüdische Gemeinde in Halle unbestritten eine Körperschaft des öffentlichen Rechts dar. Dies ergibt sich insbesondere auch aus dem Schreiben des Ministerpräsidenten der Provinzialregierung Sachsen-Anhalt vom 7.2.1947 an den Vorstand der Jüdischen Gemeinde zu Halle, wonach festgestellt wird, dass die Jüdische Gemeinde zu Halle Rechte einer Körperschaft des öffentlichen Rechts habe. Zwar ist der Rechtsstatus der Körperschaft des öffentlichen Rechts seit dem Jahr 1968 in der Verfassung der DDR nicht mehr vorgesehen gewesen. Diese Verfassung - und ebenso die des Jahres 1974 - garantierte den Kirchen und den anderen Religionsgemeinschaften nur noch das Recht zur Ordnung ihrer Angelegenheiten und zur Ausübung ihrer Tätigkeit „in Übereinstimmung mit der Verfassung und den gesetzlichen Bestimmungen der Deutschen Demokratischen Republik" (Art. 39 Abs. 2 der Verfassung der DDR). Ohne dass den bisher als Körperschaften des öffentlichen Rechts verfassten Religionsgemeinschaften dieser Rechtsstatus förmlich entzogen worden wäre, wurden sie als andere rechtlich selbstständige Organisationen und Vereinigungen iSv § 11 Abs. 3 DDR-ZGB angesehen und damit dem Privatrecht unterstellt (vgl. BVerwG, Urteil vom 15.10.1997 - 7 C 21.96 - BVerwGE 105, 255 [259], KirchE 35, 403).

Indessen ist die frühere Rechtsstellung wiederbegründet worden durch § 2 Nr. 3 des zusammen mit dem Einigungsvertrag am 29.9.1990 in Kraft getretenen Kirchensteuergesetzes der DDR (Gesetz zur Regelung des Kirchensteuerwesens, Anlage II, Kapitel IV, Abschnitt I, Nr. 5 Einigungsvertrag - BGBl. II 1990 S. 1194). Nach § 2 Kirchensteuergesetz der DDR sind Körperschaften bestimmte Gliederungen der evangelischen und katholischen Kirche (Nr. 1 u. 2) sowie die jüdischen Kultusgemeinden (Nr. 3). Nach § 1 Kirchensteuergesetz der DDR sind Religionsgesellschaften zur Erhebung von Kirchensteuern berechtigt, wenn sie Körperschaften des öffentlichen Rechtes sind. Daraus folgt ohne weiteres, dass der Jüdischen Gemeinde zu Halle als altkorporierte Religionsgemeinschaft der Status der Körperschaft des öffentlichen Rechts zukommt.

Die Klägerin, die sich als Abspaltung von der Jüdischen Gemeinde erst im Jahr 1996 neu gegründet hat, kann sich nicht auf die Rechtsnachfolge der ehemaligen Jüdischen Gemeinde zu Halle berufen. Denn die Rechtsnachfolge ist als solche nicht teilbar bzw. verdoppelbar. Rechtsnachfolge bedeutet vielmehr immer die Nachfolge einer Rechtspersönlichkeit nach einer anderen in Bezug auf einen zuvor begründeten Rechtsstatus bzw. zuvor bestehende Rechtsverhältnisse. Ein Rechtsnachfolger ist der an die Stelle des ursprünglichen Rechtsinhabers getretene nunmehrige Rechtsinhaber. Dabei können die Rechte der vormals bestehenden Körperschaft nicht in zwei Segmente aufgeteilt und übertragen werden. Eine doppelte Sonderrechtsnachfolge ist nicht möglich.

Soweit die Klägerin vorträgt, sie setze als jüdische Glaubensgemeinschaft mit liberalem Ansatz die ursprüngliche Tradition der Jüdischen Gemeinde zu Halle fort, während die Jüdische Gemeinde zu Halle in den Jahren nach 1990 durch die Zuwanderung von Juden aus Osteuropa sich in eine Glaubensgemeinschaft mit orthodoxem Ansatz gewandelt habe, mag dies zwar die inhaltliche Anknüpfung der Klägerin an ältere Traditionen beschreiben, führt aber nicht zu einer rechtlich wirksamen Rechtsnachfolge.

Die Klägerin kann sich zur Begründung ihres Anspruches auch nicht darauf berufen, dass sie Rechtsnachfolgerin einer zweiten altkorporierten jüdischen Glaubensgemeinschaft in Halle sei, nämlich der Synagogengemeinde. Denn rechtlich betrachtet bestand immer nur eine Jüdische Gemeinde mit dem Status der öffentlich-rechtlichen Körperschaft. Ausweislich der unbestrittenen historischen Herleitung der Jüdischen Gemeinde in Halle verabschiedete diese als Synagogengemeinde am 20.10.1858 ein eigenes Statut. Da nach dem preußischen Gesetz über die Verhältnisse der Juden vom 23.7.1847 alle jüdischen Einwohner eines bestimmten, staatlich festgelegten Synagogenbezirks Mitglied einer bestimmten Synagogengemeinde sein mussten, wäre zu diesem Zeitpunkt die Gründung einer zweiten Gemeinde in einer Stadt in Preußen kaum möglich gewesen. Ferner hat die Stiftung „Neue Synagoge Berlin - Zentrum Judaicum" mit Schreiben vom 8.7.1998 mitgeteilt, dass in den statistischen Jahrbüchern des deutsch-israelitischen Gemeindebundes, soweit diese überliefert sind, sowie im „Führer durch die jüdische Gemeindeverwaltung und Wohlfahrtspflege in Deutschland 1932-1933" nur eine Gemeinde in Halle aufgeführt sei. Soweit danach unstreitig auch in den 30er und 40er Jahren Schriftverkehr unter dem Briefkopf einer Synagogengemeinde in Halle geführt worden ist, belegt dies nicht, dass zwei verschiedene jüdische Gemeinden mit Körperschaftsstatus vorhanden gewesen sind. Das Gericht geht vielmehr davon aus, dass innerhalb der ehemaligen Jüdischen Gemeinde zu Halle verschiedene Richtungen - wie etwa eine liberale und eine orthodoxe - vorhanden waren, die letztlich aber rechtlich gesehen insgesamt eine Körperschaft darstellten.

Die Klägerin hat auch keinen Anspruch auf Verleihung des Status als Körperschaft des öffentlichen Rechts als neugekorene Religionsgemeinschaft. Die dafür erforderlichen Voraussetzungen werden von ihr nicht erfüllt. Der Gesamtzustand der Klägerin bietet keine ausreichende Gewähr für die vorausgesetzte Dauer der Religionsgemeinschaft.

Die in Art. 137 Abs. 5 Satz 2 WRV verwendeten Begriffe „ihre Verfassung", „Zahl ihrer Mitglieder" und „Gewähr der Dauer" sind unbestimmte Rechtsbegriffe, deren Anwendung durch die Behörde in vollem Umfang gerichtlich nachprüfbar ist. Bei ihrer Auslegung muss - wie bei der Interpretation der inkorporierten Artikel der Weimarer Reichsverfassung generell - davon ausgegangen werden, dass sie in jener Gestalt übernommen werden sollten, die sie am Ende der Weimarer Zeit legitimerweise gefunden haben (vgl. OVG Berlin, Urteil vom 14.12.1995 - 5 B 20/94 - NVwZ 1996, 478 mwN, KirchE 33, 549).

Unter dem Begriff „Verfassung", den Art. 137 Abs. 5 Satz 2 WRV seinem Wortlaut nach neben der Zahl der Mitglieder zum alleinigen Maßstab für die Prüfung der Gewähr der Dauer macht, ist nicht nur die satzungsmäßige Organisation, sondern der tatsächliche und gesicherte Gesamtzustand der Gemeinschaft zu verstehen (sog. qualitativer Gesamtzustand); denn die Zahl der Mitglieder und ein Organisationsstatut allein lassen keine zureichende Prognose in Bezug auf das Moment der Dauer zu (vgl. OVG Berlin, aaO, mwN). Eine hinreichende rechtliche Organisation ist danach zwar eine notwendige, aber nicht ausreichende Bedingung für die Erwartung eines dauerhaften Bestandes. Zur Erwartung eines dauerhaften Bestandes gehören ferner eine ausreichende Finanzausstattung der Religionsgesellschaft, damit sie ihren vielfältigen finanziellen Verpflichtungen nachkommen kann sowie ein gewisser Zeitraum des Bestehens, da eine neu gegründete Religionsgemeinschaft in aller Regel nicht sofort die Gewähr der Dauer bietet; gefordert wird im Allgemeinen ein Zeitraum von 30-40 Jahren (vgl. OVG Berlin, aaO; BVerfG, Urteil vom 19.12.2000 - 2 BvR 1500/97 - NJW 2001, 429, KirchE 38, 502; OVG Berlin, Beschluss vom 6.6.2000 - 5 N 35/99 - NVwZ-RR 2000, 604, KirchE 38, 295).

Das Tatbestandsmerkmal der Gewähr der Dauer soll vermeiden, dass nur vorübergehend auftretende Religions- oder Weltanschauungsgemeinschaften in den Besitz des Körperschaftsstatus gelangen. Mit seinen mannigfachen rechtlichen Folgen und Vergünstigungen soll der Körperschaftsstatus in jeder Hinsicht stabilen Gemeinschaften vorbehalten bleiben und diese gegenüber anderen Gemeinschaften des Privatrechts herausheben. Durch die Verleihung des Korporationsstatus wird die rechtliche Existenz, die äußere Ordnung und Verwaltung sowie grundsätzlich das gesamte Wirken der Gemeinschaft, soweit davon Rechtswirkungen im staatlichen Bereich ausgehen, dem öffentlichen Recht unterstellt. Damit verbunden ist die Einräumung zahlreicher einzelner öffentlichrechtlicher Befugnisse, die teilweise, wie das Recht zur Erhebung von Steuern (Art. 140 GG iVm Art. 137 Abs. 6 WRV) in der Verfassung selbst erwähnt sind, teilweise, wie das Recht, Beamte zu haben, das Recht zur Schaffung öffentlicher Sachen oder das Parochialrecht, sich aus dem Herkommen ergeben. Ferner dient der öffentlich-rechtliche Status einer Religions- oder Weltanschauungsgemeinschaft dem Bundes- und dem Landesgesetzgeber als Anknüpfungspunkt für eine Vielzahl weiterer Vergünstigungen, wie beispielsweise die Befreiung von Steuern, Kosten und Gebühren, das Recht zur Beteiligung an staatlichen Planungsverfahren, die Mitwirkung an bestimmten öffentlich-rechtlichen Gremien und die Anerkennung als Träger der freien Jugendhilfe („Privilegienbündel"). Der Anerkennung als Körperschaft des öffentlichen Rechts nach Art. 137 Abs. 5 Satz 2 WRV, in der eine besondere Wertschätzung des Staates für die von ihm anerkannte Gemeinschaft zum Ausdruck kommt, muss die Überzeugung von der besonderen Wirksamkeit der betreffenden Gemeinschaft, von ihrer gewichtigen Stellung in der Gesellschaft und der sich daraus ergebenden Gewähr der Dauer zugrunde liegen (stRspr, vgl. BVerfGE 18, 385 [386], KirchE 7, 172; BVerfGE 19, 129 [133 f.], KirchE 7, 242; BVerfGE 30, 415 [427 f.], KirchE 12, 101; BVerfGE 42, 312 [321 f., 332], KirchE 15, 320; BVerfGE 66, 1 [20 f.], KirchE 21, 307; BVerwGE 105, 117, KirchE 35, 248; VG Berlin, Urteil vom 3.7.1999 - 27 A 179/98 - NVwZ-RR 2000, 606 [608]).

Die danach im Mittelpunkt einer Verleihung von Körperschaftsrechten stehende „Gewähr der Dauer" ist aus der Summe der Lebensbedingungen zu erschließen, denen die fragliche Religionsgemeinschaft unterworfen ist. Insbesondere muss der Bewerber aus dem Gründungsstadium deutlich herausgewachsen sein und sich als ein stetiger Rechtsträger mit klarer Organisationsform, einem Willensbildungsverfahren und Organisationen repräsentieren, welche eine langfristige Fähigkeit zur Zusammenarbeit mit dem Staat und den Verwaltungsstellen gewährleisten. Bedeutsam sind vor allem der Grund der Bindung der Mitglieder an ihr Bekenntnis, der Grad der Ausbildung einer festen Organisation und eine bestimmte Bestandszeit. Ferner muss zu dem erforderlichen qualitativen Gesamtzustand eine ausreichende Finanzausstattung gehören. Die Gemeinschaft muss über ausreichende Einkünfte und über ein schuldenfreies Vermögen verfügen, um ihre Aufgaben und Ziele finanzieren und eine ausreichend große Organisation unterhalten zu können (vgl. BVerfGE 66, 1 [24], KirchE 21, 307). Schließlich ist auch die Zahl der Mitglieder ein eigenständiger Indikator für die maßgebliche „Gewähr der Dauer", wobei die Mitgliederzahl über einen längeren Zeitraum beständig sein muss.

Gemessen an diesen Anforderungen erfüllt die Klägerin nicht die Voraussetzungen. Sie kann zunächst nicht auf eine hinreichende Dauer ihrer Existenz verweisen. Die Klägerin hat sich erst im Jahr 1996, d.h. vor fünf Jahren gegründet. Im Rahmen der Verleihung des Status der Körperschaft des öffentlichen Rechts wird jedoch gemeinhin eine Dauer von 30-40 Jahren verlangt, was sich daraus begründet, dass auch ein generationenübergreifender Bestand der Körperschaft gewährleistet sein soll (vgl. OVG Berlin, Beschluss vom 6.6.2000, aaO.; vgl. auch Kirchhoff, Die Kirchen- und Religionsgemeinschaften als Körperschaften des öffentlichen Rechts, in: HdbStKirchR, Bd. 1, 1994, S. 695 mwN).

Aber auch die Mitgliederzahl bietet nicht die Gewähr der Dauer. Zwar ist der Tatbestand der Mitgliederzahlen mathematisch nicht festgelegt. Von der Mitgliederzahl kann im genau zu untersuchenden Einzelfall nur dann auf die Gewähr der Dauer geschlossen werden, wenn der Vereinigung in einiger Beständigkeit aufgrund der Anzahl der Mitglieder im

Verhältnis zur Gesamtbevölkerung eine gewisse Bedeutung im öffentlichen Leben zukommt und die Alterszusammensetzung sowie die örtliche Zugehörigkeit der Mitglieder eine langfristige Stetigkeit erwarten lässt. Vielfach üblich ist es insofern, als Anhaltspunkt für die zu verlangende Mitgliederzahl ein Promille der Bevölkerung des jeweiligen Bezugsgebietes anzunehmen. Die Bevölkerungszahl des Regierungsbezirkes Halle betrug zum 31.12.1999 laut den Zahlen des Statistischen Landesamtes 876.132 Einwohner. Ein Promille wären mithin 876 Mitglieder bei der Klägerin. Die Klägerin trägt vor, sie habe bei Gründung 31 Mitglieder gehabt und sei inzwischen auf eine Mitgliederzahl von 112 Personen angewachsen. Allerdings sind diese Angaben der Klägerin in keiner Weise belegt. Auch unter Berücksichtigung der besonderen historischen Verhältnisse ist im Hinblick auf die Verleihung des Status der öffentlich-rechtlichen Körperschaft maßgeblich, ob für die Zukunft die Gewähr der Beständigkeit gegeben ist. Dies lässt sich jedoch nicht hinreichend feststellen. Dabei ist auch zu berücksichtigen, dass der wesentliche Mitgliederbestand auch der Klägerin aus neu hinzugezogenen Auswanderern aus Osteuropa besteht. Inwiefern diese bereits so verwurzelt sind, dass langfristige auch familiäre Traditionen in der Region und in Bezug auf die Klägerin begründet werden, kann danach noch nicht mit hinreichender Sicherheit übersehen werden.

Abhängig von der noch geringen Mitgliederzahl der Klägerin ist auch in keiner Weise dargetan, dass diese aus eigener Kraft finanziell hinreichend gesichert ist, um ihren selbst gesetzten Zielen nachzukommen und eine nachhaltige Wirksamkeit auch in den öffentlichen Raum zu bewirken. Über die finanziellen Verhältnisse der Klägerin ist schlechthin nichts bekannt. Vorgetragen wird lediglich, es werde ein Kantor beschäftigt und es seien ein kultisch ausgestatteter Gebetssaal sowie Verwaltungs- und Sozialräume vorhanden. Welche Mittel letztlich aufgewendet werden, ist indessen nicht ersichtlich. Welchen genaueren Umfang die genannten Räume haben, ist dabei ebenso wenig dargetan, wie die rechtlichen Eigentums- bzw. Nutzungsverhältnisse.

Schließlich ist auch nicht dargetan und durch das Gericht aus eigener Kenntnis nicht feststellbar, dass die Tätigkeit der Klägerin nach einer Gesamtbetrachtung bereits maßgeblich in den öffentlichen Raum hineinwirkt und eine gewisse gesellschaftliche Bedeutung erlangt hat. Insofern ist auch auf den tatsächlichen Gesamtzustand einer Religionsgemeinschaft abzustellen (vgl. BVerfG, Urteil vom 19.12.2000, aaO).

Die Klägerin kann schließlich nach der Überzeugung des Gerichtes auch nicht darauf verweisen, dass der Beklagte in zwei anderen Fällen Jüdischen Gemeinden in Dessau den Status der Körperschaft des öffentlichen Rechts verliehen habe, obwohl diese erst neu gegründet gewesen seien und auch über keine großen Mitgliederzahlen verfügt haben. Zum einen ist nach den Angaben des Beklagten lediglich einmal der Status der Körperschaft des öffentlichen Rechts verliehen worden. Die Israelitische Gemeinde hat diesen - hiernach - nicht erhalten. Zum anderen ist die Anerkennung der Jüdischen Gemeinde zu Dessau als altkorporierte Gemeinschaft erfolgt.

Außerdem kann die Klägerin sich nach der Überzeugung des Gerichtes nicht auf eine derartige Verwaltungspraxis des Beklagten berufen, soweit diese in offenkundigem Gegensatz zu den gesetzlichen Anforderungen in Art. 137 WRV und den dazu von der Rechtsprechung erarbeiteten und allgemein anerkannten Ausformungen der Voraussetzungen stehen sollte. Es gibt keinen Anspruch auf eine Gleichbehandlung im Unrecht.

61

Die geschäftsmäßige Vertretung im sozialhilferechtlichen Widerspruchsverfahren durch ein kirchengemeindlich getragenes „Zentrum für Sozial- und Migrationsberatung" gehört nicht zur erlaubnisfreien Tätigkeit der „Rechtsberatung und Rechtsbetreuung" im Sinne von Art. 1 § 3 Nr. 1 RBerG.

§§ 13 Abs. 5 SGB X, 124 Abs. 2, 124a Abs. 1 VwGO
OVG Nordrhein-Westfalen, Beschluss vom 29. November 2001
- 12 A 100/99[1] -

Die Klägerin, die ev. Kirchengemeinde zu D., betreibt ein „Zentrum für Sozial- und Migrationsberatung", das durch ein „Fachteam: Sozialberatung" hilfsbedürftige Personen berät und betreut. Zu den von dieser Einrichtung betreuten Personen gehörte auch ein Herr P., der im März 1997 gegen einen ihn belastenden sozialhilferechtlichen Bescheid des Beklagten Widerspruch eingelegt hatte. Nachdem ein Mitarbeiter aus dem „Fachteam: Sozialberatung" am 12.6.1997 unter Berufung auf eine für ihn als Mitarbeiter der Klägerin ausgestellte Vollmacht des Herrn P. die Begründung zu dessen Widerspruch eingereicht hatte, wies der Beklagte die Klägerin mit dem angefochtenen Bescheid als Bevollmächtigte für das Widerspruchsverfahren zurück.
Widerspruch und Klage der Klägerin gegen diesen Bescheid blieben erfolglos. Auch mit dem Antrag auf Zulassung der Berufung hatte die Klägerin keinen Erfolg.

---

[1] FEVS 53, 559; JAmt 2002, 310 (LS); NJW 2002, 1442; NVwZ 2002, 1530 (LS); SAR 2002, 129 (LS); ZfS 2002, 342; ZFSH/SGB 2002, 416.

Aus den Gründen:

Das Verwaltungsgericht hat seine Entscheidung im Wesentlichen darauf gestützt, dass die Klägerin gemäß § 13 Abs. 5 Satz 1 SGB X zu Recht als Bevollmächtigte im Widerspruchsverfahren zurückgewiesen worden sei, weil ihr wiederholtes Auftreten als Bevollmächtigte in sozialhilferechtlichen Verfahren sich als geschäftsmäßige Besorgung fremder Rechtsangelegenheiten im Sinne von Art. 1 § 1 Abs. 1 Satz 1 RBerG darstelle, die nach dieser Vorschrift der Erlaubnis der zuständigen Behörde bedürfe. Über eine solche Erlaubnis verfüge die Klägerin nicht. Auch durch die Ausnahmevorschrift des Art. 1 § 3 Nr. 1 RBerG werde ihr Auftreten als Bevollmächtigte in sozialhilferechtlichen Widerspruchsverfahren nicht gedeckt. Zwar nehme die Klägerin als Teil der ev. Landeskirche grundsätzlich auch mit ihrer Arbeit im „Zentrum für Sozial- und Migrationsberatung" an der Privilegierung teil, die Körperschaften des öffentlichen Rechts nach Art. 1 § 3 Nr. 1 RBerG erführen. Jedoch gehöre die in Rede stehende Vertretung im Widerspruchsverfahren nicht zu der nach dieser Vorschrift erlaubnisfreien Tätigkeit der „Rechtsberatung und Rechtsbetreuung". Bei einer Vertretung im sozialhilferechtlichen Widerspruchsverfahren handele es sich unzweifelhaft nicht um eine reine Rechtsberatung. Die Tätigkeit falle aber auch nicht unter den Begriff der „Rechtsbetreuung", und zwar selbst dann nicht, wenn man hierunter nicht nur eine im Innenverhältnis zwischen der betreuenden Stelle und dem Ratempfänger bleibende Vorsorge, sondern auch ein Tätigwerden für den Betreuten nach außen verstehe. Die Vertretung in streitigen Verwaltungsverfahren gehe - nicht anders als eine Vertretung vor Gericht - über ein bloßes nach außen gerichtetes Tätigwerden für einen anderen hinaus.

Dass der Begriff der Rechtsbetreuung nicht auch die Rechtsvertretung in streitigen Verwaltungs- und Gerichtsverfahren erfasse, ergebe sich auch aus der Begriffssystematik des Rechtsberatungsgesetzes. Der Gesetzgeber habe in die Ausnahmevorschrift des Art. 1 § 3 Nr. 1 - anders als in die Ausnahmevorschriften des Art. 1 § 3 Nr. 4 u. 5 - nicht den alles umfassenden Oberbegriff der „Besorgung fremder Rechtsangelegenheiten" aufgenommen, sondern den Ausnahmetatbestand auf „die Rechtsberatung und Rechtsbetreuung" beschränkt. Dies mache deutlich, dass es neben der Rechtsberatung und der Rechtsbetreuung einen weiteren Bereich geben müsse, der den Oberbegriff der Rechtsbesorgung ausfülle. In diesen Bereich falle insbesondere die Rechtsvertretung zur Durchsetzung und Verwirklichung streitiger Rechtsansprüche, denn die streitige Rechtsvertretung sei die Tätigkeit, die erforderlich werde, wenn eine Rechtsberatung und Rechtsbetreuung nicht bereits zur Verwirklichung des Rechtsanspruchs geführt hätten.

Die weitgehende Autonomie der Kirchen in der Regelung eigener Angelegenheiten stehe diesem Ergebnis nicht entgegen. Auch die Kirchen seien gemäß Art. 140 GG iVm Art. 137 Abs. 3 Satz 1 WRV an die Schranken der für alle geltenden Gesetze gebunden. Das Rechtsbehelfsvorbringen der Klägerin gibt keine Veranlassung, die Richtigkeit dieser Entscheidung ernstlich in Zweifel zu ziehen. Auf das Ergebnis eines am 24.2.1969 im Hinblick auf eine beabsichtigte Reform des Rechtsberatungsgesetzes geführten Gesprächs zwischen den beteiligten Bundesressorts, der Bundesarbeitsgemeinschaft der Freien Wohlfahrtsverbände und den angeschlossenen Organisationen (vgl. Knopp/Fichtner, BSHG, 7. Aufl., Nr. 37 zu § 8) kann die Klägerin sich nicht mit Erfolg berufen. Das gilt im Hinblick auf den bloß informellen Charakter der Absprache, der eine Rechtsbindung ausschließt, selbst dann, wenn das auf eine „Beratung" nach § 8 BSHG bezogene Gesprächsergebnis - wie die Klägerin entgegen dem klaren Wortlaut der Absprache annimmt - den Rückschluss gestatten sollte, die Gesprächsteilnehmer seien von einer Befugnis der Wohlfahrtsverbände zur geschäftsmäßigen Vertretung von Bedürftigen in sozialhilferechtlichen Widerspruchsverfahren ausgegangen. Das Verwaltungsgericht hat die Gründe, die einer solchen Befugnis entgegenstehen, mit Blick auf die Begriffssystematik des Rechtsberatungsgesetzes überzeugend dargelegt. Danach lässt sich insbesondere aus den Regelungen des Art. 1 § 3 RBerG nichts entnehmen, was eine unterschiedliche Beurteilung des Auftretens eines Rechtsvertreters in einem Widerspruchsverfahren und seines Auftretens in einem Klageverfahren rechtfertigen könnte (vgl. hierzu auch OVG.NW, Urteil vom 22.9.1998 - 24 A 4470/96 - NVwZ-RR 1999, 585, KirchE 36, 417, und das dieser Entscheidung zugrunde liegende Urteil des VG Köln vom 18.7.1996 - 5 K 5617/94 - sowie VG Braunschweig, Urteil vom 27.8.1992 - 4 A 4038/91 - info also 1994, 236; LG Stuttgart, Urteil vom 21.6.2001 - 5 KfH O 21/01 - info also 2001, 167 [168]; Rennen/Caliebe, RBerG, 3. Aufl., Rn 13 zu Art. 1 § 3 und Giese/Krahmer, SGB X, Rn 43 u. 45 zu 13).

Der Einwand der Klägerin, die Wohlfahrtsverbände seien berechtigt, über Inhalt und Reichweite ihrer Aufgaben allein zu entscheiden, verhilft ihrem Rechtsschutzbegehren ebenfalls nicht zum Erfolg. Er gibt keine Veranlassung, die Feststellung des VG anzuzweifeln, die Regelungen des Rechtsberatungsgesetzes gehörten zu den Schranken der für alle geltenden Gesetze, an die auch die Kirchen ungeachtet ihrer durch die Verfassung garantierten weitgehenden Autonomie gebunden seien.

Entsprechendes gilt im Ergebnis für das auf die Regelungen des § 67 Abs. 1 u. 2 VwGO gestützte Vorbringen der Klägerin. Das ergibt sich schon daraus, dass in den genannten Regelungen über Prozessbevollmächtigte und Beistände im gerichtlichen Verfahren ebenso wie in der für das Verwaltungsverfahren geltenden Regelung des § 13 Abs. 5 Satz 2 SGB X iVm § 73 Abs. 6 Satz 3 SGG den Kirchen zuzuordnende Einrichtungen oder Verbände nicht aufgeführt sind und die Klägerin nicht dargetan hat, dass das Gesetz insofern eine durch analoge Gesetzesanwendungen zu schließende Lücke aufweist.

Auch mit dem sinngemäß erhobenen Einwand, dass es an der Geschäftsmäßigkeit ihrer in Rede stehenden Tätigkeit (Vertretung eines Hilfe Suchenden im Widerspruchsverfahren) fehle, vermag die Klägerin nicht durchzudringen. Geschäftsmäßig im Sinne des Art. 1 § 1 Abs. 1 Satz 1 RBerG handelt bereits, wer beabsichtigt, die Tätigkeit in gleicher Weise zu wiederholen und dadurch zu einem wiederkehrenden oder dauernden Bestandteil seiner Beschäftigung zu machen (vgl. Rennen/Caliebe, aaO, Rn 58 zu Art. 1 § 1; Altenhoff/Busch/Kampmann/Chemnitz, RBerG, 9. Aufl., Rdnr. 62 zu Art. 1 § 1; Giese/Krahmer, aaO, Rn 43 zu § 13; Hauck/Haines, SGB X, Rn 11 zu § 13 und Schorn, Die Rechtsberatung, 2. Aufl., S. 108/109, jeweils mwN). Demgemäß genügt bei Bestehen einer Wiederholungsabsicht eine über den aus besonderen Gründen wahrgenommenen Gelegenheitsfall hinausgehende - selbstständige - Tätigkeit (vgl. BVerwG, Urteil vom 29.10.1964 - 2 C 160.62 - BVerwGE 19, 339 [343]).

Dass es an diesen Voraussetzungen fehlen könnte, ist dem Rechtsbehelfsvorbringen der Klägerin nicht zu entnehmen. Vielmehr macht schon der Umstand, dass die Klägerin nicht in Abrede stellt, in dem Zeitraum vom 1.1. bis 30.6.1997 in elf verschiedenen Sozialhilfeangelegenheiten als Bevollmächtigte im Widerspruchsverfahren aufgetreten zu sein - wie der Beklagte in der Begründung seines Widerspruchsbescheides vom 22.10.1997 dargelegt hat - deutlich, dass die Vertretung von Hilfesuchenden in einem Widerspruchsverfahren - sei es auch nur in einer verhältnismäßig geringen Anzahl der Fälle - zu den wiederkehrenden Tätigkeiten im Rahmen der von der Klägerin wahrgenommenen Aufgaben gehört. Dies anzunehmen, wird zudem durch die Angabe der Klägerin nahe gelegt, ihr werde von den ungefähr 1.500 Ratsuchenden im Jahr in maximal 2 vH der Fälle eine Vollmacht erteilt.

Soweit die Klägerin ihre Befugnis zur Vertretung von Hilfe Suchenden in sozialhilferechtlichen Widerspruchsverfahren schließlich aus einem besonderen Bedarf für ihre Tätigkeit herleiten will, kann dies die Richtigkeit der erstinstanzlichen Entscheidung nicht in Frage stellen, denn der Gesetzgeber hat (bisher) keine Veranlassung gesehen, einem solchen Bedarf durch eine entsprechende Änderung der maßgeblichen gesetzlichen Regelungen Rechnung zu tragen (vgl. hierzu Giese/Krahmer, aaO, Rn 45 zu § 13).

62

Zum Kreis der Religionsdiener, die die Berufung zum ehrenamtlichen Verwaltungsrichter ablehnen dürfen, gehört nicht eine im katholischen Kirchendienst stehende Gemeindereferentin.

§ 23 Abs. 1 Nr. 1 VwGO
OVG Nordrhein-Westfalen, Beschluss vom 6. Dezember 2001
- 16 F 56/01[1] -

Frau M. wurde mit Wirkung vom 1.2.2001 zur ehrenamtlichen Richterin bei dem OVG Nordrhein-Westfalen gewählt. Sie beantragt mit folgender Begründung, von diesem Amt entbunden zu werden: Seit dem 1.1.1998 sei sie vom Erzbistum K. für einen Seelsorgebereich des Kreisdekanats Y. als Gemeindereferentin ernannt worden. Sie sei dort in der Seelsorge tätig und verstehe sich als Religionsdiener im Sinne des § 23 Abs. 1 Nr. 1 VwGO. Sie führe Glaubensgespräche mit Kindern, Jugendlichen, Eltern und anderen Mitgliedern ihrer Gemeinden und sei für die regelmäßig stattfindenden Wortgottesdienste in der Realschule ihres Nahbereichs zuständig.
Ihr Antrag hatte keinen Erfolg.

Aus den Gründen:

Frau M. kann nicht den Ablehnungsgrund des § 24 Abs. 1 Nr. 3 iVm § 23 Abs. 1 Nr. 1 VwGO mit Erfolg geltend machen. Nach letzterer Vorschrift können Geistliche und Religionsdiener die Berufung zum Amt des ehrenamtlichen Richters ablehnen. Frau M. ist aber keine Religionsdienerin im Sinne dieser Vorschrift.

Eine reine Wortinterpretation des Begriffs „Religionsdiener" ist nicht sehr ergiebig; denn auch ein Geistlicher dient der Religion und ist somit ein Religionsdiener. Der Senat orientiert sich daher bei der Auslegung des Begriffs „Religionsdiener" an dem Sinn und Zweck der gesetzlichen Regelung unter Berücksichtigung der vorgegebenen Rechtsbegriffe und vergleichbaren gesetzlichen Regelungen.

Der Gesetzgeber der Verwaltungsgerichtsordnung fand seinerzeit den Begriff „Religionsdiener" schon im BGB vor; denn nach § 1784 Abs. 1 BGB soll ein Beamter oder Religionsdiener, der nach den Landesgesetzen einer besonderen Erlaubnis zur Übernahme der Vormundschaft bedarf, nicht ohne die vorgeschriebene Erlaubnis zum Vormund bestellt werden. Der Begriff „Religionsdiener" in § 1784 BGB umfasst insbeson-

---
[1] DBVl 2002, 1056; NVwZ-RR 2002, 325 (LS).

sowie die Geistlichen der öffentlich-rechtlichen Religionsgesellschaften (Art. 140 GG iVm Art. 137 Abs. 5 WRV). Einzubeziehen sind auch die Ordensleute, nicht aber Pastoralassistenten, Gemeindehelfer usw. (So ausdrücklich Schwab, in: Münchner Kommentar, BGB, 1987, § 1784 Rn 4; in diesem Sinne wohl auch Engler, in: Staudinger, BGB, 12. Aufl. 1994, § 1784 Rn 6; weitergehend z.B. Dickescheid, in: BGB-RGRK, 12. Aufl. 1999, § 1784 Rn 4 [auch Beamte der Kirche, soweit sie mit Seelsorge befasst sind].)

Nach dem Recht der kath. Kirche ist Klerikern ohne Erlaubnis ihres Ordinarius die Verwaltung von Vermögen verboten, das Laien gehört (c. 285 § 4 CIC; vgl. auch den Hinweis hierauf von Holzhauer, in: Erman, BGB, 8. Aufl. 1989, § 1784 Rn 3).

Für Nichtkleriker gibt es eine vergleichbare Regelung nicht. Der Codex Juris Canonici vom 27.11.1983 unterscheidet nach wie vor bei den Gläubigen zwischen den Klerikern und den Laien (vgl. c. 207 § 1: „... gibt es in der Kirche unter den Gläubigen geistliche Amtsträger, die im Recht auch Kleriker genannt werden; die übrigen dagegen heißen auch Laien.")

Eine Gemeindereferentin ist von daher gesehen keine Religionsdienerin iSd § 1784 BGB; denn sie ist kein Kleriker. Zum Kleriker wird jemand erst durch den Empfang der Diakonenweihe (c. 266 § 1 CIC).

Auch im Gerichtsverfassungsgesetz findet sich das Wort „Religionsdiener". Nach § 34 Abs. 1 Nr. 6 GVG sollen Religionsdiener und Mitglieder solcher religiösen Vereinigungen, die satzungsgemäß zum gemeinsamen Leben verpflichtet sind, zu dem Amt eines Schöffen nicht berufen werden. Der Begriff Religionsdiener wird in diesem Zusammenhang dahin verstanden, dass darunter die Geistlichen fallen, also alle Personen, die nach der Verfassung einer Religionsgemeinschaft zur Vornahme gottesdienstlicher oder dementsprechender Handlungen berechtigt sind, während zu den religiösen Vereinigungen, die satzungsgemäß zum gemeinsamen Leben verpflichtet sind, vor allem die Orden der kath. Kirche gehören (vgl. Kissel, GVG, 2. Aufl. 1994, § 34 Rn 15, unter Hinweis auch auf das OLG Köln, Beschluss vom 12.5.1969 - 2 Ws 255/69 - MDR 1970, 864 [Pfarrer der „Freien Christengemeinde" ist Religionsdiener]).

Während das Gerichtsverfassungsgesetz für Religionsdiener und ähnliche Personen vorsieht, dass sie nicht zum Schöffen berufen werden sollen, räumt die Verwaltungsgerichtsordnung in § 23 Abs. 1 Nr. 1 den Geistlichen und Religionsdienern nur ein Ablehnungsrecht ein. Anhaltspunkte dafür, dass es sich bei dem Personenkreis des § 34 Abs. 1 Nr. 6 GVG und dem des § 23 Abs. 1 Nr. 1 VwGO um eine unterschiedliche Personengruppe handelt, finden sich nicht. Für die Bestimmung dieser Personengruppe ist bei der kath. Kirche auch das Konkordat zwischen dem Heiligen Stuhl und dem Deutschen Reich vom 20.7.1933, RGBl. II S. 679, in den Blick zu nehmen. Art. 6 des Reichskonkordates lautet:

"*Kleriker und Ordensleute sind frei von der Verpflichtung zur Übernahme öffentlicher Ämter und solcher Obliegenheiten, die nach den Vorschriften des kanonischen Rechtes mit dem geistlichen Stande bzw. dem Ordensstande nicht vereinbar sind. Dies gilt insbesondere von dem Amt eines Schöffen, eines Geschworenen, eines Mitglieds der Steuerausschüsse oder der Finanzgerichte.*"

Dementsprechend werden in § 34 Abs. 1 Nr. 6 GVG von der kath. Kirche die Kleriker bzw. Geistlichen und die Ordensleute erfasst. Wenn in der Terminologie des § 23 Abs. 1 Nr. 1 VwGO - ebenso wie in § 20 Abs. 1 Nr. 1 FGO - demgegenüber von „Geistlichen und Religionsdienern" gesprochen wird, dürfte das seinen Grund darin haben, dass nicht nur die Geistlichen der anerkannten Religionsgesellschaften, sondern aus Paritätsgesichtspunkten auch vergleichbare Amtsträger anderer Religionsgesellschaften wie etwa der Zeugen Jehovas die Berufung in das Richteramt ablehnen dürfen (vgl. Ziekow, in: Sodan/Ziekow, VwGO, 1998, § 23 Rn 4, unter Hinweis auf Hess.VGH, Beschluss vom 5.9.1986 - 1 Y 2402/ 86 - NVwZ 1988, 161, KirchE 24, 230; vgl. auch Kopp/Schenke, VwGO, 12. Aufl. 2000, § 23 Rn 2, sowie Geiger, in: Eyermann, VwGO, 11. Aufl. 2000, § 23 Rn 2).

Dieser Paritätsgesichtspunkt hat auch im Wehrpflichtgesetz Niederschlag gefunden. Denn § 11 Abs. 1 WPflG sieht in den Nrn. 1-3 die Befreiung vom Wehrdienst ausdrücklich für drei Gruppen von Geistlichen vor, nämlich in Nr. 1 für ordinierte Geistliche evangelischen Bekenntnisses, in Nr. 2 für Geistliche röm.-kath. Bekenntnisses, die die Diakonatsweihe empfangen haben, und in Nr. 3 für hauptamtlich tätige Geistliche anderer Bekenntnisses, deren Amt dem Amt der in Nr. 1 u. Nr. 2 Genannten entspricht (vgl. hierzu BVerwG, Urteile vom 11.12.1969 - VIII C 46.68 - NJW 1970, 1285, KirchE 11, 92 und vom 20.8.1993 - 8 C 9.92 - NVwZ 1994, 174, DÖV 1994, 217, KirchE 31, 312).

Der Senat gelangt daher zu der Auffassung, dass durch die zusätzliche Erwähnung des Religionsdieners neben dem Geistlichen in § 23 Abs. 1 Nr. 1 VwGO nicht der Begriff des Geistlichen, wie ihn die anerkannten christlichen Religionsgesellschaften ihrerseits verstehen, erweitert werden soll, sondern dass vielmehr hierdurch die Inanspruchnahme des Ablehnungsrechts auch solchen Religionsdienern zustehen soll, die außerhalb der evangelischen und katholischen Kirche in gleicher Weise wie deren Geistliche tätig sind. Gemeint sind folglich unter den Begriffen „Geistliche und Religionsdiener" Personen, die nach der Verfassung der Religionsgesellschaft zur Vornahme gottesdienstlicher oder entsprechender Handlungen hauptamtlich und auf Dauer berechtigt sind (vgl. auch Stelkens, in: Schoch/Schmidt-Aßmann/Pietzner, VwGO, 1997, § 23 Rn 3; Funke-Kaiser, in: Bader, VwGO, § 23 Rn 2; sowie Weigert, Verweigerung des ehrenamtlichen Richterdienstes aus Religions- oder Gewissensgründen, BayVBl. 1988, 747).

Die Art der Tätigkeit einer Gemeindereferentin in der kath. Kirche gebietet es auch nicht, einer solchen Person das Ablehnungsrecht zuzuerkennen. Als Gemeindereferentin mag Frau M. zwar auch in der Seelsorge tätig und zur Vornahme gewisser gottesdienstlicher Handlungen befugt sein. In der kath. Kirche werden ganz allgemein zunehmend Aufgaben, die früher den Geistlichen vorbehalten waren, von Laien wahrgenommen, seien es nun angestellte Gemeindereferenten, Pastoralassistenten in den verschiedensten Bereichen oder etwa einfach nur Eltern bei der Vorbereitung der Kinder auf den Sakramentenempfang. Die Wahrnehmung des Amtes einer ehrenamtlichen Richterin bei einem Verwaltungsgericht ist aber mit dem kirchlichen Amt einer Gemeindereferentin nicht unvereinbar. Für katholische Geistliche demgegenüber schreibt der Codex Juris Canonici in c. 285 § 3 vor, dass es den Klerikern verboten ist, öffentliche Ämter anzunehmen, die eine Teilhabe an der Ausübung weltlicher Gewalt mit sich bringen. Um diesem kirchlichen Verbot Folge leisten zu können, steht den Geistlichen der Weg offen, das Amt des ehrenamtlichen Richters - sollten sie aus irgendeinem Grunde hierzu berufen worden sein - gemäß § 23 Abs. 1 Nr. 1 VwGO abzulehnen. Gemeindereferenten in der kath. Kirche können in einen solchen Konflikt nicht geraten.

63

Hat ein Arbeitnehmer Auslagen in seiner Eigenschaft als Mitglied einer Mitarbeitervertretung gehabt, findet der Erstattungsanspruch seine Rechtsgrundlage ausschließlich im Mitarbeitervertretungsrecht.

Der Rechtsweg zu den Arbeitsgerichten ist nicht eröffnet, wenn für die Entscheidung über den Kostenerstattungsanspruch eines Mitglieds einer Mitarbeitervertretung eine im Rahmen des Selbstordnungs- und Selbstverwaltungsrechts der Religionsgesellschaften eingerichtete Schiedsstelle zuständig ist.

§§ 24 Abs. 1, 44, 45 MAVO Bt. Trier, § 2a ArbGG
LAG Rheinland-Pfalz, Urteil vom 6. Dezember 2001 - 4 Sa 1070/01[1] -

Die Parteien streiten um einen Anspruch des Klägers aus Reisekostenvergütung, wobei Hauptstreitpunkt zwischen den Parteien die Frage der steuerlichen Behandlung der Aufwendungen ist.
Der Kläger ist bei dem beklagten Bistum als Psychologe in der Lebensberatungsstelle G. beschäftigt. Er ist Mitglied der für den Bereich der Lebensberatung sowie Telefonsorgestellen des Bistums gewählten Mit-

---

[1] Amtl. Leitsätze. LAGE § 611 BGB Kirchliche Arbeitnehmer Nr 13; LAGReport 2002, 224; NZA-RR 2002, 383; ZTR 2002, 243 (LS). Das Urteil ist rechtskräftig.

arbeitervertretung und der gesamten Mitarbeitervertretung des Bistums. Auf das Vertragsverhältnis der Parteien findet die Mitarbeitervertretungsordnung des Bistums Trier in der Fassung vom 28.2.1997 (KABl Trier 141 [1997], 63 - MAVO Trier) Anwendung. Auf das Arbeitsverhältnis findet weiter die Ordnung über Reisekostenvergütung des Bistums Trier Anwendung. In § 8 ist geregelt, dass weitere sonstige Auslagen, die nicht Fahrtkostenerstattung oder Wegstrecken- und Mitnahmeentschädigung darstellen (z.B. für Verpflegung), diese bei Nachweis als Nebenkosten erstattet werden. Der Kläger nimmt in seiner Eigenschaft als Mitarbeitervertreter regelmäßig an Sitzungen teil. Aufgrund der Tatsache, dass mit Beginn des Jahres 1996 die steuerrechtlichen Freibeträge für Verpflegungsmehraufwendungen in Folge Gesetzesänderungen gekürzt wurden, vertrat der Beklagte im Jahr 1996 die Rechtsauffassung, dass die einzelnen Mitglieder der Mitarbeitervertretungen die über die steuerrechtlichen Freibeträge hinausgehenden Beträge als geldwerten Vorteil zu versteuern hätten. Die Gesamtmitarbeitervertretung vertrat eine gegenteilige Rechtsauffassung. Der Kläger nahm am 19.10., 6.11. und 16.11.2000 an Sitzungen der Mitarbeitervertretung teil und begehrte mit Reisekostenabrechnungen Ersatz nachgewiesener Verpflegungsmehraufwandskosten. Diese sind der Höhe nach unstreitig. Der Beklagte behielt lediglich bei späteren Lohnabrechnungen von dem Gesamtbetrag 25,25 DM Lohnsteuer, 2,17 DM Kirchensteuer und 1,32 DM Solidaritätszuschlag in Folge individueller Besteuerung ein.

Der Kläger verlangt mit der vorliegenden Klage den in Abzug gebrachten Gesamtbetrag von 28,64 DM. Er hat vorgetragen, die Klage sei zulässig, da es sich um eine Streitigkeit aus dem Arbeitsverhältnis handele. Die Klage sei auch begründet, da der Beklagte zum vollständigen Aufwendungsersatz verpflichtet sei.

Der Beklagte meint, das staatliche Arbeitsgericht sei nicht zuständig, da der Kläger Rechte im Zusammenhang mit seiner Eigenschaft als Mitglied der Mitarbeitervertretung geltend mache, sodass nach § 44 MAVO die Schlichtungsstelle zuständig sei. Auch in der Sache steht dem Kläger der geltend gemachte Anspruch nicht zu.

Das Arbeitsgericht hat die Klage abgewiesen. Im Wesentlichen hat es ausgeführt, das angerufene Arbeitsgericht sei zur Entscheidung über den vorliegenden Rechtsstreit nicht befugt. Nach der Rechtsprechung des Bundesarbeitsgerichts seien für Rechtsstreitigkeiten zwischen dem Mitglied einer Mitarbeitervertretung nach dem Mitarbeitervertretungsrecht und dem Dienstgeber über die Erstattung von Kosten, die dem Mitglied beim Handeln für die Mitarbeitervertretung entstanden, seien nicht die Gerichte für Arbeitssachen zuständig sondern die kirchlichen Schlichtungsstellen, wenn diese den rechtsstaatlichen Mindestanforderungen an ein Gericht genügen. Hierzu hat das Arbeitsgericht umfänglich ausgeführt.

Der Kläger wendet sich mit seiner Berufung gegen die Rechtsauffassung des Arbeitsgerichts, wonach für die vorliegende Streitigkeit die Gerichte für Arbeitssachen nicht zur Entscheidung berufen seien. Das Arbeitsgericht sei nicht auf die Tatsache eingegangen, dass eine Versteuerung des Verpflegungsmehraufwandes bei dem Kläger unstreitig über mehrere Jahre hinweg gerade nicht erfolgt sei. Damit sei ein Anspruch aus betrieblicher Übung begründet. Die Schlichtungsstelle nach der Mitarbeitervertretungsordnung sei auch zuständig für Streitigkeiten die, wäre Betriebsverfassungs- oder Personalvertretungsrecht anwendbar, von den Arbeits- bzw. Verwaltungsgerichten im Beschlussverfahren zu entscheiden wären. Übertrage man diese Voraussetzungen, sei der Rechtsweg zu den Arbeitsgerichten eröffnet. Sinn und Zweck des Schlichtungsverfahrens sei es nicht, sämtliche individualrechtlichen Ansprüche von Mitarbeitern des beklagten Bistums der Schlichtungsstelle zuzuführen. Die Regelung bezwecke vielmehr, einen sachgerechten Ausgleich zwischen den Interessen des Dienstgebers einerseits und den Interessen der Mitarbeitervertretung andererseits herzustellen. Auch sei aus der Regelung des § 45 MAVO der Kläger nicht befugt, ein Schlichtungsverfahren einzuleiten. Dieses setze vielmehr einen Antrag der Mitarbeitervertretung als Gremium voraus. Im Übrigen sei der Anspruch auch begründet.

Der Beklagte verteidigt das angefochtene Urteil. Die Regelung zur Einleitung von Schlichtungsverfahren in § 45 MAVO sei nicht abschließend, es sei anerkannt, dass auch ein einzelnes Mitglied der Mitarbeitervertretung Schlichtungsverfahren einleiten könne. Im Übrigen entspreche die Entscheidung des Arbeitsgerichts der höchstrichterlichen Rechtsprechung des Bundesarbeitsgerichts. Der Anspruch sei auch nicht begründet.

Die Berufung des Klägers wurde zurückgewiesen

Aus den Gründen:

I. Die Berufung des Klägers ist zulässig, ... hat jedoch keinen Erfolg.

II. Das Arbeitsgericht hat zutreffend und unter richtiger und vollständiger Würdigung des Sachverhaltes die Klage des Klägers als unzulässig abgewiesen, weil der Rechtsweg zu den Arbeitsgerichten nicht eröffnet wird. Die Berufungskammer schließt sich dieser Auffassung uneingeschränkt an und sieht von weiteren umfangreichen Darstellungen im Berufungsurteil ab (§ 543 Abs. 1 ZPO). Lediglich wegen der Angriffe im Berufungsverfahren sei der Kläger kurz auf Folgendes hinzuweisen. Sofern er mit seiner Berufungsbegründung Parallelen zum Betriebsverfassungs- bzw. Personalvertretungsrecht herleitet, vermag diese Argumentation seinem Begehren ebenfalls nicht zum Erfolg zu verhelfen.

Gerade im Betriebsverfassungsrecht ist es einhellige Meinung, dass Ansprüche von Betriebsratsmitgliedern auf Ersatz von Auslagen anlässlich von Betriebsratstätigkeiten nicht im Klageverfahren sondern im arbeitsgerichtlichen Beschlussverfahren zu klären sind. Es handelt sich hierbei um Kosten für Betriebsratstätigkeit, die nach § 40 BetrVG zu erstatten sind und über deren Berechtigung im arbeitsgerichtlichen Beschlussverfahren gem. § 2a ArbGG zu entscheiden ist. Im Übrigen ist der Anspruch des Klägers nicht dem Arbeitsverhältnis zuzuordnen. Der Klageanspruch ist zu bestimmen als Anspruch aus dem Mitarbeitervertretungsrecht. Der Kläger hat, wie er selbst geltend macht, in seiner Eigenschaft als Mitglied der Mitarbeitervertretung Auslagen gehabt, die er von dem Beklagten erstattet verlangt. Der Erstattungsanspruch findet seine Rechtsgrundlage nur in der Mitarbeitervertretungsordnung, nämlich in § 24 Abs. 1 MAVO. Die Verweisung auf die Reisekostenordnung, in der die Erstattung von Auslagen auch aus individualrechtlichem Rechtsverhältnis geregelt sind, verleiht dem geltend gemachten Anspruch nicht den Charakter eines individualrechtlichen, aus dem Einzelarbeitsvertrag herzuleitenden Anspruchs. Die Stellung des Klägers als Mitglied der Mitarbeitervertretung kann nicht hinweggedacht werden, ohne dass der Klageanspruch in seiner konkreten Gestalt entfiele. Danach erweist sich die vom Kläger verlangte Kostenerstattung als Anspruch aus dem Mitarbeitervertretungsrecht. Für die Streitigkeiten aus dem Mitarbeitervertretungsrecht sind die Gerichte für Arbeitssachen jedoch nicht zuständig, die alleinige Entscheidungskompetenz liegt bei der bei dem Bistum Trier eingerichteten Schiedsstelle. Das von dem Bistum angewandte Mitarbeitervertretungsrecht ist Kirchenrecht. Das Selbstordnungs- und Selbstverwaltungsrecht der Religionsgesellschaften umfasst auch die Befugnis zur selbstständigen Kontrolle des selbst gesetzten Rechts durch kircheneigene Gerichte (vgl. BAGE 61, 376 [381 f.], KirchE 27, 123).

Von dieser Befugnis hat die Mitarbeitervertretungsordnung Gebrauch gemacht. Die von ihr eingerichtete Schiedsstelle ist kirchliches Gericht, das den rechtsstaatlichen Anforderungen genügt. Für die Entscheidung über den Klageanspruch ist mithin ausschließlich die Schiedsstelle nach der Mitarbeitervertretungsordnung zuständig. Staatliche Gerichte sind zur Entscheidung nicht befugt. Dem steht auch nicht entgegen, dass in § 45 Abs. 1 MAVO geregelt ist, wann das Schlichtungsverfahren stattfindet und eine ausdrückliche Eröffnung des Schlichtungsverfahrens auf Antrag eines individuellen Mitglieds der Schlichtungsstelle dort nicht ausdrücklich bezeichnet ist. Die Kammer schließt sich der Auffassung von Bleistein-Thiel (MAVO, 3. Aufl., § 41 Rn 2) an, wonach die Regelung einen nicht abschließenden Zuständigkeitskatalog für das Schlichtungsverfahren enthält. Dort werden nur die wichtigsten Fälle erfasst, in denen ein Schlichtungsverfahren zulässig ist. Es kann also dem Kläger in seiner Argumentation nicht gefolgt werden, dass er nicht zumutbar

darauf verwiesen werden konnte, ein Schlichtungsverfahren über die
Mitarbeitervertretung einzuleiten. Dem Kläger wird der Rechtsweg nicht
verkürzt, er hat selbst die Möglichkeit, bei der Schlichtungsstelle über
die streitgegenständliche Frage ein Schlichtungsverfahren einzuleiten, in
diesem kann sich insbesondere der Beklagte nicht darauf berufen, die
Schlichtungsstelle sei nicht zuständig, weil sie dies gerade im
vorliegenden Verfahren auch für den Anspruch des Klägers ausdrücklich
behauptet hat. Im Übrigen ist für die Kammer nicht ersichtlich, aus
welchen Gründen die Mitarbeitervertretung, die sich im Vorfeld auch
bereits vehement für die Durchsetzung ihrer Rechtsauffassung engagiert
hat, ein Schlichtungsverfahren nicht einleiten sollte.

64

Steuerbegünstigten Zwecke können auch durch einen Zweckbetrieb iSv § 65 AO verfolgt werden. Voraussetzung dafür ist jedoch
u.a., dass die Zwecke nur durch einen solchen Geschäftsbetrieb
erreicht werden können. Ein Erholungsheim ist nur dann Zweckbetrieb, wenn mindestens zwei Drittel der Leistungen bedürftigen
Personen iSd § 53 AO zugute kommen. Dies gilt auch dann, wenn
dessen christlicher oder religiöser Charakter als Hauptzweck angesehen wird.

§§ 65 Nr. 2, 68 Nr. 1a iVm. § 66 Abs. 3 AO
FG Münster, Urteil vom 10. Dezember 2001 - 9 K 2537/98 K[1] -

Der Kläger wurde mit Satzung vom 29.3.1985 errichtet und am
18.6.1985 in das Vereinsregister des Amtsgerichts A. eingetragen. Nach
§ 2 der Satzung verfolgt der Verein missionarische, gemeindliche und
kirchliche Aufgaben im umfassenden Sinne und weltweit. Er leistet allgemein mildtätige und christlich-caritative Dienste an Hilfsbedürftigen,
Notleidenden und Kranken einschließlich der Errichtung und Unterhaltung entsprechend geeigneter Institutionen. Er setzt sich für christliche,
bibeltreue Theologie und bibeltreue Wissenschaften ein und kann zu diesem Zweck entsprechende Einrichtungen wie Akademien, Universitäten
usw. errichten und unterhalten bzw. sich daran beteiligen. Außerdem
kann er als Spendensammelverein tätig werden. In die Satzung vom
24.8.1995 war zusätzlich folgende Bestimmung aufgenommen worden:

---

[1] Die Nichtzulassungsbeschwerde des Klägers wurde als unzulässig verworfen;
BFH, Beschluss vom 29.1.2003 - I B 24/02 - n.v.

„*Der Verein betätigt sich durch missionarische Ausbildung, Förderung der Missions- und Bibelschulen an missionarischen Tätigkeiten, die auch in einem christlichen der Mission zugehörigen Freizeitheim im Sinne evangelischer Diakonie als Wesens- und Lebensäußerung der evangelischen Kirche / Freikirchen und in praktischer Ausübung christlicher Nächstenliebe durchgeführt werden.*

Das Freizeitheim soll eine Begegnungsstätte für kirchlich und diakonisch orientierte Menschen sein, die sich in Jungschar-, Konfirmanden-, Gemeinde- und Familienfreizeiten, Alkoholikergruppen, evangelistischen Tagungen, Seminaren und Klausuren zusammenfinden."

Zur Begründung wurde auf Markus 16,15 und 13,10 verwiesen.

Nach § 10 werden die Vereinsaufgaben durch Spenden oder Darlehen sowie öffentliche und andere Mittel finanziert. Der Vorstand kann Mittel des Vereins für Fonds ansammeln, die ebenfalls die gemeinnützigen Zwecke des Vereins verfolgen müssen. Die Verwendung dieser Mittel ist in der Rechnungslegung des Vereins nachzuweisen.

Der Kläger ist Eigentümer von drei Grundstücken, die er mit Verträgen vom 7.12.1989 gegen Übernahme der auf den Grundstücken lastenden Grundpfandrechte erworben hat. Veräußerer war der - mit dem Kläger über gemeinsame Mitglieder verbundene - Verein X-Mission e.V., dessen Gemeinnützigkeit durch die Finanzverwaltung aberkannt worden war. Auf dem Grundstück in F. betrieb der Kläger bis zum 30.9.2000 ein christliches Freizeitheim. Es wurde insbesondere von christlichen Gruppen, aber auch von sonstigen Urlaubern besucht. Einen Seminarbetrieb unterhielt der Kläger dort nicht; bei Bedarf brachten die Gruppen eigene Seminarleiter mit.

Nach einer Betriebsprüfung sah der Beklagte (Finanzamt) den Kläger für die Jahre 1990-1993 nicht als gemeinnützig an, weil die satzungsgemäße Verwendung der Mittel im Ausland nicht nachgewiesen worden sei und Mittel aus dem gemeinnützigen Bereich zum Ausgleich von Verlusten in dem vom Kläger betriebenen Freizeitheim F. verwandt worden seien.

Nachdem der Kläger am 24.8.1995 seine Satzung in § 2 geändert und sich verpflichtet hatte, zukünftig die satzungsgemäße Mittelverwendung im Ausland genauer nachzuweisen, erteilte ihm das Finanzamt am 8.9.1995 eine vorläufige Bescheinigung über die Anerkennung der Gemeinnützigkeit.

Im März 1997 reichte der Kläger eine Erklärung zur Körperschaftsteuer, Gewerbesteuer und Vermögensteuer von gemeinnützigen Körperschaften für das Jahr 1995 ein. In einem beigefügten Schreiben teilte er mit, dass eine umfangreiche Strukturveränderung innerhalb der Mission durchgeführt werde, um den geforderten offenen Nachweis der Mittelverwendung zu gewährleisten.

Nachdem Schreiben des Finanzamt unbeantwortet geblieben waren, erließ es die angefochtenen Körperschaftsteuer-Bescheide für die Jahre

1995 und 1996, in denen die Körperschaftsteuer jeweils auf 0,- DM festgesetzt wurde, weil der Kläger mit dem Erholungsheim F. einen steuerschädlichen wirtschaftlichen Geschäftsbetrieb unterhalte, dessen Verluste durch gemeinnützige Vereinsmittel ausgeglichen worden seien.
Mit der nach erfolglosem Einspruch erhobenen Klage macht der Kläger unter anderem geltend, das Freizeitheim F. sei ein steuerunschädlicher Zweckbetrieb. Der Begriff Freizeit habe im kirchlichen Bereich die Bedeutung der Widmung zur Bibelarbeit. Im Übrigen seien die Verluste durch nicht spendenbegünstigte Zuwendungen von Schwesterorganisationen aus dem Ausland ausgeglichen worden.
Das Finanzamt macht unter anderem geltend, das Freizeitheim F. habe im Jahr 1996 nach Abzug ausländischer Zuschüsse einen Verlust von 123.742,- DM erwirtschaftet. Eine Verlagerung von Verwaltungskosten aus dem gemeinnützigen Bereich sei nicht auszuschließen.
Die Klage, mit der der Kläger die Aufhebung der angefochtenen Bescheide und die Anerkennung seiner Gemeinnützigkeit erstrebt, blieb ohne Erfolg.

Aus den Gründen:

Die Klage ist nicht begründet. Das Finanzamt hat den Kläger zu Recht nicht als gemeinnützig anerkannt.
1) Nach § 59 AO wird die Steuervergünstigung wegen Verfolgung gemeinnütziger Zwecke nur gewährt, wenn sich aus der Satzung ergibt, welcher Zweck verfolgt wird, dass dieser Zweck den Anforderungen der §§ 52-55 AO entspricht und die satzungsgemäßen Zwecke ausschließlich und unmittelbar verfolgt werden; die tatsächliche Geschäftsführung muss diesen Satzungsbestimmungen entsprechen. Diese Voraussetzungen müssen während des ganzen Veranlagungszeitraums erfüllt sein (§ 60 Abs. 2 AO).
a) Die steuerbegünstigten Zwecke können auch durch einen Zweckbetrieb iSd § 65 AO verfolgt werden. Voraussetzung dafür ist jedoch u.a., dass die Zwecke nur durch einen solchen Geschäftsbetrieb erreicht werden können (§ 65 Nr. 2 AO). Nach § 68 Nr. 1a iVm § 66 Abs. 3 AO ist ein Erholungsheim Zweckbetrieb, wenn mindestens zwei Drittel der Leistungen bedürftigen Personen iSd § 53 AO zugute kommen. Im Übrigen ist der Betrieb eines Freizeit- oder Erholungsheimes auch dann nicht steuerbegünstigt, wenn dessen christlicher oder religiöser Charakter als Hauptzweck angesehen wird (vgl. BFH vom 28.10.1960 - III 134/56 U - BStBl. III 1961, 109, KirchE 5, 248).
b) Nach § 55 Abs. 1 Nr. 1 AO müssen gemeinnützige Körperschaften grundsätzlich alle ihre Mittel vollständig und zeitnah für die satzungs-

mäßigen Zwecke verwenden (vgl. Fischer, in: Hübschmann/Hepp/Spitaler, § 58 AO, Rz. 46).

Mittel i. S. dieser Vorschrift sind sämtliche Vermögenswerte, nicht nur Spenden, Beiträge und Vermögenserträge aus Zweckbetrieben sowie aus wirtschaftlichen Geschäftsbetrieben (vgl. BFH vom 23.10.1991 - I R 19/91 - BStBl. 1992 II, 62). Das Mittelverwendungsgebot gilt auch für den Überschuss aus Vermögensverwaltung und den Gewinn aus wirtschaftlichem Geschäftsbetrieb, soweit er bei vernünftiger kaufmännischer Beurteilung nicht zur Sicherung des wirtschaftlichen Erfolgs benötigt wird (vgl. BFH vom 15.7.1998 - I R 156/94 - DStR 1998, 1710).

c) Ein Verstoß gegen das Mittelverwendungsgebot kann vorliegen, wenn eine Körperschaft, die sich weitgehend durch Geldspenden finanziert, ihre Mittel nicht überwiegend für ihre satzungsmäßigen steuerbegünstigten Zwecke, sondern zur Deckung ihrer Verwaltungskosten und zur Spendenwerbung verwendet; entscheidend ist, ob das Ausgabeverhalten unter Berücksichtigung der Umstände des Einzelfalls angemessen ist (vgl. BFH vom 23.9.1998 - I B 82/98 - BStBl. 2000 II, 320, KirchE 36, 420).

d) Mittel des dem gemeinnützigen Zweck dienenden, ideellen Bereichs dürfen nicht einem wirtschaftlichen Geschäftsbetrieb zugeführt werden (vgl. Tipke/Kruse § 55 AO Rz. 8). Der Ausgleich von Verlusten aus einem wirtschaftlichen Geschäftsbetrieb, der nicht Zweckbetrieb ist, mit Mitteln des ideellen Tätigkeitsbereichs verstößt daher grundsätzlich gegen das Gebot der Selbstlosigkeit (§ 55 Abs. 1 Nr. 1 AO).

Eine Ausnahme kommt nur dann in Betracht, wenn die Verluste auf einer Fehlkalkulation beruhen und dem ideellen Tätigkeitsbereich bis zum Ende des dem Verlustentstehungsjahr folgenden Wirtschaftsjahrs Mittel in entsprechender Höhe wieder zugeführt werden, die weder aus Zweckbetrieben oder dem Bereich der steuerbegünstigten vermögensverwaltenden Tätigkeiten, noch aus Beiträgen oder anderen Zuwendungen stammen, die zur Förderung der steuerbegünstigten Zwecke der Körperschaft bestimmt sind (vgl. BFH vom 13.11.1996 - I R 152/93 - BStBl. 1998 II, 711).

e) Nach § 55 Abs. 1 Nr. 5 Satz 1 AO müssen die Mittel einer gemeinnützigen Körperschaft grundsätzlich zeitnah für ihre satzungsmäßigen Zwecke verwendet werden. Eine zeitnahe Mittelverwendung ist nach Satz 3 der Vorschrift gegeben, wenn die Mittel spätestens in dem auf den Zufluss folgenden Kalender- oder Wirtschaftsjahr für die steuerbegünstigten satzungsmäßigen Zwecke verwendet werden. Die Einfügung der Nr. 5 in § 55 Abs. 1 AO hatte insoweit klarstellende Bedeutung (vgl. Anwendungserlass zu AO vom 15.7.1998, Nr. 9 zu § 55 Abs. 1 Nr. 1 AO, BStBl. I 1998, 630, 657; Uterhark, in: Schwarz, AO, § 55 Rz. 34).

§ 58 Nr. 6 AO enthält eine Ausnahme vom Gebot der zeitnahen Mittelverwendung. Danach dürfen Mittel einer Rücklage zugeführt werden, soweit dies erforderlich ist, um die steuerbegünstigten satzungsmäßigen

Zwecke nachhaltig erfüllen zu können. Die Erforderlichkeit der Rücklagenbildung muss jedoch im konkreten Fall nach objektiven Kriterien überprüfbar sein (vgl. BFH vom 13.9.1989 - I R 19/85 - BStBl. 1990 II, 28).

f) Die Satzungszwecke müssen so genau bestimmt sein, dass anhand der Satzung festgestellt werden kann, ob die Voraussetzungen der Steuervergünstigung gegeben sind (§ 60 Abs. 1 AO). Die Satzung hat die Funktion eines Buchnachweises; sie soll der Finanzverwaltung eine leichte und einwandfreie Überprüfung ermöglichen (vgl. BFH vom 26.2.1992 - I R 47/89 - BFH/NV 1992, 695). Liegt den Satzungszwecken kein jedermann bekanntes, begrifflich fest umrissenes gedankliches Konzept zugrunde, müssen die Satzungszwecke und die Art der Verwirklichung möglichst weitgehend konkretisiert werden (BFH vom 26.2.1992 aaO).

g) Nach § 59 a.E. und § 63 AO muss die tatsächliche Geschäftsführung den Satzungsbestimmungen entsprechen. Die Körperschaft hat dies durch ordnungsmäßige Aufzeichnungen über die Ausgaben und Einnahmen nachzuweisen (§ 63 Abs. 3 AO). Werden steuerbegünstigte Zwecke im Ausland verfolgt, besteht nach § 90 Abs. 2 AO eine erhöhte Nachweispflicht (vgl. Anwendungserlass zu AO vom 15.7.1998, Nr. 1 zu § 63 AO, BStBl. I 1998, 630, 670).

2) Danach hat das FA den Kläger zurecht nicht als gemeinnützig anerkannt.

a) Im Streitfall bestehen Bedenken, ob die Satzung des Klägers vom 24.8.1995 diesen Anforderungen genügt. Denn danach sollte der Vereinszweck u.a. durch den Betrieb eines Freizeitheims verfolgt werden. Dieser Betrieb erfüllte jedoch die unter 1 a) dargelegten Voraussetzungen für einen Zweckbetrieb nicht. So kamen seine Leistungen weder in besonderem Maße bedürftigen Personen iSd § 53 AO zugute, noch konnten die Vereinszwecke nur durch einen solchen Betrieb erreicht werden.

b) Bedenken bestehen darüber hinaus gegen die dem Vorstand in § 10 der Satzung eingeräumte Möglichkeit, Mittel des Vereins für „Fonds" anzusammeln, die ebenfalls die gemeinnützigen Zwecke des Vereins erfüllen müssen. Denn danach ist nicht gewährleistet, dass die unter 1 e) dargelegten Voraussetzungen für eine zeitnahe Mittelverwendung eingehalten werden.

3) Die tatsächliche Geschäftsführung des Klägers genügte den gemeinnützigkeitsrechtlichen Anforderungen nicht.

a) Unklar ist bereits, wie es zu den erheblichen Schwankungen bei den Spendeneinnahmen des Kläger gekommen ist und wie das Verhältnis des Kläger zu den (inländischen) Schwestervereinen - mit ähnlichen Namen und offenbar zumindest teilweise denselben Mitgliedern - bei der Spendenwerbung und entsprechend bei der Verteilung des Spendenaufkommens ist. (*wird ausgeführt*)

b) Der Kläger hat - auch wenn man von den in den Jahresabschlüssen erfassten Einnahmen und Ausgaben ausgeht - seine Mittel nicht überwiegend für seine satzungsmäßigen Zwecke verwendet. Die unter 1c) dargelegten Voraussetzungen sind daher nicht erfüllt.

c) Wie unter 1d) dargelegt, ist auch die Verwendung von Mitteln des Klägers für das Freizeitheim F. gemeinnützigkeitsschädlich. Dabei handelte es sich um einen wirtschaftlichen Geschäftsbetrieb, der nicht Zweckbetrieb war (siehe oben unter 1a) und 2a]). Der Kläger hat dort erzielte Verluste mit den ihm zur Verfügung gestellten Mitteln ausgeglichen. (*wird ausgeführt*)

d) Der Kläger hat seine Mittel auch nicht zeitnah für seine steuerbegünstigten Zwecke verwandt. (*wird ausgeführt*)

65

Vergleichsvorschlag zur Beilegung der Verfassungsstreitverfahren um die Stellung des Religionsunterrichts und die Einführung des Schulfachs LER in Brandenburg.

Art. 7 Abs. 3 GG; §§ 9, 11, 141 BB.SchulG
BVerfG, Beschluss vom 11. Dezember 2001 - 1 BvF 1/96, 1 BvR 1697/96, 1 BvR 1718/96, 1 BvR 1783/96, 1 BvR 1412/97[1] -

A. Nachdem die Beteiligten in den Verfahren 1 BvF 1/96, 1 BvR 1697/96, 1 BvR 1718/96, 1 BvR 1783/96 und 1 BvR 1412/97 gegenüber dem Bundesverfassungsgericht ihre grundsätzliche Bereitschaft erklärt haben, über den Gegenstand dieser Verfahren eine einvernehmliche Verständigung herbeizuführen, unterbreitet der Senat hierfür folgenden Vorschlag:

I. Ziel der Vereinbarung sollte sein, durch eine Änderung des Brandenburgischen Schulgesetzes die Voraussetzungen dafür zu schaffen, dass die Antragsteller und Beschwerdeführer der genannten Verfahren Erklärungen abgeben, durch die die Verfahren beendet werden können.

II. Die Vereinbarung sollte zwischen den Antragstellern und Beschwerdeführern der anhängigen Verfahren auf der einen und der Landesregierung Brandenburg auf der anderen Seite geschlossen werden. Die Vereinbarungspartner sind dabei frei, über die Festlegung der Vereinba-

---

[1] BVerfGE 104, 305; EuGRZ 2003, 524; LKV 2002, 371; NVwZ 2002, 980. Zur Erledigung der vorliegenden Verfahren durch Einstellung (nach Antragsrücknahme) bzw. Verwerfung der Verfassungsbeschwerde als unzulässig infolge Wegfalls der Beschwer vgl. BVerfG, Beschluss vom 31.10.2002 (BVerfGE 106, 210; LKV 2003, 181; EuGRZ 2003, 526). Zur Ablehnung einer Einstweiligen Anordnung gegen Beratung und Verabschiedung einer Änderung des Brandenburgischen Schulgesetzes vgl. BVerfG, Beschluss vom 23.4.2002 - 1 BvR 1412/97 - NVwZ 2002, 981.

rungsthemen und deren für die Erreichung des Vereinbarungsziels notwendige inhaltliche Ausgestaltung selbst und anders zu entscheiden. Ungeachtet dessen schlägt der Senat eine Vereinbarung mit dem nachstehenden Inhalt vor:

III. Vereinbarung zur Beilegung der Verfahren vor dem Bundesverfassungsgericht über die Verfassungsmäßigkeit von § 9 Abs. 2 u. 3, § 11 Abs. 2-4 und § 141 des Brandenburgischen Schulgesetzes zwischen 1. den Antragstellern und Beschwerdeführern der beim Bundesverfassungsgericht anhängigen Verfahren 1 BvF 1/96, 1 BvR 1697/96, 1 BvR 1718/96, 1 BvR 1783/96 und 1 BvR 1412/97 - im Folgenden: Antragsteller - und 2. der Landesregierung Brandenburg, vertreten durch den Ministerpräsidenten, - im Folgenden: Landesregierung -

Präambel
Antragsteller und Landesregierung greifen den Vorschlag des Bundesverfassungsgerichts auf, über den Gegenstand der vorgenannten Verfassungsstreitverfahren eine einvernehmliche Verständigung herbeizuführen und damit die Voraussetzungen dafür zu schaffen, dass die Beteiligten verfahrensbeendende Erklärungen abgeben. Sie schließen deshalb die folgende Vereinbarung:
§ 1
Die Regelungen über das Fach Lebensgestaltung-Ethik-Religionskunde in § 11 Abs. 2-4 des Brandenburgischen Schulgesetzes bleiben unberührt. Außer dem Unterricht in diesem Fach kann Religionsunterricht gemäß § 9 Abs. 2 dieses Gesetzes in allen Schulformen und Schulstufen erteilt werden. Ergänzend werden für die beiden Unterrichtsfächer Regelungen entsprechend § 2 dieser Vereinbarung getroffen.
§ 2
(1) Die Landesregierung wird in den Landtag Brandenburg den Entwurf eines Gesetzes zur Änderung des Brandenburgischen Schulgesetzes einbringen, der folgenden Inhalt haben wird:
1. Der Religionsunterricht wird in der Regel in Lerngruppen mit einer Teilnehmerzahl von mindestens 12 Schülerinnen und Schülern durchgeführt.
2. Der Religionsunterricht soll in die regelmäßige Unterrichtszeit integriert werden. Durch die zeitliche Gestaltung soll nicht ausgeschlossen werden, dass Schülerinnen und Schüler, die den Unterricht in dem Fach Lebensgestaltung-Ethik-Religionskunde besuchen, zusätzlich am Religionsunterricht teilnehmen können.
3. Lehrkräften des Landes Brandenburg, die neben dem staatlichen Unterricht im Auftrag von Kirchen oder Religionsgemeinschaften Religionsunterricht erteilen, wird die Erteilung dieses Unterrichts mit bis zu acht Unterrichtsstunden je Woche auf die Pflichtstundenzahl angerechnet, sofern die Mindestgruppengröße von 12 Schülerinnen und Schülern erreicht wird; bei einer Teilzeitbeschäftigung erfolgt die Anrechnung in entsprechend gekürztem Umfang. Den genannten Lehrkräften wird die Teilnahme an Veranstaltungen ihrer Kirche oder Religionsgemeinschaft zur religionspädagogischen Fort- und Weiterbildung unter den für Fort- und Weiterbildung üblichen Bedingungen ermöglicht.
4. Personen, die im Auftrag von Kirchen oder Religionsgemeinschaften Religionsunterricht erteilen, können auch dann an den Beratungen der schulischen

Mitwirkungsgremien teilnehmen, wenn sie nicht in einem Dienstverhältnis zum Land Brandenburg stehen.
5. Die Leistungen der Schülerinnen und Schüler im Religionsunterricht werden von denjenigen, die diesen Unterricht erteilen, entsprechend den Grundsätzen der Leistungsbewertung nach § 57 des Brandenburgischen Schulgesetzes bewertet, sofern die Kirchen oder Religionsgemeinschaften dies wollen. Die Note wird auf Antrag der Eltern der Schülerin und des Schülers in das staatliche Zeugnis (§ 58 des Brandenburgischen Schulgesetzes) aufgenommen; bei Schülerinnen und Schülern, die das 14. Lebensjahr vollendet haben, tritt der eigene Antrag an die Stelle des Antrags der Eltern. Durch Rechtsverordnung auf der Grundlage des Brandenburgischen Schulgesetzes kann auch bestimmt werden, welche Bedeutung die Religionsnote für die Versetzung der Schülerin oder des Schülers und für den Erwerb von Abschlüssen und Berechtigungen hat.
6. Den Kirchen und Religionsgemeinschaften, deren Beauftragte Religionsunterricht erteilen, werden zu den dadurch entstehenden Kosten nach Maßgabe des Haushalts staatliche Zuschüsse gewährt.
7. Schülerinnen und Schüler, deren Eltern gegenüber der Schule erklären, dass ihr Kind wertorientierten Unterricht zu den Gegenstandsbereichen des Faches Lebensgestaltung-Ethik-Religionskunde allein in Form des Religionsunterrichts erhalten soll, und den Besuch eines solchen Unterrichts nachweisen, sind von der Verpflichtung zur Teilnahme am Unterricht in dem Fach Lebensgestaltung-Ethik-Religionskunde befreit. Bei Schülerinnen und Schülern, die das 14. Lebensjahr vollendet haben, tritt die eigene Erklärung an die Stelle der Erklärung der Eltern.
(2) Der Gesetzentwurf wird in den Landtag Brandenburg so rechtzeitig eingebracht, dass das Änderungsgesetz zum Beginn des Schuljahres 2002/2003 in Kraft treten kann.
§ 3
Es ist Aufgabe einer Schiedsstelle, Meinungsverschiedenheiten über den Vollzug der Vorschriften des brandenburgischen Schulrechts über das Fach Lebensgestaltung-Ethik-Religionskunde und den Religionsunterricht auszuräumen.
§ 4
Die Antragsteller werden binnen eines Monats nach dem In-Kraft-Treten eines dieser Vereinbarung entsprechenden Änderungsgesetzes den Normenkontrollantrag und die Verfassungsbeschwerden gegenüber dem Bundesverfassungsgericht zurücknehmen.

B. Im Interesse aller Beteiligten an einem baldigen Abschluss der genannten Verfassungsstreitverfahren werden die Antragsteller, Beschwerdeführer und die Landesregierung Brandenburg gebeten, gegenüber dem Bundesverfassungsgericht bis zum 31.1.2002 zu erklären, ob ihnen eine einvernehmliche Verständigung auf der Grundlage des Vorschlags unter A III dieses Beschlusses möglich erscheint.

Die Betrauung eines Amtsträgers mit einem bestimmten Aufgabenkreis (hier: „Arbeitsgruppe Scientology") ist eine innerdienstliche Organisationsmaßnahme, die keine Rechtswirkung nach außen auf den Bürger entfaltet. Eine solche Wirkung hat erst die - auf diesen bezogene - Tätigkeit des Amtsträgers. Es ist auch allein Sache des Dienstherrn bzw. öffentlich-rechtlichen Arbeitgebers, im Falle von dienstlichen Vergehen gegebenenfalls disziplinarrechtlich bzw. arbeitsrechtlich gegen den jeweiligen Bediensteten vorzugehen. Einen Anspruch hierauf hat der Bürger, der von dessen Tätigkeit betroffen ist, nicht.

Verwaltungsverfahrensrechtliche Ansprüche auf Einsicht in Verwaltungsakten und Auskunft über die den Beteiligten im Verwaltungsverfahren zustehenden Rechte und obliegenden Pflichten kommen nur im Rahmen eines konkreten Verwaltungsverfahrens in Betracht.

Art. 19 Abs. 4 GG; §§ 42 VwGO, 25 Satz 2, 29 Abs. 1 Hmb.VwVfG
VG Hamburg, Urteil vom 12. Dezember 2001 - 7 VG 4025/2000[1] -

Die Kläger sind der Scientology Church zugehörige eingetragene Vereine. Sie begehren von der Beklagten verschiedene Verhaltensweisen in Bezug auf die Leiterin der „Arbeitsgruppe Scientology" bei der Behörde für Inneres.

Die Scientology Church versteht sich als Religionsgemeinschaft mit dem Ziel, die von L. Ron Hubbard entwickelten Lehren zu verbreiten. In Hamburg wurde aufgrund bürgerschaftlichen Ersuchens vom 3./4.6.1992 (BT-Drs. 14/2024 vom 26.5.1992) am 8.9.1992 bei der Innenbehörde die „Arbeitsgruppe Scientology" eingerichtet, die gemäß dem bürgerschaftlichen Ersuchen u.a. die Aufgabe hat, Informationen über Praktiken, Einflüsse und Ausbreitung der Scientology Church in Erfahrung zu bringen und zu bewerten, die fachbehördlichen Aktivitäten in dieser Frage zu koordinieren sowie eine intensive Öffentlichkeits- und Aufklärungsarbeit zu leisten. Von Beginn an ist Frau Ursula A., die Angestellte der Beklagten ist, Leiterin dieser Arbeitsgruppe.

Mit Schreiben vom 14.9.2000 wandten sich die Kläger an die Beklagte. In dem Schreiben forderten die Kläger die Beklagte auf, Frau A. nicht mehr mit Tätigkeiten gegen die Kläger zu betrauen. Zur Begründung führten sie aus, Frau A. habe von Bob Minton, einem amerikanischen Scientology-Gegner, ein privates Darlehen angenommen, womit sie sich wegen Bestechlichkeit strafbar gemacht habe und deshalb gegenüber den

---

[1] Das Urteil ist rechtskräftig.

Klägern als befangen anzusehen sei. Die Kläger baten weiter um Auskünfte über Einzelheiten des Darlehens sowie die Beteiligung von Frau A. an Verfahren bzw. behördlichen Maßnahmen seit Annahme des Darlehens. Zur Begründung führten sie insoweit aus, sie benötigten diese Auskünfte, um das ihnen gegen Frau A. zustehende Ablehnungsrecht wirksam ausüben zu können.

Am 2.10.2000 haben die Kläger die vorliegende Klage erhoben, mit der sie zunächst begehren, dass die Beklagte es zu unterlassen habe, Frau A. mit Aufgaben schlicht hoheitlicher Verwaltung in Richtung gegen die Kläger zu betrauen, insbesondere ihr Aufgaben zu übertragen, welche Information und Aufklärung über sie, die Kläger, oder Warnung vor ihnen zum Gegenstand haben. Zur Begründung tragen sie vor, Frau A. habe sich in der Vergangenheit häufig unsachlich über sie, die Kläger, geäußert. Sie habe eine Menschenjagd betrieben, indem sie Scientologen aufgespürt habe, um sie in der Öffentlichkeit zu diffamieren und ihrer Existenz zu berauben. Zusätzlich zu diesem - von ihnen, den Klägern, seit Jahren ertragenen Zustand - habe sich Frau A. nun mit Geld kaufen lassen, indem sie von Bob Minton ein privates Darlehen angenommen habe. Hiermit habe sie sich wegen Bestechlichkeit strafbar gemacht, also unlauter private und dienstliche Belange vermischt. Dass die Verbindung zu Bob Minton dienstlicher Natur sei, zeige sich z.b. daran, dass Frau A. mit diesem am 6.4.2000 in Hamburg auf einer Pressekonferenz gemeinsam aufgetreten sei. Auch habe sie bei einer Vernehmung in einem Gerichtsverfahren in den USA die Aussage über das Darlehen unter Berufung auf ihren Dienst verweigert. Weiter habe Frau A. daran mitgewirkt, dass Bob Minton im Juni 2000 in Leipzig der alternative Karlspreis verliehen worden sei. In schriftlichen Unterlagen über die Veranstaltung sei sie mit voller Dienstbezeichnung geführt, ohne dass sie klargestellt habe, dass sie privat dort sei. Schließlich sei Frau A. auch am 25.7.2000 in Clearwater zusammen mit Bob Minton auf einer vom Lisa McPherson Trust einberufenen Pressekonferenz im Rahmen ihrer dienstlichen Tätigkeit aufgetreten. Die Verbindung von Frau A. zu Bob Minton sei auch deshalb anstößig, weil es sich bei diesem mit großer Wahrscheinlichkeit um einen hochkarätigen Wirtschaftskriminellen handle. Dass Frau A. sich der Bestechlichkeit schuldig gemacht habe, zeige sich auch an folgendem Geschehen: Im Rahmen eines baurechtlichen Genehmigungsverfahrens in Hamburg für eine Sauna habe Frau A. interveniert und erreicht, dass die Genehmigung am 22.1.2001 nur unter der Auflage erteilt worden sei, dass in den Räumlichkeiten der von den Klägern veranstaltete „Reinigungs-Run-Down" nicht abgehalten werden dürfe. Über diese Genehmigung habe Bob Minton im Internet am 29.1.2001 informiert, woraus folge, dass Frau A. ihn über die bei der Beklagten anhängigen Scientologyverfahren auf dem Laufenden halte.

Frau A. habe durch die aufgeführten Verhaltensweisen zudem dienstliche Obliegenheiten - so durch Letztere diejenige zur Dienstverschwiegenheit, verletzt, die auch für sie als Angestellte aufgrund der Tarifverträge bestünden, und könne ihr Amt im Verhältnis zu den Klägern nicht mehr unparteiisch und objektiv ausüben. Dass befangene Amtsträger abgelehnt werden könnten, ergebe sich aus §§ 20, 21 VwVfG, die allgemeine Rechtsgrundsätze enthielten, die auch für schlicht hoheitliches Handeln einer Behörde gälten. Da das Schreiben vom 14.9.2000 unbeantwortet geblieben sei, sei die vorbeugende Klage geboten. Es könne ihnen, den Klägern, nicht zugemutet werden, sich weiter der behördlichen Willkür auszusetzen und einen eventuellen Schadenseintritt abzuwarten. Zu bedenken sei insoweit auch, dass Frau A. ihnen, den Klägern, durch heimliches Agieren Schaden zufügen könne, ohne dass sie hiervon Kenntnis erhielten. Gegen einzelne Entscheidungen in der Hauptsache könnten die Kläger nicht vorgehen, weil die Informationstätigkeit von Frau A. kein Verwaltungsverfahren sei und nicht auf Erlass von Verwaltungsakten ziele. Ein effektiver Rechtsschutz sei deshalb nur dann gewährleistet, wenn sie, die Kläger, sich über den Einzelfall hinaus umfassend gegen ein weiteres Tätigwerden von Frau A. wehren könnten.

Die Kläger begehren weiter, die Beklagte zu verpflichten, Frau A. anzuweisen, außerdienstlich nicht unter Führung ihrer Amtsbezeichnung die Öffentlichkeit über Scientology zu informieren, ohne klarzustellen, dass sie als Privatperson außerhalb ihrer Dienstgeschäfte auftrete. Wenn sie bei ihren demagogisch eingefärbten „Informationsveranstaltungen" sich mit voller Dienstbezeichnung vorstelle, verstünden die Zuhörer ihre Äußerungen als amtlich. Sie, die Kläger, hätten nicht hinzunehmen, dass Frau A. auf diesem Umweg im Grunde das tue, was ihr kraft Gesetz verboten sei.

Schließlich begehren die Kläger Auskunft zum einen über Einzelheiten des von Bob Minton an Frau A. ausgereichten Darlehens, zum anderen darüber, an welchen Verwaltungsverfahren gegen die Kläger Frau A. seit dem Darlehensversprechen bzw. der Darlehensgewährung mitgewirkt habe und welche behördlichen Maßnahmen gegen die Kläger diese seitdem eingeleitet oder gefördert habe: Da Frau A. seit Erhalt des Darlehens befangen sei, ergäben sich hieraus für sie, die Kläger, Abwehr-, Folgenbeseitigungs- und Schadensersatzansprüche. Über die Einzelheiten derartiger Ansprüche seien sie im Unklaren. Aus dem Grundsatz von Treu und Glauben ergebe sich deshalb eine Auskunftspflicht, weil sie, die Kläger, in entschuldbarer Weise über Bestehen bzw. Umfang ihrer Rechte im Ungewissen seien und die Beklagte die Auskünfte unschwer geben könne. Es gäbe insoweit auch eine Äußerungspflicht von Frau A. analog derjenigen zur dienstlichen Äußerung von abgelehnten Richtern nach § 44 Abs. 2 u. 3 ZPO.

Die Kläger beantragen,

1) die Beklagte zu verurteilen, es zu unterlassen, Frau A., die Leiterin der Arbeitsgruppe Scientology, mit Aufgaben schlicht hoheitlicher Verwaltung in

*Richtung gegen die Kläger zu betrauen, insbesondere ihr Aufgaben zu übertragen, welche Information und Aufklärung über die Kläger oder Warnung vor den Klägern zum Gegenstand haben,
2) die Beklagte zu verpflichten, Frau A. anzuweisen, außerdienstlich nicht unter Führung ihrer Amtsbezeichnung die Öffentlichkeit über Scientology zu informieren oder aufzuklären oder vor Scientology zu warnen, ohne klarzustellen, dass sie als Privatperson außerhalb ihrer Dienstgeschäfte auftrete,
3) die Beklagte zu verpflichten, ihnen, den Klägern, als Gesamtgläubigern Auskunft in Bezug auf das von dem US-Amerikaner Bob Minton an Frau A. ausgereichte Darlehen (Höhe, Datum der Darlehensgewährung, Zweck, Laufzeit, Verzinsung etc.) zu erteilen,
4) die Beklagte zu verpflichten, ihnen, den Klägern, als Gesamtgläubigern Auskunft darüber zu erteilen, a) an welchen Verwaltungsverfahren gegen die Kläger Frau A. seit dem in Ziffer 3 genannten Darlehensversprechen bzw. der Darlehensgewährung mitgewirkt hat, b) welche behördlichen Maßnahmen gegen die Kläger Frau A. seit Darlehensversprechen bzw. seit Darlehensgewährung initiiert eingeleitet oder gefördert hat.*

Die Beklagte ist der Auffassung, die Klage sei mangels Rechtsschutzbedürfnis für die geltend gemachten Ansprüche unzulässig. Einen Anspruch auf Ausschluss einer bestimmten Person von der Wahrnehmung von öffentlich-rechtlichen Aufgaben gebe es nicht. Dies sei Frage der Organisationshoheit der Verwaltungseinheit, die ihre Grenze allerdings in der Befangenheit des Amtsträgers finde. Die Befangenheit eines Amtsträgers könne nach § 44a VwGO aber nur in einem Verfahren gegen eine konkrete Hauptsacheentscheidung geltend gemacht werden. Für den Antrag zu 2) fehle es ebenfalls an einer Anspruchsgrundlage. Es sei allein Aufgabe der Beklagten, die Grenzen der Aufgabenwahrnehmung von Bediensteten zu bestimmen und eventuelle Übertretungen zu maßregeln. Einfluss auf derartiges Verwaltungshandeln habe der Bürger nur, wenn und soweit seine Rechte verletzt seien. Eine Beeinträchtigung von Rechtspositionen sei vorliegend nicht behauptet. Auch für die Auskunftsansprüche gebe es keine Rechtsgrundlage. Darüber hinaus stehe der Erteilung der begehrten Auskünfte auch die Fürsorgepflicht der Beklagten als Dienstherr gegenüber Frau A. als Arbeitnehmerin entgegen.

Die Kammer weist die Klage als unzulässig ab.

Aus den Gründen:

Die Klage ist unzulässig. Dies gilt für alle gestellten Anträge.
1. Soweit die Kläger zunächst die Verurteilung der Beklagten zur Unterlassung der Betrauung von Frau A. mit Aufgaben schlichthoheitlicher Verwaltung in Richtung gegen die Kläger begehren, ist statthafte Klageart die - in der VwGO nicht besonders geregelte, aber in einer

Reihe von Vorschriften (z.B. § 43 Abs. 2, 113 Abs. 4) erwähnte - allgemeine Leistungsklage. Denn die begehrte Unterlassung einer hoheitlichen Handlung ist kein Verwaltungsakt und deshalb nicht mit der Verpflichtungsklage zu erreichen.

Entgegen der Auffassung der Beklagten steht der Zulässigkeit der Klage allerdings nicht § 44a VwGO entgegen. Denn diese Vorschrift, nach der Rechtsbehelfe gegen behördliche Verfahrenshandlungen nur gleichzeitig mit der Sachentscheidung geltend gemacht werden können, gilt nur im Rahmen von Verwaltungsverfahren, die auf den Erlass eines Verwaltungsakts gerichtet sind (vgl. Kopp/Schenke, VwGO, Kommentar, 12. Aufl. 2000, § 44a Rz. 3). Ein solches Verwaltungsverfahren liegt hier nicht vor.

Für den Antrag fehlt es den Klägern aber an einer Klagebefugnis. Auch die Zulässigkeit der allgemeinen Leistungsklage setzt nach der Rechtsprechung des Bundesverwaltungsgerichts, der sich die Kammer anschließt, in entsprechender Anwendung von § 42 Abs. 2 VwGO eine Klagebefugnis voraus, da der Zweck der Vorschrift, Popularklagen auszuschließen, nicht nur bei Verpflichtungs- und Anfechtungsklage (für die sie unmittelbar gilt), sondern auch bei der allgemeinen Leistungsklage gegeben ist und sich deshalb nur so Wertungswidersprüche innerhalb des verwaltungsprozessualen Rechtsschutzsystems vermeiden lassen (s. nur BVerwG, Beschluss vom 5.2.1992, NVwZ-RR 1992, 371 mwN; vgl. auch Kopp/Schenke, a.a.O., § 42 Rz. 62).

Danach ist erforderlich, dass die Kläger geltend machen, durch die Ablehnung der begehrten Leistung in eigenen Rechten verletzt zu sein; eine Rechtsbeeinträchtigung muss mithin möglich sein. Dies ist hier nicht der Fall. Ein Anspruch der Kläger darauf, dass es die Beklagte unterlässt, Frau A. mit Aufgaben schlicht hoheitlicher Verwaltung in Richtung gegen die Kläger zu betrauen, erscheint nach jeder Betrachtungsweise ausgeschlossen. Der hier als Anspruchsgrundlage allein in Betracht zu ziehende allgemeine öffentlich-rechtliche Unterlassungsanspruch findet nämlich nur dann Anwendung, wenn durch die Maßnahme, deren Unterlassung begehrt wird, die Beeinträchtigung einer geschützten Rechtsposition des Betroffenen droht. Durch die Betrauung von Frau A. als Bediensteter der Beklagten mit Aufgaben werden aber Rechtspositionen der Kläger nicht betroffen. Die Betrauung eines Amtsträgers mit einem bestimmten Aufgabenkreis ist eine innerdienstliche Organisationsmaßnahme, die keine Rechtswirkung nach außen auf den Bürger entfaltet. Eine solche Wirkung hat erst die - auf diesen bezogene - Tätigkeit des Amtsträgers. Es ist auch allein Sache des Dienstherrn bzw. öffentlich-rechtlichen Arbeitgebers, im Falle von dienstlichen Vergehen gegebenenfalls disziplinarrechtlich bzw. arbeitsrechtlich gegen den jeweiligen Bediensteten vorzugehen. Einen Anspruch hierauf hat der Bürger, der von dessen Tätigkeit betroffen ist, nicht. Er kann allein die Abwehr von ihn betreffendem Handeln der Behörde durch den Amtsträger beanspruchen, durch das seine Rechte verletzt werden. Dabei kann er gegebenenfalls die Befangenheit des Amtsträgers als Grund für die Rechtswidrigkeit geltend machen (vgl. für den Anwendungsbereich des VwVfG: Kopp/Ramsauer, VwVfG, Kommentar, 7. Aufl., 2000, § 21 Rz. 12, 13). Hierdurch wird entgegen der Auffassung der Kläger dem Gebot effektiven Rechtsschutzes (Art. 19 Abs. 4 GG) hinreichend Rechnung getragen. Denn Rechtsschutz ist nicht nur gegen Verwaltungsakte, sondern auch gegen informelles behördliches Handeln - z.b. gegen rechtswidrige Äußerungen, wie von den Klägern in der Vergangenheit bereits geltend gemacht - möglich, sofern dieses Außenwirkung hat. So sind die Kläger in der Vergangenheit ja bereits gegen Äußerungen von Frau A. vorgegangen. Hinreichende Anhaltspunkte dafür, dass sie von derartigem sie betreffendem Handeln mit Außenwirkung keine Kenntnis erhalten und deshalb Rechtsschutz nicht möglich ist, bestehen nicht. Die Geltendmachung einer Befangenheit des Amtsträgers ist dabei möglich, da die Grundgedanken der Regelungen der §§ 20, 21 VwVfG über die Befangenheit im auf den Erlass eines Verwaltungsakts gerichteten Verwaltungsverfahren Ausdruck allgemeiner Grundsätze rechtsstaatlichen Verwaltungsverfahrens sind und mithin auch für informelles behördliches Handeln gelten (vgl. Stelkens/Bonk/Sachs, VwVfG, Kommentar, 6. Aufl. 2001, § 1 Rz. 135). Dem Gebot effektiven Rechtsschutzes wird insoweit auch durch die Möglichkeit vorbeugenden Rechtsschutzes hinreichend Rechnung getragen, so dass eine Rechtsverletzung nicht zwingend abgewartet werden muss (vgl. hierzu für den Bereich des § 44a: Kopp/Schenke, a.a.O., § 44a Rz. 2).

Etwas anderes ergibt sich auch nicht aus der von den Klägern ins Feld geführten Entscheidung des VGH Kassel vom 29.5.1971 (DÖV 1970, 257). Dies folgt schon daraus, dass - anders als die Kläger meinen - in dieser Entscheidung gerade kein allgemeiner Anspruch auf Ablehnung eines Amtsträgers wegen Befangenheit anerkannt wurde, sondern Befangenheit lediglich als Grund für die Rechtswidrigkeit einer konkreten angefochtenen Maßnahme angesehen wurde.

2. Auch für den ebenfalls - mangels Verwaltungsaktsqualität der begehrten Leistung - als allgemeine Leistungsklage statthaften Klagantrag zu 2), die Beklagte zu verurteilen. Frau A. anzuweisen, außerdienstlich nicht unter Führung ihrer Amtsbezeichnung die Öffentlichkeit über Scientology zu informieren oder aufzuklären oder vor Scientology zu warnen, ohne klarzustellen, dass sie als Privatperson außerhalb ihrer Dienstgeschäfte auftrete, fehlt es an der erforderlichen Klagebefugnis, also der Möglichkeit einer Rechtsbeeinträchtigung der Kläger. Abgesehen davon, dass die begehrte Anweisung wieder ein innerdienstlicher Akt ist, werden durch das beanstandete Verhalten von Frau A., dessen Unterlassen die Kläger der Sache nach begehren, keine Rechte der Kläger betroffen.

Ein Anspruch auf Unterlassen von Äußerungen einer Amtsperson kommt nur in Betracht, soweit durch diese eine drohende Beeinträchtigung von Rechtspositionen geltend gemacht wird, also etwa durch unwahre Tatsachenbehauptungen. Soweit diese Äußerungen von dem Amtsträger in seiner Eigenschaft als Amtsträger gemacht werden, ist dieser Anspruch vor dem Verwaltungsgericht geltend zu machen, soweit es sich um rein private, offensichtlich persönliche Erklärungen des Amtsträgers handelt, ist der Zivilrechtsweg gegeben. Hier geht es den Klägern aber nicht um eine Unterlassung derartiger Äußerungen. Vielmehr beanstanden sie - ohne Rücksicht auf den Inhalt der Äußerungen - allein eine Kompetenzüberschreitung der Amtsperson im Verhältnis zum Dienstherrn. Dies zu tun, ist aber - wie bereits ausgeführt - allein Sache des Dienstherrn. Einen Anspruch des Bürgers hierauf gibt es nicht.

3. Die erforderliche Klagebefugnis liegt schließlich ebenfalls für die Anträge zu 3) und 4) auf Erteilung von Auskünften nicht vor. Auf die Frage, ob Klagen auf Auskunft mit der Verpflichtungs- oder mit der allgemeinen Leistungsklage geltend zu machen sind, kommt es dabei nicht an, da - wie bereits ausgeführt - für beide Klagearten das Vorliegen einer Klagebefugnis Zulässigkeitsvoraussetzung ist (a). Für den Antrag zu 4 a) fehlt es zusätzlich an einem Rechtsschutzbedürfnis (b).

a) Für die begehrten Auskünfte fehlt es an einer Anspruchsgrundlage. Die Vorschriften der §§ 25 Satz 2, 29 Abs. 1 Hmb.VwVfG, nach denen die Behörde den Beteiligten eines Verwaltungsverfahrens Einsicht in die ein Verwaltungsverfahren betreffenden Akten zu gewähren hat, soweit deren Kenntnis zur Geltendmachung oder Verteidigung ihrer rechtlichen Interessen erforderlich ist und - soweit erforderlich - Auskunft über die den Beteiligten im Verwaltungsverfahren zustehenden Rechte und obliegenden Pflichten zu geben hat, gewähren zwar Auskunftsansprüche, sie sind aber vorliegend nicht anwendbar, da die Kläger keine Auskünfte im Rahmen eines konkreten Verwaltungsverfahrens begehren.

Ob der von den Klägern ins Feld geführte - im Zivilrecht anerkannte - Anspruch auf Auskunft aus dem Grundsatz von Treu und Glauben im öffentlichen Recht Anwendung findet, bedarf keiner Entscheidung. Denn eine Auskunftspflicht kommt auch danach nur und insoweit in Betracht, als zwischen den Beteiligten eine Sonderverbindung besteht (vgl. Palandt, 60. Aufl. 2001, § 261 Rz. 9). Eine solche ist hier weder vorgetragen noch sonst ersichtlich. Weder besteht eine vertragliche Beziehung zwischen den Beteiligten noch steht ein konkretes gesetzliches Schuldverhältnis, im Rahmen dessen lediglich über einzelne Anspruchsvoraussetzungen Unklarheit besteht, in Rede. Nur in derartigen Fällen wird aber im Zivilrecht überhaupt eine Auskunftspflicht aus dem Grundsatz von Treu und Glauben hergeleitet.

Schließlich kommen auch die Grundrechte bzw. die Rechtsschutzgarantie des Art. 19 Abs. 4 GG hier nicht als Anspruchsgrundlage für einen Anspruch auf Auskunft bzw. jedenfalls auf ermessensfehlerfreie Entscheidung über das geltend gemachte Auskunftsbegehren in Betracht. Zwar hat das Bundesverwaltungsgericht (Urteil vom 20.2.1990, BVerwGE 84, 375 [386 f.]) in Fällen, in denen einer Behörde die Erteilung einer Auskunft nicht gesetzlich verboten ist, die Möglichkeit der Auskunftserteilung nach Ermessen und damit einen Anspruch des Bürgers auf ermessensfehlerfreie Entscheidung anerkannt. Aus der Entscheidung ergibt sich jedoch, dass dies nur insoweit gelten kann, als es um Auskünfte über ausschließlich persönliche Daten des Betroffenen geht. Denn das rechtliche Interesse auf ermessensfehlerfreie Entscheidung leitet das Bundesverwaltungsgericht u.a. aus dem Recht auf informationelle Selbstbestimmung ab (a.a.O., S. 387). Das Begehren der Kläger betrifft vorliegend nicht derartige Daten.

b) Für den Antrag auf Auskunft darüber, an welchen Verwaltungsverfahren Frau A. seit dem Darlehensversprechen bzw. der Darlehensgewährung mitgewirkt hat (4a), fehlt es zusätzlich an einem Rechtsschutzbedürfnis der Kläger, denn es ist nicht zu erkennen, inwieweit ihnen die begehrten Auskünfte einen rechtlichen oder tatsächlichen Vorteil bringen können. Sobald Verwaltungsverfahren rechtliche Wirkungen gegenüber einem Bürger entfalten, wird dieser nach § 13 Abs. 2 Satz 2 VwVfG benachrichtigt. Es ist also davon auszugehen, dass die Kläger die begehrten Informationen bereits besitzen.

67

Zur Frage der Beschränkung der Religionsfreiheit in Zusammenhang mit der staatlichen Anerkennung einer Religionsgemeinschaft.

Art. 9 Abs. 2 EMRK
EGMR, Urteil (judgment) vom 13. Dezember 2001 - Appl.No. 45701/99
(Metropolitan Church of Bessarabia ./. Moldavien)[1] -

Aus dem Sachverhalt und den Entscheidungsgründen:

The facts
I. The circumstances of the case
The first applicant, the Metropolitan Church of Bessarabia, is an autonomous Orthodox Church having canonical jurisdiction in the territory of the Republic of Moldova. The other applicants are Moldovan nationals who are members of the eparchic council of the first applicant.

---

[1] ECHR 2001-XII; dt. Übersetzung: öarr 2003, 157 (LS).

A. Creation of the applicant Church and proceedings to secure its official recognition

1. Creation of the Metropolitan Church of Bessarabia

On 14 September 1992 the applicant natural persons joined together to form the applicant Church - the Metropolitan Church of Bessarabia - a local, autonomous Orthodox Church. According to its articles of association, it took the place, from the canon-law point of view, of the Metropolitan Church of Bessarabia which had existed until 1944. In December 1992 it was attached to the patriarchate of Bucharest.

The Metropolitan Church of Bessarabia adopted articles of association which determined, among other matters, the composition and administration of its organs, the training, recruitment and disciplinary supervision of its clergy, the ecclesiastical hierarchy and rules concerning its assets. In the preamble to the articles of association the principles governing the organisation and operation of the applicant Church are defined as follows:

„*The Metropolitan Church of Bessarabia is a local, autonomous Orthodox Church attached to the patriarchate of Bucharest. The traditional ecclesiastical denomination 'Metropolitan Church of Bessarabia' is of a historically conventional nature and has no link with current or previous political situations. The Metropolitan Church of Bessarabia has no political activities and will have none in future. It shall carry on its work in the territory of the Republic of Moldova. The Metropolitan Church of Bessarabia shall have the status of an exarchate of the country. According to canon law, communities of the Moldovan diaspora may also become members. No charge shall be made for the accession of individual members and communities living abroad.*

In the context of its activity in the Republic of Moldova, it shall respect the laws of the State and international human rights law. Communities abroad which have adhered for the purposes of canon law to the Metropolitan Church of Bessarabia shall establish relations with the authorities of the States concerned, complying with their legislation and the relevant provisions of international law. The Metropolitan Church of Bessarabia shall cooperate with the authorities of the State in the sphere of culture, education and social assistance. The Metropolitan Church of Bessarabia does not make any claim of an economic or any other kind against other Churches or religious organisations. The Metropolitan Church of Bessarabia maintains ecumenical relations with other Churches and religious movements and considers that fraternal dialogue is the only proper form of relationship between Churches.

Priests of the Metropolitan Church of Bessarabia working in Moldovan territory shall be Moldovan citizens. When nationals of foreign States are invited to come to Moldova to carry on a religious activity or citizens of the Republic of Moldova are sent abroad for the same purpose, the legislation in force must be complied with.

Members of the Metropolitan Church of Bessarabia shall be citizens of the Republic of Moldova who have joined together on a voluntary basis to practise their religion in common, in accordance with their own convictions, and on the basis of the precepts of the Gospel, the Apostolic Canons, Orthodox canon law and Holy Tradition.

Religious services held in all the communities of the Metropolitan Church of Bessarabia shall include special prayers for the authorities and institutions of the State, couched in the following terms: 'We pray, as always, for our country, the Republic of Moldova, for its leaders and for its army. May God protect them and grant them peaceful and honest lives, spent in obedience to the canons of the Church.'"

To date, the Metropolitan Church of Bessarabia has established 117 communities in Moldovan territory, three communities in Ukraine, one in Lithuania, one in Latvia, two in the Russian Federation and one in Estonia. The communities in Latvia and Lithuania have been recognised by the State authorities and have legal personality.

Nearly one million Moldovan nationals are affiliated to the applicant Church, which has more than 160 clergy. The Metropolitan Church of Bessarabia is recognised by all the Orthodox patriarchates with the exception of the patriarchate of Moscow.

2. Administrative and judicial proceedings to secure official recognition of the applicant Church

Pursuant to the Religious Denominations Act (Law no. 979-XII of 24 March 1992), which requires religious denominations active in Moldovan territory to be recognised by means of a government decision, the applicant Church applied for recognition on 8 October 1992. It received no reply.

It made further applications on 25 January and 8 February 1995. On a date which has not been specified the Religious Affairs Department refused these applications.

On 8 August 1995 the applicant Petru P., relying on Article 235 of the Code of Civil Procedure (which governs judicial review of administrative acts contrary to recognised rights), brought civil proceedings against the government in the Court of First Instance of the Buiucani district of Chișinău. He asked for the decisions refusing to recognise the applicant Church to be set aside. The court ruled in his favour and, on 12 September 1995, ordered recognition of the Metropolitan Church of Bessarabia.

On 15 September 1995 the Buiucani public prosecutor appealed against the Buiucani Court of First Instance's decision of 12 September 1995.

On 18 October 1995 the Supreme Court of Justice set aside the decision of 12 September 1995 on the ground that the courts did not have jurisdiction to consider the applicant Church's application for recognition.

On 13 March 1996 the applicant Church filed a fresh application for recognition with the government. On 24 May 1996, having received no reply, the applicants brought civil proceedings against the government in the Chişinău Court of First Instance, seeking recognition of the Metropolitan Church of Bessarabia. On 19 July 1996 that court gave judgment against the applicants.

On 20 August 1996 the applicants again filed an application for recognition, which went unanswered.

The applicants appealed to the Chişinău Municipal Court (*Tribunal municipiului*) against the judgment of 19 July 1996. In a judgment of 21 May 1997, against which no appeal lay, the Municipal Court quashed the impugned judgment and allowed the applicants' claim.

However, following a reform of the Moldovan judicial system, the file was sent to the Moldovan Court of Appeal for trial *de novo*.

On 4 March 1997 the applicants again applied to the government for recognition. On 4 June 1997, not having received any reply, they referred the matter to the Court of Appeal, seeking recognition of the Metropolitan Church of Bessarabia, relying on their freedom of conscience and freedom of association for the purpose of practising their religion. The resulting action was joined to the case already pending before the Court of Appeal.

In the Court of Appeal the government alleged that the case concerned an ecclesiastical conflict within the Orthodox Church in Moldova (the Metropolitan Church of Moldova), which could be resolved only by the Romanian and Russian Orthodox Churches, and that any recognition of the Metropolitan Church of Bessarabia would provoke conflicts in the Orthodox community.

The Court of Appeal allowed the applicants' claim in a decision of 19 August 1997. It pointed out, firstly, that Article 31 §§ 1 and 2 of the Moldovan Constitution guaranteed freedom of conscience and that that freedom should be exercised in a spirit of tolerance and respect for others. In addition, the various denominations were free to organise themselves according to their articles of association, subject to compliance with the laws of the Republic. Secondly, it noted that from 8 October 1992 the applicant Church, acting pursuant to sections 14 and 15 of the Religious Denominations Act, had filed with the government a number of applications for recognition, but that no reply had been forthcoming. By a letter of 19 July 1995 the Prime Minister had informed the applicants that the government could not consider the application of the Metropolitan Church of Bessarabia without interfering with the activity of the Metropolitan Church of Moldova. The Court of Appeal further noted that while the applicant Church's application for recognition had been ignored, the Metropolitan Church of Moldova had been recognised by the government on 7 February 1993, as an eparchy dependent on the patriarchate of Moscow. - The Court of Appeal dismissed the government's argument that recognition of the Metropolitan Church of Moldova made it possible to satisfy the wishes of all Orthodox believers. It pointed out that the term denomination was not to be reserved for catholicism or orthodoxy, but should embrace all faiths and various manifestations of religious feelings by their adherents, in the form of prayers, ritual, religious services or divine worship. It noted that from the point of view of canon law the Metropolitan Church of Moldova was part of the Russian Orthodox Church and therefore dependent on the patriarchate of Moscow, whereas the Metropolitan Church of Bessarabia was attached to the Romanian Orthodox Church and therefore dependent on the patriarchate of Bucharest. - The Court of Appeal held that the government's refusal to recognise the applicant Church was contrary to the freedom of religion, as guaranteed not only by the Religious Denominations Act but also by Article 18 of the Universal Declaration of Human Rights, Article 5 of the International Covenant on Economic, Social and Cultural Rights and Article 18 of the International Covenant on Civil and Political Rights, to all of which Moldova was party. Noting that the representative of the government had taken the view that the applicant Church's articles of association complied with domestic legislation, the Court of Appeal ordered the government to recognise the Metropolitan Church of Bessarabia and to ratify its articles of association.

The government appealed against the above decision on the ground that the courts did not have jurisdiction to try such a case.

In a judgment of 9 December 1997 the Supreme Court of Justice set aside the decision of 19 August 1997 and dismissed the applicants' action on the grounds that it was out of time and manifestly ill-founded. It went on to say that, in any event, the government's refusal of the applicants' application had not infringed their freedom of religion as guaranteed by international treaties, and in particular by Article 9 of the European Convention on Human Rights, because they were Orthodox Christians and could manifest their beliefs within the Metropolitan Church of Moldova, which the government had recognised by a decision of 7 February 1993.

The Supreme Court of Justice considered that the case was simply an administrative dispute within a single Church, which could be settled only by the Metropolitan Church of Moldova, since any interference by the State in the matter might aggravate the situation. It held that the State's refusal to intervene in this conflict was compatible with Article 9 § 2 of the European Convention on Human Rights.

Lastly, it noted that the applicants could manifest their beliefs freely, that they had access to Churches and that they had not adduced evidence of any obstacle whatsoever to the practice of their religion.

On 15 March 1999 the applicants again applied to the government for recognition.

By a letter dated 20 July 1999 the Prime Minister refused on the ground that the Metropolitan Church of Bessarabia was not a religious denomination in the legal sense but a schismatic group within the Metropolitan Church of Moldova.

He informed the applicants that the government would not allow their application until a religious solution to the conflict had been found, following the negotiations in progress between the patriarchates of Russia and Romania.

On 10 January 2000 the applicants lodged a further application for recognition with the government. The Court has not been informed of the outcome of that application.

3. Recognition of other denominations

Since the adoption of the Religious Denominations Act, the government has recognised a number of denominations, some of which are listed below.

On 7 February 1993 the government ratified the articles of association of the Metropolitan Church of Moldova, attached to the patriarchate of Moscow. On 28 August 1995 it recognised the Orthodox Eparchy of the Old Christian Liturgy of Chişinău, attached to the Russian Orthodox Church of the Old Liturgy, whose head office was in Moscow. On 22 July 1993 the government recognised the „Seventh-Day Adventist Church". On 19 July 1994 it decided to recognise the „Seventh-Day Adventist Church - Reform Movement". On 9 June 1994 the government ratified the articles of association of the „Federation of Jewish (Religious) Communities" and on 1 September 1997 those of the „Union of Communities of Messianic Jews".

4. Reaction of various national authorities

Since it was first set up, the Metropolitan Church of Bessarabia has regularly applied to the Moldovan authorities to explain the reasons for its creation and to seek their support in obtaining official recognition.

The government asked several ministries for their opinion about whether to recognise the applicant Church. On 16 October 1992 the Ministry of Culture and Religious Affairs informed the government that it was favourable to the recognition of the Metropolitan Church of Bessarabia. On 14 November 1992 the Ministry of Financial Affairs informed the government that it could see no objection to the recognition of the Metropolitan Church of Bessarabia. On 8 February 1993 the Ministry of Labour and Social Protection declared that it was favourable to the recognition of the applicant Church. In a letter of 8 February 1993 the Ministry of Education emphasised the need for the rapid recognition of the Metropolitan Church of Bessarabia in order to avoid any discrimination against its adherents, while pointing out that its articles of association could be improved upon. On 15 February 1993 the Secretariat of State for Privatisation stated that it was favourable to the recognition of the Metropolitan Church of Bessarabia, while proposing certain amendments to its articles of association.

On 11 March 1993, in reply to a letter from the Bishop of Bălți, writing on behalf of the Metropolitan of Bessarabia, the Moldovan parliament's Cultural and Religious Affairs Committee noted that the delay in registering the Metropolitan Church of Bessarabia was aggravating the social and political situation in Moldova, even though its actions and articles of association complied with Moldovan legislation. The committee therefore asked the government to recognise the applicant Church.

A memorandum from the Religious Affairs Department, dated 21 November 1994, summarised the situation as follows:

„*For nearly two years an ecclesiastical group known under the name of the Metropolitan Church of Bessarabia has been operating illegally in Moldovan territory. No positive result has been obtained in spite of our sustained efforts to put a stop to its activity (discussions between members of the so-called Church, priests, Mr G.E., Mr I.E. ..., representatives of the State and believers from the localities in which its adherents are active, Mr G.G., Minister of State, and Mr N.A., Deputy Speaker; all the organs of local and national administrative bodies have been informed of the illegal nature of the group, etc.).*

In addition, although priests and adherents of the Church have been forbidden to take part in divine service, for failure to comply with canon law, they have nevertheless continued their illegal activities in the churches and have also been invited to officiate on the occasion of various public activities organised, for example, by the Ministries of Defence and Health. The management of the Bank of Moldova and the National Customs Service have not acted on our request for liquidation of the group's bank accounts and strict supervision of its priests during their numerous crossings of the border.

The activity of the so-called Church is not limited to attracting new adherents and propagating the ideas of the Romanian Church. It also has all the means necessary for the work of a Church, it appoints priests, including nationals of other States ..., trains clergy, builds churches and many, many other things.

It should also be mentioned that the group's activity (more political than religious) is sustained by forces both from within the country (by certain mayors and their villages, by opposition representatives, and even by some MPs) and from outside (by decision no. 612 of 12 November 1993 the Romanian government granted it 399,400,000 lei to finance its activity ...

The activity of this group is causing religious and socio-political tension in Moldova and will have unforeseeable repercussions ...

The Religious Affairs Department notes:

(a) Within Moldovan territory there is no territorial administrative unit with the name of Bessarabia which might justify setting up a religious group named 'Metropolitan Church of Bessarabia'. The creation of such a group and recognition of its articles of association would constitute a wrongful anti-State act - a negation of the sovereign and independent State which the Republic of Moldova constitutes.

(b) The Metropolitan Church of Bessarabia was set up to take the place of the former Eparchy of Bessarabia, founded in 1925 and recognised by Decree no. 1942 promulgated on 4 May 1925 by the King of Romania. Legal recognition of the validity of those acts would imply recognition of their present-day effects within Moldovan territory.

*(e) All Orthodox parishes in Moldovan territory have been registered as constituent parts of the of the Orthodox Church of Moldova (the Metropolitan Church of Moldova), whose articles of association were ratified by the government in its decision no. 719 of 17 November 1993.
In conclusion:
1. If nothing is done to put a stop to the activity of the so-called Metropolitan Church of Bessarabia, the result will be destabilisation not just of the Orthodox Church but of the whole of Moldovan society.
2. Recognition of the Metropolitan Church of Bessarabia (Old Style) and ratification of its articles of association by the government would automatically entail the disappearance of the Metropolitan Church of Moldova."*

On 20 February 1996, following a question in Parliament asked by the applicant Vlad Cubreacov, a Moldovan MP, the Deputy Prime Minister wrote a letter to the Speaker explaining the reasons for the government's refusal to recognise the Metropolitan Church of Bessarabia. He said that the applicant Church was not a denomination distinct from the Orthodox Church but a schismatic group within the Metropolitan Church of Moldova and that any interference by the State to resolve the conflict would be contrary to the Moldovan Constitution. He pointed out that the political party to which Mr Cubreacov belonged had publicly expressed disapproval of the Supreme Court of Justice's decision of 9 December 1997, that Mr Cubreacov himself had criticised the government for their refusal to recognise „this phantom metropolitan Church" and that he continued to support it by exerting pressure in any way he could, through statements to the media and approaches to the national authorities and international organisations. The letter ended with the assertion that the „feverish debates" about the Metropolitan Church of Bessarabia were purely political.

On 29 June 1998 the Religious Affairs Department sent the Deputy Prime Minister its opinion on the question of recognition of the Metropolitan Church of Bessarabia. It pointed out in particular that not since 1940 had there been an administrative unit in Moldova with the name „Bessarabia" and that the Orthodox Church had been recognised on 17 November 1993 under the name of the Metropolitan Church of Moldova, of which the Metropolitan Church of Bessarabia was a „schismatic element". It accordingly considered that recognition of the applicant Church would represent interference by the State in the affairs of the Metropolitan Church of Moldova, and that this would aggravate the „unhealthy" situation in which the latter Church was placed. It considered that the articles of association of the applicant Church could not be ratified since they merely „reproduce[d] those of the Orthodox Church of another country".

On 22 June 1998 the Ministry of Justice informed the government that it did not consider the articles of association of the Metropolitan Church of Bessarabia to be contrary to Moldovan legislation.

By letters of 25 June and 6 July 1998 the Ministry of Labour and Social Protection and the Ministry of Financial Affairs again informed the government that they could see no objection to recognition of the Metropolitan Church of Bessarabia.

On 7 July 1998 the Ministry of Education informed the government that it supported recognition of the Metropolitan Church of Bessarabia.

On 15 September 1998 the Cultural and Religious Affairs Committee of the Moldovan parliament sent the government, for information, a copy of a report by the Ministry of Justice of the Russian Federation, which showed that on 1 January 1998 there were at least four different Orthodox Churches in Russia, some of which had their head offices abroad. The Committee expressed the hope that the above-mentioned report would assist the government to resolve certain similar problems, particularly the problem concerning the Metropolitan Church of Bessarabia's application for recognition.

In a letter sent on 10 January 2000 to the applicant Vlad Cubreacov, the Deputy Attorney-General expressed the view that the government's refusal to reply to the Metropolitan Church of Bessarabia's application for recognition was contrary to the freedom of religion and to Articles 6, 11 and 13 of the Convention.

In a decision of 26 September 2001 the government approved the amended version of Article 1 of the Metropolitan Church of Moldova's articles of association, worded as follows:

„*The Orthodox Church of Moldova is an independent Church and is the successor in law to ... the Metropolitan Church of Bessarabia. While complying with the canons and precepts of the Holy Apostles, Fathers of the Church and the Ecumenical Synods, and the decisions of the Universal Apostolic Church, the Orthodox Church of Moldova operates within the territory of the State of the Republic of Moldova in accordance with the provisions of the legislation in force.*"

In a letter received by the Court on 21 September 2001 the President of the Republic of Moldova expressed his concern about the possibility that the applicant Church might be recognised. He said that the issue could be resolved only by negotiation between the Russian and Romanian patriarchates, since it would be in breach of Moldovan legislation if the State authorities were to intervene in the conflict. Moreover, if the authorities were to recognise the Metropolitan Church of Bessarabia, this would have unforeseeable consequences for Moldovan society.

5. International reactions

In its Opinion no. 188 (1995) to the Committee of Ministers on Moldova's application for membership of the Council of Europe, the Parliamentary Assembly of the Council of Europe noted the Republic of Moldova's willingness to fulfil the commitments it had entered into when it lodged its application for membership on 20 April 1993. These commitments, which had been reaffirmed before the adoption of the above mentioned opinion, included an undertaking to „confirm complete freedom of worship for all citizens without discrimination" and to „ensure a peaceful solution to the dispute between the Moldovan Orthodox Church and the Bessarabian Orthodox Church".

In its annual report for 1997 the International Helsinki Federation for Human Rights criticised the Moldovan government's refusal to recognise the Metropoltitan Church of Bessarabia. The report stated that as a result of this refusal many churches had been transferred to the ownership of the Metropolitan Church of Moldova. It drew attention to allegations that members of the applicant Church's clergy had been subjected to physical violence without receiving the slightest protection from the authorities.

In its 1998 report the Federation criticised the Religious Denominations Act, and in particular section 4 thereof, which denied any protection of the freedom of religion to the adherents of religions not recognised by a government decision. It pointed out that this section was a discriminatory instrument which enabled the government to make it difficult for the adherents of the Metropolitan Church of Bessarabia to bring legal proceedings with a view to reclaiming church buildings which belonged to them. In addition, the report mentioned acts of violence and vandalism to which the applicant Church and its members were subjected.

B. Alleged incidents affecting the Metropolitan Church of Bessarabia and its members

The applicants reported a number of incidents during which members of the clergy or adherents of the applicant Church had allegedly been intimidated or prevented from manifesting their beliefs. The Government did not dispute that these incidents had taken place. (*wird ausgeführt*)

C. Incidents affecting the assets of the Metropolitan Church of Bessarabia (*wird ausgeführt*)

D. Questions relating to the personal rights of the applicant Church's clergy (*wird ausgeführt*)

II. Relevant domestic law

A. The Constitution of 29 July 1994

Article 31 of the Moldovan Constitution, concerning freedom of conscience, provides:

„*1. Freedom of conscience is guaranteed. It must be manifested in a spirit of tolerance and mutual respect.*
2. Freedom of worship is guaranteed. Religious denominations shall organise themselves according to their own articles of association, in compliance with the law.
3. Any manifestation of discord is forbidden in relations between religious denominations.

4. Religious denominations shall be autonomous and separated from the State, and shall enjoy the latter's support, including facilities granted for the purpose of providing religious assistance in the army, hospitals, prisons, mental institutions and orphanages."

B. The Religious Denominations Act (Law no. 979-XII of 24 March 1992) The relevant provisions of the Religious Denominations Act, as published in the Official Gazette no. 3/70 of 1992, read as follows:

Section 1 - Freedom of conscience

"The State shall guarantee freedom of conscience and freedom of religion within Moldovan territory. Everyone shall have the right to manifest his belief freely, either alone or in community with others, to propagate his belief and to worship in public or in private, on condition that such worship is not contrary to the Constitution, the present Act or the legislation in force."

Section 4 - Intolerance on denominational grounds

"Intolerance on denominational grounds, manifested by acts which interfere with the free operation of a religious denomination recognised by the State, shall be an offence punished in accordance with the relevant legislation."

Section 9 - Religious denominations' freedom of organisation and operation

"Denominations shall be free to organise and operate freely on condition that their practices and rites do not contravene the Constitution, the present Act or the legislation in force.
Where that is not the case, denominations shall not qualify for State recognition."

Section 14 - Recognition of religious denominations

"In order to be able to organise and operate, denominations must be recognised by means of a government decision.
Where a denomination fails to comply with the conditions laid down by the first paragraph of section 9 of the present Act, recognition may be withdrawn under the same procedure."

Section 15 - Articles of association

"To qualify for recognition, each denomination shall submit to the Government, for scrutiny and approval, the articles of association governing its organisation and operation. The articles of association must contain information on its system of organisation and administration and on the fundamental principles of its beliefs."

Section 21 - Associations and foundations

„*Associations and foundations which pursue a religious aim, in whole or in part, shall enjoy religious rights and shall be subject to the obligations arising from the legislation on religious denominations.*"

Section 22 - Clergy, invitation and delegation

„*Leaders of denominations having republican and hierarchical rank ..., and all persons employed by religious denominations, must be Moldovan citizens. Denominations which wish to take foreign nationals into their employ to conduct religious activities, or to delegate Moldovan citizens to conduct religious activities abroad, must in every case seek and obtain the agreement of the State authorities.*"

Section 24 - Legal personality

„*Denominations recognised by the State shall be legal persons ...*"

Section 35 - Publishing and liturgical objects

„*Only denominations recognised by the State and registered in accordance with the relevant legislation may
(a) produce and market objects specific to the denomination concerned;
(b) found periodicals for the faithful, or publish and market liturgical, theological or ecclesiastical books necessary for practice of the religion concerned;
(c) lay down scales of charges for pilgrimages and touristic activities in the denomination's establishments;
(d) organise, within Moldovan territory or abroad, exhibitions of liturgical objects, including exhibitions of items for sale;*
...
For the purposes of the present section, the term 'liturgical objects' shall mean liturgical vessels, metal and lithographic icons, crosses, crucifixes, church furniture, cross-shaped pendants or medallions framing religious images specific to each denomination, religious objects sold from door to door, etc. The following items shall be assimilated with liturgical objects: religious calendars, religious postcards and leaflets, albums of religious works of art, films and labels portraying places of worship or objects of religious art, other than those which form part of the national cultural heritage, products necessary for worship, such as incense and candles, including decorations for weddings and christenings, material and embroidery for the production of liturgical vestments and other objects necessary for practice of a religion."

Section 44 - Recruitment of clergy and employees by religious denominations

„*Bodies affiliated to religious denominations or institutions and enterprises set up by them may engage staff in accordance with labour legislation.*"

Section 45 - Contracts

„*Clergy and employees of religious denominations shall be engaged under a written contract ...*"

Section 46 - Legal status

„*Clergy and employees of religious denominations or the institutions and enterprises set up by them shall have the same legal status as the employees of organisations, institutions and enterprises, so that labour legislation shall be applicable to them.*"

Section 48 - State pensions

„*Whatever pensions are paid by religious denominations, their clergy and employees shall receive State pensions, in accordance with the Moldovan State Pensions Act.*"

The law
I. Alleged violation of Article 9 of the Convention
1. The applicants alleged that the Moldovan authorities' refusal to recognise the Metropolitan Church of Bessarabia infringed their freedom of religion, since only religions recognised by the government could be practised in Moldova. They asserted in particular that their freedom to manifest their religion in community with others was frustrated by the fact that they were prohibited from gathering together for religious purposes and by the complete absence of judicial protection of the applicant Church's assets. They relied on Article 9 of the Convention, which provides:

„*1. Everyone has the right to freedom of thought, conscience and religion; this right includes freedom to change his religion or belief and freedom, either alone or in community with others and in public or private, to manifest his religion or belief, in worship, teaching, practice and observance.
2. Freedom to manifest one's religion or beliefs shall be subject only to such limitations as are prescribed by law and are necessary in a democratic society in the interests of public safety, for the protection of public order, health or morals, or for the protection of the rights and freedoms of others.*"

A. Arguments submitted to the Court
1. The applicants
2. Citing *Manoussakis and Others v. Greece* (judgment of 26 September 1996, *Reports of Judgments and Decisions* 1996-IV, p. 1361, § 37), the applicants alleged that the refusal to recognise the applicant Church infringed their freedom of religion, since the lack of authorisation made it impossible to practise their religion. They submitted that a State could

require a prior registration procedure for religious denominations without breaching Article 9 of the Convention provided that registration did not become an impediment to believers' freedom of religion. But in the present case the refusal to recognise did not have any basis which was acceptable in a democratic society. In particular, the applicants asserted that the applicant Church and its members could not be criticised for any activity which was illegal or contrary to public order.

3. The applicants submitted that in a democratic society any group of believers who considered themselves to be different from others should be able to form a new Church, and that it was not for the State to determine whether or not there was a real distinction between these different groups or what beliefs should be considered distinct from others.

Similarly, it was not for the State to favour one Church rather than another by means of recognition, or to censor the name of a Church solely on the ground that it referred to a closed chapter of history.

Consequently, in the present case, the Moldovan State was not entitled to decide whether the applicant Church was a separate entity or a grouping within another Church.

2. The Government

4. The Government accepted that the right to freedom of religion included the freedom to manifest one's religion through worship and observance, but considered that in the present case the refusal to recognise the applicant Church did not amount to a prohibition of its activities or those of its members. The members of the applicant Church retained their freedom of religion, both as regards their freedom of conscience and as regards the freedom to manifest their beliefs through worship and practice.

5. The Government further submitted that the applicant Church, as an Orthodox Christian Church, was not a new denomination, since Orthodox Christianity had been recognised in Moldova on 7 February 1993 at the same time as the Metropolitan Church of Moldova. There was absolutely no difference, from the religious point of view, between the applicant Church and the Metropolitan Church of Moldova.

The creation of the applicant Church had in reality been an attempt to set up a new administrative organ within the Metropolitan Church of Moldova. The State could not interfere in the conflict within the Metropolitan Church of Moldova without infringing its duty of neutrality in religious matters.

At the hearing on 2 October 2001 the Government submitted that this conflict, apparently an administrative one, concealed a political conflict between Romania and Russia; were it to intervene by recognising the applicant Church, which it considered to be a schismatic group, the consequences were likely to be detrimental to the independence and territorial integrity of the young Republic of Moldova.

B. The third party

6. The third party submitted that the present application originated in an administrative conflict within the Metropolitan Church of Moldova. It asserted that the applicant Church had been set up by clergy of the Metropolitan Church of Moldova who, prompted by their personal ambition, had decided to split away from it. As the schismatic activity of the applicant Petru Păduraru had been contrary to the canons of the Russian Orthodox Church, the patriarch of Moscow had forbidden him to conduct divine service. However, in breach of canon law, and without consulting either the patriarchate of Moscow or the Moldovan civil authorities, the patriarchate of Bucharest had decided to recognise the schismatic Church. The conflict thus generated should therefore be resolved only by negotiations between the Romanian and Russian patriarchates.

7. The third party contended that the applicant Church was based on ethnic criteria and that its recognition by the government would therefore not only constitute interference by the State in religious matters but would also have detrimental consequences for the political and social situation in Moldova and would encourage the existing nationalist tendencies there. In addition, such recognition would prejudice the friendly relations between Moldova and Ukraine.

C. The Court's assessment

8. The Court reiterates at the outset that a Church or ecclesiastical body may, as such, exercise on behalf of its adherents the rights guaranteed by Article 9 of the Convention (see *Cha'are Shalom Ve Tsedek v. France* [GC], no. 27417/95, § 72, ECHR 2000-VII). In the present case the Metropolitan Church of Bessarabia may therefore be considered an applicant for the purposes of Article 34 of the Convention.

1. Whether there was an interference

9. The Court must therefore determine whether there was an interference with the applicants' right to freedom of religion on account of the refusal to recognise the applicant Church.

10. The Government submitted that the refusal to recognise the applicant Church did not prevent the applicants from holding beliefs or manifesting them within the Orthodox Christian denomination recognised by the State, namely the Metropolitan Church of Moldova.

11. The applicants asserted that, according to Moldovan law, only religions recognised by the State may be practised and that refusing to recognise the applicant Church therefore amounted to forbidding it to operate, both as a liturgical body and as an association. The applicants who are natural persons may not express their beliefs through worship, since only a denomination recognised by the State can enjoy legal protection.

12. The Court notes that, according to the Religious Denominations Act, only religions recognised by government decision may be practised.

In the present case the Court observes that, not being recognised, the applicant Church cannot operate. In particular, its priests may not conduct divine service, its members may not meet to practise their religion and, not having legal personality, it is not entitled to judicial protection of its assets.

The Court therefore considers that the government's refusal to recognise the applicant Church, upheld by the Supreme Court of Justice's decision of 9 December 1997, constituted interference with the right of the applicant Church and the other applicants to freedom of religion, as guaranteed by Article 9 § 1 of the Convention.

13. In order to determine whether that interference entailed a breach of the Convention, the Court must decide whether it satisfied the requirements of Article 9 § 2, that is whether it was „prescribed by law", pursued a legitimate aim for the purposes of that provision and was „necessary in a democratic society".

2. Whether the interference was prescribed by law

14. The applicants accepted that the interference in question was prescribed by the Religious Denominations Act. They asserted nevertheless that the procedure laid down by the Act had been misapplied, since the real reason for refusal to register had been political; the Government had neither submitted nor proved that the applicant Church had failed to comply with the laws of the Republic.

15. The Government made no observation on this point.

16. The Court refers to its established case-law to the effect that the terms „prescribed by law" and „in accordance with the law" in Articles 8 to 11 of the Convention not only require that the impugned measures have some basis in domestic law, but also refer to the quality of the law in question, which must be sufficiently accessible and foreseeable as to its effects, that is formulated with sufficient precision to enable the individual - if need be with appropriate advice - to regulate his conduct (see The Sunday Times v. the United Kingdom (no. 1), judgment of 26 April 1979, Series A no. 30, p. 31, § 49; *Larissis and Others v. Greece*, judgment of 24 February 1998, *Reports* 1998-I, p. 378, § 40; *Hashman and Harrup v. the United Kingdom* [GC], no. 25594/94, § 31, ECHR 1999-VIII; and *Rotaru v. Romania* [GC], no. 28341/95, § 52, ECHR 2000-V).

For domestic law to meet these requirements, it must afford a measure of legal protection against arbitrary interferences by public authorities with the rights guaranteed by the Convention. In matters affecting fundamental rights it would be contrary to the rule of law, one of the basic principles of a democratic society enshrined in the Convention, for a legal discretion granted to the executive to be expressed in terms of an unfettered power. Consequently, the law must indicate with sufficient clarity the scope of any such discretion and the manner of its exercise (see *Hasan and Chaush v. Bulgaria* [GC], no. 30985/96, § 84, ECHR 2000-XI).

The level of precision required of domestic legislation - which cannot in any case provide for every eventuality - depends to a considerable degree on the content of the instrument in question, the field it is designed to cover and the number and status of those to whom it is addressed (see *Hashman and Harrup*, cited above, § 31, and *Groppera Radio AG and Others v. Switzerland*, judgment of 28 March 1990, Series A no. 173, p. 26, § 68).

17. In the present case the Court notes that section 14 of the Law of 24 March 1992 requires religious denominations to be recognised by a government decision and that, according to section 9 of the same law, only denominations whose practices and rites are compatible with the Moldovan Constitution and legislation may be recognised.

Without giving a categorical answer to the question whether the above-mentioned provisions satisfy the requirements of foreseeability and precision, the Court is prepared to accept that the interference in question was „prescribed by law" before deciding whether it pursued a „legitimate aim" and was „necessary in a democratic society".

3. Legitimate aim

18. At the hearing on 2 October 2001 the Government submitted that the refusal to allow the application for recognition lodged by the applicants was intended to protect public order and public safety. The Moldovan State, whose territory had repeatedly passed in earlier times from Romanian to Russian control and vice versa, had an ethnically and linguistically varied population. That being so, the young Republic of Moldova, which had been independent since 1991, had few strengths it could depend on to ensure its continued existence, but one factor conducive to stability was religion, the majority of the population being Orthodox Christians. Consequently, recognition of the Moldovan Orthodox Church, which was subordinate to the patriarchate of Moscow, had enabled the entire population to come together within that Church. If the applicant Church were to be recognised, that tie was likely to be lost and the Orthodox Christian population dispersed among a number of Churches. Moreover, under cover of the applicant Church, which was subordinate to the patriarchate of Bucharest, political forces were at work, acting hand-in-glove with Romanian interests favourable to reunification between Bessarabia and Romania. Recognition of the applicant Church would therefore revive old Russo-Romanian rivalries within the population, thus endangering social stability and even Moldova's territorial integrity.

19. The applicants denied that the measure complained of had been intended to protect public order and public safety. They alleged that the Government had not shown that the applicant Church had constituted a threat to public order and public safety.

20. The Court considers that States are entitled to verify whether a movement or association carries on, ostensibly in pursuit of religious

aims, activities which are harmful to the population or to public safety (see *Manoussakis and Others*, cited above, p. 1362, § 40, and *Stankov and the United Macedonian Organisation Ilinden v. Bulgaria*, nos. 29221/95 and 29225/95, § 84, ECHR 2001-IX).

Having regard to the circumstances of the case, the Court considers that the interference complained of pursued a legitimate aim under Article 9 § 2, namely protection of public order and public safety.

4. Necessary in a democratic society
(a) General principles

21. The Court refers to its settled case-law to the effect that, as enshrined in Article 9, freedom of thought, conscience and religion is one of the foundations of a „democratic society" within the meaning of the Convention. It is, in its religious dimension, one of the most vital elements that go to make up the identity of believers and their conception of life, but it is also a precious asset for atheists, agnostics, sceptics and the unconcerned. The pluralism indissociable from a democratic society, which has been dearly won over the centuries, depends on it.

While religious freedom is primarily a matter of individual conscience, it also implies, *inter alia*, freedom to „manifest [one's] religion" alone and in private or in community with others, in public and within the circle of those whose faith one shares. Bearing witness in words and deeds is bound up with the existence of religious convictions. That freedom entails, *inter alia*, freedom to hold or not to hold religious beliefs and to practise or not to practise a religion (see *Kokkinakis v. Greece*, judgment of 25 May 1993, Series A no. 260-A, p. 17, § 31, and *Buscarini and Others v. San Marino* [GC], no. 24645/94, § 34, ECHR 1999-I). Article 9 lists a number of forms which manifestation of one's religion or belief may take, namely worship, teaching, practice and observance. Nevertheless, Article 9 does not protect every act motivated or inspired by a religion or belief (see *Kalaç v. Turkey*, judgment of 1 July 1997, *Reports* 1997-IV, p. 1209, § 27).

22. The Court has also said that, in a democratic society, in which several religions coexist within one and the same population, it may be necessary to place restrictions on this freedom in order to reconcile the interests of the various groups and ensure that everyone's beliefs are respected (see *Kokkinakis*, cited above, p. 18, § 33).

23. However, in exercising its regulatory power in this sphere and in its relations with the various religions, denominations and beliefs, the State has a duty to remain neutral and impartial (see *Hasan and Chaush*, cited above, § 78). What is at stake here is the preservation of pluralism and the proper functioning of democracy, one of the principle characteristics of which is the possibility it offers of resolving a country's problems through dialogue, without recourse to violence, even when they are irksome (see *United Communist Party of Turkey and Others v. Turkey*, judgment of 30 January 1998, *Reports* 1998-I, p. 27, § 57). Accord-

ingly, the role of the authorities in such circumstances is not to remove the cause of tension by eliminating pluralism, but to ensure that the competing groups tolerate each other (see *Serif v. Greece*, no. 38178/97, § 53, ECHR 1999-IX).

24. The Court further observes that in principle the right to freedom of religion for the purposes of the Convention excludes assessment by the State of the legitimacy of religious beliefs or the ways in which those beliefs are expressed. State measures favouring a particular leader or specific organs of a divided religious community or seeking to compel the community or part of it to place itself, against its will, under a single leadership, would also constitute an infringement of the freedom of religion. In democratic societies the State does not need to take measures to ensure that religious communities remain or are brought under a unified leadership (see *Serif*, cited above, § 52). Similarly, where the exercise of the right to freedom of religion or of one of its aspects is subject under domestic law to a system of prior authorisation, involvement in the procedure for granting authorisation of a recognised ecclesiastical authority cannot be reconciled with the requirements of paragraph 2 of Article 9 (see, *mutatis mutandis, Pentidis and Others v. Greece*, judgment of 9 June 1997, *Reports* 1997-III, p. 995, § 46).

25. Moreover, since religious communities traditionally exist in the form of organised structures, Article 9 must be interpreted in the light of Article 11 of the Convention, which safeguards associative life against unjustified State interference. Seen in that perspective, the right of believers to freedom of religion, which includes the right to manifest one's religion in community with others, encompasses the expectation that believers will be allowed to associate freely, without arbitrary State intervention. Indeed, the autonomous existence of religious communities is indispensable for pluralism in a democratic society and is thus an issue at the very heart of the protection which Article 9 affords (see *Hasan and Chaush*, cited above, § 62).

In addition, one of the means of exercising the right to manifest one's religion, especially for a religious community, in its collective dimension, is the possibility of ensuring judicial protection of the community, its members and its assets, so that Article 9 must be seen not only in the light of Article 11, but also in the light of Article 6 (see, *mutatis mutandis, Sidiropoulos and Others v. Greece*, judgment of 10 July 1998, *Reports* 1998-IV, p. 1614, § 40, and *Canea Catholic Church v. Greece*, judgment of 16 December 1997, *Reports* 1997-VIII, pp. 2857 and 2859, §§ 33 and 40-41, and opinion of the Commission, p. 2867, §§ 48-49).

26. According to its settled case-law, the Court leaves to States party to the Convention a certain margin of appreciation in deciding whether and to what extent an interference is necessary, but that goes hand in hand with European supervision of both the relevant legislation and the deci-

sions applying it. The Court's task is to ascertain whether the measures taken at national level are justified in principle and proportionate.

In order to determine the scope of the margin of appreciation in the present case the Court must take into account what is at stake, namely the need to maintain true religious pluralism, which is inherent in the concept of a democratic society (see *Kokkinakis*, cited above, p. 17, § 31). Similarly, a good deal of weight must be given to that need when determining, as paragraph 2 of Article 9 requires, whether the interference corresponds to a „pressing social need" and is „proportionate to the legitimate aim pursued" (see, *mutatis mutandis*, among many other authorities, *Wingrove v. the United Kingdom*, judgment of 25 November 1996, *Reports* 1996-V, p. 1956, § 53). In exercising its supervision, the Court must consider the interference complained of on the basis of the file as a whole (see *Kokkinakis*, cited above, p. 21, § 47).

(b) Application of the above principles

27. The Government submitted that the interference complained of was necessary in a democratic society. In the first place, to recognise the applicant Church the State would have had to give up its position of neutrality in religious matters, and in religious conflicts in particular, which would have been contrary to the Moldovan Constitution and Moldovan public policy. It was therefore in order to discharge its duty of neutrality that the Government had urged the applicant Church to settle its differences with the Metropolitan Church of Moldova first.

Secondly, the refusal to recognise, in the Government's submission, was necessary for national security and Moldovan territorial integrity, regard being had to the fact that the applicant Church engaged in political activities, working towards the reunification of Moldova with Romania, with the latter country's support. In support of their assertions, they mentioned articles in the Romanian press favourable to recognition of the applicant Church by the Moldovan authorities and reunification of Moldova with Romania.

Such activities endangered not only Moldova's integrity but also its peaceful relations with Ukraine, part of whose present territory had been under the canonical jurisdiction of the Metropolitan Church of Bessarabia before 1944.

The Government further asserted that the applicant Church was supported by openly pro-Romanian Moldovan parties, who denied the specificity of Moldova, even sometimes during debates in Parliament, thus destabilising the Moldovan State. In that connection, they mentioned the Christian Alliance for the Reunification of Romania, set up on 1 January 1993, whose affiliates included a number of associations and a political party represented in the Moldovan parliament, the Christian Democratic Popular Front, which had welcomed the reappearance of the Metropolitan Church of Bessarabia.

Thirdly, in the Government's submission, the refusal to recognise the applicant Church had been necessary to preserve social peace and understanding among believers. The aggressive attitude of the applicant Church, which sought to draw other Orthodox Christians to it and to swallow up the other Churches, had led to a number of incidents which, without police intervention, could have caused injury or loss of life.

Lastly, the Government emphasised that, although they had not recognised the Metropolitan Church of Bessarabia, the Moldovan authorities were acting in a spirit of tolerance and permitted the applicant Church and its members to continue their activities without hindrance.

28. The applicants submitted that the refusal to recognise the Metropolitan Church of Bessarabia was not necessary in a democratic society. They asserted that all the arguments put forward by the Government were without foundation and unsubstantiated and that they did not correspond to a „pressing social need". There was nothing in the file to show that the applicants had intended or carried on or sought to carry on activities capable of undermining Moldovan territorial integrity, national security or public order.

They alleged that the government, by refusing recognition even though it had recognised other Orthodox Churches, had failed to discharge its duty of neutrality for preposterously fanciful reasons.

Non-recognition had made it impossible for the members of the applicant Church to practise their religion because, under the Religious Denominations Act, the activities of a particular denomination and freedom of association for religious purposes may be exercised only by a denomination recognised by the State. Similarly, the State provided its protection only to recognised denominations and only those denominations could defend their rights in the courts. Consequently, the clergy and members of the applicant Church had not been able to defend themselves against the physical attacks and persecution which they had suffered, and the applicant Church had not been able to protect its assets.

The applicants denied that the State had tolerated the applicant Church and its members. They alleged, on the contrary, not only that State agents had permitted acts of intimidation which members of the applicant Church had suffered at the hands of other believers but also that in a number of cases State agents had participated in such acts.

29. The Court will examine in turn the arguments put forward by the Government in justification of the interference and the proportionality of that interference in relation to the aims pursued.

(i) Arguments put forward in justification of the interference

(α) Upholding Moldovan law and Moldovan constitutional principles

30. The Court notes that Article 31 of the Moldovan Constitution guarantees freedom of religion and enunciates the principle of religious denominations' autonomy *vis-à-vis* the State, and that the Religious

Denominations Act (the Law of 24 March 1992) lays down a procedure for the recognition of religious denominations.

The Government submitted that it was in order to comply with the above principles, including the duty of neutrality as between denominations, that the applicant Church had been refused recognition and instead told first to settle its differences with the already recognised Church from which it wished to split, namely the Metropolitan Church of Moldova.

The Court notes first of all that the applicant Church lodged a first application for recognition on 8 October 1992 to which no reply was forthcoming, and that it was only later, on 7 February 1993, that the State recognised the Metropolitan Church of Moldova. That being so, the Court finds it difficult, at least for the period preceding recognition of the Metropolitan Church of Moldova, to understand the Government's argument that the applicant Church was only a schismatic group within the Metropolitan Church of Moldova, which had been recognised.

In any event, the Court observes that the State's duty of neutrality and impartiality, as defined in its case-law, is incompatible with any power on the State's part to assess the legitimacy of religious beliefs, and requires the State to ensure that conflicting groups tolerate each other, even where they originated in the same group. In the present case, the Court considers that by taking the view that the applicant Church was not a new denomination and by making its recognition depend on the will of an ecclesiastical authority that had been recognised - the Metropolitan Church of Moldova - the State failed to discharge its duty of neutrality and impartiality. Consequently, the Government's argument that refusing recognition was necessary in order to uphold Moldovan law and the Moldovan Constitution must be rejected.

(ß) Threat to territorial integrity

31. The Court notes in the first place that in its articles of association, in particular in the preamble thereto, the applicant Church defines itself as an autonomous local Church, operating within Moldovan territory in accordance with the laws of that State, and whose name is a historical one having no link with current or previous political situations. Although its activity is mainly religious, the applicant Church states that it is also prepared to cooperate with the State in the fields of culture, education and social assistance. It further declares that it has no political activity.

The Court considers those principles to be clear and perfectly legitimate.

32. At the hearing on 2 October 2001 the Government nevertheless submitted that in reality the applicant Church was engaged in political activities contrary to Moldovan public policy and that, were it to be recognised, such activities would endanger Moldovan territorial integrity.

The Court reiterates that while it cannot be ruled out that an organisation's programme might conceal objectives and intentions different from the ones it proclaims, to verify that it does not the Court must compare the content of the programme with the organisation's actions and the positions it defends (see *Sidiropoulos and Others*, cited above, p. 1618, § 46). In the present case it notes that there is nothing in the file which warrants the conclusion that the applicant Church carries on activities other than those stated in its articles of association.

As to the press articles mentioned above, although their content, as described by the Government, reveals ideas favourable to reunification of Moldova with Romania, they cannot be imputed to the applicant Church. Moreover, the Government have not argued that the applicant Church had prompted such articles.

Similarly, in the absence of any evidence, the Court cannot conclude that the applicant Church is linked to the political activities of the above-mentioned Moldovan organisations (see paragraph 120 above), which are allegedly working towards unification of Moldova with Romania. Furthermore, it notes that the Government have not contended that the activity of these associations and political parties is illegal.

As for the possibility that the applicant Church, once recognised, might constitute a danger to national security and territorial integrity, the Court considers that this is a mere hypothesis which, in the absence of corroboration, cannot justify a refusal to recognise it.

(γ) Protection of social peace and understanding among believers

33. The Court notes that the Government did not dispute that incidents had taken place at meetings of the adherents and members of the clergy of the applicant Church (see paragraphs 47-87 above). In particular, conflicts have occurred when priests belonging to the applicant Church tried to celebrate mass in places of worship to which the adherents and clergy of the Metropolitan Church of Moldova laid claim for their exclusive use, or in places where certain persons were opposed to the presence of the applicant Church on the ground that it was illegal.

On the other hand, the Court notes that there are certain points of disagreement between the applicants and the Government about what took place during these incidents.

34. Without expressing an opinion on exactly what took place during the events concerned, the Court notes that the refusal to recognise the applicant Church played a role in the incidents.

(ii) Proportionality in relation to the aims pursued

35. The Government submitted that although the authorities had not recognised the applicant Church they acted in a spirit of tolerance and permitted it to continue its activities without hindrance. In particular, its members could meet, pray together and manage assets. As evidence, they cited the numerous activities of the applicant Church.

36. The Court notes that, under Law no. 979-XII of 24 March 1992, only religions recognised by a government decision may be practised in Moldova. In particular, only a recognised denomination has legal per-

sonality (section 24), may produce and sell specific liturgical objects (section 35) and engage clergy and employees (section 44). In addition, associations whose aims are wholly or partly religious are subject to the obligations arising from the legislation on religious denominations (section 21).

That being so, the Court notes that in the absence of recognition the applicant Church may neither organise itself nor operate. Lacking legal personality, it cannot bring legal proceedings to protect its assets, which are indispensable for worship, while its members cannot meet to carry on religious activities without contravening the legislation on religious denominations.

As regards the tolerance allegedly shown by the government towards the applicant Church and its members, the Court cannot regard such tolerance as a substitute for recognition, since recognition alone is capable of conferring rights on those concerned.

The Court further notes that on occasion the applicants have not been able to defend themselves against acts of intimidation, since the authorities have fallen back on the excuse that only legal activities are entitled to legal protection (see paragraphs 56, 57 and 84 above).

Lastly, it notes that when the authorities recognised other liturgical associations they did not apply the criteria which they used in order to refuse to recognise the applicant Church and that no justification has been put forward by the Government for this difference in treatment.

37. In conclusion, the Court considers that the refusal to recognise the applicant Church has such consequences for the applicants' freedom of religion that it cannot be regarded as proportionate to the legitimate aim pursued or, accordingly, as necessary in a democratic society, and that there has been a violation of Article 9 of the Convention.

II. Alleged violation of Article 14 of the convention taken in conjunction with Article 9

38. The applicant Church further submitted that it was the victim of discrimination on account of the authorities' unjustified refusal to recognise it, whereas they had recognised other Orthodox Churches and had also recognised several different associations which all claimed allegiance to a single religion. It relied on Article 14 of the Convention, which provides:

„The enjoyment of the rights and freedoms set forth in [the] Convention shall be secured without discrimination on any ground such as sex, race, colour, language, religion, political or other opinion, national or social origin, association with a national minority, property, birth or other status."

39. According to the Government, as the Orthodox Christian religion had been recognised in the form of the Metropolitan Church of Moldova, there was no justification for recognising in addition the applicant

Church, which also claimed allegiance to the Orthodox Christian religion. The applicant Church was not a new denomination but a schismatic group whose beliefs and liturgy did not differ in any way from those of the Metropolitan Church of Moldova. The Government admitted that the Orthodox Eparchy of Chişinău, which was attached to the Russian Orthodox Church of the Old Liturgy, whose head office was in Moscow, had been recognised even though it was not a new denomination, but submitted that the difference in treatment was based on an ethnic criterion, since the adherents and clergy of the Orthodox Eparchy of Chişinău were all of Russian origin.

40. The applicants submitted that the reason given to the applicant Church for refusing to recognise it was neither reasonable nor objective, because when the authorities recognised other denominations they had not applied the criteria of believers' ethnic origins or the newness of the denomination. They pointed out, for instance, that the authorities had recognised two Adventist Churches and two Jewish associations, which were not organised along ethnic lines.

41. The Court considers that the allegations relating to Article 14 of the Convention amount to a repetition of those submitted under Article 9. Accordingly, there is no cause to examine them separately.

For these reasons , the court unanimously

1. *Holds* that there has been a violation of Article 9 of the Convention;
2. *Holds* that it is not necessary to examine the case also from the standpoint of Article 14 of the Convention taken in conjunction with Article 9.

68

Für die Frage, ob der Verfassungsschutz einen Verband (hier: Scientology) beobachten darf, kommt es nicht darauf an, ob dieser als Religionsgemeinschaft anzusehen ist. Entscheidend ist zunächst allein, ob entsprechend tatsächliche Anhaltspunkte für politisch motivierte Bestrebungen gegen die freiheitlich-demokratische Grundordnung festgestellt werden können; der Gesichtspunkt der Religionsgemeinschaft mit Blick auf Art. 4 Abs. 1 GG spielt erst in einem späteren Prüfungsstadium - im Rahmen der Verhältnismäßigkeit einer Beobachtung bzw. des eingesetzten Mittels - gegebenenfalls eine Rolle.

Ob eine Organisation nach innen undemokratisch aufgebaut ist und ihren Mitgliedern nicht die gleichen Rechte einräumt wie das Grundgesetz im Verhältnis zwischen Bürgern und Staat oder ob eine Organisation darauf ausgerichtet ist, sich auf Kosten ihrer Mitglieder - möglicherweise sogar in strafrechtlich relevanter Weise

- zu bereichern, ist für die Schutzguter, die den Bestand und die Grundlagen des Staates betreffen, unerheblich. Der Verfassungsschutz hat nicht die Aufgabe, einzelne Bürger vor einer Benachteiligung oder Übervorteilung durch andere Bürger zu schützen; ebenso wenig hat er eine freiheitlich demokratische Selbstorganisation gesellschaftlicher Gruppen zu überwachen.

Nach der für die Entscheidung über ein Unterlassungsbegehren maßgeblichen Sach- und Rechtslage im Zeitpunkt der letzten mündlichen Verhandlung vermochte das Landesamt für Verfassungsschutz nicht darzulegen, dass der Einsatz von Vertrauensleuten gegen Scientology weiterhin gerechtfertigt ist.

Art. 4 Abs. 1 GG; §§ 5 Abs. 2 Nr. 1 , 6 Abs. 1 u. 2, 7 Abs. 1 Berl.VerfSchG
VG Berlin, Urteil vom 13. Dezember 2001 - 27 A 260/98[1] -

Mit seiner Klage begehrte der Kläger (Scientology Kirche Berlin e.V.) vom beklagten Land, es zu unterlassen, durch Mitglieder des Klägers als sog. Vertrauensleute des Landesamts für Verfassungsschutz gegen Entgelt zum Zwecke der nachrichtendienstlichen Überwachung Informationen über den Kläger und dessen Interna zu beschaffen.
Die Klage hatte Erfolg.

Aus den Gründen:

Die lediglich auf Unterlassung der Informationsbeschaffung über den Kläger mittels durch das Berliner Landesamt für Verfassungsschutz mit dem Versprechen oder der Gewährung vermögenswerten Entgeltes angeworbener Mitarbeiter oder Mitglieder des Kläger - sog. Vertrauensleute - gerichtete Klage ist zulässig (A) und begründet (B).
A. Die Unterlassungsklage als Sonderform der allgemeinen Leistungsklage ist die richtige Klageart, da es bei sämtlichen Mitteln der Beobachtung durch den Verfassungsschutz um schlicht hoheitliche Tätigkeiten geht (vgl. VG Berlin NJW 1999, 806, KirchE 36, 459). Die Unterlassungsklage ist allerdings nur dann zulässig, wenn die beanstandete Handlung noch andauert oder deren Wiederholung in absehbarer Zeit droht. Vom Vorliegen dieser Voraussetzungen ist indes auszugehen. Dabei sind an die erforderlichen Darlegungen des Klägers hier zur verfassungsrechtlich gebotenen (Art. 19 Abs. 4 GG) Gewährleistung effektiven Rechtsschutzes schon deshalb keine hohen Anforderungen zu stellen, weil der Verfassungsschutz verdeckt arbeitet, der Kläger damit keine Aufklärung über einen gegenwärtig laufenden oder konkret beab-

---

[1] NVwZ 2002, 1018; NJW 2002, 3724. Das Urteil ist rechtskräftig.

sichtigten Einsatz von Vertrauensleuten erlangen kann. Unter diesen Umständen genügt es zur erforderlichen Darlegung einer Wiederholungsgefahr, dass der Kläger einen unstreitig geschehenen Vorfall - die versuchte Anwerbung eines seiner Mitarbeiter im Frühjahr 1998 - geschildert und der Beklagte im Rahmen des Verfahrens seine Rechtsauffassung dargelegt hat, dass der Einsatz von Vertrauensleuten zur Informationsbeschaffung über den Kläger rechtmäßig sei.

Der Kläger ist auch klagebefugt, denn er ist Adressat der von ihm beanstandeten Maßnahme der Informationsbeschaffung, die - auch wenn sich aus dem Einsatz von Vertrauensleuten noch keine unmittelbaren rechtlichen Folgen für den Kläger ergeben - jedenfalls den grundrechtlich geschützten Bereich seiner internen Korporation tangiert. Der Kläger ist als privatrechtliche Personenvereinigung jeder staatlichen Beobachtung, gleich durch welche Mittel, entzogen, sofern nicht ausnahmsweise die normativen Voraussetzungen für den Einsatz staatlicher Beobachtungsmittel vorliegen. Der Kläger hat damit die Beobachtung durch Vertrauensleute des Landesamts für Verfassungsschutz nur dann zu dulden, wenn die gesetzlichen Voraussetzungen hierfür vorhanden sind. Die für die Bejahung einer Klagebefugnis ausreichende Möglichkeit, dass der Kläger durch die beanstandete Maßnahme in eigenen Rechten - etwa der Vereinigungsfreiheit nach Art. 9 Abs. 1 GG - verletzt sein kann, ist damit gegeben.

Den Einwendungen des Beklagten gegen die Zulässigkeit einer auf ein einzelnes nachrichtendienstliches Mittel bezogenen Unterlassungsklage ist nicht zu folgen. Dabei geht die Kammer allerdings davon aus, dass angesichts der Rechtsauffassung des Klägers, seine Beobachtung durch das Landesamt für Verfassungsschutz sei von vornherein rechtswidrig, auch eine auf Unterlassung jeglicher Beobachtung oder auf Unterlassung des Einsatzes sämtlicher nachrichtendienstlicher Mittel iSv § 8 Abs. 2 Berl.VerfSchG (idF vom 25.6.2001, GVBl. S. 235) zulässig wäre. Indes ist es im Rahmen einer Leistungsklage dem Kläger, dem hinsichtlich seines Klageantrags die Dispositionsherrschaft zusteht, nicht verwehrt, statt des weiter gehenden Leistungsbegehrens eine - abgrenzbare - Teilleistung zu verlangen. Dies gilt auch für Unterlassungsklagen. Bedeutsam ist insoweit lediglich, dass - wie später noch näher aufgezeigt wird - nach dem Berliner Verfassungsschutzgesetz die Wahrnehmung der Aufgaben des Landesamtes für Verfassungsschutz und der Einsatz nachrichtendienstlicher Mittel unterschiedliche Voraussetzungen hat (vgl. §§ 7 Abs. 1, 8 Abs. 2 Satz 1 Halbs. 1) und jede ergriffene Maßnahme dem Grundsatz der Erforderlichkeit unterliegt (§ 7 Abs. 3). Damit sind die einzelnen Maßnahmen des Verfassungsschutzes untereinander abgrenzbar, es könnte sein, dass eine einzelne Maßnahme etwa wegen Nichterforderlichkeit rechtswidrig ist, andere Maßnahmen demgegenüber nicht. Dem Kläger ist schon angesichts des Prozess- und Kostenrisikos einer generell gegen seine Beobachtung durch den Verfassungsschutz mit nachrichtendienstlichen Mitteln gerichteten Unterlassungsklage daher das Rechtsschutzbedürfnis für ein lediglich auf ein einziges Mittel der nachrichtendienstlichen Beobachtung gerichtetes Unterlassungsbegehren nicht abzusprechen.

Der Kläger muss sich auch nicht auf ein Feststellungsbegehren verweisen lassen; dieses wäre - da bei dem hier in Frage stehenden schlicht hoheitlichen Verwaltungshandeln ein Widerspruchsverfahren nicht erforderlich ist und damit auch nicht umgangen werden könnte - zwar ebenfalls zulässig, jedoch anders als das Unterlassungsbegehren nicht vollstreckbar (zur Vollstreckbarkeit des Urteils vgl. u. C).

B. Die damit zulässige Klage ist auch begründet. Dem Kläger steht ein - gewohnheitsrechtlich anerkannter - öffentlich-rechtlicher Unterlassungsanspruch zu, weil seine Beobachtung unter dem Einsatz von Vertrauensleuten, die - wie bereits ausgeführt - wenn nicht gegenwärtig vorgenommen wird, jedoch zukünftig zu erwarten ist, rechtswidrig ist, den Kläger in eigenen Rechten verletzt und er nicht zur Duldung verpflichtet ist.

1. Rechtlich ist die Beobachtung des Klägers durch das Landesamt für Verfassungsschutz mit dem nachrichtendienstlichen Mittel des Einsatzes von Vertrauensleuten an folgende Voraussetzungen geknüpft:

Es müssen zunächst im Einzelfall tatsächliche Anhaltspunkte dafür vorliegen (§ 7 Abs. 1 Berl.VerfSchG), dass - hier nur in Betracht kommend - Bestrebungen seitens des Kläger vorliegen, die gegen die freiheitliche demokratische Grundordnung, den Bestand oder die Sicherheit des Bundes oder eines Landes gerichtet sind oder eine ungesetzliche Beeinträchtigung der Amtsführung der Verfassungsorgane des Bundes oder eines Landes oder ihre Mitglieder zum Ziele haben (§ 5 Abs. 2 Nr. 1 Berl.VerfSchG). Solche Bestrebungen müssen, da der Kläger eine Personenvereinigung ist, politisch motivierte, ziel- und zweckgerichtete Verhaltensweisen gegen die genannten Schutzgüter sein (§ 6 Abs. 1 Berl.VerfSchG) und setzen voraus, dass sie auf die Beseitigung oder Außer-Kraft-Setzung wesentlicher Verfassungsgrundsätze abzielen (§ 6 Abs. 2 Berl.VerfSchG), wofür in § 6 Abs. 1 Satz 2 Berl.VerfSchG Beispiele bezeichnet sind. Es dürfen nur die zur Erfüllung der Aufgaben der Verfassungsschutzbehörde erforderlichen Maßnahmen, davon die den Betroffenen am wenigsten beeinträchtigende, ergriffen werden (§ 7 Abs. 3 Satz 1 u. 2 Berl.VerfSchG). Nachrichtendienstliche Mittel dürfen auch bei Vorliegen der bisher genannten Voraussetzungen „nur in begründeten Fällen" (§ 8 Abs. 2 Satz 1 u. 2 Berl.VerfSchG) und nur dann angewendet werden, wenn die Erforschung des Sachverhalts durch andere, weniger beeinträchtigende Mittel - wozu insbesondere allgemein zugängliche Quellen und eine Auskunft durch andere Behörden gehören - nicht möglich ist (§ 8 Abs. 4 Satz 1); die Anwendung des nachrichtendienstlichen Mittels soll außerdem „erkennbar im Verhältnis zur Bedeutung des aufzuklärenden Sachverhalts" stehen (§ 8 Abs. 4 Satz 2

Berl.VerfSchG). Die näheren Voraussetzungen für den Einsatz der nachrichtendienstlichen Mittel des § 8 Abs. 2 Berl.VerfSchG und die Zuständigkeit für deren Anordnung sind in einer dem Abgeordnetenhaus zur Kenntnis zu gebenden Verwaltungsvorschrift zu regeln (§ 8 Abs. 5 Berl.VerfSchG), was - nach der Erklärung des Beklagten - bisher nicht erfolgt ist.

Sind Maßnahmen der Verfassungsschutzbehörde nach den genannten Vorschriften rechtmäßig eingeleitet worden, so sind sie nur zulässig, bis ihr Zweck erreicht ist oder sich zeigt, dass er nicht erreicht werden kann (§ 7 Abs. 4 Berl.VerfSchG). Der Einsatz nachrichtendienstlicher Mittel ist unverzüglich zu beenden, wenn ihr Zweck erreicht ist oder sich Anhaltspunkte dafür ergeben, dass er nicht oder nicht auf diese Weise erreicht werden kann (§ 8 Abs. 4 Berl.VerfSchG).

2. Entgegen der Rechtsauffassung des Klägers hat seine Klage nicht schon deshalb Erfolg, weil seine Beobachtung durch die Verfassungsschutzbehörde bereits vor Beginn an - also seit dem Beschluss der Innenministerkonferenz vom 5./6.6.1997 - rechtswidrig gewesen wäre. Die Kammer lässt diese Rechtsfrage, obgleich sie für die hier getroffene Entscheidung nicht maßgeblich ist, bewusst zur Vermeidung künftiger Rechtsstreitigkeiten der Beteiligten im Hinblick auf die Voraussetzungen für eine Beobachtung des Kläger durch den Verfassungsschutz nicht unbehandelt. Nach Auffassung der Kammer lagen jedenfalls zunächst die - damals noch vom Berl.VerfSchG idF vom 25.3.1995 (GVBl. S. 254), nachfolgend Berl.VerfSchG - geregelten Voraussetzungen für eine solche Beobachtung auch unter dem Einsatz nachrichtendienstlicher Mittel vor:

a) Soweit der Kläger gegen das auch nach §§ 7 Abs. 1, 6 Abs. 1 Berl.VerfSchG für ein Tätigwerden der Verfassungsschutzbehörde notwendige Vorliegen politisch motivierter Bestrebungen gegen die Schutzgüter des (unverändert gebliebenen) § 5 Abs. 2 Satz 1 Nr. 1 Berl.VerfSchG einwendet, dass es sich bei ihm um eine Religionsgemeinschaft handele und seine Aktivitäten jedenfalls nicht „nur" - das heißt in einem engeren Sinne - politisch, sondern in erster Linie bzw. „auch" religiös motiviert seien und derartige primär religiös motivierte Bestrebungen von vornherein nicht Grundlage für eine Beobachtung durch den Verfassungsschutz sein könnten, ist dem nicht zu folgen. Auch Bestrebungen einer Religionsgemeinschaft - wobei ausdrücklich offen gelassen wird, ob der Kläger bzw. die gesamte Scientology-Kirche eine solche ist - können politisch motiviert sein. Die freiheitlich-demokratische Grundordnung kann auch und gerade durch Bestrebungen gefährdet werden, die etwa im Zeichen eines religiösen Fanatismus geführt werden und sich mit einem Absolutheitsanspruch gegen die Werteordnung des Grundgesetzes mit seinem konkretisierten Verständnis von individuellen Freiheits- und Gleichheitsgrundrechten wenden, um auf den eigenen religiösen Werteverständnis eine neue staatliche Ordnung zu errichten. Der auf einer freiheitlichen Grundordnung gegründete demokratische Verfassungsstaat ist in seiner historischen Entwicklung nicht zuletzt dadurch gekennzeichnet, dass politische Entscheidungen von kirchlichen Abhängigkeiten zu Gunsten einer umfassenden Beurteilung unter weltlichen Gesichtspunkten gelöst wurden. Das BVerfG hat in seiner Zeugen-Jehovas-Entscheidung ausdrücklich festgestellt, dass es dem Staat trotz seiner verfassungsmäßigen Pflicht zur religiös-weltanschaulichen Neutralität nicht verwehrt ist, das tatsächliche Verhalten einer Religionsgemeinschaft oder seiner Mitglieder nach weltlichen Kriterien zu beurteilen, auch wenn dieses Verhalten letztlich religiös motiviert ist (BVerfG NJW 2001, 429, KirchE 38, 502). Dieser Grundsatz muss jedenfalls dort gelten, wo sich das Verhalten einer Religionsgemeinschaft gegen die verfassungsmäßige Ordnung als solche richtet. Zumindest in diesem Fall unterliegt das Verhalten einer Religionsgemeinschaft staatlichen Einschränkungen und genießt nicht mehr den Schutz des Art. 4 Abs. 1 u. 2 GG. Die Religionsfreiheit garantiert einer Religionsgemeinschaft bzw. deren Mitgliedern nur im Einzelfall den Vorrang unbedingter religiöser Glaubenssätze gegenüber entgegenstehenden Geboten des staatlichen Rechtssystems (BVerfG NJW 2001, 429, KirchE 38, 502). Dieser Grundsatz, den das BVerfG im Zusammenhang mit der Erlangung des Status einer öffentlich-rechtlichen Körperschaft aufgestellt hat, gilt bei allen Religionsgemeinschaften, das heißt nicht nur für das Statusrecht aus Art. 140 GG iVm Art. 137 Abs. 5 WRV, sondern für das Grundrecht aus Art. 4 Abs. 1 u. 2 GG selbst, das die in das Grundgesetz inkorporierten Religionsartikel der WRV „überlagert" (BVerfGE 33, 23 [31], NJW 1972, 1183).

b) Es kann deshalb dahinstehen, ob der Kläger überhaupt als Religionsgemeinschaft anzusehen ist. Für die Frage, ob er durch den Verfassungsschutz beobachtet werden darf, kommt es hierauf nicht an. Entscheidend ist zunächst allein, ob entsprechend tatsächliche Anhaltspunkte für politisch motivierte Bestrebungen gegen die freiheitlich-demokratische Grundordnung festgestellt werden können; der Gesichtspunkt der Religionsgemeinschaft mit Blick auf Art. 4 Abs. 1 GG spielt erst in einem späteren Prüfungsstadium - im Rahmen der Verhältnismäßigkeit einer Beobachtung bzw. des eingesetzten Mittels - gegebenenfalls eine Rolle.

Hinreichende Anhaltspunkte für Bestrebungen des Kläger gegen die freiheitlich-demokratische Grundordnung waren, auch wenn nicht alle vom zu Grunde liegenden Bericht der Bund-Länder-Arbeitsgruppe genannten Aspekte hierfür Relevanz entfalten (hierzu sogleich aa und bb) im Zeitpunkt der Aufnahme seiner Beobachtung durch den Landesverfassungsschutz jedoch vorhanden (cc):

aa) Die für die Beobachtung durch die Verfassungsschutzbehörde vorausgesetzten Anhaltspunkte für politische Bestrebungen können sich weder aus der Binnenstruktur des Klägers bzw. der Vereinigungen, als deren Teil sich der Kläger versteht, noch aus deren Verhältnis zu den einzelnen Mitgliedern ergeben. Maßgeblich sind, wie bereits ausgeführt, nur politische Bestrebungen gegen die in § 5 Abs. 2 Satz 1 Nr. 1 Berl. VerfSchG (alter wie gegenwärtiger Fassung) genannten Schutzgüter. Ob eine Organisation nach innen undemokratisch aufgebaut ist und ihren Mitgliedern nicht die gleichen Rechte einräumt wie das Grundgesetz im Verhältnis zwischen Bürgern und Staat oder ob eine Organisation darauf ausgerichtet ist, sich auf Kosten ihrer Mitglieder - möglicherweise sogar in strafrechtlich relevanter Weise - zu bereichern, ist für diese Schutzgüter, die den Bestand und die Grundlagen des Staates betreffen, unerheblich. Der Verfassungsschutz hat nicht die Aufgabe, einzelne Bürger vor einer Benachteiligung oder Übervorteilung durch andere Bürger zu schützen; ebenso wenig hat er eine freiheitlich demokratische Selbstorganisation gesellschaftlicher Gruppen zu überwachen. Mit Ausnahme der politischen Parteien, für die das Grundgesetz auf Grund ihrer herausragenden Bedeutung im demokratischen Willensbildungsprozess in Art. 21 Abs. 1 Satz 3 GG eine Sonderregelung getroffen hat, sind weder Verbände oder Vereine im allgemeinen noch Religionsgemeinschaften im besonderen verfassungsrechtlich verpflichtet, nach innen irgendwelche staatlichen Strukturvorgaben zu beachten. Entscheidend ist allein, ob die Organisation ein Wertesystem, das zur freiheitlich demokratischen Grundordnung im Gegensatz steht, auf die staatliche Ordnung übertragen will. Darüber hinaus wird von den organisierten gesellschaftlichen Kräften keine politische Loyalität zum Staat verlangt. Dies gilt sogar für Religionsgemeinschaften, die den Status einer Körperschaft des öffentlichen Rechts besitzen (BVerfG NJW 2001, 429, KirchE 38, 502).

Der Beklagte kann deshalb die Beobachtung des Kläger durch den Verfassungsschutz nicht allein damit begründen, dass dieser über eine hierarchische Struktur („Kommandostruktur") verfüge, von außen undurchsichtig aufgebaut sei oder seine Mitglieder in eine psychische Abhängigkeit bringe, um sie finanziell zu benachteiligen (vgl. OVG Münster NVwZ 1997, 302 [303], KirchE 34, 192), bzw. kritische Mitglieder zu „Feinden" erkläre und ausschließe, ohne ihnen zuvor ein Verfahren nach rechtsstaatlichen Grundsätzen zu gewähren.

bb) Auch kann in einer - teilweise polemischen und die Grenzen des Ehrschutzes möglicherweise überschreitenden - Kritik an Repräsentanten der staatlichen Ordnung keine Bestrebung gesehen werden, die darauf abzielt, wesentliche Verfassungsgrundsätze zu beseitigen oder außer Kraft zu setzen und somit gegen die freiheitlich demokratische Grundordnung gerichtet ist. Der Schutz der Meinungsfreiheit nach Art. 5 Abs. 1 Satz 1 GG ist von der freiheitlich demokratischen Grundordnung mit umfasst. Die klassische Schutzrichtung der Meinungsfreiheit besteht gerade darin, Kritik gegenüber den staatlichen Organen zu äußern, ohne sogleich eine Benachteiligung durch diese fürchten zu müssen. Die Meinungsfreiheit nach Art. 5 Abs. 1 Satz 1 GG, auf die sich der Kläger als inländische juristische Person nach Art. 19 Abs. 3 GG berufen kann, dockt auch Äußerungen in einem öffentlichen Meinungskampf, der - nicht zuletzt auch von staatlicher Seite - gegenüber dem Kläger (vgl. OVG Münster NVwZ 1997, 302, KirchE 34, 192) - mit erheblicher Schärfe geführt wird (vgl. LG Hamburg, Urteil v. 16.5.1997 - 324 O 21/97).

cc) Die für die Aufnahme von Beobachtungen durch die Verfassungsschutzbehörde vorausgesetzten tatsächlichen Anhaltspunkte für den Verdacht von Bestrebungen gegen die freiheitlich demokratische Grundordnung im Einzelfall konnten - zunächst - jedoch in den vom Beklagte vorgetragenen verdeckten Agieren von Scientology in Zusammenhang mit den so genannten „Clear-Kampagnen" mit der von der Verfassungsschutzbehörde für möglich gehaltenen Zielsetzungen einer „Übernahme der tatsächlichen Macht im Staate" sowie der Gefährdung der Unabhängigkeit der Gerichte und der Verantwortlichkeit der Verwaltung gesehen werden.

Das Tatbestandsmerkmal der „tatsächlichen Anhaltspunkte" für einen „Verdacht" iSd § 7 Abs. 1 Berl.VerfSchG (insoweit gleichlautend § 7 Abs. 1 Berl.VerfSchG 95) stellt einen unbestimmten Rechtsbegriff dar, der gerichtlich voll überprüfbar ist (BVerwG NJW 1991, 581 [582]). Bezugspunkte für diese „tatsächlichen Anhaltspunkte" bilden gem. § 6 Abs. 1 Satz 1 Berl.VerfSchG (gleichlautend § 6 Abs. 1 Satz 1 Berl.VerfSchG 95) politisch motivierte, ziel- und zweckgerichtete Verhaltensweisen. Umfang und Art der für das Tätigwerden der Verfassungsschutzbehörde vorausgesetzten „tatsächlichen Anhaltspunkte" lassen sich indessen schwerlich allgemein bestimmen. Einerseits darf der Grad der Gewissheit, der hinsichtlich der Bekämpfung der freiheitlich-demokratischen Grundordnung durch das Beobachtungsobjekt bestehen muss, nicht zu hoch angesetzt werden, da die Beobachtung erst der Informationsbeschaffung dient, auf die es bei einer Gewissheit über die Verfassungsfeindlichkeit einer Organisation nicht mehr ankäme. Andererseits muss es sich jedoch um einen auf bestimmte bereits vorliegende Tatsachen gestützten Anfangsverdacht handeln; ob Tatsachen für einen Anfangsverdacht hinreichen, ist auch unter Berücksichtigung der verfassungsschutzbehördlichen Erfahrung zu bewerten (vgl. Engelmann, BayVBl. 1998, 358 [359, 363]), bloße Mutmaßungen oder Hypothesen reichen jedoch nicht aus (OVG Münster NVwZ 1994, 589).

Soweit es um die Begründung eines Anfangsverdachts geht, können sich die tatsächlichen Anhaltspunkte für verfassungsfeindliche Bestrebungen aus öffentlich zugänglichen Quellen ergeben. Diese Quellen müssen nicht unbedingt von dem Kläger stammen; da sich dieser selbst als Teil der überregionalen Organisation der Scientology-Kirche versteht - nach § 8 der Satzung des Kläger ist er „Bestandteil einer international verbreiteten und hierarchisch aufgebauten Kirchengemeinschaft", die „international von der Mutterkirche geleitet und vertreten wird", wobei als Mutterkirche „die hierarchische Gliederung ... die unter der Scientology International (USA) ... derzeit aufgebaut und tätig ist" zu verstehen ist - kommen als primäre Quellen auch die öffentlichen Äußerungen und Aktivitäten der Mitglieder sowie das Schrifttum der gesamten Organisation „Scientology", das der Öffentlichkeitsarbeit oder auch nur der internen Verwendung etwa zu Schulungszwecken dient (VG Berlin NJW 1999, 806) in Frage.

Seinen Anfangsverdacht hat der Beklagte unter anderem aus dem sog. „Clear-Planet-Konzept" hergeleitet, aus dem sich ein wesentlicher Anhaltspunkt dafür ergebe, dass es Scientology um eine „Einflussnahme auf Politik und Gesellschaft im Sinne ihrer Ziele" gehe, sowie aus Materialien (HCO-Policybriefe vom 29.6.1968, 1.9.1969 und 12.10.1982), die darauf hindeuteten, dass Scientology verdeckt agiere und seine Ziele bewusst für Außenstehende nicht nachvollziehbar darlege. Auch wenn der Kläger die herangezogenen Textstellen anders erklärt - die HCO-Policybriefe bezögen sich nur auf den Umgang mit Personen, die gegen Scientology agierten, beim „Clear-Planet-Konzept" gehe es allein um einen Bewusstseinszustand der Scientology-Mitglieder und das Modell einer internen scientologischen Gesellschaft -, konnte aus ihnen nach der verfassungsschutzbehördlichen Erfahrung ein nicht abwegiger, damit schon als plausibel (zum Prüfungsmaßstab der Plausibilität vgl. u. 3a) anzuerkennender Anfangsverdacht entstehen, der eine Beobachtung zum Zwecke der weiteren Aufklärung über „geheime" Ziele rechtfertigt. Dabei ist nämlich zu berücksichtigen, dass Scientology sich hinsichtlich zentraler, überwiegend zudem fremdsprachlicher Begriffe einer eigenständigen Diktion bedient (selbst der Gründer Hubbard spricht an einer Stelle ironisch von einem „Scientology-Chinesisch"), so dass die Bedeutung der intern verwendeten Begriffe für Nichteingeweihte fraglich und aufklärungsbedürftig ist. Die authentische Interpretation von Quellenmaterial durch den jeweiligen Verfasser steht einem solchen anfänglichen Aufklärungsbedarf jedenfalls solange nicht entgegen, wie Verdachtsmomente noch plausibel bestehen. Daher ist davon auszugehen, dass - zunächst - eine verfassungsschutzbehördliche Beobachtung des Kläger, die nach altem Recht von vornherein und ohne weitere Voraussetzungen auch die Anwendung nachrichtendienstlicher Mittel eingeschlossen hat (§ 8 Abs. 2 Berl.VerfSchG 95), gerechtfertigt war.

3. Es konnte vom Gericht jedoch nicht festgestellt werden, dass nach der für die Entscheidung über ein Unterlassungsbegehren maßgeblichen Sach- und Rechtslage im Zeitpunkt der letzten mündlichen Verhandlung (vgl. BVerwGE 74, 115 [118], NJW 1986, 2329) der Einsatz von Vertrauensleuten gegen den Kläger noch weiterhin gerechtfertigt ist. Deshalb musste die Klage Erfolg haben.

a) Wie bereits ausgeführt, ist die Beobachtung mit nachrichtendienstlichen Mitteln - wozu der Einsatz von Vertrauensleuten gehört (§ 8 Abs. 2 Nr. 1 Berl.VerfSchG) - nach § 8 Abs. 2 Berl.VerfSchG unzulässig, wenn die Sachverhaltserforschung auf andere, weniger beeinträchtigende Weise möglich ist und einzustellen, wenn der Aufklärungszweck erreicht ist oder nicht mehr erreicht werden kann. Das BVerwG (NJW 2000, 824) hat die identische Regelung in § 6 Abs. 4 des Niedersächsischen Verfassungsschutzgesetzes dahin gehend ausgelegt, dass die Anhaltspunkte, die den Verdacht der verfassungsfeindlichen Bestrebungen rechtfertigen, zum maßgeblichen Zeitpunkt der mündlichen Verhandlung noch aktuell sein müssen. Gemeint ist nicht etwa, dass solche Anhaltspunkte nach Ablauf eines bestimmbaren Zeitraums unverwertbar werden, sondern es wird damit eine fortwährende Prüfung der Verfassungsschutzbehörde verlangt, ob länger zurückliegende Anhaltspunkte für die verfassungsfeindlichen Bestrebungen nach den Gesamtumständen eine weitere Beobachtung mit nachrichtendienstlichen Mitteln noch rechtfertigen. Denn es wäre mit dem Grundsatz der Verhältnismäßigkeit unvereinbar, wenn einmal gegebene Verdachtsmomente zu einer „Dauerbeobachtung" mit nachrichtendienstlichen Mitteln führten, obwohl sich nach umfassender Aufklärung durch eine mehrjährige Beobachtung der Verdacht der verfassungsfeindlicher Bestrebungen nicht bestätigt hat und die für die Beobachtung maßgeblichen tatsächlichen Umstände im Wesentlichen unverändert geblieben sind. Mit dem BVerwG (NJW 2000, 824) ist zur Gewährleistung hinreichend effektiven Rechtsschutzes ferner davon auszugehen, dass die Behörde eine Darlegungslast trägt, inwiefern die weitere Beobachtung des Kläger mit nachrichtendienstlichen Mitteln unter Einbeziehung nachrichtendienstlicher Erfahrungen geboten ist. Verlangt ist insoweit - dem sich aus der Natur der Sache ergebenden Geheimhaltungsinteresse des Staates bei Verfassungsschutzangelegenheiten geschuldet - nicht etwa ein Beweisgrundsätzen genügender Nachweis, sondern lediglich eine auch nach ihrer Erörterung mit der Gegenpartei für das Gericht plausibel erscheinende Erläuterung von behördlicher Seite, wobei das Erfordernis und das Genügen einer Plausibilität damit korreliert, dass das Tätigwerden der Verfassungsschutzbehörden auch unter der Einschätzungsprärogative der „nachrichtendienstlichen Erfahrungen" steht. Das BVerwG führt in diesem Zusammenhang aus:

„Ergibt die Erörterung mit den Parteien keine vernünftigen Zweifel an der Plausibilität dieses (behördlichen) Vorbringens, kann davon ausgegangen werden, dass der Verhältnismäßigkeitsgrundsatz gewahrt ist. Die Fragestellungen, die auf Grund des Einsatzes nachrichtendienstlicher Mittel beantwortet werden können und mögliche Erkundungswege müssen also nicht in einer Weise dargelegt und bewiesen werden, wie sie zur Überzeugungsbildung des Gerichts in anderen Sachbereichen geboten ist. Auf der anderen Seite bedeutet dies nicht, dass die gerichtliche Überprüfung auf eine bloße Willkürprüfung reduziert wäre. So wäre es etwa mit dem Maßstab ‚praktischer Vernunft' unvereinbar, wenn nachrichtendienstliche Mittel eingesetzt würden, um die Erkenntnisse in Details zu perfektionieren, obwohl dies für die sachgerechte Information der Regierung und der Öffentlichkeit nicht erforderlich ist."

Erforderlich zum Nachweis der Rechtmäßigkeit weiterer Beobachtung mit nachrichtendienstlichen Mitteln ist daher eine sachbezogene Erklärung der Behörde, dem Erfordernis der Plausibilität genügt es nicht, wenn im Hinblick auf die Geheimhaltungsbedürftigkeit der Überwachungsmethoden und gewonnenen Erkenntnisse auf Gemeinplätze ausgewichen wird. Der Beklagte hat in der mündlichen Verhandlung eingeräumt, dass sich die vom BVerwG aufgestellten Grundsätze nicht nur auf die wegen Art. 21 GG besonders problematische nachrichtendienstliche Beobachtung politischer Parteien beziehen, sondern angesichts des Umstands, dass § 8 Abs. 4 Berl.VerfSchG die besonderen Anforderungen an die Verhältnismäßigkeit nicht an die jeweilige Eigenart des Beobachtungsobjekts knüpft, verallgemeinerungsfähig sind. Für diese zutreffende rechtliche Einschätzung bedarf es hier deshalb keiner weiteren Begründung.

b) Der Beklagte ist jedoch weder schriftsätzlich noch in der mündlichen Verhandlung dieser Pflicht zur plausiblen Darlegung der Notwendigkeit weiterer Beobachtung des Klägers mit dem nachrichtendienstlichen Mittel des Einsatzes von Vertrauensleuten nachgekommen.

aa) Soweit er sich sinngemäß darauf bezogen hat, Ergebnisse der verfassungsschutzbehördlichen Beobachtung seien erst nach längerer Zeit, die jetzt noch nicht abgelaufen sei, zu erwarten und könnten daher noch nicht mitgeteilt werden, zumal die Beobachtung dazu führe, dass der Beobachtete sich so verhalte, dass es möglichst zu keinem ihm nachteiligen Erkenntnissen komme, handelt es sich um Gemeinplätze, die den Anforderungen an das plausible Vorbringen zur weiteren Notwendigkeit des Einsatzes von Vertrauensleuten gegen den Kläger nicht genügen können. Denn derartige Aspekte kommen bei jedweder Beobachtung zum Tragen; es ist nie ausgeschlossen, dass weitere Beobachtungen zu weiteren erkenntnisrelevanten Ergebnissen führen können, solange das Beobachtungsobjekt existiert. Würde eine derartige Argumentation als plausibel anerkannt werden, wäre eine auch nur ansatzweise gerichtliche Kontrolle der Notwendigkeit der Weiterführung von Verfassungsschutzaktivitäten praktisch obsolet, einer „Dauerbeobachtung" ohne praktische Erkenntnisrelevanz Tür und Tor geöffnet.

bb) Schriftsätzlich hat sich der Beklagte für das Vorliegen tatsächlicher Anhaltspunkte für verfassungsfeindliche Aktivitäten Scientologys zunächst auf den am 12.10.1998 vorgelegten Bericht der Bund-Länder-Arbeitsgruppe der Verfassungsschutzbehörden gemäß der Konferenz der Innenminister und -senatoren der Länder vom 5./6.6.1997 sowie dem Bericht der Bund-Länder-Arbeitsgruppe gemäß dem Beschluss der Amtsleiter auf ihrer Tagung vom 13./14.7.1999 bezogen. Hingewiesen wird dort auf Schriften der Scientology Organisation, nach denen es darum gehe, „eine neue Zivilisation" zu erreichen, und „eine Verschwörung (zu) kreieren, durch die sich der Machtfaktor immer weiter ausdehnt". Ferner gebe es Organisationen, die den Namen „Sektion zum Programmieren der "Öffentlichkeit" und „Politische Aktivitäten in Charge" trügen. In der Bewertung durch die Behörden heißt es, „die gewählten Bezeichnungen deuteten darauf hin, dass die vorgenannten Organisationseinheiten die Aufgabe haben, die verfassungsfeindlichen Ziele der SO durchzusetzen". Diese Bewertung ist bereits für sich nicht nachvollziehbar, sie kann daher auch nicht plausibel belegen, dass die weitere Beobachtung des Klägers unter Einsatz von Vertrauensleuten geboten ist. Die Formulierungen „neue Zivilisation" und „Verschwörung" sind so vage, dass hieraus nicht ohne weiteres gefolgert werden kann, es gehe Scientology gerade um die Beseitigung oder Außer-Kraft-Setzung verfassungsmäßiger Grundsätze. Es ist nicht einmal ersichtlich, gegen welche verfassungsmäßigen Grundsätze sich die Ziele Scientologys im Einzelnen richten sollen. Es werden auch keine konkreten Umstände genannt, auf welche Art und Weise Scientology diese Ziele praktisch umsetzen würde. Erst recht ergeben sich derartige Bestrebungen nicht allein aus Bezeichnungen von einzelnen Organisationseinheiten.

Das gleiche gilt für die übrigen vom Beklagten angeführten Schriften. Die dort zitierten Stellen weisen nur allgemein auf „gesellschaftliche Ziele" - also nicht einmal vom Wortlaut her gegen den Staat bzw. seine prägenden verfassungsmäßigen Grundsätze gerichteten Ziele hin oder sprechen von einer „sicheren Umgebung" oder „einer Nation von Clears". Hinzu kommt, dass die zitierten Schriften teilweise aus den sechziger Jahren stammen. Angeblich neuere Erkenntnisse, wie etwa das Zitat „Politisch ist dieser Planet eine Anarchie von Nationen" aus einer Verlautbarung der Scientology-Kirche Frankfurt e.V. vom 1.7.1999, finden sich wörtlich bereits im erwähnten Bericht der Bund-Länder-Arbeitsgruppe vom 12.10.1998. Inwieweit sich aus dieser Aussage im Übrigen konkrete verfassungsfeindliche Bestrebungen herleiten lassen, ist nicht nachvollziehbar. Soweit der Bericht der Bund-Länder-Arbeitsgruppe vom 12.10.1998 Nachweise für die Bestrebung einer scientologisch gelenkten Regierung nennt, ist dort zwar von einer „pro-Scientology Regierung" die Rede, die darin bestehe, „dass man einen Freund bei der höchsten erreichbaren Regierungsperson schafft, die man erreichen kann und dass man sogar einen Scientologen in häuslichen oder untergeordneten Posten in dessen Nähe einsetzt und dafür sorgt, das Scientology seine persönlichen Schwierigkeiten und seinen Fall löst". Doch auch diese Textstelle gibt keinen konkreten Hinweis darauf, dass Scientology letztlich die Beseitigung oder Außer-Kraft-Setzung von Verfassungsgrundsätzen anstrebt. Sie ließe sich ebenso dahin deuten, dass es Scientology um die Lösung der „persönliche Schwierigkeiten" eines Politikers gehe, damit dieser seine volle Kraft der Arbeit widmen kann, ohne dass damit zugleich impliziert werden müsste, der Politiker richte sich fortan nach den politischen Zielen Scientologys, die im Übrigen durch den Vortrag der Beklagten keineswegs klar umrissen werden und eine hinreichend konkrete verfassungsfeindliche Tendenz erkennen lassen. Im Bericht der

Bund-Länder-Arbeitsgruppe „Scientology" der Verfassungsschutzbehörden vom 12.10.1998 wird der Begriff des „Clear Planet" mit Weltherrschaft übersetzt, ohne dass dies in irgendeiner Weise näher erläutert wäre. Der Vortrag des Beklagten erschöpft sich vielmehr, nach nunmehr immerhin vierjähriger Beobachtung mit nachrichtendienstlichen Mitteln, in der Wiedergabe von zeitlich keineswegs aktuellen Zitaten aus scientologischen Schriften, die - zumindest soweit sie aus dem Zusammenhang gerissen sind - unverständlich bleiben, denen daher nicht einmal eine tragfähige (= plausible) Bedeutung für einen weiter bestehenden Verdacht verfassungsfeindlicher Bestrebungen des Kläger zukommt. Der Beklagte hat trotz der gerichtlichen Aufforderung zur weiteren Darlegung hinsichtlich der so genannten Clear-Kampagnen und einem entsprechenden Beweisantritt keine näheren Erläuterungen hierzu abgegeben. Er hat insbesondere keinen Versuch unternommen, Textstellen wie „... Mit den Hilfsmitteln und Programmen des Goldenen Zeitalters und der Tech habt Ihr alles, was Ihr braucht, um eine riesige Menge perfekter Auditoren auszubilden, die dann stolz und hart daran arbeiten werden, Deutschland zu klären und die dieses Ziel auch erreichen werden ...", die im Bericht der Bund-Länder-Arbeitsgruppe zu finden sind, zu deuten. Nichts anderes gilt für die vom Beklagten ausdrücklich ins Verfahren eingeführten - und im Tatbestand ausdrücklich angeführten - Textstellen.

cc) Der Plausibilität der vom Beklagten eingereichten Unterlagen stehen zudem weitere wesentliche Aspekte entgegen:

Zunächst ist der Vorwurf des Kläger hinreichend belegt und daher nicht zu widerlegen, dass diese Textstellen - soweit sie überhaupt aus der Primärliteratur stammen und nicht ohnehin aus Sekundärquellen wie Sachverständigen-Gutachten entnommen sind - weit gehend aus dem Zusammenhang gerissen worden sind oder im Kontext mit anderen Ideen stehen, die der Beklagte nicht in Betracht gezogen hat, teilweise falsch übersetzt worden seien (intrude, societies). Der Beklagte hat sich hierzu nicht geäußert. Ungeachtet der Frage, ob die einschlägigen Textstellen, deren Bedeutung vom Kläger auf Grund des von ihm aufgezeigten konkreten Kontextes oder geistiger Verbindungen zu anderen Aussagen völlig anders als vom Beklagten verstanden wird, tatsächlich nur religiös oder scientology-intern zu verstehen sind, hätte zur Plausibilität gebotener weiterer Beobachtungen des Kläger durch Vertrauensleute jedenfalls einer Darlegung dazu gehört, dass bei der auch vom Beklagten für erforderlich gehaltenen „Gesamtschau" der Aktivitäten von Scientology diese Textstellen weiterhin Anhaltspunkte für die ihnen zugesprochenen politischen, gegen die freiheitlich-demokratische Grundordnung gerichtete Bestrebungen liefern. Der Beklagte kann sich nach mehrjähriger Beobachtung des Kläger nicht mehr allein auf die bei Beginn der Beobachtung vorliegenden - damals anfangs das Tätigwerden der Verfassungsschutzbehörde rechtfertigenden - Anhaltspunkte beschränken, er muss bei weiterer Durchführung seiner Tätigkeit auch das Beobachtungsobjekt entlastende Umstände zur Kenntnis nehmen, um seiner Aufgabe (§ 5 Abs. 1 Satz 1 Berl.VerfSchG) nachkommen zu können, staatliche Stellen über - tatsächlich vorhandene - Gefahren für die freiheitlich-demokratische Grundordnung zu informieren.

Darüber hinaus ist auch darauf hinzuweisen, dass der Begriff „Bestrebungen" iSd § 5 Abs. 2 Nr. 1 Berl.VerfSchG gesetzlich definiert ist als „Verhaltensweise" oder „Betätigung" (vgl. § 6 Abs. 1 Satz 1 Berl.VerfSchG). Eine plausible Erklärung des Gebotenseins weiterer Beobachtung des Klägers mittels Vertrauensleuten kann der Beklagte im jetzigen Zeitpunkt nach jahrelanger Beobachtung nicht mehr allein durch das Vorlegen einer Zitatsammlung führen, denn abgesehen von der zuvor erörterten mangelnden Plausibilität dieser Texte für die angeblichen Ziele Scientologys kann allein die Sammlung von Texten aus allgemein zugänglichen Veröffentlichungen der Scientology-Organisation oder aus anderen öffentlich zugänglichen Quellen schon nach der gesetzlichen Wertung des § 8 Abs. 4 Satz 1 Halbs. 2 Berl.VerfSchG den weiteren Einsatz nachrichtendienstlicher Mittel nicht mehr rechtfertigen. Die Plausibilität der dem Beklagten obliegenden Erklärung würde es nunmehr erfordern, dass der Beklagte darlegt, ob und welche gegen die freiheitlich-demokratische Grundordnung gerichteten Verhaltensweisen oder Betätigungen mittlerweile zu verzeichnen sind. Dies gilt vorliegend schon deshalb, weil nach dem Vorbringen des Beklagten davon auszugehen sei, dass die Scientology-Organisation ein vorgegebenes und strikt durchorganisiertes Konzept zur Machtergreifung hat, der Beklagte sich aber in keiner Weise zu einer tatsächlichen Umsetzung des Konzepts äußert, wofür beispielsweise wegen der für geboten erachteten Betrachtung der Gesamtorganisation „Scientology" auch - dem Verfassungsschutz bekannt gewordene - Verhaltensweisen ausländischer Scientology-Vereinigungen herangezogen werden könnten. Der Beklagte kann sich auch nicht darauf zurückziehen, dass er - trotz über vierjähriger Beobachtung - angeblich bisher keine hinreichenden Erkenntnisse über Verhaltensweisen oder Betätigungen des Kläger oder der gesamten in die Beobachtung einbezogenen Organisation habe. Dies trifft jedenfalls nach Aktenlage bereits für das angebliche Ziel von Scientology nicht zu, in gesellschaftliche Schlüsselpositionen in Justiz, Verwaltung, Politik, Wirtschaft und Kultur eines Landes einzudringen, denn insoweit hat das Landesamt für Verfassungsschutz bereits in seiner Pressemitteilung vom 7.7.1998 ein Ergebnis mitgeteilt, indem es darauf hingewiesen hat, dass es nach seinen bisherigen Feststellungen Scientology nicht gelungen sei, eine größere Zahl von Mitgliedern, die im öffentlichen Dienst beschäftigt sind, zu werben, dass bisher lediglich wenige Angehörige bzw. ehemalige Angehörige des öffentlichen Dienstes als Scientology-Mitglieder oder Anhänger erkannt worden seien, darunter weder Lehrer noch Richter. Wenn der Beklagte damit - offensichtlich - zumindest Erkenntnisse über die tatsächliche

Ausbreitung von Scientologen im staatlichen Bereich in Berlin besitzt, muss er auch in der Lage sein, plausible und nach den Maßstäben des BVerwG auch Geheimhaltungsinteressen nicht verletzende Erklärungen hierüber vor Gericht abzugeben. Tut er das - wie in diesem, in der mündlichen Verhandlung ausdrücklich vom Gericht angesprochenen Punkt - nicht, ohne weitere Gründe für sein Verhalten darzulegen, muss dieses prozessuale Verhalten zu seinem Nachteil ausgelegt werden.

c) Da der Beklagte seiner Obliegenheit zur plausiblen Erklärung des weiterhin bestehenden Gebotenseins der Beobachtung des Kläger unter Einsatz von Vertrauensleuten nicht nachgekommen ist, kann das Gericht nicht nachvollziehen, dass der Beklagte zur Informationsbeschaffung über den Kläger auf den Einsatz dieses nachrichtendienstlichen Mittels im Zeitpunkt der mündlichen Verhandlung weiterhin angewiesen ist, der Einsatz von Vertrauensleuten im Hinblick auf § 8 Abs. 4 Berl.VerfSchG damit weiterhin rechtmäßig und vom Kläger zu dulden wäre. Die Folgen der Verletzung von Darlegungspflichten trägt nach allgemeinem Prozessrecht der Darlegungspflichtige, so dass das ungeklärte - und vom Gericht ohne die Mitwirkung des Beklagten im Rahmen seiner Erläuterungspflicht nicht aufklärbare - Gebotensein weiteren Einsatzes von Vertrauensleuten zu Lasten des Beklagten gehen und zur Klagestattgabe führen muss.

69

Die Kircheneinkommensteuer wird in Bayern nicht durch die Finanzämter zusammen mit den Einkommensteuerbescheiden, sondern ausschließlich durch Kirchensteuerbescheide der Kirchensteuerämter festgesetzt und erhoben.

Art. 17 Abs. 1 BayKiStG
FG München, Gerichtsbescheid vom 14. Dezember 2001 - 13 K 2420/01 -

Mit ihrer Klage wenden sich die Kläger gegen den Einkommensteuerbescheid 1998. Sie meinen, die Kirchensteuer 1998 sei zu hoch festgesetzt worden, weil der Kläger im April 1998 aus der kath. Kirche ausgetreten sei.
Mit Schreiben vom 19.7.2001 teilte der Berichterstatter den Klägern mit, sie wendeten sich gegen die falsche Behörde und den falschen Verwaltungsakt. Er empfahl, die Klage zurückzunehmen. Hierauf reagierten die Kläger nicht.
Das Finanzgericht weist die Klage als unzulässig ab.

Aus den Gründen:

Die Klage ist unzulässig. Zur Festsetzung der Kirchensteuer in Bayern sind gem. Art. 17 Abs. 1 Satz 1 des Bayerischen Kirchensteuergesetzes grundsätzlich nur die Kirchensteuerämter zuständig (hier: das Kath. Kirchensteueramt in München). Die Kircheneinkommensteuer wird in Bayern nicht durch die Finanzämter zusammen mit den Einkommensteuerbescheiden, sondern ausschließlich durch Kirchensteuerbescheide der Kirchensteuerämter festgesetzt und erhoben. Die Kläger hätten sich somit gegen den Kirchensteuerbescheid 1999 wenden müssen oder sie können sich, sofern dieser noch nicht ergangen ist, gegen ihn wenden und die angeblich unrichtige Anwendung der Zwölftelungsmethode rügen.

70

Zur Frage der Korrektur einer ursprünglich zu hohen Anrechnung von röm.-kath. Kirchenlohnsteuer in konfessionsverschiedener Ehe durch Abrechnungsbescheid.

§§ 37 Abs. 2 KiStG BW, 130 Abs. 2 Nr. 4, 218 Abs. 2 AO 1977
FG München, Urteil vom 17. Dezember 2001 - 13 K 1533/01[1] -

Der katholische Kläger ist Partner einer konfessionsverschiedenen Ehe. Er zog mit seiner evangelischen Ehefrau im Oktober 1997 von Baden-Württemberg nach Bayern um. Er bezieht 100% der im Einkommensteuerbescheid 1997 festgestellten Einkünfte. Bei der Abführung der Kirchenlohnsteuer verfuhr das dafür zuständige Finanzamt nach dem dort noch gültigen Halbteilungsgrundsatz (in Bayern mit Wirkung ab 1.1.1995 abgeschafft), d.h. die Kirchenlohnsteuer ging je zur Hälfte an die röm.-kath. und die ev. Kirche. Die auf die ev. Kirche entfallende Kirchenlohnsteuer beträgt 1.187,04 DM. Demgegenüber wurde dem beklagten Kath. Kirchensteueramt im finanzbehördlichen Datenaustausch mehrfach mitgeteilt, es sei zu 100% röm.-kath. Kirchenlohnsteuer einbehalten worden (= 2.374,08 DM). Dementsprechend rechnete dieses Kirchensteueramt in allen Kirchensteuerbescheiden 1997 bis einschließlich des Bescheids vom 25.10.2000 jeweils 2.374,08 DM Kirchenlohnsteuer an. Erst aufgrund der Nachforschungen des Ev. Luth. Kirchensteueramt im Rahmen des Einspruchsverfahrens gegen den Kirchensteuerbescheid

---

[1] Die Nichtzulassungsbeschwerde des Klägers wurde als unzulässig verworfen; BFH vom 22.1.2003 - I B 16/02 - n.v.

(ev.) vom 15.11.2000 wurde der obige Sachverhalt bestätigt (Einbehaltung Kirchenlohnsteuer [ev.] 50%). Das Ev. Luth. Kirchensteueramt teilte dies dem beklagten Kirchensteueramt am 14.12.2000 mit und erließ den Abrechnungsbescheid vom 4.1.2001 (Anrechnung Kirchenlohnsteuer nunmehr 1.187,05 DM). Daraufhin erließ das Kath. Kirchensteueramt den Kirchensteuerbescheid vom 30.1.2001, worin die Kirchensteuer unverändert blieb, die Kirchenlohnsteuer-Anrechnung aber geändert wurde (nunmehr 50% = 1.187,04 DM). Es ergab sich eine Nachzahlung von 1.187 DM. Hiergegen wandte sich der Prozessbevollmächtigte mit Schreiben vom 7.2.2001. Das Kirchensteueramt setzte daher im angefochtenen Abrechnungsbescheid gem. § 218 Abs. 2 AO vom 12.2.2001 die zu zahlende Kirchensteuerschuld 1997 mit 1.187 DM fest. Der dagegen eingelegte Einspruch blieb erfolglos.

Mit seiner Klage der Kläger geltend, die Rückforderung von 1.187 DM erfolge zu Unrecht. Es lägen aufgrund der mehrfachen Änderung der zugrunde liegenden Einkommensteuerbescheide bei beiden Kirchensteuerämtern Rechtsfehler vor, die nicht durch den Erlass eines Abrechnungsbescheides geheilt werden könnten. Es könne auch nicht behauptet werden, die Rechtswidrigkeit der Abrechnung hätte dem Kläger bekannt sein müssen. Schließlich seien auch die Voraussetzungen des § 130 Abs. 3 Satz 1 AO nicht gegeben, weil die Tatsachen bekannt gewesen seien.

Das Finanzgericht weist die Klage ab.

Aus den Gründen:

Die Klage ist unbegründet.

Das Kath. Kirchensteueramt hat zu Recht nach § 37 Abs. 2 KiStG zu viel erstattete Kirchensteuer zurückgefordert. Die fehlerhafte Anrechnung der Kirchenlohnsteuer (2.374,08 DM statt 1.187,04 DM) konnte im Kirchensteuerbescheid vom 30.1.2001 gem. § 130 Abs. 2 Nr. 4 AO korrigiert werden. Da der Kläger sich gegen diese geänderte Abrechnung wandte, hat das Kirchensteueramt zulässigerweise gem. § 218 Abs. 2 Satz 1 AO entschieden, denn es kam bei der Anrechnung von Steuerabzugsbeträgen zwischen den Beteiligten zum Streit (s. BFH-Urteil vom 18.6.1993 - VI R 67/90 - BFHE 171, 515, BStBl. II 1994, 182 [185]; ferner BFH-Urteil vom 28.4.1993 - I R 123/91 - BFHE 170, 573, BStBl. II 1994, 174, und Klein/Rüsken, AO, 7. Aufl., § 218 Rdnr. 27).

Der Abrechnungsbescheid ist auch sachlich nicht zu beanstanden: Die Anrechnung der röm.-kath. Kirchenlohnsteuer war um 100% zu hoch. Sie richtet sich nach der rechtmäßig einbehaltenen und an das Betriebsstätten-Finanzamt abgeführten Kirchenlohnsteuer, d.h. die Einbehaltung ist nach dem am Ort des Betriebsstätten-Finanzamts geltenden Kirchensteuerrecht vorzunehmen. Für den Kläger war der Kirchenlohnsteuerabzug nach dem in Baden-Württemberg geltenden Halbteilungsgrundsatz vorzunehmen und es wurde auch dementsprechend verfahren. Demnach war die Anrechnung auch nur zu je 50% für jeden Ehepartner zulässig; dies aber in voller Höhe (1.087,04 DM) und nicht nach der Zwölftelungsmethode, wie der Prozessbevollmächtigte meint; denn letztere gilt nur für das Kirchensteuerfestsetzungs-, nicht aber für das Anrechnungsverfahren (...) Somit war die vom beklagten Kirchensteueramt vorgenommene 100%ige Kirchensteueranrechnung rechtswidrig. Die Anrechnung ist ein begünstigender Verwaltungsakt (s. BFH-Urteil vom 15.4.1997 - VII R 100/96 - BFHE 182, 506, BStBl. II 1997, 787).

Dieser Verwaltungsakt konnte nach § 130 Abs. 2 Nr. 4 AO korrigiert werden, da die Rechtswidrigkeit der Anrechnung dem Kläger bekannt war oder zumindest hätte bekannt sein müssen. Dabei ist die Kenntnis oder das Kennenmüssen (Unkenntnis infolge grober Fahrlässigkeit) des eingeschalteten Prozessbevollmächtigten dem Steuerpflichtigen zuzurechnen (Tipke/Kruse, AO-FGO, 16. Aufl., § 130 Tz. 8). Wie aus dem Schreiben des Prozessbevollmächtigten an das Ev. Luth. Kirchensteueramt vom 5.12.2000 hervorgeht, war ihm genau bekannt, dass die Kirchenlohnsteuer „zutreffend" für beide Ehepartner einbehalten worden war. Er hat im selben Schreiben darauf hingewirkt, dass das Ev. Luth. Kirchensteueramt eine dementsprechende 50%ige Anrechnung vornahm (s. Abrechnungsbescheid vom 4.1.2001). Spätestens mit Zugang des Abrechnungsbescheids war ihm bekannt oder hätte ihm zumindest bekannt sein müssen, dass die im letzten Kirchensteuerbescheid vom 25.10.2000 vorgenommene Anrechnung der röm.-kath. Kirchenlohnsteuer zu 100% falsch war. § 130 Abs. 2 Nr. 4 AO gilt nach Auffassung des Einzelrichters auch für den Fall, dass die Rechtswidrigkeit eines begünstigenden Verwaltungsakts aufgrund geänderter Umstände derart zu Tage tritt, dass sie auch einem steuerlichen Laien (geschweige dessen Steuerberater) ins Auge fallen muss. Genauso verhält sich der Fall hier: Es mag sein, dass dem Kläger die Rechtswidrigkeit der zu hohen Kirchenlohnsteuer-Anrechnung aufgrund seines Zuzugs nach Bayern und der dortigen von Baden-Württemberg abweichenden Rechtslage noch nicht bekannt war. Spätestens seit dem Belehrungsschreiben des Ev. Luth. Kirchensteueramt vom 24.11.2000 über das dem Kläger bereits erstattete Guthaben von 1.480,60 DM, dem Einspruch des Prozessbevollmächtigten vom 5.12.2000 und der daraufhin erfolgten zusätzlichen Anrechnung der ev. Kirchenlohnsteuer sowie der Erstattung von 548,90 DM gem. Abrechnungsbescheid vom 4.1.2001 wurde die Rechtswidrigkeit der Anrechnungsverfügung im Kirchensteuerbescheid vom 25.10.2000 und in den vorausgegangenen Bescheiden manifest und war auch für den Kläger als Laien, jedenfalls für den Prozessbevollmächtigten klar ersichtlich. Auch ein Laie muss einsehen, dass einbehaltene Kirchenlohnsteuer nur zu 100% und nicht zu 150% angerechnet werden darf. Der Anrechnung der Kirchenlohnsteuer (ev.) korrespondiert daher die Reduzierung der korrekten Anrechnung von Kirchenlohnsteuer (röm.-kath.) Auch die Voraussetzungen des § 130 Abs. 3 Satz 1 AO liegen vor. Die je 50%ige Abführung der Kirchenlohnsteuer an die röm.-kath. und die ev. Kirche war dem beklagten Kirchensteueramt bis Dezember 2000 nicht bekannt. Denn ihm lagen, wie aus den Akten ersichtlich, nur die falschen Mitteilungen der zuständigen Oberfinanzdirektion vor, welche formal korrekt vollzogen wurden. Erst aufgrund der Nachforschungen des Ev. Luth. Kirchensteueramt wurde beiden Kirchensteuerämtern bekannt, dass zu je 50% röm.-kath. und ev. Kirchenlohnsteuer abgeführt worden war, denn das Schreiben des Klägers vom 26.4.2000 bezog sich auf die Kirchensteuer 1996 und bestätigte die Handhabung des beklagten Kirchensteueramt für 1997 (100% Kirchenlohnsteuer-Anrechnung). Das Ev. Luth. Kirchensteueramt setzte das beklagte Kirchensteueramt am 14.12.2000 in Kenntnis. Dieses hat zügig innerhalb der vorgesehenen Jahresfrist reagiert.

71

Die nachträgliche Einführung einer Friedhofsunterhaltungsgebühr auch für Nutzungsberechtigten, deren Grabstellenverträge vor Inkrafttreten dieser Friedhofsgebührenordnung begründet wurden, verstößt nicht gegen höherrangiges Recht.

Art. 14 Abs. 1GG
BVerwG, Beschluss vom 18. Dezember 2001 - 9 BN 5/01[1] -

Der Antragsteller hat sich mit einem an das Sächs. OVG gerichteten Normenkontrollantrag gegen § 5 Abs. 2 Satz 1 der Friedhofsgebührenordnung für die Friedhöfe des E.N. vom 12.5.1992 gewandt, soweit dieser auch auf Nutzungsberechtigte, deren Grabstellenverträge vor Inkrafttreten dieser Friedhofsgebührenordnung begründet wurden, Anwendung findet. Er begehrt, die genannte Regelung der Friedhofsgebührenordnung für nichtig zu erklären. Sein Antrag wurde mit Beschluss des Sächsischen OVG vom 22.8.2001 - 5 D 703/98 - zurückgewiesen.
Auch die Nichtzulassungsbeschwerde blieb erfolglos.

---

[1] BayVBl 2002, 282; Buchholz 408.3 Grabstellenrecht Nr 7; DÖV 2002, 392; DVBl 2002, 492 (LS); KStZ 2002, 118; Mitt NWStGB 2002, 225 (LS); NJ 2002, 273; NJW 2002, 2580 (LS); NVwZ 2002, 609; Städte- und Gemeinderat 2002, Nr 7-8, 33; ZevKR 47 (2002), 725; ZKF 2002, 157.

Aus den Gründen:

Die auf den Zulassungsgrund des § 132 Abs. 2 Nr. 1 VwGO gestützte Beschwerde hat keinen Erfolg. Der Rechtssache kommt keine grundsätzliche Bedeutung zu. Es ist bereits zweifelhaft, ob die Beschwerde der Darlegungslast des § 133 Abs. 3 Satz 3 VwGO genügt hat (...). Selbst wenn man dem Beschwerdevorbringen aber sinngemäß die Frage entnehmen will, ob die Einführung einer Friedhofsunterhaltungsgebühr diejenigen Nutzungsberechtigten in ihrem Eigentumsrecht (Art. 14 GG) verletzt, die ihr Nutzungsrecht an einer Grabstelle auf Grund eines in der Vergangenheit geschlossenen „Grabstellenvertrages" erworben haben, ist die Zulassung der Revision nicht gerechtfertigt. Denn diese Frage ist auf der Grundlage der tatsächlichen Feststellungen des Normenkontrollgerichts, die für das RevGer. bindend sind (vgl. § 137 Abs. 2 VwGO), und der zu diesem Fragenkreis ergangenen höchstrichterlichen Rechtsprechung ohne weiteres zu verneinen. Die Beschwerde setzt sich mit dieser Rechtsprechung nicht auseinander und zeigt deswegen nicht auf, in welcher Hinsicht aus Anlass des vorliegenden Falles noch Klärungsbedarf bestehen sollte.

Die vom Antragsteller beanstandete Regelung der Friedhofsgebührenordnung unterliegt dem Anwendungsbereich der Grundrechte; denn sie betrifft keine innerkirchliche Angelegenheit, sondern das öffentlich-rechtlich geregelte Nutzungsverhältnis an einer Grabstelle (vgl. BVerwGE 25, 364 [365], KirchE 8, 254). Die Frage, ob ein gegen Entgelt erworbenes Grabstellennutzungsrecht der Eigentumsgarantie des Art. 14 Abs. 1 GG unterfällt, ist vom BVerwG mit der Begründung verneint worden, es handele sich nicht um eine durch Arbeit oder Kapitaleinsatz geschaffene vermögenswerte Rechtsposition, sondern im Wesentlichen um eine von der öffentlichen Hand erbrachte Leistung (vgl. BVerwGE 11, 68 [74f.]). Dem liegt der Gedanke zu Grunde, dass selbst ein insoweit entrichteter „Kaufpreis" nicht ein Entgelt für die Überlassung der Grabstelle, sondern nur einen Unkostenbeitrag darstellt, der dazu dienen soll, die Unterhaltung der Friedhofsanlage zu gewährleisten (vgl. zum Fall des so genannten Erbbegräbnisses BGHZ 25, 200 [210], NJW 1958, 59, LM Nr. 40 zu § 549 ZPO, KirchE 4, 152). Dies steht im Einklang mit der Rechtsprechung des BVerfG, wonach sich die Bewertung vermögenswerter subjektiver öffentlicher Rechte als Eigentum danach richtet, inwieweit sie sich als Äquivalent eigener Leistung erweisen oder auf staatlicher Leistung beruhen (vgl. z.B. BVerfGE 53, 257 [292], NJW 1980, 692; BVerfGE 58, 81 [112], NJW 1982, 155).

Die Verfassungsmäßigkeit der streitigen Friedhofsunterhaltungsgebühr beurteilt sich danach nicht nach Art. 14 Abs. 1 GG. Die Eigentumsgarantie schützt das Vermögen ohnehin nicht vor einer Auferlegung öffentlich-rechtlicher Geldleistungspflichten, solange diese nicht eine „erdrosselnde" Wirkung zeitigen (vgl. z.b. BVerfGE 82, 159 [190], NVwZ 1991, 53, NJW 1991, 830 [LS]; BVerfGE 95, 267 [300], NJW 1997, 1975, NVwZ 1997, 885 [LS], LM H. 10/1997 Art. 12 GG Nr. 48a). Zu fragen ist vielmehr, ob die Anknüpfung der Gebühr an bestehende Grabstellenverträge mit den Einschränkungen vereinbar ist, die sich bei einer rückwirkenden Einführung von Geldleistungspflichten aus dem Rechtsstaatsprinzip ergeben. Dies ist die Frage, auf die die Beschwerde möglicherweise abzielt, wenn sie rügt, der Abschluss von Grabstellenverträgen werde „zum unkalkulierbaren Risiko" und führe zu erheblicher Rechtsunsicherheit. Auch insoweit ist jedoch ein Verfassungsverstoß nicht erkennbar.

Das Normenkontrollgericht hat festgestellt, dass die in Rede stehenden Grabstellenverträge nur die Grabnutzung selbst regeln, nicht aber auch den für die Pflege des Friedhofs insgesamt anfallenden Aufwand. Mangels einer durchgreifenden Verfahrensrüge steht damit für das Revisionsgericht bindend fest, dass gegen die Friedhofsunterhaltungsgebühr nicht mit Erfolg der Einwand erhoben werden kann, die für eine Grabstellennutzung geleisteten Gebühren hätten den zur Friedhofsunterhaltung erforderlichen Aufwand bereits umfassend und unabhängig von späteren Kostensteigerungen abgelten sollen. Wenn das Normenkontrollgericht aus dieser Tatsache gefolgert hat, im vorliegenden Fall stelle sich die Frage nach einer - im echten Sinne - rückwirkenden Vertragsänderung nicht, ist dagegen aus revisionsgerichtlicher Sicht nichts zu erinnern.

Zur Frage, ob der Gesichtspunkt des Vertrauensschutzes eine so genannte unechte Rückwirkung verbietet (vgl. z.B. BVerwGE 110, 265 [269f.], NVwZ 2000, 929 mwN), hat das Normenkontrollgericht - ebenfalls ohne erkennbaren Rechtsverstoß - festgestellt, es fehle „schon an einem in dieser Hinsicht vertrauensbildenden Tatbestand". Dafür spricht insbesondere, dass die Nutzungsberechtigten bei Abschluss der „Grabstellenverträge" sich einer Nutzungsordnung unterwarfen, die geändert werden konnte (vgl. BVerwGE 11, 68 [72]). Letzteres gilt zumindest dann, wenn - wie hier - die Änderung der Benutzungsbedingungen den Fortbestand des Nutzungsrechts für die Dauer der zugesicherten Ruhezeit nicht in Frage stellt. Im vorliegenden Fall kommt hinzu, dass die in Rede stehenden „Grabstellenverträge" vor der Wiedervereinigung Deutschlands abgeschlossen wurden und deswegen - wie das Normenkontrollgericht zutreffend hervorhebt - „die nachfolgenden durchgreifenden Veränderungen der Wirtschafts- und Finanzordnung keine Berücksichtigung finden konnten und gefunden haben".

Es handelt sich dabei um eine unvorhersehbare Entwicklung, die Kostensteigerungen zur Folge hatte, die jenseits jeder Erwartung lagen (vgl. BayVGH, BayVBl. 1985, 720 [721]).

72

Die Nichtanwendung der Mitarbeitervertretungsordnung auf einen bestimmten leitenden Mitarbeiter bedarf einer Exemtionsentscheidung, für die der Dienstgeber im Streitfall darlegungs- und beweispflichtig ist.

LAG Niedersachsen, Urteil vom 18. Dezember 2001 - 12 Sa 694/01[1] -

Die Beklagte ist eine kirchliche Stiftung des bürgerlichen Rechts und beschäftigt ca. 700 Arbeitnehmer. Der 1944 geborene Kläger ist seit 1985 in dem von der Beklagten betriebenen Krankenhaus in O. aufgrund Dienstvertrages vom 17.8.1985 als Leitender Arzt der Abteilung für Orthopädie tätig. Mit Schreiben vom 29.8.2000 kündigte die Beklagte das Dienstverhältnis fristlos. Darüber hinaus sprach sie gegenüber dem Kläger am 29.8.2000 und 7.9.2000 Hausverbote aus. Bei der Beklagten besteht eine Mitarbeitervertretung gemäß der Mitarbeitervertretungs-Ordnung (MAVO). Die streitbefangene Kündigung erfolgte ohne Beteiligung der Mitarbeitervertretung.

Mit der Klage wendet sich der Kläger gegen die fristlose Kündigung und begehrt seine Weiterbeschäftigung. Des weiteren verlangt er die Aufhebung der Hausverbote. Der Kläger bestreitet das Vorliegen von Kündigungsgründen und meint im Übrigen, die Wirksamkeit der Kündigung scheitere bereits an der fehlenden Beteiligung der Mitarbeitervertretung, denn er sei kein Mitarbeiter in leitender Stellung und außerdem nicht wirksam aus dem Kreis der Arbeitnehmer, für die die MAVO gelte, herausgenommen.

Die Beklagte ist unter anderem der Auffassung, die Anhörung der bei ihr bestehenden Mitarbeitervertretung sei vor Ausspruch der Kündigung nicht erforderlich gewesen, denn der Kläger sei als Mitarbeiter in leitender Stellung gemäß § 3 Abs. 2 MAVO vom Anwendungsbereich der MAVO ausgeschlossen.

Das Arbeitsgericht hat nach Beweisaufnahme die Klage abgewiesen. Es hält die Klage für unbegründet, denn das Arbeitsverhältnis der Parteien sei durch die fristlose Kündigung vom 29.8.2000 mit sofortiger Wirkung aufgelöst worden. Unter anderem führt das Arbeitsgericht aus, die Kündigung sei nicht wegen fehlender Beteiligung der Mitarbeitervertretung unwirksam, denn beim Kläger handele es sich um einen vom Anwendungsbereich der MAVO ausgenommenen Mitarbeiter. Als Leiter der Chirurgie habe der Kläger eine leitende Stellung inne, die seine Herausnahme aus dem persönlichen Geltungsbereich der MAVO durch den Dienstgeber zulasse. Die Beklagte habe auch die Entscheidung getroffen,

---

[1] ZMV 2002, 253. Das Urteil ist rechtskräftig.

Chefärzte als leitende Mitarbeiter anzusehen, und damit der Anwendbarkeit der MAVO zu entziehen. Die interne Exemtionsentscheidung habe die Beklagte auch nach außen hin manifestiert. Im Übrigen sei auch davon auszugehen, dass der Kläger sich selbst im Einklang mit der von der Beklagten getroffenen Entscheidung als einen aufgrund seiner Chefarztfunktion von der Geltung der MAVO ausgenommenen Mitarbeiter angesehen oder jedenfalls nichts gegen eine solche Zuordnung unternommen habe. Es verstoße gegen Treu und Glauben, wenn er nunmehr die fehlende Mitteilung der Herausnahmeentscheidung moniere. Die Exemtionsentscheidung habe auch keiner Genehmigung bedurft, da die Beklagte als Stiftung des Bürgerlichen Rechts nicht der Kirchenaufsicht unterliege.

Im Berufungsrechtszug vertieft der Kläger sein früheres Vorbringen. Insbesondere macht er geltend, dass die Beklagte in seinem Falle keine Exemtionsentscheidung getroffen habe. Die Beklagte macht im Wesentlichen geltend, sie habe sehr wohl entschieden, Chefärzte und Oberärzte aus dem Geltungsbereich der MAVO herauszunehmen. Dass Mitarbeiter wie der Kläger nicht zu den unter die MAVO fallenden Mitarbeitern zählten, sei selbstverständlich und habe auch zum Selbstverständnis der leitenden Ärzte gehört. Die Exemtionsentscheidung sei auch bei jeder Wahl der Mitarbeitervertretung bestätig worden. Im Übrigen bedürfe sie keiner bestimmten Form.

Die Berufung hatte Erfolg. Unter Abänderung des angefochtenen Urteils gibt die Kammer der Klage statt.

Aus den Gründen:

Die fristlose Kündigung ist unwirksam, was zur Folge hat, dass auch dem Kläger ein Weiterbeschäftigungsanspruch zusteht und ein Hausverbot ihm gegenüber nicht ausgesprochen werden darf.

Die gegenüber dem Kläger ausgesprochene fristlose Kündigung ist schon deshalb gemäß § 31 Abs. 3 MAVO unwirksam, weil die bei der Beklagten bestehende Mitarbeitervertretung nicht beteiligt worden ist.

Macht ein kirchlicher Arbeitnehmer geltend, eine Kündigung des kirchlichen Arbeitgebers sei unwirksam, weil er die kirchliche Mitarbeitervertretung nicht ordnungsgemäß beteiligt habe, so haben die Arbeitsgerichte auch dies zu überprüfen (vgl. etwa BAG NZA 1993, 593; NZA 1995, 1197). Wie das Arbeitsgericht (...) dargelegt hat - und was zwischen den Parteien auch nicht streitig ist - unterfällt das von der Beklagten betriebene X.-Krankenhaus in O., an dem der Kläger tätig ist, dem sachlichen und räumlichen Anwendungsbereich der Mitarbeitervertretungs-Ordnung für das Bistum Münster. Gemäß § 31 Abs. 1 MAVO ist der Mitarbeitervertretung vor einer außerordentlichen Kündigung nach Ablauf der Probezeit durch den Dienstgeber schriftlich die Absicht der Kündigung mitzuteilen. Wird dies Verfahren nicht eingehalten, so ist die Kündigung gemäß § 31 Abs. 3 MAVO unwirksam. Unstreitig hat die Beklagte das in § 31 MAVO vorgesehene Anhörungs- und Mitberatungsverfahren bei außerordentlicher Kündigung nach Ablauf der Probezeit nicht eingeleitet. Die streitbefangene Kündigung kann deshalb nur dann Wirksamkeit entfalten, wenn es sich beim Kläger um einen vom Anwendungsbereich der MAVO für das Bistum Münster ausgenommenen Mitarbeiter handelt. Die Ausgrenzung von Mitarbeitern aus der MAVO bestimmt sich nach § 3 Abs. 2 MAVO. Wie das Arbeitsgericht, dem die Kammer insoweit folgt, zutreffend ausgeführt hat (...) handelt es sich beim Kläger um einen sonstigen Mitarbeiter in leitender Stellung gemäß § 3 Abs. 2 Nr. 4. MAVO.

Die diesbezüglichen Erwägungen stellt der Kläger mit seiner Berufung auch nicht in Frage. Dem Arbeitsgericht kann jedoch nicht gefolgt werden, wenn es angenommen hat, vorliegend sei eine Exemtion des Klägers aus dem Anwendungsbereich der MAVO im Bistum Münster als Mitarbeiter in leitender Stellung durch Entscheidung des Dienstgebers gegeben. Zwar ist die Bekanntgabe an den betroffenen Mitarbeiter keine Wirksamkeitsvoraussetzung für eine Exemtion (vgl. BAG NZA 1995, 1197), zu fordern ist aber auf jeden Fall eine Exemtionsentscheidung. Ob eine interne Exemtionsentscheidung des Dienstgebers zumindest manifest geworden sein muss, kann hier offenbleiben, denn die Beklagte hat - worauf der Kläger mit Recht hinweist - nicht substantiiert dargelegt, dass überhaupt hinsichtlich seiner Person oder auch nur in Bezug auf die Chefärzte überhaupt eine Exemtion vorgenommen worden ist. Es fehlt insoweit an einer substantiierten und nachvollziehbaren Darlegung der Exemtion. Wie sich aus § 3 Abs. 2 Satz 2 MAVO ergibt, trifft die Entscheidung über die Ausgrenzung von Mitarbeitern in leitender Stellung der Dienstgeber. Dienstgeber ist gemäß § 2 Abs. 1 MAVO der Rechtsträger der Einrichtung. Für diesen handelt dessen vertretungsberechtigtes Organ oder die von ihm bestellte Leitung. Rechtsträger der Einrichtung des (Krankenhauses X.) und damit Dienstgeber ist die beklagte Stiftung. Deren vertretungsberechtigtes Organ im Sinne von § 2 Abs. 2 MAVO ist das Kuratorium. Hieraus ergibt sich, dass die Exemtionsentscheidung durch das Kuratorium oder die von ihm bestellte Leitung getroffen worden sein muss. Dem Vortrag der Beklagten ist aber nicht zu entnehmen, wann, durch wen und wo die Exemtionsentscheidung getroffen worden sein soll. Der Vortrag der Beklagten, nach ihrer Bestimmung hätten alle Oberärzte und Chefärzte den Status von Mitarbeitern in leitender Stellung im Sinne der MAVO und entsprechend werde seit Jahrzehnten verfahren, belegt nicht die grundsätzlich getroffene Exemtionsentscheidung. Dies ist lediglich ein Indiz, genügt aber nicht zum Beweis dafür, dass eine Exemtionsentscheidung überhaupt und in welchem Umfang getroffen worden ist. Das gleiche gilt auch zum Vortrag der Beklagten, es bestehe zwischen ihr und der Mitarbeitervertretung seit jeher Einvernehmen, dass die Chefärzte als Mitarbeiter in leitender Stellung nicht dem Geltungsbereich der MAVO unterlägen. Dass der Kläger in den Listen der Mitarbeiter zur Erstellung des Wählerverzeichnisses, die dem Wahlausschuss jeweils zugeleitet worden sind, als leitender Mitarbeiter im Sinne von § 3 Abs. 2 MAVO gekennzeichnet worden ist, belegt auch nicht mittelbar die Exemtionsentscheidung, denn es ist nicht ersichtlich, dass diese Entscheidung durch das vertretungsberechtigte Organ oder die von ihm bestellte Leitung getroffen worden ist. Nur wenn sich das Kuratorium der Beklagten oder eine von ihm bestellte Leitung mit der Erstellung der Wählerverzeichnisse selbst befasst hätte, könnte man darin auch mittelbar eine Exemtionsentscheidung sehen. Die von der Beklagten vorgelegte Dienstordnung vom 27.1.1972 ist ebenfalls nicht geeignet, als Grundlage einer Ausgrenzungsentscheidung des Dienstgebers zu dienen. Dies folgt bereits aus dem Umstand, dass es im Jahre 1972 noch keine MAVO gab und demzufolge auch noch keine bewusste Exemtionsentscheidung getroffen werden konnte. (*wird weiter ausgeführt*)

Auch wenn die MAVO in § 3 Abs. 2 Satz 2 dem Dienstgeber die generelle Entscheidung darüber einräumt, wer sonstiger Mitarbeiter in leitender Stellung (§ 3 Abs. 2 Satz 1 Nr. 4 MAVO) ist, so kann doch nicht darauf verzichtet werden, dass eindeutig feststellbar ist, wann genau und durch wen eine derartige Entscheidung getroffen worden ist. Dies lässt sich im Streitfall nicht feststellen, da die insoweit darlegungs- und beweispflichtige Beklagte keine hinreichenden Tatsachen für die genaue Exemtionsentscheidung, sei es generell für alle Chefärzte, sei es speziell für den Kläger, vorgetragen hat. Es besteht auch keine Veranlassung, den Geschäftsführer N. als Partei „zur Bestätigung der Ausgrenzungsentscheidung nach § 3 MAVO betreffend die Chefärzte" zu vernehmen. Mangels substantiierten Vortrags hätte sich eine derartige Vernehmung als unzulässiger Ausforschungsbeweis erwiesen.

Nach alledem muss davon ausgegangen werden, dass die streitbefangene fristlose Kündigung bereits mangels Beteiligung der Mitarbeitervertretung gemäß § 31 Abs. 3 MAVO formell unwirksam ist. Dies hat zur Folge, dass die Beklagte zur Weiterbeschäftigung des Klägers verpflichtet ist (vgl. BAG NJW 1985, 2968) und demgemäß auch die ausgesprochenen Hausverbote keinen Bestand mehr haben können.

73

1. Auch für einen Lehrer im Beamtenverhältnis an einer öffentlichen Volksschule (Art. 135 BayLV) ist es nicht ausgeschlossen, unter Berufung auf sein in Art. 4 GG gewährleistetes Grundrecht

auf Glaubens- und Gewissensfreiheit zu verlangen, dass in den Klassenräumen, in denen er unterrichtet, kein Kreuz angebracht ist.

2. Sein Grundrecht erfährt allerdings erhebliche Einschränkungen durch die hergebrachten Grundsätze des Berufsbeamtentums gem. Art. 33 Abs. 5 GG, durch die daraus herzuleitende beamtenrechtliche Gehorsams- und Loyalitätspflicht gegenüber dem Dienstherrn und infolgedessen durch die Pflicht, die dem staatlichen Gestaltungswillen in Art. 7 Abs. 1 GG anvertraute und von ihm geprägte Organisation des Schulwesens anzuerkennen und sich ihr einzuordnen.

3. Im Widerstreit zwischen dem vorbehaltlos gewährten Grundrecht aus Art. 4 GG und dem durch Art. 33 Abs. 5 GG verfassungsrechtlich abgesicherten Belang ist eine Lösung nach dem Grundsatz praktischer Konkordanz zu suchen.

4. Nach der Entstehungsgeschichte und dem Gesetzeszweck des Art. 7 Abs. 3 Satz 3 u. 4 BayEUG ist diese Konkordanzregelung ihrem Sinngehalt nach auf einen beamtenrechtlich geprägten vergleichbaren Streit entsprechend anzuwenden.

5. Bei der Abwägung hat der Lehrer gegenüber dem Erziehungsberechtigten eine schwächere Position. Er ist nicht nur - als Person - Grundrechtsträger, sondern zugleich auch Amtsträger, der sich nicht über den gesetzlich normierten Sinngehalt des Schulkreuzes (Art. 7 Abs. 3 Satz 1 u. 2 BayEUG) ohne weiteres hinwegsetzen kann.

6. Bei atypischen Fallgestaltungen kann sich trotz des Toleranzgebots, das regelmäßig verlangt, sich mit dem Vorrang des Gesetzeszwecks des Kreuzes (Art. 7 Abs. 3 Satz 1 u. 2 BayEUG) abzufinden und die möglicherweise subjektiv empfundenen christlich-missionierenden Wirkungen zu tolerieren, das Begehren des Lehrers auf Abnahme des Kreuzes durchsetzen.

BayVGH, Urteil vom 21. Dezember 2001 - 3 B 98.563[1] -

Der Kläger ist Beamter des Freistaats Bayern und als Lehrer an der Volksschule P. tätig. Nach etwa 17jähriger Lehrertätigkeit im Dienst des Freistaats Bayern ersetzte der Kläger im September 1995 das Kruzifix in seinem Klassenzimmer durch ein Renaissancegemälde christlichen Inhalts - die „Madonna Tempi" von Raffaello Santi, eine Darstellung der Madonna mit dem Jesuskind - und ein auf Holz aufgezogenes Plakat mit einem Bildmotiv zum Thema „globale Solidarität" - dargestellt waren eine schwarze und eine weiße Hand, die eine empfängt, die andere gibt

---

[1] Amtl. Leitsätze. BayVGHE 55, 52; BayVBl. 2002, 400; DVBl. 2002, 790 (LS); KommunalPraxis BY 2002, 235 (LS); NJW 2002, 2900 (LS); NVwZ 2002, 1000 (LS); PersV 2002 (LS); Schütz BeamtR ES/B Abs. 3 Satz 9 Nr. 4; VR 2003, 251 (LS); ZBR 2003, 59.

ein Stück Brot, dahinter die Weltkugel. Dies löste Schriftverkehr und Gespräche unter Beteiligung des Schulleiters, des Staatlichen Schulamts im Landkreis N.-U., der Regierung von Sch. sowie des Bayerischen Staatsministeriums für Unterricht, Kultus, Wissenschaft und Kunst aus. Nachdem der Kläger von der Schulleitung angebotene Kreuze ohne Kruzifixus, verziert mit einem Bergkristall oder stilisiert als Lebensbaum, als „Softkreuze" abgelehnt hatte und es einem Vertreter der Schule nicht möglich war, ein vom Kläger vorgeschlagenes „irisches Kreuz", das dieser auf seine Kosten beschafft hätte, zu besorgen, ferner das Staatsministerium ein eigenes Recht des Lehrers, die Abnahme des Kreuzes zu verlangen, bezweifelt hatte, hängte der Schulleiter das ursprüngliche Kreuz in dem Klassenzimmer, in dem der Kläger unterrichtete, wieder auf. Mit Schreiben vom 20.1.1996, gerichtet an die Schulleitung, beantragte der Kläger die Abnahme des Kruzifixes in seinem Klassenzimmer, damit er an derselben Stelle wieder das Bild „Madonna Tempi" anbringen könne. Auf dem Bild sei, wie man wisse, Jesus nicht als Gekreuzigter, sondern als Kind auf dem Schoss seiner Mutter, der „Patrona Bavariae" dargestellt. Er erläuterte den Antrag näher dahin gehend, seine Auffassung von weltanschaulicher Toleranz sowie seine Rolle als Lehrer geböten ihm, seine eigene Überzeugung gegenüber dem Willen seiner Schüler und deren Eltern zurückzustellen. Deshalb werde er das Kreuz sofort wieder im Klassenzimmer anbringen, falls ein entsprechender Wunsch von Eltern seiner Schülerinnen und Schüler geäußert werde. Eine zwei Seiten umfassende Anlage „kurz gefasste Begründung meiner Kritik am Kreuzsymbol" fügte er bei. Eine Reaktion der Schulleitung gegenüber dem Kläger ergibt sich nicht aus den Akten. Mit Schriftsatz vom 18.6.1996 an die Schulleitung erweiterte der Kläger seinen Antrag um den Antrag auf Entfernung des Kreuzes (auch) aus dem Lehrerzimmer der Volksschule. Der Kläger machte einerseits Bedenken nunmehr auch gegen das Aufhängen des Bildes „Madonna Tempi" geltend, andererseits erklärte er seine Bereitschaft, das Kreuz zu akzeptieren, falls es von Eltern gewünscht werde, ausdrücklich nun nicht mehr für angemessen. Das Schulamt antwortete mit einer Zurückweisung des Antrags. Hinsichtlich der Frage, ob ein Lehrerzimmer mit einem Kreuz auszustatten sei, wurde auf die letztlich vom Schulleiter zu treffende Entscheidung hingewiesen. Der Leiter der Volksschule teilte dem Kläger schriftlich mit, es bestehe für ihn - den Rektor - keine Veranlassung, das Kreuz aus dem Klassenzimmer des Klägers zu entfernen. Der Kläger beantragte bei der Regierung die Entfernung des Kruzifixes aus seinem Klassenzimmer und gab dazu eine ausführliche Begründung. Die Regierung teilte dem Kläger mit, bei seinem Antrag handele es sich um eine Wiederholung des bereits gestellten Antrags auf Abnahme eines Kruzifixes in dem ihm zugewiesenen Klassenzimmer. Er sei vom Schulleiter abgelehnt worden. Die Schulleitung habe diese Entscheidung damit begründet, dass der Kläger im Hinblick auf seine Stellung als Beamter keinen

Anspruch auf Entfernung von Kreuzen aus Unterrichtsräumen habe. Hierauf werde er verwiesen. Da sich die Sach- und Rechtslage seither nicht geändert habe, beabsichtige die Regierung nicht, dem Antrag zu entsprechen.

Der Kläger hat daraufhin Klage erhoben und die Feststellung beantragt, dass er nicht verpflichtet sei, in Klassenräumen zu unterrichten, in denen ein Kreuz aufgehängt sei. Zuletzt hat der Kläger beantragt, den Beklagten (Freistaat Bayern) zu verpflichten, die Kruzifixe und sonstigen Kreuze aus den Klassenräumen zu entfernen, in denen er unterrichte. Das Verwaltungsgericht Augsburg (KirchE 35, 447) hat die Klage abgewiesen.

Die Berufung des Klägers hatte mit dem zuvor erwähnten Verpflichtungsbegehren Erfolg.

Aus den Gründen:

Die Klage ist zulässig. Der Kläger verfolgt in zweiter Instanz sein Begehren weiter, den Beklagten zu verpflichten, in den Klassenräumen, in denen er - der Kläger - unterrichtet, das Kreuz abzunehmen. Damit wendet er sich als Beamter gegen einen Organisationsakt seines Dienstherrn (vgl. BayVGH, NVwZ 1998, 92, KirchE 34, 455), dessen Wirkung dem Kläger gegenüber zunächst darin zum Ausdruck kommt, dass er diesen verpflichtet, in Räumen der Volksschule P., die mit Kreuzen oder Kruzifixen ausgestattet sind, Unterricht zu halten. Diese Verpflichtung hält der Dienstherr trotz des Begehrens des Klägers auf Abnahme des Kreuzes aufrecht. Er beruft sich dabei auf die ihm obliegende Erfüllung der in Art. 7 Abs. 3 Satz 1 des bayerischen Gesetzes über das Erziehungs- und Unterrichtswesen in der gegenwärtig geltenden Fassung der Bekanntmachung vom 31.5.2000 (GVBl. S. 414) - BayEUG - statuierten Anordnung, dass in jedem Klassenraum einer bayerischen Volksschule ein Kreuz angebracht wird.

Das Klagebegehren ist demgemäß nach Auffassung des erkennenden Senats als allgemeine Leistungsklage zu qualifizieren. Nach § 126 Abs. 3 Satz 1 BRRG gelten für sämtliche Klagen aus einem Beamtenverhältnis die Vorschriften des 8. Abschnitts der VwGO. Danach ist auch bei allgemeinen Leistungsklagen ein sonst nicht erforderliches Vorverfahren durchzuführen. Es beginnt gem. § 69 VwGO mit der Erhebung des Widerspruchs. Der Kläger hat diesem Erfordernis Rechnung getragen. Nach der Rechtsprechung kann nämlich ein Beamter in Fällen vergleichbarer Art (sogar ohne vorherigen Antrag auf Änderung oder Beseitigung) die von ihm bemängelten Maßnahmen ohne Verwaltungsaktscharakter unmittelbar mit dem Widerspruch „anfechten", um dem Erfordernis des Vorverfahrens zu genügen (vgl. etwa BVerwG NVwZ 2002, 97 [98]). Der

Kläger hat in mehrfacher Weise sowohl gegenüber seinem Schulleiter und dem staatlichen Schulamt als auch gegenüber der ihm später für Personalangelegenheiten als zuständig benannten Regierung Antrag auf Abnahme des Schulkreuzes gestellt und sich dabei erkennbar auch gegen vorangegangene ablehnende Entscheidungen gewandt, sodass sein Ausgangsbegehren und - nach dessen Ablehnung - sein Begehren auf behördeninterne Überprüfung nicht zweifelhaft sein konnten. Wollte man, wie das der 7. Senat des BayVGH in seinem Urteil vom 22.10.1997 (NJW 1999, 1045, BayVBl. 1998, 305, KirchE 35, 413) angenommen hat, in der Entscheidung über das Begehren eines Erziehungsberechtigten nach Art. 7 Abs. 3 Satz 4 EUG einen Verwaltungsakt sehen und der Auffassung sein, dass eine solche Entscheidung, wenn sie gegenüber einem Lehrer im Beamtenverhältnis getroffen wird, ebenfalls Verwaltungsaktqualität hat, wären unter diesen Umständen die Zulässigkeitsvoraussetzungen für das Klagebegehren gleichfalls erfüllt. Auch das Rechtsschutzinteresse des Klägers ist - wieder - zu bejahen. Zwar war er während des laufenden Berufungsverfahrens in der Zeit vom 1.8.1998 bis zum 31.7.2001 beurlaubt. Doch ist er seither - wie auch schon vor seiner Beurlaubung - wieder an der Volksschule in P. tätig und zwar in einem Klassenzimmer, in dem ein Kreuz angebracht ist. Nach Wiederaufnahme seiner Unterrichtstätigkeit haben die mit seinem Begehren befassten Dienststellen (Schulleiter, Schulamtsleiter, Regierung) ihre ablehnende Haltung nochmals in der Sache überprüft. Sie haben dabei - bei unverändertem Sachverhalt - ihren Rechtsstandpunkt aufrechterhalten. Vor diesem Hintergrund gehen alle Bet. zutreffend davon aus, dass die Klage zulässig, eine Sachprüfung mithin möglich ist.

Die Berufung ist begründet. Das Verwaltungsgericht hat die Klage rechtsfehlerhaft abgewiesen. Der Kläger hat gegen den Beklagte als seinen Dienstherrn einen Anspruch darauf, dass er seinen Unterricht in der Volksschule in P. in Klassenzimmern halten kann, in denen kein Kreuz (sei es in der Form eines Kruzifix, sei es ohne Korpus) angebracht ist. Damit sind - seinem Klagebegehren entsprechend - unter Aufhebung der entgegenstehenden Entscheidungen die Kreuze aus den betreffenden Schulräumen während der Zeit, in der der Kläger dort unterrichtet, zu entfernen.

Der Senat hat dazu Folgendes abgewogen:

I. Der Kläger ist als Lehrer in die staatliche Schulverwaltung eingebunden und den dort geltenden Rechtsvorschriften unterworfen.

1. Er sieht sich zunächst der dienstinternen Anordnung des Rektors der Volksschule in P. als seines Vorgesetzten (Art. 57 Abs. 2 BayEUG) gegenüber, das Kreuz im Klassenzimmer anzubringen bzw. dort zu belassen. Dem Schulrektor seinerseits obliegt es, die einschlägigen Gesetze und dienstlichen Weisungen der Schulaufsichtsbehörden auszuführen und auch ein entsprechendes Verhalten der Lehrerschaft sicherzustellen. Dazu gehört auch, dass in Erfüllung des in Art. 7 Abs. 3 Satz 1 BayEUG

aufgenommenen gesetzlichen Auftrags in jedem Klassenraum der Volksschule ein Kreuz angebracht wird. Art. 7 BayEUG, der die Grundschule und die Hauptschule (die Volksschule) betrifft, lautet:

Art. 7 Abs. 3: Angesichts der geschichtlichen und kulturellen Prägung Bayerns wird in jedem Klassenraum ein Kreuz angebracht. Damit kommt der Wille zum Ausdruck, die obersten Bildungsziele der Verfassung auf der Grundlage christlicher und abendländischer Werte unter Wahrung der Glaubensfreiheit zu verwirklichen. Wird der Anbringung des Kreuzes aus ernsthaften und einsehbaren Gründen des Glaubens oder der Weltanschauung durch die Erziehungsberechtigten widersprochen, versucht der Schulleiter eine gütliche Einigung. Gelingt eine Einigung nicht, hat er nach Unterrichtung des Schulamts für den Einzelfall eine Regelung zu treffen, welche die Glaubensfreiheit des Widersprechenden achtet und die religiösen und weltanschaulichen Überzeugungen aller in der Klasse Betroffenen zu einem gerechten Ausgleich bringt; dabei ist auch der Wille der Mehrheit, soweit möglich, zu berücksichtigen.

Diese Vorschrift wurde durch das Gesetz zur Änderung des Bayerischen Gesetzes über das Erziehungs- und Unterrichtswesen vom 23.12.1995 (GVBl. S. 850) eingefügt und trat am 1.1.1996 in Kraft. Sie regelt einen Sachverhalt neu, der ursprünglich Gegenstand des § 13 Abs. 1 Satz 3 der Schulordnung für die Volksschulen in Bayern (Volksschulordnung - BayVSO) vom 21.6.1983 (GVBl. S. 597), einer vom Bay. Staatsministerium für Unterricht und Kultus erlassenen Rechtsverordnung, war. Diese hatte sich ihrerseits auf eine Ermächtigung im EUG gestützt; ihr Absatz 3 lautete:

§ 13 Abs. 3: Die Schule unterstützt die Erziehungsberechtigten bei der religiösen Erziehung der Kinder. Schulgebet, Schulgottesdienst und Schulandacht sind Möglichkeiten dieser Unterstützung. In jedem Klassenzimmer ist ein Kreuz anzubringen. Lehrer und Schüler sind verpflichtet, die religiösen Empfindungen aller zu achten.

Das BVerfG hatte in seinem „Kruzifix-Urteil" vom 16.5.1995 (BVerfGE 93, 1, NJW 1995, 2477, DVBl. 1995, 1069, BayVBl. 1995, 720, KirchE 33, 191) in dieser Vorschrift über die Anbringung eines Kreuzes (§ 13 Abs. 3 BayVSO) einen Verstoß gegen das Grundrecht der Glaubens- und Gewissensfreiheit (Art. 4 Abs. 1 GG) gesehen und die Norm insoweit für verfassungswidrig erklärt, weil das Kreuz nicht nur Ausdruck der vom Christentum geprägten abendländischen Kultur sei, sondern als Symbol einer bestimmten religiösen Überzeugung auch missionarischen Charakter habe.

Den daraufhin in das Gesetz aufgenommenen Art. 7 Abs. 3 BayEUG haben der BayVerfGH (NJW 1997, 3157, DVBl. 1997, 1195, BayVBl. 1997, 686, KirchE 35, 298) und das BVerwG (NJW 1999, 3063, DVBl. 1999, 1581, BayVBl. 1999, 663, KirchE 37, 83) für verfassungskonform

auslegbar und damit für wirksam erachtet. Dem folgt auch der erkennende Senat.
2. Art. 7 Abs. 3 BayEUG und die darauf gegründeten Anordnungen, insbesondere in der Form von Organisationsverfügungen, sind demgemäß für den Kläger als Beamten grundsätzlich verbindlich. Als Lehrer ist er dienstrechtlich in die staatliche Schulverwaltung eingegliedert und damit weisungsgebunden. Dies folgt einfachgesetzlich aus Art. 64 Abs. 2 Satz 2 BayBG, wonach der Beamte verpflichtet ist, die dienstlichen Anordnungen seiner Vorgesetzten auszuführen und ihre allgemeinen Richtlinien zu befolgen. Diese auf dem beamtenrechtlichen Dienst- und Treueverhältnis beruhende Gehorsamspflicht ist auch verfassungsrechtlich verankert, denn sie gehört zu den hergebrachten Grundsätzen des Berufsbeamtentums iSd Art. 33 Abs. 5 GG (vgl. etwa BVerfGE 9, 268 [286], NJW 1959, 1171; Weiß/Niedermaier/Summer/Zängl, BayBG, Art. 64 Erl. 21 mwN) und zählt zu den Grundpflichten des Beamten. Mit dem Eintritt in das Beamtenverhältnis als öffentlich-rechtliches Dienst- und Treueverhältnis unterwirft sich der Beamte dem Zwang der im öffentlichen Interesse unerlässlichen Disziplin. Als integrierter Teil der staatlichen Verwaltung hat er - namentlich wenn er im Dienst ist und darin die staatliche Verwaltung repräsentiert - deren Ziele loyal zu verfolgen, sein Handeln in der Regel uneingeschränkt danach auszurichten und davon etwa abweichende eigene Vorstellungen und Wünsche gegebenenfalls hintanzustellen.
3. Dies gilt grundsätzlich auch dann, wenn persönliche Grundrechte des Beamten berührt werden. Zwar ist eine Rechtsgrundlage erforderlich, wenn dienstliche Weisungen - namentlich personenbezogene, das heißt Weisungen, welche diejenigen Lebensäußerungen des Beamten betreffen, die sich nicht oder nur mittelbar auf das Ergebnis der dienstlichen Tätigkeit auswirken - in verfassungsrechtlich geschützte Belange des Beamten eingreifen (Weiß u.a., BayBG, Art. 64 Erl. 21 mwN; grundlegend BVerfGE 33, 1, NJW 1972, 811, zur Frage des Rechtsinstituts des „besonderen Gewaltverhältnisses" - dort bezogen auf die Rechtsstellung von Strafgefangenen im Fall der Einschränkung ihrer Grundrechte). Grundrechtseinschränkungen ergeben sich aus dem öffentlich-rechtlichen Dienst- und Treueverhältnis mit Blick auf die besonders normierten beamtenrechtlichen Pflichtentatbestände. Insbesondere die daraus resultierende Gehorsamspflicht bildet eine zulässige Schranke für die Grundrechte des Beamten (vgl. zutreffend Weiß u.a., BayBG, Art. 64 Erl. 26 lit. b). Auf der anderen Seite lässt sich in einem solchen Zusammenhang nicht in Abrede stellen, dass sich der Beamte auch in seinem Dienstverhältnis - vom Ansatz her - durchaus auf Grundrechte berufen kann. Deutlich erkennbar wird dies zum Beispiel bei der Rechtsprechung, die das allgemeine Erscheinungsbild des Beamten betrifft. So hat etwa das BVerwG die Anordnung, die einem männlichen Zollbeamten im Dienst das Tragen von Ohrschmuck zur Uniform verboten hat, im Hin-

blick auf das Grundrecht der allgemeinen Handlungsfreiheit (Art. 2 Abs. 1 GG) deshalb für rechtmäßig erklärt, weil die Regelung unter Abwägung der privaten mit den dienstlichen Belangen das Grundrecht des Beamten nur geringfügig einschränke (BVerwG NJW 1990, 2266, NVwZ 1990, 972 L, DVBl. 1990, 643 [644]). Den gleichen Maßstab hat das Gericht für das Verbot einer langen Haartracht bei einem männlichen uniformierten Polizeibeamten angelegt (BVerwG NJW 1999, 1985, NVwZ 1999, 881 L, BayVBl. 1999, 377). Anordnungen des Dienstherrn hinsichtlich des äußeren Erscheinungsbilds des Beamten wurden aber auch anhand einer Interessenabwägung am Maßstab des - somit grundsätzlich als bestehend - anerkannten Grundrechts der Meinungsfreiheit (Art. 5 Abs. 2 GG) gemessen, so etwa das Verbot des Tragens einer Anti-Atomkraft-Plakette im Dienst durch einen Lehrer (BVerwG NJW 1990, 2265), ferner am Maßstab des Grundrechts der Religionsfreiheit (Art. 4 Abs. 1 u. 2 GG) wie zum Beispiel bei der Bestimmung der Grenzen der positiven Bekenntnisfreiheit eines Lehrers an öffentlichen Schulen, der im Unterricht Kleidung mit bhagwan-typischen Rottönen getragen hat (BVerwG NVwZ 1988, 937 [938], KirchE 26, 37; im Hinblick auf das auch in Art. 107 Abs. 1 BayLV entsprechend geregelte Grundrecht vgl. auch BayVGH, NVwZ 1986, 405), oder wie bei der Frage der Zulässigkeit des Tragens eines Kopftuchs im Unterricht durch eine gläubige Muslimin (vgl. einerseits VG Lüneburg NJW 2001, 767, KirchE 38, 406, andererseits VGH.BW NJW 2001, 2899, DVBl. 2001, 1534 [1537 Sp. I], KirchE 39, 192).

Der Kläger beruft sich bei seinem Wunsch, das Kreuz möge aus dem Klassenzimmer entfernt werden, auf das Grundrecht der Bekenntnisfreiheit (Art. 4 GG). Der Beklagte hat für derartige Fallgestaltungen vorsorglich im Schreiben des Bayerischen Staatsministeriums für Unterricht, Kultus, Wissenschaft und Kunst vom 5.12.1995 den Regierungen mitgeteilt, ein als Lehrer im Bereich der Volksschule als christlicher Gemeinschaftsschule eingesetzter Beamter könne generell nicht unter Hinweis auf seine Glaubensfreiheit die Regelung in der Volksschulordnung, die das Anbringen eines Kreuzes vorschrieb, mit Erfolg angreifen. In Kenntnis der Entscheidung des BVerfG vom 16.5.1995 (NJW 1995, 2477, DVBl. 1995, 1069, BayVBl. 1995, 720, KirchE 33, 191 - Kruzifixurteil) vertritt das Staatsministerium in dem oben genannten Schreiben die Auffassung, es sei nicht sachdienlich, die Lehrkräfte auf den Gesetzentwurf der Staatsregierung zur Regelung des Anbringens von Kreuzen in Klassenzimmern (der dann in Form des Art. 7 Abs. 3 BayEUG verwirklicht wurde) zu verweisen. Vielmehr solle unter Hinweis auf die ausgeführte Rechtslage - keine denkbare Grundrechtsposition des Lehrers - eine Ablehnung solcher Anträge erfolgen. Zur Untermauerung seiner Auffassung zitiert das Staatsministerium aus einem Urteil des OVG Koblenz (ZBR 1995, 212 [213]):

„Maßgeblich dafür, dass der Beamte als Amtswalter nicht grundrechtsfähig ist, ist der Umstand, dass er als integraler Teil der Staatsorganisation gerade kein Adressat de Grundrechte ist und dass er seine Aufgaben nicht aus eigenem Recht und zum eigenen Nutzen, sondern treuhänderisch zum Wohl der Allgemeinheit wahrnimmt."

Mit dieser Argumentation hat das Staatsministerium zu kurz gegriffen. Die in Bezug genommene Entscheidung bezieht die zitierte stringente Aussage ausdrücklich nur auf den Bereich des „Amtes", in dem der Beamte tätig wird und auf sein „Remonstrationsrecht" beschränkt ist, und grenzt ihn ab gegen die Bereiche des „Dienstverhältnisses" und den „Privatbereich", in denen sehr wohl Grundrechtsfähigkeit bestehe. Zutreffend betont das Gericht in unmittelbarer Fortführung der zitierten Textpassage, da andererseits der durch Pflichtenlagen gekennzeichnete Amtsbereich und das die persönliche Rechtsstellung des Beamten umschreibende Dienstverhältnis nicht strikt voneinander getrennt, sondern nach Maßgabe der beamtenrechtlichen Normen im Sinne einer Konnexität zwischen Dienst- und Organwalterverhältnis aufeinander bezogen seien, hänge die Zuordnung eines administrativen Vorgangs zu dem einen oder dem anderen Bereich entscheidend davon ab, worauf der Vorgang seiner Finalität nach vorwiegend ziele. Hierzu bedürfe es einer objektiven Würdigung sämtlicher Umstände des Einzelfalls. Beispiele für Fälle, bei denen die Rechtsprechung eine Berührung der grundrechtlich geschützten Persönlichkeitssphäre des Lehrers verneint hat, waren zum Beispiel das Interesse eines Lehrers, ein bestimmtes, von der Schulkonferenz beschlossenes Schulbuch im Unterricht nicht zu verwenden (BVerwG NVwZ 1994, 583) oder das Anliegen, schulfremde Personen (hier: Gewerkschaftsvertreter) im Unterricht einzusetzen (VGH Kassel NVwZ-RR 1993, 483, zit. bei: Niehues, Schul- und PrüfungsR Bd. 1, SchulR, 3. Aufl. [2000] Rn 512).

Im Gegensatz dazu ist vorliegend die Grenze zum Kernbereich der vom Grundrecht der Glaubensfreiheit markierten Schutzzone überschritten. Hier ist von Bedeutung, dass der Lehrer unbeschadet seiner dienstrechtlichen Eingliederung in die Schulverwaltung und seiner insofern vielfach reglementierten und beaufsichtigten Unterrichtstätigkeit dennoch - und dies macht ein specificum des Lehrerberufs aus (vgl. Niehues, Rn 513) - als Erzieher und Wissensvermittler seiner Aufgabe weit gehend nur individuell aus der Eigendynamik seiner Persönlichkeit heraus gerecht werden kann. Unabhängig von der (wie noch zu erörtern sein wird: zu verneinenden) Frage, ob das Kruzifix im Klassenzimmer (außerhalb des eigentlichen Religionsunterrichts) einen spezifisch christlichen Unterrichts- oder Erziehungsinhalt repräsentiert, ist es für die Rechtsposition eines Lehrers, der solchermaßen „mit seiner ganzen Persönlichkeit" vor der Klasse steht, nicht gleich zu bewerten, ob er im Raum einen beliebigen Einrichtungsgegenstand (etwa auch ein Kunstwerk oder eine Wandzeitung zu einem sozialkundlichen Thema) oder ein Wandkreuz zu dulden hat. Das BVerfG hat in seiner Entscheidung zur Rechtsmaßigkeit des Zwangs, entgegen der eigenen religiösen oder weltanschaulichen Überzeugung in einem mit einem Kreuz ausgestatteten Gerichtssaal verhandeln zu müssen (BayVBl. 1973, 640, KirchE 13, 315) festgestellt, dass das Kreuz als Sinnbild des Leidens und der Herrschaft Christi von alters her als symbolischer Inbegriff des christlichen Glaubens gilt. Jedenfalls liege dann, wenn ein Gebäude oder ein Raum mit einem Kreuz versehen werde, auch heute der Eindruck nahe, dadurch solle eine enge Verbundenheit mit christlichen Vorstellungen bekundet werden. Es bedürfe hier keiner Entscheidung, ob ein solcher Eindruck und etwaige Zweifel über die Berechtigung von Kreuzen in Gerichtssälen dadurch ausgeräumt werden könnten und auch dürften, dass die Gerichte das markante Symbol des christlichen Glaubens im Wege ausdrücklicher Interpretation auf die bloße Bedeutung eines Schwurgegenstands zurückführten, den andere Prozessbeteiligte nicht zur Kenntnis zu nehmen brauchten. Auch verlange das bloße Vorhandensein eines Kreuzes von den Prozessbeteiligten weder eine eigene Identifizierung mit den darin symbolhaft verkörperten Ideen oder Institutionen noch ein irgendwie geartetes aktives Verhalten. Dennoch müsse anerkannt werden, dass sich einzelne Prozessbeteiligte durch den für sie unausweichlichen Zwang, entgegen eigenen religiösen oder weltanschaulichen Überzeugungen „unter dem Kreuz" einen Rechtsstreit führen und die als Identifikation empfundene Ausstattung in einem rein weltlichen Lebensbereich tolerieren zu müssen, in ihrem Grundrecht aus Art. 4 Abs. 1 GG verletzt fühlen könnten.

Der erkennende Senat ist der Auffassung, dass für die - an dieser Stelle allein zu behandelnde - Frage, ob der Kläger sich in der streitbefangenen Situation überhaupt auf das Grundrecht der Glaubensfreiheit berufen kann, entsprechende Erwägungen anzustellen sind. Im vorliegenden Verfahren hat der Kläger damit argumentiert, dass er, wenngleich er sich selbst als Christ bezeichnet, das Symbol des Kreuzes in einer Weise ablehne, dass er es als unerträglich empfinde, in einem damit ausgestatteten Klassenzimmer die Schulkinder unterrichten zu müssen. Er sehe sich nämlich dann gezwungen, allein durch die signifikante Wirkung dieses Zeichens - so, wie er sie empfinde - dieses gewissermaßen zu repräsentieren, ohne (sich selbst oder der Klasse gegenüber) eine Distanzierungsmöglichkeit zu haben. Zu berücksichtigen ist hierbei auch der Umstand, dass das als unverletzlich gewährleistete Grundrecht der Glaubens- und Bekenntnisfreiheit - wie das BVerfG wiederholt betont hat - in enger Beziehung zur Menschenwürde als dem obersten Wert im System der Grundrechte steht und wegen seines Rangs extensiv ausgelegt werden muss (vgl. BVerfGE 24, 236 [246], NJW 1969, 31, ferner BayVBl. 1973, 640 [641] - Kreuz im Gerichtssaal). In diesem Bereich genießt damit auch ein Beamter Grundrechtsschutz und kann sich auf die Garantie der individuellen Freiheitsrechte berufen. Indes ist ein Ausgleich zwischen diesen Rechten und den für die Erhaltung eines intakten Beamtentums unerlässlich zu fordernden Pflichten des Beamten zu suchen (vgl. BVerfGE 39, 334 [366 ff.], NJW 1975, 1641).

II. Somit kann der Kläger für sich in Anspruch nehmen, dass bei der Frage, ob er das Kreuz im Klassenzimmer zu dulden hat, seine in Art. 4 GG gewährleistete Grundrechtsposition mit in Rechnung zu stellen ist. Dieses Grundrecht kann weder durch die allgemeine Rechtsordnung noch durch eine irgendwie geartete unbestimmte Güterabwägungsklausel relativiert und dadurch eingeschränkt werden, weil Art. 140 GG iVm Art. 136 WRV nach Bedeutung und innerem Gewicht im Zusammenhang der grundgesetzlichen Ordnung von Art. 4 Abs. 1 u. 2 GG überlagert wird. Danach unterliegt die Bekenntnis- und Religionsfreiheit als Grundrecht ohne Gesetzesvorbehalt nur Einschränkungen, die sich ihrerseits aus der Verfassung selbst ergeben (so BVerfG NJW 1995, 2477 [2479 Sp. II], KirchE 33, 191), also namentlich dann, wenn sie in Widerstreit zu kollidierenden Grundrechten Dritter oder anderen verfassungsrechtlich geschützten Rechtsgütern tritt. Diese Grenzen müssen also nach Maßgabe der grundgesetzlichen Wertordnung und unter Berücksichtigung der Einheit dieses grundgesetzlichen Wertsystems gezogen werden (vgl. z.B. BVerfG NJW 1972, 1183 [1184 Sp. I], KirchE 12, 410).

1. Eine solche, aus dem Wertesystem des Grundgesetzes selbst ableitbare Begrenzung ergibt sich vorliegend - wie bereits dargelegt - aus den überkommenen Grundsätzen des Berufsbeamtentums und der daraus hergeleiteten Pflicht des beamteten Lehrers zum Gehorsam und zur loyalen Unterstützung seines Dienstherrn. Dieser kann sich dabei nicht nur auf die auf der Hand liegende Befugnis berufen, die von ihm betriebenen Einrichtungen - also auch die Volksschulen - funktional, aber auch in ihrem Erscheinungsbild in aller Regel nach seinen Vorstellungen zu gestalten bzw. dafür Regeln vorzugeben, sofern nicht die sehr weit gesteckten Ermessensgrenzen - für den Lehrer namentlich die Gesichtspunkte der Willkür und der allgemeinen Zumutbarkeit, die dem Beamten gegenüber in der Fürsorgepflicht des Dienstherrn zum Ausdruck kommt - überschritten werden. Dem Staat als Dienstherrn steht im Bereich des öffentlichen Schulwesens zudem der Umstand zur Seite, dass er hierbei in Erfüllung seines verfassungsrechtlich verankerten Bildungs- und Erziehungsauftrags - in seiner Qualität eigenständig und dem Elterngrundrecht aus Art. 6 Abs. 2 GG gleichberechtigt - handelt, wie er in Art. 7 Abs. 1 GG im Rahmen der staatlichen Schulaufsicht statuiert ist (vgl. dazu etwa Niehues, Rn 527; BVerfG NVwZ 1990, 54 - Schulbuch; BVerfG NJW 1976, 947, KirchE 15, 128 - christliche Gemeinschaftsschule badischer Überlieferung; BVerfG NJW 1995, 2477 [2479 Sp. II], KirchE 33, 191 - Kruzifixurteil). Der Kläger ist als Lehrer in diesen Erziehungsauftrag eingebunden.

Ein für den vorliegenden Rechtsstreit wesentliches Element ist der Umstand, dass das Schulkreuz nur mit der in Art. 7 Abs. 3 Satz 1 u. 2 BayEUG bestimmten Zweckrichtung, mithin in einem deutlich zurückgenommenen Umfang einem vom Staat verfolgten Erziehungsziel zu dienen bestimmt ist. Dies ergibt bereits der Wortlaut dieser Vorschrift, wonach das Kreuz „angesichts der geschichtlichen und kulturellen Prägung Bayerns" angebracht wird und damit der Wille zum Ausdruck kommt, „die obersten Bildungsziele der Verfassung auf der Grundlage christlicher und abendländischer Werte unter Wahrung der Glaubensfreiheit zu verwirklichen". Auch die Begründung des Gesetzentwurfs (LT-Drs. 13/2947 v. 24.10.1995) lässt eindeutig erkennen, dass diese gesetzliche Bedeutungszuweisung als Einschränkung zu verstehen ist und bewusst als Reaktion auf den Beschluss des BVerfG vom 16.5.1995 (NJW 1995, 2477, KirchE 33, 191) erfolgen sollte, in dem § 13 Abs. 1 Satz 3 BayVSO als gegen die Glaubensfreiheit (Art. 4 GG) verstoßend für verfassungswidrig erklärt worden war. Das BVerfG betont, das Kreuz (sei es als Kruzifix, sei es in Gestalt eines Kreuzes ohne Korpus) sei Symbol einer bestimmten religiösen Überzeugung und nicht etwa nur Ausdruck der vom Christentum mitgeprägten abendländischen Kultur. Es sei geradezu sein Glaubenssymbol schlechthin und versinnbildliche die im Opfertod Christi vollzogene Erlösung des Menschen von der Erbschuld, zugleich aber auch den Sieg Christi über Satan und Tod und seine Herrschaft über die Welt, Leiden und Triumph in einem. Die Ausstattung eines Gebäudes oder eines Raums mit einem Kreuz werde bis heute als gesteigertes Bekenntnis des Besitzers zum christlichen Glauben verstanden. Für den Nichtchristen oder den Atheisten werde das Kreuz gerade wegen der Bedeutung, die ihm das Christentum beilege und die es in der Geschichte gehabt habe, zum sinnbildlichen Ausdruck bestimmter Glaubensüberzeugungen und zum Symbol ihrer missionarischen Ausbreitung. Es wäre eine dem Selbstverständnis des Christentums und der christlichen Kirchen zuwiderlaufende Profanisierung des Kreuzes, wenn man es als bloßen Ausdruck abendländischer Tradition oder als kultisches Zeichen ohne spezifischen Glaubensbezug ansehen wollte (NJW 1995, 2477 [2479 Sp. I]).

Der bayerische Gesetzgeber wollte dem Schulkreuz die eine dieser beiden Bedeutungen bewusst nehmen, nämlich die als „appellatives Symbol mit missionarischem Charakter" (vgl. LT-Drs. 13/2947, S. 4), und es auf die andere Bedeutung beschränken: Art. 7 Abs. 3 Satz 1 BayEUG stelle klar, dass „das Kreuz im Klassenzimmer in Bayern weit über seine religiöse Bedeutung hinaus der geschichtlichen und kulturellen Prägung Bayerns in den Volksschulen" Rechnung trage. Satz 2 knüpfe an die obersten Bildungsziele an, die die Bayerische Verfassung in Art. 131 Abs. 2 für die Schulen postuliert habe, und ergänze damit die historischen und kulturellen Bezüge, die in Satz 1 zum Ausdruck gebracht würden. Für die Rechtsanwendung stelle Satz 2 klar, dass der Anbringung des Kreuzes weder missionarische Bedeutung zukomme noch ein appellativer Charakter damit verbunden sei. Das Christentum oder einzelne seiner Glaubenswahrheiten würden damit nicht Ziel der Schule oder Inhalt des Unterrichts (vgl. LT-Drs. 13/2947, S. 5). Der BayVerfGH (NJW 1997, 3157 [3158 Sp. II], KirchE 35, 298) und auch das BVerwG (NJW 1999, 3063, BayVBl. 1999, 663 [665 Sp. I], KirchE 37, 83) haben die Regelung in der dargestellten Weise verstanden und für zulässig erachtet, ebenso der für das Schulrecht zuständige 7. Senat (NVwZ 1998, 92, BayVBl. 1998, 305, KirchE 34, 455).

Dies bedeutet zunächst, dass die Frage, ob das Kreuz im Klassenzimmer verbleiben kann oder auf Verlangen des Klägers abgehängt werden muss, außerhalb des Religionsunterrichts keinen inneren Bezug hat zur etwaigen Statuierung eines staatlichen Erziehungsziels im Sinn der Vermittlung des Christentums als Religion - auch im Sinn der christlichen Konfessionen - oder einzelner seiner Glaubenswahrheiten. Hinzu kommt, dass dem Erziehungsziel, wie es in Art. 131 Abs. 2 BayLV zum Ausdruck kommt, nicht die Forderung zu entnehmen ist, ein (auch als christlich missionierend verstehbares) Kreuz im Klassenzimmer anzubringen, auch insofern nicht, als Ehrfurcht vor Gott und Achtung vor religiöser Überzeugung und vor der Würde des Menschen unter den obersten Bildungszielen für die Schulen angeführt sind. Diese Auffassung steht im Einklang mit der Entscheidung des BVerfG zur Zulässigkeit der christlichen Gemeinschaftsschule in Bayern (NJW 1976, 950 [951 Sp. I], KirchE 15, 158), wo unter ausdrücklicher Nennung des Bildungsauftrags in Art. 131 Abs. 2 BayLV festgestellt wird, ein durch spezifisch christliche Glaubensinhalte geprägtes Erziehungsziel sei weder in der Bayerischen Verfassung noch in den Schulgesetzen festgelegt. Auch sei Art. 135 Abs. 2 BayLV, wonach die Schüler in den öffentlichen Volksschulen nach den Grundsätzen der christlichen Bekenntnisse unterrichtet und erzogen werden, mit Blick auf Art. 136 Abs. 1 BayLV, wonach an allen Schulen beim Unterricht die religiösen Empfindungen aller zu achten sind, anhand des Maßstabs der positiven und negativen Glaubensfreiheit (Art. 4 Abs. 1 u. 2 GG) verfassungskonform auslegbar und auszulegen. Demnach seien unter den genannten „religiösen Empfindungen" auch die weltanschaulichen Vorstellungen der Kinder zu verstehen, die keiner Religionsgemeinschaft angehörten. Dieses Toleranzgebot verhindere ein Absolutsetzen christlicher Glaubensinhalte außerhalb des Religionsunterrichts und gewährleiste eine angemessene Mitberücksichtigung anderer religiöser und weltanschaulicher Auffassungen, für welche die Schule offen zu bleiben habe.

Für die Gewichtung der jeweils mit Verfassungsrang ausgestatteten Positionen der Beteiligten - einerseits das Grundrecht des Klägers auf Glaubensfreiheit, andererseits das Recht des Beklagten auf beamtenrechtlichen Gehorsam - bedeutet dies, dass das Begehren des Klägers nicht darauf hinausläuft, seinem Dienstherrn anzusinnen, ihn von der

Vermittlung eines spezifisch christlich geprägten Bildungsziels freizustellen.
Nach Art. 7 Abs. 3 Satz 3 GG darf kein Lehrer gegen seinen Willen verpflichtet werden, Religionsunterricht zu erteilen. Diesem verfassungsrechtlichen Schutzbereich unterfällt auch die Freiheit des Lehrers aus Art. 4 GG, nicht an Schulgottesdiensten, Schulandachten und Schulgebeten teilzunehmen. Aus dem gleichen Grund wäre er nicht verpflichtet, unter einem Schulkreuz zu unterrichten, das, was nach Art. 7 Abs. 3 Satz 1 u. 2 BayEUG ja gerade nicht Gesetzeszweck ist, christlich-missionierend wirken soll.

2. Der Kläger sieht sich auch nicht der Situation ausgesetzt, dass er eine Verpflichtung seines Dienstherrn begehrt, die dieser nur unter Verletzung ihn seinerseits gegenüber Dritten treffenden Pflichten erfüllen könnte. Es gibt nämlich von Verfassungs wegen kein Recht von Eltern oder Schülern auf die Anbringung religiöser Symbole wie etwa eines Kreuzes in Klassenräumen staatlicher Pflichtschulen, die öffentliche Volksschulen (Art. 135 BayLV) sind.

Allerdings umfasst Art. 4 Abs. 1 GG iVm Art. 6 Abs. 2 Satz 1 GG, der den Eltern die Pflege und Erziehung ihrer Kinder als natürliches Recht garantiert, auch das Recht zur Kindererziehung in religiöser und weltanschaulicher Hinsicht. Es ist Sache der Eltern, ihren Kindern diejenigen Überzeugungen in Glaubens- und Weltanschauungsfragen zu vermitteln, die sie für richtig halten. Dem entspricht auch das Recht, die Kinder von Glaubensüberzeugungen fernzuhalten, die den Eltern falsch oder schädlich erscheinen. Freilich beschränkt sich das Grundrecht nach Art. 4 Abs. 1 GG nicht darauf, dem Staat eine Einmischung in die Glaubensüberzeugungen, -handlungen und -darstellungen Einzelner oder religiöser Gemeinschaften zu verwehren. Zwar ist dies ein wichtiger Gesichtspunkt. Denn der Staat, in dem Anhänger unterschiedlicher oder gar gegensätzlicher religiöser und weltanschaulicher Überzeugungen zusammenleben, kann die friedliche Koexistenz nur gewährleisten, wenn er selber in Glaubensfragen Neutralität bewahrt. Er darf daher den religiösen Frieden in einer Gesellschaft nicht von sich aus gefährden. Dieses Gebot findet seine Grundlage nicht nur in Art. 4 Abs. 1 GG, sondern auch in Art. 3 Abs. 3, 33 Abs. 1 sowie Art. 140 GG iVm Art. 136 Abs. 1 u. 4 und Art. 137 Abs. 1 WRV. Jedoch sind damit die aus Art. 4 GG fließenden Verhaltenspflichten des Staates nicht erschöpft. Er muss auch den Bürgern einen Betätigungsraum sichern, in dem sich die Persönlichkeit auf weltanschaulich-religiösem Gebiet entfalten kann, und sie vor Angriffen oder Behinderungen von Anhängern anderer Glaubensrichtungen oder konkurrierender Religionsgruppen schützen. Zur Religionsfreiheit und ihrem Schutzbereich gehören auch die Symbole, in denen ein Glaube oder eine Religion sich darstellt, also insbesondere das Kreuzzeichen.

Dies darf jedoch andererseits nicht dazu führen, dass der Staat positiv für dessen Propagierung als Symbol des christlichen Glaubens in Anspruch genommen werden kann. Art. 4 Abs. 1 GG verleiht dem Einzelnen und den religiösen Gemeinschaften vielmehr grundsätzlich keinen Anspruch darauf, ihrer Glaubensüberzeugung mit staatlicher Unterstützung Ausdruck zu verleihen. Dies würde wiederum dem aus der Glaubensfreiheit iSd Art. 4 Abs. 1 GG folgenden Grundsatz staatlicher Neutralität gegenüber den unterschiedlichen Religionen und Bekenntnissen widersprechen. Sie verwehrt die Einführung staatskirchlicher Rechtsformen und untersagt die Privilegierung bestimmter Bekenntnisse ebenso wie die Ausgrenzung Andersgläubiger (stRspr., vgl. zum Ganzen BVerfG NJW 1995, 2477 [2478], KirchE 33, 191). Weil die positive Glaubensfreiheit allen Eltern und Schülern gleichermaßen zukommt, nicht nur den christlichen, lässt sich ein daraus etwa entstehender Konflikt auch nicht nach dem Mehrheitsprinzip lösen, denn gerade das Grundrecht der Glaubensfreiheit bezweckt in besonderem Maß den Schutz der Minderheiten (vgl. BVerfG NJW 1972, 1183, KirchE 12, 410 - Eidesverweigerung). Ohne dass sich daraus Teilhabe- und Leistungsansprüche hierdurch faktisch begünstigter Erziehungsberechtigter ergeben könnten, steht es in der freien Entscheidung der Staatsgewalt, ob und in welcher Form sie darüber hinaus institutionelle Hilfe zur gemeinsamen Grundrechtsausübung - wie etwa durch Schulgottesdienste, Schulandachten und Schulgebete - durch staatliche Fördermaßnahmen oder Rahmenbedingungen zur Verfügung stellen will (vgl. BVerfGE 52, 223 [240], NJW 1980, 575, KirchE 17, 325). Damit ist es verfassungsrechtlich unbedenklich, wenn Erziehungsberechtigte und Schüler in dem im Klassenzimmer angebrachten Kreuz über den engen Gesetzeszweck (Art. 7 Abs. 3 Satz 1 u. 2 BayEUG) hinaus auch dessen religiöse (christlich-missionierende) Bedeutung sehen. Allerdings muss der Staat unter dem Blickwinkel des Toleranzgebots sicherstellen, dass hierdurch der religiöse Friede im Einzelfall nicht beeinträchtigt wird.

3. Der Umstand, dass die Eltern nicht unter Berufung auf Grundrechte vom Staat positiv die Anbringung des Kreuzes als Ausdruck spezifisch christlicher Glaubensinhalte im Klassenzimmer verlangen können, macht ohne weiteres einsichtig, dass ein solcher Anspruch erst recht nicht gegen den Lehrer bestehen kann. Im Verhältnis zwischen Eltern und Kläger kann also insofern eine Grundrechtskollision (namentlich unter Berufung beider Seiten jeweils auf Art. 4 Abs. 1 GG) nicht entstehen. Zudem ist zu berücksichtigen, dass der Lehrer bei seinem dienstlichen Verhalten in der Schule als Amtswalter und nicht als Privatperson zu sehen ist. Das Kreuz wird im Rechtssinn nicht „durch den Lehrer", sondern „durch die Schulbehörde" als Repräsentant des Staats angebracht und gegebenenfalls auch abgenommen. Insofern ist nicht zweifelhaft, dass sich in einer Situation wie der vorliegenden Grundrechte des Lehrers und der Eltern überhaupt nicht „unmittelbar gegen-

überstehen" können. Es kann insofern nichts anderes gelten als für das Rechtsverhältnis einer Lehrerin, die ein religiös motiviertes Kopftuch in der Schule tragen will (vgl. dazu etwa VGH.BW NJW 2001, 2899, DVBl. 2001, 1534 [1538 Sp. I], KirchE 39, 191; ferner VG Lüneburg NJW 2002, 767 [769 Sp. I]).

4. Damit ist aber keinesfalls hinsichtlich der Glaubens- und Bekenntnisfreiheit für den Lehrer gegenüber den entsprechenden Rechten der Eltern und Schüler ein Freiraum geschaffen. Der Lehrer hat die sich aus dem Beamtenverhältnis ergebenden Dienstpflichten unter den konkreten Bedingungen des Schulbetriebs zu erfüllen. Soweit dadurch seine Freiheit des religiösen Bekenntnisses nach Art. 4 Abs. 1 u. 2 GG betroffen ist, kann sich die Einschränkung seines Grundrechts aus einer Kollision mit dem ebenfalls verfassungsrechtlich geschützten Rechtsgut der von der Schule gegenüber den Schülern und deren Eltern zu beachtenden religiös-weltanschaulichen Neutralität ergeben. Gegebenenfalls muss der Lehrer zurückstehen, wenn ein schonender Ausgleich dieser einander entgegenstehenden Rechtsgüter nicht möglich ist.

Dabei ist bedeutsam, dass die für die Schule verbindliche Art dieser auf die Grundrechte der Schüler und ihrer Eltern Rücksicht nehmenden Neutralität den an ihr tätigen Lehrern als Dienstpflicht obliegt (VGH. BW NJW 2001, 2899, DVBl. 2001, 1534 [1538 Sp. I], KirchE 39, 191).

a) Die Pflicht des Staats zur Einhaltung einer religiös-weltanschaulichen Neutralität setzt ihm - wenngleich von ihm nicht Gleichgültigkeit gegenüber den kulturell vermittelten und historisch verwurzelten christlich geprägten Wertüberzeugungen und Einstellungen und den daraus erwachsenden Denktraditionen, Sinnerfahrungen und Verhaltensmustern gefordert ist (BVerfG NJW 1995, 2477 [2479 Sp. II], KirchE 33, 191) - auch im schulischen Bereich Grenzen. Sie ergeben sich vor allem aus den Prinzipien des freiheitlich-demokratischen Rechtsstaats, dem Gleichheitsgebot in Gestalt des Paritätsgedankens (formale Gleichheit ungeachtet des unterschiedlichen gesellschaftlichen Gewichts der jeweiligen Glaubensrichtung) und nicht zuletzt mit Blick auf die Individuen und die Unvereinbarkeiten ihrer unterschiedlichen Überzeugungen und auf die daraus erwachsende Verpflichtung, vorsorgend darauf zu achten, dass die „friedliche Koexistenz" gegensätzlicher religiöser und weltanschaulicher Überzeugungen gewährleistet bleibt. Der Staat - als „Heimstatt aller Bürger" - darf den religiösen Frieden in einer Gesellschaft nicht von sich aus gefährden, weder durch eine Privilegierung bestimmter Bekenntnisse noch durch eine Ausgrenzung Andersgläubiger (vgl. etwa BVerwG NJW 1999, 3063, BayVBl. 1999, 663 [665 Sp. I mwN], KirchE 37, 83), weder durch eine Bevorzugung nach der zahlenmäßigen Stärke noch nach der sozialen Relevanz der Vertreter oder des Inhalts einer bestimmten Glaubenshaltung, auch nicht zum Nachteil von Außenseitern oder Sektierern, solange sie nicht in Widerspruch zu anderen Wertentscheidungen der Verfassung geraten und aus ihrem Verhalten deshalb fühlbare Beeinträchtigungen für das Gemeinwesen oder die Grundrechte anderer erwachsen (vgl. dazu BVerfG NJW 1972, 1183, KirchE 12, 410 - Eidesverweigerung).

b) Bei der Gewährleistung einer „friedlichen Koexistenz" gegensätzlicher religiöser und weltanschaulicher Überzeugungen ist der Staat im Schulbereich - wo diesem Ziel eine gesteigerte Bedeutung zukommt (vgl. dazu näher zutreffend VGH.BW NJW 2001, 2899, DVBl. 2001, 1534 [1540 Sp. II], KirchE 39, 191) - ganz besonders gefordert. Einerseits umfasst der staatlich-schulische Bildungs- und Erziehungsauftrag des Art. 7 Abs. 1 GG seinem Wesen nach eine - wie immer geartete - Beeinflussung der Schüler, die nicht absolut tendenzfrei sein kann, sondern in einem Kernbereich von verpflichtenden Wertsetzungen, die die Verfassung selber festschreibt, sogar werbend-offensiv auftreten muss. Dazu gehören namentlich die Gewährleistung der Menschenrechte und Grundfreiheiten, das Toleranzprinzip und die Prinzipien des freiheitlichen demokratischen Rechtstaats (vgl. im Einzelnen Niehues, Rn 527). Die Verwirklichung des staatlichen Erziehungsauftrags kann andererseits dazu führen, dass in der Schule diese auf die staatlichen Schulhoheit gründende Haltung besonders intensiv auf die unterschiedlichen religiösen und weltanschaulichen Überzeugungen der Schüler und ihrer erziehungsberechtigten Eltern trifft, die jeweils durch die Grundrechte des Art. 4 Abs. 1 und Art. 6 Abs. 2 Satz 1 GG geschützt werden. Da der staatliche Erziehungsauftrag dem in Art. 6 Abs. 2 Satz 1 GG niedergelegten Erziehungsrecht der Eltern gleich geordnet und eigenständig ist, muss diese gemeinsame Erziehungsaufgabe in einem sinnvoll aufeinander bezogenen Zusammenwirken erfüllt werden. Das bedeutet einerseits, dass die Eltern hinzunehmen haben, dass der Staat seinen verfassungsrechtlichen Erziehungsauftrag nach seinen bildungspolitischen Vorstellungen zu verwirklichen sucht, und dass sie zudem auch ihrerseits dem Gedanken der Toleranz gegenüber anders denkenden Eltern verpflichtet sind, deren Belangen die schulische Erziehung ebenfalls Rechnung tragen muss. Auf der anderen Seite muss der Staat hinreichende Neutralität und Toleranz wahren und die erzieherischen Vorstellungen der Eltern und ihre Verantwortung für den Gesamtplan der Erziehung achten (vgl. BVerfG NVwZ 1990, 54 - Schulbuch). Deshalb ist es ihm verwehrt, die Erziehungsarbeit der Schule, die tief greifenden Einfluss auf die ganze Persönlichkeitsentwicklung des Schülers nimmt, so anzulegen, dass sie (jenseits der erwähnten, verfassungsrechtlich festgelegten Erziehungsziele) in den Dienst bestimmter weltanschaulicher, ideologischer oder politischer Richtungen tritt. Ihnen darf deshalb weder im Unterricht noch in dessen unmittelbarem Umfeld gezielt parteiisch, gleichsam mit Missionstendenz das Wort geredet werden, in umstrittenen Fragen nicht die eine Seite verteufelt, die andere Seite verherrlicht werden (so zur Frage der Zulassung eines Schulbuchs BVerwG NVwZ 1988, 928).

c) Unter der so definierten Konstellation aus Rechten und Pflichten des Staats tritt der Lehrer in der konkreten Unterrichtssituation gegenüber den Schülern als dessen nächster Repräsentant auf. Gemäß Art. 59 Abs. 1 BayEUG trägt er die unmittelbare pädagogische Verantwortung für den Unterricht und die Erziehung der Schüler. Er hat dabei insbesondere den Bildungs- und Erziehungsauftrag des Staates (Art. 7 GG, Art. 130 Abs. 1 BayLV) zu beachten. Darin konkretisiert sich ein zentraler Teil seiner beamtenrechtlichen Dienstpflicht, die ihm nach der Regelung des Art. 62 Abs. 1 Satz 2 BayBG auferlegt, die Gesetze zu erfüllen und bei seiner Amtsführung auf das Wohl der Allgemeinheit Bedacht zu nehmen. In Wahrnehmung dieser Dienstpflicht und unter Berufung auf sie schränkt der Lehrer - als Amtsträger in Verfolgung des staatlichen Rechts aus Art. 7 GG - die grundrechtlich garantierten Erziehungsrechte der Eltern ein. Infolge der seinem Dienstherrn obliegenden Beschränkungen hat er andererseits in Beobachtung dieser Dienstpflicht die negative Bekenntnisfreiheit aus Art. 4 GG, Art. 107 Abs. 6 BayLV und gem. Art. 140 GG iVm Art. 136 f. WRV zu achten (vgl. dazu BayVGH NVwZ 1986, 405, KirchE 23, 173 - Tragen bhagwantypischer Rottöne; s. auch VG Lüneburg NJW 2001, 767 [768 Sp. II], KirchE 38, 406 - Kopftuch). Insofern gewinnt das an sich von jedem Beamten zu beachtende allgemeine Gebot der Zurückhaltung bei Äußerungen vor allem im dienstlichen Bereich eine spezifische Qualität. Der Lehrer muss sich stets des starken Einflusses bewusst sein, den sein gesamtes Verhalten im Unterricht auf die Schüler - zumal im Volksschulalter - hat. Er wirkt immerhin auf Personen ein, die auf Grund ihrer Jugend in ihren Anschauungen noch nicht gefestigt sind, Kritikvermögen und Ausbildung eigener Standpunkte erst erlernen sollen und daher einer mentalen Beeinflussung besonders leicht zugänglich sind (vgl. BVerfG NJW 1995, 2477 [2479], KirchE 33, 191). Bei Meinungsäußerungen ist noch die besondere Situation der Abhängigkeit der Schüler vom Lehrer in Rechnung zu stellen. Schüler könnten sich dadurch wirklich oder vermeintlich einem gewissen Anpassungszwang an die zur Schau getragene Meinung des Lehrers ausgesetzt sehen, um schulische Nachteile zu vermeiden (zur politischen Meinungsäußerung vgl. BVerwG NJW 1990, 2265 [2266] - Anti-Atomkraft-Plakette). Dazu kommt noch der Umstand, dass die Stellung eines Schülers durch die Einbindung in seine Klasse und die Gefahr, durch Vertreten einer eigenen Meinung - also einer anderen als vom Lehrer möglicherweise propagiert und von den Mitschülern akzeptiert - in eine Außenseiterrolle zu geraten, weit größer als bei Erwachsenen ist. Dies gilt insbesondere für das jüngere Schulkind, das noch kaum zur kritischen Selbstbehauptung seiner eigenen Position gegenüber seiner Umgebung in der Lage ist (zur Frage der Teilnahme am Schulgebet vgl. BVerfG NJW 1980, 575 [578], KirchE 17, 325). Freilich bedeutet die Pflicht des Lehrers zur Offenheit gegenüber der Vielfalt möglicher Anschauungen und zum Vermeiden von Werbung für eine Anschauung im Sinn einer

Identifizierung nicht den Zwang zu einer „absoluten Neutralität". Sie kann es angesichts der Bindungen der Schule an die objektiven Wertentscheidungen des Grundgesetzes und der Bayerischen Verfassung ohnehin so nicht geben. Für die angemessene Rücksichtnahme auf die in einer pluralistischen Gesellschaft vertretenen und vertretbaren vielfältigen Anschauungen genügt es, wenn der Lehrer seine eigenen Überzeugungen auf der Grundlage von Verfassung und Schulgesetzen und namentlich im Geist der Toleranz - auch ihrerseits ein zu vermittelndes Bildungsziel - einbringt und dabei insbesondere in den sehr sensiblen Bereichen ethischer, weltanschaulicher oder politischer Fragen Zurückhaltung bewahrt (zutr. in diesem Sinn Niehues, Rn 532). Sollte jedoch der Lehrer nicht zu diesem Verhalten bereit sein, indoktrinierend oder polarisierend wirken und die Bereitschaft, Toleranz zu vermitteln und auch selber zu leben, vermissen lassen, so kann sich die Einschränkung des Grundrechts aus Art. 4 Abs. 1 u. 2 GG für den Lehrer aus einer Kollision mit den ebenfalls verfassungsrechtlich geschützten Rechtsgütern der von der Schule (und dem Lehrer) gegenüber den Schülern (und deren Eltern) zu beachtenden religiös-weltanschaulichen Neutralität und der Bewahrung des religiösen Friedens in der Schule ergeben, sofern ein schonender Ausgleich dieser einander entgegenstehenden Rechtsgüter nicht möglich ist (vgl. entsprechend BayVGH NVwZ 1986, 405 - bhagwantypische Kleidung; zutreffend insofern VGH.BW NJW 2001, 2899, DVBl. 2001, 1534 [1538 Sp. I, 1540 Sp. II], KirchE 39, 192 - Kopftuch). Ein solcher Ausgleich wird namentlich dann nicht möglich sein, wenn das Verhalten objektiv und aus der Sicht eines gewöhnlichen Schülers bewertet mit gezielter Provokation eine Intoleranz ausstrahlt, wie dies auch bei einem entsprechenden Verhalten eines Mitschülers nicht zu dulden ist (dazu für das Verhalten von Schülern zutreffend Niehues, Rn 441).

5. Ergänzend lässt sich als Rechtsgut, mit dem das Grundrecht des Klägers aus Art. 4 GG kollidieren könnte, das verfassungsrechtlich abgesicherte Erziehungsziel nach Art. 131 BayLV, und insbesondere nach dessen Absatz 2 anführen, wonach oberste Bildungsziele unter anderem Ehrfurcht vor Gott und Achtung vor religiöser Überzeugung und vor der Würde des Menschen sind. Dieser Verfassungsauftrag richtet sich unmittelbar an die Schulen, hat in erheblichem Umfang Eingang in Art. 1 BayEUG gefunden und ist über Art. 59 Abs. 1 BayEUG auch Gegenstand der pädagogischen Verantwortung der Lehrer für den Unterricht und die Erziehung der Schüler. Dieser Auftrag ist freilich - wie bereits ausgeführt - nur in seiner am Neutralitäts- und Toleranzgebot orientierten, verfassungskonformen Auslegung, also nicht in einem christlich-konfessionell fixierten Sinn, zu erfüllen. Damit deckt sich dieses Erziehungsziel inhaltlich mit der Bedeutung, die nach dem Wortlaut des Art. 7 Abs. 3 Satz 1 u.2 BayEUG und der nach der Gesetzesbegründung verfolgten Intention dem Schulkreuz beizulegen ist. Bei dem danach - außerhalb des Religionsunterrichts - in der Bejahung des Chris-

tentums (vgl. auch Art. 135 S. 2 BayLV) anzuerkennenden prägenden Kultur- und Bildungsfaktor, wie er sich in der abendländischen Geschichte herausgebildet hat, kommt hierbei dem Gedanken der Toleranz für Andersdenkende eine maßgebliche Bedeutung zu (vgl. BVerfG NJW 1976, 950, KirchE 15, 128 und NJW 1976, 947 [949 Sp. I], KirchE 15, 158). Damit ist auch ein andersgläubiger Lehrer, dem beim Zugang zum öffentlichen Dienst aus seiner Zugehörigkeit oder Nichtzugehörigkeit zu einem Bekenntnis oder einer Weltanschauung kein Nachteil erwachsen darf (Art. 33 Abs. 2 u. 3 GG), in der Lage, seinen Unterricht unter Berücksichtigung der genannten Bildungs- und Erziehungsziele zu gestalten. Vor diesem Hintergrund kollidiert die Glaubensfreiheit des Lehrers regelmäßig nicht mit seinem Auftrag, seinen Unterricht in Übereinstimmung mit Art. 131 Abs. 1 BayLV zu gestalten.

III. Keine der aufgezeigten verfassungsrechtlichen Rechtspositionen, auf die sich der Kläger bzw. sein Dienstherr berufen können, hat a priori Vorrang vor denen der jeweiligen Gegenseite. Ein Konflikt zwischen verschiedenen Trägern eines vorbehaltlos gewährten Grundrechts (etwa: zwischen Schülern unterschiedlichen Bekenntnisses hinsichtlich des Art. 4 GG - diese Situation liegt verfahrensgegenständlich nicht vor) oder ein Konflikt zwischen dem Träger eines vorbehaltlos gewährten Grundrechts und andern verfassungsrechtlich geschützten Gütern (vorliegend einerseits die Glaubensfreiheit des Lehrers, andererseits das in Art. 33 Abs. 5 GG statuierte Recht des Staats als Dienstherrn, vom Beamten Gehorsam auch hinsichtlich der Regelung des Art. 7 Abs. 3 Satz 1 u. 2 BayEUG sowie Loyalität bei der Verfolgung eines Erziehungsziels - Art. 131 Abs. 1 BayLV - zu fordern) ist nach dem Grundsatz praktischer Konkordanz zu lösen.

1. Er fordert, dass nicht eine der widerstreitenden Rechtspositionen bevorzugt wird und sich maximal behauptet, sondern alle einen möglichst schonenden Ausgleich erfahren. Nur auf diese Weise können die angesichts der Pluralität der Gesellschaft unvermeidlichen Spannungen unter Berücksichtigung des grundgesetzlichen Gebots der Toleranz miteinander zum Ausgleich gebracht werden (BVerfG NJW 1976, 947 [948 Sp. I], KirchE 15, 128; BVerfG NJW 1995, 2477 [2479 Sp. II], KirchE 33, 191). Die Herstellung praktischer Konkordanz als Methode zur Auflösung des Spannungsverhältnisses einander widersprechender grundgesetzlich geschützter Positionen ist allerdings nicht gleichzusetzen mit einer schlichten Güter- oder Werteabwägung. Sie will eine durch das Prinzip der Verfassungseinheit gestellte Optimierungsaufgabe lösen. Damit beide in der Verfassung verankerten Positionen zu optimaler Wirksamkeit gelangen können, müssen sich beide Positionen Grenzziehungen gefallen lassen. Diese wiederum haben im jeweiligen konkreten Fall - gemessen am Optimierungsziel - geeignet, erforderlich und verhältnismäßig zu sein. Das gebietet, dass beide Positionen im Interesse beiderseits größtmöglicher Wirksamkeit einen möglichst schonenden

Ausgleich erfahren (vgl. dazu BVerwG NJW 1999, 3063, BayVBl. 1999, 663 [666 Sp. II mwN], KirchE 37, 83).

2. Für den Fall eines sich am Schulkreuz entzündenden Interessenkonflikts trägt Art. 7 Abs. 3 Satz 3 u. 4 BayEUG dem Umstand Rechnung, dass das Schulkreuz subjektiv über den Gesetzeszweck, so wie er in den Sätzen 1 u. 2 dieser Vorschrift niedergelegt ist, hinausgehend - jedenfalls auch - christlich missionierend empfunden werden kann, und sieht für diesen Fall ein Programm vor, in dem die Grundsätze der praktischen Konkordanz verwirklicht sind. Diese Vorschrift betrifft ihrem Wortlaut nach - ungeachtet des nicht religiös-missionarischen Gesetzeszwecks (Satz 2) - den Fall des Widerspruchs eines Erziehungsberechtigten gegen die Anbringung des Schulkreuzes. Hier ist die Lage dadurch gekennzeichnet, dass mit der vom Gesetzgeber (in Absatz 3 Satz 1) zur Regel erhobenen Anbringung des Kreuzes zunächst auf einer ersten Stufe ein Konflikt zwischen Personen mit gegensätzlichen Auffassungen (nämlich zwischen Eltern als Befürwortern und Eltern als Gegnern der Anbringung) hervorgerufen wird, für den das Gesetz dann - in Anerkennung des Umstands der potenziell religiös-missionierend empfindbaren Wirkung des Kreuzes - auf einer zweiten Stufe eine nachträgliche Lösung bereithält. Sowohl der BayVerfGH (NJW 1997, 3157, KirchE 35, 298) als auch das BVerwG (NJW 1999, 3063, BayVBl. 1999, 663, KirchE 37, 83) haben die Regelung - mit teilweise unterschiedlicher Begründung - im Ergebnis für zulässig und bei verfassungsgemäßer Auslegung auch für praktikabel erachtet. Der erkennende Senat hat insofern ebenfalls keine durchgreifenden Bedenken und sieht die vom BVerwG vertretene Rechtsauffassung für zutreffend an. Die Regelung des Art. 7 Abs. 3 Satz 3 u. 4 BayEUG betrifft ihrem Wortlaut nach jedoch nur die Situation, dass von Seiten der Eltern betroffener schulpflichtiger Kinder der Anbringung des Schulkreuzes widersprochen wird.

Die vorliegende Fallgestaltung betrifft aber einen Konflikt zwischen den Auffassungen des Klägers als Lehrer, der - als Person - die Entfernung des Kreuzes wünscht, des Dienstherrn des Lehrers (der die Beibehaltung des Kreuzes anstrebt) und derjenigen Erziehungsberechtigten, die für ihre in der Klasse des Klägers unterrichteten Kinder möglicherweise (eine Elternversammlung zur Ermittlung des Mehrheitswillens hat nach der Rechtsprechung des BVerwG [NJW 1999, 3063, BayVBl. 1999, 663, KirchE 37, 83] aus Rechtsgründen auszuscheiden, weil das Verschwiegenheitsgebot verletzt und der religiöse Friede gefährdet würden) ebenfalls die Beibehaltung des Kreuzes befürworten. Diese - beamtenrechtlich geprägte - Konstellation spricht das Gesetz nicht an. Auch die Gesetzesbegründung schweigt zu der Frage, in welcher Weise der eigenen Rechtsposition eines Lehrers betreffend die Anbringung eines Schulkreuzes Rechnung getragen werden kann. Wie bereits dargelegt, ist es aber auch einem Lehrer nicht von vornherein auf Grund seiner Beamteneigenschaft verwehrt, sich unter Berufung auf sein Grundrecht aus Art. 4 GG gegen die Anbringung des Kreuzes zu wenden. Wäre Art. 7 Abs. 3 Satz BayEUG nur in der Weise auszulegen, dass die Konkordanzregelung eine eng am Wortlaut orientierte abschließende Regelung darstellen würde, so wäre die Vorschrift zur Vermeidung eines verfassungswidrigen Zustands um eine vergleichbare beamtenrechtliche Regelung zu ergänzen. Weder der Wortlaut noch die Gesetzesmaterialien, die grammatikalische oder die systematische Auslegung zwingen aber zu diesem engen Verständnis des Gesetzes, auch nicht der historische Hintergrund seiner Entstehung, bei der die vorliegende Situation, soweit ersichtlich, ebenfalls nicht problematisiert worden ist und alles unternommen werden sollte, um das Schulkreuz (trotz des Urteils des BVerfG) wieder in die Klassenzimmer zurückbringen zu können. Deshalb ist bei dem Verständnis dieser Vorschrift zu berücksichtigen, dass sich der Gesetzgeber nicht in Widerspruch zu verfassungsmäßig garantierten Rechtspositionen setzen wollte. Unter diesen Umständen ist es möglich und geboten, im Rahmen einer teleologischen erweiternden Auslegung ein Widerspruchsrecht des Lehrers nicht von vornherein auszuschließen und für den Konfliktfall die Konkordanzregel (Art. 7 Abs. 3 Satz 3 u. 4 BayEUG) ihrem Sinngehalt nach auf einen beamtenrechtlich geprägten Konflikt entsprechend anzuwenden. Sind nämlich verschiedene Deutungen einer Norm möglich, so verdient diejenige den Vorzug, die mit der Wertentscheidung des Grundgesetzes übereinstimmt (vgl. für den Fall der teleologischen Reduktion des Wortlauts von Art. 135 S. 2 BayLV BVerfG NJW 1976, 950 [951 Sp. I], KirchE 15, 158). Der Senat wendet deshalb auf den vorliegenden Fall im rechtlichen Ansatz (nicht zwingend auch in dem durch das Urteil des BVerwG vom 21.4.1999 [NJW 1999, 3063, BayVBl. 1999, 663, KirchE 37, 83] vorgeprägten Ergebnis zugunsten des widersprechenden Erziehungsberechtigten) Art. 7 Abs. 3 Satz 3 u. 4 BayEUG entsprechend an. Hierdurch wird eine sonst bestehende beamtenrechtliche Lücke in der Verbürgung des Grundrechts eines Lehrers aus Art. 4 GG geschlossen.

3. Das in Art. 7 Abs. 3 Satz 3 u. 4 BayEUG enthaltene Programm zur Konfliktlösung sieht als ersten Schritt vor, dass der betroffene Rechtsträger - vorliegend also der Kläger - gemäß Satz 3 dieser Vorschrift der Anbringung des Kreuzes im Klassenzimmer aus ernsthaften und einsehbaren Gründen des Glaubens oder der Weltanschauung widerspricht. Damit wird dem Widersprechenden mindestens auferlegt, gegenüber der Schulleitung zu erkennen zu geben, dass er sich gegen die Anbringung eines Kreuzes in der Klasse wendet, und dabei den Zusammenhang dieses Begehrens mit seiner Glaubensfreiheit in der Weise herstellt, dass er geltend macht, er sehe es aus Gründen seines Glaubens oder seiner Weltanschauung als unerträglich an, in dieser Weise gezwungen zu werden, in einem mit einem Kreuz versehenen Klassenzimmer Unterricht zu halten. Dem Kläger ist diese Darlegung gelungen.

Allerdings sind ihm als Lehrer diejenigen Argumente verschlossen, die das BVerfG (NJW 1995, 2477, KirchE 33, 191) den Erziehungsberechtigten im Hinblick auf die spezifische Situation eines Volksschülers zugebilligt hat, der im Klassenzimmer im Anblick des Kreuzes lernen muss. Beim Schüler ist zudem allein auf dessen subjektives Empfinden abzustellen, also nicht - wie beim Lehrer - auch darauf, wie er das Kreuz im Sinne der gesetzlichen Sinnzuweisung in Art. 7 Abs. 3 Satz 1 u. 2 BayEUG deuten soll, sondern nur darauf, wie er es tatsächlich wahrnimmt. Der Lehrer hingegen hat das Kreuz - als Amtsperson - in erster Linie als Hinweis auf die geschichtliche und kulturelle Prägung Bayerns und als Ausdruck des Willens zu verstehen, „die obersten Bildungsziele der Verfassung auf der Grundlage christlicher und abendländischer Werte unter Wahrung der Glaubensfreiheit zu verwirklichen". Als Person und Grundrechtsträger kann aber auch er das Kreuz - seinem subjektiven Wahrnehmungshorizont entsprechend - in der vom BVerfG betonten „missionierenden" Weise empfinden. In diesem Zusammenhang gewinnt das Kreuz im Klassenzimmer für ihn als Amtsträger und als Grundrechtsträger eine doppelte Bedeutung.

Der Lehrer, der sich in einer grundlegend anderen Situation als der minderjährige Schüler befindet, muss sich entgegenhalten lassen, dass er in seiner Persönlichkeitsentwicklung bereits gefestigt ist. Er kann ohne weiteres realisieren, welche - reduzierte - Bedeutung das Schulkreuz nach der ausdrücklichen Regelung des Gesetzes (Art. 7 Abs. 3 Satz 1 u. 2 BayEUG) haben soll. Dieser Erkenntnis folgend ist es ihm regelmäßig zuzumuten, das Kreuz nicht als Ausdruck einer besonderen christlich-konfessionellen Glaubenshaltung, als Zeichen eines besonderen religiösen Bekenntnisses oder als charakteristisches Symbol der christlichen Kirchen anzusehen. Tut er es aus seiner subjektiven Sicht - als Person und Grundrechtsträger - doch, so hat er sich in seinem inneren Konflikt - einerseits als Amts- und andererseits als Grundrechtsträger - zu vergegenwärtigen, dass das Kreuz auf Grund eines ausdrücklichen gesetzlichen Auftrags angebracht worden ist und dass er dies als Lehrer infolge seiner Gehorsamspflicht - die sich aus den hergebrachten Grundsätzen des Berufsbeamtentums iSd Art. 33 Abs. 5 GG ergibt - an sich zu dulden hat. Dies verbietet es ihm, sich über den gesetzlich normierten Sinngehalt des Schulkreuzes ohne weiteres hinwegzusetzen. Ein Glaubens- und Weltanschauungskonflikt - im Sinne einer objektiven Unvereinbarkeit mit den Aussagen einer bestimmten religiös-weltanschaulichen Lehre - kann regelmäßig kaum durch den bloßen Anblick des Kreuzes hervorgerufen werden (BVerwG NJW 1999, 3063, BayVBl. 1999, 663, KirchE 37, 83). Deshalb spricht viel dafür, dass es dem Lehrer regelmäßig zuzumuten ist, mit Blick auf das verfassungsrechtlich konstitutiv wirkende Toleranzgebot sich mit dem Vorrang des Gesetzeszwecks des Kreuzes (Art. 7 Abs. 3 Satz 1 u. 2 BayEUG) abzufinden und dessen möglicherweise subjektiv empfundene christlich-missionierende Wirkungen zu tolerieren.

Vorliegend ist jedoch eine atypische Fallgestaltung gegeben. Beim Kläger ist die Gewissensfreiheit im Sinn des Art. 4 GG speziell fokussiert auf den religiösen Aussagegehalt des Schulkreuzes, wie er ihn empfindet. Er sieht seinen ganz besonders geprägten Gewissenskonflikt auf der Grundlage eines intensiv empfindenden christlichen Glaubens, so wie er ihn versteht. Deswegen kann er ganz speziell das Kreuz nicht als Symbol für diesen Glauben und daraus resultierend auch nicht nur als Symbol für die geschichtliche und kulturelle Prägung Bayerns und die Grundlage christlicher und abendländischer Werte anerkennen. Es ist ihm - wie schon vor dem Verwaltungsgericht - vor dem Senat gelungen, diese Gewissensnot sowohl in ihrem wesentlichen Inhalt als auch nach ihrer Intensität dem Gericht in überzeugender Weise nahe zu bringen. Aus den Akten ergeben sich hierfür aussagekräftige Belege und auch in der mündlichen Verhandlung hat der Kläger sein Anliegen mit großem Nachdruck deutlich zu machen vermocht. Seine Persönlichkeit ist von Besonderheiten geprägt. Ein vier Semester währendes Studium der Theologie zeigt, dass er sich mit der Materie offensichtlich vertieft befasst hat. Aus der Kirche trat er, der sich weiterhin als Christ sieht, wegen der Haltung der „Amtskirche" zu verschiedenen strittigen Fragen aus, die er im Einzelnen dargelegt hat und die in keinem Zusammenhang mit der Kreuzproblematik stehen. Für ihn sei das Christentum eine Religion der Liebe und des Lebens, die nicht durch das Kruzifix bzw. auch ein Kreuz ohne Korpus symbolisiert werden dürfe. Das Kreuz als Zeichen der Erlösung durch Hinrichtung lehne er ab. Das Kreuz sei für ihn Symbol der „furchtbarsten Hinrichtungsmethode" in der Geschichte der Menschheit, eine „Pfahlwurzel des Antijudaismus und somit des Holocausts". Seine Beschäftigung mit diesem Thema gipfelt darin, dass er über die von ihm so gesehene Problematik ein Buch geschrieben hat, das nach seinen Angaben demnächst erscheinen wird.

Aus dem hohen Stellenwert der Glaubens- und Gewissensfreiheit, der sich aus ihrer engen Beziehung zur Menschenwürde als dem obersten Verfassungswert herleitet, folgt, dass der Staat auch „Außenseitern" und Einzelnen, die sich von der großen Mehrheit abheben, die ungestörte Entfaltung ihrer Persönlichkeit gemäß ihren subjektiven Glaubensüberzeugungen gestattet, und es ihm versagt ist, derartige Glaubensüberzeugungen seiner Bürger zu bewerten oder gar als richtig oder falsch zu bezeichnen (BVerfG NJW 1972, 1183 [1184 Sp. I], KirchE 12, 410). Dem Staat und demgemäß auch dem Gericht ist ein Urteil darüber verwehrt, ob eine bestimmte glaubensmäßige Haltung und eine daraus folgende Handlungsweise einer generellen religiösen Lehre (etwa der Amtskirche) entspricht. Das Gericht hat nicht - auch nicht anhand von Belegstellen - zu prüfen, ob etwa die Argumentationsweise des sich auf seine religiöse Gewissensfreiheit Berufenden nach den Regeln seines Bekenntnisses den einschlägigen theologischen Grundsätzen entspricht (vgl. für den Fall des religiös motivierten Tragens eines Kopftuchs zutreffend VG Lüneburg NJW 2001, 770, KirchE 38, 406 und VGH.BW NJW 2001, 2899, DVBl. 2001, 1534 [1537 Sp. I], KirchE 39, 192). Im Fall des Klägers ist die von ihm empfundene Wirkung des Kreuzes nicht dahin gehend als glaubhaft oder „zutreffend" zu beurteilen, ob er das Kreuz im Sinne des Symbolgehalts empfindet, wie ihn zum Beispiel die christlichen Glaubensgemeinschaften definieren. Vielmehr ist er - selbst und gerade auf der Grundlage des von ihm als seine Glaubensbasis bezeugten Christentums - autonom in seiner eigenen, ganz persönlichen Interpretation. Diese hat er umfänglich, ernsthaft und insofern „schlüssig" vorgetragen, als sie seinen Vortrag nachvollziehbar erscheinen lässt, dass er auf Grund seiner Empfindungen gegenüber dem Kreuzsymbol nur unter unzumutbaren Gewissensnöten „unter dem Kreuz" seinem Lehrerberuf nachgehen kann. Dass er hier nicht missbräuchlich oder mutwillig seinen eigenen - gegebenenfalls auch weltanschaulich-kämpferischen - Willen gegenüber der Mehrheit der mit dem Kreuz Einverstandenen durchsetzen will, hat er zur Überzeugung des Senats dargelegt.

4. Hat der Kläger somit aus „ernsthaften und einsehbaren Gründen des Glaubens oder der Weltanschauung" iSd Art. 7 Abs. 3 Satz 3 BayEUG der Anbringung des Kreuzes widersprochen, so ist eine gütliche Einigung zu versuchen. Nachdem zunächst sowohl die Schulleitung als auch das Staatliche Schulamt und die Regierung - von deren Rechtsstandpunkt aus (nämlich dem Kläger könne kein eigenes Recht im Hinblick auf das Anbringen des Schulkreuzes zustehen) nachvollziehbar - ein solches Vorgehen (abgesehen von dem Angebot einer Modifizierung des Schulkreuzes) abgelehnt hatten, wurden später entsprechende Möglichkeiten geprüft und zwar mit Blick auf das Schreiben des Berichterstatters vom 10.10.2001, in dem auf die Rechtsprechung des EGMR vom 15.2.2001 (NJW 2001, 2871, KirchE 39, 38) zur Frage der Grundrechtsträgerschaft eines Lehrers im Schulunterricht hingewiesen worden war. Dabei hat sich gezeigt, dass sich keine der beiden Seiten in der Lage sieht, der Gegenseite ein diese in vollem Umfang zufrieden stellendes Angebot zu machen.

a) Der Kläger hat anfangs angeboten, statt des Kreuzes ein anderes, in seinen Augen für die in Art. 7 Abs. 3 Satz 1 u. 2 BayEUG angeführten ideellen Werte passenderes Symbol anzubringen, nämlich die Reproduktion eines Gemäldes „Madonna mit dem Jesuskind" als Gleichnis für den lebensbejahenden und positiven Grundcharakter des Christentums, und ein Plakat mit einer weißen, Brot gebenden, und einer schwarzen, Brot empfangenden Hand als Zeichen für die christliche mitmenschliche Solidarität. Der Beklagte hat dies abgelehnt, da solche Gegenstände das vom Gesetzgeber angeordnete Schulkreuz in seinem spezifischen Aussagegehalt nicht voll ersetzen könnten. Sie hat ihrerseits angeboten, das Schulkreuz in einer modifizierten Form - vor allem ohne Korpus, auch in einer von Schülern gestalteten, künstlerisch etwas verfremdeten und verzierten Fassung - anzubringen. Der Kläger hat diese Varianten als „Softkreuze" abgelehnt, denn sie trügen in sich den gleichen Aussagegehalt wie ein Kruzifix. Ein vorübergehend bestehendes Angebot, ein „irisches Kreuz" zu akzeptieren, hat der Kläger später wieder zurückgezogen. Auch hat er im Lauf des sich über Jahre hinziehenden Verfahrens seine Bereitschaft widerrufen, das Madonnenbild oder bzw. und das Plakat statt des Kreuzes anzubringen. Spätestens aber in der mündlichen Verhandlung vor dem Verwaltungsgerichtshof hat er sich zu diesem zuletzt genannten Angebot wieder eindeutig bekannt. Daran hält ihn der Senat fest.

b) Geprüft wurden auch Ausweichmöglichkeiten für den Kläger. Die nächstliegende Möglichkeit, nämlich dem Kläger ein Klassenzimmer anzubieten, in dem sich ohnehin kein Schulkreuz befindet - etwa weil es auf Grund des Widerspruchs von Erziehungsberechtigten nach Art. 7 Abs. 3 BayEUG zu entfernen war - konnte (der) Beklagte nicht anbieten. Sie wird auch nur in seltenen Fällen bestehen. Dabei ist auch zu berücksichtigen, dass hier Zumutbarkeitsgrenzen einzuhalten sind, einmal hinsichtlich der räumlichen Entfernung, dann aber auch in zeitlicher Beziehung, denn die Abnahme eines Schulkreuzes auf Grund des Widerspruchs von Erziehungsberechtigten ist von der begrenzten Verweildauer von Schülern in der Volksschule abhängig. Eine Verwendung des Klägers in der Schulverwaltung, also ohne Unterrichtsverpflichtung, ist offenbar nicht möglich - zumal sie eine Beförderung voraussetzen würde - und auch nicht gewünscht.

Die von Seiten (des) Beklagten angeklungene, aber nicht dezidiert verfolgte gesetzliche Option, der Kläger könne durch Antrag auf Entlassung aus dem Beamtenverhältnis der für ihn schwierigen Situation entkommen, muss als für diesen unzumutbar außer Betracht bleiben. Sie würde nicht nur seine wirtschaftliche Existenzgrundlage zerstören, sondern es ihm unmöglich machen, den von ihm nach eigenem Bekunden sehr gerne ausgeübten Lehrerberuf fortzuführen. Auch ist eine solche Maximallösung unter dem Gesichtspunkt der „praktischen Konkordanz", da allein auf Kosten einer der beiden Seiten gehend, ungeeignet und zudem im Hinblick auf den hohen Stellenwert der vom Kläger reklamierten Glaubensfreiheit auch unangemessen, denn sie würde die Ausübung dieses Rechts - entgegen Art. 33 Abs. 2 u. 3 GG - praktisch „leer laufen lassen".

Der Beklagte kann auch nicht für sich in Anspruch nehmen, der Kläger sei infolge seines Verständnisses vom Schulkreuz für den Schuldienst im beamtenrechtlichen Sinn nicht geeignet. Dies gilt einmal für die ablehnende Haltung des Klägers unmittelbar zum religiös verstandenen Kreuzsymbol. Es ist - wie dargelegt - in seiner Aussage als spezifisch christliches Glaubenssymbol vom Gesetzgeber gem. Art. 7 Abs. 3 Satz 1 u. 2 nicht gewollt und auch nicht Gegenstand des Unterrichts, sodass insoweit der staatliche Erziehungsauftrag nicht berührt sein kann. Insofern besteht eine vergleichbare Situation wie beim Schulgebet. Dieses ist zwar, obwohl es christliche Bezüge einführt, im Rahmen der Gestaltung des Schullebens in staatlichen Schulen nicht verboten, kann aber wegen seines Charakters als „religiöser Bekenntnisakt" - sofern nicht im Religionsunterricht gesprochen - nicht Teil des allgemeinen Schulunterrichts im Sinne einer schulischen Unterweisung und Bestandteil eines verbindlichen Lehrplans sein (vgl. BVerfG NJW 1980, 575, KirchE 17, 325). Der Lehrer darf sich insoweit versagen (Art. 7 Abs. 3 Satz 3 GG).

Allerdings kann das Kreuz von den Schülern als Zeichen mit appellativem Charakter verstanden werden. Dies wird sich mit den Erziehungsvorstellungen der großen Mehrheit der Bevölkerung - soweit diese homogen christlich geprägt ist - decken. Die Entfernung des Kreuzes auf den bekannt gewordenen Wunsch des Lehrers hin hat insofern sicher gegenüber den betroffenen Schülern einen Aussagewert (was belegt, dass das vom BVerwG [NJW 1999, 3063, BayVBl. 1999, 663, KirchE 37, 83] dem Dienstherrn auferlegte Verschwiegenheitsgebot auch unter diesem Aspekt gerechtfertigt ist). Dieser ist jedoch zu relativieren, denn dem Gesamtverhalten des Klägers - und zwar in der ganz individuellen Ausprägung, wie es sich im hier verfahrensgegenständlichen Ablauf gezeigt hat - ist in keiner Weise ein aggressiver, Intoleranz hervorkehrender Charakter beizumessen. Vielmehr konnte der Kläger glaubhaft darlegen, dass das Kreuz seinerseits auf ihn selbst - den nach seinen eigenen Angaben überzeugten Christen und intimen Kenner der theologischen und geschichtlichen Hintergründe - in aggressiver Weise einwirke, sodass seine Reaktion darauf nur als defensiv empfunden werden kann. Hierin liegt ein entscheidender Unterschied zu den Fallgestaltungen, in denen ein Lehrer von der Rechtsprechung wegen der missionierenden Wirkung seiner Kleidung (sei es schon objektiv, sei es im Zusammenwirken mit einem entsprechenden Verhalten) zu deren Aufgabe gezwungen bzw. für den Schuldienst im Beamtenverhältnis als ungeeignet angesehen worden ist. Dazu kommt, dass der Kläger immer wieder und auch für alle Beteiligten deutlich erkennbar einen Ausgleich auf der Grundlage der christlichen Lehre gesucht hat.

Dem Kläger wird auch nicht vorgeworfen, im „eigentlichen Unterricht" Defizite zu zeigen, auch und gerade nicht in Fragen der Religion. Auch die entsprechende Fähigkeit des Klägers (iS einer Eignung) ist insoweit nicht in Frage zu stellen. Rein formal dürfen ohnehin schon bekenntnismäßig nicht gebundene Lehrer im Hinblick auf Art. 33 Abs. 3 GG und Art. 107 Abs. 4 BayLV in ihrer Verwendung nicht benachteiligt werden. Dies muss selbstverständlich auch für einen Lehrer gelten, der das Christentum - so, wie er es versteht - bejaht und nur eines seiner Symbole, das dann aber ganz entschieden, ablehnt. Entsprechendes gilt für die schulischen Lehrinhalte, die allein durch das Bekenntnis des Lehrers nicht tangiert werden (dies hat das BVerfG sogar im Hinblick auf eine Regelung, nach der bei der Auswahl der Lehrer auf die Bekenntniszugehörigkeit der Schüler Rücksicht genommen werden soll, festgestellt, vgl. NJW 1976, 950 [952], KirchE 15, 158). Unter diesen Umständen kann der Kläger nicht am Schulkreuz als Unterrichtsinhalt, wie er nach Art. 7 Abs. 3 Satz 1 u. 2 BayEUG zu verstehen ist, festgehalten werden. Das Toleranzgebot kann ihm hier - bei dem überragenden Gewicht seines zentralen Verständnisses gerade des Kreuzsymbols - nicht abverlangen, seine religiöse Sichtweise dem Gesetzeszweck unterzuordnen, weil sonst der Wesensgehalt seiner religiösen Überzeugung im Kern berührt würde.

c) Nachdem eine „Einigung" iSd Art. 7 Abs. 3 Satz 3 u. 4 BayEUG nicht gefunden worden und auch eine anderweitige Lösung nicht in Sicht ist, muss eine „Regelung für den Einzelfall" getroffen werden.

In die dabei vorzunehmende Abwägung der betroffenen Belange ist auf Seiten des Klägers einzustellen, dass er in mehreren existenziellen Bereichen betroffen ist. Er sieht sich beim Unterricht in einem Klassenzimmer mit Schulkreuz einer glaubhaften starken Gewissensnot ausgesetzt, der er nur unter ihm nicht zumutbaren Voraussetzungen - Beendigung des Schuldienstes, Entlassung aus dem aktiven Beamtenverhältnis auf Antrag - ausweichen kann.

Der Beklagte ist, wenn das Schulkreuz entfernt wird, nicht unerheblich, aber doch in weniger starkem Maß betroffen. Gerade dem Schulkreuz ist zwar ein beachtlicher Symbolcharakter zuzusprechen, der sich auch mit der in Art. 7 Abs. 3 Satz 1 u. 2 genannten Zweckrichtung an verfassungsmäßig abgesicherten Werten orientiert. Dennoch ist der Schulbetrieb bei seiner Entfernung nicht in einem essenziellen Bereich gestört. Der eigentliche Unterrichtsinhalt (außerhalb des Religionsunterrichts) ist nicht berührt. Das ist der entscheidende Unterschied zu dem von der Rechtsprechung entschiedenen Fall, dass ein Postbeamter sich aus Gewissensgründen weigert, Postwurfsendungen zuzustellen, ohne für anderweitige Erledigung zu sorgen oder wenigstens davon Mitteilung zu machen (vgl. BVerwG NJW 2000, 88 [89], KirchE 37, 222). Der Kläger möchte durch sein Verhalten auch nicht die Befolgung einer dienstlichen Weisung verweigern, mit der ihm ein Verhalten angesonnen wird, die dem durch seine, von ihm nach seinem freien Willensentschluss gewählte Laufbahn geprägten Berufsbild wesensgemäß ist (solches trifft z.B. für das Berufsbild einer Kriminalbeamtin zu, die verpflichtet ist, eine Dienstwaffe zu tragen, und das aus Gewissensgründen ablehnt; sie kann sich nicht durchsetzen, vgl. BVerwG ZBR 1979, 202). Dass das Kreuz im Klassenzimmer nicht wesensgemäß für das Berufsbild des Lehrers ist, ergibt sich (außerhalb des Religionsunterrichts) daraus, dass es mit Blick auf seinen potenziell subjektiv empfundenen christlich-missionarischen Charakter nicht allgemein Unterrichtsinhalt sein kann. Zudem ist es in keinem anderen Bundesland gesetzlich vorgeschrieben. Auch das Bayerische Erziehungs- und Unterrichtsgesetz schließt für den Fall des Widerspruchs der Erziehungsberechtigten die Abnahme des Kreuzes nicht aus und kann es aus verfassungsrechtlichen Gründen auch nicht ausnahmslos ausschließen.

Schließlich - und dies hat erhebliches Gewicht und prägt die Atypik des Verfahrens als Einzelfall entscheidend mit - steht der Kläger nicht „mit leeren Händen" dem Beklagte gegenüber, sondern er bietet ihm als Ausgleich das Anbringen eines Bildes „Madonna Tempi" und eines Plakats, das zu mitmenschlicher Solidarität auffordert, also von ebenfalls christlichen Symbolen an, denen eine erhebliche themenbezogene und auch suggestive Aussagekraft zuzusprechen ist. Hierdurch kann der Gesetzeszweck des Art. 7 Abs. 3 Satz 1 u. 2 BayEUG - wenn auch mit Abstrichen - ebenfalls erreicht werden.

Damit erweist es sich in Anwendung des Grundsatzes praktischer Konkordanz auf Grund der im Verfahren zutage getretenen besonderen Umstände und nach diffiziler Interessenabwägung als sachgerecht, den Beklagte im Sinn der Klage zu verpflichten, in den Klassenräumen, in denen der Kläger unterrichtet, das Kreuz abzunehmen. Die Berufung des Klägers muss deshalb Erfolg haben.

Sachregister

Die Seitenzahlen verweisen jeweils auf die erste Seite der Entscheidung.

Abfindung, Kirchensteuer auf A. 6
Abschiebung s. Asylrecht
Ahmadiyya-Glaubensgemeinschaft, Errichtung einer Moschee 272
Altenpflegerin als geringfügig Beschäftigte, Ausschluss von AVR 374
Änderungskündigung 323
Anerkennung, staatl., einer Religionsgemeinschaft 427
Äußerung
– kritische, über Religionsgemeinschaft 231
– s. auch Presserecht
Angelegenheiten, eigene, d. Kirchen u. Religionsgemeinschaften s. Autonomie
Angestellte, kirchl. s. Arbeitsrecht
Antragstellung, Hilfe als Rechtsberatung 5, 169, 401
Arbeitsrecht, kirchl. Arbeitsverhältnisse
– Abmahnung 55
– Absenkung der Vergütung 374
– Änderungskündigung zur Tarifanpassung 323
– Angestelltentarifvertrag, kirchl. 323
– Arbeitsrechtliche Kommission 374
– Arbeitsvertragsrichtlinien, Rechtsnatur 374
– Auslagenerstattungsanspruch, Mitarbeitervertreter 408
– Behindertenwerkstatt, Mitarbeitervertretung 182
– Betriebsratswahl, Anfechtung 182
– Betriebsübergang 182, 294
– Betriebsverfassungsgesetz 182, 223, 319
– Geltungsbereich 223, 252, 319
– Genehmigung von Arbeitsverträgen 55

– geschlechtsspezifische Stellenausschreibung 35
– Jahreszuwendung, AVR, Ausschluss von geringfügig Beschäftigten 374
– Kündigung, Beteiligung d. Mitarbeitervertretung 16, 472
– Kündigung, Loyalitätsverstoß 13, 63
– Kündigung, Mitglied der Mitarbeitervertretung 63
– Kündigungsschutz, arbeitgeberübergreifend 55
– Mitarbeiter in leitender Stellung, Exemtion 472
– Mitarbeitervertretung, Auslagenerstattungsanspruch 408
– Mitarbeitervertretung, Fortbestand nach Ausgliederung 182
– Mitarbeitervertretung, Stellungnahme bei Kündigung 16
– Mitarbeitervertretung, Übergangsmandat 182
– Schiedsstelle, Auslagenerstattungsanspruch, Mitarbeitervertreter 408
– Stellenausschreibung 35
– Treuepflicht kirchl. Arbeitnehmer 13, 63, 323
– Urlaubsgeld, AVR, Ausschluss von geringfügig Beschäftigten 374
– Vergütung, Absenkung 374
– Verwaltung iSv § 23 Abs. 1 Satz 2 KSchG 55
– Werbung für andere Religionsgemeinschaft 63
– Zusatzversorgung 294, 312
– Altenpflegerin 374
– Arzt 16, 472
– Chorleiter, Kantor 55
– Erzieher 323
– Geschäftsführerin 35
– Kindergärtnerin 63

- Lehrerin 13
- Organist 55
- s. auch Dienstrecht

Arbeitsrecht, nichtkirchl. Arbeitsverhältnisse, muslimische Verkäuferin, Kopftuch 174

Arbeitsvermittlung, priv., Zuverlässigkeit, Scientology 299

Arbeitsvertragsrichtlinien, kirchl., Prüfungsmaßstab 374

Asylrecht
- Beratung durch Caritasverband 5
- sog. Kirchenasyl 1, 18, 336

Aufsicht, kirchenbehördl., Genehmigung, Arbeitsvertrag 55

Auskunftsanspruch ggü Behörde 420

Ausländerrecht
- Abschiebung, sog. Kirchenasyl 1, 18, 336
- Bleiberecht gem. Altfallregelung 18
- Einreise d. Oberhaupts einer Religionsgemeinschaft 217
- s. auch Asylrecht

Auslagenerstattungsanspruch, Mitarbeitervertreter 408

Außerordentliche Kündigung 323

Autonomie d. Kirchen u. Religionsgemeinschaften
- Amts- u. Dienstrecht 24, 30, 159
- Arbeitsrecht, kirchl. 63, 223, 252
- Äußerungen, öffentl., über anderen Religionsgemeinschaften 245
- Bau- und Wohnungsgesellschaft 319
- Beratung von Flüchtlingen u. Asylbewerbern 5
- Besoldung 30
- Binnenstruktur 113, 345
- Caritas u. Diakonie 182, 319, 401
- Innenbereich, kirchl. 159
- Justizgewährungspflicht des Staates 250, 159
- Kirchensteuer, Kirchgeld 240

- Mitarbeitervertretungsrecht 182, 319, 408
- Orden 113
- Rechtsberatung 5, 169, 187
- Wohlfahrtspflege 116, 169

Baden-Württemberg
- altrechtl. Gebührenbefreiungen 146
- Kirchensteuerrecht 466

Baurecht, öffentl.
- Genehmigungsgebühr, Befreiung 146
- Kapelle im Naturpark 212
- Moschee 272

Bayern, Kirchensteuerrecht 465, 466

Beamter s. Dienstrecht, öffentl.

Behindertenwerkstatt, Mitarbeitervertretung 182

Behörde, Organisationsmaßnahme, Rechtsschutz 420

Beiträge an Kirchen u. Religionsgemeinschaften s. Kirchensteuer, Kirchgeld

Bekenntnis, Berücksichtigung bei Aufnahme in eine Einrichtung der Behindertenhilfe 125

Bekenntnisfreiheit s. Religionsfreiheit

Beleidigung, Kritik an Presseartikel 269

Beobachtung durch Verfassungsschutz, Scientology 82, 451

Berlin
- islam. Religionsunterricht 328
- Kirchensteuerrecht 343

Berufsfreiheit, verf.-rechtl. Schutz, Arbeitsvermittlung 299

Besoldung und Versorgung, kirchl. s. Dienstrecht, kirchl.

Besteuerungsrecht d. Kirchen s. Kirchensteuer, Kirchgeld

Betreuungsrecht
- Bestellung eines Betreuers bei Ablehnung einer Bluttransfusion durch Zeugen Jehovas 261

Sachregister

Betriebsübergang, Mitarbeitervertretung 182
Betriebsverfassungsrecht, Anwendung auf kirchl. Einrichtungen 182, 223
Bildungs- u. Erziehungsauftrag des Staates, Entfernung eines Wandkreuzes aus Schulraum 476
Billigkeit
– Absenkung von Vergütungen im kirchl. Arbeitsrecht 374
– Behandlung von Kirchenbeiträgen gem. R 101 Abs. 1 EStR 1993 308
Bistum s. Diözese
Bluttransfusion, Ablehnung durch Zeugen Jehovas 130, 261
Brandenburg, LER (Lebensgestaltung-Ethik-Religion) als Schulfach 417
Braunschweig, Ev.-luth. Kirche, Kirchgeld 240
Bremer Klausel (Art. 141 GG), Geltung in Berlin 328

Caritas u. Diakonie
– Änderungskündigung zur Tarifanpassung 323
– Angestelltentarifvertrag, kirchl. 323
– Bau- und Wohnungsgesellschaft 319
– Behindertenwerkstatt, rechtlich verselbstständigt 182
– Beratung v. Flüchtlingen u. Asylbewerbern 5
– Einrichtung der Behindertenhilfe, religiös motivierter Aufnahmewunsch 125
– Freizeitheim, Gemeinnützigkeit 412
– Mitarbeitervertretungsrecht 182
– Rechtsberatung 169
– Religionsausübung 182, 319
– Vertretung im sozialrechtlichen Widerspruchsverfahren 401
– Zusatzversorgung 294, 312
Chorleiter einer Kirchengemeinde, verhaltensbedingte Kündigung 55

Diakonisches Werk d. Ev. Kirche
– AVR, Ausschluss von geringfügig Beschäftigten 374
DDR, ehem.
– Kirchenaustritt 53, 343
Diakonissenanstalt, Erbeinsetzung 141
Dienstgemeinschaft, kirchl. Arbeitsrecht 323
Dienstrecht, kirchl.
– Berufsbeamtentum, hergebrachte Grundsätze (Art. 33 Abs. 5 GG), keine Anwendung auf kirchl. Dienst 159
– Besoldung 30, 250
– Besoldungszusage 30
– Dienstverhältnis eines Geistlichen, Rechtsweg 24
– Pfarrer, Versetzung in den Ruhestand 159
– Pfarrer, Versetzung in den Wartestand 24
– Rechtsweg 24, 30, 159, 250
Dienstrecht, öffentl.
– Beamter als Amtswalter, Grundrechtsfähigkeit 476
– Besoldung, Grundsätze 30
– Eignung, beamtenrechtl., Lehrer 476
– Lehrer, Dienst- und Treueverhältnis 476
Diözese, Grundrechtsschutz als Körperschaft des öffentlichen Rechts 21
Diskriminierungsverbot
– Anerkennung, staatl., einer Religionsgemeinschaft 427
– AVR, Ausschluss von geringfügig Beschäftigen 374
– Kopftuchverbot f. Lehrerin muslimischen Glaubens 38, 192
– s. auch Religionsfreiheit

Ehe
– E'scheidung durch Verstoßung 384
– gemischtreligiöse, Sorgerechtsregelung nach Trennung 108

- glaubensverschiedene, Erhebung von Kirchgeld 240
- konfessionsverschiedene, Kirchensteuer 466
- Privatscheidung nach islam. Recht 384

Ehe und Familie, verf.-rechtl. Schutz
- Ablehnung einer Bluttransfusion durch Zeugen Jehovas 261
- Kindeswohl, Sozialverhalten von Zeugen Jehovas 130, 261

Eherecht, internationales u. ausländisches
- Anwendung des deutschen Ehescheidungsrechts 384
- Privatscheidung 384
- Libanon 384

Ehre, Rechtsschutz, Kritik an Presseartikel 269

Ehrenamt, Gemeindereferentin als ehrenamtl. Richterin 405

Eigene Angelegenheiten d. Kirchen u. Religionsgemeinschaften s. Autonomie, Schrankenformel

Eigentum, verf.-rechtl. Schutz, Grabstättennutzung 469

Einkommensteuer, Werbungskosten 382

Eltern, Personensorge für Kind nach Trennung 108

Elternrecht
- Schulwesen, muslimische Lehrerin mit Kopftuch 192
- Schulwesen, Wandkreuz im Klassenzimmer 476

Erbeinsetzung, kirchl. Einrichtung, Testamentsauslegung 141

Ermessen
- Absenkung von Vergütungen in kirchl. Arbeitsrecht nach billigem E. 374
- Leistung von Subventionen an freie Träger 116

Erziehungsziele, verf.-rechtl., Baden-Württemberg, muslimische Lehrerin mit Kopftuch 192

Europarecht
- Diskriminierungsverbot 38, 192, 427
- Menschenrechtskonvention 38, 192, 212, 427

Exemtion
- Betriebsverfassungsgesetz 182
- Mitarbeiter in leitender Stellung, E. aus dem Geltungsbereich der MAVO 472

Förderung, staatl., von Weltanschauungsgemeinschaften 286

Frauenverband, kath., geschlechtsspezifische Stellenausschreibung 35

Freizeitheim, Gemeinnützigkeit 412

Friedhofsrecht
- Anlage eines Friedhofs durch Religionsgemeinschaft 212
- Friedhofsunterhaltungsgebühr 469

Gebührenfreiheit / Gebührenermäßigung, öff.-rechtl., f. Kirchen, Religionsgemeinschaften u. deren Einrichtungen
- Baugenehmigung 146
- Beurkundung, notarielle 113

Gehör, rechtl. 159

Geistlicher
- Ansprüche, verm.-.rechtl., aus Dienstverhältnis 250
- s. auch Dienstrecht, kirchl., Pfarrer

Gemeinnützigkeit, steuerrechtl. 412

Gemeindereferentin als ehrenamtl. Richterin 405

Gemeinnützigkeit, Steuerbefreiung 412

Genehmigung, stiftungsaufsichtl. 137

Gesetz, für alle geltendes (Art. 140 GG, 137 Abs. 3 WRV) s. Schrankenformel

Sachregister

Gesetzmäßigkeit, Kopftuchverbot für Lehrerin muslimischen Glaubens 38, 192
Gewalt, öffentl. (Art. 19 Abs. 4 GG, § 90 Abs. 1 BVerfGG), Begriff, Abgrenzung zur kirchl. Eigenrechtsmacht 245
Glaubens- u. Bekenntnisfreiheit, verf.-rechtl. Schutz s. Religionsfreiheit
Gleichheitssatz / Willkürverbot
– Absenkung von Vergütungen im kirchl. Arbeitsrecht 374
– AVR, Ausschluss von geringfügig Beschäftigen 374
– Besoldung, kirchl. Dienst 30
– Ehescheidung, islamrechtl., durch Verstoßung 384
– faires Verfahren 159
– Förderung von Religions- u. Weltanschauungsgemeinschaften 286
– Geschlecht, Kopftuchverbot für muslim. Frau 38, 174, 192
– Geschlecht, Sorgerechtsregelung nach Trennung v. Ehegatten 108
– Kirchensteuer / Kirchgeld, Erhebung 2
– Schulwesen, Zulassung zum Religionsunterricht 345
– Stellenausschreibung 35
– Subventionsleistung f. freie Träger 116
Grundbuchverfahren, Nachweis der gesetzl. Vertretung einer Pfarrpfründestiftung 137
Grundordnung, freiheitlich demokratische, nachrichtendienstl. Beobachtung von Scientology 82, 451
Grundrechte
– ohne Gesetzesvorbehalt, Einschränkung 476
– Grundrechtsschutz, Kirchen 21

Halbteilungsgrundsatz, Kirchensteuer, Kirchgeld 240, 466

Halle / Saale, jüd. Kultusgemeinde 390
Hamburg, Kirchensteuerrecht 2
Haushalt, öffentl., Leistung von Subventionen an freie Träger 116
Hoheitliche Befugnisse von Religionsgemeinschaften 245
Humanistischer Verband Deutschlands, Landesverband, staatl. Förderungsleistungen 286

Insolvenzrecht
– Kirchen 260
– Verfahren, Rechtsberatung durch kirchl. Einrichtung 169
Islam
– Bekleidungsvorschriften (Kopftuch) 38, 174, 192
– Ehescheidung durch Verstoßung (talaq) 384
– Moschee, Baugenehmigung 272
– Religionsunterricht in Berlin 328
– Religionsunterricht in Nordrhein-Westfalen 345
– Sorgerechtsregelung, relig. Gesichtspunkte 108
Israelitische Kultusgemeinde s. Jüdische Kultusgemeinde
Israelreise eines Religionslehrers, Werbungskosten 382

Jeziden, Sorgerechtsregelung, relig. Gesichtspunkte 108
Jüdische Kultusgemeinde, Anerkennung als Körperschaft d. öffentl. Rechts 390
Justizgewährungspflicht d. Staates 24, 159, 250, 384

Karitative Einrichtungen u. Tätigkeiten s. Caritas
Kaufhaus, muslimische Verkäuferin, Kopftuch 174

Kindeswohl, Sozialverhalten von Zeugen Jehovas 130, 261
Kirchen, Religions- u. Weltanschauungsgemeinschaften u. deren Einrichtungen als Körperschaften d. öffentl. Rechts
– Anerkennung 390, 427
– Einrichtung, kirchl., Begriff 182, 252, 319
– Erhebung von Kirchenbeiträgen 308
– Gebührenbefreiung, -ermäßigung 113, 146
– Gewähr der Dauer 390
– Grundrechtsschutz 21
– Hoheitsgewalt, Ausübung 245
– Insolvenzunfähigkeit 260
– Kultusgemeinde, jüd. 390
– Loyalitätspflicht 63
– Religionsgemeinschaft, Begriff 82, 113, 217, 286, 328, 390, 451
– Verhältnis zu neuen Religionsgemeinschaften 79
Kirchen u. Staat, rechtl. Grundverhältnis 157, 192, 245
Kirchenasyl, sog. 1, 18, 336
Kirchenaustritt
– Ausländer 265
– DDR, ehem. 53, 343
– Kirchensteuer 6, 53, 265, 343, 465
– Loyalitätsverletzung im kirchl. Arbeitsrecht 63
Kirchenbeitrag, Behandlung gem. R 101 Abs. 1 EStR 1993 308
Kirchengemeinde
– Arbeitsvertrag mit Organist / Chorleiter 55
– Gebietskörperschaft 55
– Gemeindereferentin als ehrenamtl. Richterin 405
– Pfarrpfründestiftung, Nachweis der gesetzl. Vertretung 137
Kirchensteuer
– Abfindungszahlung 6

– Abrechnungsbescheid, Anrechnung von Kirchenlohnsteuer 466
– Ausland, Zuzug aus dem A., K'pflicht 265
– Bescheid, Zuständigkeit 465
– Ehe, glaubensverschiedene 240
– Ehe, konfessionsverschiedene 466
– Festsetzungsfrist bei Steuerhinterziehung 368
– Halbteilungsgrundsatz 240
– K'amt, Zuständigkeit in Bayern 465
– K'beschluss, Vorlagepflicht gem. Art. 100 Abs. 1 GG 2
– Kirchenaustritt 6, 53, 265, 343, 465
– Kirchenbeitrag, Behandlung von Kirchenbeiträgen gem. R 101 Abs. 1 EStR 1993 308
– Kirchgeld 240
– Korrektur einer Anrechnung von Kirchenlohnsteuer durch Abrechnungsbescheid 466
– Lebensführungsaufwand 240
– Pauschalierung 240
– Verwirkung 343
– Zwölftelungsgrundsatz 6, 465
– Baden-Württemberg 466
– Bayern 465, 466
– Berlin 343
– Hamburg 2
– Niedersachsen 240
– Schleswig-Holstein 2
Kirchgeld 240
Kleidungsvorschriften, relig., Kopftuch 38, 174, 192
Kloster s. Orden u. Genossenschaften, geistl.
Körperschaft d. öffentl. Rechts (Kirchen, Religions- u. Weltanschauungsgemeinschaften und deren Einrichtungen als K.) 21, 113, 130, 137, 169, 245, 286, 390
Körperschaftssteuer, Befreiung wg. Gemeinnützigkeit 412

Konkordanz, prakt., Auslegungsprinzip 476
Konkursrecht s. Insolvenzrecht
Kooperation Staat / freie Träger, Subventionsleistungen 116
Kopftuch von Frauen muslimischen Glaubens
- Lehrerin 38, 192
- Verkäuferin 174
Korporation s. Körperschaft
Kostenbefreiung s. Gebührenfreiheit
Kreuz / Kruzifix in öffentl. Schulraum 38, 192, 476
Kündigung s. Arbeitsrecht

Leben, verf.-rechtl. Schutz, Ablehnung einer Bluttransfusion durch Zeugen Jehovas 130, 261
Lebensführungsaufwand als Besteuerungsgrundlage für Kirchgeld 240
Lebens- und Wesensäußerung d. Kirche 182
Lehrer s. Schulrecht
LER (Lebensgestaltung-Ethik-Religion) als Schulfach 417
Libanon, Gesetzgebung u. Rechtsprechung durch Glaubensgemeinschaften im Bereich des Personalstatuts 384
Loyalitätspflicht kirchl. Arbeitnehmer s. Treuepflicht
Lohnsteuerkarte, Konfessionseintrag 157

Meinungsfreiheit, verf.-rechtl. Schutz
- Äußerungen eines kirchl. Sektenbeauftragten 245
- Kritik an Presseartikel 231, 269
- Loyalitätspflicht im kirchl. Dienst 13
- nachrichtendienstl. Beobachtung von Scientology 82, 451
Meldebehörde, Erklärung ggü. M. über Religionszugehörigkeit 265

Menschenrechtskonvention, Europ. 38, 192, 212
Mitarbeiter, kirchl. s. Arbeitsrecht, Dienstrecht, kirchl.
Mitarbeitervertretung, kirchl.
- Beteiligung bei Kündigung 16, 472
- Bildung f. kirchl. Einrichtung 182, 223
Mitgliedschaft, kirchl.
- Kirchenaustritt 265
- Taufe als Anknüpfungstatbestand 265
Moldavien, staatl. Anerkennung einer Religionsgemeinschaft 427
Moschee / Bethaus, Baugenehmigung 272
Mun-Sekte (Vereinigungskirche), Einreiseverweigerung f. Oberhaupt 217

Nachrichtendienstl. Beobachtung von Scientology 82, 451
Naturpark, Anlage eines Friedhofs in einem N. 212
Neutralitätsgebot, staatl.
- Baurecht, öffentl. 272
- Lehrerin, muslim., mit Kopftuch 38, 192
- Schulwesen, Religionsunterricht 345
- Entfernung eines Wandkreuzes aus Schulraum 38, 476
Niedersachsen, Kirchensteuerrecht 240
Notar, Gebührenermäßigung für relig. Orden bei Beurkundung 113

Öffentlicher Dienst s. Dienstrecht, öffentl.
Orden u. Genossenschaften, geistl., Gebührenermäßigung nach KostO 113
Organist einer Kirchengemeinde, verhaltensbedingte Kündigung 55

Parität, religionsrechtl.
- Schulwesen, Zulassung zum Religionsunterricht 345

- Symbole, relig., in Schulraum 476
Persönlichkeitsrecht, allgem., verf.-rechtl. Schutz
- Ablehnung einer Bluttransfusion durch Zeugen Jehovas 261
- Kritik an Presseartikel 231, 269
Personensorgerecht, Berücksichtigung relig. Gesichtspunkte 108, 130
Pfarre s. Kirchengemeinde
Pfarrer
- ev., Versetzung in den Ruhestand / Wartestand, Rechtsweg 24, 159
- Nachweis der gesetzl. Vertretung für Pfarrpfründestiftung 137
- Vergehen gem. § 92a AuslG durch Gewährung von sog. Kirchenasyl 336
Pfründe, Nachweis der gesetzl. Vertretung einer Pfarrpfründestiftung 137
Pressekonferenz eines kirchl. Mitarbeiters, Loyalitätspflicht 13
Presserecht
- Berichterstattung, Unterlassungsanspruch eines kath. Bistums 21
- Kritik an Presseartikel 231, 269
Prozessrecht
- Auskunftsanspruch 420
- Beamtenverhältnis, Klage aus B. 476
- Beschwerde, weitere, Rechtsschutzinteresse 1
- Betriebsratswahl, Anfechtung 182
- Betriebsverfassungsgesetz (§ 118), Beschlussverfahren 319
- Feststellungsklage, Einreiseverweigerung f. geistl. Oberhaupt 217
- Feststellungsklage, Überschreitung der Schranken gem. Art. 140 GG, 137 Abs. 3 WRV 24, 159
- Gehör, rechtl. 159
- Gemeindereferentin als ehrenamtl. Richterin 405
- Justizgewährungspflicht d. Staates 24, 159, 250

- Klagebefugnis, Beobachtung durch Verfassungsschutz, Unterlassung 451
- Klagebefugnis, relig. Verein 217
- Leistungsklage, Behördenorganisation 420
- Leistungsklage, Entfernung eines Wandkreuzes aus Schulraum 476
- Leistungsklage, Zulassung zum Religionsunterricht 345
- Normenkontrollverfahren, Friedhofsgebührenordnung 469
- Passivlegitimation, Anfechtung d. Kirchensteuerfestsetzung 465
- Rechtsberatung durch kirchl. Einrichtung 5, 169, 401
- Rechtsschutzinteresse, weitere Beschwerde, sog. offenes Kirchenasyl 1
- Unterlassung, Antragsrecht, Tochtergesellschaft eines ausl. Konzerns 231
- Unterlassung, Beobachtung durch Verfassungsschutz 451
- Unterlassung, Presseberichterstattung 21, 231
- Vorlagepflicht gem. Art. 100 Abs. 1 GG 2
- Wahl, Betriebsrat, Anfechtung 182
- Widerspruchsverfahren, sozialhilferechtl., Vertretung 401
- Willkürverbot, faires Verfahren 159
- s. auch Rechtsweg

Raumordnung u. Religionsfreiheit 212
Rechtsberatung durch kirchl. Einrichtung 5, 169, 401
Rechtspersönlichkeit s. Kirchen, Religions- u. Weltanschauungsgemeinschaften u. deren Einrichtungen als Körperschaften d. öffentl. Rechts
Rechtsschutzgarantie, verf.-rechtl. (u.a. Art. 19 Abs. 4 GG)
- Auskunftsanspruch ggü. Behörde 420

Sachregister

- Organisationsmaßnahme, behördl. 420
- s. auch Justizgewährungspflicht

Rechtsweg
- Ansprüche, vermögensrechtl., eines Geistlichen 250
- Auslagenerstattungsanspruch, Mitarbeitervertreter 408
- Besoldung, kirchl. Dienst 30
- Statusklage eines Geistlichen 24, 159
- Unterlassung v. Äußerungen eines kirchl. Sektenbeauftragten 245
- Versetzung in den Ruhestand / Wartestand, ev. Pfarrer 24, 159
- Wahl, Betriebsrat, Anfechtung 182

Religionsfreiheit, verf.-rechtl. Schutz
- Ablehnung einer Bluttransfusion durch Zeugen Jehovas 261
- Anerkennung, staatl., einer Religionsgemeinschaft 427
- Arbeitsverhältnis, kirchl. 63
- Arbeitsverhältnis, weltl. 174
- Arbeitsvermittlung 299
- Äußerungen des Sektenbeauftragten einer Kirche 245
- Baugenehmigung, Kapelle 212
- Bekleidungsvorschriften, islam. 174
- Betroffenheit 217
- Dienst, öffentl., muslim. Lehrerin mit Kopftuch 38, 192
- Ehe u. Familie 130
- Ehe, gemischtreligiöse, Sorgerechtsregelung nach Trennung 108
- Einreiseerlaubnis für relig. Oberhaupt 217
- Friedhof, Anlage 212
- Gewerbetätigkeit, Scientology-Mitglied 299
- Grundrechtsfähigkeit 217
- Kirchenaustritt 265
- Kirchensteuer 2, 265
- Kopftuchverbot f. Lehrerin muslimischen Glaubens 38, 192
- Lehrer, Anspruch auf Entfernung eines Wandkreuzes aus Schulraum 476
- Lohnsteuerkarte, Konfessionseintrag 157
- Naturschutz 212
- Religionsgemeinschaft, Begriff 328, 345
- Religionsunterricht 328
- Schulwesen, islam. Religionsunterricht 345
- Schutzpflichten d. Gesetzgebers ggü. Religionsgemeinschaft 79
- Scientology, nachrichtendienstl. Beobachtung 82, 451
- Sorgerechtsregelung 108
- Wandkreuz in Schulraum 476

Religionsdiener, Begriff iSv § 23 Abs. 1 Nr. 1 VwGO 405

Religionsgemeinschaft, Religionsgesellschaft, Begriff 82, 113, 217, 345, 451

Religionslehrer, Israelreise, Werbungskosten 382

Religionsunterricht
- islam., in Berlin 328
- islam., in Nordrhein-Westfalen 345
- LER (Lebensgestaltung-Ethik-Religion) als Schulfach 417

Richter, Gemeindereferentin als ehrenamtl. R. 405

Richtlinien f. Arbeitsverträge in kirchl. Einrichtungen 374

Rundfunk- und Fernsehanstalten, öffentl.-rechtl., Auftrag 245

Scientology (Church, Kirche, Organisation) 82, 231, 299, 420, 451

Sekte
- gesetzgeberische Schutzpflichten 79
- kritische Äußerung über S. 231, 245

Selbstbestimmung, informationelle, verf.-rechtl. Schutz, nachrichtendienstl. Beobachtung von Scientology 82, 451

Selbstbestimmungsrecht d. Kirchen u. Religionsgemeinschaften s. Autonomie
Sorgerecht s. Personensorgerecht
Sozialberatung f. ausl. Arbeitnehmer, Leistung von Subventionen an freie Träger 116
Sozialhilfe
– Eingliederungshilfe, Wunschrecht, Mehrkosten 125
– Vertretung im Widerspruchsverfahren 401
Sozialstaatsprinzip
– Kooperation mit freien Trägern 116
– Lehrerbesoldung, kirchl. 30
Subventionen an freie Träger, Ermessen, Haushaltsvorbehalt 116

Schadensersatzanspruch, Kritik an Presseartikel 269
Schengener Durchführungsübereinkommen, Einreiseverweigerung 217
Schiedsstelle, Zuständigkeit für Auslagenerstattungsanspruch eines Mitarbeitervertreters 408
Schleswig-Holstein, Kirchensteuerrecht 2
Schrankenformel (Art. 140 GG, 137 Abs. 3 WRV) 159, 401
Schulwesen, kirchl./priv.
– Lehrerbesoldung 30
– Loyalitätspflicht einer Lehrerin 13
– Religionslehrer, Israelreise, Werbungskosten 382
Schulwesen, öffentl.
– Bildungs- u. Erziehungsauftrag, staatl. 192, 476
– Kreuz/Kruzifix in Schulräumen 476
– Lehrer, Anspruch auf Entfernung eines Wandkreuzes aus Schulraum 476
– Lehrerin, muslim., mit Kopftuch 38, 192

– LER (Lebensgestaltung-Ethik-Religion) als Schulfach 417
– Religionsunterricht, sog. Bremer Klausel (Art. 141 GG) 328
– Religionsunterricht, islam., in Berlin 328
– Religionsunterricht, islam., in Nordrhein-Westfalen 345
– Religionsunterricht, Lehrpläne 328
Schutzpflichten d. Gesetzgebers ggü. Religionsgemeinschaft 79
Schweiz, Kopftuchverbot für Lehrerin muslimischen Glaubens 38, 192

Staats- u. Kommunalleistungen an Religions- u. Weltanschauungsgemeinschaften
– Fehlbedarfsfinanzierung 286
– Gebührenbefreiung, -ermäßigung 113, 146
– wegen Säkularisationsverlusten 286
Statusklage eines Geistlichen, Rechtsweg 24, 159
Steuerhinterziehung, Neufestsetzung d. Kirchensteuer 368
Stiftung
– Aufsicht 137
– Gebührenfreiheit 146
– Pfarrpfründestiftung 137
Strafrecht
– AuslG § 92a, Gewährung von Kirchenasyl 336
– Strafzumessung, § 92a AuslG 336

Talaq-Scheidung, islamrechtl. 384
Tarifvertrag
– Änderungskündigung zur Tarifanpassung 323
– Arbeitsvertragsrichtlinien (AVR) kein T. 374
Testamentsauslegung 141
Toleranzgebot im öff. Schulwesen
– Entfernung eines Wandkreuzes aus Schulraum 476

Sachregister

- Kopftuchverbot für Lehrerin muslimischen Glaubens 38, 192
Trennung von Kirche u. Staat 157, 245
Treu und Glauben
- Auskunftspflicht, behördl. 420
- Kündigung eines Arbeitsvertrages ohne vorausgegangene Abmahnung 55
Treuepflicht kirchl. Arbeitnehmer 13, 63, 323

Universale Kirche, Religionsgemeinschaft 63
Universelles Leben, Religionsgemeinschaft 79
Unterlassungsanspruch, Kritik an Presseartikel 269
Unversehrtheit, körperl., verf.-rechtl. Schutz, Ablehnung einer Bluttransfusion durch Zeugen Jehovas 261

Verein
- Autonomie 35
- Klagebefugnis, Einreiseverweigerung f. geistl. Oberhaupt 217
- Rechtsberatung 169
Vereinigungsfreiheit, verf.-rechtl. Schutz
- Beobachtung, nachrichtendienstl., von Scientology 82, 451
Verfahrensrecht s. Prozessrecht
Verfassungsrecht, Auslegung 476
Verfassungsschutz, nachrichtendienstl. Beobachtung von Scientology 82, 451
Verfolgung aus relig. Gründen s. Asylrecht
Verhältnismäßigkeit, Kopftuchverbot für Lehrerin muslimischen Glaubens 38, 192
Vermögensrecht, kirchl. s. Kirchenvermögen

Versicherung
- Krankenversicherungsbeitrag auf Zusatzrente 312
Versorgung u. Besoldung, kirchl., s. Dienstrecht, kirchl.
Vertrauensschutz, Leistung von Subventionen an freie Träger 116
Vertretung, Pfarrpfründestiftung, Nachweis der gesetzl. Vertretung 137
Verwaltungsstreitverfahren s. Prozessrecht
Vorlagepflicht gem. Art. 100 Abs. 1 GG, Kirchensteuerbeschluss 2

Wächteramt, sog. kirchl. 245
Wahl, Betriebsrat, Anfechtung 182
Weltanschauungsgemeinschaft 286
Werbungskosten, Israelreise 382
Wohlfahrtspflege, kirchl.
- Rechtsberatung durch Verband 5, 169
- staatl. Subventionen, Haushaltsvorbehalt 116

Zeugen Jehovas
- Ablehnung von Bluttransfusionen 130, 261
- Körperschaft d. öffentl. Rechts 130
- Personensorgerecht 130
- Unterlassungsanspruch gegen kirchl. Sektenbeauftragten, Rechtsweg 245
- Verhalten gegenüber Austrittswilligen 130
Zivilprozess s. Prozessrecht, Rechtsweg
Zusatzversorgung, kirchl. Dienst 294, 312
Zuverlässigkeit, Arbeitsvermittlung durch Scientology-Mitglied 299
Zweck, gemeinnütziger, kirchlicher, mildtätiger 182, 412
Zwölftelungsgrundsatz, Kirchensteuer 6